개정판

공공영역에서 갈등관리와 거버넌스

문화적 관점

최성욱

박영사

사랑하는 아내 방준아 그리고 영우와 건우에게 이 책을 바친다.

개정판을 내면서

초판이 발행된 지 3년 세월이 흘렀다. 그때 기대 반 두려움 반 교차되는 심정을 가졌었다. 모든 것을 설명할 수 있지만 결국 아무 것도 설명하지 못할 수 있는 문화적 관점으로 공공영역의 갈등문제를 다루고자 하는 만용이었다는 자성과 함께, 인간으로서 변함없는 행위패턴 중 하나가 생물학적 본능과 사회적 규범 간 갈등과 협상이라는 믿음의 지속, 그리고 운 좋게도 선정된 대한민국학술원 우수도서라는 타이틀은 개정판 집필에 용기를 북돋아주었다.

그간 연구가 심화된 것도 아니다. 초판의 기조와 구성체계는 그대로다. 새로 쓴 장·절도 없다. 다만, 논리강화와 명확성 배가를 위해 개정의 필요성을 느꼈다. 또한 강단에 서는 자로서 수업내용갱신 의무를 게을리 할 수 없었다. 기존 문장에 대한 첨삭 수정과 내용 추가 그리고 법령과 통계자료 갱신을 위주로 개정하였다. 주요하게 수정된 부분을 개략적으로 명기하면 다음과 같다.

머리말, 제1장 3절의 1)정치철학적 관점 2)심리학적 관점 4)게임이론의 관점, 제2장 1절의 앞부분과 2절의 5)기타 분류기준에 따른 유형분류, 제3장 2절 갈등관리의 방식과 수단 3절의 1)갈등과 정의, 제4장 1절 문화 개념의 이해와 2절 문화갈등, 제5장 4절 관료의 좌절과 개인갈등과 6절 조직맥락에서 과업과 관계갈등, 제6장 1절 관료조직 맥락과 감정, 제9장 3절의 2)교차적 복잡성과 분배적 비형평성과 3)딜레마적 성격, 제10장 1절의 2)중앙정부와 지방자치단체 간 갈등의 일반원천, 제11장 3절 이분법적 갈등의 사회적 대가, 제12장 1절 중재와 4절 합의형성 그리고 5절 공론화 방식의 1)의의와 2)신고리 원자력발전소 5·6호기 공론조사 사례, 제13장 3절의 3)양면게임과 협상구도와 4)협상과 의사소통 문화, 제14장 1절 문화가 문제다와 5절 우리 사회의 문화와 공공갈등해결, 마지막 제15장은 전반적으로 내용을 보강하였다.

개정판 교정 작업에 수고하신 박영사 양수정 편집인께 아낌없는 고마움을 전한다.

2023년 3월
저자 씀

머리말

갈등은 가장 오래된 인간행위 중 하나이다. 너와 나 그리고 내 편과 네 편으로 갈려서 싸우는 현상은 인류의 자연조건이다. 갈등을 나쁘게 인식하기도 하고 좋게 인식하기도 한다. 문제는 갈등을 어떻게 효과적으로 관리할 것이냐이다. 갈등관리역량에 따라 부정적 결과를 낳기도 하고 긍정적 결과를 낳기도 한다. 개인은 물론 국가와 사회마다 갈등관리역량이 다르다. 갈등관리역량에는 해당 국가와 사회의 문화가 배태되어 있다. 상이한 문화를 보유하고 있는 국가와 사회마다 갈등현상에 초점을 두는 부분이 다르며, 해결하고자 선택하는 전략과 수단도 다르다. 그래서 결국 갈등전개 양상과 강도도 다르다.

한국사회의 갈등은 주관적으로나 객관적으로 모두 심각한 수준에 있다. 세계 각국 간의 비교 조사 및 연구에서 우리나라의 갈등수준은 높게 나타난다. 전국경제인연합회에서 2021년 발간한 보고서에 의하면, OECD 회원국 중 우리나라의 갈등지수는 3위로 높은 반면 갈등관리지수는 27위로 낮게 추정되었다. 일반국민을 대상으로 한 의식조사에서도 심각한 수준의 인식을 보여준다. 갈등사회를 넘어 '갈등공화국' 또는 '원한사회'로까지 표현될 정도이다. 2022년 퓨(Pew)리서치센터에 따르면, 우리나라의 정치갈등이 조사대상국 중 가장 높게 나타났는데 표본의 90%가 상대 정당지지자와 갈등이 강하거나 매우 강하다고 응답하였다. 영국 킹스칼리지 정책연구소가 의뢰한 입소스(Ipsos) 2021년 조사결과에서도 우리나라는 진보와 보수 간 갈등, 남녀갈등, 세대갈등, 빈부갈등, 대졸자와 비대졸자 간 갈등, 종교갈등, 정파갈등 등 7개 항목에서 세계 1위로 나타나 사회문화적 갈등이 심각한 수준으로 지각되었다. 1990년대를 전후하여 민주화와 지방자치의 물결이 일면서 공공영역의 갈등은 급증하였다. 많은 학자들이 공공갈등 급증의 원인을 정부주도에 의한 압축성장에서 찾는다. 한편 민주화 이후 시민사회 역시 압축적으로 성장했으며 공공문제에 대한 시민의식과 참여가 증대되고 있다. 정부의 정책결정과 집행방식이 참여거버넌스 패러다임과 결절이 되면서 공공갈등은 증가하였다. 향후에도 공공갈등은 높아질 것으로 예견된다.

그간 학계에서는 공공갈등에 관한 연구가 증가하였다. 공공갈등에 관한 한국행정학계의 선행연구경향은 여섯 가지로 범주화할 수 있다. 첫째, 대형 국책사업과정이나 지방자치단체 간 경계영역에서 발생하는 갈등 사례를 프레이밍과 같은 인지심리학적 개념이나, 문화적 편향 개념을 통해 분석한다. 둘째, 협상, 조정, 중재 등 대안적 분쟁해결방식(Alternative Dispute Resolution, ADR)의 국내외 적용 경험과 교훈을 통해 한국적 갈등해결모형을 모색한다. 셋째, 학술서 또는 강의교재 용도로 ADR에 대한 소개와 함께 우리의 공공갈등사례를 분석한다. 넷째, 딜레마의 개념으로 공공갈등사례를 분석하여 정책현상을 설명한다. 다섯째, 공공갈등 현황과 관리 실태를 분석하거나 갈등관리제도의 효과성을 분석한다. 여섯째, 뉴거버넌스와 숙의민주주의 개념을 적용하여 시민참여를 통한 민주적 갈등관리를 논한다.

그러나 방법론과 분석의 심층성에서 선행연구들이 지닌 한계도 지적되고 있다. 소수의 사례를 대상으로 갈등전개과정의 서술에 편중되거나, 갈등요인에 대한 비체계적인 설명을 한계로 예시할 수 있다. 동일한 사례에 대해서도 연구자별로 독자적인 갈등요인을 제시하곤 한다. 이로 인해 동일사례에 대해 선행연구들 간의 비교가 곤란하기도 한다. 갈등 유형과 성격에 대한 개념과 조작적 정의를 명시하지 않은 채 선행연구들이나 사례들에 대한 내용분석을 하기도 한다. 결과적으로 공공갈등연구의 일반화가 어렵다. 한편 공공갈등을 이해관계의 충돌로 규정하여 합리적 관점에서 접근하는 것이 대부분이다. 하지만 갈등현상과 해결·관리에 관한 여러 관점과 접근법이 있다. 다양한 요인들이 갈등과 갈등관리에 영향을 미친다. 그중 문화도 갈등현상과 관리에 영향을 주는 요인 중 하나이다. 현상에 대한 이해와 선호하는 문제해결방식은 문화적 요인과 연관된다.

갈등현상을 어떻게 이해하는가? 문화권에 따라 다르다. 부정적으로 이해되어 제거해야 할 것으로 인식될 수 있다. 반면 부정적일 뿐만 아니라 긍정적으로도 이해되어 관리의 대상으로 인식될 수도 있다. '우리성(we-ness)'이나 '집단'가치를 중시하는 사회나 국가에서는 갈등의 부정적 측면이 부각되는 경향이 있다. 갈등을 어떤 방식으로 해결하는가? 이 역시 문화권에 따라 다르다. 갈등당사자 간에 직접적 대응방식으로 해결을 모색할 수 있다. 반면 제3자를 활용하여 당사자 간의 직접대응을 회피하거나 간접적으로 신호를 보낼 수도 있다. 통설상 직접대응방식은 서양문화권에서 선호하는 반면, 간접대응방식은 동양문화권에서 선호한다. 우리의 경우, 다양한 이해와 갈등을 조정해야 할 정치권마저 소송을 통한 사법적 수단을 흔히 활용한다. 당사자 간 직접대응방식의 작동이 어려운 문화적 맥락이다. 이 책은 이러한 문화적 관점에 초점을 두고 다양한 수준의 갈등현상을 설명한다. 문화는 갈등의 원인이 될 뿐만 아니라 갈등을 이해하고 관리하는 양식이 되기도 한다. 전자에 대해 '문화갈등'이라는 용어를 적용하고 후자는 '갈등문화'라는 용어를 적용할 수 있다.

우리 사회에서 발생하는 공공갈등은 서구의 합리적 관점으로 설명할 수 없는 특성들을 가지고 있다. 예컨대 공식적인 조정을 통해 합의한 사안에 대해서도 번복하는 경우가 많다. 정치권에서는 여야 합의 후에도 당내 논의과정에서 당 지도부의 합의 내용을 번복하곤 한다. 사회적 합의체인 노사정위원회를 통해 합의된 사항에 대해서도 파기를 선언해버린다. 밀양 송전탑 건설이나 아시아문화중심도시 조성 등과 같은 국책사업 추진 과정에서도 합의안이 번복된다. 우리 사회에서의 조정이나 합의의 의미는 서구사회에서 통용되는 것과 다른가? 우리 사회에서 갈등은 이해관계에 초점을 두는 실용주의적 접근보다는 자기권리주장에 초점을 두고 극화되는 이분법적 접근이 다수이다. 명칭만 '민관협력 거버넌스'이지 실제는 자기입장을 고수할 뿐, 협력과 협치에 대한 이해가 부족하다. 합의당시 이해타산의 저변에 관계와 체면 요소가 깔려있다. 외면의 'Yes'가 내심의 'Yes'가 아니다. 합의문 자체 보다 합의도출 맥락이 중요하다. '자존심'과 '체면' 그리고 '이분법'은 우리 한국사회의 맥락을 반영하는 문화적 요소이다. 이러한 문화적 요소는 제3의 창조적 대안을 산출하기 어렵게 만든다.

한국사회의 갈등은 이해관계뿐만 아니라 이념적·종교적·문화적 측면이 결합된 복합적 양상을 띤다. 이해갈등보다 가치 및 신념 갈등이 더 해결하기 어려울 수 있다. 우리 사회에서의 '이해'라는 개념은 개인을 전제하는 합리주의 맥락에서 지칭하는 것과 다르다. 이 점에서 한국의 공공갈등현상을 이해관계조정에 초점을 둔 합리적 관점만으로는 설명하기 어렵다. 이와 같은 한계를 고려하여 이 책은 문화적 관점을 중심으로 우리 사회의 공공갈등 문제에 접근한다. 우리 사회에서 발생하는 공공갈등은 이분법적으로 극화되며 장기화되는 양상을 보인다. 이 책은 이러한 양상의 근본원인을 체면, 권위주의, 집단주의와 같은 문화적 특성에서 찾는다. 체면과 권위주의 그리고 집단주의가 배합된 문화적 토양에서는 합리적 조정과 문제해결양식이 제대로 자라지 못한다. 협상이나 조정과 같은 ADR 방식은 개인주의와 합리주의적 문화를 맥락으로 유효하게 작동한다. 이 책은 문화적 맥락과 갈등관리 간의 상호적 합성을 가정한다. 공공영역에서 갈등을 효과적으로 관리하기 위해서는 문화적 요소에 대한 고려가 필수불가결하다.

이 책의 집필은 실천적이고 이론적인 동기에서 비롯된다. 실천적으로는 공무원의 문제해결역량을 함양시키기 위함이다. 공공영역에서 발생하고 있는 갈등은 정부가 해결해야 할 가장 시급한 문제 중 하나이다. 갈등상황에 대한 대처능력은 오늘날 공직자의 필수 자격요건이다. 독자는 이 책을 통해 공공갈등관리의 전략과 수단에 관한 실천지식을 습득할 수 있다. 이론적으로는 갈등관리의 측면에서 행정과 정책 현상을 이해할 수 있는 기회를 제공한다. 행정과 정책의 문제는 대부분 갈등을 내재한다. 이 점에서 이 책은 갈등관리의 시각에서 행정 및 정책의 문제와 현상을 접근한다고 볼 수 있다. 궁극적으로는 뉴거버넌스와 좋은 행정을 위한 조건을 탐색하고자 한다. 특히 문화적 관점에서 갈등문제를 조망함으로써 공공갈등 현상과 관리에 대한 안목을 높이고자 기대한다. 문화적 관점은 모든 것을 설명할 수 있으나 결국 아무것

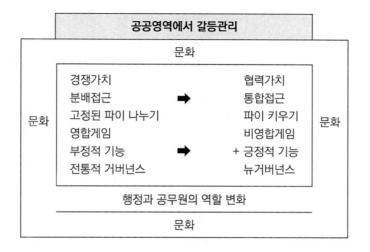

도 설명하지 못하는 역설의 개연성을 안고 있다. 저자는 이러한 역설의 개연성을 염두에 두고 독자의 평가를 두려워하면서도 우리 사회에 새로운 시각을 던져줄 수 있으리라 기대를 한다.

▌이 책의 구성과 개관

공공영역에서 갈등관리는 크게 두 가지 양식의 거버넌스로 범주화하여 고찰할 수 있다. 하나는 갈등의 부정적 기능에 초점을 두고 경쟁가치와 분배적 접근을 강조하며, 갈등당사자 간의 고정된 파이 나누기의 영합게임을 가정하는 전통적 갈등관리 거버넌스이다. 다른 하나는 갈등의 부정적 기능과 긍정적 기능을 모두 전제하면서 협력가치와 통합적 접근을 강조하고, 갈등당사자 간의 창조적 파이 키우기의 비영합게임을 가정하는 새로운 갈등관리 거버넌스이다. 현 시대적 흐름은 전자로부터 후자에 적합한 행정과 공무원의 역량 변화를 요구하고 있다. 이러한 두 가지 양식의 갈등관리 거버넌스는 이를 둘러싼 문화적 맥락에 의해 실효성이 결정된다. 따라서 시대적 요구에 효과적으로 대응하기 위해서는 문화적 맥락에 대한 통찰이 필요하다.

이 책은 갈등현상을 여러 분석 수준별로 범주화하여 고찰한다. 공직에 있는 개인의 내적 갈등에서부터 소속된 조직에서의 대인 갈등, 개인과 조직 간 갈등, 조직 간 갈등, 그리고 정부 정책과 사업 과정에서 발생하는 정부와 민간 행위자 간의 갈등이 포함된다. 이러한 다양한 수준의 갈등현상을 사례들과 함께 설명한다. 그리고 다양한 갈등관리의 도구와 전략에 대한 소개와 우리 사회 문화에 적합한 대안을 제시한다. 이 책은 위에 제시된 도식적 가정 하에 총 4편 15장 체제로 구성된다.

제1편은 갈등과 갈등관리의 개념, 가정 그리고 접근법에 관한 기본적인 지식을 제공한다. 1장은 갈등의 개념과 관점에 대해서 살펴본다. 갈등현상은 여러 학문적 관점에서 접근할 수 있다. 정치철학, 심리학, 게임이론, 의사결정론 등과 같은 다양한 학문적 분파와 이론으로부터 갈등현상을 이해할 수 있다. 그리고 갈등현상을 인지와 감정의 측면으로 양분하여 포착할 수도 있다. 동일한 현상을 여러 관점으로 설명함으로써 사고와 이해의 폭을 넓힐 것이다. 2장에서는 갈등의 기능과 유형을 고찰한다. 갈등은 기능면에서 파괴성과 생산성을 모두 갖는 양날의 칼과 같다. 즉 갈등은 역기능과 순기능을 모두 가진다. 그래서 갈등의 최적수준을 가정할 수 있다. 갈등수준이 높거나 낮을 경우 역기능을 하여 낮은 성과를 낳는 반면 적절할 경우에는 순기능을 하여 높은 성과로 귀결된다. 이 점에서 갈등 자체를 하나의 관리전략으로 활용할 수 있다. 3장에서는 갈등관리를 위한 전략과 수단들을 살펴본다. 갈등관리는 일반적으로 경쟁과 협력 전략으로 대별할 수 있다. 이 두 가지 전략을 토대로 경쟁, 회피, 타협, 화해, 통합 등과 같은 세부적 갈등관리 스타일이 제시된다. 한편 공공갈등의 관리수단으로서 전통적인 소송과 이의 대안으로서 협상, 조정, 중재 등과 같은 ADR 방식을 소개한다. 4장은 갈등과 문화 간의 관계를 논의한다. 문화 차이와 이에 대한 자기편향적 지각은 갈등의 원인이 된다. 또한 문화는 맥락으로 작용하여 갈등의 전개양상과 관리에 영향을 미친다. 공공갈등은 사회문화의 요소를 배태하고 있으며 갈등관리 전략과 수단에도 문화적 속성이 내재되어 있다. 저자는 다음과 같은 가설에 의해 갈등을 이해한다.

- 문화가 상이한 국가나 사회에서 발생하는 갈등의 양태와 해결방식은
  다르다.

제2편에서는 정부조직 내에서 발생하는 갈등에 대해서 살펴본다. 5장은
조직 맥락에서 개별구성원이 경험하는 갈등을 다룬다. 인간으로서 변함없는
행위패턴 중 하나가 생물학적 본능과 사회적 규범 간 갈등과 협상이다. 개인
은 욕구충족과 목표달성에 실패할 경우 내적 갈등을 경험하며 이를 해소하기
위해 심리적 방어기제들을 활용한다. 승진에 좌절한 공무원의 심리와 행태가
이러한 조직구성원의 내적 갈등의 예이다. 그리고 조직인으로서 개인에게는
일과 인간관계라는 두 요소가 핵심적이다. 이와 관련하여 과업갈등과 관계갈
등 그리고 양자 간의 관계를 설명한다. 6장은 감정의 측면에서 조직구성원
개인의 내적 갈등을 다룬다. 스트레스, 탈진, 감정노동 등과 함께 감정유해성
의 개념을 소개한다. 감정유해성을 발생시키는 조직 맥락을 행태 및 구조적
요인으로 설명한다. 행태적 요인으로 상관, 동료, 그리고 고객(민원인)의 부정
적 행태를 제시한다. 구조적 요인으로 형식주의적 관행, 감정신화의 제도화,
그리고 성과주의와 개혁적 리더십 특성을 제시한다. 그리고 개인과 조직 단
위별로 감정유해성을 관리하기 위한 방안들을 고찰한다. 7장은 정부통폐합
사례를 들어 조직 간의 갈등과 문화충돌현상에 관해서 설명한다. 그리고 정
부조직 갈등관리수단 중 하나인 통합관리모형과 합병양식에 대해 살펴본다.
정부조직개편을 단행하는 시기에는 정부조직내부 갈등수준이 최대로 증가하
는 경향이 있다. 이 경우 복지부동과 같은 태만적 행태, 편가르기, 공격과 방
어적 행태 등이 발생한다. 통폐합된 정부부처 내에서 발생하는 조직갈등은
국가적 위기상황을 초래할 수도 있다. 합병증후군과 조직침묵 그리고 효과적
인 관리부재가 결합되면 국가는 사전경보 없는 위험상황을 맞이할 수 있다.
8장은 정부조직에서 발생하는 갈등의 원천과 이에 대한 관리방법을 다룬다.
정부조직 또는 행정기관의 지배적인 조직화 형태는 관료제에 기초한다. 관료
제는 계층구조와 상명하복 그리고 분업 등을 특성으로 한다. 이러한 관료제
적 특성으로 조직과 구성원 간의 갈등, 구성원들 간의 갈등, 그리고 조직 내

하위부서 간의 갈등이 잠재되어 있다. 그래서 이 장에서는 관료제적 특성과 더불어 일반적인 조직갈등의 원천을 탐색하고 정부조직 맥락에서 갈등의 해소방안과 촉진방안을 대별하여 제시한다.

　　제3편에서는 정부와 민간 영역의 행위자가 모두 당사자가 되는 공공갈등현상을 다룬다. 여기에서 갈등은 '공공' 개념의 외연을 어떻게 정의하느냐에 따라 적용범위가 달라진다. 국내행정학계 선행연구들은 공공갈등, 사회갈등, 정책갈등, 공공정책갈등, 정책분쟁 등 여러 용어들을 혼용한다. 법령상 우리나라에서 공공갈등은 이해관계의 충돌로 규정되어 있다. 이 책에서는 문맥에 따라 선행연구들이 사용한 용어들을 혼용하면서도 '공공갈등'의 용어를 대표적으로 사용한다. 행정기관 등 공공조직의 행위가 개입되어 발생하는 갈등을 포괄적으로 공공갈등이라고 지칭할 것이다. 9장은 공공갈등 문제의 성격을 정의한다. 공공갈등을 정책과정에서 이해 및 가치 충돌로 인해 해결이 어려운 '공공난제(wicked problem)'로 개념화한다. 한국사회의 갈등은 심각한 수준에 있다. 공공갈등은 정부행정이 관리해야 할 핵심적인 문제 중 하나이다. 공공갈등은 문제의 성격상 불확실성과 복잡성, 분배적 비형평성, 시간적 압력, 그리고 딜레마적 특성을 지니고 있다. 그래서 공공갈등은 해결이 어렵다. 10장은 정부 간 갈등관계와 관할권 다툼현상을 다룬다. 예산극대화와 지지자의 창출·확대를 목적으로 하는 관할권 다툼이나 할거주의 등 정부부처 간의 일반적인 갈등현상을 설명한다. 더불어 중앙정부와 지방자치단체 간의 갈등, 지방자치단체 내의 집행부와 의회 간의 갈등관계를 살핀다. 정부조직 간 관계는 종속적일 수도 있고 경쟁적일 수도 있으며 협력적일 수도 있다. 정부간관계에 관한 이론을 소개하면서 미국의 연방정부와 주정부 간 관계 그리고 우리나라의 중앙정부와 지방자치단체 간의 갈등관계를 고찰한다. 11장은 우리나라에서 발생하는 공공갈등의 전개양상 중 하나인 이분법적 대립구도에 대해서 설명한다. 우리나라 공공갈등의 전개과정에서 나타나는 특징 중 하나가 이분법적 대립과 이념적 집단극화 현상이다. 이 현상은 수직적(위계서열적) 집단주의와 체면중시 등 우리의 문화적 맥락과 밀접히 관련되어 있다.

우리는 시장과 정부, 개발과 보존, 성장과 분배, 집권과 분권, 서울과 지방 등 이분법적 용어에 친숙하다. 문제는 개념세계의 이원론이나 이분법이 실재화되어 편가르기하고 갈등을 고조시키는 것이다. 우리 사회의 맥락은 이분법의 마력에 휩싸여 구체적 방안에 대한 실용적인 공론화가 어렵다. 12장에서는 공공갈등의 대안적 관리 전략과 수단들에 대해 살펴본다. 조정과 알선, 중재, 합의형성 그리고 공론화 방식들(시민배심원제, 규제협상, 시나리오 워크숍, 공론조사)을 소개한다. 조정·중재와 공론조사의 경우 우리의 실제 적용경험을 통해 평가해본다. 밀양송전탑사례에서 적용했던 조정과 중재를 돌아보면서 우리의 맥락에 적합한 ADR 절차와 과정을 탐색한다. 그리고 신고리 원자력 발전소 5·6호기 공론화 사례를 통해 우리 사회에서 공공갈등의 대안적 관리 전략이 갖는 의미를 되새겨본다.

제4편에서는 대안적 갈등관리전략으로서 협상에 관해 살펴보고 공공갈등의 효과적 관리를 위한 사회문화적 토대와 거버넌스를 논의한다. 13장은 이론적 관점에서 협상과정에 대해 상술한다. 협상체계를 구성하고 효과성에 영향을 미치는 것으로 사회문화 및 신뢰요인, 구조적 요인, 행태적 요인, 그리고 관계적 요인 등을 살펴본다. 그리고 한미 무역협정과 같은 국제협상은 물론 국내 수준의 공공갈등사례에도 적용하여 설명할 수 있는 양면게임이론을 소개한다. 이와 더불어 협상에서 권력문제와 의사소통문화에 관해 논의한다. 협상 특히 원칙협상전략은 갈등에 대해 우회적이고 간접적으로 대응하는 고맥락 의사소통 문화보다는, 직접적인 방식으로 대응하는 저맥락 의사소통 문화에서 실효성을 거둘 수 있다. 14장은 이 책의 가설 내용인 갈등관리와 문화적 맥락 간의 관계를 고찰하고 실증한다. 소송, 조정, 중재, 협상과 같은 갈등관리 전략과 수단들은 사회의 문화적 특질을 배태하고 있다. 소송, 조정, 협상 등이 갖는 문화적 의미는 국가와 사회에 따라 상이하다. 그래서 갈등과 분쟁의 대응과정에서 어떤 방식과 절차를 선택하는가 그리고 선택된 절차와 방식이 유효하냐는 문화와 밀접히 연관되어 있다. 따라서 이 장에서는 협상, 조정, 소송 등이 갖는 의미가 미국 등의 서양권과 한국이나 일본 등의 동양

권에서 다르게 해석된다는 점을 강조한다. 그리고 OECD 회원국을 포함한 세계 각국을 표본으로 갈등과 문화 간의 상관성 가설을 실증하여 제시한다. 마지막 15장은 공공갈등관리를 위한 토대로서 숙의민주주의와 참여거버넌스에 관해 논의한다. 공공갈등관리를 위한 새로운 거버넌스의 구축은 참여와 숙의로 압축된다. 숙의민주주의의 철학적 기반과 함께 참여 이슈를 상술한다. 그리고 대안적 갈등관리전략이 기존의 행정과 공무원에게 미치는 영향과 함께 사회문화적 인프라가 효과적인 갈등관리와 뉴거버넌스에 갖는 함의를 되새겨본다. 우리에게 적합한 갈등관리 거버넌스를 구축하기 위해 한국사회의 문화와 대안적 분쟁해결방식 간의 적합성 여부를 검토할 필요가 있다. 그리고 문화적 필수 다양성을 조건으로 실용성의 가치가 우리 사회에 배태될 수 있도록 갈등관리 제도 및 거버넌스를 설계해야 할 것이다.

감사의 글

　이 책은 박사학위 취득 후 그간의 생각과 연구결과를 담았다. 통폐합 정부조직의 문화충돌을 연구한 이후, 저자의 마음에 갈등과 문화 키워드가 살아 왔다. 대학원 은사이신 이종범 교수님의 지도가 없었다면 연구 및 교육자로서 삶은 불가능했을 것이다. 이전에 하신 말씀이 기억난다. "읽기는 쉽고, 쓰기는 어렵고, 실천은 제일 어렵다." 박사학위논문이 가능하도록 성심껏 조언해준 고려대 윤견수 교수님과 동료 교수로 기꺼이 맞이해준 전남대 이영철 교수님께 깊은 감사를 표한다. 공직 퇴임 후 녹차와 함께 생활하고 계신 막내 숙부 최상수 님, 그리고 최근 일선 기관장에서 퇴임한 최성일 님의 사랑과 지지는 말로 표현할 수 없다.

　학부와 대학원에서 개설해온 공공갈등관리 수업은 집필의 직접적인 계기가 되었다. 매 학기 강의안을 준비할 때마다 행정현상을 갈등관리와 문화의 시각으로 설명할 수 있는 교재를 갈구하였다. 수업과 직장 생활에 유익한 조언을 해주시곤 했던 장건춘 전남대 명예교수님과, 직장동료로서 동고동락하는 서준교 교수님께 고마움을 전한다. 행정학계의 백완기 고려대 명예교수님, 정용덕 서울대 교수님, 이달곤 가천대 석좌교수님, 임도빈 서울대 교수님, 그리고 공공갈등의 연구자인 이선우 방송통신대 교수님, 은재호 한국행정연구원 박사님, 심준섭 중앙대 교수님, 하혜영 국회입법조사처 박사님, 김정인 수원대 교수님, 임동진 순천향대 교수님께 독자로서 깊은 감사를 드린다. 이 분들의 선행연구가 이 책에 유용한 참고가 되었다. 박사과정에서 결성했던 규칙연구회의 주재복 지방행정연구원 박사님, 홍성만 안양대 교수님, 하민철 청주대 교수님은 공공갈등 문제해결에 규칙의 중요성을 함께 고민하였다. 김서용 아주대 교수님은 문화이론 측정에 유용한 정보를 제공하였고, 김정렬 대구대 교수님, 박석희 가톨릭대 교수님, 양승범 건국대 교수님, 김윤호 서울시립대 교수님, 왕재선 강원대 교수님은 저서 출판에 아낌없는 응원을 해주었다.

이 책은 한국연구재단의 저서출판지원사업 재원으로 수행된 결과이다. 연구재단의 지원이 없었다면 집필에 전념할 수 없었을 것이다. 그리고 방문학자 연구실과 자료접근의 편리를 제공해준 콜로라도주립대교수 메리 가이 (Mary E. Guy) 전 미국행정학회장님께 감사드린다. 해외연구년 생활과 초고 교정에 도움을 준 유종은 박사과정생에게도 고마움을 전한다. 그의 도움이 없었다면 이번에 출판할 마음을 접어야 했을 것이다. 박영사 이영조 팀장님과 편집자 이면희 선생님에게 심심한 감사를 표한다.

2019년 12월 콜로라도연구실에서

최 성 욱

일러두기

　용어 사용에 관한 설명이다. 첫째, 이 책에서 '행정기관'은 중앙행정기관과 지방자치단체를 포괄하는 용어이며, '정부조직'은 지방자치단체를 포함하지 않는 용어로 사용한다. 둘째, 공공영역에서 발생하는 갈등을 지칭하는 용어는 '공공갈등', '사회갈등', '공공분쟁', '정책갈등', '공공정책갈등', '정책분쟁' 등 다양하다. 이 책에서는 이들 간 구분을 엄격히 하지 않고 공공갈등을 대표적으로 사용한다. 셋째, '지방자치단체'와 '지방정부'의 용어 사용이다. 제한적 자치권을 가진 법인격인 우리의 자치단체와 삼권을 가진 정부라는 용어를 구분해야 한다는 주장이 있다. 그러나 이 책에서는 양자를 엄격히 구분하지 않는다. 넷째, 여러 용어로 번역된 'deliberative democracy'를 이 책에서는 '숙의 민주주의'로 통일한다. 다섯째, 이익갈등으로도 불리는 'conflict of interest'를 '이해갈등'으로 총칭한다.

　한편 본문 내용에 대한 이해도를 높이기 위해 〈읽어보기〉로 참고자료들을 제시하였고, 간혹 삽화도 있다. 본문과 함께 보면 유용할 것이다.

차 례

PART

01

갈등에 대한 이해

CHAPTER 01. 갈등의 개념과 관점

갈등은 여러 학문영역에서 연구되어 온 개념이다.[1] 철학, 경제학, 심리학, 정치학, 인류학, 사회학 등 개별 학문에서부터 인력관리 등 다양한 분야에서 갈등현상을 연구한다. 그리고 갈등은 개인갈등에서부터 문명충돌까지 다양한 층위에 걸쳐 나타나는 현상이다(Ayoko et al. 2014: xxx). 개인수준에서 발생하는 개인의 내적 갈등과 대인 갈등, 집단수준에서 발생하는 집단 내 갈등과 집단 간 갈등, 조직수준에서 발생하는 조직 내 하위부서 간 갈등과 조직 간 갈등, 사회 및 국가 수준에서 발생하는 국내 사회갈등과 국가 간 갈등, 문명수준에서 발생하는 문화권 간 갈등, 그리고 개인과 집단(소집단, 조직, 사회, 국가, 문명) 간 갈등처럼 이 현상은 다층적으로 발생하는 인간행위이다.

1〉 갈등의 의미

갈등이란 용어는 표준국어대사전에서 "칡과 등나무가 서로 얽히는 것과 같이 개인이나 집단 사이에 목표나 이해관계가 달라 서로 적대시하거나 충돌한 상태" 또는 "두 가지 이상의 상반되는 요구나 욕구, 기회 또는 목표에 직

---

[1] 갈등에 관한 연구영역에서 학제 간 협업이 잘 이루어지고 있지는 않다. 하혜영(2009)에 의하면, 한국행정학계에서 갈등연구는 학제 간 협업성과 공동연구비율이 높지 않다(예컨대 71편의 선행연구 중 49편인 69%가 단독연구임).

면하였을 때 선택을 하지 못하고 괴로워하는 상태"로 정의한다. 한자로 葛藤
은 칡덩굴과 등나무를 뜻한다. 영어로 conflict은 서로 때리는 행위를 의미하
는 라틴어 conflictus 또는 confligere에서 기원한다. 일반적으로 갈등은 당사
자들 사이에 목표나 이해가 양립할 수 없거나 대립할 때 발생하는 현상으로
개념화된다. 학자들이 정의하는 갈등 개념은 적대행위, 권력투쟁, 목표방해,
욕구좌절, 이해득실, 선택의 어려움 등과 같은 용어와 긴밀하다. 예컨대
Blalock(1989)은 갈등 개념을 행위자 간 적대적 상호작용행위 또는 당사자 간
부정적 제재의 교환행위로 이해한다. Himes(1980)는 당사자들 사이에 분명한
목적을 가지고 자원, 지위, 권력에 대한 투쟁이 전개될 때 갈등이 존재한다
고 본다. Thomas(1976)는 상대방의 목표달성과 이익신장을 의도적으로 방해
하거나 좌절시키는 과정으로서 갈등을 이해한다. Brickman(1974)은 자원을
배분하거나 공유해야 할 때 한쪽은 많이 얻고 다른 쪽은 적게 가지게 되는
비형평적 이해득실의 상황을 갈등으로 간주한다(Lan 1997: 28에서 재인용).
March와 Simon(1958)은 의사결정상황에서 선택메커니즘의 붕괴와 이로 인한
선택의 어려움을 갈등으로 개념화한다.

초창기에는 갈등을 부정적으로 인식하였다. 갈등은 부정적인 결과만을
낳는다는 일반적인 믿음이 있었다(Rispens 2014: 19). 예컨대 갈등을 표준적 의
사결정메커니즘의 실패로 정의한다든지(March & Simon 1958), 조직 또는 집단
내 협력체계의 붕괴로 정의한다든지(Pondy 1967; Blake & Mouton 1984), 당사
자의 공격적 감정에 의해 동기화된 비합리적 싸움으로 개념화한다(Rapoport
1960).

갈등과 유사한 용어로 '분쟁'이 있다. 갈등과 분쟁은 개념적으로 명확히
구분되지 않고 서로 바꾸어서 사용할 수 있다(가상준 외 2007: 140). 영어의
conflict 또는 dispute를 분쟁으로 한역하듯이, 두 용어는 혼용해도 무리가 없
을 만큼 유사하다. 분쟁이라는 용어를 사용하는 대표적인 예로 대안적 분쟁
해결방식(Alternative Dispute Resolution)이나 우리 정부의 각종 분쟁조정위원회
를 들 수 있다. 두 용어 간 차이를 본다면 갈등과 분쟁은 다툼과 충돌의 가
시성, 사안의 협상가능성, 공식성과 법규성의 정도에 따라 구분할 수 있다.

첫째, 갈등은 가시적인 충돌행태뿐만 아니라 비가시적인 잠재적 충돌여건까지도 포괄한다. 반면 분쟁은 가시적인 충돌행태에 한하여 지칭되는 용어이다. 다시 말해 분쟁은 행위자 간의 불일치와 차이가 실제로 표출되어 다툼과 충돌이 벌어지고 있는 상태를 말한다. 이에 비해 갈등은 잠재적인 불일치와 차이까지 포함하는 더 넓은 의미를 갖는 용어이다(은재호·윤광석 2009; 정용덕 2010: 5). 둘째, 사안의 협상가능성 여부로 두 용어를 구분할 수 있다. 협상이 가능한 이익을 수반하면 분쟁으로 정의하는 데 비해 사안이 협상할 수 없는 인간의 기본욕구와 관련된 이슈를 중심으로 발생하면 갈등이라고 정의한다(Wagner-Pacifici & Hall 2012: 182). 셋째, 분쟁은 공식적인 제도와 절차상에서 발생하는 갈등으로서 공식성과 법규성이 부각된다. 분쟁 용어는 법적이거나 이에 준하는 절차상에서 나타나는 제도적 갈등에 한정하여 사용한다(Kolb & Putnam 1992: 315). 이에 비해 갈등은 심리적 차원에서 당사자 간 양립불가능성에 대한 지각까지 포함하는 개념이다. 예컨대 Boulding(1962)은 갈등을 지각된 양립불가능성으로 개념화한다. 그는 당사자들 사이에 불일치된 견해나 양립할 수 없는 소망과 욕구를 갖고 있다고 지각한 상태를 갈등으로 이해한다.

2〉 공공갈등과 관리의 의의

1) 공공영역의 범위와 수준

공공갈등이란 공공영역에서 발생하는 갈등을 일컫는다. 따라서 여기에서 공공영역의 범위와 수준을 어떻게 정의하느냐에 따라 공공갈등 개념의 외연과 내포가 규정될 수 있다. 공공영역을 공공성이나 공익이 추구되는 시공간으로 보면 가장 넓은 외연을 가지게 된다. 이는 어떤 행위가 사회 공동체의 구성원들에게 직간접적인 영향을 미치는 경계까지를 공공영역에 포함시키는 것이다. 이 경우 인터넷과 같은 가상공간에서 벌어지는 개인의 신상 털기와 관련된 논쟁까지도 공공갈등으로 포함할 수 있다.

공공성의 의미는 외부성, 공공재 또는 집합재, 그리고 공유재 등과 같은 개념들이 잘 나타내준다. 외부성이란 어떤 행위가 아무런 대가의 지불 없이 의도치 않은 편익과 손해를 발생시키는 파급효과를 말한다. 손해가 발생할 경우를 부(−)의 외부성 또는 외부불경제라고 하며, 편익이 발생할 경우를 정(+)의 외부성 또는 외부경제라고 한다. 예컨대 소음과 악취를 발생시키는 공장이 마을 인근에 들어서면 마을 주민들이 환경오염으로 인한 피해를 보아 부(−)의 외부성이나 외부불경제가 발생할 수 있다. 반면 등대가 들어서면 인근 해역을 지나가는 배와 선원들은 비용을 지불하지 않고도 안전하게 운항할 수 있는데 이 경우 정(+)의 외부성 또는 외부경제가 발생하게 된다. 이러한 외부성은 공공재나 집합재의 특성을 나타낸다. 순수한 공공재나 집합재는 소유와 사용에 있어 비배제성, 그리고 소비에 있어 비경합성을 모두 지니고 있다. 비배제성이란 재화와 서비스를 아무런 대가를 치르지 않고도 소유하거나 사용할 수 있음을 말한다. 대가를 지불하지 않아도 되니 무임승차의 동기가 발생한다. 비경합성이란 한 사람의 소비가 다른 사람의 소비에 영향을 주지 않으면서 모두가 동일한 재화와 서비스를 동시에 소비할 수 있음을 말한다. 바로 이러한 특성들 때문에 공공재나 집합재는 정부와 같은 공권력 행사자가 없으면 사회적으로 필요한 만큼 생산되지 않는다. 공공재나 집합재와 대립하는 시장의 사적재는 반대로 배제성과 경합성을 모두 지닌다. 그리고 비배제적이지만 경합성을 지닌다든지 배제적이지만 비경합성을 지니는 혼합적인 재화가 있다. 전자를 공유재라고 하고 후자를 요금재라고 한다.

이상과 같이 살펴본 외부성, 공공재 또는 집합재, 공유재 등 개념들이 공통적으로 함축하는바, 개별행위로 인한 비용 또는 편익이 당사자에게만 귀속되지 않고 사회적으로 확산된다는 점이다. 대가를 지불하지 않고도 이득을 취할 수 있으니 무임승차하는 것이 좋다. 하지만 사회집단 구성원 모두가 무임승차를 한다면 어떤 결과가 초래될까? 여기에서 공공성의 의미와 정부의 존재 이유를 찾을 수 있다. 공공성에 의해 공공영역의 개념을 정의하면 다음과 같다.

- 외부성이 존재하거나 외부효과가 발생하는 영역
- 모두가 대가의 지불 없이 사용하고 다수가 동시에 소비할 수 있는 영역
- 무임승차의 문제가 발생하는 영역

그러면 공공갈등은 '외부성이 존재하거나 외부효과가 발생하는 영역에서 지각되는 관련 당사자 간 양립불가능성'으로 개념화될 수 있겠다. 한편 공공영역을 정부의 정책과 사업예산이 투입된 영역으로 구체화하여 정의할 수도 있다. 『공공기관의 갈등예방과 해결에 관한 규정』에서 갈등이란 "공공정책(법령의 제정·개정, 각종 사업계획의 수립·추진을 포함)을 수립하거나 추진하는 과정에서 발생하는 이해관계의 충돌"로 정의된다. 공공성에 대한 보다 깊은 이해와 공공영역의 정의 문제는 이 장의 죄수딜레마 게임이론을 설명하는 부분이나, 9장의 공공갈등문제의 특성 부분을 참고하기를 바란다.

공공갈등과 유사한 용어로 사회갈등이 있다. Coser(1967: 232)에 따르면, 사회갈등이란 갈등당사자의 목표가 바람직한 가치를 획득하는 것은 물론 경쟁자를 제거하거나 적어도 중립화하는 상황으로서, 희소한 자원, 지위, 권력, 그리고 가치에 대한 투쟁을 말한다. Oberschall(1978: 291)에 따르면, 갈등은 경쟁적 상황에서 당사자 간에 상호작용으로부터 야기되는데, 여기에서 사회갈등이란 당사자가 집단, 조직, 공동체, 군중 등 개인의 총합체인 경우 발생하는 갈등이다. 사회문제들 중 정부가 해결하기로 의제화된 것이 정책문제이듯이, 사회갈등들 중 정부가 당사자가 되거나 해결을 모색할 때 공공갈등이라 할 수 있다. 따라서 공공갈등을 정부행위자의 개입에 한정하여 구체적으로 개념화할 때는 사회갈등 개념이 공공갈등을 포함하게 된다. 즉 공공갈등을 사회갈등의 하위유형으로 정의할 수 있다. 그러나 공공갈등을 공공성의 의미에서 추상적으로 개념화할 때는 사회갈등의 용어와 혼용할 수 있다.

2) 갈등해결과 관리에 대한 이해

갈등해결의 의미와 접근법도 여러 학문에서 발전되어 왔다. 그래서 갈

등의 해결과 관리에 연관된 용어도 여러 가지이다. 갈등문제의 해결을 지칭하는 용어로 'conflict resolution'과 'conflict management'를 일반적으로 사용한다. 2장에서 다루겠지만 갈등은 기능상 부정과 긍정의 양면성을 지니고 있다. 따라서 갈등을 어떻게 최적수준으로 관리하느냐가 중요하다. 갈등이 전혀 없는 상태(갈등=0)를 상정한 문제해결 접근은 비현실적일 뿐만 아니라 바람직하지도 않다. 갈등의 최적수준을 가정하여 이를 기준으로 해소와 촉진 전략을 마련하여 접근하는 것이 갈등관리의 핵심이다. 하혜영(2007: 273)에 의하면, 갈등관리란 갈등이 역기능적이고 파괴적인 국면으로 확대되는 것을 막으면서, 순기능은 증가될 수 있도록 유도하는 구조와 조건을 구비하는 과정을 말한다. 전통적으로 갈등의 '관리'를 표현하는 영어 단어로 'management'보다는 'resolution'을 더 많이 사용하는 경향이 있다. 'conflict resolution'이라는 용어의 보편적 사용은 경제학자 케네스 볼딩(Kenneth Boulding, 1910~1993)을 중심으로 1957년 창립된 *Journal of Conflict Resolution*에 기원을 두고 있다(Wagner-Pacifici & Hall 2012: 182).

　'Conflict settlement'라는 용어도 있다. 'settlement'가 협상이나 중재를 통한 해결을 지칭하는 데 비해 'resolution'은 관련 당사자들의 기본적인 욕구충족에 초점을 두는 의미이다(Burton 1995: 115). 이 책에서 갈등관리는 'conflict resolution'을 지칭한다. 갈등관리는 당사자 간의 상호합의 결과를 의미하며 이 합의 결과로 인해 갈등 당사자들 모두가 만족감을 얻어야 한다. 여러 학자들이 'resolution' 용어에 갈등당사자 간 합의를 형성하는 과정상의 욕구충족이나 만족 그리고 수용성을 내포시킨다. 예컨대 Susskind 등(1999: 6)은 갈등관리를 이해관계자들 모두가 만족할 만한 의견일치를 찾아가는 합의형성과정으로 정의한다. Ross(1993: 120)는 성공적인 갈등관리를 판별하기 위한 기준으로 해결책에 대한 수용성과 지속성 그리고 당사자 간 긍정적 관계의 발전 등 세 가지를 제시한다. Lewicki 등(2003)도 갈등관리를 분쟁의 주요 이슈를 중심으로 이해관계자들 사이에 상호 수용가능한 의사결정점에 도달하는 것으로 이해한다(하혜영 2007: 275). 요컨대 'conflict resolution' 용어로서의 갈등관리 개념은 갈등당사자들 사이에 만족과 수용성 그리고 지속가

　PART 01. 갈등에 대한 이해

능성을 필요조건으로 하는 합의형성과정 또는 의사결정과정으로 정의될 수 있겠다.

'평화'라는 용어도 갈등관리의 개념을 이해하는 데 필요하다. 평화학의 창시자로 불리는 요한 갈퉁(Johan Galtung, 1930~)은 평화 개념을 소극적 평화와 적극적 평화로 양분하여 정의한다(Galtung & Jacobsen 2000). 여기에서 소극적 평화란 단지 명백한 폭력이 없는 소극성을 띠는 반면, 적극적 평화란 가난과 불평등과 같은 부정의로 인한 구조적·문화적 폭력이 없는 상황을 지칭하는 적극성을 지닌 개념이다. 또한 '갈등전환'이라는 용어도 있다. 갈등전환은 오랫동안 지속된 파괴적 적대관계와 투쟁으로부터 당사자 간 생산적인 화해상태로의 근본적인 변화를 나타낸다(Kriesberg 2008: 401). 갈등전환이라는 용어는 사회갈등을 해결하는 단일안은 결코 있을 수 없다는 생각을 내포하고 있다. 한편, 갈등종결은 갈등대상의 소멸, 당사자 중 일방의 승리, 타협, 알선·조정, 화해불가능 등 다섯 가지 주요 패턴으로 나뉠 수 있다(Wagner-Pacifici & Hall 2012: 184-187에서 재인용).

한 나라의 공공갈등수준은 해당 국가와 정부의 관리역량에 달려 있다. 그래서 갈등수준을 나타내는 갈등지수는 갈등원천을 측정하는 지표뿐만 아니라 갈등관리역량을 측정하는 지표도 포함한다. 다시 말해 공공갈등의 수준은 소득불평등, 인종이나 종교의 다양성 등과 같은 갈등원천요인과 정부효과성 등과 같은 갈등관리역량의 함수라고 할 수 있다. 〈읽어보기 1-1〉에는 이를 반영하는 공공갈등의 측정 모형 및 지표들이 예시되어 있다.

- 공공갈등의 수준 = F(갈등원천, 관리역량)

공공갈등이 발생할 수 있는 원천들이 많더라도 관리역량이 높으면 갈등수준은 낮을 수 있으며, 역으로 갈등발생의 잠재요인들이 적더라도 관리역량이 낮으면 갈등수준은 높을 수 있다. 이 점에서 갈등 자체보다는 갈등관리의 중요성이 부각되는 것이다. 대형 국책사업과 같은 정부정책 추진 과정에서 공공갈등의 발생은 불가피하다. 정책 추진을 앞두고 갈등영향분석을 실시하지 않았거나 분석이 부실해서 적절한 관리가 이루어지지 않으면, 갈등의 부정적 효과가 사회적으로 확산되곤 한다. 우리의 경험상 초기단계의 부적절한 대응으로 인해 갈등이 증폭된 후에야 당사자 간 대화시도나 ADR을 적용하는 경우가 많다. 하혜영(2007)의 실증분석에 의하면, 갈등발생 초기에 적용하였던 접근법으로서 소송과 같은 전통적 관리방식이 약 63%이고 ADR 방식이 약 37%였다. 그러다가 갈등종결단계에 오면 전통적 관리방식이 약 21%이고 ADR 방식이 약 79%로 나타났다.2) 김광구·이선우·심준섭(2018)의 사례분석에 의하면, 갈등이 발생된 후 최소 2년에서 최장 16년, 평균 약 5년이란 세월이 흐른 다음에야 대통령과 같이 정치적 영향력이 있는 제3자의 압력에 의해, 당사자 간 대화가 시작되면서 합의형성을 위한 협의체가 구성된다.3) 요컨대 그동안 우리나라에서 공공갈등에 대한 관리는 많은 경우 갈등초기에 소송이나 독자적인 방식으로 대응하다가, 갈등이 오히려 증폭되면 ADR과 같은 대체적 방식으로 전환하는 경향을 보였다. 이러한 경향은 그간 우리의 정부조직이나 행정기관의 갈등관리역량실태를 그대로 보여주는 것이다. 공공갈등의 증폭과 지속으로 인해 초래되는 사회적 비용은 막대하다. 이러한 비용은 세금낭비는 물론 심리적 차원의 악영향으로 연결된다. 따라서 공공갈등의 효과적인 관리를 위해 적절한 사업타당성조사와 갈등영향분석을 통한 정부의 예측과 적시개입 능력이 긴요하다. 관련법령 강화를 통해 모든 정책과 사업을 결정하기 전에 반드시 갈등영향분석을 실시하도록 할 필요가 있다.

----

2) 이 연구는 1995~2006년 6월까지 국내에서 발생했던 공공갈등 사례 213건을 대상으로 하였다. 전통적 방식은 소송 및 독자적 관리방식을 포함하였다. 여기에서 독자적 방식이란 우월한 권력을 보유한 갈등당사자에 의한 일방적·주도적인 갈등해결활동을 말하며 회피, 비순응, 일방적 행동, 지연, 무마 등 방법을 예시할 수 있다. 그리고 대안적 관리방식은 협상, 조정, 중재 등 ADR 방식을 말한다.

3) 이 연구의 분석사례는 한탄강댐 건설사업, 국군기무사 과천이전사업, 국립서울병원 이전·재건축사업, 천성산 원효터널공사, 시화호 개발사업, 호남선 계룡산 터널공사, 밀양 송전선로 건설사업 등이다.

- **Rodrick(1999)**
  - 사회갈등지수 = 사회갈등의 잠재요인 ÷ 갈등관리제도
    - 사회갈등의 잠재요인: 불평등도, 민족·언어 다양성, 사회적 신뢰(불신)에 대한 대리지표로 구성
    - 갈등관리제도: 민주주의 제도의 질적 수준, 사회보험에서의 공공지출에 대한 대리지표로 구성

- **De Grauwe & Skudelny(1999)**
  - Rodrick(1998)이 제안한 측정모형을 활용, 일반적 경제성장모형에 사회갈등지표와 사회갈등관리지표를 포함시킴.
    - 사회갈등지표: 지니계수, 민족·언어 다양성, 특정기간 동안 정부 및 총리의 교체수로 구성
    - 사회갈등관리제도: 행정효율성 지표, 정부소비지출, 조세수입으로 구성

- **박준 외(2009)**
  - 사회갈등지수 = 지니계수 ÷ [(민주주의지수 + 정부효과성지수) / 2]

- **정영호·고숙자(2014)**
  - 사회갈등지수 = 사회갈등의 잠재요인 ÷ 갈등관리제도
    - 사회갈등의 잠재요인: 정치(공공서비스의 정치적 비독립성, 정부의사결정에서의 비효과적인 실행 평가, 정보접근제한, 언론의 정치적 편향성, 언론제한, 시민의 합법시위 참여, 민주주의 미성숙도), 경제(Gini계수, P90/P50비율, P90/P10비율), 사회문화(민족다양성과 문화다양성, 인구밀집도와 도시인구집중도) 영역에서 지표추출
    - 갈등관리제도: 정부효과성, 규제의 질, 부패통제, 정부소비지출비중 등

3〉 갈등현상에 대한 이해와 관점

갈등현상은 다양한 관점에서 이해할 수 있다. 갈등연구에 지적인 토대를 제공한 근현대 사상가로 찰스 다윈, 카를 마르크스, 지그문트 프로이트 등을 들 수 있다(Deutsch 2000: 11). 다윈(Charles Robert Darwin, 1809~1882)은 모든 자연 생물이 전쟁 상황에 있다면서 경쟁적 생존투쟁과 적자생존을 강조

하였다. 마르크스(Karl Heinrich Marx, 1818~1883)는 기존 사회의 모든 역사가 계급투쟁의 역사라면서 전체사회가 적대적인 두 진영인 부르주아와 프롤레타리아 간의 계급투쟁으로 완전히 분열된다고 주장하였다. 프로이트(Sigmund Freud, 1856~1939)는 심리 성(性)적 발달의 측면에서 생물학적으로 결정된 원초적 자아와 사회적으로 결정된 초자아 간의 항구적인 투쟁을 주장하였다. 이러한 지적인 토대에 따르면 갈등현상은 경쟁적 투쟁으로 간주되어 경쟁성을 강조한다.

한편 심리적 관점과 사회·경제·정치적 관점으로 대별하여 갈등현상을 설명할 수 있다. 전자는 갈등의 원인을 인간의 마음속에서 찾는다. 즉 갈등현상을 지각, 신념, 가치, 이념, 동기부여 등과 같은 심리적 특성의 관점에서 설명하려는 것이다. 후자는 이해관계를 둘러싼 객관적 분쟁과 같은 사회·경제·정치적 요인들의 관점에서 갈등현상을 설명하려는 것이다. 이 책에서는 정치철학, 심리학, 게임이론, 의사결정론 등의 관점에서 갈등현상을 살펴볼 것이다. 동일한 현상을 여러 관점에서 보게 됨으로써 갈등에 대한 이해도가 높아질 수 있다.

1) 정치철학적 관점

갈등은 인간세계의 자연적이고 본질적인 현상이다. 그래서 갈등현상에 대한 관념적 통찰은 고대 철학자 소크라테스(Socrates, 기원전 470년경~기원전 399), 플라톤(Plato, 기원전 427~기원전 347), 아리스토텔레스(Aristotles, 기원전 384~기원전 322)까지 거슬러 올라간다. 특히 지난 2천년의 서양철학이 플라톤의 각주에 불과하다고 할 만큼 플라톤의 사상은 많은 영향을 끼쳤다. 스승 소크라테스의 가르침에 따라 플라톤이 국가론(The Republic)에서 이해하는 갈등관념은 개인 수준에서 영혼의 구성요소와 도시국가 수준에서 구성계층 간의 조화와 균형 여부에 기초한다. 개인의 영혼은 절대선과 진리를 추구하는 전인격체로서의 이성, 명예와 경쟁 가치를 추구하는 호전적 기백, 그리고 식욕이나 성욕과 같은 저차원의 욕망 등 세 가지 요소 간의 적절한 비율과 균형이 있을 때 바람직하다.4) 좋은 삶이란 인지적 탁월성을 나타내는 지식뿐만 아니라 건강한 감정적 반응의 습관화 역시 필요하며 영혼의 세 부분인 이성과 기백 그리고 욕망 사이에 조화를 요구한다. 도시국가 수준에도 이와 같은 유추가 적용된다. 도시는 통치자와 보조지원세력으로 구성된 수호자 계층, 그리고 생산자 계층인 시민으로 이루어진다. 이러한 세 계층 각자가 본연의 역할에 충실하며 조화를 이룰 때 정의가 실현된다. 즉 통치자는 철학왕으로서 무엇이 좋은 삶인가에 관한 선(善)을 이해하고, 군인과 같은 보조지원세력은 치열한 전투 중에도 무엇을 두려워해야 하는가에 대한 통치자의 판단을 견지하며, 생산자인 시민들은 모두 누가 통치해야 하는가에 대해 동의를 할 때 정의로운 도시(국가)가 되는 것이다. 요컨대 플라톤의 좋은 삶과 정의란 구성요소들 간의 조화를 말하는데, 그는 개인 수준에서 영혼의 세 가지 구성요소 간 갈등이 제거되고 도시국가 수준에서 세 가지 계층 간 갈등이 모두 제거된 상태를 강조한다. 플라톤에게 갈등은 부정적인 것이며, 갈등의 제거 상태인 영혼이나 도시의 구성요소들 사이에 적절한 비율과 조화가 바람직하고 이상적인 것이다.5)

토머스 홉스(Thomas Hobbes, 1588~1679)와 같은 16세기 사회계약론자들 역시 갈등을 부정적으로 인식한다. Hobbes(1651: 104-106 or 현대판: 56-58)는 자연상태를 '만인 대 만인의 투쟁'으로 간주함으로써 갈등을 인간생활의 태생적 조건으로 제시한다. 다시 말해 홉스는 국가와 같은 인위적 권위체가 개입하지 않는 자연상태를 전쟁과 투쟁으로 인식한다. 그가 인식하는 인간의 삶이란 본래 고독하고, 빈곤하고, 간악하고, 잔인하며, 짧다(p.58).6) 홉스는

---

4) 영혼의 세 가지 구성요소는 프로이트의 초자아(superego), 자아(ego), 원초적 자아(id)와 비교하여 이해할 수 있다.

5) 플라톤(소크라테스)이 제시하는 갈등예방책으로 수호자 계층의 사유재산금지와 공동 가족·육아를 들 수 있다. 이렇게 하면 돈, 가정, 아이를 두고 싸울 일이 없을 것이라고 한다.

6) 이는 동물의 상태를 나타낸다. 이에 비해 존 로크(John Locke)는 인간이 이성을 가지고 있기에 '자신이 하는 것처럼 타인들도 그렇게 할 것이라는 점'을 앎으로써 유지되는 평화와 호혜성을 가정한다. 자연상태와 전쟁상태를 구별하지 않는 홉스에 반해, 로크는 자연상태를 이성에 따라 함께 사는 인간세계로 가정한다. 자연상태에서 완전히 자유롭고 평등한 이성적 인간

인간이 본래 평등하다고 가정한다. 신(자연)은 모든 인간을 정신과 육체적인 면에서 평등하게 창조하였다. 육체적으로 아무리 약한 자라도 비밀모략과 타인과의 동맹에 의해 최강자를 죽일 수 있다. 정신적인 면에서는 더욱 평등하다. 인간은 이성과 과학이라는 정신적 힘을 선천적으로 지니고 태어나지 않았다. 이성과 과학과 같은 정신력은 경험과 노력에 의해 길러지는 것이다. 그런데 대부분의 사람들은 자신이 보통사람보다 더 지혜롭다는 망상 또한 가지고 있다. 홉스는 이러한 망상이야말로 인간의 정신적 평등성을 증명한다는 것이다.

능력에 대한 평등인식은 희망에 대한 평등성으로 이어진다. 즉 능력이 같다고 생각하면 바라는 것 또한 같게 된다. 홉스는 이러한 인간의 본성을 근거로 경쟁, 불신, 영광 등 세 가지 싸움의 명분 또는 갈등원인을 지적한다. 첫째, 경쟁이다. 능력이 같다고 믿는 두 사람이 동시에 즐길 수 없는 동일한 것을 차지하려고 한다면 어떻게 되는가? 두 사람은 적이 된다. 평등한 능력의 소유자들이 양립 불가한 목표를 추구할 때 갈등의 발생은 불가피하다. 여기서 경쟁은 획득 욕구와 관련된다. 둘째, 불신이다. 불신 중에 스스로의 안전과 생존을 보장받을 가장 합리적인 방법은 먼저 때리는 것이다. 즉 상대방이 나를 죽일 수 있다고 불신하는 상황에서 자신을 지키는 방법은 먼저 공격하는 것이다. 모두가 불신하면 만인 대 만인의 투쟁 상태가 된다. 그래서 합리적인 인간이라면 자신의 생존과 안전을 위해 타인을 먼저 때리려 할 것이고 그 결과 '서로(com−, together) 때리는(fligere, strike)' 갈등(confligere, conflict) 상태에 처하게 된다. 여기에서 불신은 안전욕구와 관련된다. 셋째, 영광이다. 모든 사람은 자신이 가치 있게 여겨지길 바란다. 본인을 알아주길 바라는 만큼 타인 역시 자신의 가치를 평가받길 원한다. 자신의 가치를 평가절하하거나 멸시하는 상대방에 대해서는 모든 사람이 폭력에 의해 똑같이 멸시

은 타인의 생명 · 건강 · 자유 또는 소유물에 해를 끼쳐서는 안 되는 자연법을 지켜야 하는 존재이다. 신이 부여해준 자연상태와 자연법의 실패가 일어나는 전쟁상태를 막거나 치유하기 위해 공동권위체(commonwealth)가 필요하다는 점에서는 홉스나 로크가 같다. 그러나 홉스는 절대권위의 국가(Leviathan)를, 로크는 동의에 기초한 정부(Government)를 얘기한 것이다.

PART 01. 갈등에 대한 이해

할 것이라고 가정한다. 이러한 명성과 관련된 욕구도 결과적으로 서로를 파괴하기에 충분한 조건이 된다.

이와 같은 자연상태에 모든 사람에게 경외심을 주는 공동 권력이 개입하지 않는다면 인간은 전쟁의 상태에 처하게 된다. 여기에서 전쟁이라는 것은 전투에 임할 의지가 있는 상태(p.57)를 포괄한다. 요컨대 홉스는 갈등현상을 인간사회의 본래적인 조건인 자연상태로서 인식한다. 이러한 자연상태에서 벗어나기 위해 국가[Commonwealth: Leviathan]의 존재가 정당화된다. 이 점에서 국가와 정부의 존재이유를 갈등관리에서 찾을 수 있겠다.

20세기 중반 이후 가장 중요한 독일의 철학자로 평가받는 위르겐 하버마스(Jürgen Habermas, 1929~)는 갈등을 해결하는 데 합리적 토론이 갖는 힘을 신봉한다. 그는 대안적 갈등해결 전략인 합의형성과 숙의민주주의에 관한 핵심적인 함의를 제시하였다. 그가 제시하는 합의형성과 숙의란 공동체 구성원이 증거 기반의 토론 참여를 통해 공공문제에 대한 자신의 견해와 선호를 변화시켜 나아가는 의사소통적 상호작용과정을 말한다. 하버마스의 의사소통행위론에 제시된 이상적 의사소통 공동체의 관념이 이를 반영한다. 하버마스는 인간이 개인의 사익추구를 위해 전략적으로 상호작용을 하기보다는, 서로 간에 이해를 하기 위해 상호작용을 한다고 본다. 하버마스는 개인들이 서로를 이해할 목적으로 이성과 증거에 기반하여 제약 없이 의사소통을 하려는 동기를 갖는다고 가정한다. 이것이 바로 의사소통적 합리성(communicative rationality/reason)을 추구하는 행위이다.

하버마스는 이상적인 담화와 의사소통을 실현하기 위해서 토론과정에 내·외적 제약이나 이데올로기적 왜곡이 없어야 하며, 언어행위의 사용과 선택에서 모든 참여자에게 평등한 기회가 주어져야 한다고 주장한다. 하버마스는 공론화를 공론장의 형성과정으로 정의하며 공론화의 가장 중요한 기능으로 사적인 개인과 공적인 의제의 매개를 들었다. 공론장이란 사회 현안에 대해 모든 시민이 자유롭게 숙의하며 국민과 정치권 또는 국민과 정부가 소통할 수 있는 공적 공간을 말한다. 이러한 공적 공간에서 비로소 사적인 것과 공적인 것이 구별되며 공공 의제가 생성되고 발현된다(은재호 2018: 19). 최근 우리 사회에서 공공갈등을 해결하는 데 주요하게 활용되는 공론화방식은 하버마스의 의사소통행위 철학에 기초한다. 요컨대 하버마스의 철학은 이념을 가진 조직화된 집단들이 공론장에서 권력과 이해 조정을 둘러싸고 경쟁하는 가운데 합리적 불일치를 수용하는 담론윤리를 강조한다. 이성과 증거에 기초하여 합리적 불일치와 다원주의의 지속성을 전제함으로써 평화공존과 진정한 인간해방이 실현될 수 있다는 것이다. 하버마스의 이상적 의사소통 공동체 관념은 숙의민주주의적 제도들을 정당화하면서 공공갈등 해결의 중요한 접근법을 제시하고 있다(이에 관해 15장에서 상술함).

현대의 공공갈등은 기본적으로 사회적·경제적 불평등으로부터 초래된다. 공공갈등문제의 기저에는 불공정한 사회적·경제적 분배인식이 깔려있는 것이다. 이 점에서 존 롤스(John Rawls, 1921~2002)는 분배적 비형평성을 지니고 있는 공공갈등문제의 성격과 평등한 참여와 대화를 강조하는 숙의민주주의 관념의 철학적 기반을 제공한다. 모든 사람이 기본적으로 평등하게 자유를 누릴 수 있으려면 어떻게 해야 하는가? 존 롤스는 자유롭고 평등한 합리적 개인들에 의해 결정되는 사회(국가)를 상정하면서, 공정성의 정의(justice as fairness)를 주장한다.[7] "진리가 사고체계의 첫 번째 덕목이듯이 정의는 사회제도의 첫 번째 덕목이다. 이론이 아무리 우아하고 경제적이어도 그것이 진실이 아니라면 폐기되거나 수정되어야 한다. 마찬가지로 법과 제도가 아무리 효율적이고 잘 정비되어 있다 하더라도 그것이 정의롭지(공정하지) 못하면 개혁되거나 폐지되어야 한다"(Rawls 1971: 3). 그는 자연상태를 의미하는 원초적 위치(original position)에서 무지의 베일(veil of ignorance)에 싸여 있는 사람은 다음과 같은 두 가지 원칙을 선택할 것이라고 주장한다.[8] "첫째, 기본적인

----

7) 존 롤스의 정의론은 사람 간의 차이를 진지하게 고려하지 않는 공리주의(utilitarianism) 철학에 대한 비판으로 성립한다. 자유의 우선원칙을 제시하며, 효율성 원칙과 복지보다 공정성으로서 정의가 우선해야 함을 주장한다.

8) 아이리스 영(Iris Young)은 롤스의 원초적 위치와 무지의 베일이라는 가정이 초현실적 가상의 도덕관념으로서 실제세계에서는 성립 불가능한 허구라고 주장한다(김희강·나상원 역 2020: viii-ix).

권리와 의무에 대해서는 모든 사람에게 동등하게 할당해야 한다. 둘째, 권한과 부의 불평등과 같은 사회적·경제적 불평등은 이것이 모든 사람에게 보상 혜택의 결과를 가져오고 특히 사회적으로 최소의 수혜자에게 최대 혜택이 갈 수 있는 방향으로 조정되어야 한다"(p.13, p.53). 즉 "i) 모든 사람이 기본적 자유에 관해 평등한 권리를 갖고("equal basic liberties"), ii) 사회적·경제적 불평등이 ii_1) 공정한 기회의 평등 조건 하에 모든 사람에게 개방된 위치와 직위에 부착되면서("fair equality of opportunity") ii_2) 사회 구성원 중 최소 수혜자(가장 불리한 사람)에게 최대 혜택이 가도록 배열될 때('호혜'와 '형제애'), 정의는 실현된다"(1999년 개정판 p.13, 53, 266). 자유의 제한은 자유 자체를 위해서만 정당하다. 자유의 제한은 덜 자유로운 사람에 의해 받아들여져야 한다(자유의 원칙). 그리고 정당하게 허용될 수 있는 기회의 불평등은 기회가 적은 사람의 기회들을 향상시킬 수 있을 경우이다(차이의 원칙). 예를 들면 남성선호 직무로 인한 남녀불평등은 이것이 여성에게 이점이 되고 여성의 관점에서 받아들일 수 있을 때만 정당하다. 이 사상은 불운이나 사고로 사회적 약자 위치에 있게 된 사람들을 소득재분배를 통해 단순히 돕자는 것이 아니다. 모든 시민들이 자기 일을 스스로 관리하고 사회적으로 상호존중에 입각해 협력하면서 살기에 적절할 정도로, 평등한 조건들을 갖추자는 것이다. 단순히 재분배정책을 통해 복지국가를 실현하는 것이 아니라, 호혜성과 형제애에 기초하여 자유롭고 평등한 시민들이 세대를 거쳐 서로 협력하는 공정한 시스템을 구축하자는 것이다. 그래서 모든 이가 분배의 공정성을 지각할 수 있어야 한다. 분배에서 공정성의 지각은 갈등유발과 갈등관리에 핵심적인 요소이다. 분배적 비형평성과 공정성 인식에 대해서는 9장 공공갈등문제의 성격에서 상세하게 다룬다.

2) 심리학적 관점

심리학적 관점에서는 주로 인간의 욕구충족과 인지적 측면에서 갈등을 이해한다. 갈등을 욕구좌절이나 목표방해에 관련된 행태로 이해한다. 그리고 갈등의 원인을 인간의 마음속에서 진행되는 지각, 신념, 가치, 이념, 동기부여 등과 같은 심리학적 개념과 특성에서 찾는다. 여기에서 갈등은 행위자(개인, 집단, 조직)가 상대 행위자에 의해 자신의 욕구실현과 목표달성이 좌절되거나 방해받는 가운데 나타나는 심리적 투쟁이나 행위자들 간의 충돌행태로 정의될 수 있겠다. 욕구충족과 목표달성의 과정에서 방해를 받거나 실패할 때 어떤 행태를 보이는가? 프로이트가 제시한 리비도(libido)에 의한 무의식적 억압이나 의식적인 심리투쟁 등 방어기제들을 적용하여 개인갈등을 설명할 수 있다. 방어기제 개념은 서로 다투는 상반된 힘이 인간의 마음속에 있다는 정신분석학적 가설에서 비롯되었다. 정신분석이론에서 자아 방어기제는 해결할 수 없는 갈등에 대해서 '타협'적인 해결에 도달할 수 있게끔 작동하는 정신 과정을 말한다. 이 과정은 대개 무의식적이다. 그래서 여기에서 타협이란 일반적으로 자존감을 떨어뜨리거나 불안감을 유발하는 내적 욕구나 감정을 자아로부터 숨긴다는 의미를 포괄한다. 자아 방어기제들이 〈읽어보기 1-2〉에 예시되어 있다. 5장에서는 이러한 방어기제들을 공직자 개인갈등사례에 적용하여 설명한다.

📖 읽어보기 1-2 자아 방어기제

자아 방어기제(Defence mechanism)란 용어는 지그문트 프로이트의 논문 "The Neuro-Psychoses of Defence"(1894)에서 처음 사용되었다. 안나 프로이트(Anna Freud)가 아버지의 저서들에서 방어기제들을 발견하여 정리하였다. 오늘날 통용되는 방어기제의 종류는 프로이트가 말했던 것들보다 더 많다. 방어기제는 성숙도에 따라 부정과 같이 병리적인 것으로부터 승화와 같은 성숙한 것으로 나뉜다.

■ 부정(denial)은 고통스러운 사실의 존재에 대해 인식하는 것을 의식적으로 거부하는 것이다. 객관적 실재 또는 마음속에서 발생했던 것을 인정하지 않고 부인하는 것을 말한다.
    예) 사랑하는 자식이 예기치 않은 사고로 죽었을 때, 사람들이 자신에게 거짓말을 하고 있으며 그 아이는 어딘가에서 분명 살아 있으리라고 믿는 부모의 경우.

■ 투사(projection)란 원치 않는 감정이 타인에게로 옮겨져 마치 외부세계로부터 비롯된 위협인 것처럼 보이게 되는 방어 형태이다. 투사는 자신의 부정적인 모습(분노, 과민, 공격성, 편견, 질투 등)에 의해 야기되는 불안과 위협을 잠재우기 위해 이러한 부정적 모습이 타인에게 있

다고 혐의를 씌울 때 발생한다.

　예) 정숙하지 못한 사람이 엉뚱한 타인을 향해 성적으로 문란하다며 혐오하는 경우.

■ 합리화(rationalization)는 행태의 진짜 원인을 그럴싸한 합리적 설명으로 대체하는 것이다. 자기합리화 또는 자기정당화로 통용된다.

　예) 자신의 분노에 의해 상대방을 폭행한 후, 자신은 사람이 아닌 짐승을 손봐줬을 뿐이라고 반응하는 경우. 이솝우화의 여우와 신포도 이야기.

■ 반동형성(reaction formation)은 무의식적으로 두려운 자극과는 반대되는 생각·감정·욕망에 대해 의식적으로 집착하는 것이다. 위협적인 충동자극이 표출되지 못하도록 정반대의 반응행태를 형성하는 것을 말한다.

　예) 원치 않았던 아이를 낳은 엄마가 자신이 좋은 엄마라는 것을 자신과 아이 모두에게 확신시키기 위해 지극정성으로 과잉보호를 함으로써 아이를 원치 않았던 자신의 죄책감에 반응하는 경우.

■ 억압(repression)은 원치 않는 생각·감정·욕망을 마음의 무의식 부분으로 밀어넣음으로써 의식 부분에서 철수하는 것이다. 위협적인 충동의 존재 자체를 거부하여 의식 속으로 들어오지 못하게 무의식적으로 막는 것을 말한다.

　예) 히스테리성 기억상실증의 경우, 피해자가 어떤 충격적인 행위를 했거나 목격한 후 그 행위 자체 및 관련 상황을 완전히 망각한다.

■ 퇴행(regression)이란 심리성적 발달후기단계에서 발생한 위험이나 갈등에 의해서 발달초기단계로 회귀하는 것을 말한다. 불안 상황에 처할 때 이전의 심리성적 발달단계로 되돌아가려는 반응이다.

　예) 어린이가 새로 태어난 동생에게 관심이 쏟아지자 그 관심을 자신에게 되돌리기 위해 신생아처럼 행동하는 경우.

■ 동일시(identification)는 중요한 인물의 태도와 행동을 자기 것으로 만들면서 닮아가는 것이다. 책에서 동경하는 위인의 성격과 습관을 보고 이를 자신의 삶에 적용하려고 하는 것과 같다.

　예) 히틀러 청소년단(Hitler-Jugend)이 히틀러의 힘을 동경하게 되어 나치 군대의 잔인성을 닮아갔던 경우.

■ 승화(sublimation)는 본능적인 욕구, 특히 성적인 욕구를 비본능적인 계통으로 전환하는 것이다. 성적 충동에 투하된 에너지가 예술적이거나 과학적인 노력과 같이 보다 수용적이고 사회적으로 가치 있는 성취를 추구하는 방향으로 전환되는 것을 말한다.

　예) 예술가가 자신의 폭력적이거나 성적인 충동을 예술로 표현하여 승화하는 경우.

한편 갈등원인을 인간의 인지특성에 의해 설명할 수 있다. 인간의 인지력 또는 정보처리능력은 불완전하다. 우리는 사실기반에 의한 정확한 정보처리와 판단을 장담할 수 없다. 인간은 인지활동과 판단을 자신의 인지체계인 도식(schema)에 의존하는 경향이 있다. 인지체계인 도식은 한마디로 신념을 내포한 자기이론을 말한다. 도식은 마치 자기가 찍어놓은 심상의 사진과 같다. 인간은 이러한 자기이론에 기초하여 세상에 대한 정보를 지각하고 처리하는 경향을 가지고 있다. 이 과정에서 편견, 고정관념, 자기 충족적 예언, 프레이밍, 확증편향 등과 같은 자기 편향적 인지특성들이 작용한다. 이러한 특성들은 양(+)의 피드백 루프를 지녀서 자기중심적인 사고를 강화한다. 이에 관해 〈읽어보기 1-3〉에 예시된 자기충족적 예언이 대표적이다. 김동환 (2004: 228-231)은 자기충족적 예언을 시스템사고(systems thinking)로 접근하여 설명한다. 자기충족적 예언의 시스템은 다음과 같은 두 가지 특성을 지닌다. 첫째, 초기의 예언이 양의 피드백 루프에 의해 계속 강화된다. 둘째, 인식세계와 실제세계가 상호 결합되는 구조를 지닌다. 인식세계에 의해 실제세계가 움직이며 이로 인해 변화된 실제세계는 인식세계에 증거를 제공한다. 이러한 순환과정을 통해 인식과 실재는 연결된다. 그래서 객관적 실체에 의해 주관적 관념이 형성되기도 하고 역으로 주관적 관념에 의해 객관적 실체가 결정되기도 한다. 이런 식으로 연결된 시스템은 자기충족적 예언의 함정에 빠져 자기편향성을 강화하는 경향이 있다.

이렇게 자기편향성이 강화됨으로써 정보전달과 의사소통 과정이 왜곡된다. 참여거버넌스 일환으로 마련된 대화의 장에서도 갈등당사자들은 각자 유리한 정보만 취사선택하고 듣고 싶은 것만 듣는 성향이 있다. 상대방의 입장을 이해하고 경청하기보다는 기존의 자기입장을 강화시키는 기회로 삼는다. 그리하여 결국 긴장과 갈등을 고조시키곤 한다. 심리학적 관점에서는 갈등의 원인을 객관적 실재보다는 인간의 인지심리적 특성에서 찾는다. 편견, 고정관념, 자기충족적 예언, 프레임 등이 갈등을 일으키고 지속시키는 것이다. 공공갈등상황에서 관련 행위자들은 상대방에 대한 고정관념과 인물이나 집단 또는 상황 도식을 갖는 경우가 많다. 예컨대 행정기관은 환경단체와 진보시민단체에 대한 도식과 고정관념을 가질 수 있고 반대로 이러한 단체는 정부나 행정기관에 대한 도식과 고정관념을 가질 수 있다. 극단적 보수주의자의 눈에는 중도 입장의 상대방이 진보로 보이고, 급진보주의자의 눈에는 실제로 중도에 있는 상대방이 보수 세력으로 보인다.

방사성폐기물처분장(방폐장)과 같은 비선호시설에 대한 정부의 전통적인 입지결정방식을 DAD 입지정책모형이라고 부른다(행정학전자사전). 정부가 입지후보를 결정(Decide)한 후 일방적으로 공표(Announce)하고 결정의 정당성 확보를 위해 방어(Defend)하는 단계를 밟아가는 하향식 정책결정방식을 일컫는다. 시민환경단체와 지역주민들은 정부의 입지결정과정을 여전히 이러한 DAD 상황도식으로 인식하여 대응할 수 있다. 또한 갈등상황을 어떻게 프레이밍하느냐에 따라 지각과 문제규정 그리고 대응행태가 달라진다. 동일한 상황이나 사건에 대해 부정적이거나 긍정적인 언어로 표현하느냐 그리고 손실이거나 이익 국면으로 인식하느냐에 따라 이해관계자의 지각과 문제규정 그리고 관련 행태가 완전히 달라질 수 있다. 원자력발전소를 '핵폭탄'이나 친환경 '에너지'로 연계시키는 것을 예시할 수 있다. 요컨대 갈등과 갈등해결은 인간의 인지심리특성으로부터 영향을 받는다.

📖 읽어보기 1-3 　자기충족적 예언(self-fulfilling prophecy)의 이해

■ 오 헨리가 쓴 소설, 『마지막 잎새』(출처: 김동환(2004), pp.230-1)

"주인공 존시는 폐렴에 걸려 점점 죽어 가고 있었다. 그리고 창밖의 벽돌담벽에 붙어 있던 담쟁이 잎새가 떨어지는 모습을 보면서, 마지막 잎새가 떨어질 때에 자기 자신도 죽음에 이르리라고 생각한다. "저 잎 말야. 저 담쟁이덩굴에 붙은 잎새. 마지막 잎새가 떨어지면 드디어 나도 가는 거야. 삼일 전부터 난 쭉 알고 있었어." 평생 제대로 된 그림을 그리지 못해 한탄하던 베어먼 노인이 이 이야기를 듣는다. 그러고는 벽돌담벽에 담쟁이 잎새를 그려 넣는다. 세찬 비와 사나운 바람에도 끄덕이지 않고 버티는 마지막 남은 잎새를 바라보던 존시는 마침내 용기를 얻고 건강을 회복한다."

주관적 관념/기대/예언
(+)
객관적 실체/상태/행동

Q. 베어먼 노인이 잎새를 그려 놓지 않았다면 존시는 어떻게 되었을까?

■ 공격성에 대한 자기충족적 기대실현

A는 평소 B가 공격적인 사람이라는 인물도식을 가지고 있다. 오늘 컨디션이 좋은 B는 부서간 월간조정회의 자료의 준비를 위해 A를 만나 협조를 구해야 했다. A는 B를 본 순간 방어적이고 신경질적으로 반응하였다. 처음엔 영문을 모른 B도 A의 지속되는 방어적 행태를 보자 화가 나서 공격적으로 대응하였다. 그러자 A는 '그러면 그렇지' 하며 더욱더 방어적이고 신경질적으로 나왔다. 이 상황에서 둘 간의 갈등 행태는 A가 가지고 있었던 B에 대한 인물도식으로부터 비롯된 것이다.

■ 확증편향(confirmation bias)

자신이 옳다는 것을 어디에서 확인하는가? 우리는 자신의 견해와 결정을 강화하고 옹호하는 데 집중한다. 관련 정보를 모두 탐색하는 대신 자기 의견과 결정을 옹호하는 정보만 찾는다. 자기가 듣고 싶은 것만 듣고 보고 싶은 것만 보는 경향이 있다. 자기편향적 정보선택을 통해 자신의 옳음을 확인받는 것이다. 이러한 성향의 인지방식을 확증편향이라고 한다.

📖 읽어보기 1-4 **제인 오스틴의 소설 『오만과 편견』(남순우 역)**

오만과 편견이라는 제목처럼 이 소설은 외양과 실체의 차이를 남녀 두 주인공이 미처 깨닫지 못한 채 오만함과 편견의 줄다리기를 하는 과정을 아이러니와 풍자적 방법으로 보여준다. 여주인공인 엘리자베스는 남주인공인 디아시를 외양적인 것(외모와 신분)으로만 판단하여 오만한 인간이라는 편견을 가짐으로써 갈등이 발생하였다. 마찬가지로 디아시도 큰딸인 제인을 절친인 빙리에게 시집보내려고 애쓰는 베넷 부인(엘리자베스의 어머니)의 저속함을 보고 딸들도 저속하리라는 편견을 가짐으로써 엘리자베스에게 오만한 태도를 가졌던 것이다. 디아시가 그녀에게 청혼을 할 즈음 두 사람이 서로 키워온 오만과 편견은 절정에 달한다. 디아시는 그의 주위에서 자신을 흠모하는 다른 여자들처럼 엘리자베스도 자신의 사랑과 거기에 따르는 부유함을 기꺼이 받아들일 것이라고 생각한다. 엘리자베스는 그의 오만함을 알고 청혼을 거절하고 다른 일들에 대해서도 비난을 한다. 갈등의 절정이 지나자 두 사람은 자신의 잘못된 편견을 깨닫게 된다. 엘리자베스는 지금까지 스스로 타인의 기분을 측정하고 타인의 특성과 개성을 판단하는 데 일가견이 있다고 자부심을 가졌던 것에 대해 부끄러움을 느꼈다. 그녀는 '이 순간까지 나는 나 자신을 까맣게 모르고 있었다.'고 자신의 편견을 인정하게 되면서 자아발전의 성숙한 단계에 들어선다. 결국 디아시의 타고난 오만도 엘리자베스의 편견도 참된 사랑에 의해 극복된다.

---

3) 조직론적 관점: 의사결정과 노사관계 접근

　　마치와 사이먼은 의사결정의 관점에서 조직 갈등을 정의한다. 이들은 갈등이라는 용어를 "표준적인 의사결정기제가 붕괴되어서 개인이나 집단이 대안을 선택하는 데 곤란을 경험할 때" 적용한다(March & Simon 1958: 112). 즉 이들은 갈등을 선택상황을 전제하여 설명한다. 의사결정의 관점에서 보면 갈등은 딜레마(dilemma)의 개념과 비교된다. 딜레마는 일반적으로 진퇴양난에 처해 있다는 의미로서 두 개의 판단 사이에 끼어 어느 쪽도 결정할 수 없는 상태에 있는 것을 말한다. 딜레마는 '황소의 뿔'이라는 어원에서 비롯된다. 딜레마는 "결정을 해야 하는데 이러지도 저러지도 못하는 상황을 표현한 것으로, 달려오는 황소의 오른쪽 뿔을 피하면 왼쪽에 찔리고 왼쪽을 피하면 오른쪽 뿔에 찔리는 상황에서의 선택" 곤란성을 나타내는 용어이다(소영진 1999: 186; 이종범 외 1994: 45). 이종범 등(1994)은 한국의 정책갈등상황을 설명하기 위해 이러한 딜레마 개념을 발전시켰다. 이들은 딜레마를 "서로 충돌하는 두 개의 대안 가운데 한 개를 선택할 때 의사결정자에게 부과되는 기회손실이 크기 때문에 제약된 시간 내에 어느 하나도 선택하기 곤란한 상황"이라고 정의한다. 갈등과 딜레마 개념 모두 의사결정과정에서 선택을 둘러싸고 곤란을 겪는 상황과 연관되는 것이다.9)

　　갈등 없이 신속하게 의사결정을 할 수 있는 상황은 고려하고 있는 대안들 중 하나가 나머지보다 명백히 좋고, 선호하는 대안이 수용될 수 있을 만큼 충분히 좋을 경우이다(March & Simon 1958: 113). 바꿔 말해 이러한 조건이

---

9) 그러나 개념상 갈등과 딜레마는 엄연히 구분된다. 소영진(1999: 186-7)에 의하면, "딜레마는 갈등의 크기만을 나타내는 개념도 아니고 결정의 곤란성만을 나타내는 개념도 아니다. 아무리 갈등이 큰 사안도 쉽게 결정할 수가 있다. 예컨대 권위주의적 정부는 사회적 저항이 아무리 거세어도 폭력적 수단으로 이를 밀어붙이고 자기 뜻을 관철시킨다. 이러한 경우에 갈등의 정도는 매우 크지만 딜레마는 발생하지 않는다. 또한 환경이 불확실해질수록 결정의 곤란성은 커진다. 그렇다고 이 경우를 딜레마라고 하기는 어렵다. 모든 갈등이 딜레마로 이어지는 것은 아니다. 특정한 조건이 주어지는 경우에 갈등이 증폭되어 딜레마에 이르게 된다." 이러한 딜레마의 조건에 관해서는 9장에서 다룬다.

충족될 때 갈등 없는 단순한 의사결정이 가능하다. 이러한 조건을 역으로 추론하여 마치와 사이먼은 다음과 같이 세 가지 갈등유발조건을 제시한다. 첫째, 대안의 비수용성이다. 각 대안이 가져올 결과에 대한 확률분포와 선호하는 대안을 쉽게 확인할 수 있지만 선호대안이 충분히 좋지 못해 받아들이기 어려운 상황이다. 즉 선호대안이 만족수준이나 열망수준에 미치지 못할 경우 갈등발생의 여건이 조성된다. 둘째, 대안의 비교불가능성이다. 각 대안의 결과에 대한 확률분포는 알고 있지만 가장 선호하는 대안을 확인할 수 없어 대안 간의 비교가 불가능할 경우이다. 그래서 대안선택이 어렵다. 셋째, 대안의 결과에 대한 불확실성이다. 이는 대안의 선택귀결을 모르는 상황이다. 즉 대안과 대안선택으로 인한 결과 간의 인과적 확률분포를 알지 못할 경우를 말한다. 이와 같은 세 가지 상황조건의 조합에 따라 갈등의 강도가 다를 것으로 가정할 수 있다. 예컨대 대안의 비수용성, 비교불가능성, 그리고 불확실성이 모두 존재하는 상황에서 반드시 선택행위를 해야만 하는 의사결정자는 극심한 갈등을 경험할 것이다.

한편 일반적으로 조직에서 갈등하는 세력은 고용주 및 경영층과 피고용인 집단 사이로 상정할 수 있다. Budd와 Colvin(2014)은 조직에서 노사관계에 초점을 두고 갈등과 갈등관리를 이해하는데 유용한 관점을 네 가지로 제시한다.

첫째, 개인의 이해관계, 자유로운 선택, 그리고 경쟁시장을 강조하는 시장중심적 관점이다. 이 관점에서는 갈등의 역할이 별 주목을 받지 못한다. 이 관점에서는 고용주, 피고용인, 그리고 그 외 경제주체들 각자가 자기효용을 극대화할 수 있는 최선의 기회를 자유롭게 선택한다고 가정하기 때문에 갈등이 발생하지 않을 것이라고 인식한다. 갈등이 발생하더라도 그것은 각 행위자들의 자유선택과 경쟁시장논리에 의해 해결된다. 즉 갈등은 시장의 보이지 않는 손에 의해 해결된다고 가정하는 것이다. 예컨대 피고용인이 임금인상을 원할 때 고용주가 반대하여 갈등이 발생하면, 피고용인은 더 많은 임금을 줄 수 있는 다른 회사를 찾아 떠나든지 회사 측 방침을 수용하든지 협상을 지속하든지 등 여러 가지 중에서 자기효용을 극대화할 수 있는 대안을 선택한다. 이와 같이 시장중심적 관점에서 갈등은 자원제약 하에 경쟁시장기제를 통해서 해결되는 것이다.

둘째, 시장중심적 관점과 대조적으로 갈등과 권력이 핵심이슈로 등장하는 비판적 관점이다. 이 관점은 마르크시즘에 기초하여 갈등을 사회구조적인 근본문제로 인식한다. 이 관점은 갈등현상을 카를 마르크스의 핵심논점인 자본가 계급의 잉여가치창출 동기에 의한 노동자 계급의 착취 구조에 의해 설명한다. 노사 간 적대적인 갈등관계는 계급투쟁의 필연성을 배태하고 있는 사회 구조와 제도를 반영한 것이다. 비판적 관점은 경쟁시장을 갈등해결을 위한 중립적 플랫폼으로 보지 않는다. 이 관점은 경쟁시장을 불평등을 영속화하는 권력수단으로서 인식한다. 그래서 비판적 관점은 시장중심접근에 의한 갈등관리에 회의적이다. 그리고 노사 간의 이해관계 조정을 위해 설계된 인력정책이나 노동법률, 노사정위원회 등과 같은 제도를 갈등해결수단으로 보지 않고 기득권과 사용자 측의 권위를 강화하는 위선으로 간주한다. 비판적 관점에 의하면 노사갈등을 진정으로 해결하기 위해서는 기존의 자본주의 시스템을 바꾸는 것이다.

셋째, 비판적 관점과 대조적으로 갈등을 사회구조적인 근본문제로 보지 않고 탈선된 행태로 인식하면서 노사의 공동 이익과 관리를 강조하는 일원주의자 관점이다. 여기에서는 노사 간 집단갈등이 아니라 대인갈등을 가정한다. 그리고 갈등이 사회구조적 요인에 기인하지 않으며 노사 쌍방 간의 이익이 공유된다고 가정한다. 그래서 노조와 같은 수단에 의해 분쟁해결을 할 필요가 없다고 본다. 과학적 관리원칙이 정착되어 적절한 관리가 이루어지면 노조가 불필요하다고 인식하는 테일러리즘(Taylorism)과 맥을 같이 한다. 일원주의자 관점에 의하면 갈등은 불완전한 관리와 상황적 요인에 의해 발생하는 것이다. 동료나 팀원 간의 갈등은 문화적, 정치적, 사회적, 성격적 차이에 뿌리를 둔 관계요인에서 발생할 수도 있고 문제인식과 의견 차이에서 비롯된 과업갈등일 수도 있다. 이와 같은 관계갈등과 과업갈등을 해결하거나 예방하기 위해 많은 형태의 관리수단이 마련되어야 한다. 예컨대 조직 내 공개와 투명성을 보장하는 개방정책, 고충처리절차, 다양성 훈련, 팀워크 훈련, 상담

표 1-1.
노사관계 측면의
조직갈등 관점

관점	갈등에 대한 인식	선호하는 갈등관리 기제와 방법
시장중심적 관점	• 갈등은 시장논리에 의해 해결함 • 자기이익과 시장이 제공하는 기회가 일치할 때 교환이 이루어짐	• 완전 경쟁시장
비판적 관점	• 강자인 사용자와 약자인 노동자는 태생적으로 적대적 이해갈등을 함	• 사회변혁을 통한 체제수준의 권력 이동
일원주의자	• 노사 양측은 주로 이익을 공유하며, 갈등은 대부분 개인적이거나 조직관리적 역기능에서 기인함	• 노사공동이익을 보장하는 인력정책 • 행태적·대인 갈등을 해결하기 위한 개인적 노력과 관여
다원주의자	• 불평등한 협상력을 갖고 있는 노사는 일정부분 이익을 공유하기도 하고 일정부분 이해갈등을 빚기도 함	• 협상력의 균형을 맞추고 모든 당사자들의 이익과 권리를 존중하는 제도화된 과정을 설계·운영

출처: Budd & Colvin (2014: 20)의 Table 1.2에서 발췌.

등 적절한 인력관리수단을 통해서 갈등을 해결할 수 있다. 요컨대 일원주의자 관점에 의하면 조직 정책과 관리수단들을 개선하면 갈등은 해결될 수 있는 것이다.

넷째, 갈등을 탈선된 행태로 보는 일원주의자와는 다르게, 노사 간 이해갈등을 태생적인 구조적 특성으로 간주하는 한편 노사 공동이익도 일정부분 가정하는 다원주의자 관점이다. 고용관계를 사회구조적인 계급투쟁에 의해 지배되고 기존의 체제변화를 통해 이해갈등을 해결할 수 있다고 보는 비판적 관점과는 달리, 다원주의자는 고용관계상 나타나는 이해관계의 다양성을 존중함으로써 이해갈등에 대한 관리가 가능하다고 인식한다. 그러나 다원주의자 관점은 노동시장의 불완전성으로 인한 노사 간 협상력의 불평등과 같은 구조적 문제를 상정한다. 그래서 노사 양측이 평등한 권력을 가진다면 공식적인 구조나 제도 없이도 갈등관리가 가능하다고 본다. 이러한 가정 하에 현실적인 추론과 실천대안을 제시한다. 즉 사용자 측은 관련 공식 제도가 없는 상태를 선호하기 때문에 이러한 제도와 구조를 설계·운영하여 약자인 노동자의 이익을 착취하지 못하도록 권력균형을 이루어야 한다. 사용자의 노동착취 동기를 가정한다는 점에서 다원주의자는 비판적 관점과 같고 일원주의자와 다르다. 다원주의자 관점에 따르면 다양한 이익의 정당성과 권력균형을 존중하고 집단협상, 중재, 고충처리, 소송 등 제도화된 방식을 통해서 갈등을 관리할 수 있다.

4) 게임이론의 관점

게임이론은 갈등문제를 수학공식으로 설명하였다. 게임이론은 영합게임과 같은 순수 경쟁적 갈등유형에 대한 설명에서 가장 큰 성공을 거두었고, 비영합 게임과 같은 협력적 갈등유형에 대해서도 인지하였다. 전형적인 갈등은 경쟁과 협력의 과정이 혼합되어 있기 때문에 갈등의 진로는 대부분 이러한 두 측면의 혼합양상이 결정한다(Deutsch 2000: 14). 공공재를 생산하고 전달하는 상황에서 영합게임이 반복적으로 장기간 지속될 때 우리는 첨예한 갈등행태를 목격한다. 공공갈등이 이분법적 대립구도의 소용돌이에 휘말리지 않고 갈등해결을 위한 협상이 성공하려면 영합게임으로부터 비영합게임으로 국면이 전환될 필요가 있다.

죄수딜레마 게임(prisoner's dilemma game)은 공공영역에서 발생하는 갈등상황을 명쾌하게 설명한다. 홉스의 자연상태인 만인대만인의 투쟁에 대한 고전적인 예가 죄수딜레마 상황이다(Rawls 1971: 238). 공공갈등은 전통적으로 정부업무영역인 공공재의 생산과 전달 과정에서 발생한다. 앞서 언급하였듯이 공공재나 집합재는 인간사회에 꼭 필요한 재화이지만 비경합성과 비배제성을 지니고 있어서 사회적으로 필요한 만큼 생산되기 어렵다. 그래서 국가 또는 정부와 같은 합의권위체가 공권력의 동원과 규제, 과세와 세금감면 수단 등과 같이 합법적 강제력과 인센티브를 통해 생산하는 것이다. 인간을 사익 추구의 합리적 존재로 가정한다면, 대가를 지불하지 않고도 편익을 누리거나 손해를 피할 수 있는 상황에서 인간은 무임승차의 욕구와 유혹으로부터 헤어나기 어려울 것이다. 그런데 문제는 자기이익을 극대화하는 합리적인 개인 행위가 사회집단과 공동체에 해악을 끼칠 수 있다는 점이다. 죄수딜레마 게임을 통해 우리는 이 점을 뚜렷하게 이해할 수 있다.

그림 1-1
죄수딜레마
게임과 공공갈등
맥락

		타인들 (집단공동체)	
		협력	배반
나 자신 (개인)	협력	(1) 깨끗한 공기, 　　나 자신과 타인들 모두 　　자가용 운행 자제 효용 (-1, -1)	(2) 더러운 공기, 　　나 자신만 자가용 운행 자제 효용 (-1, 0)
	배반	(3) 깨끗한 공기, 　　타인들만 자가용 운행 자제 효용 (0, -1)	(4) 더러운 공기, 　　나 자신과 타인들 모두 　　자가용 운행 효용 (0, 0)

　　미세먼지 문제를 가지고 죄수딜레마 게임을 예시해보겠다. 깨끗한 공기는 순수 공공재의 범주에 속한다. 어느 누구도 깨끗한 공기를 마시는 것으로부터 배제될 수 없으며, 어떤 사람이 깨끗한 공기를 마신다고 해서 동시에 깨끗한 공기를 마시는 다른 사람들의 흡입량을 감소시키지 않는다. 그런데 미세먼지로 인해 깨끗한 공기에 대한 관심이 높게 되었다. 자연환경과 대기의 질이 악화되어 깨끗한 공기의 양이 인간에게 필요한 수준보다 적어질 수도 있다. 섬뜩한 상황이 오기 전에 우리 모두 경각심을 갖고 노력하는 자세가 요구된다. 이 맥락에서 개인은 다음과 같은 두 가지 전략 중 하나를 선택할 수 있다고 가정하자. 첫째, 미세먼지를 줄이기 위해 스스로 자가용 운행 시간을 줄인다. 이러한 행동전략을 '협력'이라고 한다. 둘째, 대기질의 유지를 위한 타인들의 자가규제에 기댄 체 자신은 자가용 운행을 자제하지 않는다. 타인들의 노력에 무임승차하는 것이다. 이를 '배반'이라고 한다. 〈그림 1-1〉은 깨끗한 공기를 두고 벌어지는 죄수딜레마 게임 상황을 보여주고 있다(참고: Ciocirlan 2003). (1)부터 (4)까지 각각 행위자의 선택전략과 귀결 그리고 효용이 나타나 있다. 0과 -1로 표기된 괄호 속의 숫자 중 첫 번째는 나 자신의 효용가치를 나타내고 두 번째는 타인들의 효용가치를 나타낸다. 게임

의 원리는 상대방이 어떤 전략을 택할 것인가를 예상하면서 나 자신의 전략을 선택하는 것이다. 첫째, 타인들이 협력할 것이라고 기대할 때, 나 자신도 협력하여 불편을 감수하면서 자가용 운행을 자제함으로써 깨끗한 공기를 유지하거나 또는 나 자신은 자가용 운행을 하면서 타인들의 협력 덕분에 공짜로 깨끗한 공기의 편익을 누릴 수 있다. 둘째, 타인들이 배반할 것이라고 예상할 때, 나 자신만은 불편을 감수하고 자가용 운행을 자제하지만 더러운 공기를 마실 수밖에 없거나 또는 나 자신 역시 편리한 대로 자가용 운행을 하여 더러운 공기를 마실 수밖에 없다.

　수학적으로 설명해보자. 나 자신이 협력하기로 하면, 타인들이 어떤 전략을 선택하든 상관없이 효용은 −2이다. (1)과 (2)에서 나 자신의 효용치 −1과 −1을 합하면 −2이다. 나 자신이 배반하기로 하면, 타인들이 어떤 전략을 선택하든 상관없이 효용은 0이다. (3)과 (4)에서 나 자신의 효용치 0과 0을 합하면 0이다. 따라서 합리적인 나 자신은 효용이 더 큰 배반전략을 선택할 것이다. 같은 방식으로, 타인들이 협력하기로 하면 나 자신이 선택하는 전략과 상관없이 그들의 효용은 −2이다. (1)과 (3)에서 타인들의 효용치 −1과 −1을 합하면 −2이다. 타인들이 배반하기로 하면 나 자신이 어떤 전략을 선택하든 상관없이 효용은 0이다. (2)과 (4)에서 타인들의 효용치 0과 0을 합하면 0이다. 따라서 합리적인 타인들 역시 효용이 더 큰 배반전략을 선택하게 될 것이다. 결론적으로 나 자신과 타인들 모두 배반하는 것이 절대우위전략이나 그 결과 모두 더러운 공기를 마시며 살 것이다.

　코로나바이러스(COVID−19) 유행병 상황도 죄수딜레마 게임으로 설명할 수 있다. 모든 사람이 보건당국의 권고대로 마스크를 착용하며 사회적 거리를 두고 손을 자주 씻고 집안에 머무른다면(협력전략), 감염위험을 현저히 낮출 것이다. 그러나 보건당국의 권고와 방침으로부터 벗어나고 싶은 유혹이 있다. 종일 마스크를 착용하는 것이 불편하고 손 씻기는 신경써야 하고 친구들과 함께 모여 마음껏 얘기하고 싶다(배반전략). 총인구의 약 70퍼센트가 백신접종을 해야 집단면역이 형성될 수 있다는 보고가 있었다. 그런데 출시된 백신의 안전성이 의심되는 뉴스를 접한다. 하루속히 백신을 접종해야 하지만

(협력전략), 좀 더 기다렸다 지켜 본 후 접종하거나 집단면역에 무임승차하고 싶다(배반전략). 그 결과 마스크를 계속 쓰고 사회적 거리두기는 강화되는 비극이 발생한다. 한편 COVID-19는 팬데믹인지라 세계 모든 나라의 협력을 요한다. 그러나 선진국은 자국민의 추가접종을 위해 접종률이 낮은 이외 국가들에 대한 백신공급물량을 제한한다. 결국 선진국의 추가접종은 이외 국가들의 백신접종률을 하향시키고 변이출현 가능성을 증가시킨다. 세계적 협력 차원에서 추가접종물량을 접종률이 낮은 후진국들에 공급해야 팬데믹의 종식확률을 높일 수 있다. 배반은 개별차원에서 일시적인 효용을 높여주지만, 상호 불신과 갈등을 조장하며 결국 모두의 효용을 낮춘다. 협력전략과 비영합게임이 요구되는 이유이다.

완전한 비배제성과 비경합성을 가정하면, 합리적인 개인은 깨끗한 대기 상태를 유지하는 데 아무런 대가도 지불하지 않고 무임승차하려는 강한 동기를 가지게 된다. 대형국책사업 관련 공공재의 생산과정에서 합리적 개인의 이익극대화 추구행위가 극심한 갈등을 유발하고 그 결과 공동이익의 감소와 사회적 한계비용을 증가시키곤 한다. 이른바 님비(Not In My Back Yard, NIMBY)는 이러한 맥락을 대변해주는 용어 중 하나이다. 개인 차원의 합리적 행위가 지역공동체, 사회, 국가 등과 같은 집단 수준의 비합리적 귀결을 초래하고 그 과정에서 공공갈등이 유발된다. 이러한 현상을 잘 설명할 수 있는 프레임워크가 바로 죄수딜레마 게임인 것이다. 사회적으로 필요한 수준의 공공재가 생산되기 위해서는 관련 행위자들이 협력해야 하지만 자신의 이익을 위해 배반하는 것이다. 그 결과 관련 행위자 모두는 손실을 입게 된다. 이 상황에서 자신에게 최고의 효용이 되는 대안을 선택하는 대신에 상대방에게 서로 조금씩 양보하는 대안을 선택했다면 모두에게 손해가 되는 귀결을 맞지 않을 수 있다. 요컨대 죄수딜레마 게임은 이론적으로 공공갈등문제의 특성 중 하나인 집단행동의 딜레마를 설명하는 유용한 틀이 된다. 게임은 〈그림 1-2〉에서 보는 바와 같이 대부분 경쟁, 협력, 또는 경쟁과 협력이 조합되는 상황으로 분류된다. 협력이 지속되는 게임 상황이 있는 반면 끝없는 경쟁전략으로 맞대응하는 상황이 있다. 그리고 협력과 경쟁이 반복되는 상황이 있

그림 1-2
협력과 경쟁의
게임 상황

항구적 협력상황				
	1	2	3	4	…
P1	C	C	C	C	…
P2	C	C	C	C	…

협력과 경쟁의 반복상황				
	1	2	3	4	…
P1	C	D	C	D	…
P2	D	C	D	C	…

끝없는 경쟁상황				
	1	2	3	4	…
P1	C	C	D	D	…
P2	C	D	D	D	…

관용적 협력상황				
	1	2	3	4	…
P1	C	C	D	C	…
P2	D	D	C	C	…

* P1, P2: 게임자; C: 협력(Cooperate); D: 배반(Defect)

는가 하면 상대방의 경쟁과 배반에 대해 관용으로 대응하는 협력게임 상황이 있다. 게임이론은 행위자의 이익 동기에 의한 합리적 선택을 가정한다. 그러나 경쟁이든 협력이든 행위자의 합리적 선택행위는 실제 자신의 문화적 편향과 가치에 의해 영향을 받는다. 예컨대 개인주의자는 자기이해, 계층주의자는 전문성을 갖춘 권위적 명령, 그리고 평등주의자는 상대방에 대한 배려라는 동기와 규범에 의해 반응한다(Wildavsky 1992; 김서용 2005: 44). 즉 게임행위자의 문화적 편향에 영향을 받아 자기이익이 형성된다. 따라서 행위자의 문화적 편향을 고려하면 게임이론에 의한 갈등현상의 설명이 보완될 수 있다.

반복되는 죄수딜레마 게임 상황에서 갈등감소에 효과적인 것으로 알려진 팃포탯전략이 있다. 'Tit-for-Tat' 용어는 '눈에는 눈 이에는 이'처럼 동일하게 되갚거나 보복한다는 의미를 갖는다. 이 점에서 되갚기 전략 또는 보복전략으로 부를 수 있다. 처음에는 협력하고 그 다음부터는 상대방의 직전 행위를 똑같이 되갚아 주는 것이다. 처음에 배반이나 경쟁하지 않고 협력하는 것은 자기희생을 감수하는 일종의 진정한 이타성일 수 있다. 게임 상황에서 개인은 상대방의 행위에 유사하게 반응하는 경향이 있다. 상대방이 경쟁적으로 나오면 경쟁적으로 반응하고 협력적으로 나오면 협력적으로 반응하는 것이다. 그래서 팃포탯을 호혜성에 입각한 협력전략이라고 한다. 이렇게 호혜성에 입각하여 행동하는 것이 무조건 협력하는 것보다 평화적 관계를 위해 더 효과적이다. 상대방이 경쟁적으로 나오는데도 불구하고 무조건 협력적으로 대응한다면 이 협력행위를 선의로 받아들이는 것이 아니라 나약함으로 오인할 수 있다. 이처럼 자신의 행동이 상대방으로부터 오인될 때 틧포탯 전략은 배반의 악순환을 의미하는 갈등고조의 소용돌이에 휘말리는 귀결을 맞이할 수 있다. 그래서 이 전략은 명쾌하고 정확한 처벌은 물론 관용이 함께 수반될 필요가 있다. 누구나 악의가 없는데도 불구하고 실수를 하고 오인을 받을 수 있기 때문이다. 따라서 죄수딜레마 게임이 반복되는 공공갈등상황에서 당사자들은 처음에 반드시 협력하면서 상대방의 배반과 경쟁 행태에 대한 허용범위를 정하고 이를 넘어설 때 그 다음 단계부터는 상대방의 행동전략에 따라 동일하게 대응해 줄 필요가 있다. 〈읽어보기 1-5〉와 〈그림 1-2〉를 보자. 호혜성에 입각한 협력전략인 TIT FOR TAT은 영합게임과 같은 비협조적인 공공갈등맥락에 유용한 함의를 제공한다.

📖 **읽어보기 1-5** **틧포탯전략**(출처: Dixit & Nalebuff 1991)

미시건 대학 정치학 교수인 로버트 액설로드는 실험을 통하여 틧포탯 전략의 효과성을 입증하였다. 컴퓨터를 사용하여 2인용 죄수딜레마 게임 토너먼트를 주최하였는데, 경제학, 사회학, 정치학, 수학 등 전공의 세계적인 게임 이론가들이 전략을 제출하였다. 토너먼트의 최종 승자는 틧포탯 전략을 선택한 당시 비엔나 고등연구원 소속의 아나톨 래포포트(Anatol Rapoport) 교수였다(Axelrod, R. & Hamilton, W. D. 1981. The Evolution of Cooperation. *Science* 211: 1390-1396). 이외 전략들은 상대방을 너무 신뢰한 나머지 이용당하기도 하고 너무 경쟁적으로 자기이익만 추구한 결과 공멸하기도 하였다. 장기적으로 틧포탯전략의 효력이 발휘되었다. 그러나 이 전략은 사소한 실수와 오인으로 인해 배반의 처벌이 연쇄반응을 일으켜 끝없는 죽음의 소용돌이에 빠질 개연성이 있다. 마치 이스라엘과 팔레스타인의 공격과 보복이 끝없이 진행되는 양상과 같다. 이러한 단점을 보강하기 위해 관용(용서)의 가치를 행동전략에 주입하는 것이다. 예컨대 (1) 협력으로 시작한다. (2) 협력을 지속한다. (3) 협력을 지속하는 동안 상대방의 배반횟수를 계산한다. (4) 상대방의 배반이 허용범위를 초과할 경우 틧포탯전략으로 회귀한다.

한편 공공갈등은 정보비대칭과 같은 시장의 불완전성에 의해 발생하기도 한다. 이러한 성격의 공공갈등 문제의 해결방향을 제시하는 게임이론으로 메커니즘 디자인(mechanism design)이 있다. 1980년대 이후 경제학계 주류이론으로 부상한 게임이론 중 한 분야이다. 아무리 좋은 취지로 결정된 정책일지라도 정책대상자나 이해관계자의 상황에 관한 정보를 정확하게 파악하지 못하는 경우가 있다. 그리하여 당사자들 사이에 정보비대칭이 있게 되면 집행과정에서 공공갈등이 유발된다. 자기이익을 추구하는 합리적인 존재는 자원분배과정에서 편익을 얻기 위해 얼마든지 중요한 정보를 숨기는 동기를 가지고 있다. 한 광역지방자치단체에서 지하철 2호선을 건설하려고 시민의 의사를 묻는 경우를 예시해보자. 지하철 2호선이 정말로 필요하다고 판단하는 시민도 있고 필요하지 않다고 생각하는 시민도 있다. 그러나 지하철 2호선의 필요성을 느끼지 않는 시민조차 자기 호주머니에 있는 돈이 투입된다고 생각하지 않으면 건설을 찬성하게 된다. 쓰레기매립장이나 방폐장과 같은 이른바 위험혐오시설의 경우에는 건설의 필요성을 느낀 사람도 반대에 동조하거나 투표에 기권할 수 있다. 이처럼 지하철이나 방폐장과 같은 공공재적 재화를 생산하려고 할 때 사람들은 무임승차의 동기에 이끌려 자신의 진짜 선호(사적인 정보)를 드러내지 않은 채 찬반투표에 응할 개연성이 있다.

우리나라 방폐장의 선정과정을 볼 때 관련 제도의 변경이 지역주민의 찬반 결과를 바꾼 것으로도 해석할 수 있다. 2004년 2월 전북 부안군은 방폐장 건설 유치를 신청하고 주민투표를 실시했으나 91.8%가 반대를 하였다. 1년이 지나지 않아 2005년 11월에 경주, 군산, 포항, 영덕 등 네 곳에서 유치신청을 하였고 주민투표 결과 경북 경주시가 투표율 70.8%에 89.5%의 찬성률로 선정되었다. 이 사례를 비합리적인 관점과 합리적인 관점에서 모두 설명할 수 있다. 합리적인 관점에서 보면 메커니즘 디자인 이론을 적용하여 설명할 수 있다. 정치성향의 지역 간 차이를 감안하더라도, 같은 나라에 1년의 시차도 없는데 부안군민은 91.8%로 반대하고 경주시민은 89.5%로 찬성한 결과는 그 사이에 관련 제도의 변화가 있었기 때문이라는 것이다. 그 사이에 경쟁적 주민투표제도가 도입되었다. 부안군이 단독으로 유치하여 투표했을 때는 주민들이 방폐장에 대한 진짜 선호를 드러내지 않는 반면 지방자치단체 간 경쟁메커니즘이 도입되자 관련 주민들은 진실을 반영하여 투표했다고 해석할 수도 있다. 〈읽어보기 1-6〉과 〈읽어보기 1-8〉에 제시된 내용을 읽고 판단해보기를 바란다.

정부정책의 대상자인 관련 주민이 지역현안에 대해서는 정부행위자보다 많은 관련 정보를 보유할 수 있다. 갈등의 중재자나 조정자인 제3자보다 갈등 당사자들이 더 많은 정보를 가질 수 있다. 지역이기주의로 매도되는 님비라도 경제인의 자기이익 추구성향을 가정하면 자연현상으로 간주할 수 있다. 님비를 규범이나 윤리적 측면에서 비난하는 대신 공공을 위해 설계해야 할 최적의 제도가 무엇인지를 고민하는 것이 좋다. 자기이익을 위해 밝히지 않는 정보와 진실을 꺼내 놓을 수 있도록 제도를 설계하고 인센티브를 부여하는 것이다.

📖 읽어보기 1-6   **메커니즘 디자인 이론**(참고: Kungl 2007)

메커니즘 디자인 이론은 게임이론적 접근에 의해 사적인 정보(비대칭적 정보)와 인센티브와 관련된 문제에 초점을 둔다. 그럼으로써 배분 메커니즘 또는 제도를 분석하기 위한 프레임워크를 제공한다. 이 이론은 프리드리히 하이에크(F. Hayek)와 폴 새뮤얼슨(P. Samuelson)의 가설과 주장을 뒷받침한다. 하이에크는 시장기제가 사적인 정보를 모으는데 효율적이라고 주장한다. 그리고 새뮤얼슨에 따르면 집단적 맥락에서 사람들은 각자 이기적인 이해관계로 인해 가짜 신호를 주거나 자기의 실제수준(진실)보다 적은 이해를 갖는 것처럼 표명하는 경향이 있다. 그렇기 때문에 결국 완전히 효율적인 수준의 공공재를 보장할 수 있는 자원배분 메커니즘은 있을 수 없다.

메커니즘 디자인 이론의 발전은 레오니드 후르비치(Leonid Hurwicz) 교수의 저서로부터 출발했는데, 그는 '메커니즘'을 참여자들이 서로 간에 또는 메시지 센터에 메시지를 보내는 의사소통체계로 정의한다. 이러한 메시지로는 공공재의 생산을 위해 지불할 개인의 의향과 같은 사적인 정보를 포함할 수 있다. 사람들은 자신의 기대효용을 최대화하려고 한다. 그래서 되도록이면 공공재 생산과 같은 공동비용부담을 적게 하려고 ─달리 표현하면 무임승차하려고─ 자신에게 손해가 되는 정보는 빼버리거나 가짜 정보를 의사소통체계에 보낸다. 따라서 메커니즘 디자인의 핵심은 상대방이 어떤 선택을 하든 상관없이 개인은 진실을 말함으로써(진짜 사적인 정보의 제공) 자신의 효용이 최대가 될 수 있도록(게임의 지배전략) 제도(메커니즘)를 설계하거나 규칙을 제정하는 것이다. 즉 진실노정의 원칙과 호환성 있는 인센티브 체계가 메커니즘 디자인의 핵심이다. 요컨대 이 이론은 행위자 간 정보비대칭의 문제(위임자–대리인 관계문제) 상황에서 진실된 정보에 접근하기 위한 메커니즘의 설계를 골자로 한다. 경매, 독과점의 규제, 투표 등 상황에 주로 적용된다. 메커니즘 디자인 이론에 의하면 비대칭적인 정보를 드러내기 위한 효과적인 방법으로 내부고발제도와 연좌제를 예시할 수 있다. 숨겨진 정보의 노출 인센티브로서 다섯 가구를 한 단위로 한 가구라도 잘못하면 다섯 가구 모두를 처벌하는 비인권적인 북한의 5호 담당제도 논리상 효과적인 메커니즘이다.

메커니즘 디자인 이론의 논리를 이해하기에 좋은 이야기가 〈읽어보기 1–7〉과 〈읽어보기 1–8〉에 예시되어 있다. 정보비대칭과 같은 불완전한 시장과 갈등의 문제를 해결할 수 있는 지혜를 주는 이야기들이다. 형과 동생은 아버지가 퇴근길에 사 오신 케이크를 어떻게 하면 싸우지 않고 사이좋게 나눠먹을 수 있을까? 아버지가 잘라서 일방적으로 나누어 줄까? 아버지가 아무리 공정하게 잘라서 배분한다고 해도 형제가 불평 없이 사이좋게 먹기는 쉽지 않을 것이다. 솔로몬의 지혜가 필요하다. 〈읽어보기 1–7〉에서 아버지의 제안처럼 형과 동생 중 한 명이 케이크를 자르고 나머지 한 명은 자른 케이크 조각을 먼저 고른다. 원초적 위치인 무지의 베일을 쓴 상황처럼, 누가 어떤 조각을 고를지를 모른다면 최대한 공정하게 자를 것이다. 단순하지만 심오한 지혜가 담긴 방식이다. 이 방식은 선택권의 보장과 합의의 형성을 가능케 한다. 이 방식이 완전한 절차적 정의를 확보하는 전형일 수 있지만, 현실 세계에 적용된 실례는 드물다. 아버지가 자르는 것은 정부나 국가가 자원을 배분하는 상황으로 비유할 수 있다. 아버지의 개입 없이 형제가 스스로 합의된 규칙 없이 잘라 먹는 것은 자유시장에서의 자원배분으로 비유할 수 있다. 이 경우 힘센 형의 권력남용이 예상된다.

서로 자기 아이라고 우기는 두 여인에게 솔로몬 왕은 어떻게 판결하는가? 아이를 둘로 잘라 한 쪽씩 나누어 가지라고 한다. 그러자 숨겨져 있던 진실이 드러난 것이다. 인간이라면 어떤 어머니가 친자식이 죽는데 양보를 하지 않겠는가? 이러한 이야기들이 주는 지혜처럼, 메커니즘 디자인 이론은 실재 시장에서 불완전한 경쟁과 정보의 비대칭성으로 인해 발생하는 문제를 해결하기 위해 발전한 것이다. 이 이론은 진실을 숨기고 정보의 비대칭성이 존재함으로써 비롯되는 집단 간 -특히 위임자와 대리인 간- 갈등을 해결하는 최선의 방법을 찾아 적용하자는 것이다.

📖 **읽어보기 1-7   공정하게 케이크 나누기**

어떤 형제가 먹음직스런 케이크를 앞에 두고 다툼을 벌이고 있었다. 그들은 서로 자기가 케이크를 자르겠다고 소리를 쳤다. 케이크를 자른 사람이 가장 큰 조각을 차지할 수가 있기 때문이다. "형! 내가 케이크를 자를 거야. 내가 자를 거야.", "무슨 소리! 내가 형이니까 케이크를 자르는 건 내 몫이야."

오랜 시간이 지나도록 둘의 싸움은 끝나지 않았다. 마침내 힘이 센 형이 칼을 빼앗아들고 케이크를 자르려고 할 때였다. 형제의 싸움을 지켜보던 아버지가 말을 꺼냈다. "잠깐만. 얘야. 나는 너희 중에서 누가 먼저 케이크를 자르든 상관하지 않으마. 그 대신에 한 사람이 케이크를 자르면, 나머지 한 사람이 케이크 조각을 먼저 고르기로 하는 게 어떻겠니?"

그러자 형은 자신의 몫을 지키기 위해서 할 수 없이 케이크를 정확하게 두 조각으로 잘랐다.

📖 **읽어보기 1-8   솔로몬의 선택**

솔로몬 왕은 매우 현명한 사람으로 이름이 나 있었다. 어느 날, 두 여인이 한 아기를 데리고 와서 서로 자기의 아기라고 주장하면서 솔로몬 왕에게 판결을 해 달라고 했다. 솔로몬 왕은 여러 가지 방법을 써서 조사를 해보았지만 누가 아기의 진짜 엄마인지 가려낼 수가 없었다. 아기는 두 여인을 닮았으며 겉으로 드러난 특징으로는 아기 엄마를 분별할 수 없었다. 고민을 하던 솔로몬 왕에게 갑자기 좋은 생각이 하나 떠올랐다.

유대인 사회에서는 어떤 물건의 임자가 분명하지 않을 때는 공정하게 절반으로 나누어 가지는 관습이 있었다. 솔로몬 왕은 시종관에게 명령을 내렸다. "누가 진짜 아기의 엄마인지 알 수가 없구나. 그러나 우리 유대인의 관습대로 이 아기를 두 토막으로 잘라 두 부인에게 공정하게 나누어 주어라." 그때 한 부인이 말했다. "제 아기를 다른 여자에게 빼앗기느니 차라리 그렇게 해주세요." 그러자 다른 부인이 울부짖으며 빌었다. "저를 벌하여 주십시오. 제 아기도 아닌데 아기가 탐이 나서 거짓말을 했습니다. 그러니 아기만은 제발 살려 주십시오."

두 여인의 서로 다른 주장을 들은 솔로몬 왕은 판결을 내렸다. "이 아기의 진짜 엄마는 거짓말을 했다고 말한 저 여인이다." 그러자 아기를 나누어서라도 가지겠다고 말한 여인은 억울하다고 소리쳤다. "분명히 저 여자는 거짓말을 했다고 스스로 말했습니다. 그런데 저 여자를 진짜 엄마라고 하십니까?" 솔로몬 왕은 그 여인을 향해 엄한 목소리로 꾸짖었다. "내 판결은 이것이다. 저 여인이 거짓말을 했고 네가 친엄마일 수도 있다. 그런데 너는 자신의 목적을 위해서 아기를 죽여서라도 차지하려고 했다. 그렇지만 저 여인은 자신의 아기가 아니라고 하면서 아기를 살리려 했다. 이 세상에서 자식이 죽는 걸 알면서 차지하겠다는 사람은 진짜 엄마가 아니다. 진실한 어머니의 모습은 자식을 소유하는 것이 아니라 사랑으로 지켜 주려는 것이다." 그러자 그 여인은 아무런 말도 못하고 잘못을 빌었다. 솔로몬 왕은 두 여인 가운데 누가 진짜 엄마인지를 겉으로는 알 수 없었다. 그래서 누가 더 아기를 사랑하는지 알아보고 판결을 했던 것이다.

4〉 갈등의 인지적 측면과 감정적 측면

갈등현상은 인지(cognition)와 감정(emotion)의 요소가 결합되어 있다. 따라서 갈등을 효과적으로 관리하기 위해서는 양 측면을 모두 이해하고 통찰할 필요가 있다. 공공갈등과 같은 난제(9장 참조)는 인지력과 감정지능이 모두 높아야 해결할 수 있다. 전통적으로 갈등문제를 해결하는 데에 인지적 측면만 고려하고 감정적 측면은 배제하는 경향이 있었다. 왜냐하면 감정은 인지작용을 방해하는 인자로 인식되어왔기 때문이다. 중요한 일에 감정을 배제하는 것이 인지력을 높이는 것이고 문제해결능력을 향상시키는 것으로 믿었다. 그런 결과로 갈등현상에서 감정이 하는 역할은 주목을 받지 못하였고 이에 대한 연구도 비교적 드문 편이다. 이 책에서는 인지적 측면과 감정적 측면을 모두 고려하여 갈등현상에 접근하려고 노력한다.

첫째, 갈등이슈를 어떤 관점에서 지각하고 해석하여 대응하느냐는 인지적 측면과 관련된다. 프레임, 스키마, 편견·편향 등이 갈등현상과 연관되어 있는 대표적인 인지 개념이다. 심리학적 관점에서 이해관계자들 사이에 이러한 인지체계의 차이를 갈등원인으로 설명하는 연구들이 대표적이다. 프레임이란 "사회 실체를 인식하기 위한 일종의 해석적 틀 또는 관점"이다. 주어진 정보나 현상이 동일하더라도 개인 또는 집단이 상이한 프레임을 가지고 이를 지각한다면 해석은 달라진다(강민아·장지호 2007; 주재복·강영주 2016: 16). 이 개념은 Tversky와 Kahneman(1981)의 전망이론(prospect theory)에서 제시된다. 갈등의 상황과 이슈를 손실차원으로 인지하느냐 이익차원으로 인지하느냐에 따라 갈등 과정 및 결과가 달라질 가능성이 높다. 즉 공공갈등에서 당사자와 이해관계자들이 이슈와 상황을 어떻게 프레이밍하는가는 갈등의 전개와 결과에 커다란 영향을 미치는 것이다(Lewicki et al. 2003). 프레임 개념으로 공공갈등현상에 접근한 국내연구들이 있다(예: 최흥석 외 2004; 강민아·장지호 2007; 심준섭·김지수 2011; 최흥석·임효숙 2014; 권향원 외 2015; 김창수 2016). 이러한 연구들은 갈등상황에 대한 해석의 틀이나 전략을 갈등 프레임으로 정의한다. 예를 들어 원자력발전소(원전)를 핵폭탄과 동일시하는 부정적 프레이밍은 원전에 대한 극단적인 공포를 유발하고, 원자력 기술의 실제적 안전성 및 에너지 이용과는 무관하게 원자력을 반대하도록 유도한다. 원전은 일반인의 인지체계 속에 "사고의 위험성과 환경 피해에 대한 엄청난 두려움이 구성된 이미지"로 고착되어 있다(심준섭·김지수 2011: 173-174). 사람들은 방사성폐기물처분장(방폐장)에 대해서도 극명하게 다른 의미를 부여한다. 방폐장 입지 선정에 찬성하는 측은 발전 후 방사성물질을 '에너지문제 해결을 위해 필연적으로 발생되는 필수불가결한 부산물'로 규정하는 반면 반대하는 측은 '핵에너지 사용으로 인해 발생한 부작용'으로 인식한다. 서로 다른 프레이밍은 해당 이슈에 대해서 호환이 어려운 상이한 대안을 선택토록 만든다(강민아·장지호 2007: 24-29). 그간 정부와, 환경단체를 중심으로 한 시민집단은 원전과 방폐장에 대해 각자 다른 인지체계를 가지고 있었다. 그 결과 방폐장입지선정의 추진부터 경주방폐장이 건설되기까지 첨예한 갈등 속에 반세기의 세월이 소요되었다.

둘째, 감정은 갈등증폭 및 갈등해소에 강력한 힘을 발휘한다. 감정은 갈등의 추동력이자 지렛대이며 부산물일 수 있다. 갈등은 감정을 내포하고 있다. 갈등전개와 해결과정은 흔히 강한 감정적 반응을 일으킨다. 거꾸로 감정적 형태는 갈등 전개양상 및 해결에 영향을 미친다. 분노나 두려움과 같은 부정적 감정이 개입되지 않았다면 갈등은 첨예한 대립과 교착 상태에까지 이르지 않았을 경우가 많다. 감정의 관점에서 본다면, 문화는 특정 사회 속에서 원초적 감정들(두려움, 사랑, 분노, 슬픔, 기쁨)이 어떻게 표현되는가의 방식이다(Hofstede & Hofstede 2005). 우리 한국사회는 공식적인 감정표현이 자연스럽지 않은 문화를 지니고 있다. '욱'하면서 '냄비' 기질적인 격한 반응을 보이곤 한다. 그래서 협상과 같은 갈등해결수단이 기대처럼 효과적으로 작동하지 않는다. 하혜수와 이달곤(2017: iv)은 협상이 "갈등 관계에 있는 둘 이상의 사람이 서로의 관심사를 탐색하고 조율하는 심리 게임의 일종으로서 상대의 감정에 대한 이해와 자신의 감정에 대한 절제에 의해 좌우되는 측면이 강하다"고 주장한다. 협상의 성공을 위해 감정지능은 매우 중요한 요소이다. 협상의 성공을 위해서 문제본질로부터 이탈이나 관계악화 등을 초래하는 부정적 감정은 통제하는 반면 이슈에 대한 집중과 관계 및 신뢰개선 등에 기여하는 긍정적 감정은 적극 활용하는 것이 필요하다(Fisher & Shapiro 2005). 감정이 갈등결과에 미치는 영향은 조건에 따라 긍정적일 수도 있고 부정적일 수도 있다. 조건변수로서 감정지능과 감정규제 또는 감정노동을 제시할 수 있다. 인지적 측면과 함께 감정적 측면을 고려하면 갈등현상에 대한 이해도와 갈등관리능력이 높아질 수 있다. 갈등현상의 인지적 요소와 감정적 요소를 다루는 6~7장과 이 절을 연계하여 읽는다면, 갈등과 갈등관리의 인지적·감정적 측면을 이해하는 데 유용할 것이다.

5〉 갈등상황에서 던져보아야 할 기본적인 질문들

Deutsch(2000)는 사회심리학적 관점에서 갈등에 관한 질문들을 제시한다. 이 책은 다음과 같이 제시된 갈등영향요인들과 이에 관한 질문들을 다룰 것이다.

① 협력과 경쟁의 문제: 갈등이 승패영합의 파괴적 국면으로 가느냐 아니면 건설적인 문제해결 국면으로 가느냐를 무엇이 결정하는가?

② 사회정의의 문제: 갈등당사자들은 공정한 해결에 대해 각자 다른 관념을 가지고 있다. 불공정성을 지각하게 되는 주요 원천은 무엇인가?

③ 동기부여의 문제: 어떤 동기와 욕구가 갈등을 조장 또는 해결하는가?

④ 신뢰의 문제: 갈등이 파국으로 치달을 때마다 불신이 등장한다. 어떤 과정이 신뢰 또는 불신을 이끄는가?

⑤ 의사소통의 문제: 잘못된 의사소통은 오해를 낳고 갈등을 초래할 수 있다. 역으로 갈등은 흔히 의사소통의 붕괴를 가져온다. 효과적인 의사소통의 특성은 무엇인가? 효과적인 의사소통이 전개되기 위해 무엇을 해야 하는가?

⑥ 귀인과정의 문제: 당사자들은 파국적 갈등에 대한 원인과 책임을 각자 유리한 방향으로 따져 묻는 경향이 있다. 갈등상황에서 이러한 귀인오류의 성격은 무엇인가?

⑦ 설득의 문제: 갈등과 협상에서 당사자들이 기울이는 노력의 많은 부분은 상대방을 설득하는데 쏟아진다. 효과적인 설득을 위한 조건은 무엇인가?

⑧ 자기통제의 문제: 갈등이 진행되는 동안 다양한 혼란과 예기치 못한 사건들 그리고 감정을 어떻게 통제하는가?

⑨ 권력의 문제: 권력의 분배와 행사 방법은 갈등과정에 강한 영향을 미친다. 당사자들이 보유한 권력기반(예: 경제적 자원, 무기, 정보, 정당한 권한, 네트워크)은 갈등과정에서 어떻게 영향력을 발휘하는가?

⑩ 폭력의 문제: 갈등이 파국으로 치달을 때 폭력이 발생하곤 한다. 어떤 요인들이 폭력을 촉발하는가? 어떤 유형의 개입이 폭력을 감소시킬 수 있는가?

⑪ 편향적 판단의 문제: 무엇이 오해와 편견을 낳는가? 어떻게 하면 오해와 편견을 줄일 수 있는가?

⑫ 성격의 문제: 갈등당사자 개인의 성격이 어떻게 갈등해결방식에 영향을 미치는가?

⑬ 집단적 문제해결과 창의성의 문제: 생산적인 갈등관리는 창의적이며

협력적인 문제해결과정으로 볼 수 있다. 무엇이 갈등당사자들로 하여금 창의적이고 협력적인 문제해결접근으로 유도하는가?

⑭ 집단갈등의 문제: 상이한 집단 간의 갈등은 일반적인 현상이다. 집단갈등과정과 대인갈등과정은 어떻게 다른가?

⑮ 문화의 문제: 문화는 어떻게 갈등의 전개와 관리방식에 영향을 주는가? 각 사회는 어떤 방식의 갈등해결을 선호하는가? 상이한 문화적 배경을 가지고 있는 협상가들에게 직면하는 문제는 무엇인가?

⑯ 다루기 힘든 갈등의 문제: 여러 수준에서 장기간 지속되는 난치성 갈등이 존재한다. 공공갈등도 다루기 힘든 난제의 성격을 가지고 있다. 이러한 갈등에는 어떤 개입방식이 생산적인가?

⑰ 제3자 개입의 문제: 중재와 조정과 같은 제3자의 개입이 효과적일 때는 언제인가?

⑱ 문화와 갈등의 문제: 주로 서구문화에서 발전된 갈등이론을 비서구 문화권에 적용하려면 어떤 부분을 수정해야 하는가?

CHAPTER 02. 갈등의 기능과 유형

"To be alive is to be in conflict. To be effective is to be in conflict"
- Tjosvold, D. R. & Johnson, D. W.

1 갈등의 기능

인간 사회에서 갈등은 불가피하다. 사람마다 가치와 이해 그리고 견해와 입장의 차이가 있기 때문에 갈등은 자연적인 현상이다. 그렇다면 갈등은 사회에 어떠한 기능을 수행하는가? 부정적으로 기능할 수도 있고 긍정적으로 기능할 수도 있다. 생각과 이해의 차이가 폭력과 전쟁을 일으키기도 하지만, 변화와 발전을 가져오기도 한다. 불가피하다면 회피하는 게 능사는 아니다. 어떻게 하면 차이와 불일치를 생산적으로 관리할 것인가가 중요하다. 이를 위해 무엇보다 갈등의 양면성을 인식해야 한다. 갈등은 파괴성과 생산성을 모두 지닌다. 갈등은 역기능뿐만 아니라 순기능도 한다. 갈등은 조직의 생산성, 안정성, 적응성을 촉진하기도 하고 저해하기도 한다. 그래서 우리는 갈등의 최적수준을 가정한다. 논리상, 갈등증감에 따른 한계비용과 한계편익이 같아지는 수준을 말한다. 그래서 갈등이 최적수준보다 높거나 낮을 경우 낮은 성과와 역기능을 초래하는 반면, 갈등수준이 최적에 근접할 때 높은 성과와 순기능을 낳는다고 가정하는 것이다.

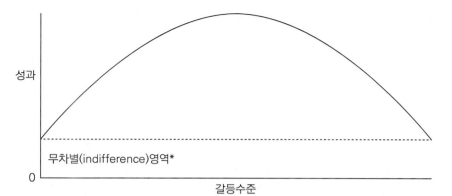

그림 2-1
갈등의 최적관리

갈등수준	낮음	최적	높음
영향	역기능	순기능	역기능
집단행태	환경변화에 둔화, 무사안일, 의욕상실, 침체, X-비효율성	환경변화의 적응, 자유와 창의성의 신장, 변화와 문제해결지향, 양질의 의사결정	혼란, 분열, 인지처리기능 저하, 상호조정의식 결여, 목표의식결여
성과	낮음	높음	낮음

* 갈등수준과 관계없으나 성과에 직결되는 변수군.

갈등이 최적수준보다 낮을 때에는 환경변화에 둔감함과 이로 인한 적응력 약화, 무사안일적 침체 분위기와 행태, X-비효율성1)이 낮은 성과로 귀결된다. 갈등이 최적수준보다 높을 경우에는 혼란과 분열, 인지처리기능의 마비, 상호조정과 공동목표에 대한 의식결여가 역시 낮은 성과로 귀결된다. 갈등이 최적수준으로 유지될 경우 환경변화의 적응과 혁신의 추구, 자유와 창의성의 신장 그리고 의사결정의 질 향상과 창조적 문제해결과 같은 생산적인 결과를 가져올 수 있다. 마치 인체의 장 속에 유익균과 유해균의 비율이 예시컨대 85% 대 15%로 조화를 이룰 때 건강한 것처럼, −상황과 영역에 따라

----

1) X-비효율성은 우크라이나 태생의 유대계 미국인 경제학자 하비 라이벤슈타인(Harvey Leibenstein)에 의해 소개된 개념이다. 경쟁압력의 부재 시 조직은 비용을 절감하려는 유인동력을 상실한다. X-비효율성의 원인으로 독점과 국가통제(국영기업), 위임자–대리인 문제, 동기결여 등이 제시된다.

그 수준의 수치 또는 비율은 다를지라도— 최적 수준의 갈등이 있어야 해당 사회와 조직은 생산적이며 순기능을 발휘한다. 〈그림 2-1〉은 갈등 수준과 성과의 관계를 보여준다.

따라서 관리자는 갈등의 최적수준을 설정·확인하여 갈등이 높으면 해소전략을 사용하고, 갈등이 낮으면 갈등을 고조시킬 전략을 취해야 한다. 유능한 관리자는 혁신과 창조적 문제해결을 위한 생산적인 갈등을 자극하면서 동시에 갈등의 파괴적인 측면을 최소화하는 방법을 실행한다. 이렇게 '갈등관리'란 용어는 최적수준을 가정하여 갈등의 파괴성과 생산성을 조절하는 노력을 내포한다. 이런 점에서 갈등은 일종의 성과관리전략이 된다. 한편 소방, 건강, 환경보호 등과 같은 공공서비스 영역에서는 사전예방이 사후치료보다 비용이 싼 경우가 많다(Osborne & Gaebler 1992: 219–229). 공공갈등의 경우에도 선제적 예방을 하는 것이 쌀까? 갈등은 불가피할 수밖에 없다는 점에서 '갈등예방'이라는 용어는 비논리적이다. 이 용어는 정치적 수사로서 효용을 가지며 최적수준을 넘지 않게 관리한다는 의미로 이해할 수 있겠다. 따라서 갈등영향분석을 통해 최적 수준을 초과할 갈등일 경우, 사전예방 노력을 강구하여 예산을 절약해야 할 것이다.

1) 갈등의 부정적 측면

한국사회에서 갈등은 사회발전에 백해무익하며 금기의 대상으로 인식되는 경향이 있다. 우리사회는 전통적으로 획일성을 기반으로 한 인화(人和)와 동질성을 선호하기 때문에 갈등에 대한 거부반응이 강하다(백완기 1998: 163). 한국사회뿐만 아니라, 전통적으로 갈등을 제거하는 것이 성과향상에 바람직하다고 보았다. 다양한 학문분야에서 갈등을 부정적으로 인식하는 경향이 있었다. 인류학, 정치학, 사회학, 경제학, 인지심리학 등 사회과학영역에서 갈등으로 인해 초래되는 부정적 귀결들이 다양하게 제시된다(Jehn & Bendersky 2003: 189–194). 예컨대 춘투(春鬪)와 같은 극렬한 노사분쟁 상황에서 갈등은 경제적 균형을 무너뜨리고 정책결정과정에 손상을 입히며, 창의성 발휘와 위험감수의 도전정신을 억제하기도 한다. 또한 갈등은 당사자의 인지처리 부하량을 증가시킨다. 즉 갈등으로 인한 위압감과 분노는 인지처리기능을 저하시키거나 마비시킬 수 있다. 그 결과 일의 성과는 감소된다. 궁극적으로 갈등은 주의력을 떨어뜨려 통합적인 문제해결 역량을 감소시킬 수 있다.

조직이론에서는 갈등이 저성과, 불만족, 생산성 감소, 몰입도 저하, 결속력 약화 등을 초래한다고 인식되어왔다(Rispens 2014: 20). 1950년대 중반 이전까지 대부분의 학자들은 갈등의 역기능에 초점을 두었다. 예컨대 케네스 볼딩(K. Boulding)은 갈등의 최적수준을 인식하고 개인적 스트레스와 긴장이 생산성 증진에 필요하다고 주장하면서도, 궁극적으로는 갈등을 개인적·사회적 비용으로 묘사한다. 엘턴 메이요(E. Mayo)도 갈등을 "악" 또는 "사회적 기술의 결핍증상"으로 취급하고, 그 대립선상에 있는 협력을 "건강의 징조"로 규정한다. 마치와 사이먼도 갈등을 "표준적 의사결정기제의 붕괴"로 개념화함으로써 체계의 역기능으로 인식한다(Pondy 1967: 307).

2) 갈등의 긍정적 측면

갈등은 삶의 불가피한 자연적 현상으로서 파괴적일 수도 있지만 사회적으로 생산적일 수도 있다(Deutsch 1973). 지그문트 프로이트에 의하면, 내적 갈등은 심리발달의 필요조건이다. 카를 마르크스에 의하면, 계급갈등은 사회진보를 위해 필요하다. 생산적인 갈등은 양질의 문제해결을 가져온다(Deutsch & Coleman 2000: 65-66). 일찍이 막스 베버는 최고로 질 좋은 삶은 갈등을 통해서만 발전될 수 있다고 믿었다. 따라서 양질의 삶을 위해서 갈등은 오히려 권장될 필요가 있다(Fry 1998: 34). Coser(1956: 154-156; 1957: 197)에 의하면, 갈등은 관계의 안정화 및 통합에 긍정적으로 기여하며, 혁신과 창의성의 압력을 가함으로써 사회체제의 경직화 방지에 기여한다. 갈등은 사람들의 정체성을 유지시킨다. 관계적 측면에서 갈등은 당사자들 사이에 그어져 있는 경계선을 확인하는 데 이롭다. 집단 사이에 발생하는 갈등은 집단 내의 결속력을 증가시킨다. Simmel(1964: 3)에 의하면, 갈등은 그 자체로 치유능력을 가지고 있다. 갈등은 오히려 이분대립구도를 해소시킬 수도 있다. 갈등은 비록 일부 당사자를 파괴할 수도 있지만 당사자들 사이에 통합을 이룰 수도 있다. 갈등은 사회변화를 촉진할 수도 있고 집단 응집력을 강화할 수도 있다 (Wagner-Pacifici & Hall 2012: 183).

행태주의와 상호작용주의는 갈등의 긍정적 측면에 주목한다. 여기에서 갈등은 성과를 향상시키고 발전의 동력이 될 수 있다고 인식된다. 조직과 사회가 갈등의 최적수준을 유지할 때 최대성과를 창출할 수 있다고 가정하는 것이다. 특히 직무와 관련된 과업갈등의 순기능을 강조한다. 과업갈등은 효과성 향상에 긍정적으로 작용할 수 있다(Jehn 1995). 과업갈등은 의사결정의 질과 긍정적인 상관관계를 나타낸다. 즉 의사결정을 하는 지도부 내에 건설적인 과업갈등이 있을 때 양질의 대안이 도출될 수 있다. 집단내부에 과업갈등이 발생하면 관련된 직무에 대한 다양한 견해가 제시되어 집단동조현상을 방지함으로써 성과를 향상시킬 수 있으며(Rispens 2014: 20-21), 응집력과 자긍심이 강한 조직에서 집합적 방어회피 패턴인 집단사고(Janis 1972)와 의사결정 실패를 예방할 수 있다. 최적의 의사결정결과를 도출하기 위해 갈등을 활용하는 방법들이 있다. 예를 들면 의사결정상황에 반대자 역할을 부여하는 악마의 주창, 합의형성, 변증법적 조사 등이다. 갈등이 존재할 경우에는 일방이 자신의 가치체계를 전체에 강요할 수 없기 때문에 개인에게 선택의 자유가 부여된다. 이런 점에서 갈등은 인간의 자유를 실현하는 데도 긍정적인 기능을 수행한다(Coser 1956; Deutsch 1973; Brickman 1974; Lan 1997: 28).

갈등의 긍정적 결과를 정리하면 다음과 같다. 첫째, 갈등은 개인 및 집단의 정체성을 확립하고 유지하는데 도움이 된다. 둘째, 갈등은 변화와 혁신을 촉진한다. 갈등은 자신을 시험하고 평가하는 계기가 되며 상대에 대한 관심과 호기심을 자극한다. 셋째, 갈등은 느슨하게 구조화된 사회에서 관계를 안정시키고 통합하는 기능을 한다. 넷째, 갈등은 단일가치체계가 지배하는 것을 막고 다양한 가치가 전체적으로 공존할 수 있도록 한다. 그 결과 개별적 선택의 자유가 신장될 수 있다.

갈등은 위기를 발생시킨다. 그런데 '위기(危機)'라는 용어는 위태로운 상황이자 기회를 의미한다. 갈등은 관리자에게 위협과 기회요소를 모두 제공하는 양날의 칼과 같다. 관리자가 칼을 어떻게 쓰느냐에 따라 분열과 파괴로 귀결될 수도 있고, 변화의 결과를 낳을 수도 있다.

3) 갈등과 의견차이의 창조적 관리

갈등은 의견차이로부터 시작된다. 로저 피셔와 윌리엄 유리는 『*Getting to Yes*』를 "사람들이 상호간 차이를 다루는 가장 좋은 방법은 무엇인가?"라는 질문으로 시작한다(Fisher & Ury 1991). 사람들 사이에서 비롯되는 의견차이의 본질과 원인은 무엇인가? Schmidt와 Tannenbaum(2000)은 의견차이에 대한 창조적 관리방안을 제시한다. 의견차이는 가치와 사실 그리고 목표와 수단의 측면에서 파악할 수 있다. 사실 측면은 문제정의, 정보와 이에 대한 지각, 권력과 권한에 대한 인식 등에서 차이를 말한다. 가치 측면은 공정성과 객관성에 대한 가정 또는 윤리적 기준의 차이를 말한다. 목표 측면은 공유되지 않은 목표를 말하고, 수단 측면은 방법에 대한 불일치를 말한다. 이와 같이 여러 측면에서 발생하는 의견차이의 배후를 정보요인, 지각요인, 역할요인 등 세 가지로 정리할 수 있다. 이 세 가지 요인들과 관련하여 던져보아야 할 질문들은 각각 다음과 같다. 당사자들은 동일한 정보에 접근했는가? 당사자들이 동일한 정보를 상이하게 인식하고 있지는 않는가? 당사자들은 자신의 역할에 얼마나 크게 영향을 받고 있는가? 저자들은 의견차이를 다루는 방법으로 회피, 억제, 갈등부각, 그리고 창조적인 방안을 제시한다. 이 중 의견차이를 창조적으로 관리하는 방법은 효과적인 갈등관리를 위한 시사점을 제공한다. 창조적인 관리를 위해서는 다음과 같은 역량과 자세가 필요하다. ① 의견차이가 있음을 인정한다. ② 평가보다는 이해를 통해 당사자들의 주장을 경청한다. ③ 갈등의 본질을 명료화한다. 즉 의견차이가 사실, 가치, 목표, 수단의 측면 중 어디에서 비롯되는가를 분명히 파악한다. ④ 갈등당사자들의 감정을 인정하고 받아들인다. ⑤ 누가 결정할 것인가의 권한관계를 명료화한다. ⑥ 갈등해결 절차와 행동원칙을 명시하는 기본규칙을 설정한다.

⑦ 당사자들 간의 관계 유지에 주력한다. ⑧ 당사자들 간의 의사소통을 위한 수단을 마련한다.

의견차이 자체를 본질적으로 좋거나 나쁜 것으로 간주해서는 안 된다. 동일한 의견일지라도 '선호하기 때문에 그것을 옳다'고 인식하기도 하고(공리주의적 사유) '옳기 때문에 그것을 선호한다'고 인식하기도 한다(공정성으로서 정의 사유). 관리자는 의견차이와 갈등에 창조적으로 대응하기 위해 다음과 같은 사항들을 일종의 경고로 인식할 필요가 있다. ① 주위에 '예스맨'만 있다. ② 의견불일치와 반대를 불충과 거역으로 간주하면서, 충성심과 협력 가치만을 강조한다. ③ 팀워크를 유지하는 것처럼 보이기 위해 중요한 의견차이를 가린다. ④ 의견차이에 대한 불분명한 분석과 해결책을 채택함으로써 갈등당사자들이 각자 상이한 해석을 하도록 방치한다. ⑤ 다른 사람의 입장을 약화함으로써 자신의 개인적 영향력을 강화하는 등 의견차이를 부당하게 이용한다.

의견차이와 갈등에 직면한 관리자는 의견차이 자체가 좋거나 나쁜 것이 아니며, 갈등은 역기능뿐만 아니라 순기능도 있다고 인식해야 한다. 의견차이에 대한 건설적 논쟁은 오히려 문제해결의 질을 높일 수 있다고 인식해야 한다. 건설적 논쟁이란 아리스토텔레스가 숙의적 담론(deliberate discourse)이라고 일컫는 것을 내포한다. 숙의적 담론은 제안된 행동대안에 대한 장단점을 토론하는 것으로 창조적 문제해결을 추구한다. 건설적 논쟁은 자기 쪽 입장과 의견에 반대되는 정보일지라도 개방된 마음가짐으로 수용한다. 그래서 기존 자기입장과 반대되거나 새로운 정보를 통합하여 창조적인 해결대안을 도출하려고 한다(Deutsch & Coleman 2000: 66). 효과적인 갈등관리를 위해서 의견차이를 진단하고 이해할 수 있는 능력(문제진단능력), 적절한 대안을 선택할 수 있는 능력(선택결정능력), 그리고 자신과 상대방의 감정을 인식하고 유연하게 행동할 수 있는 능력(감정·사회지능)이 요구된다. 즉 효과적인 갈등관리에는 인지적 측면과 감정적 측면에서 모두 역량 발휘가 요청된다.

4) 갈등기능의 상황조건

갈등의 순기능과 역기능이 작동하는 상황조건에 대한 인식이 필요하다. 갈등이 역기능적이거나 순기능적으로 작동하는 것은 상황의존적일 수 있다. 이러한 가정을 갈등의 상황의존적 관점이라고 한다. 즉 갈등의 결과가 부정적이냐 아니면 긍정적이냐를 조절하는 상황조건이 있다고 가정하는 것이다. 어떤 조건하에서 갈등은 긍정적으로 귀결되는가? 어떤 조건하에서 갈등의 부정적 결과가 완화되는가? Rispens(2014: 22-28)는 〈그림 2-2〉에서 보여주는 것처럼 갈등과 성과 간의 관계를 조절하는 상황요인으로 개방성과 감정적 안정성, 갈등이슈의 중요도, 갈등인식의 대칭 여부, 갈등교육, 리더의 갈등관리 스타일, 그리고 갈등분리 노력 여섯 가지를 제시한다.

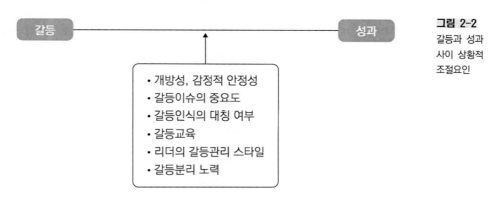

그림 2-2
갈등과 성과
사이 상황적
조절요인

첫째, 팀 내 개방성이 높을 경우 일과 관련된 과업갈등은 팀 성과와 긍정적인 관계를 나타내지만, 팀 내 개방성이 낮을 경우에는 과업갈등과 팀 성과 간의 관계는 부정적으로 나타난다. 감정적 안정성도 개방성과 유사한 효과를 보인다. 팀원들의 정서적 안정수준이 높을 때는 과업갈등과 성과 간에 긍정적 관계가 나타나지만, 낮을 때는 양자 간에 부정적인 관계가 나타났다 (Bradley et al. 2013). 둘째, 중요한 갈등이슈는 과업갈등과 관계갈등의 결합효과를 완화한다. 다시 말해 갈등이슈가 중요할 경우, 과업갈등과 관계갈등의 결합으로 인한 부정적 효과가 감소된다. 그래서 직무와 관련된 다양한 의견

교환과 논쟁이 생산적으로 이루어져, 높은 성과로 연결된다. 셋째, 갈등의 비대칭성이란 갈등수준에 대한 구성원들 간의 상이한 인지를 말하는데, 구성원 대부분이 갈등을 비슷하게 지각하는 대칭성의 상황이 비대칭성의 경우보다 갈등을 해결할 가능성은 더 높다. 집단 내 모든 구성원이 갈등을 동일한 수준으로 지각하는 것은 아니다. 어떤 구성원은 갈등을 매우 심각하게 인식하는 반면, 다른 구성원은 무시할 정도로 낮게 인식할 수 있다. 또한 어떤 구성원은 일과 관련된 과업갈등 수준이 매우 높은 것으로 지각하는 데 반해, 다른 구성원은 과업갈등보다는 인간관계가 얽힌 관계갈등을 매우 높게 지각할 수 있다(Jehn 2014: 14-5). 따라서 갈등에 대한 지각은 공유의 차원이 아니라 분포의 차원으로 이해하는 것이 유용하다. 이를 집단갈등의 비대칭성이라고 한다(Jehn et al. 2010). 넷째, 갈등교육을 받았느냐의 여부가 갈등과 성과 간의 관계에 영향을 미친다. 예컨대 '일과 관련된 과업갈등은 이롭다'는 내용으로 갈등교육을 받았을 경우 실제 팀 성과가 향상되었다는 연구결과가 있다. 다섯째, 문제해결지향 리더는 갈등과 스트레스 간의 상승효과를 감소시키지만, 강압과 회피 지향 리더는 갈등과 스트레스 간의 상승효과를 증가시킨다(Römer et al. 2012). 여섯째, 갈등분리노력이란 첨예한 갈등에 대한 경험과 상황을 의식적으로 회피하거나 갈등사건에 대한 무심함을 나타내는 인지적 시도이다. 자아방어로서 부정이나 투사와 같은 기제도 이와 연관된다. 사람들은 갈등분리노력을 통해 일시적으로 분노나 두려움과 같은 부정적 감정을 약화시킬 수 있다.

2 〉 갈등의 유형

학자들은 여러 가지 차원에서 갈등을 유형화한다. 과업내용 대 인간관계, 주관성 대 객관성, 구속력 대 비구속력, 행위 대 구조 등이 주요한 예이다. 갈등에 대한 문제를 타당하게 정의하기 위해서는 정교한 갈등유형화가 요청된다.

1) 과업 대 관계 차원

일과 사람에 초점을 두어 갈등을 유형화하는 것은 조직이론에 따른 것이다. 조직이론에서는 관리문제를 일에 초점을 둔 과업지향성과 사람에 초점을 둔 관계지향성으로 양분하는 전통이 있다.2) 그래서 이 차원은 주로 조직맥락에서 발생하는 갈등을 분류할 때 유용하다. 한편 갈등의 기능과 유형을 연관시키는 연구경향이 있다. 예를 들어 성격차이와 대인적 적대감에 기초한 관계갈등은 집단의 성과와 사기에 악영향을 끼치는 역기능으로 연결되는 반면, 과업갈등은 대부분 유익한 결과를 낳는 순기능으로 이어진다.

(1) 관계갈등

관계갈등은 집단구성원들 사이에 함께하기 어렵다는 대인적 양립불가능성이 전제될 때 나타난다. 관계갈등은 직무와 상관없는 이슈에 대한 선호, 성격, 그리고 불공정성 인식의 차이를 내포한다.

관계갈등을 감정적 측면과 결부시켜 감정갈등이라 부르기도 한다. 초기에는 정서갈등, 감정갈등, 관계갈등, 대인갈등을 혼용하는 경향이 있었다. 그러나 최근 연구들은 과업과 관계 갈등을 분류할 때 감정 요소를 분리해야 할 필요성을 제기한다. 정도의 차이는 있어도 관계갈등과 과업갈등 모두 감정 요소를 포함하고 있기 때문이다. 일반적으로 관계갈등이 과업갈등에 비해 강한 감정 요소를 지닌다. 하지만 매우 감정적인 과업갈등 행태도 있다. 과업과 관련해서, 상관이 고함을 친다든지 탁자를 내려치는 경우나 자신의 의견이 경청되지 않을 때 느끼는 우울함을 예시할 수 있다.

따라서 감정을 갈등의 유형과 결과의 관계를 조절하는 요인으로서 고려하는 것이 적절하다(Jehn 1997; Jehn & Bendersky 2003). 앞서 언급했듯, 감정적 안정성은 갈등과 성과를 조절하는 상황요인이다. 부정적 감정의 개입정도가

---

2) 예로 Blake & Mouton(1984)의 조직발전모형, Fiedler(1978)의 상황의존 리더십모형 등을 들 수 있다.

낮을 때는 과업갈등과 성과 간에 긍정적 관계를 가질 수 있지만, 높을 때는 양자 간에 부정적 관계가 성립할 수 있다. 그리고 일과 관련된 갈등이 감정적 요소에 의해 영향을 많이 받을 때, 지위와 권력분쟁으로 확대될 수도 있다.

관계갈등은 당사자들이 상호관계를 보는 시각이 다르거나 기대에 합당한 행위를 발견하지 못할 때 발생한다. 예컨대 상관은 공사를 구분하지 않고 부하에게 수직관계로 설정된 행위를 기대하는 반면, 부하는 공사를 구분하여 사적인 영역에서는 상관을 수평관계로 규정하고 이에 합당한 행위를 기대하는 경우이다. 이 경우 상관과 부하가 학교 동창이라면 관계갈등은 심화될 수 있다. 이렇게 관계에서 발생하는 갈등은 개인주의보다는 집단주의 문화권에서 더 많이 발생할 것으로 생각된다(한규석 2017: 394). 집단주의 문화권에서는 전통적으로 수직적인 관계가 지배해왔다.3) 하지만 개인 인격의 존중과 수평관계의 가치가 확산됨에 따라 하나의 관계를 규정하는 데에 여러 시각이 존재할 수 있게 되었다. 결국 당사자들의 편의를 도모하거나 자존심을 고양하는 방향으로 관계에 대한 시각이 변할 수 있다. 비대칭적인 관계의 시각과 행위에 직면할 때, 관계갈등은 불가피하게 발생한다.

(2) 과업갈등

과업갈등은 과업 내용에 관한 의견불일치로 인한 갈등이다. 초기에는 갈등요소와 관련하여 일의 내용과 과정 또는 절차를 분리하지 않고, 하나의 과업갈등으로 취급하였다. 이후 과업의 내용과 과정을 분리하여 다룰 필요성이 제기되었다.

현재는 과업갈등이 과업에 대한 내용갈등으로 이해된다. 이는 실제 과업내용에 관해 의견불일치가 있다는 당사자들의 의식이나 자각을 말한다. 선행연구에서 과업갈등은 내용갈등 또는 인지갈등과 혼용되기도 한다. 내용갈등은 수행하는 과업에 내재되어 있는 목표, 가치, 관념, 그리고 문제의 해결안 및 접근법에 대한 불일치를 의미한다. 인지갈등은 문제의 중요성 및 적절

---

3) 이 맥락을 수직적(위계서열적) 집단주의라고 한다.

성에 대한 인식과 해석의 차이, 그리고 결정사항에 대한 해석의 차이에서 비롯되는 갈등을 말한다. 요컨대 과업갈등은 수행하는 과업 내용에 관해 당사자들 간의 인지불일치로 양립할 수 없는 충돌이 일어나는 상황이다.

(3) 과정갈등

과정갈등은 과업을 완수하는 데 필요한 수단에 관한 것으로, 과업수행의 과정과 방법에 관해 불일치가 있다는 관련 당사자들의 의식이나 자각에서 발생한다. 과정갈등은 누가 무엇을 어떻게 하느냐 하는 인적·물적 자원의 할당에 관한 불일치에서 일어난다. 선행연구들은 과정갈등을 분배갈등, 흥정갈등, 체제갈등, 행정갈등과 혼용한다. 분배갈등이란 물적 자원의 할당 절차와 과정에 대한 정치적 논쟁이다(Kabanoff 1991). 흥정갈등은 희소한 공유 자원에 대한 의견불일치로부터 발생하는 것이며, 체제갈등은 조정의 문제와 관련된다(Pondy 1967). 그리고 행정갈등의 용어는 예산, 인사, 책임과 같은 행정적 문제를 과업내용과 구별할 의도로 사용된다(Jehn 1997).

(4) 갈등의 유형과 강도의 예시

직장동료인 김 국장과 이 국장은 내년도 예산편성을 두고 갈등을 빚고 있다. 이 상황에 대한 다음 두 가지 갈등시나리오를 읽고 갈등의 유형과 강도 측면에서 차이점을 찾아보자.

#1: 김 국장은 편성된 예산이 왜 적절한지 그리고 자신이 왜 그 사업의 일부에 대해 재량적 자금을 편성하려는지 열심히 설명한다. 이 국장은 김 국장의 설명을 듣고는 있지만 여전히 걱정스럽다. 그는 김 국장이 그 상황에 숨은 비용을 이해하지 못할 수도 있기 때문에, 이 문제를 좀 더 논의하자고 제안한다. 그러나 김 국장은 동의하지 않는다.

#2: 김 국장은 자신의 예산편성 근거를 열심히 방어하고 편성된 예산의 적절함을 확고하게 주장한다. 그는 편성된 예산이 필요한 것 이상으로 가치가 있다고 확신한다. 이 국장은 그의 설명이 끝나기도 전에 끼어들어서 김 국장이

그 상황에 숨은 비용을 이해할 수 있는 전문지식을 가지고 있지 않다고 반박한다. 이 국장은 이틀 전 승진심사문제로 김 국장과 다툰 일이 떠올랐다. 그리고 이 문제를 다시 논의할 것을 요구한다. 그러나 김 국장은 동의하지 않는다.

갈등유형의 렌즈를 통해서 보면 위에 제시된 두 시나리오는 각각 과업갈등, 과정갈등, 관계갈등의 요소를 포함하고 있다. 두 시나리오에서 모두 김 국장과 이 국장은 내년도 예산을 어떻게 배정할 것인가의 예산편성내용(과업갈등)과 이 문제를 재논의할 것인가의 여부(과정갈등)에 대해 의견이 엇갈리고 있으며, 이 국장은 김 국장의 전문성에 의문을 제기한다(과업갈등을 위장한 관계갈등). 그러나 이 두 시나리오에서 갈등은 다르게 묘사된다. 여기에서 갈등은 상이하게 전개되며 상이한 결과를 낳을 가능성이 있다. 두 번째 시나리오가 첫 번째보다 큰 반대의 강도로 표명되고 있다. 우리는 갈등당사자들이 서로 다른 정보에 주의를 기울이고 다른 감정을 경험하고 있다고 예상할 수 있다. 그리고 갈등이 어떻게 표명되었는지에 근거하여 상대방에 대한 다른 귀인판단(책임원인규명)을 만들어내면서, 결국 갈등을 다르게 인식할 것이라고 짐작할 수 있다. 비록 갈등의 내용이 동일하더라도 위와 같은 관심정보, 감정경험, 귀인판단의 차이로 상이한 갈등의 전개과정과 결과를 맞이할 것이다. 이에 관해서는 11장의 갈등표명이론에서 상술한다.

2) 주관성 대 객관성 차원

갈등에 대한 지각 및 실재 형태에 따라[4] 주관적 갈등과 객관적 갈등으로 구분할 수 있다(Lan 1997: 29-30). 주관적 갈등이란 객관적으로 실재하지

----

[4] 실재의 형태는 가치나 신념처럼 개인 내부에 존재하는 주관적 실재, 주관 작용과 독립하여 모두가 관찰할 수 있는 객관적 실재, 사회규범이나 문화처럼 사람들 간 상호작용으로 구성된 간주관적 실재 등 세 가지로 나눌 수 있다. 존재의 초점이 각각 인간, 자연, 인공물에 맞춰진다고 하겠다.

는 않지만 당사자들에게 존재하는 것으로 지각되는 갈등이다. 주관적 갈등은 대부분 정보부족이나 신뢰결여 등으로 인한 오해에서 비롯된다. 그렇기 때문에 의사소통, 과학적 정보의 제공, 합의형성, 그리고 친밀관계 형성이 주관적 갈등을 해소하는데 효과적이다.

객관적 갈등은 주관의 작용과 독립하여 실제로 존재하나 지각의 여부는 확실하지 않은 갈등이다(Brickman 1974). 객관적 갈등은 세 가지로 세분된다. 첫째, 순수협력성 갈등으로 갈등당사자들에게 발생될 상벌 또는 이해가 유사하거나 비경쟁적인 상황이다. 순수협력성 갈등은 상황이 이해될 때 해결된다. 따라서 순수협력성 갈등의 해결에는 상황에 대한 정확하고 공유된 이해를 추구하는 시민참여, 권한위임, 파트너십, 조정, 정보공유, 공동목표의 확립, 우선순위부여 등의 방법들이 이상적이다. 둘째, 순수경쟁성 갈등은 한쪽 당사자가 상대방에게 손해를 끼치지 않고서는 이익을 얻을 수 없는 영합게임 상황이다. 순수경쟁성 갈등은 역사적으로 전쟁, 억압, 기만, 또는 보상과 같은 접근법으로 해결을 시도하여 왔다. 순수경쟁성 갈등의 상황에서는 협상, 정보공유, 합의형성, 그리고 참여와 같은 대안적 갈등해결방식이 비효과적일 수도 있다. 셋째, 혼합형은 경쟁성과 협력성이 공존하는 상황이다. 상대방의 비용을 전제할 수밖에 없는 것에 대해서는 경쟁을 하고, 당사자들의 공동이해에 대해서는 협력하여 이익을 취하는 상황이다. 행정이 직면하는 대부분의 갈등은 혼합형이다. 순수경쟁성 갈등에서 패자로 인식되는 당사자에게 대체보상이 제공될 경우, 갈등유형은 순수경쟁성에서 혼합형으로 전환된다. 혼합형의 갈등상황에서는 비용편익의 명확화, 협상, 조정, 중재 등의 방법들을 적용할 수 있다.

3) 구속력 차원

인간은 자신을 둘러싼 구조에 의해 영향을 받고 살아간다. 상황에 따라 개인의 자유 의지력이 주도하기도 하고, 구조의 힘이 주도하기도 한다. 갈등은 자유의지와 구조의 힘의 조합에 따라 유형화된다. 자유의지가 100일 때 구속력은 0인 경우를 완전 비구조화라고 하고, 구속력이 100일 때 자유의지는 0인 경우를 완전 구조화라고 가정해보자. 이러한 구속력의 차원에서 갈등을 네 가지 유형으로 분류할 수 있다(Lan 1997: 30–31).

첫째, 비구조화된 갈등으로서 당사자들은 어떠한 규칙에도 구속되지 않는다. 비구조화된 갈등상황에서 당사자들의 선택은 즉흥적이고 감정적이다. 갈등해결을 위해서 합의된 어떠한 규칙도 없다. 예컨대 행정서비스에 대한 기대는 높은데 세금을 낼 의지가 박약한 시민들과 정부가 대치하는 상황을 비구조화된 갈등으로 볼 수 있다. 둘째, 완전 구조화된 갈등이다. 이것은 갈등문제에 대한 정의가 명확하고 당사자들이 법규, 사회규범이나 윤리기준에 완전히 구속된 상황이다. 완전 구조화된 갈등상황에서 정부와 행정은 통상 법규와 정책에서 제시하는 절차와 과정에 따라 갈등을 해결하려고 한다. 셋째, 일부 구조화된 갈등이다. 이 상황에서는 갈등당사자들이 일부 행태에 대해서는 제약과 구속을 받지만, 다른 일부 행태에 대해서는 자유롭게 선택할 수 있다. 많은 행정문제가 이 범주에 속한다. 넷째, 혁명적 갈등으로서 극단적으로 비구조화된 갈등의 한 형태이다. 법규뿐만 아니라 문화와 통념에 구속받지 않는 대규모 갈등 상황이다. 이 경우 갈등당사자들은 전쟁이나 이외 폭력형태로 문제를 해결하려 한다. 극단적인 힘에 의해 자원과 권력이 재편되고 새로운 질서가 형성되는 경우이다.

4) 주관-객관성 차원과 구속력 차원의 결합

정용덕(2010: 10–13)은 주관성 대 객관성의 차원과 구속력의 차원을 결합하여 네 가지 유형의 공공갈등을 도출한다(<그림 2-3>).

첫째, 주관적 구조 단위에서 나타나는 공공갈등으로서, 우리 사회에서 환경, 교육, 안전, 대북 문제를 둘러싸고 나타나는 이념갈등이 이 범주에 속한다. 대형 국책사업 추진 과정에서 발생하는 개발과 보존 이념 세력 간의 문화적 편향충돌(예: 개인주의자 대 평등주의자)을 예시할 수 있다. 압축 성장을 거치며 우리사회는 전근대-근대-탈근대로 이어지는 가치관이 혼재되어 있

그림 2-3
주관-객관성과
구속력 차원의
결합에 의한
갈등유형화

구조(결정론)

주관적 구조	객관적 구조
• 가치관, 문화, 헤게모니	• 정치/경제/사회 체제
• 이념갈등	• 계급갈등, 권력갈등, 정체성갈등

주관 / **객관**

주관적 행위	객관적 행위
• 의도적 선택	• 합리적 선택
• 가치(신념)갈등	• 이해갈등

행위(자유의지)

다. 이렇게 혼재된 가치 속에서 주관적이든 객관적이든 많은 갈등이 나타나고 있다. 둘째, 객관적 구조 단위에서 나타나는 공공갈등이다. 정치·경제·사회적 구조요인들이 갈등의 근본원인이라고 가정한다. 예컨대 권위주의적 비민주주의 정치체제 하에서 국가기구와 민주화 추구세력 간의 갈등, 자본주의 체제 하에서 기업 자본가와 노조 간의 갈등 또는 소득계층 간의 갈등, 성별·인종·종교 등에서 사회지배세력과 소수자 집단 간의 갈등을 들 수 있다. 우리의 '갑을관계' 또는 '갑질문화'라고 이슈화된 사회현상은 객관적 구조단위의 갈등범주에 속한다고 하겠다. 셋째, 주관적 행위단위에서 나타나는 갈등이다. 직장 내 성희롱이나 성폭력 여부를 두고 당사자 간 다툼을 한다거나 '도롱뇽 소송'으로 알려진 지율 스님의 단식농성 행위 등을 예시할 수 있겠다. 왜냐하면 도롱뇽 소송은 천성산 터널공사에 반대하는 행위로서 도롱뇽 서식과 환경가치에 대한 지율 스님 개인적 신념에서 출발했기 때문이다. 넷째, 객관적 행위단위에서 나타나는 갈등이다. 경제적 가치와 이익의 배분을 둘러싸고 개인이나 집단 사이에 벌어지는 이해갈등이 이 범주에 속한다. 도시 재개발 사업과정에서 빚어지는 개발업자 및 건물주와 세입자 간의 분쟁, 님비(Not In My Back Yard, NIMBY) 또는 핌피(Please In My Front Yard, PIMFY)로 상징되는 각종 지역이기주의 분쟁들을 예로 들 수 있다.

그러나 특정 갈등사례가 배타적으로 각 유형에 전속되는 것은 아니다. 특정 사례의 시점이나 단계에 따라 갈등유형이 달라질 수 있다. 갈등 초기단계에서 행위단위로 발생하던 것이 고조단계에 이르러 구조단위의 문제로 비화될 수도 있고, 처음에 주관적인 신념에서 촉발되었던 갈등이 객관화되어 사회적 이슈로 발전할 수도 있다. 예컨대 주관적 행위 수준의 성추행 관련 당사자 간 갈등이 객관적 구조 단위의 미투(MeToo)운동으로 발전한다거나, 지율 스님의 단식농성 행위가 개발 대 보존 이념의 구조 단위로 전환된다거나, 재개발조합과 철거민의 이해갈등이 '용산참사'를 계기로 객관적인 구조 단위의 공공갈등으로 전이되는 것을 들 수 있다.

5) 기타 분류기준에 따른 유형분류

현재 공공갈등 유형에 대한 통일된 구분기준은 없다. 연구자마다 다르지만, 발생단위, 당사자, 쟁점영역, 쟁점요인과 성격 등에 따라 유형화할 수 있다. 첫째, 발생단위에 따라 개인갈등, 집단갈등, 조직갈등, 사회갈등, 국가갈등, 국제갈등 등으로 분류할 수 있다. 둘째, 갈등당사자 기준에 따라 민관갈등(민간-정부), 민민갈등(민간-민간), 관관갈등(정부-정부), 세대갈등, 지역갈등, 노사갈등 등으로 분류할 수 있다. 1948년부터 2014년까지 우리나라에서 발생했던 공공갈등 2,030건을 분석한 권경득·임동진(2017)에 의하면, 정부조직들 간의 관관갈등이 28.8%인 반면 민간영역의 행위자와 정부 간의 민관갈등은 71.2%로 가장 높은 비율을 나타냈다. 1990년부터 2020년까지 발생했던 공공갈등 1,116건을 분석한 가상준(2020)도 이와 유사하게 정부와 민간 간 갈등비율이 높게 나타났다(민민갈등 25.4%, 민관갈등 68.6%, 관관갈등 6%). 셋째, 쟁점영역에 따라 산업갈등, 의료갈등, 교육갈등, 정치갈등, 환경갈등, 사회복지갈등 등으로 분류할 수 있다. 또한 정부부처 기능과 유사하게 분류하기도 한다. 넷째, 쟁점요인과 성격에 따라 이해갈등, 가치갈등, 관계갈등, 정보(사실)갈등, 구조갈등 등으로 분류할 수 있다(박홍엽 외 2007). 권경득·임동진(2017)처럼, 자원갈등(님비갈등, 핌피갈등), 권한갈등(사무권한갈등, 관할구역갈등), 정책갈등(이익갈등, 가치갈등)으로 분류하기도 한다. 갈등의 쟁점요인이란 문제의 사안에서 반목과 대립을 야기하는 핵심적인 요인을 말한다. Bakhare(2010:

42)는 이러한 쟁점요인에 따라 정보갈등, 이해갈등, 구조갈등, 관계갈등, 가치갈등 등으로 분류한다. 〈표 2-1〉은 쟁점요인에 의한 갈등유형의 내용과 이에 대한 관리방식을 예시하고 있다.

표 2-1.
쟁점요인에 따른
갈등유형

구분	내용	갈등관리의 접근(예시)
정보갈등	정보(사실)의 부족과 비대칭 그리고 정보 해석의 차이에서 오는 갈등	객관적 자료제공, 제3자에 의한 사실증명, 공동조사
이해갈등	한정된 자원분배 과정에서 생기는 욕구와 이해의 양립 불가능성으로 인한 갈등	공정한 분배시스템, 합리적 의사결정체계 구축, 협상과 타협
구조갈등	정치·경제·사회구조 및 왜곡된 제도·관행 등으로 인해 발생한 갈등	제도개선과 새로운 문화 창조에 의한 사회화
관계갈등	불신, 오해, 편견 등 대인관계의 이상으로 발생하는 갈등	의사소통의 통로 확보 및 확대, 부정적 감정의 통제
가치갈등	문화·종교적·정치사회적·개인적 차원의 신념 및 관점의 차이에서 비롯되는 갈등	공존을 지향하는 다양성과 인정가치의 확산, 다문화이해 교육, 재판

여러 유형의 갈등은 효과적인 해결을 위해 각기 관리접근방법이 달라야 한다. 예컨대 정보의 격차와 해석의 차이로부터 발생하는 정보갈등은 객관적 자료제공이나 제3자 개입에 의한 사실증명 또는 공동조사로 해결될 수 있다. 이에 비해 불신, 오해, 편견 등 당사자 간 상호관계의 문제로부터 비롯되는 관계갈등은 의사소통방식의 개선에 주안점을 두고 접근할 수 있다. 한정된 자원을 분배하는 과정에서 생기는 이해갈등은 공정한 분배시스템이나 합리적 의사결정체계의 구축, 협상과 타협 등 수단에 의해 관리할 수 있다. 문화나 종교 그리고 정치사회적 신념의 차이로부터 비롯되는 가치갈등의 경우 다양성 교육을 통해 관리할 수 있다. 가치갈등은 사법적 판단을 통해서도 적절하게 해결할 수 있지만, 이해갈등은 당사자 간 협상이나 타협이 더 적절할 수 있다. 재판은 과거 사실을 바탕으로 어떤 규범을 적용할 것인가를 법적으로 판단하기 때문에, 당사자들의 현재나 미래의 이해관계에 대한 고려가 중요하지 않다. 반면 협상이나 타협은 당사자 각자의 이해를 극대화할 수 있는 지점을 찾는 것이기 때문에, 재판이 제공하는 예측 및 사회규범의 확립 가능

성은 낮다(김준한 1996: 40). 실제 공공갈등 사례에서도 이익이 충돌하는 쟁점 (이해갈등)에 비해 가치가 충돌하는 쟁점(가치갈등)은 조정에 의한 합의안 도출 이 더 어려운 것으로 나타난다(장현주 2018: 449).

한편 정치·경제·사회적 구조와 왜곡된 제도 및 관행으로 발생하는 구 조갈등은 근본적인 제도개선과 함께 새로운 공동체 문화를 통하여 해결할 수 있다. 특히 헌법 제·개정은 과도기에 있는 정권과 질서를 재확립함으로써 구 조적 갈등을 해결하는 특수한 방법으로 볼 수 있다. 20세기 후반 많은 국가 에서 갈등전환의 수단으로서 헌법은 구조적 "갈등 해결의 기록 문서"가 되었 다(Hart 2001: 153). 1987년 전부 개정된 현행 대한민국 헌법은 군사정권세력 대 민주주의세력 간의 갈등을 봉합했던 상징으로 볼 수 있다.

CHAPTER 03. 갈등관리의 전략과 거버넌스

1 갈등관리전략

1) 경쟁과 협력에 대한 이해

갈등관리전략은 크게 경쟁과 협력 두 가지 지향점으로 양분할 수 있다. 갈등상황에서 당사자들이 경쟁적으로 접근하느냐 아니면 협력적으로 접근하느냐에 따라 갈등전개 과정과 그 결과는 다르게 나타난다. 〈읽어보기 3-1〉에 서술되어 있는 이야기는 이러한 점을 잘 드러내주고 있다.

| 읽어보기 3-1 | 갈등상황에서 경쟁과 협력의 이야기
(출처: Deutsch & Coleman 2000: 21) |

두 어린이가 정원에 물 뿌리는 호스를 가지고 다투고 있다(갈등상황). 둘다 먼저 물을 뿌리고자 호스를 차지하려고 한 것이다(둘 다 경쟁 지향적이다). 계속해서 호스를 차지하려고 서로 밀치고 당기고 하면서 급기야 주먹 다툼과 욕설이 오고갔다. 서로 화가 나고 실망스러울 뿐, 둘다 정원에 물을 뿌리지는 못했다. 갈등상황에서 이렇게 경쟁적으로 접근한 결과, 두 친구는 모두 파괴적인 경로를 밟게 된 셈이다. 남는 것은 실망감과 울음바다 그리고 폭력이었다.

다른 시나리오를 상상해보자. 정원은 화초가 있는 영역과 채소가 있는 영역으로 나누어져 있다. 두 친구 모두 먼저 호스를 사용하고자 한다. 하지만 이 갈등상황을 보다 평화롭게 대응하고자 한다(둘 다 협력 지향적이다). 한 어린이가 친구에게 동전 던지기로 호스를 먼저 사용할 사람을 정하자고 한다(갈등해결을 위한 공정한 절차를 제안하는 것이다). 친구는 이에 동의하고 동전 던지기에서 진 사람이 먼저 정원의 화초 영역과 채소 영역 중 선호하는 곳을 먼저 선택하자고 제안한다. 둘은 이러한 제안에 모두 동의한다(협력적인 상생합의에 이른 것이다). 두 어린이는 정원에 물을 뿌리며 행복감을 느끼고 서로에게 친숙감을 느꼈다. 이것이 갈등에 대한 협력적이고 생산적인 결과이다.

Q. 다산 정약용의 경세유표에 제시된 정전제(井田制) 원리를 협력과 경쟁의 조화로 활용할 수 없을까?

갈등에 대한 경쟁과 협력 전략은 두 가지 목표상호의존성에 기초한다. 첫째, 부정적 목표상호의존성은 당사자들의 목표달성이 상충하는 상황을 말한다. 즉 철수의 목표달성은 수철의 목표달성과 부(−)의 상관관계를 가지는 경우이다. 예컨대 철수가 물속에 가라앉아야 수철이가 헤엄쳐 살 수 있거나 수철이가 물속에 가라앉아야 철수가 헤엄쳐 살 수 있다. 이는 승패가 갈리는 영합게임이거나 또는 모두가 패자가 될 수 있는 상황이다. 둘째, 목표상호의존성이 긍정적일 경우 철수의 목표달성은 수철의 목표달성과 정(+)의 상관관계를 가진다. 그래서 철수와 수철이 모두 물에 가라앉거나 둘 다 헤엄쳐 살 수 있다. 이는 비영합게임이 될 수 있는 상황이다. 물론 현실에서는 부정적이든 긍정적이든 순수형의 목표상호의존성은 존재하기 어렵다. 양자의 혼합형을 상정하는 것이 현실적이다.

많은 연구들은 경쟁보다는 협력전략을 강조한다. 협력전략이 경쟁전략과 비교하여 더 큰 집단생산성, 보다 호의적인 대인관계, 더 나은 정신건강, 그리고 더 높은 자존감으로 연결된다는 것이다. 생산적인 갈등해결은 경쟁전략보다는 협력전략에 의해 실현된다. 그러나 경쟁전략이 무조건 파괴적인 갈등으로 귀결되는 것은 아니다. 건설적인 경쟁은 생산적이고 창의적인 논쟁 상황과 유사하다(Deutsch 2000: 22−28). 각자 차이점을 가지고 논쟁하면서 보다 나은 아이디어와 해결안을 모색해보는 것이다. 여기에서는 승자나 패자가 없다.

평화학의 창시자로 알려진 요한 갈퉁(Johan Galtung)은 평화유지를 위한 두 가지 전략을 제시한다. 첫째, 분리지향전략은 갈등당사자들이 되도록 상호작용하지 않도록 하는 전략이다. 좋은 이웃이 되기 위해서 담장을 치고 소유의 경계를 확실하게 하는 것이다. 둘째, 결합지향전략은 갈등당사자들의 상호작용이 활성화되도록 하는 전략이다. 이 전략에서는 담장을 허무는 것이 좋은 이웃이 되는 길이라고 가정한다(Billings 1991: 256-257). 사회적 특성과 상황적 맥락에 따라 갈등의 분리지향전략이 효과적일 수도 있고, 결합지향전략을 통해 평화로운 관계를 유지할 수도 있다. 가치와 입장의 차이가 크면서 경쟁이 극심할 때는 분리지향전략을 취하는 것이 갈등을 악화하지 않을 수 있다. 반면 비영합게임 상황이거나 당사자들 사이에 타협의지가 존재할 때는 결합지향전략이 효과적일 수 있다. 분리지향전략이 경쟁성을 더 내포하고 있다면, 결합지향전략은 협력성을 더 내포하고 있다.

2) 갈등관리전략으로서 경쟁지향성과 협력지향성

경쟁과 협력 지향의 갈등관리전략은 〈그림 3-1〉처럼 당사자들의 문제 성격의 인식과 동기 및 규범에 따라 유형화될 수 있다.[1]

첫째, 해결해야 할 문제가 당사자들의 공동문제인지 경합문제인지로 구분한다. 여기에서 공동문제는 외부성이 존재하여 상대방과의 협력이나 타협 없이는 해결될 수 없는 문제이다. 즉 공동문제는 비경합적이고 비배제적인 공공재적 성격을 띤다. 반면 경합문제란 경합적이고 배제적인 사적재화와 같은 성격을 띠며, 상호작용의 과정에서 영합게임이 벌어질 수 있는 상황을 내

그림 3-1
문제성격인식과 당사자 동기에 따른 갈등관리전략

		동기 및 규범	
		합리성	호혜성
문제성격 인 식	경합문제	경쟁 (→ 갈등)	협상
	공동문제	계약	협력

----
1) 이에 관해서는 권향원·한수정(2016: 395-397)을 참조함.

포하고 있다. 둘째, 당사자의 동기 및 규범 차원으로서 자기이익의 극대화를 추구하는 합리성과, 당사자들 사이의 심리적 유대에 기초한 호혜성으로 구분될 수 있다. 호혜성 규범을 잘 나타내는 격언이 있다. "남이 너에게 해주길 바라는 대로 너도 남에게 그렇게 하라."〈그림 3-1〉에서 볼 수 있는 것처럼 경합문제의 인식과 합리성의 동기·규범이 결합하면 경쟁전략이 출현하며, 공동문제의 인식과 호혜성의 동기·규범이 결합하면 협력전략이 출현한다. 한편 경합문제로 인식되면서 호혜성의 동기·규범이 존재하면 협상이 효과적이고, 공동문제로 인식되면서 합리성의 동기·규범이 지배할 경우에는 계약이 효과적인 갈등관리전략이다.

〈그림 3-2〉는 갈등관리의 이중모형을 나타낸 것이다. 이 모형은 갈등 당사자들 사이에 상대방의 이익과 결과에 대한 관심을 의미하는 협조성 차원과 자신의 이익과 결과에 대한 관심을 의미하는 자기주장 또는 독단성 차원을 결합하여 다섯 가지 유형의 갈등관리스타일을 도출한다. 즉 협조성과 자기주장 차원의 연속선에 따라 결합하여 회피(avoiding, 1,1), 경쟁(competing, 1,9), 타협(compromising, 5,5), 화해(accommodating, 9,1), 협동(collaborating, 9,9)의 다섯 가지 반응스타일을 가정한다(Pruitt & Rubin 1986). 이러한 다섯 가지 스타일은 갈등관리전략의 기초적인 프레임워크가 된다. 대안적 분쟁해결방식 중 하나인 협상에도 이와 같은 이중모형을 그대로 적용할 수 있다(이에 관해서는 13장 1절을 참조).

그림 3-2
갈등관리의
이중모형

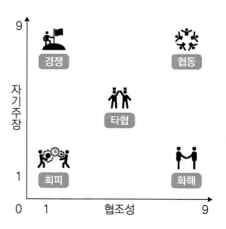

PART 01. 갈등에 대한 이해

선행연구에 따르면 협력적 갈등관리는 호혜적인 해결을 추구함으로써 양질의 해결과 신뢰관계를 생성한다. 반면 경쟁적 갈등관리는 상대방의 비용으로 자신의 목표를 추구함으로써 오히려 갈등을 고조시킨다. 경쟁적 관리접근은 갈등을 전혀 해결하지 못하거나 또는 일방적인 해결로 귀결되고 불신관계를 낳는다. 따라서 일반적으로 경쟁전략보다는 협력전략의 선택과 적용을 권장한다. 현 시대적 상황에서는 더욱 그렇다. 네트워크의 조정양식을 강조하는 뉴거버넌스 시대에는 참여와 협력에 높은 가치를 부여하기 때문이다.

공공영역의 재화와 서비스 생산과정에서 이해관계자 간 경쟁은 죄수딜레마 게임 또는 집단행동 딜레마의 상황을 초래할 개연성이 있다. 모두가 패자가 될 수 있는 이 상황에서 벗어나려면 경쟁지향성을 협력지향성으로 전환시킬 전략적 사고가 필요하다. 행정규제 상황을 죄수딜레마 게임에 적용해보자.

그림 3-3
행정규제의
죄수딜레마

		기업 (피규제자)	
		위반-회피 (배반)	자진 신고 및 자율 규제 (협조)
행정기관 (규제자)	엄한 단속처벌 (배반)	2, 2 (a, b) (경쟁맥락) → 갈등	5, 1 (e, f)
	탄력적 대응-집행 (협조)	1, 5 (c, d)	4, 4 (g, h) (협력맥락)

〈그림 3-3〉에 제시된 효용 값에 의하면, 규제자인 행정기관이 어떤 대안을 선택하든지 기업은 규제 위반-회피를 선택하는 것이 좋다(b>f, d>h). 그리고 기업이 어떤 대안을 선택하든지 행정기관은 엄격한 단속처벌 대안을 선택하는 것이 좋다(a>c, e>g). 그런데 이와 같은 자기효용극대화가 결국 모두가 패자가 되는 결과를 낳게 된다. 이러한 행태의 내시균형(Nash equilibrium)은 파레토 최적이 아니다.[2] 행정기관은 기업의 결정에 변함이 없는 동안 기업의 규제위반을 감안하여 규제자로서의 최적 대안인 엄한 단속처벌을

선택하고, 피규제자인 기업 역시 행정기관의 결정에 변함이 없는 동안 행정기관의 단속처벌 결정을 고려하여 최적 대안인 위반회피 전략을 지속한다. 그 결과 규제자인 행정기관과 피규제자인 기업은 내시균형을 이루게 된다. 그러나 규제자인 행정기관이 탄력적 법집행을 선택하고 피규제자인 기업도 자진신고 및 자율규제 대안을 선택했다면 양측 모두가 더 좋았을 것이다(협력의 맥락: g, h).

규제자인 행정기관과 피규제자인 기업 간 경쟁과 갈등 맥락을 상호 협력 맥락으로 전환시키기 위한 방법은 무엇일까? 협력지향성으로 갈 의지와 방법이 없다면 기업은 규제를 위반·회피하고 행정기관은 엄한 단속과 처벌을 하는 반복게임이 지속될 것이다. 즉 두 게임자는 단속처벌과 위반회피를 반복하면서 갈등의 악순환에 처하게 될 것이다. 어떻게 하면 협력맥락으로 전환할 수 있을까? Potoski와 Prakash(2004)에 의하면, 우선적으로 당사자들 사이에 협력을 위한 평판 쌓기를 할 필요가 있다. 당사자들 사이에 서로 협력한다는 신호를 지속적으로 교환하는 것이다. 그리고 초기부터 당사자들이 실제로 협력을 지향할 수 있도록 하는 것이 중요하다. 이를 위해 전반적인 배반비용을 증가시킴과 동시에, 경미한 부정사항에 대해서는 용서를 해주고 자발적인 위법사항의 신고에 대해서는 처벌을 경감해준다.

규제에 대한 구제제도가 실효성을 거둘 경우에는 규제자인 행정기관과 피규제자인 기업 모두가 승리하는 상생협력 결과를 가져올 수 있다. 그러나 구제제도의 실효성이 보장되지 않는다면 규제집행은 모두가 패자가 되는 갈등으로 귀결될 것이다. 파괴적 규제거버넌스인 것이다. 실효성이 없는 상황

---

2) 파레토 효율(Pareto efficiency)이라고도 하는 파레토 최적(Pareto optimality)이란 다른 사람의 후생을 감소시키지 않고서는 한 개인의 후생을 증가시킬 수 없는 자원배분상태이다. 한 사람 이상의 후생을 증가시키면서도 다른 누군가의 후생을 감소시키지 않아 사회전체의 후생을 증대하는 파레토 개선이 불가능한 상태를 말한다. 이탈리아의 경제학자 빌프레도 파레토(Vilfredo Pareto, 1848~1923)의 이름을 딴 법칙이다. 이 예에서 규제자와 피규제자가 각자 효용을 감소시켜(5→4 또는 2→1) 협력맥락이 조성되면 갈등맥락의 후생상태보다 증가할 수 있다(2 →4). 즉 사회적 후생이 증가하려면 두 행위자의 효용을 감소하지 않고는 불가능하다.

PART 01. 갈등에 대한 이해

중 하나가 피규제자에 의해 이러한 구제제도가 악용되는 경우이다.3) 공익실현을 위해 바람직한 것은 정부와 기업이 모두 패자가 되는 갈등을 피하고 모두가 승자가 되는 협력을 이루는 것이다. 규제자의 입장에서는 기업의 자율규제가 규제집행의 부담을 완화하면서 양질의 규제결과를 얻을 수 있기 때문에 승자가 되는 것이다. 기업들의 입장에서는 정부가 제공하는 규제인센티브(예: 경미한 위반에 대한 관용, 기술적 지원, 탄력적 기준적용 등)가 규제순응을 용이하게 하면서 이윤을 높일 수 있기 때문에 승자가 되는 것이다.

그러나 행정기관이 모든 위반사항에 대해 처벌과 엄격한 법 집행을 고수한다면, 피규제자인 기업은 정부규제와 자발적 순응강령을 회피하고자 하는 강한 유인을 갖게 될 것이다. 정부가 제공하는 자발적 규제순응을 위한 구제제도와 인센티브는 기업과 행정기관 모두가 패자가 되는 갈등을 단기적으로 극복할 수 있도록 한다. 그러나 이러한 단기적인 실효성도 기업과 행정기관 각자가 상대방이 협력하고 있다고 믿고 있을 때만 가능하다. 쌍방의 협력에 대한 신뢰가 없다면 각주 3에 예시된 사례처럼 구제제도를 악용하는 배반의 개연성이 있기 때문이다.

현실적으로 규제딜레마가 존재한다. 규제자인 행정기관과 피규제자인 기업은 기회주의적으로 행동할 유인을 강하게 가지고 있다. 결국 양자의 자기이익 추구 행태는 모두가 패자가 되는 악순환으로 이어진다. 기업은 행정기관의 느슨해진 틈을 공략하여 규제를 회피하고 구제제도를 악용한다. 행정기관은 충직한 의도를 갖고 자진 신고한 기업의 위반에 대해서도 엄격하게 처벌한다. 이와 같은 배반의 행태는 상대방의 기회주의 가능성에 대한 상호의심에서 비롯된다.

상대방 의심에 의한 배반은 다음과 같이 설명할 수 있다. 먼저, 행정기관은 기업이 구제제도를 규제회피 허가증이나 오염배출 면허증으로 인식할

----

3) 예컨대 생활용품 제조회사 Y 본사는 대리점과 함께 135억 규모의 정부입찰 담합을 한 뒤 담합을 가장 먼저 신고한 업체에 과징금과 검찰고발을 면제해주는 리니언시 제도(leniency program, 담합자진신고자감면 제도)를 악용하여, 본사는 면책을 받고 대리점들에게 과징금 부담을 전가하였다(출처: 연합뉴스 2018.2.19).

수 있다는 점을 우려한다. 이러한 우려에는 환경단체의 압력이 기여를 한다. 환경단체는 기업이 구제제도와 같은 인센티브를 악용할 수 있다고 주장한다. 규제기관이 기업에 의해 포획(regulatory capture)되었다고 인식하는 경우도 있다. 환경론자들은 기업에 대한 구제제도가 오히려 오염배출 면허증을 발급하는 것과 같으며, 자진신고행위는 기업의 오염배출에 대한 진짜 기록을 숨기는 녹색분칠일 뿐이라고 비난하기도 한다. 환경단체는 규제구제제도가 실효성이 낮으며, 규제기관이 엄격한 단속과 법집행을 하도록 압력을 가한다. 기업도 규제기관이 자진신고한 위반사항을 엄격한 단속과 처벌로 대응할까 봐 우려할 수 있다. 또한 기업은 환경단체가 규제기관의 협력행위를 정치적으로나 법적으로 문제 삼을 수 있다는 점을 잘 알고 있다. 결국 둘 다 배반한다.

협력이 성공적으로 이루어지려면 상대방으로 하여금 자신이 기회주의적으로 행동하지 않을 것이라는 점을 확신시켜야 한다. 이를 위해서 정부규제자와 기업 모두 상대방에게 협력의 신호를 보내고, 각자의 평판을 쌓을 방법을 찾아야 한다(Potoski & Prakash 2004). 규제자는 경미한 위반들에 대해 관용을 베풂으로써 협력평판을 쌓고, 기업은 규제위반사항에 대해 신속하게 자진신고함으로써 협력평판을 쌓는 것이다. 그러나 좋은 평판이 협력을 유인할 충분조건이 되는 것은 아니다. 게임이 시작되기 전에 미리 협력에 충실할 수 있도록 배반비용을 증가시키는 노력 또한 필요한 것이다. 그렇다면 배반비용을 증가시키는 수단들은 무엇일까?

3) 갈등관리전략과 문화의 연계성에 대한 통찰

갈등관리의 전략과 접근법은 문화적 속성과 상관이 있다. 동양 문화권에서 공개적인 경쟁과 갈등은 대인 간 적대감을 줄 수 있다. 그렇기 때문에 동양 문화권에서는 공개적인 경쟁과 갈등은 회피되어야 한다고 인식되었다. 동양 문화권의 갈등관리는 서양 문화권과 비교하여 경쟁보다는 협력 지향성, 직무 자체보다는 관계 지향성, 그리고 문제해결보다는 회피 및 우회 정향성에 무게를 둔다고 알려져 있다. 예컨대 Tjosvold 등(2014)은 동양 문화권의

PART 01. 갈등에 대한 이해

대표주자로 인식되는 중국의 가치는 경쟁 전략보다는 협력적 갈등관리에 적합하다고 주장한다.

　　그러나 동서양 문화권 간 이분법적 갈등관리 유형화에 주의할 필요가 있다. 여러 연구들이 동서양 문화권 간 이분법적 설명을 반증하는 사례들을 제시하였다(예: Leung 1996; Leung et al. 2002). 특히 동양인들이 갈등회피 정향성을 띤다고 단정하는 것은 문제가 많다. 예컨대 한 실험연구에서 전통적인 관념과는 달리 중국인 피험자들은 회피 정향성을 보이기보다는 공개토론에 적극적으로 참여하였다(Tjosvold & Sun 2001). 이 실험에 참가한 중국인 피험자들 중에는 협력목표를 갖고 호혜성을 추구하는 사례가 많았다. 집단주의와 관계의 가치는 동양 사람들이 왜 갈등회피전략을 선호하는가를 설명하는 근거로서 오랫동안 제시되어왔다. 그러나 최근 연구들은 집단주의 정향의 팀들이 개인주의적 가치를 가진 팀들보다 더 협력지향적이며 반대의견에 대해 공개적이고 건설적으로 토론하는 사례들을 발견하였다(Tjosvold et al. 2014).

　　동양 문화권의 지배가치 중 하나가 '조화'이다. Leung 등(2002)에 의하면 조화는 중국사회에서 특유한 동기를 갖는다. 조화의 유지는 목적 자체가 아니라 분열 방지를 위한 도구라는 것이다. 이러한 동기를 가지고 사람들은 자신의 이익을 더 추구하면서 잠재적인 대인관계문제를 피할 목적으로 경쟁과 갈등을 회피하는 것이다. 하지만 서양인의 눈에는 이러한 조화가 단순한 회피 행태로 보일 수 있다. 조화는 자신과 상대방의 이해관계에 모두 관심이 낮은 것으로 특징되는 이중모형의 회피전략과는 차이가 있다. 갈등관리의 이중모형에서 회피전략은 자신의 이해관계에 대한 관심을 나타내는 자기주장과 상대방의 이해관계에 대한 관심을 나타내는 협조성이 모두 낮은 특성을 가지고 있다(1,1). 조화는 화합증진의 동기를 가지고 이에 적합한 행위를 하는 상황을 의미한다. 이러한 동기부여는 친밀감, 신뢰, 호혜성을 수반한다. 자신과 상대방의 목적과 이익에 대한 관심이 없이 단순히 상황을 회피하는 것과, 분열 방지나 관계증진을 위한 목적과 관심으로 회피행위를 하는 것은 다르다. 동일한 용어를 사용하더라도 이에 부착된 의미는 문화권에 따라 다를 수 있다. 서양인의 회피와 동양인의 회피는 다른 의미를 가질 수 있다는 말이다. 이 점에서 1장의 마지막 문장에 적시된 '서구문화에서 발전된 갈등이론을 이외의 문화권에 적용할 수 있는가?'라는 기본질문은 유용하다.

따라서 동양 문화권에서 조화의 가치는 갈등회피지향성이라기보다는 문제해결지향성을 가진다고 이해하는 것이 타당하다. 동양 문화권의 갈등관리와 관련하여 또 주목해야 할 가치는 사회적 얼굴인 체면이다. 체면(體面)이란 "남을 대하는 관계에서, 자기의 입장이나 지위로 보아 지켜야 한다고 생각되는 위신·체모·면목·모양새"라고 정의된다. 영어로 'face-saving'이라고 하는 것은 우리의 체면과는 차이가 있다. 전자가 자아존중가치와 개인주의가 깔려 있는 행위라면, 후자는 관계가치와 집단주의가 배태된 행위이다. 체면은 "관계중심문화에서 '나'보다는 '타인의 시선'에 비친 이미지를 의식하고 평가하는 과정"이다(정하영 2011: 144). 동일한 행태라도 타인에 대한 의식 측면에서 양자 간의 동기가 다른 것이다. 동양 문화권에서 사회적 얼굴이나 체면에 대한 관심은 조화처럼 생산적인 결과를 낳을 수 있다. 갈등상황에서 상대방의 체면을 세워줌으로써 협력적 국면으로의 전환을 촉진시킬 수 있다. 실험연구들(예: Tjosvold & Sun 2001)은 갈등당사자들 중 체면이 선 사람(존중과 협력을 지각한 사람)은 체면을 구기거나 사회적 얼굴에 모욕감을 느낀 사람(강압과 경쟁을 지각한 사람)에 비하여 협력목표를 강조하고 반대의견에 대한 탐색과 주의를 기울인다는 점을 확인하였다. 고맥락 문화권의 특징인 비언어적 커뮤니케이션도 협력적 국면전환에 기여하여 공개적인 갈등토론을 가능케 할 수 있다. 이성적인 냉혹함에 비해 훈훈함과 온정을 표현하는 것은 상대편 토론자와의 협력적이고 호혜적인 관계를 발전시키곤 한다(Tjosvold et al. 2014: 40-46).

갈등관리에 대한 문화적 해석에서 [서양 문화권＝개인주의＝경쟁지향성＝과업지향성＝합리주의＝문제해결지향] vs. [동양 문화권＝집단주의＝협력지향성＝관계지향성＝조화와 체면＝갈등회피지향]과 같은 이분법적 인식은 피해야 할 것이다. 서양의 개인주의 문화권에서도 협력지향성과 갈등회피행태는 얼마든지 발견할 수 있으며, 동양의 집단주의 문화권에서도 경쟁지향성과 문제해결지향성을 얼마든지 발견할 수 있다. 다만, 동일한 행태에도 동기와 의미는 다를 수 있다. 갈등관리와 문화 간의 상관성에 대한 설명은 4장에서 상술할 것이다.

2〉 갈등관리의 방식과 수단

한 국가와 사회에서 발생하는 갈등과 이에 대한 해결은 그 국가와 사회의 거버넌스 유형과 직접적으로 관련된다. 막스 베버는 다양한 사회계층 간의 이해갈등이 거버넌스를 의미하는 지배의 사회적 패턴과 방식에 따라 해결된다고 주장한다(Weber 1921). 한 국가에서 최적의 갈등수준과 평화 상태를 유지하려면 누가 지배해야 하는가(Who should govern or rule)? 넓은 의미에서 볼 때 세 가지 유형의 거버넌스를 제시할 수 있겠다. 일인지배의 군주체제, 소수지배의 귀족체제, 다수지배의 민주주의이다. 이 책에서는 현 시대적 상황에 적합하게 민주적 지배체제를 전제하여 갈등관리를 위한 거버넌스를 논의한다.

합법적 권위에 기초한 민주적 거버넌스 하에서 갈등관리는 전통적인 것과 대안적인 것으로 분류할 수 있다. 전자의 경우 법적 소송, 행정기관에 의한 중재 또는 명령과 집행 등을 예시할 수 있다. 후자의 경우 협상이나 조정 등과 같은 ADR을 예시할 수 있다. 공공갈등의 관리수단이나 해결방법은 학자들마다 다양하게 분류한다. 예를 들어 Gladwin(1987)은 ① 법률제정(입법), 공청회, 투표 등과 같은 공적 관리수단, ② 조정촉진, 조정, 중재 등과 같은 제3자에 의한 해결기제, ③ 협상, 협력적 문제해결 등과 같은 갈등당사자 간 자율적 해결기제 세 가지로 분류한다. 이달곤(2007)은 법적·제도적 접근, 보상적 접근, 대체적 분쟁해결(ADR), 주민 선호적 접근 네 가지로 분류한다. 정정화(2011)는 소송과 같은 사법적 해결, 행정적 제재를 통한 제도적·관료적 접근, 설득과 동의에 기초한 합의 형성적 접근 세 가지로 분류한다.

조직단위에서의 갈등관리 방식과 수단도 전통적인 것과 대안적인 것으로 구분하여 제시할 수 있다. 〈표 3-1〉은 이러한 두 가지 방식을 개인적 고

표 3-1.
조직의 갈등관리
방식과 수단

	전통적 방식	ADR 방식
개인고충	• 다단계 고충처리(중재 포함) • 법원 소송과 고용심판 소청(예: 소청 심사위원회, 노동위원회 등)	• 개방정책 • 목소리내기 관련제도 • 옴부즈만 • 내·외부 조정자 • 관리자 또는 동료 심사패널 • 고용 중재 • ADR 주도 갈등관리시스템 • 선제적 갈등예방
집단분쟁	• 다단계 분쟁해결(외부 조정과 알선, 중재, 소송 등 수단 활용)	• 교착상태의 회피를 위한 보조 협상 및 조정 • 브레인스토밍 관련기법 • 이해기반협상 • 진상조사, 사실확인 • 중재, 약식심리, 조정-중재 • ADR 주도 갈등관리시스템 • 선제적 갈등예방

출처: Roche & Teague (2012), p.449.

충처리와 집단적 분쟁해결 측면에서 보여주고 있다. 먼저 전통적인 갈등해결의 관행으로서 다단계 절차를 통한 개인 고충처리 및 집단 분쟁처리가 있다. 개인고충의 경우 조직 내에 마련된 고충(불만)처리절차를 밟는다든지 외부 중재자의 개입을 통해 해결할 수 있다. 조직 내 노사갈등이 첨예한 상황에서는 고충과 분쟁 처리를 위한 중재나 외부 조정, 더 나아가 법적 소송으로까지 최종단계를 거친다. 이러한 방식은 특히 영미문화권 국가들의 관행이며 현재 이외의 많은 국가들도 보편적으로 운영하고 있다. ADR 방식은 문제해결지향성이나 과정상 이해관계자, 특히 약자의 위치에 있는 행위자의 참여와 감시를 강조한다. ADR 방식과 수단은 〈표 3-1〉에 제시된 것처럼 다양하며 집단분쟁과 갈등관리에 혁신을 가져온 것으로 평가받는다.

그러면 전통적 접근방식과 대안적 접근방식에서 공공갈등관리를 살펴보도록 하자.

PART 01. 갈등에 대한 이해

1) 전통적 갈등관리접근

공공갈등에 대한 보편적인 해결책은 전통적으로 법원의 소송이나 행정명령 또는 행정기관장의 중재(행정심판 포함)이다. 이외에 갈등행태에 대한 징벌적 제재(행정 제재/처분)나 갈등악화를 통제·예방하기 위해 적대세력의 이념과 권력을 제한하는 갈등억압이 전통적인 공공갈등해결의 수단들이다(Lan 1997: 31). 중재자가 누구냐에 따라 중재는 전통적 방식이나 대안적 방식으로 분류될 수 있다. 행정기관장에 의한 중재는 전통적 갈등관리수단이지만, 이 책에서는 중재자의 유형을 구별하지 않고 중재방식을 ADR에 포함시킬 것이다. 여기에서는 소송을 중심으로 전통적인 갈등해결방식을 살펴보도록 하겠다.

소송은 법원재판에 의해 갈등문제를 접근하는 것이다. 우리나라의 경우 대형 국책사업을 둘러싼 공공갈등이 대법원이나 헌법재판소의 판결에 의해 종결되곤 한다. 소송은 갈등 문제 자체보다는 관련 법규에 초점을 둔다. 즉 소송은 갈등당사자의 욕구와 이해보다는 관련 법규의 위반 여부를 판단하는 적법성에 초점을 두는 것이다. 새만금간척사업을 예로 들자. 전북도민과 환경단체가 원고가 되어 농림부와 전라북도를 상대로 공사취소소송을 하였다. 2006년 대법원은 원고패소판결(13명 중 찬성 11과 반대의견 2에 의한 상고기각)을 내렸고 공사는 재개되었다. 대법원의 판결은 주로 두 가지 위법성 여부에 초점을 두었다. 첫째, 원고적격유무로서 공사취소소송을 한 원고의 자격요건을 심사하였다.4) 둘째, 관련 법령에 근거하여 경제적 측면의 사업성, 환경영향평

---

4) 원고적격 관련 대법원의 판결 내용의 일부를 보면 다음과 같다: "새만금사업의 환경영향평가 대상지역은 군산시, 김제시, 전북 부안군 전 지역인데, 원고 조경훈 등 143명의 원고를 제외한 나머지 원고들(원고 144. 내지 3539.)이 거주하는 목포시, 익산시, 전북 완주군, 전주시, 서울 등의 지역은 환경영향평가대상지역도 아닌 데다가 위 원고들이 위 공유수면매립면허처분 등으로 인하여 그 처분 전과 비교하여 수인한도를 넘는 환경피해를 받거나 받을 우려가 있다는 점을 입증하지 못하고 있으며, 위 원고들이 이 사건 각 처분과 관련된 구 공수법상의 공유수면에 관하여 권리를 가진 자 또는 농근법상의 이해관계인에 해당한다고 인정할 자료가 없다. 그러므로, 위 원고들에게는 이 사건 각 처분의 무효확인을 구할 원고적격이 있다고 할 수 없다."

가의 적절성, 그리고 담수호의 수질기준 등을 심사하였다. 판결의 요지는 다음과 같다: "이미 상당히 진척된 대규모 공공사업을 손해를 감수하고라도 중단시킬 명백한 증거는 없다." 경제성, 환경영향평가, 보상과 사정변경 등에 관련하여 판단유탈(판단누락), 심리미진 및 채증법칙 위배 등의 위법이 없다고 판결한 것이다.[5] 그리고 4명의 법관이 제출한 보충의견은 다음과 같다: "이번 재판이 행정처분의 무효나 취소 사유가 있는지를 법적으로 따지는 것이지, 새만금사업추진이 타당한지를 정책적으로 평가, 판단하는 것은 아니다"(대법원 판결선고 2006.3.16., 사건: 2006두330 정부조치계획취소등). 이와 같이 소송에 의한 갈등해결은 증거의 유무와 법규에 의해 결정하는 것이다. 갈등의 성격과 문제의 본질을 파악하여 이해관계자의 합의를 이끄는 의사결정이 아니다.

현실적으로 갈등문제의 본질과 관련 법규내용 간 완전일치를 보장하긴 어렵다. 대부분의 경우 갈등문제 자체와 법규 사이에 간극이 있게 마련이다. 새만금간척사업의 소송사례에서 방조제로 인한 환경영향결과는 장기간을 통해 나올 수 있으며 인과관계의 입증도 용이한 것이 아니다. 환경위험평가는 일반적으로 시간적 할인특성을 갖는데, 비용 측면은 즉각 발생하는 반면 혜택 측면은 미래에 나타나는 경향이 있다(Douglas & Wildavsky 1982: 70). 또한 "손해를 감수하고라도 중단시킬 명백한 증거"에 대한 해석은 이해관계자의 관점과 입장에 따라 다를 수 있다. 그래서 소송에 의한 갈등관리는 법원의 판결에 대한 당사자의 수용성 문제가 제기된다. 그리고 소송이 갖는 문제점은 ADR 출현의 핵심배경이 되는 시간과 비용 측면에서도 제기된다. 우리나라의 공공갈등종료방식 중 소송에 의한 갈등지속일수가 가장 길다(<그림 3-4>참고).

----

5) 판단유탈은 재판에서 판단을 빠뜨리거나 누락했다는 의미인데 법원이 판결에 중요한 영향을 미칠 수 있는 사항에 관하여 판단을 표시하지 않는 경우를 말한다. 그리고 재판에서 채택되는 증거가 법적으로 효력이 없거나 불충분한 것일 때 채증법칙에 위배된다고 하며, 재판에서 묻고 따지고 밝히고 증거조사를 해서 사실관계를 밝히는 것을 심리라고 하는데 이러한 심리를 충분히 다하지 않았을 때 심리미진이라고 한다.

그림 3-4

공공갈등의
종료방식과
갈등지속일수

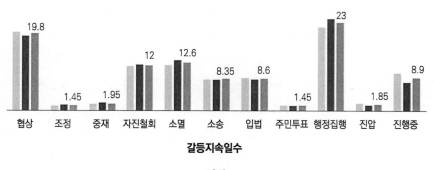

갈등종료방식(%)

■ A ■ B ■ AB 평균

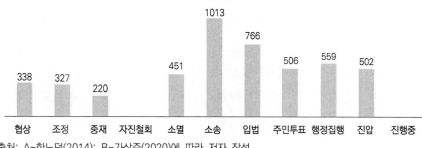

갈등지속일수

출처: A-한노덕(2014); B-가상준(2020)에 따라 저자 작성.

일반적으로 재판은 비용문제를 유발한다. 어떤 철학자의 말처럼 법은 강자의 발명품인 반면, 도덕은 약자가 강자를 제압하기 위한 발명품일 수 있다. 무전유죄(無錢有罪) 유전무죄(有錢無罪)라는 속어도 있다. 소송은 일반적으로 시간과 비용 측면에서 자원이 풍부한 측이 유리한 방식이다.

한편 국제적 분쟁의 경우, 각국의 소송제도가 다르다는 점도 유념할 필요가 있다. 한 가지 예를 들어보자. 한미 자유무역협정(Free Trade Agreement, FTA)을 위한 협상과정에서 투자자−국가분쟁해결제도(Investor−State Dispute Settlement, ISDS)가 독소조항으로 인식되었다. ISDS는 외국계 투자자가 투자대상국을 국제민간기구에 제소할 수 있는 것을 말한다. 외국계 투자자가 소송을 제기하여 자신이 손해를 보았다는 판결이 나오면 투자대상국이 현금으로 이를 배상해야 한다.6) 한미FTA 협상과정에서 국제민간기구가 미국 등 강대국의 다국적 기업에 유리한 판결을 내릴 가능성과 우리의 소송제도와의 차이로 인한 대응문제를 우려하였다. 여기에는 소송에 대한 문화적 인식차이도 결합되었다. 동양에서는 소송을 관계단절과 최후의 수단으로 이해하는 반면, 서양에서는 문제해결을 위한 수단 중 하나로 생각하는 경향이 있다. 이에 관해서는 14장에서 설명한다.

<그림 3-4>는 우리나라 공공갈등의 10가지 종료방식 비율을 보여준다. 협상, 조정, 중재, 자진철회, 소멸 등 당사자 중심의 방식, 소송, 입법, 주민투표 등 공식적인 제3자에 의한 방식, 당사자 중심과 제3자에 의한 방식 사이에 위치할 수 있는 행정집행, 그리고 제3자에 의한 강제방식인 진압이 있다. 1990년부터 2020년까지 공공갈등 1,116건을 대상으로 분석한 가상준(2020)의 연구를 보면, 행정집행(268건, 24.1%)이 가장 높은 비율을 차지하고 협상(214건, 19.2%), 소멸(147건, 13.2%), 자진철회(136건, 12.2%), 입법(93건, 8.4%), 소송(92건, 8.3%), 중재(24건, 2.2%), 조정과 진압(각각 18건, 1.6%), 주민투표(16건, 1.4%) 순으로 나타났다. 1990년부터 2013년까지 844건의 공공갈등사례를 대상으로 한 한노덕(2014)의 결과와 유사한 패턴이다.

2) 대안적 갈등관리접근

소송과 같은 전통적 갈등관리접근이 가지고 있는 문제점에 대한 비판의식으로부터 ADR로 통용되는 대안적 갈등관리 방식과 수단들이 발전한다. 미

---

6) 2012년 11월 외국계 사모펀드 론스타는 우리 정부를 상대로 46억 7950만 달러(약 6조) 규모로 ISDS를 제기하였다. 론스타는 2003년 외환은행을 인수한 뒤 배당 및 매각 이익을 챙기고 2012년 한국 시장을 떠나면서 '론스타 먹튀' 논란이 일기도 했다. 그러나 론스타는 "한국 정부가 매각 승인을 지연해 손해를 봤다"며 투자자-국가 간 소송을 제기했다. 정부는 ISDS 제기 직후부터 국무조정실장을 의장으로 하는 관계부처 '국제투자분쟁대응단' TF를 구성해 대응해 왔다(법률지출비용 487억원). 2022년 8월말 중재 판정부는 6조원대 론스타 청구액의 4.6%를 인용함으로써, 우리 정부는 약 2900억원을 배상하게 되었다. 중재 판정부에 따르면 론스타가 외환은행을 하나금융에 매각하는 과정에 한국 금융위원회가 매각 가격이 하락할 때까지 승인을 미뤄 해외 투자자에게 불공정한 대우를 했다는 것이다(문화일보, 2022.8.31; 조선일보, 2022.9.1).

국에서 현대적 의미의 ADR은 1976년 파운드회의(Pound Conference)를 계기로 발전하였다.7) 과부하가 걸린 미국 사법시스템을 개선하기 위해 이 회의에서 법조인과 학자들은 "더 나은 대안"에 대해 논의하였다. 이 회의의 목적은 다음과 같은 두 가지 문제를 해결하는 것이었다. 첫째, 사법수단에 의해 가장 잘 해결될 수 있는 분쟁은 어떤 유형인가? 둘째, 저렴하면서 신속한 사법서비스를 어떻게 제공할 수 있을까? 회의결과 소송의 대안으로서 ADR이 권고되었다(Gold 2005: 309). ADR의 주요 목적은 기존 사법시스템의 고비용 저효율 문제점을 개선하고, 분쟁당사자 간의 합의를 통한 갈등해결이다.

인류학자 라우라 네이더는 ADR을 "합의를 통한 평화 레토릭의 활용을 의미하는 화합과 조화 이념"의 추구라고 해석한다(Nader 1993: 1–3). 1990년 들어서 미국 의회에서도 소송과 같은 전통적 갈등관리방식에서 비롯된 고비용, 판결의 지연, 그리고 접근의 어려움을 심각하게 받아들이게 된다. 그래서 미국 의회는 대안적 갈등관리접근에 관한 법률들을 제정한다(Manring 1994: 197; Lan 1997: 27).8) 법률 통과 후, 연방행정기관들은 ADR을 활용하고 ADR 전문가들을 채용할 수 있게 되었다(Dunlop & Zack 1997: 119). 그리고 1998년 대안적 분쟁해결법(Alternative Dispute Resolution Act) 제정을 계기로 모든 미연방 법원에서의 ADR 도입이 요청되었다(Gold 2005: 315).

소송과 ADR 방식의 차이는 갈등당사자의 자발적 해결과 제3자의 개입여부에 달려 있다. 즉 갈등을 법원이나 행정기관과 같은 제3자가 개입하여 해결하느냐 아니면 갈등당사자 스스로 해결하거나 제3자의 도움을 받아 스스로

---

7) 이 회의의 명칭은 1906년 '사법당국에 대한 시민불만 전국대회'에서 사법개혁의 필요성을 연설한 로스코 파운드(Roscoe Pound) 교수의 이름에서 유래된 것이다. Menkel-Meadow(1997: 1616)에 의하면, 1976년 파운드 회의에서 샌더(Frank Sander) 교수는 'multi-door court-house'라는 아이디어를 제시하여 소송이라는 하나의 문만 가졌던 기존 법원이 분쟁의 성격과 당사자에 따라 소송, 조정, 중재, 중립적 사실확인, 정부옴부즈맨 등 여러 문(분쟁해결방식)들을 두자고 연설하였다. 한편 조정과 중재 방식을 ADR로 본다면, ADR의 기원은 고대시대로 거슬러간다(12장 참조).

8) 이때 제정된 법률을 예시하면 Civil Justice Reform Act of 1990; Administrative Dispute Resolution Act of 1990(일몰법); Negotiated Rulemaking Act of 1990 등이다.

합의를 이끌어 해결하느냐에 따라 구분할 수 있다. ADR은 제3자의 도움을 받을 수도 있고 받지 않을 수 있지만 최종적으로는 갈등당사자들 스스로가 해결하거나 합의안에 동의하는 방식이다. 소송이 이기는 것(승소)에 우선적 관심이 있다면 ADR은 합의에 의한 문제해결을 강조한다. ADR의 범주에 속하는 갈등해결수단들은 학자에 따라 다양하게 제시된다. Lan(1997: 31)에 의하면 공동목표설정에서부터 합의형성, 공동문제해결, 협상, 비공식적 중재, 조정, 법적 구속력 없는 약식심리 등까지 다양하다. 넓게 보면 공론화와 같은 숙의민주주의 실현수단들도 '대안적'이라는 점에서 ADR 범주에 포함시킬 수 있다. ADR의 다양한 수단들에 대해서는 12장에서 상술하도록 하고, 여기에서는 협상, 조정, 그리고 중재에 관해 차이점을 중심으로 살펴보겠다.

협상은 "자기이익 동기에 의해 행동하고 주장하는 갈등당사자들 간의 토론"이라고 할 수 있다(Chew 2001). 협상은 경쟁하는 다수의 이해관계자들이 가능한 복수의 대안들 중에서 수용 가능한 특정 대안을 선택하는 의사결정과정이다. 이 책 13장은 공공갈등의 해결수단으로서 협상에 대해 비교적 상세하게 다룬다. 조정은 제3자인 조정자의 도움에 의해 갈등당사자들이 스스로 최종적인 합의를 도출하는 것이다. 조정자의 개입방법은 평가와 전문가의 역할에 초점을 둘 수도 있고 단순히 당사자들 간 해결과정을 원활하게 돕는 촉진자 역할에 초점을 둘 수도 있다. 그러나 조정자는 어떤 경우에서도 갈등당사자들을 강제하는 대안을 제시할 수는 없다. 이에 비해 중재에서는 제3자인 중재자가 당사자들의 주장을 경청하고 구속력 있는 해결책을 결정한다. 중재는 중재자가 제시한 대안을 갈등당사자들이 수용하는 방식이다. 이 점에서 중재는 소송과 유사하다. 우리나라의 경우, 뒤에서 살펴볼 바와 같이, 각종 'ㅇㅇ분쟁조정위원회'라고 명명되는 정부위원회 형식의 행정형 ADR기구들이 있다. 이러한 기구들이 공공영역에서 발생하는 분쟁에 대한 조정과 중재 기능을 수행한다. 이 밖에 언론중재위원회, 대한상사중재원 등에서도 관련 분쟁에 대해 중재 역할을 수행한다.

갈등당사자들은 협상을 촉진하거나 자발적 합의를 유도하기 위해 제3자를 활용한다. 갈등상황에서 제3자의 역할은 정보제공자, 조언자, 변호인, 동

맹자, 대리인, 우호적 평화중재인,9) 억압적 평화중재인,10) 조정촉진자,11) 화
해 또는 알선자,12) 조정자, 중재자, 재정자,13) 재판관 등 다양하게 제시할
수 있다. 제3자는 법률상 당사자에 대비되는 용어이다. 당사자란 법률상 소
송이나 사건에 직접적인 이해관계를 가지는 자를 일컬으며, 그 외의 행위자
를 제3자라고 한다. 갈등당사자들이 협상을 통해 문제를 해결하지 못할 경우
제3자로부터 도움을 받을 수 있다.

그러나 제3자의 범위에 재정자, 법원 또는 재판관을 포함하느냐 여부를
두고 의견을 달리한다. 하혜수와 이달곤(2017)은 재정자와 재판관 등이 당사
자 간 자율적인 협상의 틀을 벗어난다는 점에서 제3자로 보기 어렵다고 주장
한다. 중재자는 다음 두 가지의 경우가 있다. 첫째, 일반적인 중재자이다. 이
경우 중재안이 어느 정도 당사자의 수용을 강제하는 성격이 있지만 당사자들
이 달리 선택할 여지가 있으므로 협상의 기본 틀을 유지한다고 볼 수 있다.
둘째, 노동위원회와 대한상사중재원 등의 중재자이다. 노동위원회의 중재는
일종의 행정심판에 해당되고 이에 불복할 경우 중앙노동위원회를 피고로 한
행정소송으로 이전된다. 대한상사중재원의 중재도 법원의 확정 판결과 동일
한 효력을 지닌다. 따라서 이러한 중재자의 재정(裁定)은 재판에 준하는 법적
구속력을 가지고 있기 때문에 일반적인 중재자와 구분해야 한다(하혜수·이달
곤 2017: 278-280). 재정은 강제중재 또는 직권중재의 결정이다. 재정은 법률
적 요건에 합치하는 갈등에 대해 당사자가 의뢰하지 않아도, 제3자가 갈등해
결안을 결정하고 이에 대한 수용을 강요할 수 있다. 이 점에서 협상의 틀을
벗어난다고 볼 수도 있다. 그러나 Wagner-Pacifici와 Hall(2012)은 협상의 틀
보다는 당사자 개념과 대비된 것으로서 제3자를 이해하여, 법원과 재판관도

----

9) 분쟁당사자들을 격려하거나 관심을 딴 데로 돌려 연성적으로 중재하는 제3자(friendly
peacemaker).
10) 무력 또는 위협을 사용하여 일방적으로 분쟁을 진압하는 제3자(repressive peacemaker).
11) 갈등해결을 위한 회의 등이 원활하게 진행될 수 있도록 돕는 제3자(facilitator).
12) 갈등당사자들을 만나 그들의 차이점을 해소하고자 시도하는 제3자(conciliator).
13) 강제중재 또는 직권중재와 같은 구속력 있는 결정을 내리는 중재자(adjudicator).

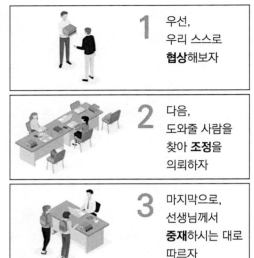

그림 3-5
협상-조정-중재

1 우선, 우리 스스로 **협상**해보자

2 다음, 도와줄 사람을 찾아 **조정**을 의뢰하자

3 마지막으로, 선생님께서 **중재**하시는 대로 따르자

제3자의 범주에 포함시킨다.14)

협상, 조정, 중재 사이에 있는 차이점은 〈그림 3-5〉에서 보는 바와 같이 학생들 싸움과 해결 상황을 비유하여 이해할 수 있다. 두 학생이 싸우고 있는 상황을 어떻게 해결할 수 있을까? 먼저 싸움 당사자인 두 학생 스스로 의 견조율을 통해 종결하도록 한다. 이 방식을 협상이라고 한다. 만약 두 학생 스스로 의 견조율이 안 된다면 제3자인 누군가의 도움을 얻어 학생들이 의견을 조율할 필요가 있다. 이 경우를 조정이라고 한다. 조정자의 도움에 의해서도 문제가 해결되지 않으면 권위가 있으면서 공정한 제3자가 학생들에게 각자의 최종 안을 제출토록 하여 이 중 하나를 선택하여 수용토록 하든지 제3자가 학생들에게 의견을 제시하여 이를 받아들이도록 하는 것이다. 이 방식을 중재라고 한다. 협상에서 조정을 거쳐 중재로 갈수록 갈등당사자의 자율적 선택권과 의지는 감소되면서 제3자의 개입 정도는 증가한다. 그렇다고 협상이 조정이나 중재보다 더 바람직하고 효과적인 해결수단은 아니다. 갈등의 상황적 맥락에 따라 해결수단의 효과는 다를 수밖에 없다. 예컨대 갈등당사자들이 직접적으로 대면하지 않는 것이 상황을 악화시키지 않을 경우가 있다. 이 경우엔 처음부터 권위 있는 제3자가 알선하거나 중재하는 것이 효과적일 것이다.

이 세 가지 수단을 조합하거나 수정한 ADR 방식들도 있다. 미국의 많은 주에서 적용하고 있는 조정-중재방식(med+arb.)은 조정에 실패하면 중재

---

14) 사법기관도 중재역할을 하는 도중에 당사자들이 판결을 수긍하지 않으면 갈등당사자가 되는 경우가 많다는 의견도 있다(박치성·정창호 2014: 382).

PART 01. 갈등에 대한 이해

로 자동연계가 되는 방식이다. 첫 번째 단계에서 조정을 시도하다 실패하면 두 번째 단계에서 갈등당사자들에게 최종적인 선호대안을 각각 제출토록 하고 중재자는 제출된 최종 당사자안들 중 택일하여 수용토록 하는 것이다. 중재자가 선택한 최종안은 구속력을 갖는다. 이러한 중재와 유사하게 영국에서는 노사관계의 안정성을 유도하는 최종제안중재(final offer arbitration) 또는 시계추 중재(pendulum arbitration) 제도가 시행되고 있다. 미국에서는 이 방식이 메이저리그 선수들의 연봉조정결정에 사용되어 야구 중재라고 알려져 있다. 이 제도는 당사자들이 제시한 대안 중 중재자가 양자택일하여 수용토록 하는 것이 특징이다. 즉 중재위원회로 하여금 선수와 구단측이 각각 제시한 연봉안 중 하나 또는 노사 양측 주장 중 하나만 선택하도록 권한을 부여한다. 임금인상률을 두고 노사가 합의안을 도출하지 못할 경우, 영국 정부가 예산을 지원하지만 독립기관인 자문알선중재위원회(Advisory, Conciliation and Arbitration Service)에게 시계추 중재권한이 주어진다. 이 위원회는 노사 양측에게 각각 원하는 임금조정률과 그렇게 제시한 근거를 요청한다. 예를 들어 노조가 5% 인상, 사측이 1% 인상을 요구했다고 가정하자. 이때 자문알선중재위원장은 양측 주장 중 하나만을 선택할 수 있다. 중간의 타협안으로 볼 수 있는 3%를 인상하라고 결정할 수가 없다. 이러한 특성으로 인해 노사 양측이 비합리적인 임금조정률을 요구했었던 관행을 제거하였다. 비합리적인 안은 중재자가 선택하지 않는다는 사실을 알고 있기 때문에 노사 양측은 비합리적인 인상안을 제시하려 하지 않는다. 일반적인 중재에서 노사 양측이 너무 높거나 낮은 비합리적인 인상률을 제시하면 중재자는 통상 양측의 중간선에서 선택을 하는 경향이 있다. 요컨대 일반적인 중재에서는 중재자의 합리적 판단이 부각되는 데 비해, 시계추 중재는 갈등당사자들의 합리적 판단을 유인한다고 볼 수 있겠다.

　　중재-조정(Arb-Med)방식 또한 가능하다. 이 경우 먼저 중재자가 해결안을 제시한 다음, 이 안에 대해 조정을 해나아가는 것이다. 그래서 이 경우 중재자의 안은 법적 구속력을 갖지 않는다. 갈등해결수단에 대한 법적 구속력의 순서를 따져본다면, 소송 > 중재 > 조정 > 협상 순이라 하겠다. 또한 소송의 경우 분쟁의 원인과 결과 간의 관계를 입증할 책임이 당사자에게 있음으로 해서 대부분의 경우 상당한 비용을 들여 변호사를 고용해야 하지만, 조정과 중재의 경우 적은 비용과 간소화한 절차로 조정자와 중재자가 이러한 역할을 해준다.

중립적 전문가의 사실 확인 방식은 갈등당사자들의 의뢰로 시작한다. 당사자의 의뢰를 받은 후 2일 이내에 사실 확인자를 임명한다. 임명된 사실 확인자는 2주 동안 관련 갈등사안을 조사하게 된다. 그리고 조사가 완료된 후 30일 내에 사실확인보고서를 작성하여 갈등당사자들에게 배포한다. 여기에서 명시된 기간은 통상적인 것이고 당사자들이 원할 때 그 기간을 줄이거나 늘릴 수 있다. 당사자들이 사실확인보고서에 만족하여 수용하면 분쟁은 종료되고 그렇지 않으면 조정과 중재 절차를 밟게 된다.

시민 또는 지역주민들 사이에 발생하는 분쟁해결에 활용되고 있는 약식배심원 심리(summary jury trial)는 분쟁당사자들이 정식재판에 가기 전에 모의재판에 참여하여 배심원들의 평결을 숙고하도록 하는 것이다. 이것은 국민참여재판 방식과 유사하게 운영된다. 우리나라의 일부 지방자치단체에서 도입하고 있는 시민배심원제가 이와 같은 방식이다.15) 경기도 수원시의 시민배심원제를 예시해보자. 수원시는 시민생활과 밀접한 주요시책에 대한 결정을 하고 장기간 해결되지 않거나 반복적으로 제기되는 갈등과 집단민원을 해결하기 위해 시민배심원제를 도입하였다. 수원시는 시민배심원제 운영 등에 필요한 법적 근거를 마련하기 위해 「수원시 시민배심 법정 운영조례」를 2011년 제정하고 2017년 전부개정하였다. 시민법정은 시장이 위촉하는 2년 임기(연임가능)의 판정관과 부판정관 1명씩을 포함해 시민배심원, 심의 대상 민원의 이해당사자(5인 이내)로 구성한다. 시민배심원은 수원시에 주소를 둔 만 18세 이상의 시민 중에서 선정된 200명 이내로 구성된 예비배심원 중에서 뽑는

---

15) 경기도 수원시, 경북 김천시, 서울시 성북구, 양천구, 전남 나주시, 고흥군, 해남군, 대구시 동구, 수성구, 대전시 서구, 유성구, 서울특별시, 경상남도, 충청북도 등에서 시민배심원제가 자치법규로 제정되어 있다(2022년 12월말 국가법령정보센터 검색).

PART 01. 갈등에 대한 이해

다. 사안이 발생하면 예비배심원 풀에서 10~20명 정도를 배심원으로 위촉한다. 심의 대상은 시정 주요시책 및 사업의 결정, 다수의 이해관계가 대립된 집단 민원, 장기간 미해결된 민원, 그리고 지역개발 등과 관련해 이해가 대립된 민원 등이다. 시민배심원단의 평결 결과는 시민법정에서 공표되며 해당 부서의 장 또는 이해당사자는 이를 최대한 반영하거나 수용하도록 노력해야 한다. 하지만 평결 결과가 법적 구속력을 지닌 것은 아니다. 2017년 신고리 5·6호기 원자력발전소 건설재개에 관한 결정에서도 시민배심원에 의한 공론조사제도를 적용하였다. 은재호(2018)에 의하면 이 결정은 "공론조사 또는 시민참여형 숙의조사라는 이름으로 행해진 숙의민주주의적 공론화 결정이었다."16) 공론조사는 최근 우리나라 정책결정과정에서 흔히 활용되고 있는 시민참여형 의견수렴 방식이라고 볼 수 있다. 2018년 광주광역시 지하철 2호선 건설결정도 이러한 공론조사방식을 적용하였다. 시민배심원단에 의한 공론조사와 신고리 원전 5·6호기 공론조사사례는 12장에서 자세히 다룬다.

3) ADR이 기존 행정체계에 갖는 의미와 문제점

대안적 갈등관리접근인 ADR 방식이 장점만 가지고 있는 것은 아니다. Lan(1997: 31)의 논의를 바탕으로 ADR 방식이 갖는 한계를 제시하면 다음과 같다.

첫째, 조정이나 중재를 담당하는 정부 외부의 제3자는 컨설팅회사 또는 로펌일 수도 있다. 이는 행정기관이 노동조합이나 시민집단과 분쟁할 때 분쟁해결자로서 민간영역 출신의 제3자를 초대한다는 의미이다. 이 경우 공공기능의 민간화에 수반되는 문제를 제기할 수 있다. 더 나아가서 공공갈등상

---

16) 공론(公論)이란 공론화를 통해 사회적 정당성을 얻은 의견이다. 다시 말해 공론이란 특정 사안에 대해 일종의 합의형성 과정을 통해 다수의 참여자들이 함께 숙의하고 해당 사회나 공동체의 이익에 가장 부합하는 것으로 합의된 공적 의견을 지칭한다. 공론이 토론과 학습을 거쳐 형성된 의견을 의미할 뿐만 아니라 공익에도 가장 부합하는 의견이라는 점에서, 단순히 사회 구성원의 의사를 모아놓은 중론(衆論, majority opinion)과도 다르고 중론의 평균치를 낸 여론(輿論, public opinion)과도 차이가 있다(은재호 2018).

황에서 정부영역 밖에 존재하는 제3자가 개입할 수밖에 없는 것은 공공기능을 수행하는 정부와 행정기관의 문제해결 실패로 해석될 수 있다. 즉 정부측이 갈등영향평가를 포함한 사업타당성평가를 적확하게 실시하여 정책과 사업을 집행하였거나 적절한 갈등관리역량을 발휘했다면 지역주민과의 첨예한 갈등으로 인한 제3자의 개입 상황은 초래되지 않았을 수도 있기 때문이다. 한편 개헌과 같은 정치이슈에 대한 공론화 적용은 전통적인 국회기능의 정당성을 약화시킬 수도 있다.

둘째, ADR 방식은 사회정의와 공정성 가치실현에 직접적으로 관련된 것은 아니다. ADR 방식은 공정성과 적법절차 그리고 사회정의의 실현이라는 정부행정의 기본적인 목표를 이익 분배와 재분배로 대체할 수 있다. ADR 방식이 지니고 있는 가치는 종종 헌법적 가치와 충돌할 소지를 가지고 있다. ADR 방식은 기본적으로 이해관계에 초점을 두어 문제를 해결한다. 공공갈등 이슈를 두고 협상하는 과정에서 물론 사회정의나 공정성 가치를 강조한다. 그러나 이러한 가치는 당사자들 또는 이해관계자들 사이에 상대적으로 인식되는 것이기 때문에 협상에 성공하려면 이해관계에 초점을 두어야 한다. 그렇지 않으면 당사자들 각자의 입장만 강화될 뿐 문제해결은 실패할 수 있기 때문이다. 흥정과 타협을 잘하는 공무원과 행정이 바람직할까? 아니면 공정하고 중립적인 공무원과 행정이 바람직할까?

셋째, ADR 방식이 전통적인 소송보다 반드시 비용이 저렴하거나 더 효율적인 것도 아니다. 소송이 가지는 고비용·저효율 문제로부터 탄생한 현대 ADR 방식이 고비용 또는 저효율을 초래한다면 아이러니이다. 김정인(2015)은 한국 행정형 ADR 기구가 소송의 비용문제를 극복하고 있다고 보기 어렵다고 주장한다. 미국의 경우에도 ADR 집행을 위한 예산지원액이 부족하며 기존의 예산절차가 대개 전통적인 소송의 활용을 독려하는 구조로 되어 있다(Manring 1994: 197-8). ADR 실행비용이 저렴하고 효율적이라면 예산이 부족하거나 소송의 활용을 독려할까? ADR 수단들은 구속력 있는 중재 이외에 대부분 법적 구속력을 갖지 않기 때문에 당사자의 궁극적인 수용성에 의문이 제기될 수 있다. 심지어 구속력 있는 중재가 성공한 경우라도 자기가 졌거나 잃었다고 인식하는 당사자들은 합의 후에도 기만과 사기 감정을 느낄 수 있다. 그래서 이들은 합의사항을 번복하고 이전단계로 회귀할 수 있다. 그 결과 갈등해결비용이 소송과 같은 전통적 방식에 비해 감소하기는커녕 오히려 증가할 수 있다. 고비용의 ADR이라면 탄생배경에 비추어볼 때 그 존재 이유와 정당성이 약해지게 된다.

　　넷째, ADR 실행은 기존의 행정업무 처리 방식과는 다른 역량을 요구한다. ADR 방식은 적용대상의 갈등·분쟁후보군 확인, 적합한 ADR 수단의 선택과 제3자의 물색 등과 같은 새로운 행정기술역량을 요한다(Manring 1994: 197-198). 중앙정부 주도에 의한 명령·통제 방식의 행정역량은 공공갈등을 오히려 심화시킬 수도 있다(심준섭 외 2013). 뉴거버넌스 양식으로서 ADR은 공무원이 갈등평가, 협상, 적극적 듣기(경청), 리프레밍, 조정 촉진, 합의 형성 등과 같은 새로운 능력을 갖출 것을 요청한다(Bingham et al. 2005: 548). ADR 방식의 실행은 통제와 위계에 초점을 두는 역량으로부터, 협동과 설득을 강조하는 역량으로의 전환을 요구하는 것이다.

　　ADR 방식의 적용을 위해 교육훈련과 충원을 활용할 수 있다. 또한 조직적 차원에서 ADR 전담기구를 두는 방법도 있다. 예컨대 김정인(2015: 784)은 우리나라의 모든 행정형 ADR 기구를 종합적으로 관리할 수 있는 "ADR 종합실무기구"의 설립을 제안한다. 이는 1998년에 설립된 미국의 행정기관 ADR 실무단(Interagency ADR Working Group)의 사례에 기반한 제안이다. 이 ADR 실무단은 각 부처와 행정기관에서 선발된 ADR 전문가들로 구성된다. 이들은 직장 내의 갈등관리, 계약과 조달, 행정명령·집행과 규제절차, 소송 등 네 가지 실무와 관련하여 각 부처와 행정기관에게 전문적인 조언을 제공한다.17) 박재근과 은재호(2016: 554)는 미국의 갈등조정자 명부관리방식 벤치마킹을 제안한다. 미국에서는 전국조정자웹사이트(www.mediate.com)를 통해

----

17) 우리나라 행정소송 접수건수를 보면 1997년 17,063건, 2007년 28,866건, 2017년 36,969건, 2021년 42,076건으로 나타나, 매년 평균 3.93%p 증가하고 1997년 대비 2021년에 약 147%의 증가율을 보이고 있다(참고: 국가송무정보시스템).

갈등조정전문가 명부를 관리하여 회원들에게 정보를 제공한다. 지역과 주요 활동 분야 등 기준에 따라 조정자를 검색하면 조정자의 학력, 주요 트레이닝 경험, 현장 갈등조정 경험, 비용, 연락처 등 다양한 정보를 얻을 수 있다. 그리고 조정에 대한 교육훈련서비스도 온라인으로 제공한다.

한편 미국 연방정부의 경우 노사분쟁 등의 문제 해결을 전담하는 조정 직렬(Mediation Series) 공무원이 있다. 조정 직렬의 모든 직위는 노동협약, 임금, 근무 시간 및 근무 조건과 같은 문제에 대해 협상하거나 해석한 경험 또는 관리자 및 직원 대표자 간에 중재나 협상 경험을 자격요건으로 한다. 조정 직렬 선발요건은 다음과 같다(미국 인사관리처 Office of Personnel Management 웹사이트).

- 산업화와 노동운동에 대한 배경지식
- 경제, 산업, 노동계 동향, 노사관계 분야의 현황 및 문제점, 노조 협정의 변화와 동향에 관한 지식
- 단체교섭에 대한 원칙, 관행 및 절차에 관한 지식
- 경영 및 노동조직의 일반적인 구조, 기능, 정책 및 관행에 관한 지식
- 단체교섭, 임금, 시간 등에 관한 관련 법률지식
- 갈등상황에서 사람들을 효과적으로 다룰 수 있는 능력
- 존엄성, 침착성, 공정성을 가지고 회의를 주재할 수 있는 능력
- 복잡한 난제에 대한 견해를 명확히 이해하기 위해 노사 대표와 효과적으로 협의할 수 있는 능력
- 분쟁이슈들에 대한 상대적 중요성과 타협 가능성을 평가할 수 있는 분석능력
- 대안적 해결, 타협, 그리고 타결을 위해 구체적이고도 실용적인 제안을 공식화할 수 있는 능력
- 명확하고 간결하게 쓸 수 있는 능력

위에 제시된 자격요건이 기존의 행정공무원에게 체화되어 있는 역량요소인가?

행정조직의 갈등관리역량을 갖추기 위해 공공갈등조정관 제도를 전국적으로 확대할 수도 있다. 인천광역시 부평구청(2011년 도입), 서울특별시(2012년 도입), 경기도의 성남시(2013년 도입), 용인시(2016년 도입), 화성시(2016년 도입) 등 지방자치단체에서 공공갈등조정관 제도를 도입하였다. 인천광역시 부평구청의 경우 2011년 2월 민간전문가 1명을 시간제 전문계약직의 공공갈등조정관으로 채용하여 몇 년간 지속되었던 갈등을 단기간에 해결하는 성과를 내었다. 서울특별시의 경우 2012년 갈등관리를 위한 법제도 기반을 구축, 갈등조정담당관(4급)을 신설하여 2013년부터 2021년 3월까지 운영하였다.18) 갈등조정담당관의 업무진행은 "갈등진단－대응계획수립－맞춤형 갈등조정－지속관리" 4단계로 이루어지는데, 국장급 이상 결재 단위사업을 대상으로 갈등진단을 행하여 중점관리대상의 선정을 시작으로 한다(홍수정 2016: 29). 서울시는 2012년 뉴타운·재개발·재건축 정비사업의 갈등관리를 위해 주거재생지원센터를 건립하여 갈등해결전문가, 법률가, 정비업, 감정평가사, 회계사, 시민활동가 등 전문가 40명을 민간 조정관으로 위촉한 바 있다(강지선 2017). 하동현과 홍수정(2017)은 갈등조정담당관의 역할을 내부 조정자, 전문 상담사, 해결주도자, 협력 참모, 제도 설계사 등 다섯 가지 유형으로 분류하였는데, 이 중 전문 상담사로서의 역할이 가장 큰 비중을 차지하였다.19) 갈등조정담당관은 전문성과 중립성이 강조된다. 특히 행정기관이 갈등당사자일 경우에는 갈등조정담당관의 중립성은 필수불가결한 요소이다. 갈등당사자와 이해관계자들로 하여금 갈등조정관이 '행정기관이나 정부와 같은 편'이라는 인식을 갖지 않도록 하는 것이 매우 중요하다.

----

18) 단체장의 교체와 조직개편에 따라 담당 부서의 명칭과 직제가 변경되곤 한다. 2022년 3월에 시민협력국‒갈등관리협치과‒갈등관리지원팀 계선으로 운영되다가, 민선 8기인 2022년 12월말 현재 행정국‒시민협력과‒시민협력정책팀에서 갈등관리업무를 총괄한다.

19) 이 연구는 93건의 갈등사례를 분석하였는데, 79건(83.9%)이 전문 상담사의 역할로서 가장 많은 비율을 차지하였고, 해결 주도자의 역할이 7건(7.5%), 협력 참모의 역할이 6건(6.5%), 내부 조정자의 역할이 2건(2.2%)으로 분석되었다(하동현·홍수정 2017).

현 시대적 맥락을 감안할 때 갈등관리 전담기구를 두거나 직위를 신설하여 전문인력을 충원할 수도 있겠지만, 모든 공무원이 갈등관리역량을 겸비하도록 하는 것이 긴요하다.

4) 우리나라 행정형 ADR 기구

우리나라에서 ADR은 법원의 조정과 중재 제도에 의하거나 행정형 ADR 기구를 통한다. 우리나라 행정형 ADR 기구는 대부분 분쟁조정 관련 정부위원회의 형태로 운영되고 있으나, 많은 문제점을 드러내고 있다. 무엇보다 효과적인 분쟁해결을 위한 타당성을 검토하지 않고 분쟁조정위원회를 남설하는 경향이 있다. 이와 더불어 분쟁해결 위원들의 전문성 부족, 위원들의 각종 위원회 중복활동으로 인한 형식적 참여와 책임성 저하, 분쟁해결위원회의 일시적 운영으로 단절 문제 등이 지속적으로 제기되고 있다(임동진 2013; 김정인 2015: 2).

우리나라의 행정형 ADR 기구의 실태를 보기 위해 이선우 등(2014)은 분쟁조정을 담당하는 34개 정부위원회를 대상으로, 임동진(2013)은 28개 위원회를 대상으로 분석한 바 있다. 김정인(2015)은 이 두 연구에서 공통적으로 분석된 10개의 위원회를 대상으로20) 세계은행에서 제시한 기준에 의거하여 다음 두 가지 차원을 설정하였다. 첫째, 분쟁사안이 사적영역에 해당하는지 아니면 공적영역에 해당하는지의 구분 차원이다. 분쟁문제의 성격을 경합성과 배제성 여부로 판단할 수 있다. 둘째, 분쟁해결기구의 집권성 또는 분권성 정도의 차원이다. 일반적으로 집권성과 분권성은 의사결정의 집중화 정도를 나타내나 여기에서 강한 집권성이란 법과 법원의 통제가 강력하다는 의미이다. 그래서 집권성이 강한 경우 조정자(관) 및 중재자(관)의 선택 역시 법과

---

20) 분석대상: 개인정보분쟁조정위원회, 건강보험분쟁조정위원회, 우체국보험분쟁조정위원회, 원자력손해배상심의회, 전기위원회, 중앙건설분쟁조정위원회, 환경분쟁조정위원회, 산업재산권분쟁조정위원회, 콘텐츠분쟁조정위원회, 노동위원회.

그림 3-6
우리나라 행정형
ADR 기구의
분류

집권성

사적영역	① 법원관련ADR-시장성모형	② 법원관련ADR-법원모형	공적영역
	• 개인정보분쟁조정위원회 등	• 환경분쟁조정위원회 등	
	③ 사적영역 ADR 모형	④ 공동체 ADR 모형	
	• 건설분쟁조정위원회 등	• 우체국보험분쟁조정위원회 등	

분권성

출처: 김정인(2015: 7)의 그림 1을 수정

법원에 의해 이루어짐을 나타낸다. 이런 의미의 집권성이 강한 조직은 통상 준사법기구의 성격을 갖는다. 위원회의 구성원(위원) 역시 법률가 출신이 다수를 이룬다. 이러한 두 차원에 따라 <그림 3-6>처럼 우리나라의 행정형 ADR 기구를 네 가지 범주로 유형화하였다.

첫째, 사적 영역에 속하면서 집권성이 강한 분쟁문제를 조정하는 법원관련ADR-시장성모형이다. 예로서 2001년 말 발족하여 2016년 7월 행정자치부에서 개인정보보호위원회로 업무가 이관된 개인정보분쟁조정위원회를 들 수 있다. 개인정보에 관한 분쟁은 기본적으로 분쟁 당사자 간의 문제로 귀속되기 때문에 성격상 경합성과 배제성이 높은 갈등문제이다. 위원회는 위원장 1명과 위원 20명 이하로 구성된 준사법기구의 위상을 가지고 있다. 개인정보분쟁조정위원회는 주로 「개인정보 보호법」에서 규율하고 있는 개인정보와 관련한 분쟁을 조정한다. 이외에도 「정보통신망 이용촉진 및 정보보호 등에 관한 법률」, 「신용정보의 이용 및 보호에 관한 법률」, 「의료법」 및 「민법」 등 관련 법률에서 규정하고 있는 개인정보 침해사항 등에 대해서도 조정 대상에 포함시켜오고 있으며, 특히 「개인정보 보호법」 시행에 따라 공공기관을 대상으로 한 분쟁조정 사건도 그 대상이 되고 있다.

둘째, 공적 영역에 속하면서 집권성이 강한 법원관련ADR-법원모형이다. 1991년 설치된 환경부 소속의 중앙환경분쟁조정위원회를 예로 들 수 있다. 환경분쟁문제는 비경합성과 비배제성을 지니고 부(−)적 외부성을 띤 전형적인 공적영역의 사안이다. 위원회는 상임 위원장 1명과 비상임위원 29인으로 구성되며 사무국 직원은 환경부 소속 공무원이다. 위원회의 운영과 기능은 주로 「환경분쟁조정법」에 근거를 둔다. 그리고 광역자치단체에 지방환경분쟁조정위원회가 설치된다. 중앙환경분쟁조정위원회는 다음과 같은 기능을 수행한다. 1억 원 초과의 환경피해로 인한 분쟁의 재정(1억 원 이하는 지방환경분쟁조정위원회가 담당), 국가 또는 지방자치단체를 당사자로 하는 분쟁의 조정, 2개 이상의 시·도 관할구역에 걸치는 분쟁의 조정, 지방환경분쟁조정위원회가 스스로 조정하기 곤란하다고 결정하여 이송한 분쟁 등을 처리한다. 예컨대 송전탑이 지나가는 인근주민들이 고추 등 작물농사에 피해를 입었다고 한국전력공사와 분쟁할 경우, 환경분쟁조정위원회가 개입하여 피해주민들에게 보상금 등을 지급하라는 재정 결정을 하거나 또는 조정을 통해 해결할수 있다. 이외에 이 범주에 속하는 기구로 중앙노동위원회, 산업재산권분쟁조정위원회, 건강보험분쟁조정위원회, 전기위원회, 원자력손해배상심의회 등을 예시할 수 있다.

셋째, 사적 영역에 속하면서 분권성을 띠는 사적영역 ADR 모형이다. 건설분쟁조정위원회를 예시할 수 있다. 1989년 국토교통부 소속으로 설립된 중앙건설분쟁조정위원회는 건설업과 건설용역업에 관련된 분쟁을 조정한다. 담당하는 분쟁사안은 외부효과가 작고 경합성 및 배제성이 높은 시장재적 성격을 지닌다. 분쟁조정위원들 중에 공익위원은 존재하지 않으며 위원회의 구성은 공무원과 민간인 위촉위원으로 이루어져 있다(위원장 1명 국토교통부 소속 1급 공무원, 관계부처 국장급 공무원 위원 4명, 국토교통부 위촉 민간위원 10명). 광역자치단체 소속 하에는 지방건설분쟁조정위원회가 있다. 분쟁당사자 일방 또는 쌍방에 의해서 조정신청을 하며 위원회에서 조정안을 결정한다. 위원회에서 작성한 조정안을 제시받은 분쟁당사자는 수락 여부를 결정하고 조정안을 수락한 경우 당사자 간에 조정서와 동일한 내용의 합의가 성립된 것으로 간주한다. 이외에 콘텐츠분쟁조정위원회도 이 범주에 속하는 기구이다.

넷째, 분쟁사안이 공적 영역에 속하면서 조직은 분권성을 띠는 공동체 ADR 모형이다. 이 범주로 분류될 수 있는 기구로는 과학기술정보통신부장관

소속의 우체국보험분쟁조정위원회를 예시할 수 있다. 이 위원회는 우체국보험 이해관계자 사이에 발생하는 분쟁을 조정한다. 위원회는 교수, 변호사, 의사, 시민단체 임원 등 11명 이내로 구성된다. 우체국 보험모집이나 보험계약과 관련된 분쟁은 경합성과 배제성이 낮아 외부효과가 있는 공공재적 성격을 지닌다고 볼 수 있다. 우체국보험분쟁조정위원회는 법원을 비롯한 공적 기구의 통제력과 영향력은 그다지 높지 않지만, 이 영역에서의 분쟁사건은 사회적 파장 효과가 큰 공적인 특성을 지닌다.

3〉 갈등관리 이념과 거버넌스

1) 갈등과 정의

갈등 및 갈등관리는 정의(正義)와 직결된다. Deutsch(2000)는 정의와 갈등의 관계를 심도 있게 다루었다. '이건 공정하지 못해'라고 하는 것은 흔히 갈등으로 이어지는 감정과 생각을 표현한 것이다. 구직자 A씨는 선발절차가 지역과 성 차별로 얼룩졌다고 느낀다. 정치인 P씨는 상대편이 선거부정을 해서 진 것이라고 판단한다. 맞벌이 아내 W씨는 남편이 가사에 소홀하다고 느낀다. 사업가 E씨는 인상된 누진세율을 반영한 소득세 개정안에 불만을 느낀다. 지방자치단체 L시는 지방세 비율이 너무 낮다고 생각한다. 국가 C는 자국제품에 대한 U국의 관세인상에 불공정을 느끼고 대응책을 마련한다.

갈등관리와 관련한 정의의 유형은 두 가지로 구분할 수 있다. 첫째, 분배적 정의는 "공정한 결과"가 주어졌는지를 판단하는 기준과 관련된다. 분배적 정의 문제는 자원의 희소성이 존재하거나 또는 모든 이가 비용이나 해악과 같은 부정적 가치를 피할 수 없는 상황에서 제기된다. 분배적 정의의 핵심원칙으로서 형평성, 평등성, 필요성을 들 수 있다. <그림 3-7>은 형평성과 평등성 그리고 정의를 이해하는 데 유용하다.

그림 3-7
분배적 정의와
원칙

출처: Google 이미지

- 형평성 원칙은 평등한 여건을 전제로 사람들이 기여한 만큼 혜택을 받아야 한다는 것이다. 형편이나 기회접근의 차이에 상응한 지원을 통해 균형을 맞추면서, 많이 기여한 사람은 적게 기여한 사람보다 많은 혜택을 받아야 정의로운 것이다.[21]
- 평등성 원칙은 모든 사람들이 동등하게 혜택을 공유해야 한다는 것이다. 사람들이 처한 여건과 기여도에 무관하게 동등하게 분배하자는 것이다.
- 필요성 원칙은 혜택을 보다 많이 필요로 한 사람이 적게 필요한 사람보다 많은 혜택을 받아야 한다는 것이다. 많이 원하는 사람은 많이 주고 적게 필요한 사람은 적게 주는 것이다.

일반적으로 공정한 분배는 평등성보다는 형평성을 강조한다. 무엇을 균등하게 나누어 갖는 것보다는 형편을 고려하여 차등적으로 나누는 것이 어렵다. 산출된 결과에 대해 누가 얼마만큼 기여했느냐를 결정하는 것 자체가 매우 어렵기 때문이다. 절대적 빈곤보다는 상대적 빈곤 상황에서 갈등이 심화

----

21) 사회적 약자에 대한 특별한 배려로서 균형인사정책이나 적극적 우대조치(Affirmative action) 등이 형평성 원칙을 실현하는 정책이다. 신행정학(NPA)에서는 존 롤스의 정의론(이 책 1장 3절 참조)에 기초하여 사회적 형평성 이념을 강조하였다.

된다(백완기 1998: 194). 사람들은 상대적 박탈감을 느낄 때 분노한다. 그래서 공정한 분배와 갈등관리 문제에서 형평성 원칙이 중요하다. 한편 위에서 제시한 세 가지 원칙은 상황에 따라 서로 갈등을 빚을 수 있고 문화에 따라 그 선호도가 다르다. 예를 들어 이스라엘의 키부츠와 같은 집단주의 문화공동체에서 구성원들은 각자 개별업무 생산성과 상관없이 기본적으로 동일한 봉급과 생활조건을 갖는 것이 정의로운 것이다. 이와 대조적으로 미국과 같은 개인주의 문화에서는 많은 이익을 창출한 회사의 경영진이 회사원보다 훨씬 높은 보상을 받아도 정의로운 것이다. 분배적 정의의 원칙들은 사회적 맥락에 따라 상이하게 부각된다. 경제적 생산성이 일차적 목표인 상황에서는 형평성 원칙이 가장 부각된다. 사회적 화합이나 응집력 그리고 관계를 장려하는 상황에서는 평등성의 원칙이 부각된다. 개인적인 발전과 복지를 격려하는 것이 일차적 목표인 상황에서는 필요성의 원칙이 부각된다.

둘째, 절차적 정의는 결과를 가져오는 의사결정을 하거나 결정사항을 실행할 때 지각하거나 느끼는 "공정한 처우"와 관련된다. 필기시험에서 1등을 했던 하반신마비 장애인 D씨는 면접과정에서 차별 없이 처우를 받았는가? 그는 최종적으로 공정하게 불합격한 것인가? 쓰레기매립장 처분지로 선정된 S마을주민들은 관할 행정기관 및 사업자와 동일한 정보를 받아보았는가? 분배적 정의가 결과에 대한 공정성을 말한다면, 절차적 정의는 결과를 결정하는 절차에 대한 공정성을 말한다. 대부분의 사람들은 공정한 결과보다는 공정한 처우와 절차에 더 많은 관심을 갖는 것으로 나타난다. 공정한 결과가 과연 무엇인지 분명하지 않은 경우가 많다. 이 경우 결과에 대한 결정이 공정하게 내려졌다는 절차적 정의가 분배적 정의를 보장할 수 있다. 즉 사람들은 과정과 절차상 공정하게 처우를 받았다고 느끼면 설사 실망스러운 결과가 나와도 이를 수용하는 경향이 있다.

이상과 같이 살펴본 정의 문제가 갈등관리에 주는 의미를 네 가지로 정리할 수 있다. 첫째, 부정과 불공정은 갈등의 원천이 된다. 결과나 절차가 공정하지 못하다고 느끼면 갈등이 발생하게 되는 것이다. 문제성격상 공공갈등은 부정과 불공정성의 요소를 내포하고 있다. 이에 관해 분배적 비형평성이라는 개념으로 9장에서 상술한다. 둘째, 갈등해결 과정과 결과가 부당하거나 그렇게 지각되면 갈등의 해결은 어려워지고 오히려 악화될 개연성이 있다. 셋째, 무엇이 정의롭고 공정한 것인가에 대해 갈등이 존재할 수 있다. 우선적으로 적용해야 할 분배원칙으로 형평성이냐 평등성이냐 아니면 필요성이냐를 두고 갈등을 할 수 있는 것이다. 예컨대 성과급에 비중을 둘 것인가, 기본급에 비중을 둘 것인가에 대해서 갈등이 있다. 시험성적점수에 비중을 둘 것인가, 지역이나 성별을 고려한 균형안배에 비중을 둘 것인가를 두고 갈등을 빚는다. 코로나바이러스(COVID-19) 상황에 대응하기 위한 정부재난지원금의 지급을 선별적으로 할 것인지, 보편적으로 할 것인지에 대해서도 갈등이 있었다. 넷째, 정의는 상대방과의 상호작용과정에서 도덕적 우월성을 정당화할 수 있다. 정당화된 도덕적 우월성은 선악의 이분법적 잣대가 되고 정치 전략으로 활용될 수 있다. 마치 정의의 이름으로 비정상과 적폐를 청산하는 정치적 수사가 지배하는 분위기를 조성할 수 있다. 그래서 오히려 갈등을 악화할 수 있다. 예컨대 우리의 공공갈등에 배어 있는 원전건설 대 탈원전, 개발 대 보존, 성장 대 복지와 같은 이분법은 정의추구 행태와 무관치 않다. 도덕적 우월성이 정당화된 상황에서 개발정책은 악(선)이고 보존정책은 선(악)으로 인식될 수 있다. 도덕적 우월감은 이해관계에 기초한 실용적 문제해결을 방해한다. 협상과정에서도 정의는 도덕적 우월성을 정당화함으로써 이해기반적 협상보다는 입장기반적 협상 국면을 부각시킬 수 있다. 그 결과 영합게임의 갈등상황으로 고조된다.

구체적으로 갈등관리의 목표와 이념에 대해서 논의해보도록 하자.

2) 갈등관리 목표와 이념

갈등관리를 위한 모형과 거버넌스는 추구하는 목표와 이념에 따라 상이하게 설계할 수 있다. 추구하는 목표와 이념이 무엇이냐에 따라 효과적인 갈등모델과 거버넌스의 설계 및 구축이 달라진다. 행정의 핵심적인 이념인 효율성, 형평성, 민주성 등을 갈등관리에도 적용할 수 있다. Budd와 Colvin(2008)

은 조직에서 갈등관리목표에 관한 얼개로서 효율성, 형평성, 발언권 등 세 가지를 고찰하였다. 여기에서는 이들의 논의를 바탕으로 갈등관리의 목표와 이념으로서 효율성과 형평성 그리고 참여민주성을 제시한다.

첫째, 갈등관리는 효율성을 추구해야 한다. 효율적인 갈등관리와 거버넌스 설계가 요구된다. 파괴적 갈등은 비효율적이다. 최적수준의 한계를 벗어난 갈등은 개인과 집단 수준 모두에서 성과를 저하시킨다. 이러한 갈등은 정부조직성과의 장애요인이 된다. 파괴적 갈등은 예산낭비를 초래하고 공공서비스 제공에 지장을 초래함으로써 사회에 해악을 끼친다. 따라서 정부행정은 갈등을 효율적으로 관리할 필요가 있다. 효율적 관리란 시간이나 돈과 같은 희소자원을 아낀다는 의미이다. 갈등지속기간이 장기화되고 거래비용이 높은 갈등해결은 바람직하지 않다. 갈등관리자는 해결대안들 중에서 비용은 최소화하면서 편익은 최대로 기대되는 대안을 선택해야 할 것이다. 해결대안 a와 b가 있을 때, ①과 ②의 경우는 효율성 기준(투입 I와 산출 O의 비율)에 따라 명확하게 선택할 수 있다. 그러나 ③과 ④의 경우는 효율성 기준에 따라 선택하기 곤란하다(Simon 1976a: 179를 참고). 효율성은 공리주의를 기반으로 하며 주어진 목표의 공정성은 고려하지 않는다.

① $Ia < Ib$ & $Oa > Ob$ → a를 선택
② $Ia > Ib$ & $Oa < Ob$ → b를 선택
③ $Ia < Ib$ & $Oa < Ob$ → ?
④ $Ia > Ib$ & $Oa > Ob$ → ?

둘째, 갈등관리는 형평성을 추구해야 한다. 여기에서 형평성이란 갈등관리에서 정의와 공정성 그리고 적법절차에 대한 관심을 말한다. 갈등해결에 관한 의사결정은 일방의 이해관계에 편향되지 않고, 이성과 증거에 기반을 두어야 한다. 또한 유사한 갈등상황에서 유사한 해결방식을 적용하면 유사한 결과를 가져올 수 있도록 공정해야 한다. 앞서 논의한 분배적 정의에 초점을 두는 것이다. 이와 더불어 모든 참여자들을 존중과 세심한 배려로 대하며 이

표 3-2.
갈등관리의
목표와 이념

이념 및 목표	핵심요소 및 내용
효율성 : 효용극대화 및 효과적 자원 사용	• 성과장애물의 제거 • 생산적 자원배분의 방해요소 제거 • 비용 효과성 • 신속성 • 신축성
형평성 : 공정성과 정의(분배적 정의)	• 비편파적 의사결정 • 증거기반 • 일관성 • 실질적인 구제책 • 항의와 항소의 기회 • 자원접근성과 무관한 보장 범위
참여민주성 : 갈등관리과정에의 참여(절차적 정의)	• 갈등관리거버넌스의 설계에 참여 보장 • 다양한 참여기제의 실질적 작동 • 약자의 참여에 대한 지원 • 숙의민주주의 기법의 활용

출처: Budd & Colvin (2014), p.13

들의 사생활을 보장해야 한다. 참여자들의 권리가 침해될 경우를 대비해야 한다. 그리고 결정에 대한 합리적인 불만이 제기될 때 항의의 기회도 주어져야 한다. 형평성은 참여자가 보유한 자원이나 전문성과는 무관하게 광범위한 보장범위를 갖는 평등의 가치도 포함한다. 그래서 형평성은 갈등상황의 이해관계자 모두에 대한 공정한 관심과 함께 약자의 위치에 있는 당사자에 대한 특별한 관심을 갖는다. 정부가 자연적 불평등의 치유에 적극 나섬으로써 평등한 자유(equal liberty)를 보장하는 것이다.

셋째, 갈등관리는 참여민주성을 추구해야 한다. 갈등관리에서 참여자의 목소리를 경청할 수 있는 전략과 거버넌스가 요구된다. 갈등해결과정에 이해관계자의 실질적인 참여를 보장해야 한다. 우리의 국책사업에서 행해져왔던 정부와 사업자 측의 일방적인 결정과 집행은 주민 측의 참여를 거부하는 비민주적인 갈등관리 거버넌스이다. 모든 이해관계자의 목소리가 의사결정과정에 공정하게 반영되어야 한다. 절차적 정의가 필요하다. '을'로 통칭되는 약자 또는 소수자의 참여에 특별한 관심을 갖는 것이다. 그래서 실질적 참여는 형평성의 요소들도 포함된다. 을에 대한 특별한 관심뿐만 아니라 적법절차의 중요한 측면들도 강조될 필요가 있다. 약자는 공청회와 같은 전통적인 참여 기회에서 전문지식과 정보와 같은 자원 측면에서 취약하다. 실질적인 참여를 보장하기 위해서는 그러한 약자의 의견표명을 도와줄 수 있어야 한다. 그리고 갈등해결절차 및 갈등관리시스템에 대한 설계에도 을의 목소리가 반영될 수 있도록 하는 것이 중요하다. 최근 많이 활용되고 있는 숙의민주주의 기법들은 참여민주성의 가치를 반영하고 있다.

갈등관리에서 효율성이란 효용극대화(최소비용/최대편익)와 효과적 자원사용을 말하며, 형평성은 공정하고 정의로운 갈등관리를 말하고, 참여민주성은 갈등관리 거버넌스에서 실질적인 참여 보장을 말한다. 이러한 세 가지 이념이 충돌할 수 있지만[22] 어느 하나만을 추구하는 것은 효과적인 갈등관리에 유용하지 않다. 갈등문제의 성격에 따라 우선순위는 다를 수 있지만 일반적으로 세 가지 이념과 목표 모두를 균형 있게 추구할 필요가 있다.

3) 갈등관리와 행정 패러다임의 전환

(1) 갈등관리와 행정접근법

갈등관리는 하나의 행정 패러다임으로서 이해될 수 있다. Lipsky 등 (2003: 5)은 갈등관리시스템을 "조직의 새로운 패러다임"이라고 지칭한다. 이 책에서는 행정현상과 공무원의 역할을 갈등관리의 관점에서 이해하는 선에서 패러다임을 다루려 한다. 즉 기존의 주요 행정 패러다임을 갈등관리의 시각에서 재조명해보는 것이다. 이를 위해 먼저 갈등상황에 관여하는 행위자의 유형에 대해 살펴보자. 갈등상황에서 행위자는 다음과 같이 세 가지 유형으로 분류될 수 있다(Deutsch 1973; Lan 1997: 31-32).

---

22) 여기에서 공정성으로서의 정의 개념이 공리주의에 대한 비판으로 성립된다는 점을 상기할 필요가 있겠다.

표 3-3.
갈등관리와
행정 패러다임

구분	관리적 접근	법적 접근	정치적 접근
이념 및 가치	경제성, 효율성, 효과성	헌법적 가치, 적법절차, 실정법상 권리	대표성, 반응성, 책임성
구조(조직화)	관료제 이념형	사법재판과 법적절차	다원주의
개인관점	개별 건수	평등권을 갖는 개인	집단구성원
인식론적 접근	과학적 접근	법률과 판례 분석	공공 합의
공무원의 역할	갈등의 관찰자	갈등해결의 중재자	갈등 당사자
갈등관리수단	행정 명령과 집행	소송과 법원형 ADR (정부위원회 형식)	ADR 방식 (협상, 조정, 중재 등)

출처: Lan(1997: 32)의 표 2와 3을 결합하면서 저자가 갈등관리수단 항목을 추가함.

첫째, 갈등의 관찰자 또는 관심 있는 청중으로서 행위자의 역할이다. 갈등상황에서 관찰자나 청중의 역할은 정치적 중립성을 강조하는 행정 패러다임에서 공무원의 역할에 비유될 수 있다. 초당파적인 객관적 집행능력이 강조되는 공무원은 일반적으로 분쟁에 관여하거나 참여하지 않는다. 분쟁과 갈등에 개입할 수밖에 없는 경우에는 갈등당사자 중 일방에 편향되지 않으면서 중립적이고 신속하게 대응해야 한다. 둘째, 갈등당사자로서 행위자의 역할이다. 갈등당사자로서 행위자는 공무원의 정치적 역할에 비유할 수 있다. 여기에서 공무원은 적극적이든 소극적이든 다양한 정치적 세력을 대변하는 존재로 해석된다. 셋째, 갈등해결자로서 행위자의 역할이다. 중재자, 조정자, 조정촉진자와 같은 행위자를 가정한다. 우리나라의 경우 갈등과 분쟁조정관련 각종 정부위원회(행정형 ADR 기구), 국무위원, 지방자치단체장, 국회의원 등의 역할에 비유될 수 있다.

이러한 세 가지 유형의 갈등상황 행위자의 역할을 Rosenbloom(1989)이 제시한 세 가지 행정 패러다임과 결합하면 〈표 3-3〉처럼 갈등관리의 관점에서 행정 패러다임과 공무원의 역할을 이해할 수 있다.

첫째, 경제성, 효율성, 효과성을 강조하는 관리적 접근이다. 이러한 행정 패러다임에서는 관료제의 이념형으로 조직화를 이루며 개인은 비사인적인 개별건수로 취급된다. 그리고 인과적 설명이나 비용편익분석 등에 의한 객관적 지식과 과학을 강조한다. 행정과 공무원은 갈등의 관찰자 또는 관심 있는 청중으로서의 역할을 하며, 갈등관리수단은 행정대집행과 같은 행정 집행과 명령 방식을 사용한다. 둘째, 헌법적 가치와 인간의 기본권, 적법절차, 실정법상 권리를 강조하는 법적인 접근이다. 이 패러다임은 사법재판과 법적 절차로 조직화되며 개인은 평등권을 가지고 있는 존재로 취급된다. 그리고 법률과 판례의 분석결과물을 지식으로 인식한다. 행정과 공무원은 갈등해결의 중재자로서 역할을 하며, 법원재판의 소송방식과 분쟁조정관련 정부위원회에 의한 법원형 ADR 방식을 갈등관리수단으로 사용한다. 셋째, 대표성, 반응성, 책임성 등 민주주의적 가치를 강조하는 정치적 접근이다. 이 패러다임은 개인을 다양한 집단에 속하는 구성원으로 취급하는 다원주의를 가정한다. 그리고 합의에 의해 구성된 지식이 정당성을 갖는다. 행정과 공무원은 갈등 당사자로서의 역할을 하며, 협상, 조정, 중재(법적 구속력 없는 경우) 등 ADR 방식을 갈등관리수단으로 사용한다.

(2) 행정 패러다임의 변화요구와 도전

현 시대적 상황은 전통적인 갈등해결방식으로부터 ADR 방식으로의 전환을 요구하고 있다. 앞서 살펴본 관리적 접근과 법적 접근이 갈등관리를 위한 전통적 거버넌스라면, 정치적 접근은 새로운 갈등관리 거버넌스라고 할 수 있겠다.23) 적극적 시민정신과 참여로 특징되는 뉴거버넌스 시대를 맞아 공무원은 공공서비스 전달 이상의 역할을 할 것으로 기대된다. 공무원은 더 이상 전통적 관리통제기술에 의지하지 않고 조정촉진·중재·협상기술과 같은 갈등해결역량을 발휘할 필요가 있다(Denhardt & Denhardt 2003: 84). 갈등관리 수단으로서 ADR을 적용하는 뉴거버넌스는 행정과 공무원에게 전문성, 자율성, 그리고 책임성의 의미를 전통적 거버넌스와 다르게 부여한다. 이러한 의

---

23) 여기에서 방식과 접근의 전환은 대체가 아니라 초점이동을 의미한다. 따라서 문화를 초월한 보편적 상황을 전제할 때, 전통적 갈등해결방식과 ADR 방식의 공존하에 후자에 초점을 두자는 주장이다.

미변화는 ADR의 실행에 따른 행정과 공무원이 도전받는 사항 중 하나가 된다. Manring(1994: 198-200)에 의하면, 행정과정에서 ADR의 활용은 행정기관의 자율성 그리고 행정의 반응성과 연관된 문제를 발생시킨다. ADR의 도입과 실행은 전통적 행정 맥락과 관행 그리고 전문가주의에 위협으로 작용한다. 일종의 전통과 미래 간의 충돌과 갈등이다. 전문가주의, 과학적이고 기술적인 의사결정 관행, 그리고 계층주의 문화에 착근되어 있는 행정과 공무원은 ADR 방식의 도입과 실행을 정치적 타협 또는 위협으로 이해하며, 일반대중과의 협상을 비전문적인 것이라고 간주할 수 있다. 공무원들은 ADR이 의사결정의 권위를 상실시키는 것이라고 두려워할 수도 있다.

이는 앞에서 설명했던 ADR 방식적용에 따른 공공기능의 민간화 이슈와 관련된다. 두 가지 예를 들어보겠다. 2012년 국세청의 체납징수업무를 한국자산공사에 위탁하도록 하는 법안이 국회에서 통과되었다. 당시 국세청장은 이 법안통과에 대한 부정적 시각을 드러내며 다음과 같이 말했다. "최근 국세청의 자존심이 상하고 무너지는 일이 있었다. 국세청이 체납정리를 잘 못한다고 민간위탁하게 된 것이다… 그동안 정책집행과 관련해 우리 힘으로 해왔으나 이 부분이 민간으로 넘어간 것은 자존심이 상하는 일이다… 체납처분 업무가 어렵고 힘들더라도 우리가 해야 한다… 무너진 자존심을 회복해야 한다"(한국경제 2012.2.28). 두 번째 사례이다. 공공갈등조정관을 민간인 갈등전문가로 위촉할 때 공무원들은 거부감을 드러내곤 한다. 인천시 부평구청은 2012년 민간 전문가를 갈등조정관으로 임명하였는데, 그 당시 구청 내부 분위기를 구청장은 다음과 같이 회상한다. "공공갈등조정관을 공식 임명하는 과정에서 직원들이 불만을 토로하기도 했다. 근거 규정대로 업무를 처리하면 되는데, 굳이 외부 전문인력의 도움을 받을 필요가 없다는 것이다"(강지선 2017: 309). 새로운 거버넌스 시대에 직면한 공직세계의 걱정과 도전의 한 장면을 보여주는 예들이라 하겠다. 하지만 이와 같은 공무원의 걱정과 우려는 자연스런 반응이다. 중요한 문제는 어떻게 하면 전통과 새로운 가치를 조화시킬 것인가이다.

이제 행정기관과 공무원의 자율성 개념은 과정에서 결과로 초점을 전환시켜 해석할 필요가 있다. ADR 방식이 공무원의 전문가적 자율성을 침해할 것이라는 우려가 공직세계에 존재한다. 그러나 갈등의 교착상태에서는 갈등 당사자들 간의 협상이 오히려 공무원의 전문가적 자율성을 신장시킬 수 있다. 기존의 정책수혜자와 협상테이블에 함께 앉는다는 점이 행정기관과 공무원의 전문가적 자율성을 얼핏 침범하는 것 같지만 결코 그렇지 않다. 갈등당사자들 간의 첨예한 대립으로 인해 정책집행이 중단된 상황에서 협상과 같은 ADR 방식에 의해 합의가 도출되면 공무원과 행정기관의 전문가적 자율성은 오히려 높아질 수 있다. 합의가 결여되고 갈등이 해결되지 않으면 전문가적 자율성도 발휘할 수 없고, 예산이 투입된 사업을 집행할 수도 없다. 사업집행의 수단과 절차에 대한 선택을 자율적으로 하더라도 집행과정에서 갈등이 발생하여 교착상태에 이르게 되면 결정과정에서의 자율성은 별 의미가 없다. 따라서 현 시대적 상황에서 행정기관과 공무원에게 진정한 자율성이란 결정의 과정적 측면뿐만 아니라 집행의 결과적 측면에서 이해될 필요가 있다. 이해관계자들과의 직접 협상이나 조정을 통하여 일이 종결되도록 하는 것이 결국 공무원의 직업전문적 자율성을 향상시킬 수 있는 것이다.

사고의 전환이 요구된다. 이해관계자들의 욕구에 적극적으로 반응하는 것이 행정과 공무원의 진정한 자율성을 보장하는 길이다. 행정의 반응성은 행정적 책임성의 틀에서 이해될 필요가 있다. 행정적 책임성이란 행정기관이 내·외부적으로 발생하는 다양한 기대들에 반응하고 관리하는 방식을 말한다. 이러한 책임성에는 여러 가지 형태가 있는데, 통제의 강도와 소재의 조합에 따라 관료적·법적·전문가적·정치적 책임성 등 네 가지로 유형화할 수 있다(Romzek & Dubnick 1987). 이 중 정치적 책임성은 선거구민의 정책선호에 대한 반응성으로 특징된다. 이 점에서 ADR 방식은 시민의 의사결정 참여에 대한 공무원의 반응성과 밀접히 연관되는 것이다. 한편 ADR 방식은 하위직 실무공무원의 자율성을 신장시킨다. ADR 방식은 하위공무원에게 스스로 문제해결안을 고안하고 합의를 조율할 수 있는 기회를 제공해준다. 이는 법적 근거에 의한 관리, 소송, 행정 명령과 집행 등 전통적인 갈등해결 양식이 상위직 공무원의 자율성을 보장했던 것과는 대비되는 것이라 하겠다.

국책사업 추진 과정에서 발생하는 공공갈등의 악화 원인 중 하나로 정부의 일방적인 결정과 공표 후 방어로 특징짓는 전통적인 입지선정방식(DAD)을 지적하곤 한다. 밀양 송전탑건설 갈등사례에서도 정부의 DAD 방식이 반복되었다. 지속되는 문제점으로 제기되는데도 불구하고 왜 DAD 방식은 반복되는가? 최흥석과 임효숙(2014: 834-5)은 그 기저에 관료제 운영원리가 깔려 있음을 반증한다고 주장한다. 관료제의 원리에 입각하여 운영되는 행정기관은 공식적 규칙과 기술적 기준에 편향되어 있다. 그리고 행정기관의 활동에 대한 평가 역시 기존에 수립된 내부 규칙과 관료적 절차에 근거하여 이루어진다. 시민과 지역주민의 관점에서는 행정기관에 대한 평가가 공식적인 규칙 및 절차와 전문적 지식에 입각하고 행해진 것인지 여부는 그리 중요하지 않다. 세금을 내고 정부정책에 이해관계를 가지고 있는 시민으로서는 자신에게 돌아올 수 있는 정책결과의 효과성을 중시한다. 이와 같은 정부행정과 시민 간의 관점 차이를 고려할 때 대형 국책사업 추진을 둘러싼 공공갈등의 악화 원인은 기본적으로 기존 관료제가 갖는 한계로부터 찾을 수 있겠다. 하지만 아직까지도 공무원들은 효율성과 효과성의 가치에 의해 주로 보상받는 행정환경에 있다. 이 사실이 '새로운' 의미의 전문성과 자율성 그리고 책임성 요청에 응답해야 하는 공무원들을 힘들게 하고 있는 것 또한 사실이다.

공공갈등은 성격상 난제이다. 이에 관해서는 9장에서 상술한다. 공공난제는 기존의 전통적 계층제나 시장의 거버넌스 양식에 의해서 해결하기 곤란하다. 이러한 문제는 네트워크 양식의 뉴거버넌스에 초점을 두고 대응할 필요가 있다. 네트워크 양식이 효과적이기 위해서는 협동과 협력 가치에 대한 진정한 이해와 새로운 마음가짐이 요구된다. 새로운 마음가짐이 무엇인지에 대해 Weber와 Khademian(2008: 341-344)의 논의를 끝으로 3장을 마무리할까 한다. 이들은 공공난제로 둘러싸인 환경에서 협동역량의 구축을 위해 가져야 할 여섯 가지 마음가짐을 제시한다. 첫째, '정부와 함께하는 거버넌스(governance with government)'에 대한 이해와 책무가 요구된다. 주지하다시피 이제 정부 단독으로는 어떤 공공문제도 해결할 수 없다. 정부는 여러 행위자들 중 하나의 주요 행위자로 간주되어야 한다. 다만 정부 이외의 행위자들이 보유하지 않는 시민에 대한 책임을 정부가 져야 한다는 점은 명심해야 할 것이다. 둘째, 기존의 규칙들도 수용해야 하지만 새로운 아이디어에 개방적이면서 민주적으로 정의된 규칙에 대한 인식이 요청된다. 셋째, 시민, 정부, NGOs 등 사회 구성원 모두를 상부상조의 파트너로서 인식해야 할 것이다. 공무원의 전문지식은 단지 하나의 지식원천일 뿐이다. 정부는 촉매자 또는 촉진자로서의 역할을 수행해야 할 것이다. 넷째, 공공관리자의 자격은 공무원이 아닌 사람일 수도 있다는 점을 인식해야 한다. 공공갈등문제의 해결을 위해서 자원을 조정하며 리더십을 발휘하는 핵심 인물이 반드시 정부공무원인일 필요는 없는 것이다.24) 다섯째, 성과와 책임은 결코 분리될 수 없다는 이해와 인식이 필요하다. 여섯째, 협동의 가치와 과정에 대한 몰입과 열정이 필요하다.

이러한 새로운 마음가짐은 모든 문화권에서 보편적으로 효과를 거둘 수 있을까? 협동과 협력 가치에 대한 의미가 모든 문화권에서 동일하게 해석될까?

----

24) 예컨대 공무원이 아닌 사람에 의한 중재결과가 행정기관을 구속하는 것에 위헌성은 없는가? 그리고 민간분쟁에 대한 정부의 직권(강제)중재에 위헌성은 없는가? 1980년대 말부터 1990년대 중반까지 미국에서도 이와 관련하여 합헌성 논란이 있었다(Dunlop & Zack 1997: 121 - 122). 후자의 문제는 우리나라에서도 제기되었다(12장 참조).

1 문화 개념의 이해

실효성 있는 갈등관리를 위해서는 관련제도와 자원과 같은 하드웨어뿐만 아니라, 구비된 하드웨어가 작동할 수 있는 소프트웨어(예: 가치·신념·규범 체계)가 필요하다. 여기에서 하드웨어의 예가 『공공기관의 갈등 예방과 해결에 관한 규정』이라면 소프트웨어의 예는 문화를 일컫는다. 문화는 일정단위(예: 집단, 조직, 사회, 국가 등)에서 공유된 소속구성원의 가치·신념·규범을 지칭한다. 이는 중요한 것과 중요하지 않는 것, 옳고 그름, 정상적인 것과 비정상적인 것 사이에 경계선을 긋게 한다. 쉽게 말해 문화란 일정 단위의 행위자들에게 어떤 것이 중요하고 정상이며 진리인가에 관한 공유된 믿음이다. 문화는 소속구성원의 지각·인지·행태에 대한 여과지·해석도구·길잡이 역할을 한다. 그리고 문화는 집단경계선으로 작용하면서 내부집단의 결속과, 외부집단의 배제 기능을 수행한다.

이런 점에서 문화란 집단적 정신프로그래밍(collective programming of the mind) 또는 정신적 소프트웨어(software of the mind)이다(Hofstede 1993: 89; Hofstede & Hofstede 2005: 4). 문화는 사람 사이에 가치·신념·규범과 기본가

---

1) 이 장은 최성욱(2007a; 2016)을 기반함.

정의 공유를 전제로 한다는 점에서 집단현상이며, 집단 사이에 심리적 경계 기능을 한다. 그리고 문화는 생각과 감정 그리고 잠재적 행위의 패턴이라는 점에서 정신적 프로그래밍 또는 소프트웨어이다(최성욱 2015). 문화 개념에 대해 이 책에서는 '공통된 문제에 대해 서로 다른 마음을 가짐으로써 갈등의 씨앗이 자라는 토양임과 동시에, 갈등관리방식의 실효성을 조절하는 인자'라고 가정한다. 문화는 갈등을 촉발하는 요인일 뿐만 아니라, 갈등을 해석하고 이에 대한 관리의 지향점을 찾는 렌즈와도 같다. Avruch와 Black(2001: 7)에 의하면, 문화란 인간의식의 근본적 특성을 나타내는 사회생활의 개념이다. 문화는 인간의 실재를 구성하고 있는 것이다. 사람은 사회 환경에서 자라면서 타인들과 언어라는 상징체계를 통해 상호작용과 의사소통을 한다. 그러면서 구성되는 공유된 의미를 통해 개인차원에서는 신념과 태도가 형성되고 사회차원에서는 규범과 가치가 형성되는 것이다. 문화는 인간의 근본적 행위인 갈등에 관한 행태적 표상도 포함한다. 바꿔 말해, 가시적인 갈등인 분쟁은 문화적 행태이다. 은유적으로 표현하면 문화란 "지각(인식)을 형성하는 렌즈" 또는 "의미 있는 행동을 구조화하고 생성하기 위한 문법"이다. 따라서 갈등 당사자들의 행태를 이해하기 위해서는 문화라는 문법을 이해할 필요가 있다.

한 사회의 문화를 나타내는 가장 기본적인 가치들은 분쟁해결절차에서 드러난다(Auerbach 1983). 분쟁 상황은 어떻게 싸워야 하는지에 대한 당사자들의 윤리적 관점과 해결방식에 대해 당사자들이 부여하는 의미들을 알려준다. 예컨대 분쟁해결에서 절차적 정의보다 분배적 정의를 우선시하고 협상보다 소송을 당연시하는 것은 문화에 따라 다르다. 문화는 분쟁이 언제 그리고 어떻게 고조되어 공공이슈가 되는지의 패턴을 나타내 주기도 한다. 그리고 갈등당사자들의 권리와 자격에 대한 관념도 알려준다. 새만금간척사업 소송의 원고로서 서울시민은 법적 자격이 없다. 법은 문화의 영향을 받는다. 국민정서에 어긋나는 법은 개정될 수 있다. 소위 '국민정서법'은 문화와 직결된다. 한 사회의 규범적 틀인 문화는 사람들이 문제를 정의하고 해결책을 찾는 방식을 규정하는 것이다(Merry 1987b: 2063).

갈등은 문화 때문에 발생하기도 한다. 서로 다른 의사소통 스타일 때문에 오해가 생기고 갈등이 발생한다. 그리고 문화적 가치와 의사소통 스타일이 갈등상황의 대응방식에 영향을 미치기도 한다(Gold 2005: 289). 타 문화에 대한 무지에서 고정관념이 생성되고 이것이 도식과 프레임으로 작용하여 의사소통을 왜곡되게 만든다. 그 결과 갈등이 발생하는 것이다(John 2005: 126). 상이한 문화적 가치 자체가 갈등을 일으키는 것은 아니다. 상대편의 가치를 이해하지 못하면서 자기 가치를 강요하기 때문에 갈등이 발생한다. 가치문제로 다툴 경우 통합과 같은 협력적 방식보다는 지배와 같은 강요적 방식을 선호하거나 적용하는 경향이 있다. 가치와 신념은 옳고 그르냐의 문제이기 때문에, 상대방의 가치와 신념에 대한 앎이 없는 한, 강요와 대치에 의한 갈등이 고조된다. 따라서 문화를 정확하게 이해하면 갈등 유발의 가능성이 낮아지며 갈등 해결과 관리에 유용하다.

요컨대 문화는 갈등의 발생 원인이기도 하고 갈등의 전개와 해결에 영향을 미치는 맥락이기도 하다. 갈등의 원인일 경우 문화갈등(cultural conflict)이라는 용어를 사용하고, 맥락으로서 갈등패턴을 설명하거나 갈등관리의 규범이 될 경우 갈등문화(conflict culture)라는 용어를 사용한다. '문화갈등'이 발생했을 때 당사자들의 행태를 이해하기 위해서는 그들의 '갈등문화'를 이해해야 한다.

2〉 문화갈등

1) 동서양 문화의 기원

문화는 갈등의 원인이다. 새뮤얼 헌팅턴에 따르면 미래의 가장 위험한 변수는 상이한 문명(문화적 총체)에 속한 집단들 사이에 발생하는 갈등이다. 문화의 차이가 정치이념이나 레짐 간의 차이보다 훨씬 더 근본적인 것이다. 역사상 장기적이고 폭력적인 갈등은 주로 문명 간의 차이로 인해 발생되었다. 서구문명이 인간에게 더 보편적이라는 주장도 있지만, 서구의 개념은 다른 문명에 퍼져 있는 개념들과 근본적으로 다르다. 개인주의, 자유주의, 헌법주의, 인권, 평등, 자유, 법치, 민주주의, 자유시장, 정교분리 등과 같은 서구 관념은 흔히 이슬람, 유교, 일본, 힌두교, 불교 또는 정교의 문화에서는 울림이 적어 기대만큼 작동하지 않는다(Huntington 1993: 25-40). 가장 단순하면서도 많이 언급되는 문화 분류가 동서양 간의 차이를 개념화한 것이다.

서양문화의 기원은 고대 그리스로 거슬러 올라간다(Nisbett 2003).[2] 고대 그리스는 '개인'의 '자율성'을 중시하였다. 그리스인들에게 행복이란 '아무런 제약이 없는 상태에서 자신의 능력을 최대한 발휘하여 탁월성을 추구하는 것'으로 정의되었다. 고대 그리스인들에게는 개인적 자율성이 곧 행복이었다. 개인의 자율성을 중시하였던 고대 그리스 문화는 자연스레 논쟁의 문화를 꽃피웠다. 호메로스는 남자의 능력을 평가하는 근거로 전사로서의 전투능력과 논쟁자로서의 논쟁능력을 들었다. 자율적인 개인들이 논쟁하고 지식을 추구하는 것이 고대 그리스인들의 모범적인 생활양식이었다고 하겠다. 영어의 'school'에 해당하는 그리스어 'shole'가 '여가(leisure)'를 의미한다는 것만 보아도 이를 짐작할 수 있다. 고대 그리스인들에게 여가란 다름 아닌 지식추구의 자유를 의미했다. 그리스인들은 세상의 본질에 늘 관심이 있었다. 본질이란 사물의 가장 핵심적이고 필수 불가결한 속성이다. 본질이 바뀌면 그것은 더이상 그 사물이 아니다. 고대 그리스인들은 사람뿐만 아니라 물질 역시 서로 독립적이고 개별적인 실체로 간주하였다. 그들은 사물 자체를 분석의 출발점으로 삼았기 때문에 자연스레 다음과 같은 경향을 갖게 되었다. ① 사물의 속성 자체에 주의를 기울이고, ② 그 속성에 근거하여 범주화하고, ③ 그 범주들을 사용해 어떤 규칙을 만들어서, ④ 사물들의 움직임을 그 규칙으로 설명하고자 했다. 고대 그리스 철학자들은 변화를 인정하지 않는 '직선적' 사고와 '이것 아니면 저것'의 이원론적 사고방식에 집착하였다.

동양문화의 기원은 고대 중국으로 거슬러 올라간다. 고대 중국은 개인의 '관계'를 중시하였다. 철학자 헨리 로즈먼트는 중국 사회의 특징을 다음과

---

2) 동양과 서양 문화의 기원에 대해서는 Nisbett(2003; 최인철 역 2010)의 pp.27-43을 참고함.

같이 평하였다. 초기 유교 신봉자들에게 '나'라는 존재는 타인과의 관계 맺음과 그 속에서 부여되는 역할들의 총체일 뿐, 결코 독립된 존재가 아니었다. 결국 그들의 정체성은 역할에 따라 결정되므로, 역할이 바뀌면 정체성도 당연히 바뀐다. 즉 완전히 '다른 나'가 되는 것이다. 이러한 평은 유교의 최고 덕목인 인(仁)이 "인(人)과 이(二)의 두 글자가 합해서 된 것이며 친(親)하다는 뜻"으로서(한국민족문화대백과사전), 인간의 본질을 일(一)의 개인보다는 두 사람 간의 친근함과 관계로 해석한다. 다산 정약용은 인을 사람과 사람 사이에 형성되는 인간관계의 실천적 의미로 해석하였다. 인은 '두 사람'의 뜻으로서 아버지와 아들, 형과 아우, 임금과 신하, 목민관과 백성은 각각 두 사람이다. 두 사람 사이에서 각자 본분을 다하는 것을 인이라고 해석한다.[3] 중국 사회는 사람들 사이의 논쟁을 인간관계를 해치는 위험한 요소로 간주했다. 논쟁에 대한 인식이 고대 그리스와는 대조적이다. 중국 음악이 대체로 단선율이라는 사실은 중국인들이 얼마나 '일치'를 좋아하는지 단적으로 보여주는 예이다. 이와 대조적으로 고대 그리스인들은 서로 다른 악기와 서로 다른 목소리가 동시에 다른 선율을 연주하는 다성 음악을 선호했다. 중국의 철학은 사물의 본질보다는 사물의 관계를 중시하였다. 중국인들의 삶에 대한 태도는 도교, 유교, 그리고 훨씬 후대의 불교 철학의 융합으로 형성되었다. 세 가지 철학 모두 조화와 화합을 중시했다. 중국인들의 사고를 잘 대변해주는 것이 음양 이론이다. '음'(陰, 여성적이고 어둡고 수동적인 것)과 '양'(陽, 남성적이고 밝고 적극적인 것)은 서로 반복된다. 음은 양 때문에 존재하고 양은 음 때문에 존재하며, 세상이 현재 음의 상태에 있으면 곧 양의 상태가 도래할 것이라는 징조이다. '진정한 양은 음 속에 존재하는 양이고 진정한 음은 양 속에 존재하는 음이다'라는 진리를 나타낸다. 역경(易經)에 '행복은 불행 때문에 가능하고 불행은 행복 속에 숨어 있다'고 한 것이나, 도덕경(道德經)에 '무거운 것은 가벼운 것의 근원이며 움직이지 않는 것은 모든 움직이는 것들의 근원이다'고 한 것이 음양원리이다. 유교에서는 중용(中庸)의 도가 가장 중요한 행위 규범

----

3) 송재소, 풀어쓰는 실학이야기(http://www.edasan.org/sub03/board08_list.html?bid=b38)

이다. 중용의 도란 절대 극단으로 치우치지 말 것이며, 서로 대립되는 의견이나 사람들에게도 제각각 일리가 있다고 믿으라는 가르침이다. 맥락은 다르지만, 하버마스가 주장한 합리적 불일치와 유사한 의미라고 하겠다. 공자(기원전 551~기원전 479)는 사람들 사이의 관계에 관심이 많았고, 각 관계에 엄격한 위계질서와 분명한 행위 규범이 존재한다고 주장하였다. 그는 사람들 간의 관계를 다섯 가지로 나누고 '오륜'이라는 행위 규범을 제시했다. 종합하면 전통적인 동양문화는 '조화', '부분보다는 전체', '사물들의 상호 관계성'에 방점을 찍고 있다(Nisbett 2003).

문화의 차이는 동서양 사이부터, 국가 내부의 집단들 사이까지 다양한 수준에 거쳐 존재한다. 문화갈등에 대한 설명의 선구자인 에드워드 홀(Edward Hall)은 앵글로계 미국인과 스페인계 미국인 둘이 뉴멕시코에서 마주치는 갈등을 다음과 같이 묘사한다(Hall 1976: Ch.11; Avruch & Black 2001: 14).

"앵글로계 미국인들의 분쟁에서는 당사자가 단계를 밟아가며 대응해간다. 빈정대는 말과 냉정함(공손함)으로부터 시작하여, 제3자를 경유한 메시지 전달, 그 다음 언쟁, 그 다음 법적 행동, 마지막으로 강제력(물리력)을 사용한다. 이 중 어떤 것도 작동하지 않는다면, 법은 당신 편에 있다. 스페인계 미국인들은 이와 다른 체계를 적용한다. 먼저, 고민에 빠진 듯 음울하게 침묵한다. 언쟁은 피해야 한다. '만약 내가 나의 혀를 찾을 수 있었다면, 나는 그를 때리지 않았을 것이라'는 법칙이 적용된다. 뭔가 잘못되었다고 눈치를 채게 되면 먼저 강제력(물리력)을 행사한다. 스페인계 미국인들에게 물리력이나 행동은 밟아야 할 하나의 단계가 아니라 일종의 의사소통 그 자체이다. 이것은 주의와 관심을 받기 위해 설계된 것이다. 나중에 그것도 한참 나중에 그들은 마지못해 법원을 찾는다."

그러나 몇 개의 지배적 이미지로 어떤 사회나 국가의 문화를 단순화하는 것은 경계해야 한다(Avruch 1998: 18). 자신의 문화는 우리가 세상을 보는 렌즈를 제공하고, 상식을 규정하는 논리를 제공하며, 의미와 이해를 부여하는 문법을 제공한다. 즉 문화는 세상을 보고 생각하고 느끼며 해석하는 방식을 제공한다. 이러한 방식은 근본적으로 우리에게 정상과 비정상의 경계를 정의한다. 우리는 고정관념으로 타인의 행태에 주목하는 경향이 있다. 예를 들면 "프랑스인은 거만하다", "영국인은 차갑다", "일본인은 겉과 속이 다르다" 등과 같이 고정관념을 확신하고는 한다. 이러한 고정관념은 문화갈등을 발생시키고 강화한다. 문화갈등은 일종의 "귀머거리 대화" 또는 서로를 이해하지 못하는 "대칭적 자폐증"이라는 특성을 지닌다(Avruch & Black 2001: 13). 그래서 문화갈등은 커뮤니케이션의 실패로 귀결된다. 문화적 고정관념에 대한 경계의식이 문화적 통찰력에 의한 갈등해결의 첫 단계로 볼 수 있겠다. 그 다음 단계는 상대방에 대한 정보를 많이 얻어 학습하는 것이다. 앞서, 언어 상징체계로 공유된 의미를 통해 개인차원에서 신념과 태도가 구성되고 사회차원에서는 규범과 가치가 형성된다고 하였다. 이러한 신념·태도·규범·가치가 굳어질 때 고정관념 상태가 된다. 따라서 고정관념을 해체하기 위해서는 개인차원에서 신념과 태도의 구성 과정을 반추함과 동시에 이질적 문화정보를 습득하며, 사회차원에서 교육훈련에 의한 다양성 가치 확산과 함께 사법적 판결을 통한 규범 확립 기제를 활용할 수 있다.

한 사회 내에서도 기본적 가치관의 차이로 갈등이 심화되는 경우가 많다. 동일문화의 맥락에서도 개인이나 집단 간 차이가 있을 수 있고 또한 이들 하위집단의 문화가 시기적으로 변하기도 한다(이달곤 2007: 163-8). 따라서 문화는 동태적으로 파악할 필요가 있다. 아시아문화중심도시 조성과정에서의 갈등사례를 분석한 최성욱(2011a)에 의하면, 기존에 동질적이라고 가정된 이해관계자 집단 내에서도 지각과 태도, 문화적 성향과 신뢰유형에 차이가 존재하였고, 이러한 차이가 갈등의 원천으로 작용하였다.

2) 문화와 위험지각

갈등의 원인을 관련행위자 집단의 문화차이와 이로 인한 위험지각의 차이로 설명하기도 한다. 공공갈등은 위험지각과 밀접하게 연관된다. 예를 들어 찬반으로 구별되는 국책사업 선호의 차이는 위험지각에 의해 영향을 받는

위험항목	여성유권자연합	대학생	사회활동가	전문가
원자력	1	1	8	20
자동차	2	5	3	1
권총	3	2	1	4
흡연	4	3	4	2
모터사이클	5	6	2	6
술	6	7	5	3
비행기	7	15	11	12
경찰업무	8	8	7	17
살충제	9	4	15	8
수술	10	11	9	5
소방업무	11	10	6	18
전력(원자력 제외)	18	19	19	9
수영	19	30	17	10
X-레이	22	17	24	7
백신접종	30	29	29	25

표 4-1.
집단별
위험지각의 차이

* Slovic(1987)이 조사한 30개 항목 중에서 저자가 취사선택함. 숫자가 작을수록 높은 위험순위임.

다. 사람들은 각자 속한 집단과 문화적 성향에 따라 위험을 다르게 인지한다. 특히 전문가와 일반인 간 위험지각 차이는 선명하다.

전문가와 일반인 집단 간 위험지각의 차이를 설명한 유명한 연구가 있다. Slovic(1987)은 네 집단을 대상으로 30개의 활동과 기술에 대한 위험평가를 실시하였다. *Science*지에 실린 이 연구의 결과를 보면, 〈표 4-1〉처럼 집단별로 활동 및 기술에 대한 위험평가 순위가 다르다. 즉 집단별로 위험/안전에 대한 지각에 차이가 존재한다. 예컨대 원자력발전소에 대한 위험을 전문가는 20위로 평가한 반면, 대학생과 여성유권자는 1위로, 그리고 사회활동가는 8위로 평가하였다. 물론 이러한 각 집단의 위험항목 순위는 시대적 상황과 문화권에 따라 다르게 나타날 수 있다.

국내 연구들도 원자력발전소(원전)와 방사성폐기물처분장(방폐장) 건설이슈와 갈등을 계기로 위험지각의 차이에 대한 분석 결과들을 보여주었다. 대표적으로 김영평 등(1995)을 들 수 있다. 이 연구는 전국 성인 남녀 1,685명을 대상으로 다양한 종류의 위험에 대한 인지도에 관해 조사를 하였다. 분석 결과 전문가들과 일반인들이 느끼는 위험인지도에서 큰 차이가 나타났다. 예컨대 전문가들이 객관적으로 위험하다고 평가한 교통분야를 일반인들은 매우 낮은 위험도로 평가하였다. 대조적으로 전문가들에게는 위험성이 낮다고 평가되는 원자력 분야와 식수오염분야에 대해 일반인들은 위험성이 높다고 평가하였다. 이 연구에 따르면 방폐장 이슈를 둘러싼 갈등의 특징 중의 하나는 위험성에 대한 전문가와 주민의 극단적인 인식 차이가 존재한다는 것이다. 최연홍과 오영민(2005)은 원전 인근지역의 오피니언 리더와 지역주민을 대상으로 원전의 사고가능성과 위험성에 대한 평가를 설문조사하였다. 이 조사결과에 의하면 지역주민들은 방사능 누출사고를 핵전쟁과 같은 수준의 재난으로 간주하는 경향이 있었다. 그래서 원전이나 방폐장의 사고발생 위험이 매우 높을 것이라고 인식하였다. 설문 응답자들은 방사능 누출사고를 생각할 때 대형 원전사고인 쓰리마일 아일랜드 사고나 체르노빌 사고를 무의식적으로 떠올리게 된다. 정부행정이나 과학기술 영역의 전문가들이 주장하는 '객관적' 위험과 지역주민이나 일반국민이 인지하는 위험지각 간에 차이가 크다. 이러한 현격한 차이로 인해 방폐장의 입지선정을 둘러싼 사회갈등은 심화되고 구조화될 개연성이 있다(목진휴 외 2000: 33; 강민아·장지호 2007: 33).

위험지각의 차이는 궁극적으로 개인과 집단이 보유하고 있는 가치체계와 문화적 편향에 의해 설명할 수 있다(예: Douglas & Wildavsky 1982; Thompson et al. 1990; 박종민 2002). 문화인류학자 메리 더글러스(Mary Douglas, 1921~2007)가 주창한 문화이론이 대표적이다. 특정한 사회관계패턴의 고착은 세계관을 발생시킨다. 이러한 세계관을 문화적 편향이라고 일컫는다. 문화적 편향은 이에 상응하는 사회관계 유형을 정당화한다. 문화이론은 이러한 사회관계패턴과 문화적 편향 간의 상호작용에 관한 이론적 신념이다.4) 〈표 4-2〉에서처

---

4) 여기에서 사회관계패턴이라 함은 유교문화에서 삼강오륜의 내용과 같이 이해할 수 있겠다.

PART 01. 갈등에 대한 이해

표 4-2.
문화이론의
주요내용*

문화적 편향	사회관계		자연에 대한 관념과 신화	인간성의 가정	우선적 관심	제도신뢰	선호하는 문제해결방식	제도와 조정양식**
	집단	망						
계층 주의자	고 (高)	고 (高)	"사회현실과 동형이성" "괴팍하면서 도 관대한 자연"	계층적으로 정렬된 일련의 권력 또는 능력	사회질서의 위협문제	공식적 권위 (정부, 전문가, 과학자 등)	이례의 규제, 전문가위원회, 기준과 규칙	정부 (Hierarchy)
개인 주의자	저 (低)	저 (低)	"기술통제적 풍요" "인자한 자연"	이기적 또는 자아 추구적	경제문제, 인간의 기술	기업신뢰, 자기선택장 애물에 대한 불신	자유방임, 비용편익분석 등 합리적 의사결정	시장 (Market)
평등 주의자	고 (高)	저 (低)	"엄한 책임추궁" "덧없는 자연"	선하게 태어나, 제도에 의해 부패됨	불평등 시정, 자원고갈	권위의 불신	생태계의 보호, 시민참여에 의한 의사결정	참여거버넌스 (Network)
운명 주의자	저 (低)	고 (高)	"운에 맡겨진 풍요" "변덕스러운 자연"	예측불가, 회의적	-	운과 우연 (통제 밖)	무력감	

* Douglas(1982); Douglas & Wildavsky(1982); Thompson et al.(1990)에서 발췌 정리.
** 저자 추가.

럼, 집단(group)과 망(grid)이 조합되어 네 가지 삶의 양식을 가지는 문화집단이 정의된다. 이러한 삶의 양식은 각각 자연에 대한 관념과 신화, 인간성에 대한 가정, 우선적 관심사나 신뢰대상, 그리고 문제해결방식과 조정양식에서 차이를 갖는다.

원래 은둔자를 가정하는 자치주의를 포함하여 다섯 가지 삶의 양식을 제시하였지만, 통상 네 가지 삶의 양식을 이론적 틀로 상정하여 실증분석을 한다. 여기에서 사회관계패턴을 분류하는 차원은 집단과 망이다. 집단 차원

예를 들어 부위자강(父爲子綱)은 아들이 아버지를 섬기는 관계패턴이며, 장유유서(長幼有序)는 어른과 아이 사이에 차례와 질서가 있어야 한다는 관계패턴을 말한다.

은 "개인이 소속집단에 일체화된 정도"를 말하는 것으로서, 집단적 제약성을 나타낸다. 개인이 소속집단에 대한 일체화가 높을수록 개인의 선택은 집단의 결정에 예속될 확률도 높아진다. 개인과 소속집단 사이에 완전한 일체화가 이루어진다면 개인의 정체성은 소속집단과 동일한 것이 된다. 이 점에서 '사회적 통합' 차원이라고도 한다. 망 차원은 "개인의 삶이 외부세계로부터 부과된 규범과 규칙에 의해 제약받는 정도"를 말하는 것으로서, 사회적 제약성을 나타낸다. 사회적 규범과 규칙의 범위가 넓어지고 강도가 높을수록 개인의 삶은 사회적 규범과 규칙에 구속될 개연성이 높아지고 개인적 자율성과 협상이 가능한 삶은 감소하게 된다. 그래서 '사회적 규제' 차원이라고도 한다 (Douglas 1982: 190−192; 201−203; Simmons 2018: 238). 예컨대 '찬물도 위아래가 있다'는 속담형식의 규범이나 장유유서의 사회관계패턴이 강한 사회에서, 사람들은 개인적 자율성과 성취감을 누리기 어렵다.

집단과 망 차원이 결합되어 네 가지 삶의 양식인 문화적 편향이 도출된다. 계층주의자는 무엇보다 사회질서의 유지를 중시하는 반면 개인주의자는 개인의 자유를 강조한다. 평등주의자는 불평등 문제를 가장 위험한 것으로 인식하며, 운명주의자는 외부환경에 대해 스스로 영향력을 행사할 방법은 없다고 느껴서 결국 무관심하고 의기소침해진다. 개발과 보존을 둘러싼 환경갈등에서 이해관계자의 자연관은 매우 중요하게 작용한다. 문화이론에서 유형화된 네 가지 삶의 양식은 자연관에 대해 유용한 설명을 제공하고 있다. 네 가지 문화적 편향에 대해 상술해보자.

첫째, 계층주의자는 개인의 사회적 지위가 성별이나 연령 등과 같은 제도적 계층화 산물에 의해 정의되었다고 인식한다. 제도화된 불평등이 사회의 안정을 위해서 당연하다고 인식하는 것이다. 인간은 원래 많은 죄를 지니고 태어나지만, 좋은 제도에 의해 속죄될 수 있다고 가정한다. 그래서 공식 제도와 계층적 권위체계에 의해 통제가 주어진다. 계층주의자는 자연을 '괴팍하면서도 관대한 것'으로 가정한다. 〈그림 4−1〉에서 볼 수 있듯이 계층주의자의 자연은 괴팍함과 관대함 사이에 경계를 가지고 있다. 만약 관대함의 범위 내에 인간 활동이 머무르면 자연의 복구기능이 작동하지만, 경계를 넘어서 인간 활동이 자연에 개입하면 자연의 복구정화작용은 불가능해 진다. 따라서 관대함의 한계를 넘어서는 이례의 발생과 개발행위를 규제하려고 한다. 다시 말해 자연의 관대수준을 나타내는 개발과 보존 기준을 법규와 제도로 설정하여 규제를 하는 것이 바람직하다. 계층주의자는 정부와 같은 제도와 전문가에 의한 결정을 신뢰하며 사회적 조정양식으로서 계층제를 선호한다.

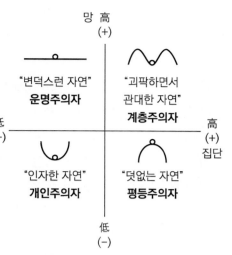

그림 4-1
문화적 편향과 자연관

출처: Thompson et al.(1990: 32) Figure 3을 수정함.

둘째, 개인주의자는 무엇보다 개인의 자율성을 중시한다. 외부에 의한 통제와 간섭으로부터 자유를 추구한다. 이 점에서 개인주의는 서양문화의 기원이자 본질이라고 하겠다. 하지만 개인주의자 자신은 외부에 대한 통제에는 관여를 한다. 외부에 대한 통제마저 관여하지 않고 자유를 추구한다면 이는 은둔자를 가정하는 자치주의에 가깝다. 개인주의자는 철저하게 자신에 대한 책임을 강조한다. 그렇기 때문에 타인에 대한 책임감을 느끼지 않는다. 그리고 권력과 자원의 배분은 직위나 지위에 의해서가 아니라 경쟁에 의해서 이루어진다고 가정한다. 인간은 본래 자아 추구적이고 이기적이며 이러한 본성은 변하지 않는다. 그렇기 때문에 개인주의자는 경쟁을 최선으로 인식하며, 정부 불간섭의 자유방임적 태도에 편향되어 있다. 자연은 인자하며 인간이 개발한 기술에 의해 활용되는 풍요로움의 상징이다. 그러므로 개인주의자가 지배하는 사회에서 개발과 성장은 정당화된다. 자율적 선택을 방해하거나 간섭하는 외부대상을 불신하는 반면 기업과 같은 자유시장제도와 합리적 의사결정을 신뢰한다. 정부규제와 같은 외부간섭에 대해 불신감을 가지고 있는 것이다. 따라서 사회적 조정양식으로서 시장 기제를 선호한다.

셋째, 평등주의자는 강한 사회의식을 가지고 있으면서 개별적으로는 타인과의 관계를 협의한다. 하지만 어떠한 개인에게도 직위에 의해 타인을 통제하는 것은 용인되지 않는다. 평등주의자는 계층주의자와 대조적으로 인간이 본래 선하게 태어나지만 시장과 계층제와 같은 제도들에 의해 부패한다고 가정한다. 기존 사회제도에 대한 문제의식이 강하다. 그래서 강압적이지 않고 평등한 사회를 건설함으로써 선한 인간성을 회복할 수 있다고 인식한다. 자연은 덧없고 허망하다고 인식된다. 인간 활동의 미미한 동요와 개입에도 자연은 완전히 붕괴될 수 있다. 따라서 평등주의자는 최대한으로 생태계를 보살피고 보존해야 한다고 확신한다. 생태계의 파괴와 자원고갈 그리고 사회적 불평등 문제를 가장 위험한 것으로 인식한다. 평등주의자는 기업과 정부와 같은 제도와 권위체계를 불신하는 반면 상식을 가진 일반시민의 참여에 의한 의사결정을 신뢰한다. 그래서 사회적 조정으로서 네트워크 양식을 선호한다. 한편 Douglas와 Wildavsky(1982)는 '분파주의자'라는 용어를 사용하여 평등주의자를 설명한다. 이들은 전형적인 서구사상인 시장(개인주의자)과 관료제(계층주의자)가 미국사회의 중심에 위치하고 분파주의자는 변방에 위치한다고 본다. 분파주의자는 시장과 관료제 지배의 "기존사회가 구제할 수 없는 악(惡)이며 강압적이고 위계적이기 때문에 모방되어서도 지속되어서도 안 된다"(pp.121-122)고 인식한다.

넷째, 운명주의자는 계층주의자와 같이 공식적 제도와 권위체계에 의해 통제되지만, 스스로를 이러한 제도와 체계로부터 배제된 것으로 인식한다. 그래서 운명주의자는 자신을 아무런 힘도 없는 아웃사이더라고 생각한다. 운명주의자는 인간성에 대해 회의적인 시각을 가지고 있음으로써 동료들을 불신한다. 그리고 운명주의자는 자연을 변덕스럽고 세상을 무작위적인 것으로 인식하기 때문에 현실적으로 관리와 통제 그리고 학습이 불가능하다고 믿는다.

공공갈등의 이해관계자 집단이 나타내는 문화적 패턴을 분석해보면, 문화이론이 제시하는 가정과 모형의 타당성이 높다는 것이 입증된다. 일반적으로 정부 행위자는 계층주의로 편향되어 있는 반면, 시민단체 등 NGO 영역의 행위자는 평등주의로 편향되는 경향을 보인다. 그리고 사업을 추진하는

구분	문항내용	관료집단	농어촌 기반공사	지역어민	시민환경단체	F-Value
계층 주의	• 군사적으로 더 강해져야 한다	0.45(3.57)	0.30(3.36)	0.31(3.38)	-0.92(1.72)	85.333*
	• 사회의 혼란은 권위의 무시 때문	0.49(3.41)	0.12(2.97)	0.21(3.07)	-0.72(1.94)	48.157*
	• 엄한 법이 좋은 세상을 만든다	0.37(4.12)	0.19(4.09)	0.27(3.70)	-0.73(2.34)	47.735*
운명 주의	• 잘 살고 못 살고는 팔자소관	-0.17(1.96)	-0.27(1.85)	0.73(2.94)	-0.55(1.54)	67.162*
	• 인생은 도박과 같이 운이 중요	-0.11(2.31)	-0.28(2.13)	0.68(3.20)	-0.53(1.85)	57.070*
	• 남을 도와줘봐야 배신으로 귀결	0.29(2.48)	-0.21(1.99)	0.43(2.61)	-0.61(1.59)	41.474*
평등 주의	• 평등을 위해 전반적 개혁필요	0.10(4.07)	0.03(4.00)	-0.53(3.40)	0.53(4.53)	36.817*
	• 평등한 사회가 되어야 한다	-0.07(3.02)	-0.57(2.48)	-0.04(3.04)	0.44(3.55)	32.228*
	• 중요결정은 전문가보다 국민	0.14(4.09)	-0.11(3.86)	-0.48(3.53)	0.51(4.44)	21.324*
개인 주의	• 자기 돈은 자기 원하는 대로	-0.10(3.01)	0.04(3.17)	0.37(3.57)	-0.38(2.68)	17.141*
	• 강자만이 살아남는 것이 인생	0.31(3.18)	0.33(3.20)	0.29(3.15)	-0.78(1.88)	63.413*
	• 가난한 이유는 노력 안해서	0.00(2.90)	0.23(3.18)	0.53(3.55)	-0.76(1.97)	55.434*

표 4-3.
공공갈등
이해관계자
집단의 문화적
편향 분석결과

출처: 김서용(2005), p.54의 〈표 2〉. 문항내용은 저자가 축약.

기업 또는 시장영역의 행위자는 개인주의로 편향되어 있는 반면, 정부정책과 사업에 의해 직접적인 영향을 받는 지역주민은 운명주의에 편향된 경향을 나타낸다. 물론 여기에서 말하는 편향성은 특정 행위자가 어떤 문화적 편향에 100% 귀속된다는 의미는 아니다. 모든 행위자들은 네 가지 문화적 편향 모두를 잠재적으로 가지고 있는데, 사회화와 상황에 따라 행위자의 문화적 프로필에서 어느 하나의 문화적 편향이 나머지 편향들보다 부각되어 있다고 해석하는 것이 적절하다. 문화적 편향에 따라 각 행위자는 자연관과 세계관, 문제인식, 선호하는 문제해결방식 등에서 근본적인 차이를 드러낸다.

국내 행정학계에서 문화이론을 도구로 공공갈등 사례를 분석한 연구들이 있다. 예컨대 새만금간척사업을 둘러싼 갈등 사례를 분석한 김서용(2005)과 대구위천공단조성사업과 부산명지대교건설사업의 갈등 사례를 분석한 강성철·문경주(2005)가 있다. 이 연구들은 문화이론에서 가정한 네 가지 문화적 편향과 갈등의 이해관계자 집단의 성향 간에 일치도가 높다는 것을 확인하였다. 〈표 4-3〉은 김서용(2005: 54)이 새만금간척사업의 이해관계자 집단을 대상으로 문화적 편향을 조사·분석한 결과를 보여주고 있다. 네 가지 문화적 편향 중 계층주의는 관료집단, 개인주의는 농어촌기반공사와 지역어민, 운명주의는 지역어민, 그리고 평등주의는 시민환경단체에서 상대적으로 높게 나타나 있다. Choi(2013)는 문화적 성향과 위험시설의 태도 간의 연관성을 검증하였다. 평등주의자들은 원자력발전소 건설에 대해 명확한 반대 태도를 갖는 결과 값을 보여주었다. 이 연구에 따르면 원자력발전소 건설에 반응하는 사람들의 위험 인식과 수용성은 사실 및 과학적 요인보다는 문화적 편향이나 정부신뢰 요인에 의해 더 영향을 받을 개연성이 있다. 인간의 발명품인 과학기술은 안전의 씨앗임과 동시에 위험의 씨앗이다. 위험과 안전은 동전의 양면과 같다. 위험 없는 안전이란 존재할 확률이 낮다. 위험이란 주어진 것이라기보다 사회적으로 구성된다. 따라서 위험은 선택과 합의 문제이기도 하다. 이러한 인식의 기저에는 사회문화적 요인의 중요성이 깔려있다.

한편 문화이론은 이러한 문화적 편향들이 경쟁적이면서 동시에 상호의존적이라고 가정한다. 여기에서 문화적 편향들의 경합적 공존을 필수다양성조건(requisite variety condition)이라고 한다(Thompson et al. 1990: 4). 하나의 문화적 편향이 지배하는 상황은 바람직하지 않다고 가정한다. 사회가 건전하게 생존하려면 최소한의 다양성을 지니고 있어야 한다. 필수다양성조건의 논리는 다음과 같다. 예를 들어 평등주의자가 계층주의자나 개인주의자를 완전히 제거해버리면, 이로 인해 평등주의자가 반대할 목표물이 없어지게 되며 평등주의자의 강한 집단경계의 정당성이 허물어진다. 그 결과 평등주의자의 기반이 침식되는 것이다. 계층주의자, 개인주의자, 운명주의자의 경우도 모두 같은 논리로 생각하면 되겠다. 요컨대 필수다양성조건의 논리에 따르면 각 삶의 양식(문화적 편향)이 생존하기 위해서는 나머지 경쟁적 양식(편향)들에 의존해야 하는 것이다.

이와 같은 필수다양성조건은 갈등관리에 중요한 함의를 제공해준다. 이해관계자들의 문화적 편향에 대한 선악의 이분법적 인식을 경계하는 것이다. 필수다양성조건 개념은 분쟁상황에서 상호 적대적인 당사자들에게 협력으로의 전환 메시지를 던져준다. 이해관계자들이 상대방의 가치와 의견을 존중하는 논리적 근거를 제공한다. 다른 문화적 편향을 제거하는 것이 결국 자기 문화적 편향을 약화시킨다는 점을 주지시킴으로써 각자 차이에 대한 인정과 포용의 중요성을 깨닫게 해주는 것이다. 앞 장 <그림 3-3> 행정규제의 딜레마 상황을 효과적으로 관리하기 위해서는 규제자, 피규제자, 그리고 감시자의 가치와 역할이 경합적으로 공존해야한다. 계층주의적 정부와 개인주의적 기업 사이에 경쟁 및 갈등과 협력 유인이 병존하는 맥락에서 평등주의 성향의 환경단체가 양자의 결탁(예: 규제포획)을 의심하고 감시함으로써, 규제 거버넌스의 효과성을 제고할 수 있다.

문화이론은 공공갈등관리 제도와 거버넌스를 설계할 때 유용한 이론적 틀을 제공할 수 있다. 〈표 4-2〉에 제시된 바와 같이, 네 가지 문화적 편향은 각각 선호하는 문제해결방식과 조정양식을 가정하고 있다. Simmons(2018: 239)는 공유의 비극 문제를 해결하기 위한 접근법으로서 문화이론을 예시한다(공유의 비극에 대해서는 9장에서 상술함). 과도한 이용에 따른 공유지의 황폐화를 예방하기 위해 어떤 형태의 제도와 거버넌스를 설계할 것인가? 첫째, 정부와 행정기관으로 대변되는 공식적인 권위기관에 의해서 계층주의적 감시와 규제방식으로 접근할 수 있다(계층주의자 편향). 둘째, 관심 있는 사람이면 모두 결정능력이 있다고 가정하는 도덕적 자율 규제와 동료의 감시를 통해 해결할 수 있다(평등주의자 편향). 셋째, 공유지를 민영화하여 개인주의적 동기를 부여하는 시장의 보이지 않는 손에 의존하는 방식으로 접근할 수 있다(개인주의자 편향). 넷째, 정부든 NGO든 시장이든 간에 어떤 제도로 규제하는 것보다는 그냥 운명에 맡기는 것이 효과적일 경우도 있다(운명주의자 편향).

다섯째, 위에서 제시한 네 가지 접근들을 모두 혼합하여 설계하거나 상호의존적으로 연계할 수 있다. 위 네 가지 접근 중 어느 하나를 배타적으로 선택하는 것보다는 네 가지 문화적 가치요소가 어느 정도 모두 반영되면서, 동시에 해당 사회와 가장 호환적인 문화편향의 속성이 부각될 수 있는 제도와 거버넌스를 설계하는 것이 바람직할 것이다. 가령, 계층주의자 편향의 사회는 유능한 공무원과 법규에 의한 갈등관리를 원칙으로, 법규에 보장된 효율성, 형평성, 참여민주성 가치의 실현을 확신하는 방향으로 설계하는 것이다. 이를 위해 갈등영향평가와 숙의수단의 실행을 보장하는 공공갈등관리 법과 제도를 제정하고 공무원을 교육 훈련시킨다. 개인주의자 편향의 사회는 갈등당사자들 사이에 자율적 해결을 원칙으로, 정부건 기업이건 환경단체건 한 행위자의 권력남용이 불가능하도록 하고 동시에 약자를 우대하는 방향으로 설계할 수 있다. 갈등해결 과정에서 당사자 개인의 기본권과 이해관계에 최우선 순위를 둔다. 이때 관련 법규와 제도 그리고 공무원은 최우선적 가치를 침해하는 요소만을 철저히 규제하고 나머지는 개입하지 않는다. 그리하여 정정당당한 경쟁이 자연적으로 될 수 있도록 한다. 이렇게 호환성 및 필수다양성의 조건이 보장될 수 있는 갈등관리 제도와 거버넌스의 구축이 필요하다.

3〉 갈등문화

문화를 갈등의 맥락으로 이해할 때 갈등문화라는 개념이 성립한다. 맥락(context)이란 변수들 간의 기능적 관계뿐만 아니라 행태의 발생과 의미에 영향을 미치는 상황적 기회 및 제약 요소를 말한다(Johns 2006). 맥락으로서 문화는 갈등과 관리 간의 관계와 갈등 행태에 영향을 준다. Weingart 등(2015: 254)은 갈등문화를 "갈등이 어떻게 관리되어야 하는가를 규정하는 공유된 규범"으로 정의한다. 이 책에서는 갈등문화의 개념을 갈등의 현상과 해결관리에 대한 가치·신념·규범체계라고 이해한다. 사회구성원들 사이에 갈등을 어떻게 해결해야 하는가에 관한 규범이 암묵적으로 공유되어 있는 경우, 우리는 그 사회가 갈등해결문화를 가지고 있다고 말할 수 있다. 갈등문화는 갈등에 관한 정신적 소프트웨어 또는 집합적 프로그래밍으로서, 갈등의 패턴과 관리규범을 지칭한다. 그러면 조직의 맥락과 국가단위의 사회적 맥락으로 나누어 갈등문화에 관해 살펴보도록 하겠다.

1) 조직맥락으로서 갈등문화

조직의 갈등문화는 어떻게 형성되고 유지되는가? 갈등문화는 조직효과
성과 어떻게 연결되는가? 갈등상황에 배태되어 있는 조직규범을 무시하면
갈등관리의 비실효성이 초래된다. 조직의 갈등문화란 "갈등이 어떻게 관리되
어야 할지에 대해 조직구성원들 사이에 공유된 규범이며 관련 가치와 가정으
로서, 조직구성원의 태도와 행태를 이끄는 것"이라고 정의된다(Gelfand et al.
2014: 111). 갈등문화에 대한 이와 같은 정의는 갈등관리규범과 조직문화개념
을 결합하여 내려진 것이다.5) 갈등이 발생하였을 때 공식적이고 문제해결지
향적인 태도로 대응하는 것이 바람직하다고 여기는 조직문화가 있는 반면,
갈등문제 자체를 비정상적이고 부정적인 것으로 인식하여 되도록 공식화하
지 않고 억제하거나 회피하는 것이 바람직하다고 여기는 조직문화가 있다.
또한 협력에 지향점을 두고 갈등해결에 접근하는 조직문화가 있는가 하면,
경쟁지향적 태도와 행동에 의해 해결하는 것을 당연시하는 조직이 있다. 이
처럼 조직의 갈등문화도 여러 가지로 유형화할 수 있다.

Gelfand 등(2008; 2014)은 두 가지 차원에 따라 조직의 갈등문화 유형을
네 가지로 분류한다.6) 첫 번째 차원은 적극적−소극적 갈등관리규범 차원이
다. 적극적 갈등관리규범은 갈등에 대해서 개방적이고 공개적인 토론을 권장
하며 개별 구성원들에게 갈등해결을 위한 권능을 부여한다. 반면 소극적 갈
등관리규범은 갈등의 공개적 표출을 억제하거나 차단하며 되도록 비밀로 덮
어 두는 것을 정상적으로 인식한다. 둘째 차원은 친화적−대립적 갈등관리규
범 차원이다. 친화적 갈등관리규범은 친사회적이며 집단적 화합과 협력을 지

---

5) 조직문화개념의 정의와 측정에 관해 수많은 논쟁이 있어왔다. 지금까지 많은 학자들이 동의
하는 부분은 다음과 같다. 조직문화는 부분적으로 공유되며; 사회적으로 구성되며; 세대를
거쳐 전수되며; 강력한 사회적 통제기제이며; 복합적인 수준(층)으로 구성되어 있다. 조직문
화는 조직화 측면에서 가치, 규범, 가정에 초점을 두는 개념이다.

6) 물론 이러한 갈등문화 유형을 조직단위에만 배타적으로 적용할 필요는 없겠다. 국가 등의 사
회단위에도 〈그림 4-2〉에 나타난 갈등문화 유형을 적용할 수 있을 것이다.

향하는 반면, 대립적 갈등관리규범은 대립과 경쟁 그리고 통제지향의 공격성 고취를 통해 갈등문제에 대응한다.

다음은 네 가지 갈등문화 유형이다.

출처: Gelfand et al. (2008: 142; 2014: 112)

(1) 경쟁지향 갈등문화

이 유형의 갈등문화는 적극적인 태도와 행동 그리고 경쟁과 대립에 가치를 부여한다. 이러한 갈등문화가 형성된 조직에서 구성원들은 서로 적극적이고 공개적으로 경쟁을 할 것으로 기대된다. 갈등대응 과정에서 비협조적인 행태가 적절한 것으로 인식된다. 이러한 조직에서는 기존의 제도적 제약요소 (예: 규칙, 규제, 정책, 관례)를 혐오하는 경향을 나타낸다. 갈등을 통한 진리추구인 만큼 공개석상에서 벌어지는 싸움과 투쟁을 강조한다. 고함을 지르거나 탁자 위를 내려치는 행태가 용인되고, 통제된 공격성과 투쟁을 강조하는 남성성의 행태가 일반적이다. 이러한 조직에서는 적극적이고 투명한 영합게임을 수용한다.

(2) 협동지향 갈등문화

이 유형의 갈등문화는 적극적인 협력과 사회적 친화성에 가치를 둔다. 조직 구성원 개인에게 갈등을 관리할 권능을 부여하면서 협력을 강조한다. 관련된 구성원 각자 가장 효용이 높은 대안을 찾고 조직수준에서도 이익이

되는 갈등해결을 강조한다. 모든 갈등당사자들의 의견을 경청하고 상호신뢰를 보여주고, 갈등문제에 대해 공개적이고 정직한 토론을 한다. 이와 같은 협동지향 갈등문화에서는 갈등을 생산적인 동력으로 인식하며, 전체는 부분의 합 이상이라고 이해한다. 따라서 이러한 조직에서는 갈등상황을 정(+)의 비영합게임으로 규정한다.

(3) 갈등회피문화

이 유형의 갈등문화는 조직 구성원이 적극적이고 공개적인 갈등 표출을 억제하도록 강조한다. 개인은 반대의견이나 불일치의 표출을 억누르고 용인과 극기(태연자약)의 얼굴을 유지할 것이 기대된다. 선호되는 규범적 행태로 타인의 의견에 양보를 하거나, 자신에게 불리한 상대방의 행위도 묵인하거나, 대립분위기 조성이 예상될 경우 화제를 바꾼다거나, 이슈에 대한 공개적 토론을 회피하는 것을 예시할 수 있다. 표면적으로는 갈등이 없는 것처럼 보이지만 구성원들은 억압된 긴장을 의식하고 있다.

(4) 소극적 대치문화

이 유형의 갈등문화는 경쟁과 대립성을 내재하고 있지만 소극성을 가진다. 갈등을 적극적으로 관리할 수 있는 조직구성원의 능력에 회의적이기 때문에 개별구성원에게 갈등관리권능을 부여하지 않는다. 그리고 갈등이 발생할 때 경쟁과 소극적 저항이 적절한 전략이라고 믿는다. 선호되는 행태로는 갈등이슈와 관련된 토론 참여를 거부한다거나, 분란거리는 가급적 조용하게 처리한다거나, 필요한 정보를 전달하지 않는다거나, 타인에게 해를 줄 수 있는 업무는 속도를 늦춘다거나, 타인과의 공동 작업을 철회하는 것을 예시할 수 있다. 이와 같이 예시된 소극적 대립행태들은 상대방에 대한 불일치와 부정적인 태도를 표현하는 데 상당히 유용한 방식이다.

2) 갈등문화의 영향요인

조직상황에서 위와 같은 갈등문화의 형성과 변화에 영향을 미치는 요인들이 있다. 〈그림 4-3〉에 나타난 바와 같이 리더십, 조직구조와 보상체계, 조직환경, 국가문화 또는 사회문화를 예로 들 수 있다.

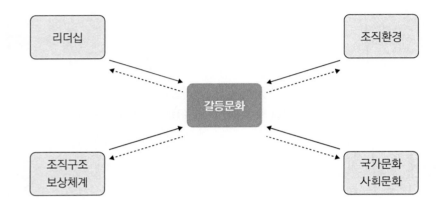

그림 4-3
갈등문화의
영향요인

첫째, 리더십이다. 조직에서 갈등문화의 형성에 가장 큰 영향을 미치는 요인을 꼽으라면 리더의 갈등관리스타일일 것이다. 일반적으로 조직문화에 가장 큰 영향을 미치는 요소가 리더십이라는 점을 생각하면 이 점을 쉽게 이해할 수 있다. 리더십은 조직문화의 핵심적인 예측인자이다(Schein 1985). 조직문화는 특히 조직창립자의 가치와 행태가 결정적인 영향을 미친다. 예컨대 창립자가 평소 화합의 가치를 강조하고 대결회피 행태를 보였다면 그 조직은 갈등회피문화가 형성되어 있을 개연성이 있다. Gelfand 등(2012)의 연구결과에 따르면 리더의 갈등관리스타일은 갈등문화 유형과 상관관계를 갖는다. 리더의 협동적인 행태는 협동지향 갈등문화와 정(+)의 관계가 있고, 회피지향적 행태는 갈등회피문화와 정(+)의 관계가 있었다. 그리고 리더의 협동적인 행태와 경쟁지향적 행태는 갈등회피문화와 부(-)의 관계를 나타냈고, 리더의 협동적인 행태는 경쟁지향 갈등문화와 부(-)의 관계되었다. 이러한 연구결과를 고려할 때 리더의 권위주의적 행태는 소극적 대치문화의 형성에 기여할

PART 01. 갈등에 대한 이해

것이다. 권위주의적인 리더는 부하에게 권한을 주지 않으면서 갈등을 억누르려고만 하기 때문에 소극적 대치문화와 정(+)의 관계를 가질 것이다.

둘째, 조직구조와 보상체계이다. 조직구조는 집권성과 공식화 정도로 파악한다. 상층부에서 모든 의사결정을 내리면서 모든 업무절차가 규정에 의해 표준화되어 있는 조직이 있는 반면, 의사결정을 조직의 하부로 위임하면서 업무를 신축적으로 처리하는 조직이 있다. 한편 조직에서 어떤 행위가 보상을 받고 어떤 행위가 처벌을 받는지가 구성원의 행태와 문화에 영향을 미친다. 협동지향 갈등문화는 집권성과 공식성이 모두 낮고 협력과 친화적인 행위에 보상이 주어지는 조직에서 형성될 것이다. 경쟁지향 갈등문화도 집권성과 공식성은 모두 낮으나 경쟁적 행위에 보상이 주어지는 조직에서 형성될 가능성이 높다. 반면 갈등회피문화와 소극적 대치문화는 고도로 집권화되고 공식화된 조직에서 흔히 발견된다.

셋째, 조직을 둘러싼 외부환경이다. 조직문화는 외부환경으로부터 영향을 받는다. 경쟁지향 갈등문화는 자기이익 극대화 가치가 저변에 흐르고 무한경쟁을 유발하는 경제 환경에서 발견될 것이다. 협동지향 갈등문화는 위협과 위기의식이 낮고 고도의 경제번영을 구가하는 환경에서 발견될 것이다. 갈등회피문화는 작업흐름이 정형화되고 혁신 가능성이 극히 낮은 안정적 환경에서 발견될 것이다. 그러나 이와 반대로 갈등회피문화는 매우 불안정한 환경에서도 발견될 수 있다. 불안정한 환경에서 갈등회피문화는 통제와 질서 그리고 예측가능성에 가치를 부여하는 내용으로 형성될 것이다. 소극적 대치문화는 안정적인 저성장 산업의 패쇄체제 환경에서 발견될 개연성이 있다.

넷째, 국가 또는 사회 문화의 영향이다. Hofstede(1980; 2005)의 문화모형과 Singelis 등(1995)이 측정한 '수정된 개인주의-집단주의 틀'을 중심으로 살펴보자(<표 4-4> 참조). 수정된 개인주의-집단주의 틀은 기존의 개인주의-집단주의 모형에 수평성-수직성 차원을 결합한 것이다. 수평적 개인주의는 자율적인 개인과 평등의 가치를 강조한다. 개인이 특별한 지위를 바라지 않으면서 개성을 추구하려는 정도로서 측정한다. 수평적 집단주의는 자아를 집단의 일부로 인식하나 모든 집단구성원을 동일한 존재로 간주한다. 개인이

표 4-4.
갈등문화와
국가·사회문화
간 적합관계

갈등문화	국가·사회문화
경쟁지향 갈등문화	수직적 개인주의, 남성성, 이완성 문화
협동지향 갈등문화	수평적 집단주의, 여성성, 이완성 문화
갈등회피문화	수직적 집단주의, 불확실성 회피, 수축성 문화
소극적 대치문화	큰 권력거리, 수축성 문화

상호의존성을 강조하나 권위에 쉽게 복종하지 않는 정도로서 측정한다. 수직적 개인주의는 자율적인 개인과 불평등의 수용으로 개념화된다. 개인이 특별한 지위를 바라면서 개성을 추구하는 정도로서 측정한다. 수직적 집단주의는 자아를 집단의 일부로 인식하면서 집단 내 불평등을 수용하는 것을 의미한다. 개인이 상호의존성과 외부집단과의 경쟁을 강조하는 정도로서 측정한다.

경쟁지향 갈등문화는 수직적 개인주의와 남성성이 높고 외부제약성이 낮은 국가나 사회에서 일반적이다. 이러한 유형의 문화에서는 개인의 성취와 지위 상승을 위한 경쟁이 강조된다. 협동지향 갈등문화는 수평적 집단주의와 여성성이 높고 외부제약성이 낮은 국가나 사회에서 일반적이다. 이러한 문화는 협력적인 목표와 평등주의 그리고 개인의 결정권한 부여를 강조한다. 갈등회피문화는 수직적 집단주의와 불확실성의 회피 그리고 외부제약성이 높은 국가나 사회에서 발견된다. 이러한 유형의 문화에서는 사회질서, 애매함이 지각되지 않는 명확한 결정과 결과, 친사회적 협력규범, 그리고 개인의 행태에 대한 높은 제약을 선호한다. 소극적 대치문화는 권력거리와 외부제약성이 높은 국가나 사회에서 일반적이다. 이러한 사회는 개인적 행태에 대한 강한 규범과 강력한 상황적 제약요소, 광범위한 권력불평등에 대한 수용, 그리고 집권적 의사결정이 특징이다.

한편 조직 구성원의 개인적 특성과 갈등관리스타일 그리고 갈등문화유형 세 가지 요소 간의 적합관계는 〈표 4-5〉와 같다.

갈등문화	개인특성	갈등관리스타일
경쟁지향 갈등문화	남성성, 대결지향, 외향성, 개인주의정향	경쟁
협동지향 갈등문화	외향성, 친화성, 관계지향성	통합
갈등회피문화	친화성, 내향성, 패쇄성	양보와 회피
소극적 대치문화	나르시시즘, 마키아벨리즘 성향, 내향성	경쟁과 회피

표 4-5.
개인특성-갈등
관리스타일-갈
등문화 사이의
적합관계

3) 사회적 맥락으로서 갈등문화

사회적 맥락으로서 갈등문화는 갈등에 대한 직접대응방식과 간접대응방식으로 나누어 볼 수 있다(Brett et al. 2014: 136-141).

(1) 갈등의 직접대응방식 vs. 간접대응방식

갈등의 직접대응방식은 직접적인 관련이 없는 타인들에게 영향을 주지 않으면서 당사자들 간에 명확한 의사소통을 특징으로 한다. 직설화법으로 갈등을 표현함으로써 문자와 의미가 동일하다. 직접대응방식의 갈등문화에서 사람들은 일 중심의 내용갈등을 해결하는 데 만족하는 반면 사람 중심의 관계갈등은 무시하는 경향이 있다. 관계갈등을 직접대응양식으로 해결하려 할 때 높은 스트레스를 수반한다. 직접대응양식은 과업내용갈등을 해결하는 데 적합하다.

간접대응방식의 갈등문화에서 갈등을 표현할 경우, 메시지는 문자 그대로의 의미보다는 맥락으로부터 추론을 해야 한다. 이는 고맥락 문화권의 의사전달양식과 유사하다. 간접대응방식은 구두로든 비구두로든 신호를 보내 상대방이 문제를 알아채고 결정을 하게끔 하는 것이 핵심이다. 우리 사회의 체면문화에서 상대방이 나의 기분을 은근히 알아채주길 내심 원하는 경향이 있다. 우리는 전통적으로 체면이나 관계의 손상을 우려한다. 그래서 우회 경로를 통해 부정적이거나 대립적인 이슈를 간접적으로 전달하곤 한다. 이 점에서 간접대응방식의 갈등문화는 우리의 체면문화 또는 고맥락 문화에서 의사전달이 갖는 특성과 통한다.

갈등상황에서 한쪽 당사자는 갈등문제를 직접적으로 다루도록 사회화된 반면 상대편은 간접적으로 우회하도록 사회화된 경우, 갈등당사자들은 상대방의 의도와 의사내용을 이해하는 데 어려움을 겪을 것이다. 협상과 같은 상호작용에서 이러한 소통의 어려움이 발생한다. 갈등상황에서 서양 사람들은 직설화법이나 직접대응양식의 의사소통을 선호하는 반면, 동양 사람들은 상대방이 알아챌 수 있는 신호나 제3자를 통해 우회적으로 의사소통을 선호하는 경향이 있다. 빨리 알아채는 행위의 제도화를 우리의 눈치문화로 볼 수 있는데, 이는 간접대응양식에 속한다.

갈등의 직접대응과 간접대응 방식에 대한 선호는 동서양의 문화 차이에서 기원한다. 동양이 집단주의 문화라면, 상대적으로 서양은 개인주의 문화이다. 지위 및 복종 패턴의 차원에서 동양이 계층주의 문화로 특징짓는다면, 서양은 비교적 평등주의 문화로 특징짓는다. 의사소통방식의 차원에서 동양이 고맥락 문화라면, 서양은 저맥락 문화로 분류된다. 그리고 분석패턴의 차원에서 동양이 포괄적 사고로 특징짓는다면, 서양은 분석적 사고 문화로 특성지을 수 있다. 〈표 4-6〉에서 볼 수 있듯이, 직접대응방식의 갈등문화는 개인주의의 특성인 자기이익의 증진과 일치하며, 평등주의의 특성인 갈등당사자 스스로 갈등을 관리할 수 있으며 그래서 스스로 관리해야 한다는 가정과 일치한다. 그리고 갈등의 직접대응방식은 직접적 의사소통양식인 저맥락 문화의 특성과 일치하며, 분석적 사고 정향의 특성인 선형적인 사고와 아리스토텔레스 식의 논변논리인 '당연한 권리로서 주장(클레임)과 이에 대한 정당화'에 기초하고 있다. 대조적으로 간접대응방식의 갈등문화는 집단주의와 계층주의적 문화의 특성인 사회적 조화의 증진 및 사회적 지위의 존중 가치와 일치하며, 고맥락 의사소통문화의 특성인 체면과 관계 유지를 중시한다. 그래서 갈등의 간접대응방식은 이야기나 비유·은유 등을 이용한 연상적 신호주기와 같은 유교적 추론방식에 바탕을 두고 있다.

요컨대 직접대응방식의 갈등문화는 개인주의적·평등주의적·저맥락적·분석적 사고 정향을 갖는 서양문화의 특성을 반영하고 있는 반면, 간접대응방식의 갈등문화는 집단주의적·계층주의적·고맥락적·포괄적 사고 정향성을

표 4-6.
갈등대응방식의
문화적 기원

차원		직접대응방식	간접대응방식
	자아개념	개인주의	집단주의
	지위복종패턴	평등주의	계층주의
	의사소통양식	저맥락 문화	고맥락 문화
	분석사유패턴	분석적 사고	포괄적 사고

띤 동양문화의 특성을 반영하고 있다. 자유롭고 평등한 합리주의자의 참여를 가정하는 공론장에는 어떤 방식의 문화가 적합할까? 이러한 갈등의 직·간접 대응방식에 대한 내용은 13장에서 보충한다.

(2) 갈등해결수단의 문화적 적합성

지금까지 살펴본 문화적 특성은 갈등의 발생과 관리에 중요한 원인이자 맥락으로 작용한다. 사회나 국가의 문화유형에 따라 갈등의 수준 및 양상 그리고 해결접근법에 차이가 있다. 이외의 것이 동일하다면 집단주의 정향의 국가가 개인주의 정향의 국가보다 갈등수준이 높은 경향을 보인다. 갈등해결에 대한 접근에서도 갈등당사자 간 합의에 무게를 두는 수단들은 집단주의 정향의 사회보다는 개인주의 정향의 사회에서 더 효과적으로 작동할 수 있다. ADR 방식은 갈등당사자들이 처해 있는 사회문화적 환경에 따라 활용방안과 효과가 달라질 수 있다. 김정인(2015: 765-6)에 의하면 행정형 ADR 기구의 일괄적 운영에 의한 분쟁해결보다는 사회문화 그리고 법 제도 및 분쟁사건의 특성을 고려한 ADR 수단의 적용이 효과성을 높인다.

갈등해결수단이 갖는 문화적 의미도 사회나 국가마다 다르다. 예컨대 소송을 문제해결을 위한 수단으로 인식하는 문화가 있는 반면, 관계의 악화와 단절의 신호로 이해하는 문화도 있다. 협상이나 조정과 같은 수단이 잘 작동하여 제도적 유효성이 보장되려면 합리주의와 개인주의가 배태된 문화적 토양이 필요하다. 협상이나 조정과 같은 ADR 방식은 합리주의와 개인주의 정향의 문화가 정착되어 있는 서구사회에서 발전한 것이다. 합리성과 개인의 가치를 전제하면서 경쟁원리를 강조하는 신공공관리(NPM)가 ADR을 지지했던 사실을 상기해볼 수 있다. 현재 우리사회에서 ADR 방식이 효과적으로 작동하고 있는가? 갈등관리의 제도와 전략이 효과적으로 작동하기 위해서는 이에 적합한 문화적 맥락을 고려해야 한다. 14장에서 실증연구와 함께 이에 대해 상술한다.

PART

02

정부 내부영역의 갈등관리

CHAPTER 05. 조직맥락의 개인갈등

조직맥락의 개인갈등이란 조직적 요인의 영향을 받아 개인 단위에서 발생하는 양립할 수 없는 반응패턴을 말한다. 개인단위에서 갈등은 내적 갈등과 대인 갈등으로 나눌 수 있겠다. 복잡한 심리과정으로 인한 개인 내부에서 느끼는 내적 갈등이 있고, 목표설정이나 성과평가 등 조직 활동에 관한 개인의 인지 및 감정의 차이로 발생하는 상관과 부하 또는 동료 간의 대인 갈등이 있다. 조직에서 개인갈등은 욕구의 좌절, 목표의 불일치, 역할의 모호성, 직무의 부적합, 그리고 인간관계의 문제에 의해 발생한다. 개인갈등이지만 그 결과는 개인 자신은 물론 조직에도 영향을 미친다. 갈등에 수반되는 긴장, 높은 스트레스, 불만, 낮은 조직몰입은 건강악화와 조직이탈을 초래한다. 조직적 수준에서는 사기저하 및 소극행정 분위기 확산, 그리고 감정 측면의 여러 유해성을 초래한다(감정유해성에 대해서는 6장을 참고). 물론 개인갈등이 부정적인 결과만을 낳는 것은 아니다. 개인갈등은 창의적 문제해결과 역동성, 조직의 활력과 생산성, 그리고 변화와 발전의 모멘텀을 제공한다는 점에서 긍정적이다.

개인갈등의 원인을 조직구성원의 특성에서 찾느냐 아니면 환경적 요인에서 찾느냐에 따라 갈등관리에 대한 접근법도 달라진다. 갈등을 개인 내부 문제로 본다면 개별 구성원 스스로 해결책을 강구해야만 할 것이다. 그러나 조직 환경적 요인으로부터 완전 격리된 개인갈등을 가정하는 것은 비현실적이다. 조직 환경적 요인에 의해 발생한 개인갈등과 이로 인한 부정적 결과는 조직적 지원과 관리를 필요로 한다. 대부분의 조직 관리자는 업무시간의 상당부분을 조직 내 갈등문제를 해결하는 데 할애한다.

　이 장에서는 조직맥락의 개인갈등을 욕구, 목표, 그리고 역할의 측면에서 설명한다.

1〉 욕구좌절에 의한 갈등

　욕구충족을 위한 동인(動因, motivator or drive)이 차단될 때 인간은 좌절감을 느끼게 되고 심리적으로 양립할 수 없는 반응을 경험하게 된다. 성과주의를 강조하는 조직맥락에서 평가의 불공정성을 지각하거나 승진에 불만을 갖는 것은 갈등의 전형적인 동인이다. 인간의 욕구는 다양한 차원으로 분류된다. 대표적인 것이 Maslow(1943)의 욕구단계론이다. 인간의 욕구는 〈그림 5-1〉에서 보듯이 다섯 단계의 피라미드구조로 이루어져 있다.1) 매슬로 이론의 핵심은 하위욕구로부터 상위욕구로 차례차례 상승한다는 것이다. 즉 하위욕구가 어느 정도 충족되어야 차상위 욕구가 발현한다. 생리적 욕구부터 존경욕구까지를 결핍욕구라고 하며, 마지막 단계인 자아실현욕구를 성장 또는 존재욕구라고 한다. 결핍욕구는 해당 욕구가 충족되지 않고 결핍기간이 길수록 강해진다고 가정한다. 예컨대 생리적 욕구에 해당하는 배고픔이 충족되지 않을수록 식욕은 강해진다. 공화국(The Republic)에서 소크라테스는 플라톤의 동생 아데이멘터스와 대화하면서 "첫 번째 욕구는 식(食, food)이요 두 번째 욕구는 주(住, housing)이며 세 번째 욕구는 의(衣, clothing)"라고 하며, 국가가 의식주를 얼마나 어떻게 제공할 것인가를 말한다. 한편 성장 또는 존

----

1) 나중에 여덟 단계로 확장한다. 존경욕구의 다음 단계로 인지욕구(예: 지식과 이해, 호기심, 탐구욕, 의미부여와 예측욕구)와 심미욕구(예: 아름다움, 균형, 형상 등의 탐색 및 감상)를 추가하고 자아실현욕구의 다음 단계로 개인적 자아의 초월 가치로 동인되는 초월욕구(예: 신비로움의 경험, 자연과의 특별한 경험, 미학적 경험, 성적 경험, 타인에 대한 봉사, 학문의 추구, 종교적 신념 등)를 추가한다.

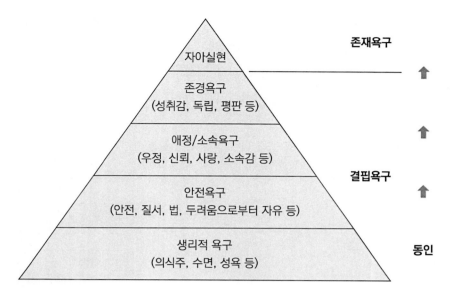

그림 5-1
Maslow의
욕구단계론

존재욕구

자아실현

존경욕구
(성취감, 독립, 평판 등)

애정/소속욕구
(우정, 신뢰, 사랑, 소속감 등)

결핍욕구

안전욕구
(안전, 질서, 법, 두려움으로부터 자유 등)

생리적 욕구
(의식주, 수면, 성욕 등)

동인

재욕구는 존경욕구가 충족되었을 때 강해질 수 있지만, 결핍욕구의 충족 여부와 별도로 지속적으로 느낄 수 있다고 가정한다.

인간은 욕구가 좌절되면 여러 가지 방어기제를 작동시켜 심리적 균형을 유지하려는 경향이 있다(1장 <읽어보기 1-2>를 참조). 이러한 방어기제로 공격, 철회, 집착, 타협 등을 예시할 수 있다. 동계올림픽 쇼트트랙 계주 결승전을 상기하여 가상적인 예를 들어보자. 정부세종청사에 근무하는 영미 씨는 오늘밤 7시에 예정된 쇼트트랙 여자계주 결승전을 보기 위해 평소보다 집중하여 근무를 하였다. 야근이 일상화되어 있지만 오늘만은 정시에 퇴근하여 결승전을 기필코 시청하려는 욕구가 강렬하였다. 그녀는 오후 6시가 되자 서둘러 집으로 향했다. 집에 도착하자마자 TV를 켰다. 그런데 웬일인지 TV화면이 정상적으로 작동하지 않았다. 영미 씨는 리모컨부터 와이파이 상태까지 관련될 수 있는 모든 사항을 점검해보았다. 그러나 TV화면은 개선되지 않았다. 시간은 흘러 7시가 되었다. 영미 씨는 TV화면을 때려보기도 하고(공격) 리모컨과 와이파이 상태를 계속해서 체크해 보기도 하였다(집착). 그러나 소용이 없었다. 급기야 휴대폰으로 보려고 호주머니를 뒤져보았으나 웬일인가! 급하게 귀가하느라 사무실에 두고 온 것이다. 집근처 카페에 가서 볼까 하고 신발까지 신었지만 그 순간 깨달았다. 스피디한 쇼트트랙 경기인데 카페에 도착할 땐 이미 경기가 종료되었을 것이다. 영미 씨는 아쉽지만 쇼트트랙 경기는 TV를 고친 후 재방송에서 보기로 하고(타협) 지난번 읽다만 소설책을 펼쳐들었다(철회). 이 가상적인 예를 도식으로 표현해보면 다음과 같다.

조직생활에서 공무원에게 강력한 욕구 중 하나는 승진이다. 그래서 승진에서 탈락했을 경우 방어기제 또한 강력하게 작동한다. 〈읽어보기 5-1〉에 예시된 사례를 보자. 어떤 방어기제들이 작동하고 있는가?

📖 읽어보기 5-1   **승진 좌절과 자기방어**

하반기 승진자 명단이 발표되는 날이다. 기대 반 포기 반으로 기다렸지만, 끝내 좋은 소식은 없었다. 공직에 입문한 후 동기들 중 가장 빨리 사무관을 단 나였다. 서기관 승진도 나보다 빨리 단 후배도 있었지만 늦은 편은 아니었다. 세 번째 시도하는 부이사관이었다. 이번이 마지막이라고 생각하였다. 조직 특성상 후배들에게 길을 터 줘야 하기에 조만간 명예로운 퇴직의 길로 나서야 한다.

그동안 가족과 떨어져 주말부부 생활을 견디면서 세종청사 본부에서 야근과 함께 공무에 파묻혀 살아왔다. 주말 휴식도 없이 사무실에 출근하여 일한 날이 부지기수였다. 조금은 인생무상을 느낀다. 왜 승진자 명단에 내 이름은 없을까?

서기관으로 승진한 후 본청에서 계속 근무했어야 했다. 교육원 교수요원이 내 적성에 맞고 보람 있는 일이지만, 승진을 위해서는 교육원 교수요원을 포기하고 본청 근무를 지속했어야 했다. 그때 본청에 계속 남았던 서기관 동기들은 모두 첫 번째나 두 번째 시도 만에 부이사관을 달지 않았던가! 정권이 바뀌어 청장님과 국장님이 교체된 것도 무시할 수 없다. 그동안 나를 조용히 지켜보며 후원해주신 그 분들이 그립다. 친한 사람이 아니면 인간적 매력을 발휘하지 못하는 나의 곧은 성격도 문제다. 새로운 청장님과 국장님께 인간적 신뢰를 보여줬어야 했다. 이번엔 운도 별로 없다. 경합을 벌인 인사가 나와 동향에다가 행시 출신이었다. 행시의 큰 벽은 그렇다치고, 관행상 동향에 2명을 함께 승진시킬 리 만무하다.

가족 팽개치고 휴일에도 출근해 공무에 시달리며 아등바등 산들, 그게 좋은 인생인가? 나라가 부강해지는가? 승진이 보장되는가? 설혹 승진한다 해도 건강 잃고 가족 멀어지고…… 인생성공이 무엇인가? 요즘 빨리 승진하는 것이 능사는 아니다. 빨리 올라간 만큼 낙도도 빠르다. '월스트리트 저널'에 실린 컬럼이 생각난다. 최근 들어 승진은 일과 개인생활의 균형을 깨는 부정적 요인이라고 지적하지 않았나!

인간사 새옹지마다. 멀리 보면 전화위복이 될지 누가 알겠나. 이 순간 천상병 시인의 「행복」이 떠오른다. "나는 세계에서 제일 행복한 사나이다.…… 하나님을 굳게 믿으니 이 우주에서 가장 강력한 분이 나의 빽이시니 무슨 불행이 온단 말인가!" 그래도 마음 한 구석에는 여전히 승진의 미련이 남아 있다.

2 〉 목표갈등

개별 행위자들 사이에 양립할 수 없는 목표들이 존재할 때 대인갈등이 발생한다. 여기에서 갈등은 행위자 A의 목표달성과 이익추구의 행위를, 행위자 B가 의도적으로 방해하며 좌절시키려는 노력으로 개념화할 수 있다. 개인 내적 차원에서도 양립할 수 없는 목표들이 공존할 경우 갈등이 발생한다. 즉 개인의 내적 갈등은 양립할 수 없는 목표 중에서 어떤 것을 선택해야 할지 쉽게 결정을 내리지 못하는 상황에서 발생한다. 의사결정의 관점에서 조직 갈등을 설명하는 March와 Simon(1958)의 논의와 유사하다(이에 관해서는 뒤에서 상술함). 일반적으로 개인의 목표는 상충하는 경우가 많다. 개인 단위에서 목표 갈등이란 개별 행위자가 지니고 있는 두 개 이상의 동기들이 상충하여 어느 하나를 선택하기 곤란하게 만드는 것을 말한다. 실험에 의해 갈등을 연구한 Kurt Lewin(1890~1947)은 목표 갈등의 유형을 세 가지로 분류하였다. 이 세 가지 유형은 레빈이 제시한 역장이론(Lewin 1935)에 토대를 두고 있다.

역장이론은 추진력과 억제력 또는 자력과 유인력 등 삶의 공간에서 작용하는 여러 요소들 간에 발생하는 역동적인 긴장체제로서 개념화된다. 이러한 역장이론은 협력과 경쟁 그리고 갈등에 관한 사유에 새로운 어휘를 만들었다 (Deutsch & Coleman 2000: 13).

첫째, 접근―접근갈등(approach―approach conflict)이다. 이는 두 가지 이상의 목표에 동시에 끌림으로써 발생하는 긴장 상황을 말한다. 두 가지 목표 모두 개인에게 긍정적인 결과를 가져다주는 경우이다. 이 경우 개인은 거의 동일한 힘을 갖는 두 가지 긍정의 힘 사이에 서 있는 것이다. 예컨대 요즘과 같이 청년취업이 어려운 시기에 행복한 고민일 수도 있지만, 사회적 위상과 경제적 이익이 큰 직업군에서 두 곳 이상을 동시 합격한 경우 겪는 선택의 어려움이다. 내년에 해외연수 기회를 갖게 된 사무관 A는 승진으로 고민한다. 해외연수를 떠나면 내정된 승진이 늦추어지기 때문이다. 해외연수도 내년에 못가면 상당기간 기회를 갖지 못한다. 승진이든 해외연수든 이 사무관에게 모두 좋지만, 상충하는 바람에 접근―접근갈등이 발생한다.

둘째, 접근―회피갈등(approach―avoidance conflict)이다. 하나의 목표가 긍정적인 속성과 부정적인 속성을 동시에 가지고 있는 상황이다. 이 상황에서 개인은 긍정성과 부정성을 모두 갖는 대립적 역장에 노정되어 있다. 예컨대 고성과자 김 팀장은 성과관련 제도의 보강으로 근무평정의 공정성이 제고되어 성과급이 인상되고 자긍심도 향상되었지만, 동시에 성과를 위한 고강도 근무와 이로 인한 높은 수준의 스트레스가 발생하는 상황이다. 중간시험을 끝내고 친구들과 노래방에 가고 싶은 중학교 2학년생 건우는 음치라고 생각한 자신이 친구들로부터 놀림을 당할까 봐 걱정된다. 노래방에 갈까 말까 고민하는 상황이다.

셋째, 회피―회피갈등(avoidance―avoidance conflict)이다. 두 가지 이상의 목표가 모두 부정적인 귀결을 낳지만 이 중 어느 하나를 선택해야만 하는 상황이다. 이 상황에서 개인은 거의 동일한 힘을 갖는 두 가지 부정적인 힘 사이에 있는 것이다. 회피―회피갈등은 앞서 소개한 두 유형의 갈등보다 대개 더 불안하고 걱정이 되는 상황이다. 예컨대 상관과의 마찰로 사직서를 제출하

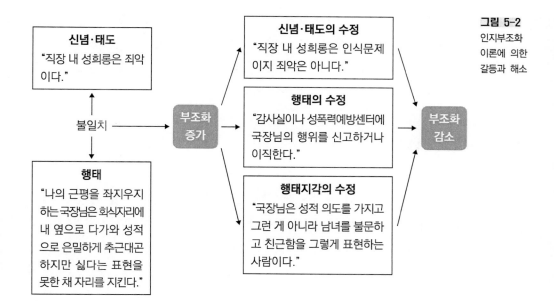

그림 5-2
인지부조화
이론에 의한
갈등과 해소

신념·태도
"직장 내 성희롱은 죄악이다."

불일치

행태
"나의 근평을 좌지우지하는 국장님은 회식자리에 내 옆으로 다가와 성적으로 은밀하게 추근대곤 하지만 싫다는 표현을 못한 채 자리를 지킨다."

부조화 증가

신념·태도의 수정
"직장 내 성희롱은 인식문제이지 죄악은 아니다."

행태의 수정
"감사실이나 성폭력예방센터에 국장님의 행위를 신고하거나 이직한다."

행태지각의 수정
"국장님은 성적 의도를 가지고 그런 게 아니라 남녀를 불문하고 친근함을 그렇게 표현하는 사람이다."

부조화 감소

고 싶지만 마땅히 갈 수 있는 다른 직장이 없는 상황이다. 사직서를 제출하고 실업자가 되거나 계속 마찰을 빚는 상관의 감독하에 근무를 할 수밖에 없을 때, 두 개의 위협에 동시에 노출되어 있지만 피할 수 없는 상황인 것이다.

한편 1950년대 미국심리학자 Festinger(1957)가 개발한 인지부조화(cognitive dissonance) 관점에서 개인갈등을 설명할 수 있다. 이는 조직목표를 달성하는 과정에서 조직의 요구와 구성원의 개인적 신념이 불일치하는 상황이다. 〈그림 5-2〉에 예시된 것처럼, 개인은 신념 및 태도와 행태 간에 불일치가 존재할 때 이러한 부조화를 해소하고자 노력한다. 이 상황에서 개인은 인지부조화라는 심리적 갈등을 경험한다. 이 경우 인지부조화를 해소하기 위해 개인은 자신의 신념을 접고 조직요구에 응하든지, 자신의 신념에 적합하게 조직요구를 재조정하든지, 이직이나 휴직 등으로 자신의 신념과 조직요구를 분리시키는 선택을 할 수 있다. 2018년 여성검사의 성폭력 공개를 시발로 미투운동(Me Too)이 전개되었다. 그동안 성폭력 가해자보다는 피해자가 도리어 곤경에 처하는 조직 분위기를 가지고 있었다. 내부 공익신고자(내부고발자)가 따돌림과 배신의 낙인효과와 같은 2차피해를 감수할 수밖에 없는 맥락으로 이해할 수 있겠다. 이와 같은 맥락에서 근무하는 공무원은 일반적으로 강도 높은 인지부조화 속에 내적 갈등을 경험할 것이다. 피해사실을 공개하고 조직적 불이익 또는 실직을 당하거나, 비밀에 부치며 정신적 고통을 감내하거나 하는 회피 – 회피갈등 상황에 처하게 된다.

3〉 역할갈등

역할이란 개인의 지위나 직위에 기대되는 행위의 내용을 말한다. 여기에서 '기대되는' 행위라는 점이 강조된다. 역할은 특정 지위나 직위를 점하고 있는 개인에게 기대되는 타인의 인식이다. 역할갈등은 맡은 역할이 모호하거나 다양할 경우 발생한다. 많은 연구들이 역할의 모호성 및 다양성과 갈등 간의 관계를 가설로 설정하여 검증한다. 조직 구성원들은 흔히 공식적인 조직목표보다 동료의 기대에 의해 동기가 부여되는 상황을 접한다(Wilson 1989). 조직의 문화와 상황에 따라 정도의 차이는 있지만, 동료의 기대가 개별 구성원의 동기부여와 행태에 미치는 영향은 강하다.

역할갈등은 두 가지 유형으로 구분할 수 있다. 첫째, 단일영역에서 두 개 이상의 기대나 요구가 심리상 충돌하여 발생하는 내적 역할갈등이다. 직무수행과정에서 두 명의 상관이 동시에 처리할 수 없는 업무를 지시할 때 경험할 수 있다. 둘째, 복합영역에서 요구되는 두 개 이상의 역할들이 충돌하여 발생하는 역할 간 갈등이다. 예컨대 소방공무원으로 퇴임을 앞 둔 철수 씨는 공로연수기간 동안 태풍 매미가 근무관할지역과 자기 집 부근을 강타하고 지나가자 갈등하기 시작한다. 집에 남아 가장으로서 역할을 다하고 싶으나, 동시에 근무지역은 그의 소방구조 전문성을 필요로 한다. 퇴근 후 격일로 아이를 돌보는 맞벌이 부부 지훈 씨는 퇴근 무렵 야근지시가 떨어져 유치원에서 울고 있는 아이 걱정에 힘들다. 아내는 오늘 지방 출장 중이다. 일과 가정 중 한 가지를 선택해야 할 상황이기 때문이다.

개인은 한 가지 이상의 역할을 수행하며 살아간다. 가정에서 아빠/엄마로서 남편/아내로서 그리고 직장에서 상관/부하로서 역할을 수행한다. 이렇게 개인에게 기대되고 요구되는 역할이 여러 가지면 갈등을 경험한다. 가장 대표적인 역할갈등은 일과 가정 사이에서 발생한다. 이 점에서 일·가정 양립 정책(Work-Life Balance, WLB)은 직장인의 역할갈등을 해결하기 위한 전략으로 해석될 수 있다. 역할의 모호성을 지각할 때도 갈등을 경험한다. 예컨대 자신이 담당할 직위와 직무에 대한 기술서의 내용이 불분명하거나, 프로젝트팀이나 행렬조직과 같은 탈관료조직 맥락에서 원소속기관의 직속상관과 파견기관의 팀장 또는 기능부서장과 프로젝트팀장이 각각 기대·요구하는 업무 내용이 달라서 모호할 때 갈등하게 된다. 또한 과업환경은 변했으나 맡고 있는 관련 직위와 과업의 내용은 기존과 동일할 때 어디에 초점을 두어야 할지를 확신하지 못한다. 이 경우에도 개인은 갈등을 경험할 수 있다.

한편, 조직에서 개인은 상관, 부하, 동료 등과 같은 역할 이외에 상황에 따라 특정임무를 수행하는 역할을 맡는다. 이러한 특정역할로 정부 측 협상 대표, 노조위원장, 구조조정팀장, 반대주민대책위원장 등을 예시할 수 있다. 특정 역할을 맡은 경우에는 역할의 다양성과 모호성으로 인한 갈등 이외에도, 자신의 신념과 수행해야 할 역할 간의 인지부조화를 느낄 수 있다. 예를 들어보자. 이 지역에 쓰레기소각장 건설을 반대하기 위해 주민대책위원장을 맡게 된 영수 씨는 공론화가 진행되면서 소각장 건설의 필요성을 절감하게 되었다. 그러나 지역주민의 반대 분위기는 여전해서 반대주민대책위원장으로서 찬성 입장을 표명할 수가 없었다. 극심한 인지부조화와 갈등을 느낀 영수 씨는 결국 대책위원장직을 벗어던질 수밖에 없었다.

4〉 관료의 좌절과 개인갈등

개인은 조직생활을 하면서 자신과 조직 간의 부적합으로 인해 갈등과 좌절을 경험할 수 있다. 이러한 갈등과 좌절이 지속되면 구성원과 조직 간의 상호 기대와 신뢰를 의미하는 심리적 계약(Rousseau 1995)이 깨져서, 개인적으로나 조직적으로 생산성의 저하를 가져온다. 크리스 아지리스는 인간의 성격과 조직의 특성 간의 갈등현상을 설명한다(Argyris 1957). 인간의 발전은 미숙함과 성숙함의 연속선상에서 이루어지는데, 조직체계와 관리스타일이 중요하게 영향을 미친다. 성숙한 사람은 능동적이고 독립적이며, 자신감과 자기통제에 의해 특징을 이룬다. 반면 미숙한 사람은 수동적이고 의존적이며, 자신감이 없고 타인에 의한 통제필요성을 느낀다. 조직체계와 관리스타일에 따라 구성원 개인과 조직(수뇌부) 간의 긴장과 갈등이 증가할 수도 있고 감소할 수도 있다. X이론의 가정에 기초하여 관리를 하는 조직에서는 구성원 개인을 미숙한 인간으로서 취급하는 경향이 있다. 관료주의적 계층제에 기초한 조직은 인간의 미숙성을 특징으로 하는 X이론을 가정하는 반면, 인간주의적 민주제에 바탕을 둔 조직은 인간의 성숙성을 특징으로 하는 Y이론을 가정한다. 아지리스는 대부분의 조직문제가 관료주의적 계층성 때문에 비롯된다고 주장한다. 관료주의적 계층성 가치체계는 불신관계를 초래한다. 이런 관계는 자연스럽고 자유로운 감정표현이 아니기 때문에 진솔하지 못하다. 그래서 이는 대인관계능력의 감소로 귀결된다. 대인관계능력이나 심리적 안전 환경이 결여되면 조직에는 불신과 집단 간 갈등 그리고 경직성이 자라나고 결국 문제해결능력이 감소하게 된다.

5급 공채(행정고시)를 통해 입직한 신임사무관들은 공직경험을 많이 할수록 성숙해질까 아니면 미숙해질까? 아지리스의 가정에 의하면 그들은 미숙해질 개연성이 있다. 그들은 공직입문 초기에 가졌던 기대감이 깨지면서 갈등과 좌절을 경험하고, 이 과정에서 자기방어기제를 작동시켜 '진정한' 관료로 탄생할 것이다. 이병량(2015)은 1~4년차 사무관들과의 인터뷰를 통해 신임관료의 내적 갈등과 좌절 경험을 보여주었다. 〈읽어보기 5−2〉는 신임관료들의 좌절과 개인갈등을 담고 있는 인터뷰 내용이다.

- "선배들을 보면 격무에 시달리고 있습니다. 그런데 뭔가 자신의 일을 하는 것은 아닌 걸로 보였습니다. 정해진 일을 무조건 하는 거지요. 자신의 소신과 상관없이요." – A 사무관
- "6개월간의 수습기간 중에 무기력해집니다. 일을 하지 않으니까요. 정식으로 배치를 받은 뒤에도 별로 다른 느낌이 없습니다. 하는 일 없이 월급만 받는다는 느낌이랄까요? 왜 이렇게 사람을 쓰지 않을까 하는 생각을 하게 됩니다." – G 사무관
- "사무관이 하는 일은 보고서 쓰는 일입니다. 보고서도 아니죠. 그저 자료를 생산하는 일이라고나 할까. 주 업무보다 지시사항을 수용하는 보고서 쓰는 일이 대부분입니다." – I 사무관
- "위에서 뭔가를 내려 보냅니다. 준비는 안 되어 있지요. 배려도 없고, 일도 제대로 안 줍니다. 성과는 없습니다." – L 사무관
- "윗사람의 말 한마디에 많은 것이 바뀝니다. 단적인 예로 어떤 지시를 고려해 봤더니 어렵다든가 하는 건의는 하지 않습니다. 지시사항이 내려오면 무차별적·무분별적으로 무조건 해야 합니다. 무력한 공무원이라고 해야 할까. 소신을 펼쳐볼 기회는 많지 않은 것 같습니다." – D 사무관
- "사회를 변화시키고, 좋아지기를 만드는 기대는 약해집니다. 그냥 거대 조직의 일부분인 듯한 느낌입니다. 그런 일을 할 수 있는 자리가 있겠지만, 언제 거기까지 갈 수 있을지 걱정입니다." – K 사무관
- "윗사람이 부르면 큰일이라도 난 것 같이 생각합니다. 상명하복의 문화지요. 또 '아저씨 중심 문화'인 것 같습니다. 상하 간의 의사소통은 단절되어 있습니다." – C 사무관
- "진정한 의미의 회의는 없습니다. 토론도 없습니다. 지시사항의 전달이지요. 이상 없죠? 별다른 사항 없습니까? 이런 식입니다." – M 사무관

　　조직은 이원대립 가치들을 동시에 추구하는 패러독스 속성을 지닌다. 예컨대, 조직에는 기능적으로 자율을 장려하는 성질과 상호의존을 독려하는 성질이 공존한다. 역할 면에서도 일반성과 동시에 전문성의 고도화가 존재한다. 갈등과 대립을 조장하는 편차증폭과정이 있으면서도 조화와 합의를 촉진하는 편차감소과정이 병존한다(Cameron & Quinn 1988: 7-8). 이러한 조직적 패러독스로 인해 개별 구성원은 긴장과 모순에 직면한다. 그러나 효과적인 조직은 이러한 패러독스 속성들을 생산적으로 인식하여 최적 수준의 갈등관리를 할 것이다. 한편 한국 관료조직은 현재 발전국가, 신자유주의, 복지국가 등 이질적인 정향성과 가치들을 함께 지니면서 전환기를 맞고 있다. 이 과정

에서 정치적 중립성이나 '영혼 없는 공무원' 논쟁이 등장하였다. 고위직 공무원은 현재 정치적 상관인 집권세력에 대한 충성과 전문직업관료로서의 역할 간에 상충하는 역설적 맥락에 처해 있다(윤견수 2021). 그리고 수직적 서열성과 집단정향성을 특성으로 하는 우리의 전통행정문화에서 부하 공무원이 소신껏 목소리를 내기란 쉽지 않다. 침묵하는 것이 합리적인 맥락이다. 기존과 다른 방식의 시도 또는 상관과의 이견 표출은 부하에게 심적으로 큰 부담이 된다(최성욱 2021: 196-9). 이러한 맥락에서 특히 MZ 신세대 공무원들은 좌절과 갈등을 경험한다.

5 〉 의사결정관점에 의한 갈등의 이해

March와 Simon(1958)은 갈등을 의사결정 관점에서 정의한다. 이들은 "표준적인 의사결정기제가 붕괴되어서 개인 또는 집단이 행동 대안을 선택하는데 있어 곤란을 경험할 때" 갈등이라는 용어를 적용한다(p.112). 즉, 갈등은 행위자가 의사결정 과정상 대안 선택의 어려움에 직면할 때 나타나는 현상이다. 마치와 사이먼이 제시한 모형을 이해하는 데 유용한 질문은 다음과 같다. 어떤 조건에 의해 의사결정시 선택이 쉽거나 어렵게 되는가?

우선, 갈등을 겪지 않고 쉽게 선택을 할 수 있는 의사결정조건을 살펴보자. 마치와 사이먼은 이러한 조건으로 대안의 비교우위성과 수용가능성을 제시한다. 대안들 중 한 대안이 나머지 대안들보다 명백히 좋고, 선호대안이 수용될 수 있을 만큼 만족스러울 때 선택의 어려움은 없다. 이러한 조건을 거꾸로 생각하여 이들은 의사결정관점에서 세 가지 갈등발생기준을 제시한다. 대안의 비수용성, 비교불가능성, 불확실성이다.

이와 같은 조건과 논리를 설명하기 위해 선택결과의 측면에서 확률적으로 판단할 수 있는 다섯 종류의 대안들을 상정해 보자. 대부분의 대안은 선택했을 때 정도의 차이가 있을 뿐 긍정적 가치와 부정적 가치를 가져온다. 〈그림 5-3〉에서 볼 수 있듯이, 선택했을 때 각 대안은 긍정적 가치를 가져

그림 5-3
선택대안의 유형

긍정적 가치 기대확률

		낮다	높다
부정적 가치 기대확률	낮다	보통 대안	좋은 대안
	높다	나쁜 대안	혼합 대안

올 확률이 높거나 낮을 수 있으며 부정적 가치의 기대확률 역시 높거나 낮을 수 있다.

첫째, 좋은 대안은 긍정적 가치의 기대확률은 높은 반면 부정적 가치의 기대확률은 낮다. 여기에서 긍정적 가치와 부정적 가치의 임계점은 주관적으로 결정되며 그래서 개인마다 임계점이 다르다. 좋은 대안은 개인의 수용가능성을 보장하면서 실행가능성도 있는 것이다. 둘째, 보통 대안은 긍정적 가치와 부정적 가치에서 모두 기대확률이 낮다. 그래서 이 대안을 선택, 실행해도 긍정적이거나 부정적인 귀결을 초래할 개연성은 거의 없다. 셋째, 혼합 대안은 긍정적 가치와 부정적 가치 모두를 낳을 확률이 높다. 그래서 이 대안을 선택하여 실행하면 긍정적이거나 부정적인 귀결을 초래할 개연성이 있다. 넷째, 나쁜 대안은 긍정적 가치의 기대확률은 낮은 반면 부정적 가치의 기대확률은 높기 때문에 바람직하지 않다. 다섯째, 불확실한 대안으로서 긍정적 가치와 부정적 가치 모두에 대해 기대확률을 모를 경우에 해당한다. 즉 선택결과에 대한 주관적 효용을 모르는 대안을 말한다.

이와 같은 다섯 유형의 대안을 상정하여 양자택일의 의사결정을 가정하면 열다섯 가지 갈등유형을 도출할 수 있다. 〈표 5-1〉은 이를 나타내주고 있다.

요컨대 개인이 조직맥락에서 지각하는 갈등은 선택을 고려하는 대안들에 대한 주관적 불확실성, 비교불가능성, 비수용성의 함수이다.

- 선택의 갈등 = F(대안의 불확실성, 비교불가능성, 비수용성)

표 5-1.
의사결정대안과
갈등유형

대안		갈등유형	
'1'	'2'	갈등원천(선택곤란 여부)	비고: 목표 갈등
좋음	좋음	비교불가능성	접근-접근; 딜레마
좋음	보통	갈등 없음	
좋음	혼합	갈등 없음	
좋음	나쁨	갈등 없음	
좋음	불확실	갈등 없음	
보통	보통	비수용성과 비교불가능성	딜레마
보통	혼합	비수용성과 비교불가능성	접근-회피; 딜레마
보통	나쁨	비수용성	
보통	불확실	불확실성	
혼합	혼합	비수용성과 비교불가능성	접근-회피; 딜레마
혼합	나쁨	비수용성	접근-회피
혼합	불확실	불확실성	
나쁨	나쁨	비수용성과 비교불가능성	회피-회피; 딜레마
나쁨	불확실	불확실성	
불확실	불확실	불확실성	

출처: March & Simon 1958: 114의 표를 보완.

〈그림 5-4〉는 지금까지 설명한 의사결정 관점에서 갈등이 지각될 때 이에 대한 반응과 조절요인들 간의 관계를 나타낸다. 명제로 표현하면 다음과 같다: 갈등이 지각될 때(①), 갈등을 해결하거나 감소시키려는 동기가 유발된다(⑤). 갈등에 대한 개인의 반응(⑥, ⑦)은 갈등의 원천(②, ③, ④)에 달려 있다.

갈등의 원천이 대안의 불확실성(②)으로 인식되면 정보탐색을 우선적으로 시도한다. 대안의 가치에 대한 기대확률을 명확히 알기 위해서 정보탐색활동을 하는 것(⑥)이다. 이러한 정보탐색활동이 실패할 경우 새로운 대안에 대한 탐색노력(⑦)을 증가시킨다. 갈등의 원천이 대안의 비수용성(④)으로 인식되면 처음부터 새로운 대안을 탐색(⑦)할 것이다. 이때 갈등감소 동기의 강도는 보통 대안의 이용가능성(⑧)과 시간적 압력 정도(⑨)가 조절을 한다. 한

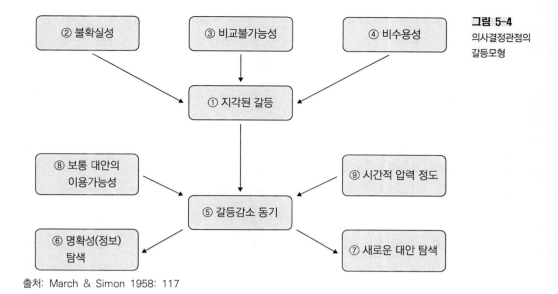

그림 5-4
의사결정관점의
갈등모형

② 불확실성

③ 비교불가능성

④ 비수용성

① 지각된 갈등

⑧ 보통 대안의
이용가능성

⑨ 시간적 압력 정도

⑤ 갈등감소 동기

⑥ 명확성(정보)
탐색

⑦ 새로운 대안 탐색

출처: March & Simon 1958: 117

편 수용할 만한 대안의 발견에 계속 실패할 때는 수용임계점을 다시 정의할
가능성이 높다. 열망수준 또는 기대수준의 변화를 통해 수용임계점을 재정의
할 수 있다. 대안이 수용할 만하지만 비교가 불가능하다고 인식될 경우에는
(③) 대안이 제시되는 순서와 주의를 끄는 자극 정도에 따라 선택이 이루어
진다.

6 〉 조직맥락에서 과업과 관계갈등

조직구성원에게 가장 중요한 요소는 과업과 인간관계이다. 조직맥락에
서 문제는 일과 사람이다. 그래서 과업과 인간관계는 갈등을 불러일으키는
주요 원인으로 작용한다. 2장에서 살펴보았듯이, 과업갈등은 수행하고 있는
직무내용에 대한 의견 차이를 말한다. 과업갈등은 인지갈등, 내용갈등, 현실
갈등 등 용어와 유사한 의미로 사용된다. 관계갈등은 조직구성원들 사이에
발생하는 개인적 충돌을 말하는 것으로, 긴장감, 분노, 원한 등을 수반한다.

관계갈등은 과업내용 및 직무수행과의 관련성보다는 개인적 선호나 가치 또는 성격의 차이로 인해 발생한다. 관계갈등은 정서갈등 또는 감정갈등 등 용어와 유사한 의미로 사용된다. 과업갈등이 일의 내용과 관련된 의견 차이와 인지적 측면에 초점을 둔다면, 관계갈등은 사람의 특성 차이와 감정적 측면에 초점을 둔다.

과업갈등과 관계갈등에 따라 선호하는 갈등관리 스타일도 달라진다. 3장에서 보았듯이, 갈등관리 스타일에 관해 가장 널리 알려진 것이 협조성과 독단성 차원으로 구성된 이중모형이다. 이 모형에서 제시하는 갈등관리 스타일은 회피, 경쟁(지배), 화해(양보), 타협(절충), 협동(통합) 다섯 가지이다. 일반적으로 과업갈등이 클수록 협동(통합)이나 타협(절충)방법을 선호하는 경향이 있는 반면, 관계갈등이 클수록 경쟁(지배)과 회피방법을 선호하는 경향을 나타낸다(이선영·정종원 2013).

조직생활에서 일과 인간관계는 독립적으로 작용하지 않는다. 따라서 과업갈등과 관계갈등은 상호 연관되어 있다. 선행연구들은 과업갈등과 관계갈등 사이에 존재하는 상관관계를 확인한다. 예컨대 Simons와 Peterson(2000)의 연구에서 과업과 관계 갈등간의 상관계수(r)는 0.47이었으며, De Dreu와 Weingart(2003)의 연구에서는 0.54로 나타났다. 양자 간에 상관계수가 0.50이라면 과업갈등의 75%는 관계갈등을 유발시키며 관계갈등의 75%는 과업갈등을 유발시킨다고 해석할 수 있다. 김호정(2009)과 최미정·은재호(2020)의 연구에서는 과업갈등과 관계갈등 간 상관계수가 각각 0.62와 0.73으로 비교적 높게 나타났다. 일과 인간관계의 분리가 약한 집단주의 문화권에서 양자의 관계가 높은 경향이 있는데, 한국은 집단주의에 편향되어 있다.

과업갈등이 관계갈등을 유발할 수 있다. 일 때문에 인간관계가 악화되는 경우이다. 첫째, 과업과 관련하여 논쟁을 벌이거나 의견차이가 나타나면서 험악한 언어를 구사하거나 인신공격성의 주장을 한다. 또는 상대방을 납득시키기 위해 자신의 주장을 너무 강하게 표현하는 공격적 전술행태를 보인다. 이와 같은 행태들을 지각할 때 상대방은 이를 자신에 대한 개인적 공격으로 인식하게 된다. 이러한 인식은 결국 구성원들 간에 대인관계를 악화시켜 부정적 감정국면의 관계갈등을 일으킨다(Jehn 1997: 532). 둘째, 과업갈등의 이면에 상대방의 숨은 의도가 있다고 인식할 때 관계갈등으로 전이될 수 있다. 자신과 다른 의견을 제기한 상대방의 이면에 진짜 이유가 숨겨져 있다고 의심하는 것이다. 이러한 의심에서 출발하여 자기충족적 예언을 실현하는 귀결을 맞는다. 셋째, 자신의 의견이 반박을 받으면서 불쾌감과 같은 부정적 감정을 느끼게 될 때 과업갈등은 관계갈등으로 쉽게 전이된다. 자신의 견해가 타인에 의해 비판을 받으면 일반적으로 비판자에 대해 부정적 감정을 가질 개연성이 있으며, 사람에 따라 자격지심이나 피해망상증과 같은 반응을 보이기도 한다. 반대로, 관계갈등이 과업갈등으로 전이되기도 한다. 상대방에 대한 악감정이나 적개심을 갖고 있는 경우 상대방의 의견이나 대안에서 결함을 찾아서 비난하려는 성향을 보인다. 또한 상대방의 영향력이나 권위를 약화시킬 의도로 상대방과의 관계갈등을 숨기고 과업측면에서의 이견과 경쟁으로 포장하는 경우도 있다. 관계갈등이 위장된 과업갈등 형태로 나타나는 것이다(김호정 2009: 101).

한편 조직의 팀워크 맥락에서 흔히 발생하는 사회적 태만(social loafing)이나 무임승차(free-riding)가 갈등을 유발한다. 이러한 행위는 조직맥락에서 노력을 덜하거나 안함으로써 성실한 동료에 기대어 공짜로 이익을 취하는 것을 말한다. 비의도성을 지닌 사회적 태만이 주로 관계갈등을 일으키는데 비해, 의도성이 강한 무임승차 행위는 관계갈등과 과업갈등 모두를 유발하고 성과를 감소시킬 가능성이 높다. 직장인 대상 의견조사 결과들을 보면 '팀 내 무임승차자가 있다'는 응답률이 50% 이상 높게 나타나는 경향이 있다.[2] 최미정과 은재호의 실증연구(2020)에 의하면, 팀 내 무임승차자가 많을수록 과업갈등과 관계갈등이 증가하는 반면 팀 만족도는 감소한다.

앞서 언급했듯이 과업갈등이 관계갈등을 유발하기도 하며 관계갈등이 과업갈등을 발생시키기도 한다. 그런데 문화권에 따라 과업갈등과 관계갈등

---

[2] 취업포털 사람인의 조사에서 2014년 69.7%, 2016년 59.7%, 2017년 57.7%, 2018년 65.4%를 나타냈다.

간의 전이 패턴과 동기는 다를 수 있다. 예컨대 관계갈등이 과업갈등으로 전이되거나 위장되는 동기는 직접대응문화와 간접대응문화에서 각각 다르다. 공사 구분과 감정에 대한 이성의 우위성을 강조하는 서구의 직접대응문화에서는 관계갈등을 감정과 연관시켜서 열등함과 나약함으로 취급한다. 그리고 서구에서는 문제와 사람을 분리하는 것이 바람직하다고 생각한다. 서구 문화권에서 관계갈등은 과업갈등의 이면에 숨어서 나타나지 않거나 위장할 동인을 갖는다. 반면 화합가치와 관계에 초점을 두는 간접대응문화에서는 갈등당사자들의 체면 손상과 부정적 감정이 표출되는 관계갈등을 우려하는 동기에서 관계갈등의 과업갈등으로의 전이나 위장이 발생할 수 있다. 서양문화에서는 과업요소와 관계요소가 성공적으로 분리될 수 있다는 이론에 심리적인 몰입감을 가지고 있는 반면, 동양문화에서는 두 요소가 완전체로 간주되어 분리될 수 없다고 본다. 직접대응문화의 극치는 문제와 사람을 분리한다는 사고다. 관계갈등을 직접대응양식으로 해결하려는 것은 감정적인 스트레스를 높일 수 있다. 그래서 직접대응문화에 사는 사람들은 실질적인 과업갈등을 해결하는 데 만족하며, 갈등의 관계적 측면은 무시하는 경향이 있다. 반면 간접대응문화에서는 갈등의 관계적 맥락을 암묵적으로 처리해줌으로써 감정적으로 비화되는 것을 통제할 수 있다(Brett et al. 2014: 137-150). 우리의 체면문화에서는 상대방이 자신의 기분을 은근히 알아채주길 내심 원한다. 체면이나 관계 손상을 우려하여 갈등의 소지가 있는 이슈는 우회적 경로를 통해 전달한다.

요컨대 서양의 직접대응문화에서는 일과 문제에 초점을 둔다면, 동양의 간접대응문화에서는 사람과 관계에 초점을 둔다. 서양의 맥락에는 전통적으로 '과업은 이성, 관계는 감정으로 연상시켜, 감정에 대한 이성 우위'를 구조화하는 이분법적 사유가 깔려 있다. 그래서 서양의 직접대응방식은 갈등에 잠재되어 있는 감정에 대해 반드시 고심하는 것은 아니다. 전통적으로 서양문화에서 과업갈등에 초점을 두는 데 비해 동양문화에서는 관계갈등에 초점을 둔다. 어느 조직에서나 과업갈등과 관계갈등은 상관되어 있으나, 양자 간의 전이 패턴과 동기는 문화권에 따라 다른 것이다.

CHAPTER 06. 조직갈등과 감정관리[1)]

1〉 관료조직 맥락과 감정

조직맥락에서 발생하는 갈등은 인지와 감정 측면에서 설명할 수 있다. 일반적으로 과업갈등이 인지 측면과 연관되는 데 비해 관계갈등은 감정 측면과 관련된다. 하지만 서비스를 제공하는 과업은 관계와 상호작용이 성과를 좌우하기 때문에 비교적 많은 감정 에너지를 요한다. 이 과업 특성상 좋은 관계유지와 바람직한 상호작용을 위해서는 감정이입이나 동정과 같은 요소가 필요하기 때문이다. 그런데 서비스 제공 과정에서 조직구성원은 과도한 스트레스와 탈진을 겪기도 한다. 민간영역에서는 항공승무원, 판매사원과 같은 서비스업 종사자가 대표적이며, 공공영역에서는 일선기관에서 근무하는 경찰, 119소방관, 사회복지요원, 교사, 세무공무원 등을 예시할 수 있다.

감정 에너지가 조직목표 달성을 위해 투입될 때 감정노동(emotional labor)이라는 개념을 적용한다. 조직구성원은 실제 느끼는 감정과 조직목적을 위해 규제된 표현 감정 간의 격차로 내적 갈등을 경험한다. 표면연기, 가짜 표정, 감정위장, 감정부조화 등 용어는 이러한 감정 격차를 나타내며, 감정노동 개념을 구성하는 요소이다. 감정노동의 수행은 조직 맥락에 따라 긍정적

---

1) 이 장은 최성욱(2014; 2007b)을 기반으로 함.

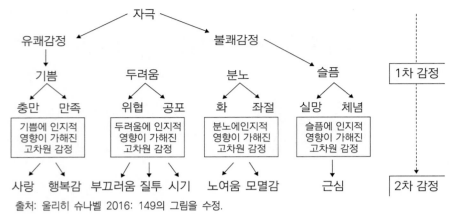

그림 6-1
감정의 유형과
발전단계

출처: 울리히 슈나벨 2016: 149의 그림을 수정.

이거나 부정적인 결과를 낳는다. 조직목표를 달성하기 위해 소모되는 감정
에너지는 독성을 지니고 있다. 독약이 독이 되고 약이 될 수도 있듯이 감정
에너지도 어떻게 관리하느냐에 따라 독이 될 수도 약이 될 수도 있다(최성욱
2007b; 박석희·송윤정 2013). 탈진과 질병유발 등으로 귀결되는 유해성이 있는
반면, 효능감, 관계유지, 직무만족과 몰입 향상, 자긍심 고취 등으로 귀결되
는 생산성이 있다.

　현대조직은 감정을 사적인 것으로 취급하고 공적인 일에 감정개입을 금
기시하는 경향이 있다. 정부조직과 기업 등 대규모 현대조직은 관료제 양식
이 지배한다. 관료제에서 합리성은 중심부에 위치하며 감정은 주변부에 머무
르면서 정당하지 못한 것으로 인식된다(최성욱 2011b). 느낀 감정대로 표현하
며 조직생활을 하는 구성원은 나약한 자로 생각된다. 관료조직에서 '감정은
비합리적이며 이성의 방해인자'라는 이분법이 존재하는 것이다. 그러나 감정
과 이성은 불가분의 관계이다. 뇌 과학에서 감정은 '고정관념이나 편견처럼
습관적으로 굳어진 편향된 생각과 행동' 또는 '익숙했던 생각과 행동이 현
상황과 부합하지 않을 때 이를 감지한 신체가 뇌로 보내는 신호'로 이해된다.
감정유발의 원인을 성찰하면 습관적인 사고패턴을 파악하고 수정할 수 있다
(참고: 세바스티안 헤르만 2020). 이성이 학습을 통해 발달하는 것처럼 감정도 성
장하면서 발전한다. <그림 6-1>에서처럼 영유아 시절에 기쁨, 두려움, 분

노, 슬픔 등 기본적인 1차 감정으로부터 시작한다. 이로부터 의식과 인지적 영향이 가해지면서 사랑, 부끄러움, 질투 등과 같은 2차 감정이 발달한다(울리히 슈나벨 2016). 이러한 감정을 보면 공정성이나 윤리 문제도 드러난다. 그래서 누스바움(Martha Nussbaum)과 같은 철학자는 감정이 윤리적 판단의 지침일 수 있다고 주장한다.

조선시대 퇴계 이황(李滉, 退溪, 1501~1570)과 고봉 기대승(奇大升, 高峰, 1527~1572) 간의 사칠논쟁(四七論爭)에서도 감정과 이성의 관계 그리고 감정 유형에 대한 인식이 잘 드러난다. 사단은 타인의 불행을 아파하는 측은지심(惻隱之心), 부끄럽고 수치스럽게 여기는 수오지심(羞惡之心), 타인에게 양보하는 사양지심(辭讓之心), 선악과 옳고 그름을 판단하는 시비지심(是非之心)의 네 가지 마음으로서 각각 인(仁)·의(義)·예(禮)·지(智)의 착한 본성[德]에서 발현되는 감정이다. 맹자에 의하면 이러한 사단은 모든 사람이 가지고 있는 선천적인 도덕적 능력이다. 칠정은 희(喜)·노(怒)·애(哀)·구(懼)·애(愛)·오(惡)·욕(欲)의 일곱 가지 감정이다(한국민족문화대백과사전, 사단칠정(四端七情). 퇴계 선생은 이러한 사단과 칠정을 이분법적 대립으로 이해한다. 사단은 이(理)의 발현인 이성 작용으로 선(善)과 도심(道心)에 연계된 반면 칠정은 기(氣)의 발현인 감정 작용으로 악(惡)과 인심(人心)에 견주며 사단이 칠정을 통제해야 함을 강조하였다. 이에 비해 기대승은 칠정과 사단을 이분법적 대립관계로 보지 않고 상호 발현되는 것(기발이승일도설, 氣發理乘一途說)을 주장하였다. 관료가 지배했던 송나라와 조선조에서 성리학을 통해 이성 우위의 질서를 구축하고자 한 퇴계 사상과 합리성의 표상인 막스베버의 관료제 맥락을 비교해볼 수 있겠다.

한편 정부신뢰가 저하되는 상황에서 행정고객에 대한 친절봉사가 강조되고 있다. 정부행정 혁신의 상징이 된 신공공관리(NPM)는 '친절'이라는 언어로 민원행정서비스 제공 행태를 규율하였다(오수길·김대건 2006). 정부신뢰의 하락은 OECD 회원국을 포함하여 세계 많은 국가에서 일어나는 공통적인 현상이다. 2021년 기준으로 OECD 회원국은 평균 50.7%의 시민이 자국 정부를 신뢰한다고 응답했고, 한국은 상승추세에 있으나 평균보다 낮은 45%였다.[2] 상호작용이 잘 되려면 행위자 사이에 좋은 평판과 신뢰가 있어야 한다.[3]

NPM를 기점으로 공무원의 감정표현규칙이 감정(분노와 열정)과 편향의 부재를 나타내는 "sine ira ac studio"(Weber 1978: 975, 원본. 1921)라는 감정 중립성으로부터 "고객에게 미소 짓는 친절봉사"로 바뀌었다. 이렇게 변화된 상황 맥락에서 공공서비스의 제공은 일선공무원의 내적 갈등과 감정유해성을 조장한다. 친절한 응대는 감정 측면이 부각되는 상호작용 과정이다. 이러한 과정은 관료제 방식에 적합하지 않다. 그럼에도 불구하고 공공서비스는 관료제 방식으로 제공된다는 점이다. 비관료제적인 방식으로 생산해야 양질을 보장할 수 있는 '서비스'를 '관료'가 생산하는 것이다. 관료제를 흔히 기계에 비유한다. 이 점에서 인간적 서비스를 기계가 제공하는 꼴이다(Lipsky 1980). 일선공무원은 휴먼터치와 기계 사이의 간극에 서 있다. 여기에 바로 일선공무원의 내적 갈등과 감정유해성이 잠재되어 있다. 내적 갈등과 유해성에 대응하는 과정에서 책임회피와 같은 자기방어 행위도 나타난다. 이러한 행위가 반복·재생되면서 제도화가 되어 면피문화가 형성된다(최성욱 2021). 더 나아가 일선공무원은 국가와 시민이 만나는 접경에서 일하기 때문에 그(녀)의 행태는 시민의 정부에 대한 인식과 신뢰에 직접적인 영향을 미친다.

일선공무원의 감정노동은 대가 없는 부담으로 작용한다. 특히 근무연한이 짧은 하위직 여성 공무원의 감정 에너지는 흔히 관리의 사각지대에서 소모된다. 관리의 사각지대란 '보이지 않는 직무영역'으로 조직관리 항목에 포함되어 있지 않는 일들을 말한다. 그래서 이는 구성원에게 대가 없이 부담을 준다. 관료제에 기초한 조직운영방식, 형식주의적 관행, 변화관리와 리더십 스타일, 그리고 충성경쟁과 대결언어가 난무하는 권력지향문화는 보이지 않는 직무영역을 생성한다. 이러한 조직맥락에서 감정노동은 독성을 분출하고 감정 프롤레타리아(emotional proletariat) 계층이 탄생한다(Choi & Guy 2021).

----

2) 세계갤럽에 의해 조사되는 OECD 자료(Government at a Glance 2011~2021)에 따르면 우리정부의 신뢰도는 2011년 27%, 2013년 23%, 2015년 34%, 2017년 24%, 2018년 36%, 2019년 39%, 2021년 45%로 나타났다.
3) 물론 긍정적인 상호작용 노력으로 좋은 평판과 신뢰를 쌓을 수 있다.

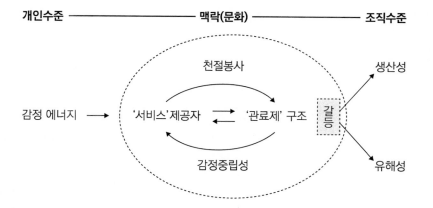

그림 6-2
관료조직에서
감정유해성의
생성과 관리

개인수준 ———————— 맥락(문화) ———————— 조직수준

천절봉사

감정 에너지 → '서비스'제공자 ⇄ '관료제' 구조 | 갈등 | → 생산성

감정중립성 → 유해성

조직생활에서 개인의 감정은 조직수준으로 확산된다. 감정은 개인 내부에서 독자적으로 발현되기보다는 사회적으로 구성된다. 즉 구성원 개인의 감정은 조직 맥락에 의존하여 사회적으로 생성되는 것이다. 예컨대 감정노동을 조직생활의 정상적인 부산물로 인정하는 문화가 있는가 하면, 공식적으로 그 존재 자체를 부인하면서 개인적인 것으로 간주하는 문화가 있다. 전자가 감정 에너지를 생산성 방향으로 조절한다면 후자는 유해성으로 방향으로 조절한다. 따라서 조직맥락에서 개별 구성원의 감정은 개인의 문제가 아니라 조직의 문제로 규정될 필요가 있다. 〈그림 6-2〉에 나타난 바와 같이, 조직구성원의 감정 에너지는 어떻게 관리되느냐에 따라 생산적인 결과를 낳기도 하고 유해하게 귀결되기도 한다.

그러면 감정유해성(emotional toxicity) 개념을 통해 개인의 내적 갈등과 감정이 조직수준의 유해성으로 발전되는 맥락을 살펴보겠다.

2〉 개인갈등과 감정유해성

감정유해성은 조직과 구성원들에게 위해를 가하는 감정의 독성을 말한다. Frost(2003)의 『*Toxic Emotions as Work*』가 출간된 이후 소수의 연구들이 유해감정과 관련 변수 간의 관계를 검증하고 있으나, '유해'라는 용어를 사용한 감정 관련 연구는 드물다. Frost(2003)는 조직생활에서 감정유해성을 독성화학물질에 비유하여 개념화한다. 독성화학물질은 세 가지 특성을 가지고 있다. 첫째, 위해를 가한다. 둘째, 비가시적이며 조용히 퍼진다. 셋째, 적절히 사용하거나 치유방법을 안다면 위해로부터 비교적 안전하다. 이러한 화학물질의 특성에 비유하여 감정유해성 개념을 설명해 보자.

첫째, 감정은 개인과 조직에게 위해를 가할 수 있다. 화, 슬픔, 두려움, 실망감 등 부정적 감정이 지속되거나 고통이 깊어지면 무엇보다 건강에 해롭다. 부정적 감정의 지속은 인간의 면역체계에 영향을 미쳐 유해하다고 증명되었다(Frost 2003). 유해감정의 경험은 다음과 같은 패턴을 갖는다. 찝찝함이 지속되고, 탈진되며, 소외된 기분이 들면서 직무에 집중할 수 없다(Kiefer & Barclay 2012: 601). 유해감정을 경험하는 순간은 밤잠을 설치거나 일이 손에 잡히지 않는다. 감정유해성의 조건으로 부정적 감정의 지속성을 전제하나, 부정적 감정이 유해감정은 아니다. 화와 두려움과 같은 부정적 감정은 단기간에 강렬하게 느껴져 행동으로 연결되지만, 유해감정은 직무로부터 이탈하게 하거나 또는 행동하지 못하게 한다. 부정적 감정은 상황과 전략적 관리에 따라 성과향상으로 귀결될 수 있다. 그러나 유해감정은 직무에 대한 주의력이 떨어지고 직무에 요구되는 반응을 약화시킴으로써 성과감소를 초래한다.

둘째, 감정은 조직생활에서 눈에 띄지 않고 조용히 확산되는 성질을 가지고 있다. 관료제 맥락에서 감정을 느낀 대로 공식적으로 표현하기란 쉽지 않다. 그 결과 감정의 독성은 비공식적 차원에서 조용히 확산된다. 조직구성원은 상관과 동료의 분위기나 기분으로부터 영향을 받는 경향이 있다. 예컨대 동료가 우울하면 다른 구성원도 우울해진다. 이렇게 조직생활에서 감정적 분위기는 개인 단위에서 집단 단위로 확산된다. 이를 감정전염(emotional contagion)이란 용어로 설명한다. 감정전염은 상호작용과정에서 개인들 사이에 감정적 일치를 이루어가는 패턴을 지칭한다(Hatfield et al. 1994). 고통에 처한 직장동료를 돕다보면 정작 돕는 자신도 감정적 고통을 경험하기 쉽다. 슬픔에 처한 동료와 진정으로 교감하기 위해서는 자신도 그만큼 슬프다는 감정상태를 동료가 확신해야 한다. 어느 조직에서든지 동료의 고통을 함께하며 돕는 이타적인 사람이 있다. Frost(2003)는 이러한 유형의 사람을 고충처리자(toxin handler)라고 부른다. 이러한 구성원이 조직의 숨은 자산이다. 조직시민행동을 솔선수범하는 존재인 것이다.4) 그런데 문제는 고충처리자 역시 이타적 행동결과에 의해 유해감정의 피해를 입을 수 있다는 점이다. 화학물질 처리자가 위험에 노출되는 것처럼 말이다. 조직차원에서 이러한 이타적 행동에 대한 인정이 없으면 고충처리자의 단기적 자긍심과 보람도 유해감정에 압도될 것이다. 유해물질이 확산되듯 유해감정은 이런 식으로 전염되어 소리 없이 퍼진다.

셋째, 공식적으로 관리한다면 감정유해성은 제거될 수 있다. 현대관료조직 특성상 개별 구성원이 겪게 되는 유해감정의 경험은 어느 정도 불가피하다. 중요한 것은 유해감정으로 고통을 겪고 있는 구성원에 대해 조직 동료들과 관리자가 어떻게 반응하느냐이다. 동료의 반응은 통제하기 어렵다는 점에서 조직 관리자의 반응이 중요하다. 조직 동료의 무관심과 관리자의 무반응이 고착될 때 개인의 유해감정 경험이 조직수준의 감정유해성으로 전이된다. 고충처리자 역할을 하는 동료가 존재하고 적절한 조직관리가 이루어질 때 감정유해성은 제거되고 조직의 생산성은 향상된다. 여기에서 적절한 조직관리란 감정의 독성을 약으로 변환하기 위한 전략적 조치들을 의미한다. 조직 전반적으로 감정지능(emotional intelligence)을 향상시키는 전략을 수립하여 실행하는 것이다. 감정지능은 자신과 상대방의 감정 상태를 의식하고 이를 관리할 수 있는 능력이다(Salovey & Mayer 1990; Goleman 1995). 고충처리자는 감정지능이 높은 사람이다. 조직은 이러한 고충처리 요소를 인사평가에 반영하거나 리더십의 요소로서 강조할 수 있다. 궁극적으로는 사회적 지원, 돌봄, 동정 등 가치를 내재한 조직문화를 구축할 필요가 있다.

----

4) 조직시민행동(organizational citizenship behavior)이란 직무기술서에 규정되지 않고 공식적 보상체계와 연계되지 않으나, 조직효과성 향상에 기여하는 구성원 재량적인 행태를 말한다(Organ 1988). 즉 조직시민행동은 계약내용에 포함되지 않았으나, 조직에 이로운 구성원의 자발적 행태이다. 타인을 돕는 이타성과 조직방침에 따르는 일반적 순응이 주요한 구성요소이다.

감정유해성은 감정으로 인해 비롯되는 조직의 부정적 결과를 포괄하는 개념이다. 여기에는 감정노동의 부정적 결과와 과도한 스트레스도 포함된다. 감정노동은 공적인 목표달성을 위해 감정표현과 느낀 감정을 규제하는 행위이다. 감정노동의 결과는 부정적인 것과 긍정적인 것으로 나뉜다. 부정적인 결과로서 탈진, 직무만족의 감소,5) 일반화된 스트레스 반응, 두통, 결근, 자존감의 저하, 의기소침, 냉소주의, 소외 등이 제시된다. 긍정적 결과로서 직무만족의 증가, 자존감과 효능감의 향상, 스트레스의 감소, 직무효과성의 향상, 공동체의식의 상승 등이 제시된다(Guy et al. 2008: 101). 많은 선행연구들이 감정노동의 부정적 결과로 탈진(burnout)을 꼽는다. 탈진을 하면 쉽게 화를 내고 고집불통이 되며 무모하게 위험을 추구하기도 한다. 또한 탈진을 하면 역할수행에서 비인간화된 모습을 보인다. 예컨대 서비스를 전달하는 과정에서 고객에게 무심하고 냉소적인 태도를 취하는 것이다(Maslach 1982). 악성민원인에게 시달려 탈진한 일선 공무원에게 조직과 동료 구성원의 사회적 지원이 뒤따르지 않으면, 회피-회피 유형의 내적 갈등은 깊어질 것이다. 일선 공무원은 정부행정의 얼굴이다. 그래서 일선공무원의 유해감정이 관리되지 않으면, 정부행정조직에 대한 인상과 이미지는 나빠지고 정부 신뢰 역시 떨어질 수 있다.

----

5) 직무만족의 반대는 직무불만족이 아니다. 만족요인과 불만족요인은 차원이 다르다. 허츠버그는 동기요인(motivators)과 위생요인(hygiene factors)을 구분하여, 위생요인을 개선해도 동기부여로 연결되는 만족결과를 가져오는 것은 아니라고 주장한다(Herzberg et al. 1959). 예컨대 위생요인으로 분류되는 봉급을 인상해준다 해도, 이것이 열심히 일할 동기부여까지는 보장하지 못한다. 불만이 제거될 뿐이다.

3 감정유해성 조건화와 조직요인

1) 직무특성요인

공공서비스를 전달하는 관료조직에서 감정유해성이 발생할 확률은 비교적 높다. 공공영역에서 서비스 업무를 수행하는 일선공무원은 동료 구성원들과의 인간관계는 물론, 행정 민원인을 직접 접촉하는 데에 많은 시간을 할애한다. 민원인들 중에는 악성고객으로 분류되는 소위 '말썽부리는 사람들'도 있다. 이러한 부류와의 상호작용은 흔히 화, 당혹감, 낭패감, 때로는 두려움과 같은 부정적 감정을 유발한다. 이것이 지속되면 만성적인 긴장과 내적 갈등이 발생하고 탈진하게 된다(Golembiewski & Munzenrider 1988: 12). 그리고 많은 감정 에너지를 악성고객에게 빼앗김으로써 정작 다수의 선한 행정고객들에게 친절 봉사할 여력까지 상실한다. 이 점이 가장 크게 우려되는 사항이다.

공공영역에서 감정유해성에 취약한 직무종사자로 경찰, 소방구급대원, 세무공무원을 예시할 수 있다. 우리나라 경찰의 스트레스 수준은 심각하다. 한 연구에 의하면, 설문응답 경찰의 약 60%가 가장 심각한 스트레스 상태를 나타내는 8단계에 속하였다(김병섭 외 2007: 67-77). 또한 경찰공무원은 일반 행정직 공무원보다 직무스트레스를 높게 인식하였다. 경찰 직무는 전문성, 합법성, 계층성, 책임의 명확성을 가지고 있다. 하지만 경찰 직무는 일반 행정직에 비해 위험성, 돌발성, 복잡성, 난해성을 더 갖고 있다(심형인 2016). 그래서 경찰은 이러한 직무 특성으로 인해 높은 수준의 스트레스를 겪는다(문유석 2010). 경찰은 위험이 높은 상황에 직면하는 경우가 많다. 경찰은 문제가 심각한 사람들이나 골치 아픈 범법자의 반말과 욕설을 듣기도 한다. 적법한 법집행에 대해서도 무례한 항의를 받기도 한다. 또한 주취자의 난동과 음해성 거짓말에 시달리며, 상급기관에 왜곡된 고발을 당하기도 한다. 이로 인해 경찰공무원은 과도한 스트레스를 겪으며 감정적으로 소진한다(임재강·송영태 2013: 154).

소방공무원 역시 위험하고 스트레스가 높은 직업종사자로 분류된다. 소방대원은 가장 먼저 사건현장에 출동해 화재를 진압하고 부상자에 대한 응급의료조치나 위기로부터 생명을 구하는 직무를 수행한다. 긴박한 위기상황에서 임무를 완수해야 하는 소방대원은 다양한 스트레스 유발요인에 노출되어 있다. 구급구조대원은 긴 시간을 쪼그려 앉아 응급조치를 해야 하고, 환자이송 시에 들것을 통한 급격한 힘을 사용해야 한다. 또한 이들은 사고 현장에서 많은 주검, 심각한 신체 손상을 입은 사람, 자살 시도자 등 끔찍한 장면을 자주 목격하게 된다. 외상후 스트레스 장애(Post-Traumatic Stress Disorder, PTSD)의 유병률이 일반인은 1~6%인 데 비해 소방관의 유병률은 10~20%에 이르는 것으로 추정된다(문유석 2011). 소방공무원의 근무여건은 열악하다. 소방관은 고유직무인 화재진압뿐만 아니라 각종 민원성 부가업무에도 시달린다. 예컨대 고드름이나 벌집 제거, 배수나 급수지원과 같은 일에도 동원된다. 화재진압업무는 3교대 근무로 이루어지나, 구조구급과 내근 행정업무는 3교대 근무가 이루어지지 않는다. 고유직무인 화재진압에 대해서도 40시간 이상을 근무하는 소방관이 대부분이며, 80시간 이상을 초과 근무하는 소방관도 있다. 일반직 공무원의 평균 근무시간이 40시간임에 비해 소방공무원의 근무시간은 과중하다(박정민 외 2012). 소방공무원은 2020년 4월부터 신분이 국가직으로 전환되었다.

세무공무원도 감정노동자로 분류된다. 특히 조사와 체납정리업무를 담당하는 직원은 감정유해성에 노출되기 쉽다(최성욱 2012). 세금납부를 좋아할 사람은 거의 없다. 과세를 담당하는 세무공무원을 좋아하는 사람도 드물다. 세무는 특성상 부정적인 이미지와 인상을 배태하고 있다. 민중의 지팡이와 119 구조대 이미지, 그리고 제복의 효과로 자긍심을 가질 경찰과 소방공무원에 비해, 세무공무원은 직무성과를 높일수록 납세자로부터 부정적인 인상을 받게 된다. 이와 같이 공무원이 수행하는 직무특성에 따라 감정유해성은 다르게 조건화된다.

직무특성 이외에 감정유해성을 조건화하는 일반적인 조직요인들이 있다. 행태적 측면과 구조적 측면으로 나누어 이에 대해 살펴보자.

2) 행태적 요인

(1) 상관 요인

상관의 행태는 행정조직 맥락에서 감정을 유해성으로 조건화하는 주요한 요인이다. 계층조직에서 상관이라는 감독자의 위치는 부하의 동기부여에 중요한 영향을 미친다. 예컨대 조직구성원이 상관에 의해 긍정적으로 대우를 받으면 동기부여가 되고 생산성이 향상된다(Roethlisberger & Dickson 1939; Mayo 1945). 한국과 일본 같은 집단주의적 서열사회에서는 상관의 시선에 민감하다(정하영 2011). 상관의 눈치를 보거나 잘 보이려고 애쓴다(유민봉·심형인 2011).

상관의 유형은 다양하다. 상관에 따라 유능한 부하를 좋아할 수도 있지만 경계심을 가지고 싫어할 수도 있다. 유능한 부하의 제안사항을 고의적으로 폐기하는 상관이 있다. 이러한 상관의 행태는 유능한 부하에게 고통을 안겨주기 쉽다. 이 경우 상관은 부하의 고통을 일종의 통제수단으로 활용한다. 상관은 유능한 부하를 잠재적 승진 경쟁자로 인식한 것이다. 그래서 부하의 제안서가 조직에 이익을 가져올 수 있음에도 불구하고 상관은 이를 폐기한다. 이러한 상관의 행태 저변에는 무의식적인 두려움이 깔려 있다. Morgan(1986: 219)에 의하면, 상급 관리자는 무의식적인 두려움으로 부하의 진정한 충고와 제안을 수용하지 않고 차단해버리는 경향이 있다. 감정 중에서 행동에 영향력이 큰 것이 두려움이다. 이러한 무의식적인 두려움으로 인해 계층제와 승진 동기가 강하게 작용하는 행정조직에서 상관은 유능한 부하의 역량 발휘 기회를 차단할 수 있는 것이다.

상관은 또한 배신행위를 통해 부하에게 고통을 안겨주고 감정유해성을 유발시킨다. 상관의 부하에 대한 배신행위는 다음과 같이 예시할 수 있다. 부하의 좋은 아이디어를 가로채서 자신의 것인 것처럼 포장한다거나, 승진에 대한 기대감을 심어주고 일을 과도하게 시켰다가 약속을 저버린다거나, 비밀보장약속 하에 속마음을 털어놓게 한 후 누설하는 것이다. 상관의 무능함 또한 감정유해성을 발생시킨다. 우유부단하게 결정사항을 번복하거나, 부하의 처지에 대해 모르면서 지나친 간섭과 통제를 가하는 둔감한 행태가 상관의 무능함에 해당한다(Frost 2003).

관료제가 지배하는 조직에서 상위계층은 겉으로 드러나지 않는 불안감을 느낀다. 상층부로 올라갈수록 목표와 책임의 범위는 넓어지나, 부하의 실적에 대한 감시와 평가는 정확성이 떨어진다. 즉 어떤 부하가 유능하고 무능한지에 대한 실질적인 파악이 상위계층으로 갈수록 어렵게 되는 것이다. 이 맥락에서 상관은 규칙에 의한 통제를 강화하는 경향이 있다. 불안감과 불확실성을 느낄수록 예측가능성을 지닌 규칙 제정을 선호하게 된다. 상관은 정해진 규칙에 순응하는 부하를 선호하게 되고, 그러한 상관의 선호를 학습한 부하는 마치 교본대로 하는 규칙 집착적이며 위험 회피적인 성향을 가지게 된다(Thompson 1961). 상하명령 복종관계가 지배하는 조직에서 구성원은 관료적 성격(bureaucratic personality)(Merton 1940)을 학습하게 된다. 결과적으로 상관의 불안감이 규칙집착과 같은 소극행정 행태 또는 관료적 성격과 같은 유해성으로 전이되는 것이다.

부하의 직무수행을 확실하게 보장하는 고전적 방식으로서 KITA(Kick In The Ass)라고 일컫는 것이 있다(Herzberg 1987). 한마디로 KITA방식은 사람을 바싹 들볶는 감독행태를 지칭한다. Chu(2014)에 의하면 상관의 모욕적 폭력행태는 부하의 비생산적인 직무행태를 유발하고 조직시민행태를 감소시켰다. 그리고 유해감정이 상관의 폭력행태와 부하의 비생산적인 직무행태 및 조직시민행태 간의 관계를 매개하였다. 상관의 폭력적 행태는 유해감정을 수반하여 직무 비생산성을 강화하는 반면 조직시민행태를 약화시키는 것으로 나타났다. 상관의 폭력적 행태와 관련하여 '갑질'이라는 용어가 있다. 이 용어의 사전적 의미는 "권력의 우위에 있는 갑이 관리관계에서 약자인 을에게 하는 부당행위를 통칭"하는 개념이다. 상관의 부당한 모욕이나 폭력은 이러한 갑질 범주에 속한다.

갑질하는 상관의 감독하에 부하가 감정을 억누른 채 직무를 수행한다면 위장된 과업갈등 또는 회피-회피갈등 상황에 처할 개연성이 있다. 현 직장을 그만둘 수 있는 대안을 가지고 있지 않는 이상, 상관에게 대놓고 관계갈등을 노정하는 부하를 찾아보기란 쉽지 않다. 따라서 관계갈등을 과업갈등으로 위장하면서 회피－회피갈등 상황을 감내해야 한다. 이 상황이 지속되면 감정유해성이 유발되는 것이다. 한 설문조사에 의하면 직장인들은 기분이 좋지 못한 상관이 이것저것 트집을 잡을 때 가장 많은 스트레스를 받는 것으로 나타났다(52.7%). 그리고 믿고 말했는데 소문내고 다닐 경우(26.7%), 친한 척하더니 무리한 업무를 요구할 경우(24.1%)가 그 다음으로 강한 스트레스인자로 나타났다. 또 다른 설문조사에 의하면 직장인의 약 90%가 반말이나 욕설, 직무 외 무리한 일 요구, 업무 실적 빼앗기 등 갑질을 당해봤다고 응답하였고 약 52%가 직속상사를 갑질한 사람으로 꼽았다. 이러한 경향은 비단 우리나라에만 한정된 것은 아니다. 미국 직장인 38%가 상관을 끔찍한 존재로 인식하고, 4명 중 3명이 자신의 상관이 최악이고 스트레스의 가장 큰 원천이라고 응답한 조사결과도 있다. 그리고 나쁜 상관의 문제로 미국 기업들이 입는 생산성 손실이 한 해에 3,600억 달러에 달한다는 통계도 있다.6) 이와 같이 계층구조를 근간으로 하는 조직에서 상관의 행태는 조직과 구성원의 감정유해성을 유발하는 핵심요인으로 볼 수 있다.

(2) 동료 및 고객 요인

동료에게 무례하게 구는 조직구성원이 있다. 나쁜 소문을 퍼뜨리고 정보를 왜곡하여 내분을 일으키는 구성원도 있다. 선입감을 조장하는 언행을 통해 첨예한 관계갈등 분위기를 조성하는 구성원도 있다. 이렇게 행동하는 구성원과 함께 직무를 수행할 때 관계갈등이나 위장된 과업갈등이 유발되면서 동료들 사이에 분파가 형성되고 감정유해성이 확산된다.

고객도 감정유해성을 유발할 수 있다. 공공서비스 전달과정에서 안하무

---

6) 전자는 2013년 직장인 2,025명을 대상으로 한 조사이며(헤럴드경제 2013.7.15), 후자는 2016년 취업포털 '사람인'이 직장인 865명을 대상으로 직장생활 중 갑질 당한 경험 여부를 조사한 결과이다(온라인 취업포털 사람인 자료통 http://www.saramin.co.kr/). 미국의 조사통계는 타이니펄스 웹사이트(https://www.tinypulse.com/blog/sk-top-leadership-qualities)에서 인용함.

인으로 굴거나 무리한 요구를 하는 불량고객이 있다. 고객에 대한 봉사를 강조하는 신공공관리 행정개혁이 단행된 이후, 관리자는 불량고객의 불합리한 행태를 문제 삼기보다는 차라리 영혼 없는 '친절' 응대를 구성원들에게 주문하곤 한다. 그래서 일선 민원담당 공무원들은 상습적인 체납자나 경찰을 때리기까지 하는 악질고객에게도 진짜로 느끼는 감정을 표출하지 못한다. 이들은 감정노동의 부정적 결과를 낳는 상황에 종종 직면한다(최성욱 2012). 사회적으로 문제가 있는 고객들과 많이 접촉하는 조직구성원일수록 직무불만족과 탈진의 가능성이 높아진다(Beck 1987). 공공서비스 수혜에 대해 감사를 표현하지 않거나 도움에 대해 적대적인 반응을 보이는 고객은 서비스제공자의 탈진을 조장한다(Farber & Heifetz 1982). 불량고객과의 상호작용에 노출되는 공무원들은 높은 스트레스와 감정유해성의 덫에 걸리기 쉽다. 행정고객에 대한 친절한 봉사를 감정표현 규칙으로 삼는 추세를 감안할 때 상관이나 동료 요인으로부터 유발되는 감정유해성보다는 불량고객으로부터 촉발되는 감정유해성의 소지가 더 높다.

3) 구조적 요인

(1) 형식주의

공식적으로 표방된 조직정책과 실제 관행 간의 불일치를 나타내는 형식주의가 있을 때도 감정유해성이 발생할 수 있다. 이상과 현실 간의 괴리를 경험하는 것은 개인에게 불편을 주는 것은 물론 냉소주의와 형식주의를 부추긴다(Frost 2003). 조직관행과 조화를 이루지 못하는 새로운 제도가 도입될 때 조직 전반적으로 형식주의가 만연한다. 형식주의의 지속은 높은 스트레스나 직무불만족을 유발한다(Bignardi 1996: 53). 과거 우리사회는 '가라(から, 空)'라는 용어가 난무했을 만큼 형식주의가 제도화되었던 적도 있다.

형식주의는 제도 차원뿐만 아니라 문화 차원에서도 발생한다. 현재문화와 미래선호문화 간에 격차가 있을 때도 형식주의 개념을 적용할 수 있다. 현재 우리의 행정조직은 위계 정향성이 지배한다. 그러나 공무원들이 선호하는 미래 조직문화는 대가족 분위기와 같은 관계 정향성을 나타낸다(최성욱 2005). 한편 신공공관리 개혁물결은 시장과 혁신 정향성을 표방하였다. 그래서 공직사회와 정부조직에는 현재-선호-표방 문화 사이에 벌어지는 세 겹의 격차가 존재한다. 이러한 문화적 격차 역시 감정유해성의 발생요인으로 작용한다.

(2) 성과주의와 개혁리더십의 강조맥락

공공부문개혁에 몰아닥친 시장주의 물결에서 성과와 경쟁의 강조는 공무원들에게 직무스트레스와 유해감정을 발생시킨다. 해직이나 감원과 같은 개혁조치는 유해감정의 촉발과 공격적 행태를 야기한다. 성과와 경쟁 가치를 표방하는 개혁 과정에서 감정유해성은 불가피하게 발생한다. 조직리더는 변화 시기에 구성원들을 지도하는 과정에서 고통을 수반하는 조치를 취하곤 한다. 리더십의 유형에 따라 발생하는 감정유해성의 정도는 다를 수는 있지만, 리더십이 발휘되는 과정은 조직구성원들에게 심리적 상처와 물리적 위해를 가할 수 있다. 이러한 맥락에서 발생하는 감정유해성은 성과 산출과 변화 추진의 불가피한 부산물일 수 있다.

우리의 공직사회에서 감정유해성에 가장 취약한 부류는 감정 프롤레타리아로 부를 수 있는 신임 하위직 여성 공무원이다. 공직재임 5년 이하의 9급 여성공무원이 감정소진의 정도가 가장 높은 반면, 자긍심은 가장 낮은 것으로 조사되었다(최성욱 2014). 성과평가제, 일과 가정 양립정책, 유연근무제도와 같은 공식제도가 시행되고 있지만, 형식주의적 운영 경향도 실재한다. 이러한 현실에서 공직 경험이 짧은 낮은 직급의 여성 공무원은 개인갈등과 감정유해성에 대한 면역력이 낮다.

(3) 감정신화의 제도화

현대관료조직의 맥락에는 감정을 개입시키지 않고 냉철한 이성을 발휘하여 직무를 수행해야 한다는 믿음이 깔려 있다. 합리성과 감정의 이분법적 서열성이 제도화되어 있는 것이다. 양자 사이에 성립된 이분법적 서열성은 신화이다. 신화의 힘은 진실 여부와 무관하게 이에 대한 맹신으로부터 발휘된다. 예컨대 "합리적 결정은 항상 타당한 결과를 낳는다"라든가 "중요한 일에 감정이 개입되면 안 된다"는 믿음은 현대조직사회에서 제도화된 신화이다. 감정을 비합리성과 동일한 것으로 인식하는 것이다.

감정은 비합리적인 것이 아니다. 감정은 합리적인 결정을 위해 반드시 필요하다(Goleman 1995). 허버트 사이먼도 완전한 합리성 이론을 갖기 위해서는 의사결정과정에서 감정이 하는 역할을 이해해야 한다고 주장한다(Simon 1982). 그러나 주류학파는 관리란 비감정적이며 합리적인 과정이라고 가정하면서 감정을 배제한다(최성욱 2007b). 감정과 합리성 간의 이분법은 현대관료제의 맥락에서 탄생한 사회적 구성물이다(최성욱 2011b). 많은 경우 감정유발 원인은 문제해결의 실마리를 제공한다. 그럼에도 불구하고 감정에 대한 평가절하나 무시의 제도화로 인해 감정의 원인탐색에 무관심하다. 예컨대 화를 낸 것 자체로 평가절하 되기 때문에 왜 화를 낸 것인지에 대한 탐색은 원천봉쇄된다. 결과적으로 문제해결을 위한 기회가 차단되는 것이다. 실제 이성과 감정은 분리될 수 없고, 어떤 면에서 감정은 이성보다 강한 추동력을 지닌다. 그럼에도 불구하고 현대관료조직은 나약함과 비정상의 딱지를 붙여 공식무대에 감정의 출연을 통제한다. 더구나 우리 문화는 공식적으로 감정 표현이 자연스럽지 않다(이에 관해서는 14장 참조). 그 결과 조직의 '무대'에는 위장된 감정 또는 조직목적을 위해 규제된 감정만이 출연하게 된다. 이런 점에서 감정에 대한 열등 신화는 감정유해성을 발생시키는 근간으로 작용한다.

(4) 권력정향의 관료주의 문화

권력지향적 관료주의 문화가 지배하는 조직에서 감정유해성은 증폭된다. 이러한 문화는 사회적 지원의 가치가 배태되어 있는 맥락과는 상반된 분위기를 나타낸다. 조직구성원 사이에 상부상조와 지원보다는 지배복종의 가치와 행태가 부각되어 있다. 권력과의 연계가 자긍심과 효능감을 고취할 수 있는 지름길이다. 이러한 조직문화에서 구성원 개인의 유해감정과 내적 갈등은 스스로 해결해야 할 문제로 취급된다. 여기에서 감정 프롤레타리아 계급에 해당하는 공무원은 감정유해성의 희생자가 된다. 흥미로운 점은, 감정 프롤레타리아 계급에 속했던 공무원이 난관을 딛고 승진을 거듭하여 상위직에 보직되면, '감정 프롤레타리아의 보수화 현상'이 나타날 수 있다는 것이다. 이는 감정 프롤레타리아를 양산하는 권력정향의 관료주의 문화를 혐오했던 공무원이 상위직에 올라 오히려 권력지향적 관료주의 행태를 드러내는 현상을 일컫는다. 조직학습과정에서 자신도 모르게 혐오대상의 가치와 행태가 체화되어 나타난 일종의 거울효과이다. 이러한 거울효과를 통해 감정 프롤레타리아와 권력정향의 관료주의 문화가 동반 상승하여 감정유해성은 증폭된다.

4 감정유해성의 관리와 조직문화

갈등해결자로서 유능한 관리자는 개인갈등과 감정유해성이 발생하는 조직맥락을 통찰하여 대응한다. 그러나 모든 갈등과 감정유해성을 조직 단위에서 관리하기란 불가능하다. 조직구성원 개인 단위에서도 이에 대한 노력이 요구된다. 관리자와 구성원 각자 적합한 대응노력을 통해 조직 전반적으로 동정의 가치가 공유되고 지원정향 문화가 구축될 수 있는 것이다.

1) 개인 단위의 관리

조직구성원 개인 단위에서 갈등과 감정유해성에 대응할 수 있는 수단은 행태적인 것과 인지적인 것으로 나누어진다.

첫째, 개인이 감정유해성 노출로부터 자신을 격리시키는 노력이다. COVID-19 상황에서 사회적 거리두기와 자가격리를 통해 바이러스 감염에 대응하듯이 감정유해성을 차단하는 자기노력이 요구된다. 이러한 노력으로서 운동, 독서, 음악·영화감상, 산책, 명상과 같은 정기적인 과외활동, 그리고 휴식을 위한 물리적·정서적 공간을 찾는 특별활동을 예시할 수 있다. 고통에 시달리는 사람이 회생하는 지름길은 그 상황으로부터 탈출하는 것이다. 구성원들은 각자 정기적인 과외활동을 통해 긴장이완과 정신적 재충전을 할 필요가 있다. 그리고 일정기간 동안 직무 부담과 책임으로부터 벗어날 수 있는 공간을 찾아야 한다. 연가를 활용하거나 조직내부에 마련된 휴식 장소에서 조용히 시간을 보내는 것이 이에 속한다. 이러한 물리적·정서적 공간은 조직 차원의 지원을 필요로 하며, 개별적인 과외활동도 조직의 지원이 따른다면 효과가 높아질 것이다.

둘째, 상황과 감정대상에 대한 사고와 해석을 바꾸는 노력이다. 주의를 환기하기, 긍정적으로 사고하기, 상황을 재해석하기, 스스로 격려하기 등을 예시할 수 있다(Ben-Ze'ev 2002: 180). 또한 개인은 자신에게 위협을 가하는 자극에 대해 억압, 부정, 투사, 합리화, 승화 등 다양한 자아 방어기제를 통해 반응할 수 있다(<읽어보기 1-2> 참조). 고통스런 상황에서는 긍정적인 사고와 태도가 유용하다. 그리고 같은 사건과 경험이라도 관점을 바꿔 해석하면 도움이 된다. 자신이 처한 상황을 문제와 위협으로 인식하기보다는 가능성과 학습기회로 재구성(reframing)하는 것이다. 위기(危機)에서 기회를 의미하는 '機'자에 심리적 방점을 찍는다. 그럼으로써 고통스러운 경험의 유해성을 생산성으로 전환할 수 있다.

이러한 전환과정에 중간관리자 역할이 중요하다. 중간관리자는 상관이 내린 독소 가득한 지시사항을 부하에게 그대로 전달할 수도 있고, 독소를 제거한 채 순화하여 전달할 수도 있다. 독소에 물든 메시지를 재구성하여 순화하는 것을 '고통의 완충지대 생성역량'이라고 일컫는다(Frost 2003: 70-71). 조직에서 이런 역량을 보유한 구성원이 고충처리자이다. 예컨대 조직의 중간관리자는 상관의 메시지를 다음과 같이 재구성하여 전달할 수 있다.

- 상관의 지시: "저 바보 같은 청춘들 뭘 하는지 모르겠네! 머리 좀 써서 금요일까지 이 일 끝내라고 해. 그렇지 않으면 재미없을 거야."
- 중간관리자의 전달: "국장님은 이 일을 마무리하는 데 우리의 명석한 두뇌가 절실하다고 하신다. 금요일이 마감이다. 이 일을 끝내는 데 우선적으로 해야 할 게 뭔지 생각해 보자."

조직 내 분열과 사기저하를 가져올 메시지가 활기찬 동기부여의 메시지로 재구성되어 전달되면, 조직은 생산적인 방향으로 전환된다. 그런데 여기에서 고충처리자로서 중간관리자의 역할을 조직이 인정해주지 않으면 고충처리자 역시 감정유해성의 희생자가 될 수 있다. 따라서 조직 차원에서 고충처리자에 대한 공식적 인정과 관리가 필요하다.

2) 조직 단위의 관리

(1) 조직과 리더십

감정유해성의 관리를 위해 조직 리더에게 첫 번째로 요구되는 역량은 구성원의 고통에 관심을 기울이는 의지와 행동이다. 이러한 역량은 감정지능과 연관된다. 감정지능은 자신과 타인의 감정 상태에 대한 자각과 이해 그리고 관리를 할 수 있는 능력이다. 조직 리더는 구성원의 욕구에 민감하고 감정이입을 할 필요가 있다. 감정지능은 전문적 친교능력과 직결된다. 전문적 친교능력이란 고통에 처한 사람에게 과잉동조하지 않음으로써 자신의 판단을 흐리게 하지 않고 동정심으로 돕는 행위를 말한다(Frost 2003: 169). 감정지능을 보유한 사람을 "감성적 지성인"이라고 부른다. 감정과 이성 사이에 적절한 균형을 유지하면서 어느 하나에 의해 지배되지 않는 사람이다. 감성적 지성인은 감정을 지배해야 할 때와 감정에 지배당해야 할 때를 구별하며, 타인의 감정을 정확히 간파할 수 있다(이대희 2012). 요컨대 감정지능은 감정과 이성을 효과적으로 결합시키는 역량이다. 감정지능이 높은 리더가 감정유해성을 효과적으로 관리할 수 있다.

조직 리더는 고충처리자 역할을 하는 구성원의 가치를 인식해야 한다. 고충처리자는 조직의 숨겨진 자산이다. 조직은 고충처리자의 활동이 정당성을 갖도록 지원해야 할 것이다. 고충처리자의 활동은 공공재와 같은 성질을 지니고 있다. 고충처리활동에 의해 발생하는 혜택으로부터 어떤 구성원도 배제되지 않으며 수혜의 경합성을 띠지도 않는다. 그러나 조직과 리더의 지원이 없으면 고충처리활동은 과소 생산될 수밖에 없다. 비공식적인 차원에서 이루어지는 고충처리활동을 리더의 책임영역으로 공식화할 필요가 있다. 조직 리더는 고통에 처한 사람을 돕는 행위가 공공재적 가치를 지닌다는 점을 통찰해야 한다.

조직 리더가 고충처리활동을 공식화할 수 있는 수단으로 지원제도와 상징관리 두 가지 측면에서 제시할 수 있다.

첫째, 감정유해성의 독성을 중화할 수 있는 물리적·정신적 공간을 조직에 구비하는 것이다. 이러한 공간 확보를 위해 다양한 프로그램이 예시될 수 있다. 휴식과 긴장완화의 기회를 가질 수 있는 직무관련 외부회의나 직무스트레스 관련 이슈들을 터놓고 논의할 수 있는 물리적 공간의 마련, 감수성 훈련의 실시,7) 감정노동 수행과 성과의 연계 및 보직순환, 감정관리 전문가와의 정기적 만남, 일과 가정 양립정책과 병행할 수 있는 후원연계망의 구축 등이다.

둘째, 감정유해성으로부터 해독될 수 있는 상징과 언어를 만들어 유지하는 것이다. 조직 리더는 응축된 상징을 통해 구성원들에게 영향력을 행사하고 동기를 부여할 수 있다(Pfeffer 1981). 조직 리더가 공식석상에서 동정 가치를 중시하는 행동모델이 됨으로써 감정유해성을 제거할 수 있다. 리더의 상징적 행동들이 이야기 형식으로 개작되어 구성원들 사이에 공유되면 유해성 제거에 효과적이다. 경험과 행동에 대한 지식은 대개 이야기 형식으로 구성되며 전달된다(윤견수 2005: 14). 사람들은 의미를 발견하는 것이 아니라 공감대를 통해 이야기를 구성한다(Weick 1995). 의미에 대한 공감대 형성을 위해 타인과의 대화가 필요하다. 이렇게 만들어진 고충 관련 이야기는 사람들로 하여금 자신의 경험과 그 가치를 인정하도록 도와준다(Frost 2003: 207). 조직 리더는 상징적 행동을 통해 감정유해성을 제거하는 이야기를 창조할 수 있다. 이러한 상징적 행동과 이야기는 "고통에 대한 응답"을 중시하는 동정

----

7) 'T집단훈련'이나 '실험실훈련'이라고도 일컫는 조직발전기법 중 하나이다. 외부와의 접촉이 차단된 장소에서 2~3주 동안 하루 1~2시간씩 10명 정도의 구성원들이 자유로운 집단토론을 하면서 자신과 상대방에 대한 인식을 높임으로써 대인관계를 향상시키는 훈련이다. 대부분의 교육이 이성에 초점을 둔다면 감수성 훈련은 감정호소에 입각한 교육을 한다.

가치를 생성·강화하며, 고충처리활동에 정당성을 부여해준다(Dutton et al. 2006: 86-87). Schein(1985)에 의하면 조직문화는 리더에 의해 창조되며, 리더 십의 정수는 문화를 창조하고 관리하는 것이다.

(2) 조직과 문화

조직문화는 감정결과를 조절하거나 매개한다. 조직문화에 따라 감정유 해성을 증폭하기도 하고, 감정을 긍정적으로 조건화하여 조직 생산성을 향상 하기도 한다. 권력정향의 관료문화는 조직구성원의 감정소진을 증폭하는 반 면, 지원정향문화는 이를 완화한다(최성욱 2012). 경찰과 세무공무원을 대상으 로 한 실증연구에서 소속 조직을 지원정향문화로 인식한 공무원은 가장 높은 자긍심과 가장 낮은 감정소진을 나타낸 반면, 권력정향문화로 지각한 공무원 은 가장 낮은 자긍심과 가장 높은 감정소진을 나타냈다(Choi & Guy 2020: 136-7). 감정소진이나 탈진 같은 감정노동의 부정적 결과는 사회적 지원 가 치의 결핍과 강한 상관성을 갖는다. 사회적 지원 가치가 결여되어 있는 조직 에서 구성원들은 비교적 강한 탈진을 경험한다. 반면 사회적 지원 가치를 배 태하고 있는 조직에서 구성원들은 비교적 높은 응집력과 사기 그리고 자율성 을 나타내준다. 사회적 지원 가치를 중시하는 조직문화유형이 관계지향문화 또는 지원정향문화이다(Cameron & Quinn 1999). 직장동료나 가족친지로부터 받는 사회적 지원은 스트레스 수준을 감소시키는 한편 직무 몰입도를 높인 다. 계층제를 근간으로 하는 행정조직에서는 상관으로부터 지지를 받는 것이 매우 중요하다(Guy et al. 2008: 117-8). 사회적 지원 가치를 배태하고 있는 지 원정향문화나 관계지향문화는 감정유해성의 완충지대로 작용한다. 우리나라 공무원들이 일반적으로 관계지향문화를 선호하는 것을 이 점에서도 이해할 수 있겠다(최성욱 2005).

감정은 사회적으로 구성되는데, 이때 문화의 영향을 강하게 받는다(Van Maanen 1991). 문화는 조직 리더와 구성원들이 감정유해성에 어떻게 반응하 고 이를 관리하는가에 영향을 미친다. 메이어슨(Meyerson 1994)은 사회복지사 를 대상으로 치료정향문화와 사회심리정향문화를 비교한다. 치료정향의 조직

문화에서 사회복지사들은 탈진을 감정과 신체적 측면에서 개인적 통제 상실과 실패로 간주한다. 이들은 다음과 같이 얘기한다.

- "탈진을 분쇄하는 것은 내 전문이다. 동료가 탈진했다고 나에게 말한다면 더이상 그와 상대하지 않겠다. 왜냐하면 그는 조만간 그만두어야하기 때문이다"(p.643).

조직 언어와 대중 담론에서 높은 스트레스와 탈진은 피하거나 통제해야할 개인적 문제로 규정된다. 특히 조직행태론과 산업심리학에서 스트레스와탈진은 감정적·신체적 통제를 필요로 하고, 개인이 다루어야 할 비정상적인문제로 간주된다(Meyerson 1998: 104). 따라서 이러한 치료정향문화에서 감정은 유해성 방향으로 활성화될 것이다.

이에 비해 사회심리정향의 조직문화에서 사회복지사들은 스트레스와 탈진을 직장생활의 정상적인 부산물로 인식한다. 스트레스와 탈진은 개인의 문제라기보다는 업무상 질병으로 간주된다. 이들은 다음과 같이 이야기한다.

- "우리의 업무는 항상 스트레스를 받는 일이다. 탈진이 이를 말해준다. 우리는 항상 주는 위치에 있다. 때로는 줄 것이 남아 있지 않다. 그때는 휴식을 취하면 회복이 된다"(p.648).

이러한 조직에서는 고통스런 사건이 발생할 경우 동정이 조직화되어 감정유해성을 중화할 가능성이 높다. Dutton 등(2006)은 동정을 조직화하는 공유가치로 세 가지를 제시한다. 첫째, 조직구성원을 공식적 역할수행자 이상으로 인식하는 전인적 인간관이다. 둘째, 모든 인간을 사랑하는 박애정신이다. 셋째, 구성원들을 가족처럼 여기는 가족의식이다. 전인적 인간관, 박애정신, 가족의식의 가치를 구성원들 사이에 공유하는 조직과 구성원들은 유해감정이 발생해도 건강성을 유지하며 생산성을 높일 수 있다.

(3) 감정유해성과 갈등문화

구성원 개인의 감정이 조직 수준에서 유해성보다 생산성으로 조건화되려면 갈등문화는 경쟁이나 회피 또는 소극적 대치 지향성을 띠기보다는 협동 지향성을 지녀야 할 것이다. 갈등문화의 유형에 따라 결속력, 효능감, 탈진의 정도에 차이가 있다(Gelfand et al. 2014: 123−4). 협동지향 갈등문화는 집단의 결속력 및 효능감과 정(+)의 관계를 갖는 데 반해 탈진과는 부(−)의 관계를 나타낸다. 경쟁지향 갈등문화는 집단의 결속력 및 효능감과 부(−)의 관계된 데 반해 탈진과는 정(+)의 관계를 갖는다. 경쟁지향 갈등문화는 특히 집단 결속력과 강한 부(−)의 관계를 갖는다.

경쟁지향 갈등문화는 신속한 의사결정과 변동환경 적응을 위해 유용할 수 있지만, 상대방의 견해에 귀를 기울이지 않는 분위기를 가지고 있다. 그렇기 때문에 이 유형의 갈등문화에서는 의사소통과 의사결정에서 발생하는 오류들을 발견하기가 어렵다. 경쟁지향 갈등문화는 영합게임의 성격과 고도의 경쟁성을 특징으로 한다. 앞서가기 위해서라면 비윤리적인 행동도 마다하지 않는다. 또한 비교적 높은 수준의 과업갈등과 관계갈등이 표출된다. 상대방의 관점을 수용하지 않고 자신의 입장만을 위해 싸우는 경향성이 짙다. 과업갈등이 관계갈등으로 비화될 가능성도 높다. 결과적으로 경쟁지향 갈등문화에서는 미해결 상태의 갈등이 높은 수준으로 상존하고 감정유해성의 활성 조건을 갖추고 있다.

협동지향 갈등문화에서는 자신과 다른 견해들을 세심하게 고려하는 노력이 중시된다. 이러한 노력은 상당한 시간을 요해서 신속하고 효율적인 의사결정이 쉽지 않다. 하지만 이견에 대한 협력적인 토론을 통해서 혁신과 생산성을 촉진할 수 있다. 그리고 협력적 행태를 독려하고 친화적이고 윤리적인 행동에 가치와 동기를 부여한다. 조직의 결함을 발견하고 관리하는 데도 이러한 갈등문화가 적합하다. 협동지향 갈등문화에서도 어느 정도의 과업갈등이 명백히 표출된다. 하지만 비영합의 상생과 협력 분위기를 가지고 있기 때문에 실질적으로 이해가 조정되고 갈등이 해결될 확률이 높다. 그리고 협

표 6-1.
관료조직
맥락에서
감정유해성의
관리

개인 단위		조직 단위	
고충당사자	고충처리자	리더십과 관리	문화
• 행태적 수단 　- 일상적 활동 　　(독서, 운동, 산책, 명상, 　　음악·영화감상 등) 　- 물리적·정서적 공간 찾기 • 인지적 수단 　- 주의환기·사고전환하기 　- 상황 재해석 　- 경험의 재구성		• 고충처리활동의 공식화 　- 리더십의 공식적 요소로 　　만들기 　- 상징적 행동 및 관리 • 지원제도 마련 　- 치유 공간 마련 　- 후원망 구축 • 조직문화의 창조	• 감정의 정당성을 인식하는 　문화 　- 유해감정을 조직생활의 정 　　상적 부산물로서 인식 　- 동정 가치의 공유 　- 사회적 지원 가치의 확산 • 권력정향의 관료주의 문화 　로부터 탈피 • 관계지향적 지원정향 문화, 　협동지향 갈등문화의 구축

동지향 갈등문화에서는 과업갈등이 관계갈등으로 비화될 가능성이 낮다. 그래서 그만큼 감정유해성의 활성 가능성도 낮다.

갈등회피문화는 위협적인 환경에서 통제와 예측가능성을 향상시킬 수 있다. 그러나 갈등회피문화는 과업갈등의 표출을 억제함으로써 최적의 의사결정을 어렵게 만든다. 큰 권력거리와 불확실성의 회피 성향 때문에 구성원들은 오류가능성에 대해 상관에게 경보를 올리거나 의문을 제기할 가능성이 희박하다. 화합이라는 명분으로 표면상 평화롭게 보이지만 갈등회피문화는 구성원들 사이에 긴장과 불신을 조장할 수 있다. 즉 갈등회피문화에서는 관계를 유지하기 위해 갈등을 억제하지만, 이것이 오히려 갈등의 골을 깊게 하여 감정유해성을 활성화하는 역설을 갖는다.

소극적 대치문화도 표면상 조화롭고 갈등으로부터 해방된 것처럼 보이지만 실제 감정유해성으로 조건화될 가능성이 높다. 소극적 대치문화에서도 고도의 스트레스, 탈진, 이직률, 그리고 비윤리적 행태가 가능하다. 그리고 이견에 대한 공개적인 언급과 토론이 부정되기 때문에 결함의 발견과 혁신도 어렵다. 소극적 대치문화에서는 과업갈등과 관계갈등이 비교적 높지만, 공개적이고 생산적인 토론이 결여되어 있다. 이 때문에 갈등을 해결할 가능성은 낮고 결과적으로 감정유해성의 발생확률은 높다.

공무원은 친절봉사를 해야 하는 서비스 제공자로서 감정중립성을 강조하는 관료제 구조와 상호작용하는 맥락에 존재한다. 시민과 직접 대면하는 일선 현장공무원은 특히 감정과 이성의 이분법적 분리가 요구되는 조직규범 속에서 감정노동을 한다. 감정유해성에 노출될 확률이 높은 맥락에서 직무를 수행한다. 이러한 맥락에서 정부조직의 생산성을 활성화하는 조건은 주요하게 공무원 개인의 노력, 조직 리더의 역량, 그리고 조직문화에 달려 있다. 〈표 6-1〉은 이 장에서 제시한 감정유해성의 관리방안을 정리하여 보여주고 있다.

CHAPTER 07. 정부조직 간 문화갈등과 관리

1〉 정부부처 간 세력권 다툼[1]

　　조직은 본능적으로 자기 세력권을 지키기 위해 상대 조직과 경쟁하고 갈등한다. 부처이기주의, 부처할거주의, 칸막이현상, 세력권 다툼은 정부 조직 간 갈등을 설명하는 용어들이다. 지도층은 소속 조직의 관할권과 자율성을 보존하는 것이 본연의 일이다. 유능한 리더는 '관할권과 자율성을 확장시키는 사람'이라는 인식이 있다. 관할권과 자율성을 잘 보존하고 있는 조직 내부에는 강한 문화와 사명감이 형성되어 있다. 그리고 이러한 조직에는 고유한 정체성이 확립되어 있다. 강한 문화와 사명감의 형성 그리고 고유한 정체성의 확립은 조직구성원들 사이에 공유된 가치의 동질성이 높다는 것을 의미한다.[2] 이 경우 조직 내부의 목표이해와 의사소통은 매우 생산적이다. 조직의 자율성 보존 및 확대 그리고 이에 수반되는 강한 문화와 사명감 형성은 성공한 리더의 징표라고 할 수 있다.

----

[1] 이 절은 Wilson(1989)의 Ch.10을 기반으로 함.

[2] 셀즈닉(P. Selznick)에 의하면, 자율성(autonomy)은 고유한 정체성을 가지고 업무를 수행하는 데에 충분히 허용된 독립된 상태이다. 자율성은 내부와 외부 측면으로 나뉜다. 내부 자율성은 핵심과업에 대한 범조직적인 이해와 공유를 말하는 것으로, 정체성 및 사명감과 유사한 의미를 갖는다. 외부 자율성은 권한과 영역에서 외부로부터 독립을 말하는 것으로, 관할권과 동일한 의미이다.

그런데 한정된 자원의 제약 속에서 모든 조직이 자율성을 확대하려 한다면 어떤 일이 벌어질까? 조직 간 갈등이 필연적으로 발생한다. 정부부처의 경우 전형적으로 예산과 인사 결정과정에서 세력권 다툼이 발생한다. 조직을 유지한다는 것은 조직에 필요한 자원의 흐름을 보장하는 것을 의미한다. 사기업의 유지는 자본과 노동력의 보존이 필수적이다. 정부조직의 유지는 입법부로부터의 예산승인, 노동력인 인사 그리고 정치적 지원을 필요로 한다. 정치적 지원은 기관의 목표가 인기가 있고, 과업이 단순하며, 경쟁자가 존재하지 않고, 정치적 제약이 최소일 때 가장 높다. 그러나 전형적인 정부조직은 불충분한 예산과 복잡한 과업 그리고 많은 정치적 제약을 받는다. 그리고 인기가 없거나 어려운 과업을 수행하고, 이익단체, 언론 그리고 경쟁기관들에 의해 비판과 감시를 받는다.

세력권과 자율성에 대한 관심은 다른 조직과의 업무조정을 어렵게 하는 결과를 낳는다. 여기에서 칸막이나 부처할거주의 같은 현상이 목격된다. 사기업은 시장가격과 계약으로 조정한다. 정부조직은 기관 간 협정을 통해 조정한다. 그런데 기관 간 협정은 자율성의 침해와 갈등의 불씨로 간주되는 경향이 있다. 그래서 정부조직들 간에는 갈등을 회피하기 위해 상호불간섭의 칸막이가 쳐진다. 이를 설명하는 데 적합한 것이 미국 합동참모본부의 사례이다. 육군, 해군, 공군으로 구성된 합동참모본부는 항상 만장일치에 의해 결정한 것처럼 보였다. 예컨대 1955년부터 1959년 사이에 3,000여개의 의제 중 단 23건만이 이견을 표출한 것이었다. 그러나 합동참모본부는 사실 육·해·공군 간에 상호불간섭협정을 맺음으로써 각자 자율성의 위협요소를 최소화했다. 이견이 있으면 공식적으로 어떤 결정이나 행동도 취하지 않았다. 그래서 표면상 만장일치의 결정으로 보인 것이다.

정부조직의 경우 관할권과 자율성의 보존 동기 때문에 주로 기관 간 조정이 어렵다. 여기에서 우리는 칸막이나 부처할거주의 같은 현상을 목격하는 것이다. 강한 문화와 고유한 정체성을 확립한 조직들이 통폐합되어 한 지붕 아래서 살아가게 될 경우 우리는 문화갈등현상을 관찰할 수 있다. 정부조직의 통폐합 사례는 조직 간 갈등을 극명하게 드러낸다. 통폐합 부처조직 내에서 문화갈등은 불가피하게 발생한다. 정부조직 개편으로 인한 통폐합 부처조직 간 문화갈등을 적절하게 관리하지 않으면 국가위기상황까지도 초래될 수 있다. 행정안전부가 조직융합관리(Post Merger Integration, PMI)를 도입한 것도 정부조직개편에 따라 수반되는 부정적 결과들을 방지하려는 목적이었다.

2〉 조직 간 문화갈등과 융합관리

과거 정부조직 통폐합과 민간기업의 인수합병(M&A) 사례들에 비추어보면 많은 경우 당초 기대했던 시너지효과를 낳지 못하고 부정적인 결과를 가져왔다. 대부분의 M&A는 당초 목표를 달성하지 못하고 실패한다(Haleblian et al. 2009). 실패의 주요인으로 재정적 오산과 대상조직 간 능력불일치 외에 문화차이를 꼽으며, 많은 연구들이 성과저조 원인을 PMI 단계에서 찾는다(Brueller et al. 2018: 1794). 통폐합 정부조직이나 공공기관에서도 조직비대화로 인한 비능률 양산, 인사적체와 조직몰입도 저하, 사명감 퇴색과 같은 부정적 결과를 낳는다는 연구들이 있다(예: 최성욱 2001; 박치성 외 2012; 문명재 외 2012). 이들 연구에서 공통적으로 지적하는 문제는 통폐합 이전의 모체 조직 간 문화적 이질성과 이로 인한 문화충돌 역학이다. 예컨대 문명재 등(2012: 128)에 의하면, 리더십이 발휘되더라도 통폐합에 따른 갈등과 문화적 이질감은 단기간에 해결하기 어렵다. 왜냐하면 통폐합 조직 상황에서 과거 모체 조직에 내재된 문화차이가 지속되기 때문이다. Kearney(2002)의 보고에 의하면, 인수합병이 실패로 돌아가는 가장 큰 원인은 M&A 이후 부각되는 조직융합 단계에서의 문화통합에 있다(<그림 7-1>). 이 점에서 통폐합에 의한 정부조직개편은 관리상 PMI 요소가 무엇보다 중요하다고 하겠다.

과거 통폐합된 정부부처는 개편 이전 서로 분리되어 있을 때보다 더 갈등하고 오히려 멀어지는 양상을 보이고는 하였다. '한 지붕 두 가족' 은유는 모체조직 출신 구성원 간 갈등 행태를 적절하게 묘사한다. 이러한 갈등현상은 통폐합 전 모체조직에 대한 몰입 강화와 이해관계가 얽혀서 나타나는 문화변

그림 7-1
조직통폐합
단계와 실패확률

실패위험확률이 가장 큰 것은 어떤 단계일까?

- 응답자 비율(%)

전략개발-기업실사단계	협상마무리단계	조직융합단계(PMI)
30	17	53

용의 단면을 보여준다. 문화변용(acculturation)은 접촉, 갈등, 적응 세 단계를 거친다. 첫째, 접촉단계에서 통폐합 전 모체조직 출신 구성원들 간의 상호작용은 미미한 수준부터 밀접한 수준까지 다양한 양태를 보인다. 둘째, 갈등단계 역시 접촉이 어떤 양태를 띠느냐에 따라 그 수준이 다르다. 마지막 적응단계에서 통폐합 조직과 구성원들은 긍정적이든 부정적이든 특정 방식의 문화변용으로 정착한다. 문화변용은 다음과 같은 네 가지 방식으로 분류된다.

첫째, 일방의 조직이 자신의 모든 것을 포기하고 상대방의 조직에 완전히 흡수되는 동화(assimilation) 방식이다. 둘째, 구조적으로는 통폐합 전 모체조직 중 어느 한쪽이 흡수되어 동화되지만, 문화적으로는 각자의 고유성과 이로 인한 다양성을 서로 수용하면서 문화적 요소들을 교환하며 공유해 나아가는 통합(integration) 방식이다. 정부조직 개편 당시 기대하는 시너지효과와 PMI의 목표는 바로 이러한 통합방식을 상정한다. 셋째, 모든 문화적 요소들과 관행들을 통폐합 이전 상태 그대로 보존하면서 모체조직 출신 구성원들 간에 최소한의 접촉만을 하게 되는 격리(separation) 방식이다. 넷째, 일방의 문화적·관리적 특성들이 상대방으로부터 전혀 채택되지 않고 유기되는 가운데 깊은 상실감과 스트레스가 만연하게 되는 문화말살(deculturation) 방식이다 (Cartwright & Cooper 1992).

이 네 가지 방식 중 통폐합 조직 내에 높은 수준의 갈등과 부정적인 결과를 낳는 것은 격리와 문화말살 방식이다. 특히 문화말살 방식으로 적응한다는 것은 통폐합 전 모체조직 문화 간의 접촉이 오히려 갈등의 역기능만을 초래한다는 것을 의미한다. 문화말살 방식으로 적응한 경우 통폐합 조직 내에 합병증후군이 만연하게 된다. 합병증후군이란 다음과 같은 언어와 행태가 난무하면서, 통폐합 전 모체조직 출신 구성원들 간 유사점에 대해서는 부정하거나 관심을 갖지 않으면서 차이점에 대해서는 과장하는 경향성을 지칭한다.

- 공격과 방어
- 우리 대 그들
- 답답한 의사소통
- 책임 떠넘기기
- 승리 대 패배
- 어느 부처 출신은 찬밥 신세

통폐합조직 내에 합병증후군이 만연하면 〈그림 7-2〉에서 보여주는 것처럼 남극빙하 은유(Kilmann et al. 1985)가 현실이 된다.

- 남극에 떠 있는 두 개의 빙산을 상상해 보라. 각 빙산의 일각은 두 조직을 이끌고 가는 최고관리자층을 의미한다. 통폐합이 결정됨에 따라 두 개의 빙산은 하나로 결합될 때까지 서로를 향해 움직인다. 그러나 빙산

그림 7-2
남극빙하의 은유

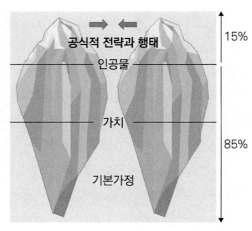

들이 서로 접근할 때 만나는 것은 수면 위에 드러난 빙산의 일각(15%)이 아니라, 통폐합 전 모체조직들의 문화를 나타내는 수면 아래에 있는 커다란 얼음덩어리 부문(85%)이다. 시너지 대신에 문화적 충돌과 갈등이 있는 것이다.

정부조직개편 전 남극빙하 은유를 염두에 둘 필요가 있다. 과거 능률논리에 입각한 정부조직 개편에서는 인간과 조직문화 요인에 주목하지 않았다. 피상적 수준에서 화학적 융합에 대한 기대와 하향적 접근이 있었을 뿐이다. 조직통폐합으로 인해 유발될 수 있는 문화충돌과 갈등의 역학을 인식하지 못했거나 무시하였던 것이다. 또한 통폐합 목적에 적합한 PMI 전략을 실행해야 한다. 예컨대 기능중복·중첩과 같은 가외 자원의 합리화가 통폐합 목적이라면, PMI도 통폐합 대상 조직 간 상호의존성은 높이되 한 조직의 자율성은 제약하는 흡수 전략을 적용해야 한다. 동화의 문화변용을 가정한 것이다. 그러나 통폐합 목적이 시너지 효과와 공동가치 창출에 있다면, 대상 조직 간 상호의존성도 높이고 양 조직의 자율성도 보장하는 공생 전략을 적용해야 할 것이다. 통합의 문화변용을 가정한 것이다.3)

　　조직은 내부 업무수행과 외부 환경적응 과정에서 고유한 역사를 만들어간다. 이러한 조직 역사에는 구성원들 사이에 인지와 감정의 공통성을 담는 문화코드가 들어 있다. 문화코드는 어떤 사건이나 대상에 대한 무의식적인 의미해석을 나타낸다. 문화코드는 일상에서 인식되기 어렵다. 역사가 길고 정체성이 강한 조직일수록 문화코드가 정밀하고 단단하게 형성되어 있다. 이러한 조직에서는 주요한 조직생활 방식(예: 승진 같은 보상, 금기 언행, 회의 같은 집합상황에 적절한 행동, 업무 종료에 대한 암묵적 기준 등)이 대부분 구성원의 무의식 속에 공통적으로 자리 잡고 있다. 이렇게 강한 문화를 보유한 조직들이 통폐합될 경우 다음과 같은 과정을 밟으며 문화갈등이 필히 일어난다.

　　첫째, 통폐합조직의 구성원들은 모체조직 출신별로 상대진영의 조직생

---

3) M&A 전략으로 ① 인수대상을 흡수할 목적으로 핵심자산 흡수와 가외 기능 및 인력을 정리하는 흡수합병(annex & assimilate), ② 새로운 역량의 습득 목적으로 인수 대상조직의 핵심역량과 인력을 보존하는 수확보존(harvest & protect), ③ 공동가치와 시너지 효과 창출을 목적으로 조직 간 학습·재생을 가속화하는 연계촉진(link & promote) 등 세 가지를 제시할 수 있다. 이러한 전략유형에 상응하는 PMI 결과가 있다. 인수자와 인수대상 간 상호의존성 차원과 인수대상의 자율성 차원을 결합하여 흡수(absorption), 보존(preservation), 공생(symbiosis) 등으로 분류된다(Galpin & Herndon 2014; Brueller et al. 2018).

활방식에 대해서 차이점을 지각하게 된다. 둘째, 구성원들은 이러한 차이점을 평가하게 되는데, 자기 쪽의 방식은 우월하게 상대진영의 방식은 열등하게 본다. 셋째, 구성원들은 상대진영을 공격하면서 자기 쪽에 대해서는 방어적인 태도로 일관한다. 인사이동, 부서장 교체, 업무중복, 책임소재 불분명 등 상황에서 남극빙하의 은유가 실재화된다. "어디 부처 출신은 찬밥 신세"와 같은 합병증후군의 언어, 교묘하게 위장된 복지부동, 심지어 노골적인 반발로 통폐합조직은 문화충돌의 장이 된다.

3〉 통폐합 정부조직의 문화충돌 사례[4]

통폐합에 따른 정부조직 간 갈등을 문화적 관점에서 설명하기에 좋은 사례가 과거 재정경제원이다. 재정경제원(재경원)은 1994년 말 정부조직 개편에 의해 기존의 경제기획원(기획원)과 재무부가 통폐합되어 설립되었다. 재경원은 설립 당시부터 '공룡부처' '한 지붕 두 가족' 등과 같은 부정적 용어로 끊임없는 비판을 받았으며, 외환위기로 일컫는 1997년 국제통화기금(International Monetary Fund, IMF)의 구제금융 요청사태에 대한 책임에서 자유롭지 못했다. 내부적으로는 통폐합 전 모체조직인 기획원과 재무부 출신 간의 대립과 갈등이 지속되었다. 결국 재경원은 1998년에 해체되어 재정경제부와 기획예산처로 분리되었다.

1) 기획원과 재무부의 조직문화

경제기획원은 1961년 설립되어 우리나라 경제발전을 주도했던 정부부처이다. 기획과 예산 기능을 통해 국가의 재정과 경제정책을 총괄 조정하였다. 총괄 조정역량은 특정 관점과 이해관계를 넘어 종합적인 시각과 균형 감각을

---

4) 최성욱(2001)을 기반으로 함.

요구한다. 기획원의 조직문화는 관료조직 분위기 속에서도 자유로운 토론이나 새로운 아이디어의 제안이 장려되는 등 총괄 조정역량에 요구되는 요소들을 지니고 있었다. 재무부는 1948년 대한민국 정부 수립과 함께 설립된 기본적인 국가기능 부처이다. 국가세제와 금융 등에 관한 정책수립과 함께, 국가회계와 은행관리를 핵심과업으로 했던 집행 성격이 강한 부처조직이다. 집행은 속성상 법적 책임성, 정확성, 안정성, 일관성 가치가 우선한다. 집행조직의 의사결정에서는 계층적 질서, 기술 전문적 지식과 식견, 비밀주의가 중시된다. 재무부의 조직문화는 이러한 집행역량 요소들을 지니고 있었다.

두 조직의 문화속성들을 기본가치, 상호작용과 결정·관계 패턴, 적응전략에 따라 비교해 보겠다.

(1) 기본가치

기획원에서는 새로운 아이디어와 개인의 가치가 중시되었다. 구성원 개인적 고집과 독단도 종종 용인되었다. 재무부 출신들은 이러한 기획원 출신들에 대해서 "현실을 모르는 이상주의자" "탁상공론" "땅에서 5m 정도 떠 있다"와 같은 말로 특징지어 도식화하였다. 기획원에서는 관료조직치고 즉흥성과 변화 가치가 중시되었다. 인터뷰에서 재무부 출신 구성원은 이에 대해 "기획원이 한건주의와 즉흥적인 아이디어를 좋아하며, 너무 변화를 지향해서 제도의 수정을 좋아한다"고 표현한다.

기획원의 기본가치를 나타내는 문제해결 도식을 두 가지로 축약할 수 있다. 첫째, 문제가 발생하면 외국사례에 기초하여 아이디어를 발굴하고, 한 페이지 가량의 짧은 분량으로 보고서를 작성한다. 이후 대통령의 재가를 받고 관련 부처에 하달한다. 이 도식은 현안에 대한 세밀한 검토보다는 새로운 아이디어 발굴에 강조점을 둔다. 둘째, 문제가 발생하면 대책반을 구성하고, 해결대안을 공표하여 여론동향을 파악·수렴한 후 최종안을 결정한다. 이 도식은 일명 '애드벌룬 작전'으로서 정책의 실행가능성을 미리 시험해 보는 일종의 사전실험전략이었다.

재무부는 현실과 집단결속을 중시하였다. 현실가치에 대한 강조는 인터뷰에서도 잘 드러난다. 재무부는 "항상 현실에 우선적인 가치를 두고 정책을 하였으며, 법규에 따라 구체적인 실천 방안과 향후 책임 소재를 염두에 두면서" 직무를 수행하였다. 기획원 출신들은 인터뷰 중에 "재무부 출신들은 집요하다" "현실주의자이다"와 같은 언어로 재무부 출신들을 도식화하였다. 앞서 말한 바와 같이, 재무부 출신들은 기획원에 대해 '현실을 모르는 이상주의자'와 같은 표현으로 특징짓는데, 상대방 인물 또는 조직 도식에 '현실'이라는 용어를 강조하여 부착했던 것은 자신이 그만큼 현실 가치를 중시한다는 반증으로 볼 수 있겠다.

재무부는 힘이 있고 내부결속력이 강하다는 이미지를 가지고 있었다. 재무부 하면 흔히 '모피아(Mofia)'를 떠올리는 것이 이러한 이미지를 대변해 준다. Mofia는 재무부의 영문약칭인 MOF와 Mafia의 합성어이다. 모피아는 재무부 집단에 공헌한 정도에 따라 보상을 받는 체계로 정의할 수 있다. 한편 내부결속력의 범위는 재무부 조직 전체를 아우르는 것이 아니라 실국 단위의 내부부서에 한정되었다. 재무부에서는 실국 단위 간에 경쟁과 갈등이 높은 반면, 실국 내에서는 동료애와 단합 그리고 일치된 의견이 높게 나타났다. 내부집단의 결속력이 강한 만큼 외부집단에 대한 패쇄성도 강하였다.

(2) 상호작용과 결정·관계 패턴

① 의사소통방식

기획원에서는 구성원 간 의사소통이 원활하고 자유토론 관행이 활성화되어 있었다. 인터뷰로 확인한바, 재경원으로 통폐합된 후 어떤 사무실을 방문했을 때 회의탁자에 둘러앉아 토론하는 광경을 보았다면, 그 사무실은 구성원 비율이 기획원 출신이 많거나 책임자가 기획원 출신이라고 생각하면 틀림없다는 것이다. 실제 과 단위 사무실을 방문하면 이러한 차이를 발견할 수 있었다. 기획원에서는 기안단계부터 아이디어와 자료를 공유하였다. 비교적 열린 의사소통과 아이디어의 공유를 문제해결의 동력으로 삼았다. 고시에 합격하여 기획원에 배치되면 이론가나 달변가가 된다는 말이 있었다. 이는 비교적 자유로운 대화와 토론 분위기에서 설명력을 체득하는 특성을 나타낸다. 퇴직관료의 회고에 의하면, 구성원들 사이에 자꾸 대화를 해야 하고 그러다 보니 자기능력 없이는 이 조직에서 생존할 수 없음을 스스로 깨닫게 된 것 같다는 것이다(김홍기 편 1999: 109). 이와 같은 상호작용방식으로 기획원 구성원들은 조정을 위한 종합적 시각과 설득능력을 습득해갔다.

재무부는 상호작용과정에서 토론보다는 상하 간 일대일 대면으로 특징 짓는다. 주로 상하 간 일대일 대면방식에 의해 의사결정을 하기 때문에 내부 부서들 간 정보교류는 단절된 양상을 보였다. 피면접자에 의하면 장관의 결재가 나기 전까지는 거의 모든 자료는 공개되지 않는다. 기안단계부터 자료를 공유하는 기획원과는 대조적이다. 과 또는 팀 내부에서도 토론은 거의 없고, 해당 직무의 담당 과장과 사무관 중심으로 결정이 이루어졌다. 자신이 맡고 있는 업무에 대해서 동료들이 논평하는 것을 싫어하고 서로 간섭하는 것을 금기시하였다. 외부로부터 자기영역의 업무를 침해받았다고 인식될 때 해당 과 또는 사무관은 무능하다고 취급받는 경향이 있었다. 외부에서 자기 업무에 대한 정보를 공유하게 되면 전문성 측면에서 독점적인 우월성이 침해받고 이에 따라 권한도 손상될 수 있다고 인식하였다. 그래서 재무부 구성원들은 직무수행 시 보안유지에 많은 신경을 쓰고 정보교류는 가급적 하지 않았다. 해당 직무와 관련된 수직라인의 구성원들끼리만 정보를 공유하는 경향을 보였다.

② 상하관계 양태

기획원은 관료조직치고 상하 계급의식이 비교적 희미한 양태를 띠었다. 상하 간에 의사소통이 원활하게 이루어지는 편이었다. 조직분위기상 상관은 부드럽게 부하를 대하고 부하는 상관에게 자기의견을 비교적 자유롭게 표현할 수 있었다. 피면접자들에 의하면 결재나 보고 시 부하는 자유로운 자세로 상관을 응대하였다. 예컨대 와이셔츠 차림으로 슬리퍼를 신은 채 결재를 받는 것이 통상적이었다. 실국장실이나 차관보실도 비교적 자유롭게 드나드는 분위기였다.

재무부는 수직적 위계질서가 비교적 엄격한 조직이었다. 피면접자들의 이야기를 토대로 재무부 내부부서에서 이루어지는 전형적인 보고와 결재 상황을 재연해보자. "결재시간이 다가오면 보고서류를 정리하고 거울 보며 옷차림과 용모를 확인한다. 그런 후 조심스럽게 국장실 방문을 열고 정중하게 인사를 한다. 보고서류를 건넨 후 부동자세로 지시사항을 받는다. 국장님의 지시가 끝나면 정중하게 인사하고 조심스레 방문을 열고 나온다." 기획원과 비교하면 매우 대조적이다. 식사 때 상관보다 먼저 숟가락을 들지 않는다든지, 복도를 지나갈 때 상관이 부하보다 먼저 인사하는 법은 없다든지 하는 피면접자의 이야기도 이 조직의 비교적 엄격한 상하 위계질서를 나타내주고 있다.

③ 결정 및 서열 패턴

기획원은 내부적으로 기획부서와 예산부서에 상이한 하위문화가 공존하였다. 기획국에서는 독창성과 개성이 중시되는 데 비해 예산실은 집단협동을 강조하였다. 예산실은 마치 재무부와 같다고도 하였다. 조직 전반적으로는 기획부서가 보유한 문화적 속성들이 지배하였다. 이는 인사와 의사결정 관행으로부터 비롯되었다. 내부부서 간 정기적 인사교류를 하고 기획부서원을 예산부서원보다 가급적 우대함으로써 힘센 예산부서에 대한 구성원들의 선호를 조절하였다. 내부부서의 서열도 상징적으로 경제기획국, 정책조정국 다음으로 예산실을 배치했다. 그럼으로써 기획국이 부처의 총괄업무를 주도하였고, 장·차관의 가장 두터운 신임을 받는 인사가 관행적으로 경제기획국장직을 맡게 되었다. 전형적인 보직경로는 전문분야로부터 총괄분야로 밟아갔다. 차관과 1급 고위직들로 구성된 인사위원회를 통해 조직 내 주요 인사를 결정하였다. 타 부처에서 전입되어 오더라도 능력과 경력에 따라 기존 근무자와 동등한 대우를 받을 만큼 개방적이었다.

재무부에서는 부서 간 인사이동이 용이하지 않고, 장기간 보직하는 경향이 있었다. 신규채용 외에는 극히 제한적으로 국세청과 관세청 등 산하기관으로부터만 충원되었다. 또한 피면접자의 표현에 의하면 'royal road'라고 불리는 금융핵심라인이 비공식적으로 "미리 정해져 있어서," 이 라인에 끼지 못한 구성원들은 승진에 미련을 두지 않거나 산하기관으로 이동하였다. 가장 중요한 인사기준은 "재무부에서의 밥그릇 수"라고 표현되는 이 조직에서의 근무연수였다. 내부 실국 간에도 배타성이 있었다. 근무평정에서 타 실국으로부터 전입해온 구성원은 근무경력상 우선순위에서 밀리는 경우가 많았다. 그렇기 때문에 구성원들은 내부부서 간 인사이동을 꺼렸다. 내부부서 간 인사이동은 "마치 회사를 옮기는 것처럼" 쉽지 않은 일이었다고 회상한 피면접자도 있었다. 인사위원회가 있으나 형식적이었고, 실질적인 권한은 장·차관에게 있었다. 국·과장은 물론 사무관의 인사까지도 장·차관이 직접 결정하는 경우가 많았다. 승진서열은 통상 고시횟수와 임용일자순에 따랐다. 보직서열도 기획원의 경우와는 달리 행정담당이 수석계장이었다. 통상적인 의사결정도 소수 핵심간부 중심으로 이루어졌다. 중요한 의사결정은 많은 경우 비공식적으로 처리되었다. 인터뷰에서 확인한바, 재무부의 힘은 비공식적인 창구지도에 있었다. 통폐합 후 재경원에서 기획원 출신들이 재무부 라인의 부서로 발령이 나면 "겉도는" 경우가 많았다고 한다. 재무부 조직의 중요한 작동메커니즘이 비공식적 차원에 있었음을 예증하는 말이다.

(3) 적응전략

사회생물학에서 말하는 r전략은 경쟁자들이 환경을 파괴하기 전에 기존 자원을 사용하여 조기에 번식하며, 환경이 악화되기 전에 새로운 서식환경을 찾아 나선다. 이에 비해 K전략을 선택하는 생물은 다른 개체에 대항하여 같은 종끼리 일정한 터를 점유하여 사회적 유대를 강화하며, 안정된 과밀 환경에서 높은 경쟁력을 발휘한다(Wilson 1980: 47-48). 기획원 출신 구성원은 새로운 환경을 찾아 적응하는 경향을 보여 마치 진화전략 r에 비유할 수 있다. 반면 재무부 출신 구성원은 관할권 내에서 고유 적소를 보존하고 생명력을 유전시키는 전략 K에 비유할 수 있다.

기획원 출신 구성원들은 한 보직에 장기간 머물지 않고 기회가 있으면 새로운 곳으로 옮겨가는 경향이 있었다. 인터뷰에 응했던 공무원도 "조직 전반적으로 변화와 이동이 장려된다"고 말하였다. 실제 기획원 출신들은 타 부처의 실·국장직뿐만 아니라 장·차관으로 진출하는 경우가 많았으며, 정치영역에 입문하는 경우도 비교적 많았다. 인사 관행과 함께 예산기능이라는 자원 활용을 통해 r전략과 유사한 적응 양태를 보였다. 기획원 예산실의 고객은 타 부처의 고위관료들이기 때문에 예산을 매개로 부처 간 교류가 많았으며, 그러다 정작 교류 부처로 전출하여 승진하는 기회도 많았다(김홍기 편 1999: 93). 타 부처에서도 기획원 예산실 출신들이 자기 조직으로 부임하기를 원하였다. 재경원 당시 "낱알만 주어도 20억 원"이라는 속어가 회자되었는데(박태견 1997: 62), 이는 예산실의 힘과 정치성을 반영한 것이다. 여기에서 낱알은 예산실 소속의 공무원을 의미하며 20억 원은 확보될 수 있는 예산을 지칭한다. 기획원 출신들은 이와 같은 예산의 정치권력과 조정 역량을 토대로 새로운 서식지를 찾아 잘 적응하여 생존하였다.

이에 비해 재무부 출신들은 산하 금융기관에 대한 비공식적 행정지도를 매개로 구축된 연계를 통해 고유한 터를 만들고 생존을 구가하였다. '모피아' 집단은 배타적인 자기이익을 추구하면서 퇴직 후에도 자기 터를 지키며 살아간다. 온정주의적 권위관(박종민 1996)을 토대로 형성된 금융업계와의 관계, 그리고 축구회를 비롯한 각종 동호회를 통한 비공식적 활동은 재무부의 힘과 실재를 보여준다. 재무부의 권력과 실재는 공식적인 차원보다는 비공식적인 차원에 있었다. 피면접자에 의하면, 재무부에서 축구시합은 "신참의 집단적 응과정, 그리고 현직과 퇴직 공무원의 연결고리"로서 중요한 의미를 가지고 있었다. 이와 같은 비공식적 차원의 기제들을 통해 재무부 출신들은 외부인에 대한 배타성과 비밀유지가 체화되었다. 이들은 '모피아'라는 고유의 터를 지키면서 생존하였다. 자기 터를 벗어나면 적응력이 낮아졌다. 피면접자는 이와 관련하여 재무부 출신들이 "타 부처나 산하기관으로 이동하는 것을 싫어하였다."고 회고하였다. 실제로 재무부 출신들은 자기 터 밖의 다른 영역으로 진출하는 경우가 비교적 적었다. 재경원 초창기에 7~8명을 대상으로 해외 유학을 내보내는 프로그램이 있었는데, 기획원 출신들은 지원자가 넘쳤고 상급자들도 권유하는 편이었다. 반면 재무부 출신의 경우 지원자가 없었다. 재무부 출신들 사이에서는 "이렇게 힘든 상황에서 나가면 낙동강 오리알

되지 않을까" 하는 우려가 있었다는 것이다.

지금까지 본 것처럼 기획원과 재무부의 조직문화는 상이하다. 인터뷰에서 확인된바, 양 출신의 관료들은 상대 조직과 인물에 대한 명확한 도식과 이미지를 가지고 있었으며, 서로 다르다는 것을 분명하게 인식하고 있었다. 그러면 이렇게 다른 두 조직이 통폐합된 과밀 환경 속에서 어떻게 갈등하고 어떤 문화변용양식으로 적응했을까?

2) 통폐합 후 문화갈등과 문화변용

(1) 문화차이에 의한 갈등원리

통폐합 재경원은 인사, 정책과정, 일상근무생활 등 대부분의 조직운영과정에서 두 모체조직 사이에 차이를 드러내었다. 양 조직 간 갈등이 심화되면서 두 출신들은 기존에 보유하고 있었던 문화적 속성들을 오히려 강화하였다. 예컨대 자신과 다른 문화적 속성을 가지고 있는 내부 부서로 발령이 날 경우 자신의 문화가 위협받는 것에 대해 더욱 방어적인 행태를 보였다. 자신의 문화적 속성과 일치되지 않는 정보는 무시해버리거나 또는 이에 대한 지각을 수정하면서 확증편향성을 보였다.

두 모체조직 간의 문화충돌은 문화가 갖는 내집단 중심성으로 발현된다. 이것은 상대방에 대해 느끼거나 지각하는 차이로부터 시작한다. 충돌과 갈등은 객관적 차이에서 비롯되는 것이 아니라, '느끼거나 지각되는 주관적 차이'에서 비롯되는 것이다. 이때 상대적 박탈감이 작동하면 문화와 관계 갈등은 악화될 수 있다(문명재 외 2012). 〈그림 7-3〉은 양 조직이 가지고 있는 문화의 차이로 인해 발생하는 갈등원리를 보여주고 있다.

상이한 문화적 속성을 보유하고 있으면 동일한 사건이나 개념에 대해서도 상이하게 해석하고 반응을 한다. 비호환적인 불일치 정보를 처리하는 과정에서 양 출신의 관료들은 각자 자기충족적 예언과 같은 자기편향적 설정(enactment)에 의해 기존의 자기 문화를 고수한다. 화합을 강조하는 선언적 규범을 따라야 할 상황이 전개되면 통폐합 조직구성원들은 행동에 제한을 느

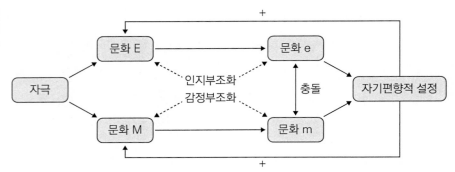

그림 7-3
조직문화의
차이로 인한
갈등원리

끼게 되며 인지 측면뿐만 아니라 감정 측면에서도 부조화를 경험한다. 인지
적·감정적 부조화를 해소하는 노력으로 조직을 탈퇴하는 경우도 있으나, 대
부분 자신이 가지고 있던 기존 신념과 가치체계를 강화하는 전략을 택한다.
요컨대 자기편향적 설정을 통해서 부조화를 해소하고, 결과적으로 통폐합 전
형성된 기존 신념과 가치체계인 모체조직 문화는 오히려 강화된다. 통합을
위한 PMI 전략과 문화변용이 실현되려면 무엇보다 이러한 부조화를 제도적
으로 해소하여 자기편향성의 작용을 완화해야 할 것이다.

　　자기충족적 예언으로서의 설정 개념을 통해 '일방이 타방에 대한 비호
환적 관념과 도식을 명확하게 가지고 있으면, 양자 사이에 갈등과 충돌은 불
가피하게 발생한다'는 논리적 타당성을 높일 수 있다. 자기충족적 예언은 의
미구성의 원형이다(Weick 1995: 35). 재무부 출신들은 기획원과 구성원에 대해
이상주의자라는 관념을 가지고 행동하고, 기획원 출신들은 재무부와 구성원
에 대해 현실주의자라는 전제 하에 행동한다. 그래서 이들은 각자 자기충족
적 예언을 하게 되고, 그 결과 상대방에 대한 이해와 수용보다는 오해와 반
대가 양자 사이를 지배한다. 이렇게 자기만족편향성이 지배하는 관계에서 공
동의 이해가 얽히는 상황이 전개되면 문화적 충돌은 불가피하며 갈등이 고조
된다.

　　재무부가 주류인 부서에 기획원 출신이 발령 나든지, 반대로 기획원이
주류인 부서에 재무부 출신이 발령 받아 근무하는 상황을 가정해 보자. 기획
원 출신 신임과장의 머릿속에는 재무부 출신 과원들이 방어적이고 외부인에

　　PART 02. 정부 내부영역의 갈등관리

게 배타적인 사람들로 그려져 있다. 그래서 기획원 출신의 신임과장은 중요한 업무에 재무부 출신들을 제외한다. 신임과장의 이러한 태도와 행태는 재무부 출신들에게 더욱 방어적이고 배타적인 반응을 유발한다. 그러면 결국 신임과장의 머릿속에 원래 그려져 있던 재무부에 대한 도식이 확인된다. 그러나 재무부 출신 과원들의 머릿속에는 기획원 출신 신임과장이 금융현실과 이에 관련된 미세한 사항들을 알려고 하지 않고 오히려 방해하려는 '순진한' 인사로 그려져 있다. 이러한 관념과 도식에 입각하여 재무부 출신 과원들은 신임과장을 내심 무시하고 여태 해오던 방식으로 직무를 수행한다. 이러한 행태를 보고 기획원 출신 신임과장은 재무부 출신들을 방어적이고 보수적인 사람들이라고 생각한다. 각자 자기 예언이 적중한 것이다.

기존 관념과 도식에 부합하지 않는 정보에 직면하는 상황에서 개인에 대한 관념과 도식은 변할 수 있지만, 집단에 대한 관념과 도식은 비교적 오래 지속된다(Fiske & Taylor 1984: 177). 재경원에서 기획원 출신들은 현실주의적인 재무부가 아닌 실례를 접하고, 재무부 출신들은 이상주의적인 기획원이 아닌 실례를 접하기도 한다. 이렇게 기존의 관념과 도식에 합치되지 않는 정보를 접할 때 개인에 대한 인물도식은 변할 수 있어도 집단도식은 지속될 가능성이 높은 것이다.

(2) 조직 간 갈등 후 문화변용방식

통폐합 조직은 갈등을 겪으면서 PMI 관리역량에 따라 동화, 통합, 격리, 문화말살 네 가지 문화변용 중 한 방식으로 적응한다. 통폐합 후 시간이 흐를수록 재경원을 둘러싸고 "기획원의 재무부화"를 언급하는 이야기들이 많아졌다. 예컨대 "경제기획원과 재무부의 통합은 '경제기획원의 재무부화'로 귀결되고 있다"(최병선 1997); "재정경제원의 영문약자인 MOFE에서 E가 묶음 처리되어 전반적인 분위기가 재무부 쪽으로 치우치고 있다"(신동아 1995.6: 246); "1996년 장·차관을 포함한 재경원 과장급 이상 간부 1백 40명이 가진 연찬회에서 '기획·조정기능의 실종이 큰 문제'라면서 정책조정기능 활성화가 가장 큰 토론주제였다"(이코노미스트 제333호 1996.4). 심층면접을 통해 확인한 재경원의 문화변용 방식은 다음과 같다.

첫째, 통폐합 후 '녹실회의'라고 일컫는 경제장관협의회의 기능이 약화되었으며, 재경원 내부부서 서열에서 기획원 기능을 대표하는 경제정책국이 후퇴하였다. 당시 재경원 장관도 회고록에서도 조정기능의 약화를 지적하였다. 그에 의하면, 재경원 설립 이후 경제정책을 총괄 조정하는 구심체의 약화 문제가 끊임없이 제기되어왔다(강경식 1999: 361). 그리고 시간이 경과함에 따라 간부급 보직에서 재무부 출신들은 증가하고 기획원 출신들은 감소하는 경향을 보였다. 재경원 출범 당시 본부 과장 64명 중 절반인 32명씩 양 조직 출신으로 균등하게 임명하였다. 그런데 2년이 경과된 후 재무부 출신의 과장이 40명 이상으로 증가하였다.

둘째, 재경원 내부부서들 사이에 상호작용이 원활하지 못하였다. 독립부처를 방불할 정도로 내부부서들은 서로 비협조적이었다. 예컨대 경제정책국이 금융개혁정책에 관여하는 것이 불가능해졌다. 금융개혁은 금융정책실의 '고유' 업무라고 인식되었기 때문에 정책에 대한 총괄조정기능을 수행하는 경제정책국이라도 간여하거나 조언을 하거나 견제하는 것이 어렵게 되었다(김홍기 편 1999: 492-493). 실·국별로 철저하게 "집안단속"을 하여 바로 인접한 실·국의 일도 모르거나 몰라야 하는 상황이 벌어졌다. 재경원 자체로 "재경원 장벽 허물기"란 제목의 보도 자료를 발표하기까지 하였다. 이러한 사실들을 통해 재경원 내부부서 사이에 의사소통과 정보교류가 원활하게 이루어지지 않았음을 확인할 수 있다.

셋째, 국장급 이상 책임자가 기획원 출신이냐 재무부 출신이냐에 따라 사무실 출입문의 개폐상태에 대한 정반대 현상이 나타났다. 기획원 출신이 책임자로 있는 경우 국장이나 차관보가 사무실 내에 근무 중일 때는 방문을 열어놓고 외출 중일 때는 방문을 닫았다. 반면 재무부 출신이 책임자로 있는 경우 국장·차관보가 사무실 내에 근무 중일 때는 사무실 문이 닫혀 있어 결재를 받으려면 조심스럽게 노크한 후 사무실 문을 열고 들어가야 되고, 이들이 외출 중일 때는 비서가 문을 활짝 열어놓아 현재 사무실 내에 국장이나 차관보가 없다는 것을 간접적으로 알렸다. 사무실 배치도나 방문 개폐 상태와 같은 물리적 환경은 가장 가시적으로 양 조직의 문화 차이를 확인할 수 있는 인공물이다. 시간이 흘러가며 재경원에서는 출신에 상관없이 국·실장급 이상의 사무실 출입문이 근무 중에도 닫혀 있는 경우가 많았다. 이 점 역시 문화변용 방식을 해석하는 단초가 된다.

끝으로 재경원에서 의사결정은 주로 상명하달 식으로 이루어졌다. 부하직원들은 대면결재를 선호하고 소신적인 업무처리보다는 상관의 의견에 따라 업무처리를 하는 경향을 보였다. 이는 재경원에서 상하 간의 위계질서가 강조되면서 조직생활에 패쇄성과 비공식적 차원이 부각되었던 것을 나타내준다. 이러한 주요 행태와 지표들을 통해 문화변용을 해석하면 재무부 위주의 동화와 양자의 격리가 혼재된 방식이라 하겠다. 기획원 문화로서 조정 속성은 약화되었다. 재경원에서 토론이나 의사소통은 활성화되지 못하였다. 재무부 문화로서 내부부서 간의 정보교류 단절, 상하위계질서, 패쇄성, 비공식성 등 속성은 부각되었다.

왜 재경원은 기획원의 재무부화 방향으로 적응하게 되었을까? 어떤 상황조건들에 의해 기획원 문화의 속성들은 비활성화되고 재무부 문화의 속성들은 부각하게 되었는가?

(3) 문화변용의 상황조건

첫째, 재경원에서 문화변용을 가져온 상황조건 중 하나는 화합을 강조하는 선언적 규범이었다. 통폐합조직 초기단계에서 장·차관과 같은 리더급 행위자들은 기획원과 재무부 간 화합을 지속적으로 강조하였다. 예컨대 장님과 앉은뱅이 우화까지 들어가며 두 출신 간 융화를 주문하였다. 장·차관들은 기회가 있을 때마다 조직 내 결속과 단결을 요구하였다. 이러한 집단 결속력과 단결의 규범은 재무부 문화의 속성과 부합한다. 재무부는 내부부서단위에서 동료애와 단합 그리고 의견일치를 중시하였으며, 집단 내 협동 가치가 체화되어 있었다. 한편 선언적 화합 규범을 실행하는 주요수단으로 혼합교차인사를 단행하였다. 전문성과 자원에 따른 합리적 인사평가보다는 균등 원칙에 따라 인위적으로 혼합교차인사를 단행하였다.

이러한 혼합교차인사는 화합을 강조하는 조직적 요구의 상징이다. 혼합교차인사는 통폐합 조직 내 집단경계에 대한 합의 또는 포함과 제외의 기준에 대한 심층적인 고려가 없이, 상명하달식의 일방적 화합요구의 표현물이다. 정책결정 과정에 영향력을 행사할 수 있는 과장급 이상에서 기획원과 재무부 출신이 균등하게 배치되었다. 인사관리방식에서 기획원은 비교적 구성원의 성취능력을 중시하면서 개방적으로 결정하였다. 이에 비해 재무부에서는 일반적으로 고시횟수, 임용일자순에 따랐으며 패쇄적으로 결정하는 경향이 있었다. 재경원의 혼합교차인사는 기획원보다는 재무부의 인사관리도식에 더 부합하는 조건을 가지고 있었다.

둘째, 일반적인 상위계층의 속성을 재경원 문화변용의 상황조건으로 제시할 수 있다. 권위주의 문화권에서 상급자 위치에 있는 사람들은 하급자나 연하자가 항상 복종적인 태도를 취하는 것을 좋아하는 성향이 있다(백완기 1982: 56-57). 이러한 문화권의 조직에서는 상위계층으로 갈수록 상하위계질서를 강조하고, 권위주의적 조직문화를 선호하는 경향이 있다. 인터뷰에 의하면 재경원 상관들에게는 재무부 출신이 더 좋고 편했다고 하였다. 재무부 출신들은 충성심도 강하고 상관에게 이의제기도 하지 않았다. 정부부처 본청 수준에서는 사무관이 대부분 부하직급에 속한다. 사무관에게는 폭넓고 장기적인 안목이 기대되기보다는 협소하지만 전문성이 요구된다. 이 때문에 비교적 전문성이 높은 재무부 출신의 사무관이 선호되었다. 그리고 실제 업무를 처리하다 보면 보안유지와 대외적으로 업무협조가 긴요한데, 재무부 출신 사무관들은 비밀유지가 체화되어 있고 산하기관들과 유대관계가 이미 형성되어 있었다. 이러한 점들이 출신과 무관하게 상관의 입장에서는 재무부 출신 부하를 선호하게 된 상황조건으로 작용하였다.

셋째, 조직통폐합으로 증가된 조직 규모와 밀도를 재경원 문화변용의 상황조건으로 제시할 수 있다. 재경원은 통폐합 전에 비해 조직 규모가 두 배로 커졌지만, '인공위성'이라고 일컫는 잉여인력 문제를 해결하지 못하였다. 그 결과 재경원 구성원들은 과밀 환경에서 근무하였다. 인공위성은 파견 내지 교육의 명목으로 기관 외부에 근무하는 관료를 일컫는 용어로, 우리나라에서 정부조직 개편 이후 형식적인 인력 감축에 따른 현상이었다. 재경원 설립 당시 본부 정원은 축소되었으나 감축대상 인원을 별도 정원으로 관리한 다는 방침에 따라 국제기구, 국내연구기관, 관련위원회, 국회 등 외부조직으로의 파견이나 유학이 권장되었다. 통폐합 후 2년이 지난 시점에서 재경원 본부에 근무하는 국장인원은 29명이었지만, 파견 12명, 교육 5명 등 소위 인공위성인 국장인원도 17명이었다. 본부근무 과장인원이 88명이었는데, 파견 59명, 교육 26명 등 외부근무 과장인원만도 85명이었다(박수경 1997: 145). 따라서 재경원은 전체적으로 과밀 환경이었다. 이러한 환경에서 재경원 구성원들은 자신의 진로에 대한 불안을 느꼈다. 이 같은 불확실성을 해소하기 위해 구성원들은 다양한 방법을 통해 "자신을 조직 내에 알릴 필요"가 있었다. 이 상황에서 기획원 출신보다는 재무부 출신들이 유리하다. 재무부 출신들은 과밀 환경에서 높은 경쟁력을 발휘하는 능력(K전략)을 가지고 있고, 비공식적 대인관계나 외부자원을 활용하여 조직 내 자신을 알릴 다양한 방법들을 동원할 수 있었다.

요컨대 재경원이 처한 환경은 K전략의 속성을 보유하고 있는 재무부의 문화적 속성에 유리했다. 선언적 화합 규범을 실행한 혼합교차인사방식, 권위주의 문화권에서 상급자의 속성, 조직 규모와 인구밀도의 증가, 이 세 가지 상황조건이 작용하여 재경원은 동화와 격리가 혼재된 문화변용방식으로서 재무부의 문화 속성이 부각된 것이다.

이 사례는 정부조직개편에서 문화갈등관리의 중요성을 시사해준다. 정부조직개편의 목적은 일반적으로 효율적인 행정서비스 제공에 있다고 표방된다. 그러나 문화충돌역학에 대한 인식결여와 조직융합관리(PMI)의 실패는 통폐합 대상 조직문제뿐만 아니라 국가위기까지 초래할 수 있다. 통폐합조직에서 문화변용과정을 관리하는 유일한 최선 방법은 없다. 중요한 것은 통폐합 전 모체조직문화에 관한 지식과 함께 통폐합 목적과 전략에 관한 명확한 인식이다. 이를 토대로 문화변용방식을 예측관리하고 모체조직 출신 사이에 갈등의 순기능을 부각해야 한다. 그러기 위해서는 우선 집권세력의 정치적 이득을 우선시하는 정부조직개편에서 벗어나야 한다. 정부조직개편은 하드웨어 측면을 선호하는 제도적 환경을 가지고 있다. 하드웨어 개혁은 국민에게 보여주기가 쉽다. 그래서 정치적 목적을 위해 유용하다. 소프트웨어 측면은 조직 문화를 말한다. 문화는 변하기도 어렵고 비가시적이기 때문에 소프트웨어 개혁은 보여주기 위한 전략으로 부적합하다. 새로 집권한 세력은 새로운 것을 보여줄 필요가 있다. 국민에게 새로움을 보여줄 수 있는 것이 하드웨어를 교체하는 것이다. 이러한 제도적 환경이 하드웨어 위주의 주기적인 정부 조직개편을 낳는다(최성욱 2017). 현재까지 정부조직개편에서 문화적 통합을 실현한 사례는 없다. 최근 가장 잦은 조직개편을 해 온 행정자치부의 실·국·과 개편을 분석한 임주영과 박형준(2017)에 의하면, 환경변화에 적응하기 위한 재조직보다는 정치 요인과 같은 외생적 변화 동인에 의해 부처와 부서 명칭변경만 바뀌는 수준의 통폐합이 지속되고 있다.5) 제도적 환경과 문화적 맥락에 대한 통찰을 통해 외부 환경변화의 적응과 함께 내부 통합이 실현되는 조직개편이 되어야 할 것이다.

---

5) 예컨대 1998년 말 내무부와 총무처가 통폐합되어 설립된 행정자치부는 2008년 2월 행정안전부, 2013년 3월 안전행정부, 2014년 11월 행정자치부, 그리고 2017년 7월 행정안전부로 명칭이 변경되어 왔다.

CHAPTER 08. 정부조직의 갈등원천과 관리

막스 베버나 카를 마르크스는 집단갈등을 계층제나 사회계급의 불가피한 산물로 보았다. 하지만 고전적 관리론과 인간관계론은 조직에서의 화합과 협력을 강조하면서 갈등을 부정적으로 인식하였다. 60년대 후반에 들어서야 조직이론에서 갈등에 대한 긍정적 시각이 자리 잡기 시작하였다(Kolb & Putnam 1992: 311). 정부조직에서 발생하는 갈등을 어떻게 순기능적으로 작동시킬 것인가? 이 장에서는 정부조직에서 발생하는 갈등의 일반적인 원천과 관리방안을 살펴본다.

1) 조직갈등이론

폰디(Pondy 1967)는 세 가지 조직갈등 모형을 제시했다. 이익집단 간 경쟁 문제에 관심을 두는 교섭모형, 수직적 권위구조의 통제 문제에 관심을 두는 관료모형, 수평적 조정 문제에 관심을 두는 체제모형을 제시했다. 그는 버나드(C. Barnard)와 사이먼(H. Simon)이 제시한 유인－기여 균형이론 (inducements－contributions balance theory)을 토대로 갈등 자극과 조직 반응의 관계를 설명한다. 조직 참여자들은 업무·자본과 같은 요소로 기여를 하며, 조직은 급여·복지혜택과 같은 요소로 유인을 한다. 만약 모든 참여자들에 대해 유인이 기여를 초과한다고(유인>기여) 지각되면 조직은 균형 상태에 있게 된다. 그러나 모든 참여자들이나 상당히 많은 참여자들에 대해 기여가 유인을 초과한다고(유인<기여) 지각되면 조직은 불균형 상태로 전환된다. 이러한 불균형이 인식될 때 조직 구성원은 갈등을 경험하고 이를 조직 참여비용으로 해석한다. 그러면서 균형을 회복하려는 동기를 갖게 된다. 여기에서 균형회복 동기는 갈등해소와 참여비용감소 동기와 같은 의미이다. 조직 구성원들은 불균형을 인식할 때 갈등 강도에 따라 조직을 떠나거나 또는 조직에 남아 유인과 기여 간 균형을 맞추는 여러 행위들을 시도한다. 이러한 행위로 급여인상 등 더 높은 유인을 공개적으로 요구하거나 또는 복지부동·무사안일과 같은 소극행정 행태처럼 기여 수준을 낮추는 것을 예시할 수 있다.

1) 교섭갈등모형

이 모형은 한정된 자원을 두고 경쟁하는 이익집단 당사자들 사이에 발생하는 갈등을 설명한다. 조직정치론 학파는 조직구조에 갈등이 원래 배태되어 있다고 가정한다. 사이어트와 마치의 회사의사결정모형(Cyert & March 1963)은 회사조직을 관리자, 노동자, 이해관계자, 공급자 등으로 이루어진 연합으로 정의하고, 구성원들 사이에 발생하는 갈등현상에 주목한다. 이 모형에서 갈등은 경쟁목표들에 대한 협상 그리고 결정에 대한 지속적 관심을 통해 해결된다. 이 모형은 다원론에 입각한다. 다원론은 이익집단 연합에 초점을 둔다. 다원주의 사회는 노동력의 인구학적 배경과 노동수요가 다양화되면서 출현하였다. 이에 따라 다원주의 사회에서는 민족, 인종, 성, 사회계급에 기인한 갈등이 부각되었다. 이러한 사회갈등은 조직에도 그대로 유입되었다.

자원을 늘리거나 갈등당사자들의 요구를 감소시키면 갈등해결이 가능하다. 다원주의 사회에서 보편화된 갈등관리의 과정과 수단이 협상과 교섭이다. 여기에서 협상과 교섭은 두 가지 차원에 초점을 두고 진행된다. 첫째, 협상대표는 협상안에 대한 집단구성원들의 합의를 보장해야 한다. 둘째, 협상대표는 상대집단에 요구하는 신축성과 자기집단에 요구하는 경직성 사이에서 타협을 해야 한다. 그래서 자신의 집단은 물론 상대방 집단의 역학에도 동시에 관심을 두어야 한다. 이것이 다원주의 사회와 조직에서 발생하는 갈등해결 과정의 특성이다. 노사분규, 정부예산 갈등, 계선과 참모의 갈등이 교섭갈등모형을 적용할 수 있는 전형적인 예이다.

2) 관료갈등모형

이 모형은 계층제에서 수직적 권위관계에 있는 당사자들인 상관과 부하 간에 일어나는 갈등에 초점을 둔다. 계층구조에서 상관은 부하를 통제하려는 반면 부하는 그러한 통제에 저항하기 때문에 갈등이 발생한다. 무차별 영역(zone of indifference)에 대한 기대가 상관과 부하 간에 다를 때 갈등이 발생할 수 있다. 무차별 영역이란 조직의 유인과 구성원의 기여 사이에 균형이 이루어지는 활동영역을 지칭한 것으로, 수용영역이라고도 한다. 조직은 구성원의 기여와 조직의 유인 간의 교환으로 성립한다. 즉 조직은 고용인의 유인과 피고용인의 기여 사이에 맺어진 물리적·심리적 계약으로 작동한다. 이 영역을 벗어나서 부가적인 유인 제공 없이 상관이 부하를 통제한다면 부하는 저항할 것이며, 부가적인 기여 없이 부하가 권리를 주장한다면 상관은 통제할 것이다. 결과적으로 양자는 갈등을 경험하게 된다.

관료조직에서 상관은 부하의 저항을 개인적 권력행사에 대한 유감 표시로 해석할 수 있다. 즉 상관은 부하가 자신의 통제를 사적인 권력행사로 인식하여 이에 대한 유감으로서 저항한다고 생각한다. 그래서 관료조직에서 상관은 부하의 저항에 대해 사적인 통제를 비사인적인 규칙으로 대체하여 반응한다. 개별감독을 규칙에 의한 통제로 대체함으로써 부하의 재량행위 폭은 좁아진다. 그리고 규칙의 적용으로 부하의 행동은 예측 가능성이 높아진다. 하지만 조직에서 그의 직위권력은 그만큼 약화된다. 그래서 관료조직에서 부하는 상관을 자신의 자율성을 감소시키려는 통제자로 인식하는 경향이 있다. 일반적으로 부하는 상관으로부터 위협을 받거나 그와 갈등관계에 있다고 인식한다. 비사인적인 규칙에 의한 통제는 행위의 경직성을 가져온다. 안정된 환경에서는 이러한 규칙적 경직성이 갈등을 최소화할 수 있지만, 변동하는 환경에서는 주요한 갈등원천으로 작용한다.

3) 체제갈등모형

이 모형은 수평적인 기능관계에 있는 당사자들 사이에 발생하는 갈등에 분석의 초점을 둔다. 관료갈등모형이 상하 간 수직적 갈등에 관심을 둔다면, 체제갈등모형은 동일 계층에 속하는 조직구성원들 사이에 발생하는 수평적 갈등에 관심을 둔다. 이 모형은 5장에서 살펴본 조직갈등에 대한 마치(J. March)와 사이먼(H. Simon)의 관점으로부터 발전되었다. 조직은 목표지향체제로서 하위내부단위(하위체제)들로 구성된다. 수평적인 하위내부단위들은 각자 다른 목표와 선호순위를 갖는다. 상이한 목표와 선호순위를 가진 하위내부단위들이 상호 의존적이라면 이는 갈등의 원천이 된다. 주요한 상호의존성 유형으로 서비스나 시설물의 공동사용, 연속적인 직무수행과 정보흐름, 공동활동에 관한 합의 규칙을 예시할 수 있다.

수평적 갈등을 해소하는 방법은 두 가지로 제시할 수 있다. 첫째, 유인기제와 상벌체계의 수정, 적절한 선발과 훈련, 합리적 직무배정을 통해 하위단위 간 목표 차이와 기능 분화를 감소시킨다. 둘째, 기능적 상호의존성을 감소시킨다. 기능적 상호의존성을 감소하기 위해서 공동자원에 대한 의존성을 줄이거나, 업무스케줄(직무와 정보 흐름의 연속성)을 완화하거나, 재고품이나 우발(비상) 위험준비금과 같은 완충장치를 도입하거나, 합의에 대한 압력을 줄이는 것이다.

이 세 가지 모형이 공통적으로 제시하는 갈등에 대한 가정은 다음과 같다. 첫째, 갈등은 일련의 에피소드로 구성되며, 단계적으로 발현한다. 단계적으로 발현하기 때문에 갈등을 단면적으로 이해하기보다는 일련의 사건진행과정으로 이해할 필요가 있다. 둘째, 갈등은 조직과 구성원에게 순기능적일 수도 있고 역기능적일 수도 있다. 그리고 갈등의 원천이 조직 맥락에 있을 수도 있고 개별 구성원에게 있을 수도 있다. 셋째, 갈등은 조직체제의 환류고리에서 조직안정성과 밀접하게 연관되어 있다.1) 조직이 안정적으로 작동하는 데 있어 갈등 요소가 기여를 한다.

4) 조직갈등의 발전단계

갈등은 역동적인 사건의 연속과정이다. 선행연구들은 갈등을 유발하는 조건, 갈등당사자의 감정 또는 인지상태, 가시적인 갈등행태에 초점을 두고 갈등 개념을 정의했다. Pondy(1967)는 선행 연구검토를 통해 갈등 용어가 다음 네 가지 범주로 정의되어 있음을 발견하였다. 첫째, 자원의 한정성이나 정책의 차이와 같은 갈등의 선행조건, 둘째 스트레스, 긴장, 적대감, 걱정과 같은 갈등당사자의 감정상태, 셋째 갈등상황에 대한 갈등당사자의 인지상태, 넷째 소극적 저항으로부터 명백한 공격행태까지 이르는 갈등행태이다. 폰디는 이 네 가지 범주를 토대로 갈등을 의사결정과정에 유추하여 일련의 에피소드로 개념화하였다. 선택행위가 의사결정의 정점이듯이, 전쟁이나 공격행위가 갈등에피소드의 정점이다. 조직에서 의사결정이 일상화되거나 프로그램화되어 있는 경우처럼 갈등관리 역시 프로그램화되거나 제도화될 수 있다.

폰디가 제시한 갈등에피소드는 다섯 단계로 구성된다. 〈그림 8-1〉은 이와 같은 단계별 갈등발전 과정을 나타내주고 있다. 많은 연구들이 갈등사례를 분석할 때 이 틀을 적용한다.

첫째, 갈등의 선행조건이 있는 잠복단계이다(잠재갈등). 희소자원에 대한 경쟁, 자율성의 동기, 하위목표들 간의 불일치, 역할의 불일치와 모호성 등 갈등유발조건이 존재하는 상황이다. 둘째, 갈등을 인지하는 지각단계이다(인

---

1) 체제는 여러 가지 요소(변수)들 간 관계로 연결되어있다. 환류고리(feedback loop)란 체제를 이루는 모든 요소들 사이에 연결된 관계의 변화과정을 말한다. 부(-)의 환류도 있고 정(+)의 환류도 있다. 체제의 모든 요소관계가 부의 환류로만 구성되어 있다든지 또는 정의 환류로만 구성되어 있다면 그 체제는 불안정하다. 안정적인 체제는 부의 환류와 정의 환류가 혼합되어 있어서 항상성(homeostasis)을 유지한다. 조직이라는 목표지향체제에서 갈등 요소가 이러한 항상성을 위해 핵심적인 역할을 할 수 있다.

그림 8-1
조직맥락에서
갈등발전 과정

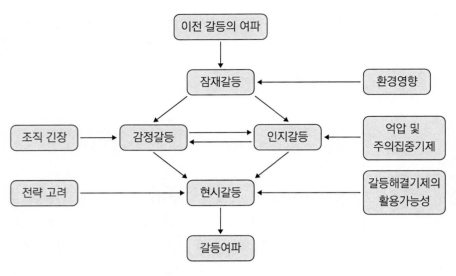

출처: Pondy(1967), p.306 Fig.1

지갈등). 잠복단계의 갈등유발조건들이 없을 경우에도 갈등은 지각될 수 있다. 이러한 주관적 갈등은 상대방의 입장에 대한 오해로부터 비롯된다. 그래서 이 상황은 당사자들 간 의사소통의 개선을 통해 해결할 수 있다. 셋째, 갈등을 감지하고 느끼는 감촉단계이다(감정갈등). 이 단계에 이르면 갈등의 개인화가 이루어지고 분노나 적대 감정이 발생한다. 넷째, 갈등이 구체적인 행위로 가시화되어 나타나는 현시단계이다(현시갈등). 물리적·언어적 폭력, 파업과 태업과 같은 공개적 공격행위, 준법투쟁이나 복지부동과 같은 다양한 갈등행태들이 등장한다. 상대방의 목표달성을 좌절시키는 다양한 행태가 나타난다는 점에서 이 단계는 갈등의 정점이며, 대부분의 갈등해결수단들이 적용되는 압박지점이다. 예컨대 노사분규시 집단협상, 정부예산에 대한 조정과 협상, 소청심사, 직무기술서를 통한 권한과 책임관계 규정이 이 단계에서 갈등해결 수단으로 적용된다. 다섯째, 갈등여파단계이다. 갈등이 만족스럽게 해결되지 못한 채 억압되어 있다면 갈등의 잠재조건들은 악화된다. 그래서 심각한 형태로 폭발할 수 있다.

2 〉 관료제 구조와 갈등조건

조직 구조론자들은 기능분화의 필요성을 강조하였다. 하지만 기능분화를 반영한 구조 설계에 따라 전문화는 심화되었고, 이로 인해 조직 내 갈등은 불가피하였다. 기능분화 구조를 가지고 있는 전형이 정부조직이다.

관료제 속성과 인간 욕구 간 불일치로 초래되는 개인갈등, 그리고 관료제와 민주주의 속성 간 갈등관계에 대해 살펴보자. 정부 관료조직은 속성상 인간의 자아실현 욕구를 차단할 개연성을 갖는다. 기능분화, 명령통일, 상명하복은 관료 개인을 미숙한 인간으로 조건화할 수 있다. 성숙한 인간은 자주성, 능동성, 독립성, 자아의식, 장기안목을 지닌다. 반면 미숙한 인간은 의존성, 수동성, 예속성, 희박한 자아의식, 단기안목을 지닌다. 관료제 양식이 지배하는 정부조직은 공무원 개인을 성숙한 인간으로서 잠재성을 사장시키면서 미숙한 인간으로서 실존하게 할 맥락이다(이에 관해서는 5장을 참고).

📖 읽어보기 8-1 | **관료제의 특성**
(출처: Max Weber. 1947. *The Theory of Social and Economic Organization*)

1. 규칙(법과 행정규제)에 의한 작동을 의미하는 관할영역원칙 하에 관료는 사적으로 자유롭고 비사인적인 공식 의무에 관련해서만 권한에 예속된다.
2. 명확히 정의된 공직계층구조로 조직화된다(계층제 원칙).
3. 모든 공직은 법적인 면에서 명확히 정의된 자격요건을 갖는다.
4. 공직은 자유계약관계에 의해 충원된다. 공직은 원칙적으로 자유로운 선택이다.
5. 관료는 기술적 자격을 토대로 선발된다. 기술적 자격은 시험으로 평가하거나 기술훈련연수를 증명하는 자격증(졸업장)에 의해 보증되거나 또는 이 두 가지 모두에 의해 검증한다. 관료는 선출되는 것이 아니라 임명된다.
6. 관료는 고정된 급료에 의해 노동대가를 보상받고, 대부분의 경우 연금도 지급받는다. 고용당국은 확실한 상황 하에서만 임명을 종결할 권리를 갖는다. 뿐만 아니라 현직자의 사회적 지위에 필요한 사항과 직위의 책임을 고려할 수 있다.
7. 공직은 현직자의 유일한 직업이거나 주업이다.
8. 공직은 경력직이다. 승진은 연공서열이나 실적 또는 이 두 가지 모두에 기초하며 상관의

판단에 달려 있다.

9. 관료는 행정수단의 소유를 완전 배제한 채 직무를 수행하며 직위를 사적으로 전용하지 못한다.

10. 관료는 공직을 수행할 때 엄격하고 체계적인 규율과 통제를 받는다.

11. 행정은 공문서로 처리된다.

〈읽어보기 8-1〉은 막스 베버가 제시한 관료제의 특징이다. 이 기준들은 현대 조직과 인사행정의 바탕을 이루고 있다. 공무원은 일반적으로 이 기준들에 따라서 행동한다. 막스 베버는 관료제의 이념형을 서술하면서 관료집단의 지배 권력에 대해 우려하였다. 그래서 그는 카리스마를 가진 정치에 의한 관료집단의 견제를 강조하였다. 현대 민주주의 국가에서 관료제 속성은 민주주의의 요구에 부딪혀 공무원 개인갈등과 소극행정을 조장할 수 있다.

소극행정이란 공직자가 "법적·도덕적 책임과 의무를 적정하게 이행하지 않고 해야 할 일을 하지 않거나 할 수 있는 일을 하지 않아서 국민생활과 기업활동에 불편을 주거나 권익을 침해하고 예산상 손실을 발생하게 하는 업무행태"를 지칭한다(감사원 2015: 52). 소극행정의 유형은 ① 적당히 형식만 갖추어 업무를 처리하려는 적당·편의 행위, ② 주어진 업무를 게을리 하거나 부주의하여 업무를 이행하지 않는 복지부동 행위, ③ 기존의 불합리한 업무 관행에 젖어 있거나 현실과 동떨어진 탁상행정 행위, ④ 공적인 권한을 부당하게 행사하거나 부서 간에 책임을 떠넘기는 관 중심 행정행위 등으로 나타난다(국민권익위원회 2019년 3월 보도자료). 이러한 소극행정 형태는 궁극적으로 공무원 개인의 소외는 물론 세금낭비와 정부신뢰 저하로 귀결된다.

관료제와 민주주의 속성 간의 갈등관계를 구체적으로 보면 다음과 같다. 첫째, 관료는 엘리트 권력집단으로 발전할 잠재성을 지니고 있다. 사회적으로 인정받는 고학력, 전문성, 비밀주의가 결합하면 무소불위의 권력을 가질 수 있다. 막스 베버가 우려했던 바가 이것이다. 관료제 속성상 가능한 권력집단화는 민주주의의 요구인 시민에 대한 봉사와 갈등한다. 둘째, 관료조직은 규칙에 의한 일상적 표준운영을 특징으로 한다. 이러한 속성은 경직성을 초래하고 변화에 둔감하게 할 수 있다. 번문욕례나 목표전치는 이를 대변하는 개념이다. 이것은 민주주의 요구인 반응성과 신축성 그리고 변화 적응과 갈등관계에 있다. 셋째, 관료제 특성인 계층주의는 민주주의의 가장 강력한 경쟁자이다. 일반시민에 의한 통치를 말하는 민주주의와 소수 엘리트 및 계층제에 의한 통치를 정당화하는 수호자주의(guardianship)는 가장 선명한 경쟁관계에 있다(Dahl 1989: 52). 관료조직은 집권화된 계층 구조가 정착된 위계 명령체계이다. 상관은 결정과 명령을 하고 부하는 집행과 복종을 한다. 그래서 상관계층은 권위주의적 행태를 나타낼 수 있으며, 부하계층은 시키는 것만 하는 소극적이고 미숙한 행태를 나타낼 수 있다. 정부와 국민의 관계도 결정-순응 행태로 특징될 수 있다. 이는 참여와 권한위임 그리고 분권화와 같은 민주주의 요구와 갈등한다. 〈표 8-1〉은 위와 같은 내용을 바탕으로 관료제와 대의민주주의 속성을 대조한 것이다.

공무원은 이러한 두 가지 흐름 속에서 갈등을 한다. 특히 일선공무원은 관료제 방식이라는 거대 '기계'를 통해 민주적이고 '인간'적으로 서비스를 제공해야 하는 상황에 처해 있는 존재이다(Lipsky 1980: 71-73). 이 상황에서 공무원 내적 수준에서 경험하는 갈등은 물론, 대인 및 조직 수준에서 겪게 되는 갈등과 유해성 경험은 불가피하다.

- 고민해 보기: 2차 세계대전 당시 유대인 운송책임을 맡았던 루돌프 아이히만은 직무수행 과정에서 개인갈등을 하였을까?

관료제 지배양식을 탈피하면 정부조직에서 갈등이 감소할까? 탈관료제를 주창하며 등장한 조직형태가 애드호크라시이다.2) 애드호크라시는 각자

----

2) 애드호크라시(adhocracy)는 공식구조의 부재를 특징으로 하는 신축적이고 유동적인 조직형태이다. 이 용어는 1968년 워런 베니스(Warren Bennis)가 처음으로 만들었고, 1970년 앨빈 토플러(Alvin Toffler)의 『미래충격』을 계기로 널리 알려졌다.

표 8-1.
관료제와
민주주의 속성
간 갈등관계

관료제	민주주의
계층성	평등성
명령과 통제	자유
계층적 책임성(상관에 대한 책임)	정치적 책임성(전체 국민에 대한 책임)
통일성	다원성
비밀성	개방성
비사인주의(건수)	공동체(인간, 공동사회의 개인)
전문성에 기초한 정통성	선출에 기초한 정통성

다른 전문능력을 보유한 자들이 함께 직무를 수행하게 되는 조직맥락으로, 관료제의 역기능을 극복하고자 고안된 조직구조이다. 애드호크라시를 탈관료제 양식이라고 부르는 이유가 여기에 있다. 그러나 과업집단, 프로젝트팀, 행렬조직과 같은 애드호크라시 조직에서도 갈등은 불가피하게 발생한다. 이러한 형태의 조직은 권위와 권력이 모호하기 때문에 많은 갈등을 예상할 수 있다. 헨리 민츠버그(Henry Mintzberg)와 같은 학자는 애드호크라시 조직형태 자체가 갈등을 의미한다고까지 주장한다. 따라서 조직구조가 관료제의 계층적 기능분화로 설계되든 탈관료제적 형태로 설계되든 갈등현상은 불가피하다.

3〉 정부 조직갈등의 일반원천

조직구조 이외에 정부조직에서 발생하는 갈등의 일반적 원천을 살펴보자. 이러한 일반적 갈등원천은 앞서 본 관료제적 조직구조와 연관된다.

첫째, 정부조직이 추구하는 목표와 가치들 사이에 존재하는 상충성이 갈등을 유발한다. 정부행정에서 하나의 가치를 실현하려면 다른 가치를 희생해야 할 경우가 있다. 민주성과 효율성의 관계를 예시할 수 있다. 많은 행정학자들이 민주성과 효율성을 갈등관계로 규정한다. 정책과 행정 과정에서 민주성에 역점을 두다 보면 효율성이 저하될 수 있다. 반대로 효율성을 강조하면 행정에 대한 통제가 강화되고 이로 인해 신축적이고 반응적인 행정기능이 활력을 잃을 수 있다. 물론 드와이트 왈도와 같은 학자는 효율성과 민주성의 관계를 대립적으로 보지 않는다. 그에 의하면 진정한 효율성은 장기적이며 국민 대다수의 이해관계 관점에서 정의된다. 진정으로 민주적인 정부는 효율적이다. 국민의 요구에 민감하고, 국민의 의지를 똑똑하고 정직하게 그리고 경제적이고 신속하게 실현하기 때문이다(Waldo 1948: 133-4). 하지만 본질상 능률과 민주주의 가치는 갈등관계를 지니고 있다. 정부부처들이 추구하는 목표들 간에도 상충하는 경우가 많다. 예컨대 경제발전과 환경보존 목표는 기본적으로 대립하는 관계이다. 기능적 분화로 편재된 부처들 사이를 조정하는 조직이 별도로 존재한다거나 지속가능한 개발 목표를 추구한다는 사실 자체가 가치 및 목표들 간 갈등을 반증한다.

둘째, 공무원들의 인지와 지각 차이가 갈등의 원천이 된다. 지각이란 당사자에게 의미 있는 경험을 제공하기 위해 환경정보를 선택하고 조직하는 활동을 말한다. 지각은 수많은 환경정보를 지각 당사자의 편향에 적합하게 걸러내는 여과장치 역할을 한다. 우리는 세상을 각자 독특하게 지각하고 의미를 부여한다. 객관적 실재라고 하는 동일한 환경 자극에 대해서 상이하게 지각하는 것이다. 지각은 환경정보에 대한 선별적 주의집중과 편향성을 지니고 있기 때문에 오류가능성과 함께 갈등유발의 원천이 된다. 지각의 패턴이 굳어지면 도식(schema)이 된다. 이러한 도식은 개인과 사물 그리고 상황을 범주화함으로써 환경정보 관리를 도와준다. 그러나 환경정보를 선별하고 걸러내기 때문에 많은 지각왜곡이 발생한다. 후광 또는 뿔 효과,3) 1장에서 언급한 투사와 같은 방어기제들, 자기충족적 예언, 고정관념 등이 이러한 지각왜곡 현상과 관련된 개념들이다. 정부조직에는 다양한 배경을 가진 공무원과 다양

----

3) 후광효과(halo effect)는 하나의 장점이나 긍정적 특성으로 모든 것을 긍정적으로 평가하는 것을 말한다. 즉 하나의 뛰어난 특성 때문에 전체의 가치를 과대평가하는 지각왜곡을 말하는 것이다. 예컨대 외모가 좋은 인상을 받았을 때 그 사람의 지능이나 성격 등 이외 모든 것도 좋게 평가를 받을 수 있다. 동일한 원리로 부정적 측면에 초점을 두는 것이 뿔 효과(horn effect)이다. 즉 하나의 단점이나 부정적 특성으로 모든 것을 부정적으로 평가하는 것을 말한다.

한 직위가 있다. 그래서 지각차이가 존재하며 이로 인한 다양한 지각왜곡들이 발생한다. 예컨대 상관과 부하 간 그리고 여성과 남성 공무원 간 지각차이와 도식이 존재한다. 7장에서 본 기획원과 재무부 출신 사례처럼 상대인물과 모체조직에 대한 도식이 작용하는 경우도 있다. 이러한 인지와 지각 차이가 갈등의 원천이 된다.

셋째, 자원의 한정성이 갈등을 유발한다. 조직에서 핵심적인 자원은 사람과 돈이다. 인적 자원에 대해서는 직위나 자리를 둘러싼 경쟁과 갈등을 말한다. 정부조직형태는 기본적으로 피라미드 계층구조로 이루어져 있다. 상위직급으로 올라갈수록 직위 수는 감소한다. 이것이 승진욕구에 의한 갈등을 유발하는 조건이다. 공무원의 승진욕구와 직위의 한정성이 만나 갈등이 나타나는 것이다. 돈에 대해서는 예산의 한정성과 경쟁을 말한다. 정부부처 간 또는 부처 내 부서 간 예산 경쟁과 싸움은 일반적인 행태이다. 이와 관련하여 니스카넨을 중심으로 제시된 관료예산극대화 모형이 널리 알려져 있다(Niskanen 1968). 이 모형의 가정에 의하면 정부 관료조직과 관료는 자신의 선호와 효용의 극대화를 추구하는 합리적 존재이다. 관료는 소속기관의 예산극대화를 통해 자신의 효용(예: 봉급, 공직의 특전, 평판, 권력, 지지와 후원, 조직관리의 용이성 등)을 극대화한다. 한편 성과급의 경우에도 한정된 전체예산에서 성과우열에 따라 재분배되기 때문에 영합게임 식의 갈등이 발생하고는 한다. 그렇다고 정부예산 자원을 무한히 확대할 수도 없다. 납세자인 국민과 정부 간 심각한 갈등을 초래하기 때문이다.

넷째, 분업구조에 의한 전문화가 갈등의 일반원천으로 작용한다. 특정 직위에 오랫동안 머무르면서 직무를 하다 보면 그 분야에서 전문가로 성장할 수 있다. 전문가란 특정 분야에 정통한 전문적인 지식과 능력을 보유한 사람을 말한다. 그런데 전문가는 자신의 지식을 과신하여 다른 견해에 양보나 타협을 하지 않는 성향을 가진다. 전문가는 비전문가를 업신여기거나 무시하는 경향도 있다. 공무원은 담당 직무분야에서 전문가로서 경력을 쌓는다. 부서 또는 부처 간 갈등을 표현하는 할거주의나 칸막이 현상은 이러한 분업구조에 따른 전문화에 의해서도 비롯된다.

정부조직에서 분업구조가 갈등의 원천이 되는 전형적인 사례는 계선과 참모 간의 갈등이다. 조직에서 분업구조는 권한관계의 유형과 정도를 규정한 다. 정부조직에서 상이한 권한관계는 기본적으로 계선과 참모의 관계를 중심 으로 이루어진다. 계선기능은 조직목표 달성에 직접적으로 영향을 미치고 책 임을 지는 것인 반면, 참모기능은 계선이 효과적으로 직무수행을 하고 조직 목표를 달성하도록 지원하는 것이다. 계선과 참모 간 갈등은 계선의 입장, 참모의 입장, 그리고 양자 간의 관계 본질 세 가지 측면으로 나누어 설명할 수 있다. ① 계선관리자는 일반적으로 참모가 책임감이 없다고 인식한다. 계 선관리자는 업무결과가 부정적일 때 참모들이 자신을 비난하면서 책임을 회 피하는 존재라고 인식하는 것이다. 또한 계선관리자는 참모가 자문하는 과정 에서 자신의 권한을 침범하고 약화시킨다고 느낀다. 이러한 권한 침해와 약 화 인식은 흔히 적대감, 분통함, 권한축소에 대한 불안감을 일으키고, 결국 참모권고안의 거부로 이어진다. 참모는 일반적으로 계선보다 이론과 전문가 성향이 강하다. 하지만 참모는 이론과 논리에 밝은 대신 실무현장에 대한 이 해가 상대적으로 떨어진다. 계선인사들은 이러한 참모의 실무해결능력을 문 제 삼는 경향이 있다. ② 참모가 계선을 보는 입장이 갈등의 원천으로 작용 한다. 참모는 계선관리자가 자신의 조언과 자문도 구하지 않고 결정을 해버 린다고 생각한다. 그럼에도 불구하고 일이 잘못되면 참모인 자신에게도 책임 이 돌아온다고 인식한다. 그리고 계선관리자는 참모가 제안하는 새로운 아이 디어를 거부하는 경향이 있다. 새로운 아이디어의 시행은 계선관리자 자신의 기존 방식이 잘못된 것을 인정하는 의미가 될 수 있기 때문이다. 이와 같은 계선의 경직성이 참모의 의욕을 꺾고 절망감에 빠져들게 한다. 한편 참모는 자기에게 적정한 권한이 주어지지 않는다고 주장한다. 문제를 해결할 최선의 대안을 제안해도, 이를 직접 집행하거나 계선으로 하여금 집행하도록 할 권 한이 없다는 것이다. ③ 계선과 참모의 관계성격 자체가 갈등의 원천이 된 다. 양자는 출신배경이 다르다. 공식적으로 계선이 참모보다 상위직위에 위 치하지만, 참모는 비교적 젊고 교육수준이 높다. 참모는 계선을 깔보기도 한 다. 여기에 학연·지연 같은 연고와 입직경로(예: 고시/비고시/특수대학 출신) 요소가 결합되면 분파주의까지 조장된다. 출신 배경과 공식지위 간의 부조화는 양자 사이에 불공정성의 인식과 불신의 분위기를 생성한다. 한편 현실적으로 참모와 계선의 권한을 명확하게 구분하기란 쉽지 않다. 수행하는 일이 중첩되어서 계선과 참모 간에 권한과 책임의 격차가 발생하는 상황도 있다. 결과가 좋지 않을 경우 계선과 참모는 언제든지 서로를 비난하면서 책임을 전가할 준비가 되어 있다. 대표적인 사례가 부처 장관과 대통령 수석비서관의 갈등이다. 대통령의 국정과 비서실 운영스타일에 따라 양태는 다를 수 있지만, 일반적으로 둘 사이의 상호작용은 위에서 살펴본 계선과 참모의 갈등관계를 잘 반영해준다.

다섯째, 직무의 상호의존성이 갈등을 유발하는 원천이다. 조직화의 기본 원칙은 분업구조로 일을 나누었다가 목표를 중심으로 다시 통합하는 것이다. 그런데 통합 과정은 다양한 직무들 사이에 상호의존성을 가져오며 여기에서 갈등이 잠재하게 된다. 목표달성 과정에서 관련 직무들 간 상호의존성이 높으면 역할과 책임소재가 모호해질 수 있다. 역할과 책임소재의 모호성 하에 부정적인 결과가 나오면 책임 공방과 전가가 나타난다. '잘되면 제 탓(내부귀인), 못되면 조상 탓(외부귀인)'하는 것이 일반적인 귀인의 특성이다. 귀인은 관련당사자들 사이에 편향과 차이가 있게 마련이다. 귀인편향과 차이가 책임 공방과 전가의 갈등 행태로 표출되는 것이다.4) 소위 '내로남불'과 같은 인식이 등장한다. 직무의 상호의존성이 높지 않다면 귀인편향도 줄어든다. 그러

---

4) 귀인편향(attribution bias)은 세 가지 특성에 기초한다(Kelley 1967). 첫째, 얼마나 많은 사람들이 평가대상자의 행태와 유사하게 행동했는가를 나타내는 일치성(consensus)이다. 평가대상자의 행태가 독특하면 행태의 원인을 그 사람의 내부적 특성에서 찾고, 행태가 다른 사람들과도 유사하면 행태의 원인을 상황에서 찾는다. 둘째, 평가대상자의 행태가 이 상황 저 상황에 비추어 일관적인지 예외적인 것인지를 나타내는 특수성(distinctiveness)이다. 만약 평가대상자의 행태가 일상적인 것이면 행태의 원인을 그 사람의 개인적 요소에서 찾는 반면, 행태가 다른 상황들과 비교할 때 예외적인 것이면 행태의 원인을 상황에서 찾는다. 셋째, 평가대상자의 행태가 얼마나 일관적인가를 말하는 일관성(consistency)이다. 평가대상자의 행태가 평소와 다름없이 유사한 것이면 행태의 원인을 그 사람의 개인적 특성에서 찾는 반면, 행태가 과거나 그 사람의 전형과 다르다면 행태의 원인을 상황에서 찾는다.

나 정부조직이 관장하는 기능과 공무원이 수행하는 직무는 상호의존성이 비교적 높다. 하나의 공무는 많은 손을 거쳐 수행된다. 그리고 관료세계에서는 정책의 성공과 실패의 원인이 누구에게 그리고 어디에 있는지 파악하려는 동기가 강하다.

여섯째, 하위 조직문화의 존재가 갈등의 일반원천이 된다. 조직문화의 차이가 갈등을 유발한다. 이에 관해서는 7장에서 이미 재정경제원 사례를 통해 살펴보았다. 단위가 부처이든 부서이든 간에 조직은 동질적인 단일문화보다는 상이한 하위문화들이 공존하는 경우가 많다. 하위문화들 사이에는 업무수행 방식으로부터 보상과 통제체계 그리고 사무실 배치도와 같은 물리적 공간에 이르기까지 여러 측면에서 차이들이 존재한다(Schein 1985). 이러한 차이가 갈등을 유발하는 원천이 된다.

4〉 정부조직의 갈등관리

정부조직에서 갈등정부조직에서 갈등의 일반원천은 구조, 인지, 자원, 문화 요인에 있었다. 따라서 갈등관리 방안도 이와 같은 요인들에서 탐색하며, 갈등의 부정적 기능과 긍정적 기능을 함께 고려할 필요가 있다. 이 절에서는 백완기(2007)의 논의를 기반으로 갈등의 해소와 촉진 방안을 제시한다.

1) 해소방안

갈등의 정도가 최적 수준을 넘어 파괴적인 결과가 예상될 때, 정부조직에서 사용할 수 있는 관리수단으로 다음 여덟 가지를 고려할 수 있다.

첫째, 정부조직의 공식 권한체계인 계층제와 인사수단을 활용한다. 정부조직에서 부하와 하부기관은 상관과 상부기관의 명령과 지시에 따라야 한다. 계원이나 팀원들 사이에 발생하는 갈등은 과장이나 팀장이, 실국 사이에 발생하는 갈등은 차관이나 장관의 권한으로 해소하는 것이다. 그리고 부처들간 발생하는 갈등은 국무총리나 대통령의 권한으로 해결한다. 한편 상관의 명령과 조정으로 해소할 수 없을 만큼 심각한 대인갈등의 경우 갈등당사자들 간 상호접촉을 차단하여 격리하는 것이 유용할 수 있다. 일종의 분리지향전략을 사용하는 것이다. 이 경우 전보·전직, 파견, 휴직과 같은 인사수단을 활용하여 개인갈등의 파괴성을 방지할 수 있다.

둘째, 사실 확인과 정보 공유를 통해 지각의 차이를 좁혀 갈등을 해소할 수 있다. 갈등의 일반원천으로 지각의 차이와 오류를 제시하였다. 지각오류는 외부환경으로부터 들어오는 자극정보와 선별정보 간 격차를 말한다. 이러한 격차의 양과 질은 사람마다 다르다. 그 결과로 사람들 사이에 지각차이가 있고 갈등이 발생한다. 관련 사실을 확인하고 정보를 공유함으로써 지각 오류와 차이를 극복할 수 있다.

셋째, 갈등당사자들에게 공동 목표 및 과제를 부여하고 성과에 대한 평가도 공동 직무수행단위로 실시한다. 조직목표에 대한 공동의식을 위해 분업구조에서도 상호의존성이 높은 공동 과제를 수행할 기회를 부여하고 이에 대한 결과평가도 집단단위로 적용한다. 상호의존적인 공동 과제만 부여하고 결과평가는 개별단위로 적용한다면 무임승차나 사회적 태만의 발생으로 갈등을 오히려 조장할 수 있다.

넷째, 조직 내 공동체의식과 구성원들 사이에 공통점을 부각하는 의례·의식과 같은 상징들을 통해 갈등을 관리한다. 상징적 문화관리에 의해 갈등을 해소하는 것이다. 회의, 단합대회, 복장, 배지, 구호, 슬로건, 물리적 공간, 최고 관리자의 상징적 행동 등을 활용할 수 있다(이종범 1991). 상징관리수단의 효과성 제고를 위해 최고 관리자의 역할이 중요하다. 공동체 정신을 담고 있는 최고 관리자의 언어와 행태는 계층제에서 더 큰 영향력을 발휘한다. 이러한 상징관리 노력을 통해 조직 내에 강한 문화가 형성되면 사명감이 충만해진다. 그러나 이때 외부의 다른 조직과는 갈등 가능성을 높이는 역설 또한 존재한다.

다섯째, 조직 내 갈등관리를 전담하는 부서를 창설하고 갈등관리 제도를 정비한다. 갈등관리 부서의 설치가 여의치 않다면 조직 외부의 제3자와 네트워크를 구축할 수도 있다. 많은 조직이 구성원의 고충과 불만을 처리할 수 있는 기구와 제도를 가지고 있다. 고충처리센터나 조직 내 옴부즈만을 예시할 수 있다. 소청심사위원회 같은 기구와 법원 소송도 활용할 수 있는 주요 수단이다. 이외 제3자를 통한 여러 가지 조정과 중재 수단도 조직 내 갈등해결을 위해 사용할 수 있다.

여섯째, 교육훈련을 통해 대인기술의 향상과 다양성 가치를 학습한다. 조직에서 발생하는 갈등은 주로 직무와 인간관계에서 비롯된다. 파괴성을 갖는 것은 과업갈등보다는 관계갈등이나 위장된 관계갈등일 가능성이 더 높다. 관계갈등을 가장한 과업갈등도 마찬가지이다. 관계갈등을 해소하기 위해 의사소통 기술, 감정지능과 감수성 훈련, 다양성 교육과 같은 대인사회 기술을 교육하고 훈련하는 것이다.

일곱째, 권한과 책임관계를 명확히 한다. 앞서 본 계선과 참모의 갈등처럼 정부조직 내부에서 발생하는 갈등은 권한과 책임 관계의 불일치에서 비롯되는 경우가 많다. 책임 공방과 전가는 정부조직 내부에서 발생하는 갈등 행태의 전형이다. 권한과 책임관계의 명확화를 위해 직무 분석과 평가 작업이 이루어져야 한다. 이를 통해 직무기술서 내용의 구체성과 명확성을 제고할수 있다. 직무 분석과 평가는 뒤에서 설명할 자원 배분의 타당성 제고와도 연관된다. 한편 조직개편을 통해 기존 구조를 조정하는 방법으로 권한과 책임관계의 명확성을 제고할 수도 있다.

여덟째, 자원배분의 타당성을 제고한다. 자리를 늘리든지 예산을 증액하여 자원을 확충할 수도 있다. 그러나 정부예산을 확대하는 것은 납세자인 국민의 동의를 얻어야 하기 때문에 자원의 확충 수단으로서 한계가 있다. 따라서 기존 예산 심사와 결산의 타당성을 높이는 것이다. 이를 통해 형평성을 제고하여 예산 갈등을 해소한다. 성과급의 경우에도 독립재원을 확보하여 기본예산과 별도로 운영한다.

2) 촉진방안

매너리즘과 X-비효율성이 팽배한 분위기에서는 갈등을 촉진하는 전략이 필요하다. '예스맨'이 과다하거나, 변화를 회피하거나, 인기영합주의 관리 스타일이 지배하거나, 새로운 아이디어의 진입을 막거나, 집단사고에 갇힐 징후가 포착되면 조직 내 긴장과 경쟁을 고취하여 갈등을 최적수준에 도달시킬 필요가 있다. 정부조직에서 이러한 상황이 지속되면 궁극적으로 세금이 낭비된다. 정부조직에서 갈등을 촉진할 수 있는 관리수단으로 다섯 가지를 고려할 수 있다.

첫째, 인사관리수단을 활용한다. 새로운 가치관과 기술능력을 보유한 사람들을 충원하는 것이다. 외부에서 신규 채용할 수도 있고, 이른바 '파격인사'를 통해 내부충원을 할 수도 있다. 또한 개방형 인사제도나 인사교류제도의 적극적 활용을 통해서 정부조직 내에 긴장과 경쟁 분위기를 조성할 수 있다. 둘째, 직무와 조직을 재설계한다. 기존 직무 내용과 수행절차를 재정의하여 변화를 꾀한다. 그리고 조직구조를 기존의 엄격한 계층제에서 팀조직이나 과업추진단(TFT) 또는 네트워크 형태로 재편한다. 기존 업무수행 방식을 바꾸어야 하기 때문에 저항과 긴장감이 따르면서 주의력을 제고할 수 있다. 셋째, 직무와 조직구조의 재설계를 계획할 때 의사전달 방식을 효과적으로 활용할 수 있다. 신분안정과 관련된 이슈는 조직 내 풍문이 나도는 경향이 있다. X-비효율성과 매너리즘이 만연한 상황에서는 이러한 풍문을 의사전달 과정에서 효과적으로 활용함으로써 긴장을 조성할 수 있다. 넷째, 성과계약제와 같은 경쟁기제를 도입한다. 연공서열 평가에 따른 보상체계는 무사안일과 같은 부정적 소극행정 행태를 초래할 수 있다. 합의 계약한 성과 목표와 지표에 따라 평가하고 그 결과를 성과급과 승진 등에 반영하면 안정과 경쟁 가치의 조화로 갈등의 최적수준을 유지할 수 있다. 다섯째, 전자결재, 화상회의, 빅데이터와 AI 활용 등 업무처리과정에 신기술을 도입한다. 신기술도 기존 업무수행방식의 변화를 가져온다. 공무원 개인과 기술 사이뿐만 아니라, 신기술에 비교적 익숙한 신세대 공무원과 기존 기술이 몸에 밴 기성 공무원

간 긴장이 조성됨으로써 계층구조로 경직된 침체 분위기를 전환할 수 있다.

갈등은 조직의 불안정뿐만 아니라 안정의 원천이기도 하다. 빈번하게 발생하는 사소한 갈등은 체제를 점진적으로 조율한다. 이는 조직을 붕괴시킬 수도 있는 적대감의 누적을 사전에 예방하는 효과를 가진다. 또한 빈번하게 발생하는 사소한 갈등은 갈등 당사자들로 하여금 상대의 힘에 대한 정확한 정보를 유지하도록 만든다. 그리하여 재앙 수준의 갈등이 발생할 가능성을 낮추는 데 기여한다. 갈등은 체제의 환류고리에서 안정화 기능을 할 수 있는 것이다. 결론적으로, 정부조직마다 그 여건에 적합한 갈등의 최적 수준을 설정하여 해소와 촉진 방안 모두를 겸비할 필요가 있다. 갈등을 조직의 불안정과 비용의 원천으로만 보는 시각에서 탈피하여, 조직의 균형과 항상성 유지를 위한 수단으로서도 활용할 수 있는 전략적 사고가 요구된다.

PART

정부 외부영역의 공공갈등

"3분 거리를 40분 돌아가" … 달성·고령 '불통 다리' 갈등
(출처: 중앙일보 2019.2.20)

길이 810m, 폭 13m 차선까지 멀쩡하게 만들어진 다리를 놔두고, 12km 이상을 돌아서 오가는 곳이 있다. 낙동강을 사이에 두고 마주한 대구 달성군과 경북 고령군이 그렇다. 두 지자체를 연결하는 낙동강에 드리워진 810m짜리 다리 양쪽 입구엔 차량이 오가지 못하도록 쇠말뚝까지 단단히 박혀 있다. 달성군~고령군의 '불통 다리' 갈등이다.

갈등의 시작은 2012년으로 거슬러 올라간다. 부산지방국토관리청은 이때 달성군과 고령군 사이 낙동강 한가운데 4대강 사업의 하나로 강정고령보를 준공했다. 그리고 강정고령보 위에 길이 810m 우륵교를 세웠다. 우륵교는 차량이 오갈 수 있도록 왕복 2차로로 건설됐다. 차량 통행 하중을 견디는 1등급(43.2t) 다리로 만들어졌다.

하지만 우륵교는 일반 차량 통행금지 상태로 개통됐다. 일반 차량 통행용 다리가 아니라 보 유지·보수 관리 차량용 다리라는 이유였다. 걸어서 건너거나, 자전거로 다리를 통행하는 것만 허용됐다. 열쇠를 달아 보 관리 차량이 진입할 때만 뽑고 다리에서 빠져나오면 다시 박는 쇠말 뚝도 이때 다리 양쪽에 설치됐다. 불통 다리의 등장 배경이다.

고령군 측은 "우륵교에 일반 차량 통행을 허가해 달라"고 요구했다. 달성군과 고령군의 왕래가 빠르게 이뤄지도록 해야 한다는 이유를 들어서다. 고령군 측은 "멀쩡한 다리를 놔두고 대구까지 12km나 되는 거리를 돌아가야 해 물류비가 연간 300억 원 이상 낭비된다. 3분만 하면 될 거리를 40분 이상 돌아가야 한다"고 했다. 그러면서 "대구 자본이나 관광객 유입 등 지역 발전을 위해서도 우륵교 차량 통행은 꼭 필요하다"고 덧붙였다.

그런데 달성군 측이 반대 입장을 밝혔다. 이유는 교통 혼잡과 상권 붕괴였다. 달성군 측은 "우륵교에 차량 통행이 가능해지면 달성군 쪽 일대에 차량이 몰려 교통이 혼잡해진다. 우륵교 진입로 부근인 디아크 문화관 공원 시설 주변에 조성된 상권도 고령군 쪽으로 넘어가 붕괴할 수 있다"고 했다. 입장이 곤란해진 우륵교 관리 주체인 한국수자원공사 측은 "두 지방자치단체 간 협의가 이뤄지는 게 우선이다"며 한발 물러섰다. 낙동강 5개 보 가운데 일반 차량 통행이 금지된 곳은 이 구간뿐이다.

고령군 주민들은 다리 개통을 요구하며 국민청원을 제기했고, 시위까지 벌였다. 청와대에 진정도 냈다. 국민권익위원회가 중재자로 나서 달성군과 고령군의 입장을 알아본 뒤 조정안을 마련했다. 권익위는 우륵교에 차량 통행이 가능하기 위해선 교통혼잡 문제 해결책이 필요하다고 봤다. 이에 대체·우회가 가능한 새 도로 개설을 조정안에 담았다.

조정안에 나온 새 도로는 우륵교~달성군 쪽 입구~금호강 횡단 교량~달서구 성서공단 쪽으로 연결되는 방식이다. 사업비는 부산지방국토관리청(50%), 대구시·경북도(35%), 달성군·고령군(15%)이 각각 분담하도록 권고했다. 조정안에 나온 도로 개설 효과 등 전체적인 분석은 대구경북연구원에 의뢰해 검증하자는 설명도 더했다.

이에 대해 고령군 도시건축과 측은 "빨리 관계 기관들이 권익위 중재안을 두고 만나 논의해 해결점을 찾아야 한다"는 찬성 입장이지만, 익명의 달성군 한 간부는 "달성군 주민들 대부분이 우륵교 개통을 반대하는데, 왜 정부 기관인 권익위까지 나서 자꾸 개통을 전제로 두고 공문을 보내고 조정안을 내는지 모르겠다. 고령군 주민만 국민이고, 달성군 주민은 국민이 아니냐"고 반대 입장을 전했다.

2021년 군수와 군의회 의장 등 두 지자체 간 상생협력사업 정책협의회를 열었지만 해결의 전망은 그리 밝지 않아 보였다.

* 이 사례에 나타난 갈등과 해결접근의 특성은 무엇인가?
* 불통의 다리를 소통의 다리로 전환하려면 문제를 어떻게 접근해야 할까?

CHAPTER 09. 공공갈등 문제의 특성

1 공공갈등의 개념적 이해

1) 공공의 외연과 내포

공공갈등은 '공공'을 어떻게 정의하느냐에 따라 외연이 달라진다. 공공의 범위를 명확하게 한정하기는 어렵다. 넓게 보면 공공의 범위에 아직 태어나지 않은 미래 세대도 포함할 수 있고 조직화되지 않은 잠재적 목소리까지도 포함하는 유동적 포괄성을 지닌다. 공공에 함축된 가치 중 하나는 평등성이다. 공공의 범위 내에 있는 모든 구성원들은 차별적으로 취급받아서는 안된다. 더 나아가 공공의 용어에는 사회적 약자를 적극적으로 보호해야 한다는 사회적 형평성 가치도 함축하고 있다. 따라서 공공의 용어는 유동적인 포괄성, 평등성, 사회적 형평성을 내포하고 있다(유민봉·임도빈 2016: 355).

이 용어를 이해하기 위해서는 공공영역의 범위와 가치뿐만 아니라 공공영역의 행위자에 대한 유형도 고려해야 한다. 공공영역의 행위자인 공중(公衆, the public)을 어떤 유형으로 정의하느냐에 따라 공공갈등 현상에 대한 이해와 해결접근법이 달라질 수 있다. Frederickson(1991)은 공중을 다섯 가지 유형으로 확인한다. 다원론에서는 공중을 이익집단으로 개념화하고, 공공선택론에서는 소비자로 보며, 입법적·정치학적 관점에서는 유권자, 민원인, 그리고 시민으로 간주한다. 공공영역의 제도와 의사결정 과정에서 공중을 고객으로 취급하느냐 민원인으로 취급하느냐 아니면 시민으로 취급하느냐의 여부는 관련 문제와 맥락에 따라 달라진다(Fung 2006: 66). 공중을 어떤 유형으로 정의하느냐에 따라 공공갈등에 대한 접근도 달라진다. 예컨대 이익집단으로 본다면 협상과 같은 관리수단이 중심이 될 수 있는 데 비해 시민으로 본다면 숙의민주주의 실현수단들이 중심이 될 수 있다. 이 점은 갈등관리 거버넌스를 설계할 때 고려해야 할 중요한 차원이다.

연구자에 따라서도 공공갈등의 외연과 내포가 다르다. 공공갈등 개념을 사회갈등 범주의 하나로서 간주하면서 "공공영역에서 발생하는 갈등" 정도로 간략하게 정의하기도 하고, 넓은 의미로 해석하여 "정부가 갈등당사자이거나 관여가 필요로 하는 사회갈등"과 같이 더 구체적으로 정의하는 경우도 있다(임동진·윤수재 2016: 119). 정용덕(2010: 4-5)은 '공공영역'과 '갈등'의 외연을 넓혀서 공공갈등을 매우 넓은 의미로 정의한다. 그에 따르면 공공영역은 물리적·제도적 영역을 넘어 담론과정에서 설정되는 실질적인 '공공성'이라는 의미를 담고 있다. 그리고 갈등은 "행위주체 간의 불일치와 다름"의 현시적·잠재적 상태로서 분쟁보다 넓게 정의된다. 담론과정의 공공성이란 하버마스의 공적 영역(public sphere)과 관련되는데, 공적 영역은 다양한 이해관계자들이 사회 문제를 두고 이성과 증거에 기초하여 자유롭게 담론하는 참여의 장을 말한다(Habermas 1974). 이에 관해서는 15장에서 상술한다.

2) 공공갈등의 유사용어

국내 행정학계에서는 공공영역에서 발생하는 갈등현상을 지칭하기 위해 여러 용어들을 혼용하고 있다. '공공갈등', '사회갈등', '공공분쟁', '정책갈등', '공공정책갈등', '정책분쟁'을 예시할 수 있다. 이 중 공공갈등이라는 용어를 비교적 많이 사용하는데, 『공공기관의 갈등예방과 해결에 관한 규정』에 나타난 갈등 용어와 유사하게 정의하는 연구들이 많다. 이 법령에서 갈등은 "공공정책(법령의 제정·개정, 각종 사업계획의 수립·추진을 포함)을 수립하거나 추

진하는 과정에서 발생하는 이해관계의 충돌"로 규정한다.[1] 하혜영(2007: 273)
과 정정화(2011: 4)는 이와 거의 동일하게 공공갈등을 정의한다. 장현주(2008:
31)는 "정책을 결정하거나 집행하는 과정에서 발생하는 관련 이해관계자들이
실현하고자 하는 이해관계의 대립 또는 충돌"로 정의한다. 윤종설·주용환
(2014: 567)은 "정부나 공공기관이 정책 혹은 사업의 추진과정에서 발생하는
이해당사자나 지역 주민과의 갈등·대립하는 현상"으로 정의한다. 하혜영·이
달곤(2007: 331)은 "공익을 추구하는 정책의 전 과정을 통하여 목표나 이익이
양립 불가능한 상황에서 행위주체들이 상호작용하면서 전개되는 역동적인
과정"으로 이해한다. 임동진과 윤수재는 "정부, 지방자치단체 및 공공기관이
공공정책이나 법규제정 과정에서 이해관계자 간 상호 양립할 수 없는 가치,
목표, 수단 등으로 발생하여 사회·경제적으로 심대한 영향을 미쳐 정부의 개
입 또는 관여를 필요로 하는 갈등"으로 개념화한다(임동진 2011; 임동진·윤수재
2016).

사회갈등의 경우 권혁주(2016: 96)는 "사회적 쟁점에 대한 이해당사자의
상반된 입장에서 나타나는 긴장상태"라고 정의한다. 공공분쟁의 경우, 가상
준 등(2007: 143)은 "서로 상충되는 쟁점을 둘러싸고 대립하는 행위주체들의
상호작용과정이 공중에게 광범위하게 영향을 미치게 되어 사회적 분쟁관리
기제에 의해 다루어지는 분쟁"으로 정의한다.

정책갈등의 경우 이달곤(2007: 364)은 "정부의 주요한 정책의제를 따라서
대립하는 사회적 갈등"이라고 정의한다. 백종섭(2015: 277)은 "정책결정상황에
직면하여 정책결정에 관여된 주체들이 정책대안을 선택 또는 결정하는 데 있

---

[1] 2007년 대통령령으로 제정된 이 규정에서 상정하고 있는 공공갈등 해결의 원칙은 숙의민주
주의와 참여 거버넌스의 특성을 담고 있다. 규정에 명시된 갈등해결 원칙으로 자율해결과 신
뢰확보, 참여와 절차적 정의, 이익의 비교형량, 정보 공개와 공유, 지속가능한 발전의 고려를
명시하고 있다. 17대 국회 2005년부터 21대 국회 2022년까지 이 규정을 기초로 한 공공갈
등관리 법안이 발의되어왔지만 제정되지 못했다. 하지만 많은 지방자치단체에서 이 규정의
내용을 기반으로 관련 조례가 제정되어 있다(2022년 12월말 현재, 83개의 지자체 관련 조례
가 국가법령센터에 등록되어 있음).

그림 9-1
정책갈등의 강도

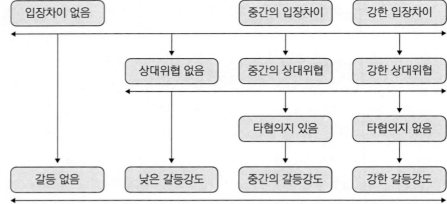

출처: Weible & Heikkila(2017), p.30 Fig.2

어서 제약을 받고 있는 상황"이라고 정의한다. 박치성·정창호(2014: 380)는 "정책과정에 참여하는 이해관계자들 사이에 상이한 가치와 아이디어들 간의 투쟁"으로 정책갈등을 이해한다. 한편 강민아·장지호(2007: 26)는 정책분쟁이라는 용어를 사용한다. 그들에 의하면 정책분쟁은 단순한 정책이견과는 차별화된 개념으로 "참여자들 간에 근본적인 가치관과 관념의 차이가 존재하고 있어 단지 보다 많은 과학적 자료나 경제적 이익을 제공하는 것만으로는 쉽사리 해결될 수 없는 상태"로 정의된다.

와이블과 하이클라(Weible & Heikkila 2017)는 갈등 관련 정치학, 정책학 연구들을 종합하여 정책갈등모형(Policy Conflict Framework, PCF)을 제시하였다. 이 모형은 인지적 측면과 행태적 측면에서 갈등요소들을 설명하고, 분석수준을 정치체계, 하위정책체계, 정책행위상황 세 가지로 나눈다. 인지적 측면에서 정책입장의 차이, 상대방 정책입장으로부터의 위협 인지, 상대방과의 타협의지 여부 요소를 제시한다. 그리고 행태적 측면에서 프레이밍 경쟁, 로비행태, 네트워크 형성 요소를 제시한다. PCF는 집단역학과 사회정체성이론을 기반으로 정책행위자의 선별적 주의력과 편향적 태도 ―자기집단에 대한 긍정적 편향과 상대집단에 대한 부정적 편향― 를 가정한다. 이 모형은 갈등의 강도를 측정하는 데 유용한 도구로 평가될 수 있다. <그림 9-1>은

PCF에서 가정하고 있는 정책갈등 강도의 범위를 나타내고 있다.

이러한 정책갈등 프레임워크는 정책과정에서 이해관계자, 대안과 아이디어, 이슈 요소가 증가하여 복잡해지면 갈등의 강도가 높아진다고 가정한다. 일반적으로 정책과정에서 드러나는 상반된 정치적 견해와 경제적 이해관계로 인해 갈등이 심화되는 경향이 있다. 정책과정은 상이한 이해관계들 간 지속적 상호작용에서 각자 가치나 아이디어를 정책에 반영하기 위해 경쟁하는 상황이다. 다양한 이해관계를 가진 정책행위자들이 자신의 입장을 관철시키기 위해서 타 행위자들과 다양하고 지속적인 관계를 맺는다. 정책갈등은 이해관계자가 증가하고 정책 속성이 다양한 가치를 반영할수록 복잡해질 수밖에 없다. 이 때문에 실제 정책과정에서 실증주의에 입각한 합리적 정책결정이 어렵게 된다(박치성·정창호 2014: 380). 그러나 정책과정에 개입되는 요소의 수가 증가하여 복잡해진다고 반드시 정책갈등의 강도가 높아진다는 가정이 타당하지 않는 상황도 있다. 정책딜레마 상황에서는 단지 두 개의 세력과 대안을 상정하지만 커다란 기회손실과 상충관계가 있기 때문에 갈등의 강도는 매우 높다(뒤에서 상술함).

이 책에서 저자는 공공갈등, 사회갈등, 공공분쟁, 정책분쟁, 정책갈등 등 용어를 엄격하게 구분하지 않고, 공공갈등 용어를 대표적으로 사용한다. 여기에서 공공갈등이란 '정부와 공공기관의 행위가 개입된 문제 상황'으로 '정책과정 참여 집단 사이에 지각된 이해관계와 가치의 차이로 발생하는 분쟁'을 의미한다.

2 공공성에 대한 이해

1) 철학적 고민

공공성은 개인적 이해관계를 초월하는 공동체의 이익을 의미한다. 공동체란 용어는 통상 국가사회 전체를 상정한다. 공공(public)이란 용어는 타인들과의 관계 속에서 그들의 이익에 대한 배려와 돌봄을 함축한다. 공공성은 국민 모두가 추구해야 하겠지만, 특히 공무원이 추구해야 할 불변의 가치이다. 공공성은 행정이 실현해야 할 기본적인 가치이자 이념이다. 우리는 공공성을 역사와 문화에서 찾을 수 있다. 우리의 경우 홍익인간(弘益人間)의 정신을 공공성 개념의 사상적 기초로 삼을 수 있다. 다시 말해 "인간이 중심이 되어, 인간성을 확립하며, 우리 모두가 잘 사는 나라를 만드는 것이 곧 한국식 공공성이다"(임도빈 2014: 465-466).

공공성 개념에 대한 철학적 성찰을 해보자. 삶과 죽음, 선과 악을 인간의 가장 중요한 네 가지 요소로 인식할 경우, 인간은 생존을 위하여 선행도하고 악행도 저지른다. 생존이라는 궁극적 목적을 위해 이기적으로 행동하기도 하고 이타적으로 행동하기도 한다. 플라톤의『공화국』(Republic, Politeia)에서 소크라테스는 각자 본연의 역할에 충실한 것을 정의라고 가르친다. 국가의 수호자 계층인 통치자와 보조지원세력은 자신의 이익이 아닌 통치대상의 이익을 위해 행동하는 것이 역할이며 정의를 실현하는 것이다. 통치대상은 통치자가 그렇게 할 것을 기대한다. 역할이란 타인의 기대가 포함된 개념으로서 이타성이나 사회성의 조건을 지니고 있다. 즉 역할에 충실하다는 것은 사회적이며 이타적으로 또는 조직적 맥락을 알고 행동한다는 의미이다. 각자 본연의 역할에 완전 충실한 상황에서는 공공갈등이 발생할 여지가 없다.

인간은 생존을 위해 이타적이고 협력적으로 행동할 필요가 있다. 이기주의는 공적인 측면을 모르거나 경시한다. 집단 이기주의는 소속집단만의 이익을 고려하기 때문에 그 집단 이상의 큰 범위에서 볼 때 사적인 것이다. 공사분리는 이렇게 이해되어야 한다. 그런 점에서 "개인주의 문화권과 집단주의 문화권 중 어디에서 이기주의적 행태가 더 많이 나타날까?"와 같은 질문은 좋지도 않고 대답할 수도 없다. 이타적으로 행동하는 것이 개인의 생존에 효용이 있는지 검증하는 것은 어려울 수도 있다.2) 이는 마치 조직 충성심(동

---

2) 리처드 도킨스의 논의는 이기주의와 이타주의 개념의 구분을 모호하게 만들어버린다. 그는 개인이 서로에게 관대하고 윤리적으로 행동하는 선한 다원주의적 이타성을 갖는 근거를 네

일화)이 높은 구성원이 조직의 목표달성에 크게 기여하여 고속승진과 봉급인 상의 사적 효용을 취득했을 때, 이를 두고 해당 구성원의 동기와 행위가 이기적인 것이냐 이타적인 것이냐를 가리려는 것과 같다. 소방공무원으로서 자긍심이 강한 A와 B 두 사람이 합심하여 대형화재를 진압하는 데 공로를 세워 상을 받았다. 시상식에서 A는 '자기 자신을 위해서 한 일이었다'고 이야기 하고 B는 '피해자 가족을 위한 마음으로 한 일이었다'고 이야기했다. 이때 A는 이기주의적 행동을 한 것이고 B는 이타주의적 행동을 한 것인가?

인간은 사회에서 공익을 위해 일한다는 평판을 얻기 위해서도 이타적 행동을 한다. 사회적 존재인 데도 불구하고 이기적인 행동만을 하는 자는 결국 생존하기도 어렵다. 자신은 생존할 수 있다고 확신하고 이기적인 행동만을 일삼는 인간은 자기 역할에 충실하지 않는 자이다. 정의를 위해서 본연의 역할에 충실하고 공익을 인식하는 것이 결국 자기생존에 유용하다는 것을 가르쳐야 한다. 그래서 죄수의 딜레마, 공유의 비극, 집단행동의 논리3)와 같은 개념과 이론을 배워야 한다. 게임의 관점에서 사회적 상호작용을 볼 때, 게임은 단판으로 끝나지 않고 계속된다는 인식을 갖도록 하는 것만으로도 공공성의 가치를 고양시킬 수 있다.

2) 공유의 비극

공유의 비극(tragedy of the commons)은 1968년 개릿 하딘(Garrett Hardin)이 *Science*지에 게재한 논문 제목이다. 이 논문에서 하딘은 인구문제나 강대

가지 든다. 첫째, 유전적 친족의 경우이다. 둘째, 상환기대에 따라 주는 교환행위이다. 셋째, 친절과 관대의 평판을 얻기 위한 다원주의적 혜택이다. 넷째, 진정한 광고에 의한 구매처럼 현저한 관대함이 주는 특별한 부가적 혜택이다(Dawkins 2006: 251). 인간의 이기성을 신봉하는 경제학자는 이타적 행태도 이기적 동기로 해석할 것이다.

3) 집단행동의 상황에서는 개인의 사적 이익과 사회집단의 공동이익 간 갈등이 발생한다. 이 상황에서 각 개인은 대가를 지불하지 않고 타인의 노력에 무임승차하려고 한다. 그러나 모든 개인이 무임승차하려고 하면 어떤 결과가 오겠는가? 집단행동의 논리(logic of collective action)는 이러한 고민이 담겨져 있다.

국 간 군비경쟁과 같은 딜레마 성격을 갖는 문제들은 기술적으로 해결할 수 없고 도덕적 책임성이나 윤리성의 확장이 필요하다고 주장한다. 이러한 성격의 문제는 제러미 벤담의 공리주의 원리나 애덤 스미스의 시장논리에 의해 해결할 수 없고, 오히려 문제를 악화시킨다.

> 제러미 벤담의 "최대 다수의 최대 행복"은 불가능하다. 우선, 두 변수를 동시에 최대화하기란 수학 논리상 불가능하다. 인구를 최대화하는 것이 행복을 최대화하지 않는다. 또한 행복이 무엇인가? 사람마다 행복의 가치가 다르다. 따라서 행복을 비교하기란 불가능하다. 애덤 스미스의 『국부론』(The Wealth of Nations 1776)에 의하면, 오직 자신의 이득만을 의도한 개인은 "보이지 않는 손"에 의해 공익 신장으로 인도된다. 즉 개인적으로 정한 결정들이 사회 전체를 위한 최선의 결정이라는 것이다. 그러나 보이지 않는 손에 의해서도 인구문제나 공유재의 문제를 해결할 수 없다(Hardin 1968: 1243-1244).

공유재에서는 자유의 비극이 발생한다. 예전에는 공동 목초지에서 목동들이 각자 가축 수를 증가시켜도 비극은 없었다. 부족 간의 전쟁, 가축질병, 밀렵 등으로 목초지의 한계용량을 초과하지 않고 유지될 수 있었기 때문이다. 그러나 환경이 바뀌었다. 합리적인 존재로서 목동들 각자가 자신의 이득을 최대화하면 비극이 초래된다. 목동이 소 한 마리를 증가시킴으로써 한 마리 값의 긍정적 요소와 그만큼의 과밀로 인한 목초지 비용인 부정적 요소가 발생한다. 그러나 모든 목동들이 각자 '한 마리 더'라는 동기로 추동되면 공동초지는 파괴되고 공유의 자유는 비극으로 끝난다. 쓰레기, 방사성폐기물, 공해물질 배출과 같은 환경오염 문제에도 공유의 비극 논리가 역으로 작동한다. 이 경우 역공유의 비극(reverse tragedy of the commons)이 발생한다.

공공갈등현상을 설명할 때 흔히 언급되는 님비(NIMBY)와 핌피(PIMFY)도 이러한 공유의 비극으로 이해할 수 있다. 선출직 공직자들이 표를 얻기 위해 제시하는 선심성 공약이나 정책도 공유의 비극을 초래할 수 있다. 예컨대 시장이 '공용주차장을 무료로 개방'한다는 공약을 했다고 하자. 합리적 존재,

이기적 인간을 전제할 때 결국 주차장과 입구 도로는 차들로 폭증하여 교통마비로 귀결되는 비극을 맞이할 수 있다. 시장도 표를 얻으려다 오히려 깎아먹는 비극을 맞이한다. 합리적 존재인 시민과 시장 모두가 비극을 맞는 것이다. 퍼주기 식 복지공약도 같은 논리를 적용할 수 있다. 하딘은 과밀인구나 공유의 비극을 막을 도덕적 경각심, 절제, 과세와 같은 강제력이 필요하다고 주장한다. 이러한 공유재 문제는 뒤에서 오스트롬의 논의로 보충할 것이다.

3〉 공공갈등문제의 일반적 특성

공공공갈등의 문제는 정부 단독으로 효과성 있게 해결하기 어려운 공공난제(wicked problems)이다. Rittel와 Webber(1973)에 의하면, 공공난제에 대해서는 확정된 객관적 해결책이 없고 단지 지속적으로 해결책을 모색해서 관리하여야 한다. 공공난제는 다음 〈표 9-1〉에 제시되어 있는 것과 같이, 비구조성, 교차성, 지속성 세 가지 특성으로 이해할 수 있다.

표 9-1.
공공난제의 특성

차원	관리자에게 직면한 조건들
비구조성	• 정확한 인과관계를 확인하기 어려워 정책귀결을 예측할 수 없음(파급효과의 복잡성) • 많은 정보요구 • 문제해결과정이 유동적임. 해결책마다 문제에 대한 정의와 이해를 변화시켜 의사결정의 표적이 항상 변형·변동됨 • 문제에 대한 확인과 정의, 해결책에 관해 합의가 거의 없음
교차성	• 다수의 이해관계자 • 다양한 관점 • 이해관계자들 간 고도의 상호의존성 • 경합적 가치들 간의 상충성과 높은 갈등잠재성 • 정치적·사회적 복잡성 • 비공식적이며 사회적으로 배태된 다양한 지식원천들의 중요성
지속성	• 결승선이 없음. 모든 것을 위한 단번의 해결은 결코 없음

출처: Weber & Khademian (2008: 336)의 Table 1

1) 불확실성과 비구조성

공공갈등 상황은 문제의 인과관계를 확인하기 어렵고 복잡하며, 문제 정의와 해결안에 대한 합의를 얻기 어렵다. 그리고 의사결정의 표적은 항상 변형되고 변동된다(Weber & Khademian 2008: 336). 표적이 항상 변화하는데 명 중시키는 것이 어떻게 쉬울 수 있겠는가! 그래서 공공난제는 비구조적이며 심각한 갈등을 발생시킨다. 인과 지식에 대한 확실성 여부와 문제정의 및 해 결안의 합의 여부 두 차원을 결합하면 〈그림 9-2〉에서와 같이 네 가지 유형 의 문제를 규정할 수 있다. 첫째, 확실한 인과지식이 있으면서 합의도 가능 한 기술적 문제는 계산하면 해결될 수 있다. 둘째, 합의는 가능하지만 인과 지식이 불확실한 정보의 문제는 연구와 정보탐색으로 해결할 수 있다. 셋째, 확실한 인과지식이 있지만 합의가 어려운 의견불일치의 문제는 토론을 하거 나 공권력 행사와 같은 강제방법으로 해결할 수 있다. 넷째, 인과지식도 불 확실하고 합의도 어려운 공공난제는 마땅한 해법이 없다. 과학에 의해서는 해결이 불가능한 심오한 불확실성("unknown unknowns") 문제이다(Ansell & Boin 2019). 예컨대 방사성폐기물처분장 입지선정을 둘러싼 문제는 위험 측면 에서 심오한 불확실성을 담고 있다. 입지시설이 완벽하게 안전하다(위험=0) 는 것을 입증하는 것은 불가능하다. 방사성폐기물 위험요소들은 재난 발생 시 원상회복의 비가역성, 피해영향의 광범위성, 장기성 등 심각한 문제로 이 어지지만 위험발생 예측이 어렵다(강민아·장지호 2007: 32). 전문가와 일반인 사이에 위험지각 차이가 상존한다. 그래서 이러한 성격의 문제는 지속적인

그림 9-2
지식과 합의
차원에 의한
문제 유형화

		지식	
		확실	불확실
합의	도출	Ⅰ 문제: 기술적 　 해법: 계산	Ⅱ 문제: 정보 　 해법: 연구
	갈등	Ⅲ 문제: 의견불일치 　 해법: 강제 또는 토론	Ⅳ 문제: 지식과 합의 　 해법: ?

출처: Douglas & Wildavsky(1982), p.5

연구와 합의 노력을 병행하면서 참여와 숙의로 관리될 필요가 있다. 합의가 어렵다는 것은 이해관계자와 정책영역, 관련 이슈와 가치, 제안된 대안 등 개입되는 요소들이 교차되어 있다는 것을 나타낸다. 인과지식의 불확실성에 더불어 다수의 이해관계자 개입으로 인한 복잡성이 증가하면 만족할 수 있는 해법을 찾기란 매우 어렵다.

2) 교차적 복잡성과 분배적 비형평성

공공난제가 차지하는 공간은 다수의 정책영역과 정부수준이 중첩된다 (Weber & Khademian 2008: 336). 공공분쟁은 여러 이해관계집단들이 개입된다. 협상테이블에 앉은 대표단은 자신들뿐만 아니라 각자 소속된 집단구성원들의 다양한 경합 이익과 가치들에 반응해야 한다. 예컨대 '도롱뇽보다 사람이 먼저다'는 주장과 '도롱뇽은 우리 친구다'라는 주장에 모두 반응해야 한다. 갈등영향 평가와 분쟁해결 계획을 세울 때 이해관계자들을 모두 고려한다지만, 과정이 진행되면서 새로운 당사자들이 출현한다. 분쟁에 개입된 당사자들은 전문성과 권력의 수준 및 형태 측면에서 다양하다. 예컨대 일반시민 또는 지역주민 집단은 정부와 전문가 집단과의 과학지식정보의 비대칭과 권력 불균형 문제를 안고 있다. 이해관계자들 간 지속적 관계성도 부족하다. 많은 경우 이전에도 서로 몰랐고 분쟁이 종결된 후에도 다시 만날 마음이 없다. 이해당사자 집단들은 각자 고유한 의사결정절차와 책임성을 가지고 있다. 예컨대 정부 행위자가 계층적 결정구조를 가지고 있는 반면 NGO는 합의 위주의 수평적 결정구조를 가질 수 있다. 그리고 정부 집단이 법적 책임성에 제약을 받는 반면 시민 집단은 비교적 이에 자유롭다(Carpenter & Kennedy 2001: 5-11). 한편 과학지식의 활용 목적에서 이해관계집단들 사이에 확증편향이 작용한다. 이들은 각자 유리한 방향으로 과학적 근거를 전략적으로 이용한다. 주지예·박형준(2020: 108)에 의하면 우세한 집단이 확신을 위해 과학을 활용한다면 열세에 처한 집단은 반박을 위해 과학을 활용한다. 즉 우세 집단은 현 상태의 확실성을 부각시키기 위해 과학적 근거를 제시하는 데 비해 열세 집단은 비선호 정책에 대한 불확실성을 강조하기 위해 과학을 활용하는 경향이 있다.

수학적으로 보면 관련 이해집단과 요소의 증가는 거부권 행사지점과 거부확률의 배증으로 이어져 정책의 성공이 거의 불가능하다.[4] 공공갈등 상황에서 이해관계자의 증가는 갈등의 강도를 높이며 여러 측면의 비용을 증가시킨다. 갈등의 이해관계자가 많다는 것은 복잡성을 배가시켜 갈등의 지속기간을 장기화시킬 가능성을 키운다. 갈등의 장기화는 사회적 비용의 증가를 가져온다는 점에서 문제의 심각성이 있다. 이와 같은 사회적 비용에는 경제적 비용 이외에 정부와 주민 간의 소통단절로 인한 정부신뢰의 실추, 사회적 위기감 조성, 주민들 간 반목으로 인한 지역공동체 해체 등 문제가 포함된다(조경훈·박형준 2015: 30). 요컨대 다수의 이해관계자와 이슈 그리고 정책영역 요소들의 중첩과 교차는 갈등의 지속기간과 비용을 증가시킨다.

공공난제는 '개발 대 보존' 같은 가치 간의 상충성과 분배적 비형평성을 내포하고 있다. 분배이슈는 흔히 누가 얻고 누가 잃는 승패 상황을 만든다. 저쪽의 비용으로 이쪽이 얻는 영합게임이 벌어지는 것이다. 보편적으로 수용되고 있는 분배의 원칙으로서 3장 3절에서 살펴본 바와 같이, 형평성, 평등성, 필요성의 원칙 세 가지를 들 수 있다(Deutsch 2000). 평등한 기본 여건 하에 기여한 만큼 혜택을 받는 형평성의 원칙은 여러 연구에서 특히 공적인 영역에 잘 적용됨을 밝히고 있다. 성과급, 스톡옵션처럼 힘과 능력을 가진 사람들이 선호하는 규범이기도 하다. 평등성 원칙은 관련된 사람들 모두가 균등한 혜택을 공유하자는 규범이다. 친구나 동료들 사이에 기여 비율을 구별하기가 어렵거나, 기대치 않았던 수확, 사례비, 격려금을 분배해야 할 경우에 많이 적용된다. 필요성 원칙은 기여에 관계없이 필요로 하는 사람에게 혜택이 주어지는 복지 측면이 강조되는 규범이다. 자선단체의 활동이나 복지정책에 대표적으로 적용된다. 이러한 분배 규범에 대한 선호가 문화권에 따라 다를 수 있다. 문화비교연구들에 의하면 서구권에서는 형평성 원칙을 선호하는

---

4) 이 논리는 Pressman & Wildavsky(1973)의 정책집행론(*Implementation*)에 잘 설명되어 있다.

데 비해 동아시아권에서는 평등성 원칙을 선호하는 경향을 보인다. 하지만 이와 반대되는 결론을 도출하는 연구도 있다(한규석 2017: 419).

정부 정책과 사업의 시행으로 이익을 보는 집단과 손해를 보는 집단이 있게 마련이다. 이익과 손실이 명확히 구분될 경우 손실인식 집단으로부터 매우 강력한 반발이 있을 뿐 아니라 이익인식 집단도 잠재이익을 포기할 수 없어 강력하게 요구한다(소영진 1999: 199−200). 방폐장과 같은 님비시설물은 부적인 외부성을 지닌다. 시설이 입지하는 특정 지역에는 환경훼손, 건강위협, 경제적 가치하락과 같은 비용·손실을 집중적으로 발생시키는 반면, 이외에 광범위한 지역에 거주하는 일반인들에게는 분산된 이익을 가져다준다. 여기에서 비용과 편익의 불균형을 나타내는 분배적 비형평성 문제가 발생한다. 이 문제는 사람들에게 매우 민감하게 작용한다. 이러한 불공평 인식을 해소할 수 있는 적절한 보상이 주어지지 않는다면 혐오시설이 입지하게 될 지역 주민들은 강력히 반발하게 된다. 예컨대 1990년 안면도, 1994년 굴업도, 2003년 부안 등 방폐장을 둘러싼 공공갈등은 분배적 비형평성 문제를 노정시킨 전형적인 사례이다. 1990년대 중반 방폐장 후보지로 오른 굴업도의 갈등사례에서 정부는 굴업도 주민에게는 충분한 보상을 약속하였다. 그러나 바로 인근의 덕적도 주민들은 시설입지로 인해 어업권 제한과 관광수입 경감 등 손실이 우려되었으나, 이에 대한 보상책이 없다는 이유로 강력하게 반발하게 된 것이다. 2003년 부안군이 방폐장 유치를 신청할 때에도 처리장이 입지할 위도 지역주민과 부안군민들 사이에 분배적 비형평성 인식이 부각했다. 새만금방조제와 영광 원자력발전소로부터 각각 20여Km 떨어진 위도 지역민들은 그 동안 방조제 공사와 원전 가동으로 바다의 수온이 상승되어 어획량이 급감하는 등 피해만 보고 보상은 받지 못했다고 강한 불만을 토로하였다(동아일보 2003.7.17.). 2005년 울산광역시 북구민의 경주방폐장 건설에 대한 반대사례에서도 핵심은 분배적 비형평성에 있었다. <그림 9-3>에서 볼 수 있는 바와 같이 방폐장 부지로 확정된 양북면 봉길리는 행정구역상 경주시에 속한다. 하지만 지리적으로 울산광역시 북구와 더 인접해 있다. 「발전소주변지역지원에관한법률」(舊, 방사성폐기물관리사업의촉진및시설주변지역의지원에관한법률)에 의하면 발전시설이 들어설 주변지역에 대해서 산업통상자원부의 주관 하에 국가적 지원을 하게 되어 있다. 이 법에서 규정하고 있는 주변지역이란 "발전사업자가 가동·건설 중이거나 건설할 예정인 발전소의 발전기가 설치되어 있거나 설치될 지점으로부터 반지름 5킬로미터 이내의 육지 및 섬지역이 속하는 읍·면·동의 지역"(제2조)을 말한다. 그런데 실제 지원가능 지역에 대한 결정에 논란이 있으며, 비슷한 영향권 내에 있는 지역일지라도 행정구역에 따라 지원 여부가 다를 수 있다(강민아·장지호 2007: 32). 방폐장의 입지로 인한 직간접 손실피해를 경주시보다는 오히려 울산시 북구가 더 많이 입을 수 있는데, 보상은 행정구역기준에 의해서 경주시에만 주어진다고 울산광역시 북구지역주민들은 인식하였다. 이러한 분배적 비형평성에 대한 인식으로 북구민들은 경주 방폐장 유치에 대한 주민투표 무효를 주장하며 헌법소원을 제기하였다. <읽어보기 9-2>에 제시된 주민대책위원회의 기자회견문 내용을 읽어 보면 이러한 주민들의 인식이 잘 드러나 있다.

📖 읽어보기 9-2 **[경주방폐장유치 철회를 위한 울산주민대책위 반핵국민행동 기자회견문] 중 발췌.**

방폐장 주민투표 헌법소원에 대한 헌법재판소의 상식적인 판단을 촉구한다.

… (중략) 방폐장 건설문제는 지난 20여년 간 정부의 일관성 없는 정책으로 인해 지역 내에서 주민들의 갈등만을 조장하는 것이었다. 하지만 정부는 장기적인 핵정책과 방사성폐기물에 대한 비전을 제시하고 있지도 못하면서 방폐장부지만 확정하면 된다는 식의 막무가내 식 정책을 펼치고 있는 것이다. 또한 방폐장 주민투표 과정에서 봤듯이 이번 선거는 사상유례가 없는 최악의 부정선거임이 명백히 드러났다. … (중략)

사실 경주방폐장 부지로 확정된 양북면 봉길리는 행정구역상 경주시에 편입되어 있지만, 울산 북구와 더 인접해 있는 지역이며 직간접적인 피해는 울산 북구가 더 많이 입을 것이다. 굳이 방폐장 부지 확정에 대해 주민투표로 의사를 묻고자 한다면 행정구역으로 한정짓지 말고, 동일 영향권 내에 있는 주민들 전체 의사를 물어서 진행해야 할 것이다. 지난 방폐장 주민투표는 울산시민들의 평등권과 기본권을 명백히 침해했다고 볼 수밖에 없다.

이에 본 대책위에서는 울산시민들의 평등권과 행복추구권, 재산권 등 기본권을 명백히 침해하는 "방폐장 주민투표 관련 헌법소원"을 울산시민들의 마음을 모아 접수할 것이다. … (중략)

〈참고 1〉 경주방폐장을 반대하는 이유와 주민투표의 문제점

본 대책위가 경주시에 부지를 확정한 방폐장을 반대하는 이유와 주민투표의 문제점은 다음과 같다.

첫째, 방폐장으로 확정된 부지는 경주시 양북면 봉길리 일대 30여만 평으로 10km 이내의 거리에 북구 강동동이 접해 있으며 가장 가까운 곳은 방폐장 부지에서 불과 7km밖에 떨어져 있지 않다. 따라서 지도에서 보듯이 경주시내보다 울산광역시 주요 도심지가 더 가깝기 때문에 방폐장으로 인한 환경피해는 경주시민보다 울산시민들이 더 많이 받게 되기 때문이다. … (후략)

___

분배적 비형평성은 공유재가 가지고 있는 특성이기도 하면서 딜레마를 초래한다.

3) 딜레마적 성격

공유재는 다수의 사람들이 공유하면서 공동으로 사용하는 자원을 말한다. 공유재는 잠재적 사용자를 배제하기가 불가능하거나 곤란한 비배제성과 함께 이용자의 사용량이 증가함에 따라 다른 이용자가 사용할 수 있는 양이 감소하는 편익 감소성(경합성)을 지니고 있다(Ostrom 1999; Ostrom, et al. 1994). 따라서 공유재 이용에서 무임승차를 막기 어렵다. 즉 재화나 서비스의 혜택으로부터 가격을 지불하지 않은 사람들을 배제하기 어렵다는 사용의 문제가 핵심쟁점이 된다. 또한 적정한 공급량을 유지해야 하는 공급문제와 일정한 수준의 질을 확보해야 하는 유지의 문제 역시 핵심쟁점이 된다. 공유재는 항상 공유의 딜레마 또는 공유의 비극을 발생시킨다. 공유의 비극은 물고기 남획, 산림훼손, 수자원 악화와 같은 자연자원의 초과사용과 질 저하의 문제에 대한 은유로 사용되어왔다(Ostrom 1999: 493; 최홍석 외 2004). 수자원, 산림자

표 9-2.
공유재 딜레마의
유형

범주	하위유형	문제의 원천	인정된 해결책
공유재 이용 딜레마	기술적, 외부성으로 인한 이용 경쟁	자원이용의 기술과 유형의 비균질성	균형적 접근성을 위한 전략 수정
	배당문제	자원 배당의 비균질성	순환적 접근과 이용
공유재 제공 딜레마	수요측면	순 현재가치의 최대화를 추구하는 개인 이용자는 공유자원의 양과 질(생산능력)을 해침	과다사용 또는 질 저하를 제한하기 위한 규칙과 전략 개발
	공급측면	무임승차적 기회주의가 공유자원의 양과 질을 향상시키기 위한 동기를 감소시킴	집합적 유지관리를 위한 규칙과 전략에 투자

출처: Ostrom et al.(1994); Heikkila & Schlager(2012), p.776, Table 1.

원, 유전, 해양 등 개인이 소유하지 않는 공유재는 오·남용되어 황폐화될 수 있다.

Heikkila와 Schlager(2012)는 공유재 딜레마의 유형론을 적용하여 미국 서부지역 수자원 갈등사례들을 분석하였다. 1990년대 이후 미국의 수자원과 산림 영역에서 환경갈등이 증가하였다. 그러면서 갈등해결도 행정기관과 법원에 의한 전통적인 방법보다는 조정과 같은 ADR이 주로 사용되었다. 일반적으로 선행연구들은 갈등해결능력에서 행정집행이나 소송과 같은 전통적인 방법보다 조정이나 제3자에 의한 촉진조정과 같은 대안적 방법이 더 뛰어나다고 주장한다. 그러나 하이클라와 슐라져는 ADR이 뛰어나다는 증거나 설명이 없는 채 ADR에 대한 투자가 지속되는 것은 아닌지 우려된다며, 갈등유형에 따라 적합하게 해결방법들을 선택하는 노력이 필요하다고 주장한다. 〈표 9-2〉는 공유재 딜레마의 범주와 하위유형의 특성을 보여주고 있다.

첫째, 공유재에 대한 자기 소유화로부터 비롯되는 딜레마이다. 이 범주는 두 가지 하위유형으로 세분된다. ① 기술적 외부성에 의한 이용 경쟁이다. 집약적 기술에 의해 공유재를 이용한 집단이 비집약적 기술을 보유한 집단의 공유재 이용을 제약하게 되는 상황을 말한다. 예컨대 도시의 심층지하수개발(집약적 기술) 이용으로 인해서 소규모 농가(비집약적 기술)의 저수량이

236   PART 03. 정부 외부영역의 공공갈등

감소되어 제약받는 상황이다. ② 배당 문제로, 동일한 공유지 내에서도 양질의 부분을 이용하기 위한 경쟁으로부터 발생하는 딜레마이다. 예컨대 초지에 지표수가 있는 부분과 없는 부분이 있는데, 사용목적에 따라 이용 경쟁이 발생한다. 가축사육이 목적이라면 지표수가 있는 부분을 두고 경쟁이 발생한다. 생계목적의 낚시를 위한 어업지역으로 이용할 것인가 아니면 레크리에이션 지역으로 이용할 것인가에 따라 강의 상류지역에 대한 경쟁도 달라질 수 있다. 둘째, 공유재 제공 딜레마는 수요와 공급 측면에서 세분된다. ① 수요 측면에서 자원의 과다사용으로 초래된 딜레마이다. 공유의 비극으로 알려진 공유재의 고갈과 파괴를 예시할 수 있다. ② 공급 측면에서 공유재 생산성의 회복, 유지, 향상에 무임승차하려는 집단행동의 딜레마를 말한다(Heikkila & Schlager 2012: 774−777).

사회적 딜레마 성격을 내재한 공공난제를 해결하려면 이해관계자들 간 협력이 절대적으로 필요하다. 협력의 유형은 직접적인 참여와 자발성을 띠는 1차 협력부터 보편복지 정책의 지지나 비협력시 처벌되는 강제적 협력 유도와 같은 2차 협력까지 다양하다. 이러한 협력유형의 형성에 문화가 일반신뢰를 매개로 영향을 미칠 수 있다. 예컨대 개인주의 문화는 비교적 높은 수준의 일반신뢰를 촉진하며 이에 따라 자선단체의 참여나 기부금 제공과 같은 1차 협력을 낳는 반면, 집단주의 문화는 비교적 낮은 신뢰수준을 발생시키며 정부의 일반복지사업이나 재분배 정책에 대한 지지 형태의 2차 협력과 연계된다. 일반신뢰가 매개된 문화 요인이 공공재의 생산과 유지에 대한 사람들의 지각을 형성할 수 있는 것이다(Berigan & Irwin 2011).

한편 이종범 교수를 중심으로 한 한국 행정학자들은 딜레마이론을 개발하였다. 1장에서 언급했듯 딜레마 용어는 결정을 내려야 하는 데도 불구하고 이러지도 저러지도 못하는 상황을 표현한다. 이 용어에는 '두 개의 대안'과 '선택의 불가피성' 그리고 '선택(결정)의 곤란성' 요소가 포함되어 있다. 개입되는 요소의 증가와 복잡성에 따라 갈등 강도가 높아진다는 관점과는 다른 특징을 지니고 있다. 특정한 조건이 주어질 때 갈등이 증폭되어 딜레마적 상황에 이르게 된다. 이종범 등(1994: 27−31)은 딜레마를 다음과 같이 개념화한다. ① 주어진 맥락에서의 선택을 전제로 하며, ② 상충되는 가치가 선택상황 속에 동시에 나타나고, 그것이 대안으로 표상될 수 있으며, ③ 대안들 간의 비교가 불가능하지만(가치 간의 교환함수가 존재하지 않음) 그 중요성이 비슷하기 때문에, ④ 대안의 선택이 곤란하다. 이러한 정의에 따라 소영진(1999: 187)은 딜레마의 형식조건으로 다음과 같은 네 가지를 제시한다. ① 분절성이다. 대안 간 절충이 불가능하다는 것이다. ② 상충성이다. 두 대안이 상충되므로 둘 다 선택할 수 없다. ③ 결과가치의 등가성이다. 대안이 가져올 결과가치가 균일해야 한다. 기회손실이 커야 한다. ④ 선택의 불가피성이다. 최소한 하나의 대안을 반드시 선택해야 한다. 위 네 가지 조건 모두가 충족되는 상황을 딜레마라고 할 수 있다. 이 점에서 딜레마는 갈등의 특수한 형태이다. 우리나라에서 발생하는 공공갈등 현상을 포착하여 설명하는 데 유용한 개념이다. 왜냐하면 개발과 보존 가치를 내재한 우리의 대형 국책사업들은 추진과정에서 많은 경우 이러한 딜레마적 성격을 나타내면서 첨예한 갈등상황이 지속되곤 했기 때문이다.

4) 지속성과 시간적 압력

공공난제는 단번에 해결할 수도 없고 결승선도 없이 지속된다(Weber & Khademian 2008: 336). 공공갈등 상황은 이해관계자의 수가 많고 참여유형도 다양하며 관련 갈등이슈도 칡과 등나무처럼 복합적으로 얽혀 있는 것이 일반적이다(하혜영·이달곤 2007: 329). 공공난제는 공식화되거나 매뉴얼화된 표준체계에 의해 대응하기에 적합하지 않다. 이것은 이해관계자들 상호간의 협력과 타협을 통해 탄력적이고 적응적으로 대처하는 것이 효과적이다(권향원·한수정 2016: 395). 공공갈등문제는 환경적 변화와 요구에 탄력적으로 적응하면서 관련 행위자들 사이에 형성된 협력과 신뢰를 통해 창의적 합의대안에 의해 해결해가는 것이다. 그러나 합의형성은 지난하다. 김도희(2013: 32, 48)에 의하면, 공공갈등은 관련 요소들 간 관계의 복잡성과 다양성 때문에 합의도출에 의한 해결이 어려우며, 이해관계집단 간 양극화로 비화될 개연성이 있다. 이해관계집단 사이에 이분법적 극화로 발전되는 것은 우리 사회의 집단주의와 체면 문화가 영향을 미친다. 이에 관해서는 11장에서 상술한다.

공공갈등문제는 지속성을 지니고 있는 만큼 이에 상응하여 해결에 대한 시간적 압력을 받는다. 시간이란 객관성, 한정성과 평등성, 통제불가능성, 연속성, 비저축성, 비소외성 등 특성을 지니고 있다(임도빈 2007).5) 이 책에서 말하는 시간은 물리적 시간일 수도 있고 정치적 시간을 의미할 수도 있다. 예컨대 방폐장의 입지확보와 건설 문제는 물리적 시간압력을 가지고 있다. 원자력발전소(원전)에 임시로 저장되어 있는 중저준위 폐기물이나 고준위 폐기물(사용후핵연료)의 포화상태가 시간적 압력으로 작용하기 때문이다.6)

현재 우리나라에는 고준위 방사성 폐기물 처분장이 없다. 고준위 방사성폐기물의 경우 원전 내 임시 저장 공간도 포화 시점이 머지않았다. 이 점이 시간적 압력으로 작용한다. 2022년 7월말 기준으로 고준위 방사성 폐기물이 되는 사용 후 핵연료 임시저장시설의 포화율은 울진 한울(1·2·4·6호기) 94.4%, 경주 월성(2·3·4호기) 97.9%, 부산 기장 고리(2·3·4호기) 94.3% 등 평균 95.6%에 달한다. 산업통상자원부(2016.07)는 원전 내 사용 후 핵연료 임시저장시설의 포화년도를 고리와 한빛 각각 2024년, 한울 2037년, 신월성 2038년으로 예상한다(한국수력원자력 홈페이지 참조). 이렇게 시간압력을 가지고 있는 방폐장의 건설은 공공난제이다. 경주에 입지한 중저준위 방폐장이 완공되기까지 30여 년 동안 첨예한 공공갈등이 지속되었다. 고준위 폐기물은 중·저

---

5) 시간은 시계나 달력에 의해 객관적으로 측정하며, 누구도 하루 24시간 이상을 갖지 못한다는 점에서 시간은 한정적이고 평등하다. 흘러가는 시간을 누구도 통제할 수 없고, 시간은 거꾸로 흐를 수도 없으며 영구적이라고 믿어진다. 또한 시간을 미리 당겨서 쓰거나 저축할 수도 없고 시간을 소유하고 있는 행위자와 시간을 분리할 수 없다(임도빈 2007: 3).

6) 방사성 폐기물은 방사선을 낼 수 있는 능력을 가진 물질 또는 그에 따라 오염된 물질로, 폐기의 대상이 되는 물질을 말한다. 고준위, 중준위, 저준위폐기물로 분류된다. 고준위 방사성폐기물은 원자로의 연료로 쓰고 난 뒤 꺼낸 사용 후 핵연료를 말한다. 중·저준위 방사성폐기물은 원자력 시설 운영과 연구개발 과정에서 사용한 작업복, 장갑, 덧신, 걸레, 기기 교체 부품 등 운영 폐기물과 원자력 시설 해체 후 발생한 콘크리트 및 금속 등 해체 폐기물을 말한다(한국원자력연구원). 방사성 폐기물의 95% 이상은 중·저준위 폐기물이 차지한다.

준위 폐기물에 비해 위험도가 높고 관리기간도 훨씬 길어서 처분장 입지확보가 더욱 어려울 수 있다. 이는 외국의 경우도 마찬가지이다. 예컨대 영국정부는 2008년에 고준위 방사성폐기물의 심층처분 방침을 채택하여 2013년까지 부지선정을 추진하였으나, 최종적으로 지방정부의 반대로 중단되었다. 원전 운영을 중단하든 지속하든 발생한 방사성폐기물은 처분해야 한다. 그래서 처분장의 입지확보는 필수적이다. 임시저장시설의 포화시점이 물리적 시간압력으로 작용하여 해결을 더욱 어렵게 하는 것이다.

한편 공공갈등문제는 정치적 시간압력을 가지고 있다. 여기에서 정치적 시간이란 정책을 결정하는 주요 인사들의 정치적 스케줄을 말한다. 정치적 스케줄로 선거가 대표적이다. 정치인들은 선거에 승리하기 위해 선거구민에게 공약을 한다. 이러한 공약실현에 선출공직자의 임기라는 시간이 제약조건이 된다. 임기를 제약조건으로 가지는 정치인들은 시간을 할인하는 경향을 보인다. 정치인에게 당선이나 재선에 긍정적으로 작용할 것 대해서는 임기 내에 집행되는 정책과 예산의 가치가 임기가 종료될 미래시점의 정책과 예산의 가치보다 크다. 정치인에게 당선이나 재선에 부정적으로 작용할 것에 대해서는 임기 내에 집행되는 정책과 예산의 가치가 임기가 종료될 미래시점의 정책과 예산의 가치보다 작다. 그래서 선출공직자는 정권이나 임기와 상관없이 시민의 웰빙을 위해 장기간 동안 일관적으로 추진해야 할 성질의 정책일지라도 임기 내에 그 정책의 성과를 얻으려고 무리하게 집행을 한다. 이와 반대로 임기 내에 반드시 집행해야 시민의 복리가 향상되는 정책이나 사업일지라도 실행하지 않거나 임기 후로 지연하기도 한다. 전자의 경우 핌피성의 공공갈등상황에 가해지는 정치적 시간압력인 반면, 후자는 님비성의 공공갈등상황에 가해지는 정치적 시간압력으로 이해할 수 있다.

요컨대, 공공갈등은 성격상 불확실성과 비구조성, 교차적 복잡성과 분배적 비형평성, 딜레마적 성격, 지속성과 시간적 압력을 지니고 있는 난제이다. 따라서 공공갈등의 개념에 부착해야 할 용어는 '해결'보다는 '대응' 또는 '관리'가 더 적합하다.

CHAPTER 10. 정부 간 갈등관계와 관할권 다툼

이 장에서는 우리나라 중앙정부와 지방자치단체 간 갈등, 지방자치단체들 사이의 관할권 다툼, 지방자치단체 내의 집행기관과 의회 간 갈등을 중심으로 정부 간 갈등관계를 설명한다. 1948년부터 2014년까지 발생한 우리나라 공공갈등사례 총 2,030건(100%) 중 정부와 민간 간 갈등이 1,445건(71.2%), 정부 간 갈등이 585건(28.8%)으로 분류되었는데, 정부 간 갈등(100%) 중에 중앙정부 부처들 간 갈등 58건(9.9%), 중앙정부와 지방자치단체 간 갈등 225건(38.5%), 지방자치단체들 간 갈등 302건(51.6%)으로 나타났다(권경득·이광원 2017; 권경득·임동진 2017).

1〉 중앙정부와 지방자치단체 간 갈등

1995년 본격적인 지방자치시대가 열리면서 중앙정부와 지방자치단체(지자체) 간 갈등이 증가하였다. 양자가 당사자가 된 공공갈등은 주로 방폐장이나 송전탑과 같은 소위 '님비' 시설물의 입지, 무상보육이나 청년수당과 같은 복지정책사업의 추진, 중앙정부와 지자체 간 사무권한의 배분 관련 사례이다. 중앙정부 주도의 압축성장의 힘과 참여의 힘이 부딪치면서 나타나는 현상이다.

최근 중앙정부와 지자체 사이에 전개되는 갈등 양상은 전국적인 관심을 받으며 정치 쟁점이 되곤 한다. 서울특별시 청년수당 지원사업을 비롯한 경기도 성남시 청년배당 정책과 같은 사례가 대표적인 예이다. 이전의 정부 간 갈등은 대부분은 중앙정부의 결정에 따른 지자체의 반발 형태로 나타났다. 그러나 근래 들어 중앙정부가 지자체의 결정에 대해서 중앙정부가 반대하면서 집행을 정지시키거나 소송을 제기한다. 이에 지자체도 집행정지 거부와 집행강행 또는 맞소송으로 대응한다. 이와 같은 갈등 양상은 특히 정치 요인에 의해 많은 영향을 받는다. 복지정책사업을 두고 집권세력(대통령과 여당)과 정치이념이 다른 야권세력(단체장과 야당) 간 유발되는 갈등이 전형이다(신현두·박순종 2018: 162). 무상보육 정책과 청년수당 지원활동사업을 둘러싼 중앙정부와 지자체 간 갈등사례를 예시해 보자.

1) 중앙과 지방자치단체 간 갈등사례

(1) 무상보육 정책갈등

이 사례는 누리과정 어린이집 보육료에 대한 재원과 예산편성을 둘러싸고 중앙정부와 전국의 지자체(지방교육청)들 사이에 발생한 정부 간 갈등이다. 누리과정이란 만 3~5세의 취학 이전 아동들을 대상으로 한 공통 보육 및 교육과정을 지칭한다. 2012년 만 5세 아동에 대한 무상보육으로 누리과정을 시작하였고, 2013년부터 만 3세까지 확대하였다. 이러한 무상보육 정책은 모든 유아에게 생애 출발선에서 균등한 교육기회를 제공하고 학부모 교육비 부담을 덜자는 취지로 도입된 보편적 복지정책이다. 우리나라에서 무상복지에 관한 이슈는 2012년 민주당이 무상복지 3＋1(무상급식, 무상의료, 무상보육, 반값 대학등록금)을 대통령선거 공약으로 제시하면서 쟁점화되었다. '무상'이라는 용어의 파괴력이 컸다고 볼 수 있다.[1]

----

[1] 여기에서 '무상'은 사전적 의미의 無償이 아니다. 복지서비스의 수혜가 시민에게 전달되는 시점에서 무상이지, 서비스 제공을 위한 재원은 궁극적으로 시민이 납부한 조세이기 때문에 엄밀히 말해 무상이라는 용어의 사용은 문제가 있다(권혁주 2011).

이 사례의 핵심은 교육부가 2015년도 편성한 예산안에 누리과정 보육료를 반영하지 않자, 전국 시도교육감들이 어린이집에 누리과정 보육료를 지급하지 않겠다며 강경하게 대응한 행태이다(권경득 2017). 무상보육 정책추진으로 기존에 보건복지부 소관이던 어린이집 보육비가 지방교육청으로 이관되면서 보건복지부와 지방교육청 사이에 갈등이 시작되었다. 어린이집 운영과 관련된 정책 책임은 보건복지부의 소관인 데 반해, 재정 책임은 지방교육청이 지게 되면서 누리과정의 책임주체가 불분명해졌다. 이 상황에서 보육료 지원대상이 확대되자 양자 간의 갈등도 강해졌다. 2015년 예산편성 과정에서 전국 시도교육감들은 보육료 부담에 대한 거부권을 행사하였다. 전국 17개 시·도교육청 중 14곳이 차년도 누리사업 예산을 0원으로 편성하였으며, 이 예산을 편성한 곳도 전액이 아니라 6개월 내의 단기로 편성하여 하반기 누리과정 운영이 불확실하게 되었다. 이러한 지방 시·도 교육청의 행태에 대해 교육부는 대법원 제소 방안을 고려한다고 밝히는 등 대립적 행태로 대응하였다(주재복·강영주 2016). 2017년 집권 정부가 어린이집 누리과정예산 전액(연간 2조 원)을 중앙정부에서 부담하겠다고 선언하면서 그동안 지방교육재정교부금으로 지원하던 것을 「유아교육지원특별회계법」 제정을 통해 3년간 한시적으로 교육세 일부와 국고에서 지원하였다. 매년 반복돼왔던 중앙정부와 지방교육청 간 갈등이 종결되는 듯하였다. 그러나 2019년 들어서도 양자 간에 예산 분담을 두고 갈등하다가, 교육부는 「2019 개정 누리과정」을 확정·고시하고 교과과정과 예산에 대한 중앙정부의 책임을 강화하였다.[2]

(2) 청년수당 지원사업갈등

이 사업은 2015년 서울시가 「서울특별시 청년 기본 조례」를 제정한 후 수립한 추진계획의 핵심 내용 중 하나였다. 정기소득이 없는 미취업 청년

---

[2] 2020년 예산안을 보면, 어린이집 보육교사 처우개선비와 운영비를 포함한 어린이집 소요분 전액(유아교육비보육료지원 약 3조785억 원)을 국고 지원하는 것으로 편성되었다(국회예산정책처, 2020년도 예산안 위원회별 분석(교육위원회 소관) 2019-10, pp.23-24).

(19~29세)을 대상으로 심사를 거쳐 최소 2개월에서 최대 6개월간 월 평균 50만 원의 활동수당을 지원하는 프로그램이다. 서울시가 이 사업을 발표하자 중앙정부(보건복지부)는 즉각적으로 반대 입장을 표명하였다. 서울시가 이 사업을 예산에 반영하자 중앙정부는 예산안에 대한 재의를 요구하고, 서울시는 보건복지부의 재의요구를 거부한다. 그러자 보건복지부는 대법원에 예산안 의결 무효확인과 집행정지 소송을 제기한다. 그러나 서울시는 이 사업을 강행하였고 보건복지부는 직권취소 명령을 내린다. 이에 대해 서울시는 취소소송을 제기한다. 보건복지부의 대법원 제소에 대해 서울시는 2016년 「사회보장기본법」상의 협의·조정 결과에 따르지 않는 경우 지방교부세를 감액하도록 규정하고 있는 「지방교부세법」시행령에 대해 헌법재판소에 정식으로 권한쟁의심판을 청구하는 등 소송에 소송으로 맞대응했던 것이다.

그해 1월 서울시는 보건복지부에 청년수당 지원사업의 신설에 따른 협의를 요청하는 공문을 보냈었다. 그러나 보건복지부는 6월 말에 부동의 결정을 서울시에 통보하였다. 그럼에도 불구하고 서울시는 사업을 강행하였다. 서울시는 8월에 청년수당 대상자 3,000명을 선발하여 이 중 2,831명에게 지원금 50만 원을 지급하였다. 이에 대해 보건복지부는 바로 직권취소 처분을 하게 되며, 그럼으로써 서울시의 청년수당 지급 대상자 결정은 무효가 되고 사업이 중단되기에 이른다. 서울시도 대법원에 직권취소에 대한 취소처분 및 직권취소의 집행정지 소송으로 대응하였다. 박근혜 대통령 탄핵 이후 2017년 4월 보건복지부는 최종적으로 청년수당 지원사업에 대한 동의결정을 내리면서 이 사업은 재개된다. 그리고 문재인 정부 출범 이후 새로운 장관이 임명되면서 서울시와 보건복지부는 제기했던 소송을 상호 취하하게 된다(주재복·강영주 2016; 신현두·박순종 2018).

2) 중앙정부와 지방자치단체 간 갈등의 일반원천

여러 학자들이 중앙정부와 지자체 간 갈등의 원인들을 제시해왔다. 중앙정부 측에서 인식하는 것과 지자체에서 인식하는 양자 간의 갈등원인이 다르다. 이 책에서는 학자들 사이에 공통적으로 제시된 요인들을 중심으로 중앙정부와 지자체 간 갈등의 일반원천을 자원배분, 법·제도, 문제특성, 인지편향, 정치, 문화, 정부 간 관계구조 측면으로 나누어 살펴보겠다.

첫째, 자원배분의 비형평성과 이에 대한 지각 요인이다. 중앙정부와 지자체 간 권한과 책임관계가 불분명하고 권한에 부여된 자원배분이 당사자들에게 비형평적으로 지각되면 양자 간에 갈등이 발생할 가능성이 높다. 정부 간 관계에서 형평성 지각을 보장하기 위해서는 권한과 책임, 일과 사람, 그리고 돈이 상호 균형을 유지해야 한다. 한국 행정의 특성 중 하나가 권한과 책임의 불일치 현상이다. 우리나라 정부조직은 권위주의적 문화를 토대로 발전하면서 위계적 형태를 나타내고 있다. 정부조직 사이에 서열이 형성되어 있어서 권력이 센 조직(부서)은 권한이 책임보다 큰 반면, 권력이 약한 조직(부서)은 책임이 권한보다 큰 불균형 현상이 두드러지게 관찰된다(조석준·임도빈 2016). 중앙정부와 지자체 간에도 이러한 권한과 책임의 불일치를 관찰할 수 있다.

중앙정부와 지자체 간에 형평성이 전제되려면 '권한≒책임≒업무≒예산≒인력'의 관계가 성립되어야 한다. 그러나 중앙정부에 투입된 자원(예산, 인력, 업무)과 부여된 권한 및 책임의 비율이 지자체의 해당 비율과 차이가 있다고 인식된다. 특히 지자체 공직자와 지방자치를 전공한 학자들은 이러한 인식이 매우 강하다. 단체장들이 단골메뉴로 제시하는 '2할 자치'라는 표현이 이런 인식을 잘 반영하고 있다. 2021년 말 기준, 행정부 국가직 공무원 정원은 750,824명(66.3%)인 반면 지방직 공무원(지방자치＋교육자치)은 380,819명(33.7%)이다. 2020년 기준 총 조세 중 국세 대 지방세 비중은 약 74 : 26 수준이다.[3] 총 387조 5천억 원의 조세(GDP대비 20%) 중 국세가 285조 5천억 원

---

3) 국세는 국세청·관세청 등 중앙정부 기관을 통해 징수되어 한국은행 국고계좌로 수납된다. 지방세는 시·군·구를 통해 징수되어 지자체별 은행계좌로 수납된다. 국세로는 소득세, 법인세, 상속증여세, 종합부동산세, 부가가치세, 개별소비세, 주세, 인지세, 증권거래세, 관세, 교육세, 교통에너지환경세, 농어촌특별세 등이 있다. 지방세로는 취득세, 등록면허세, 지방소비세, 레저세, 지역자원시설세, 지방교육세, 지방소득세, 주민세, 재산세, 자동차세, 담배소비세

표 10-1.
각국의 국세와
지방세의 비중
(2020년 기준, %)

	연방제 국가			비연방제 국가			
	평균	미국	독일	평균	영국	프랑스	일본
국세	65.7	52.2	46.1	84.8	92.8	70.4	59.5
지방세	34.3	47.8	53.9	15.2	7.2	29.6	40.5

출처: e-나라지표; OECD, Revenue Statistics(2021)

(73.7%)이고 지방세는 102조 원(26.3%)인데, 지방교부금 등을 통해 지방으로 이전되는 재원을 포함하면 총 조세수입의 약 76%를 지자체가 실제 사용하고 있다. 외국의 경우 〈표 10-1〉에 나타난 바와 같이 OECD 회원국 중 연방제 국가(9개국)는 지방세 비중이 상대적으로 높은 반면, 비연방제 국가(29개국)는 지방세 비중이 상대적으로 낮은 경향을 보인다.

한편 무엇이 국가사무인지 무엇이 지방사무인지 기능상 명확히 구분하기 어려우나 그 비율은 대략 6 : 4이다(박재희 2019). 2017년 기준으로 국가사무가 31,161개(67.7%)인 반면 지방사무는 14,844개(32.3%)이다. 국가사무 중 30,143개(65.5%)는 중앙행정기관이 직접 처리하며, 1,018개(2.2%)는 기관위임사무로 시·도와 시·군·구 등에서 처리한다. 지방사무 중 7,587개(16.5%)는 시·도에서 처리하고 7,137개(15.5%)는 시·군·구에서 처리하며, 단체위임사무는 120개(0.26%)이다(지방자치발전위원회 2017). 위임사무는 단체위임사무와 기관위임사무로 구분되는데, 단체위임사무는 지자체가 책임을 지고 처리할 수 있으나 기관위임사무는 지자체에서 처리하지만 지방정부의 사무로 볼 수 없다.[4]

둘째, 법과 제도의 미비로 인한 기능과 역할의 모호성이다. 법령 내용과 제도의 모호한 포괄적 규정 때문에 중앙정부와 지자체 간 해석의 차이가 발

등이 있다. 국세 대 지방세 비율(%)은 2005년 78 : 22, 2015년 75.4 : 24.5였다.

[4] 2018년 3월에 시행된 「지방자치분권 및 지방행정체제개편에 관한 특별법」(약칭: 지방분권법) 제11조 ①항은 "국가는 그 권한 및 사무를 적극적으로 지방자치단체에 이양하여야 하며, 그 과정에서 국가사무 또는 시·도의 사무로서 시·도 또는 시·군·구의 장에게 위임된 사무는 원칙적으로 폐지하고 자치사무와 국가사무로 이분화하여야 한다."고 규정하고 있다.

생하고 권한관계가 불분명하게 된다. 그 결과 중앙과 지방 정부는 책임 전가와 회피 행태를 보이며 갈등을 한다. 앞서 본 서울시 청년수당 지원사업의 경우, 「사회보장기본법」 26조에 규정된 '협의'라는 용어에 대해서 보건복지부와 서울시 간 해석이 달랐다.5) 보건복지부는 협의란 양 기관 간 의견 합치, 즉 합의 또는 동의를 의미하는 것으로 해석한 반면, 서울시는 당사자 간 논의 또는 의견을 교환하는 의사소통이라는 절차적 의미이지 합의 또는 승인의 의미가 아니라고 해석하였다(신현두·박순종 2018). 물론 양자 간 해석의 차이는 구체적이지 못한 법 규정 때문이기도 하지만, 기본 시각과 프레임의 차이에서 비롯되기도 한다. 이에 대해서는 뒤에서 설명한다. 무상보육 정책갈등 사례에서도 지자체의 자치권한 범위가 불명확한 점, 중앙정부와 지자체 사이에 사업에 대한 재정부담 주체가 불분명한 점, 유치원과 어린이집 누리과정 사무의 이원화로 인한 권한과 책임이 모호한 점이 발견된다.

셋째, 문제 성격 자체가 중앙정부와 지자체 간 갈등을 배태하고 있다. 9장에서 살펴본 바와 같이, 공공갈등문제는 불확실성과 복잡성, 분배적 비형평성, 딜레마적 성격과 시간적 압력이라는 특성을 지니고 있다. 이러한 성격을 담고 있는 정책과 사업은 지방자치제의 부활 이후 흔히 님비 행태를 보이면서 심각한 갈등을 초래하였다. 핌피 행태를 나타내는 선호시설의 유치경쟁에서도 마찬가지였다. 지방자치단체 각자의 입장에서 볼 때, 선호시설 유치는 지자체의 발전과 단체장과 지방의원의 재선에 긍정적으로 기여하기 때문에 중앙과 지방 정부 간 또는 지자체 간 갈등을 불사할 유인은 충분하다. 지자체와 주민의 협력을 절대적으로 요하는 국책사업이나 지자체 간 경쟁을 일

---

5) 「사회보장기본법」 제26조(협의 및 조정) ① 국가와 지방자치단체는 사회보장제도를 신설하거나 변경할 경우 기존 제도와의 관계, 사회보장 전달체계와 재정 등에 미치는 영향 등을 사전에 충분히 검토하고 상호협력하여 사회보장급여가 중복 또는 누락되지 아니하도록 하여야 한다. ② 중앙행정기관의 장과 지방자치단체의 장은 사회보장제도를 신설하거나 변경할 경우 신설 또는 변경의 타당성, 기존 제도와의 관계, 사회보장 전달체계에 미치는 영향 및 운영방안 등에 대하여 대통령령으로 정하는 바에 따라 보건복지부장관과 협의하여야 한다… ④ 제2항에 따른 협의가 이루어지지 아니할 경우 위원회가 이를 조정한다. 〈개정 2018.12.11.〉

표 10-2.
중앙정부와
지방자치단체 간
프레임 차이와
갈등

사례	무상보육정책		청년수당지원사업	
갈등당사자	중앙정부	지방교육청	중앙정부	서울시
실체 프레임	지방사무	국가사무	사회보장제도	지방자치권
특성 프레임	책임회피만 하는 지자체	책임전가 만하는 중앙정부	일방적인 사업강행자	신뢰할 수 없는 중앙정부
과정 프레임	예산편성 노력을 하지 않은 데 대한 법적 대응과정	일방적인 예산편성 강요에 대한 문제제기 과정	위법적인 사업에 대한 정당한 대응	정당한 절차를 거쳐 추진하는 사업
성과 프레임	교육문제	보육문제	퍼주기식 무상복지	청년일자리사업

출처: 주재복·강영주(2016), pp.67-68의 〈표 4-1〉과 〈표 4-2〉의 수정

으키는 유치사업은 대부분 공공갈등의 속성을 내장한 난제이다.

넷째, 중앙정부와 지자체 간 관점이 다르다. 중앙정부는 전국적인 통합과 균형의 시각으로 문제에 접근한다. 형평성, 균형, 통일성을 강조한다. 반면 지자체는 해당 지역 이해관계를 기반으로 문제에 접근한다. 자율성과 개성을 강조한다. '지방자치'라는 동일한 제도와 현상에 대해 중앙정부는 지역 간 격차해소에 초점을 둔 균형발전의 시각을 견지하는 반면, 대부분의 지방자치단체는 자율성 신장에 초점을 둔 지방분권의 시각을 견지한다. 개별 정책과 사업의 경우에도 양자 간 프레임과 관점 차이로 인해 발생했던 갈등 사례는 많다. 앞서 예시한 무상보육 정책과 청년수당 지원사업도 중앙과 지방정부 간 프레임과 관점 차이를 잘 드러낸다. 청년수당 지원사업에 대해 보건복지부는 사회보장제도로 인식한 반면, 서울시는 사회보장제도보다는 지방자치단체의 고유사무로 바라보았다.

주재복과 강영주(2016)는 위 두 사례를 분석한 결과, 중앙정부와 지자체 사이에 상이한 관점과 프레임이 존재하여 갈등해결이 어려웠다고 주장한다. 무상보육 정책의 경우 지자체는 국가사무로 프레이밍을 한 반면에, 중앙정부는 지방사무로 프레이밍을 하였다(실체 프레임). 상대도식에 대해 지방정부는 권한은 주지 않고 책임만 떠넘겨 압박하는 중앙정부로 인식한 반면, 중앙정부는 책임주체가 명확함에도 불구하고 책임을 회피하는 지방정부로 인식하

였다(특성 프레임). 지방정부는 정책추진 과정에서 중앙정부가 당초 예산 예측을 잘못해 놓고 지방정부에 예산편성만 강요하는 강압적인 갈등관리로 인식한 반면, 중앙정부는 지방교육청이 재원이 충분함에도 불구하고 예산 편성 노력을 다하지 않기 때문에 법적 대응을 통하여 갈등을 관리하겠다는 입장이었다(과정 프레임). 그리고 무상보육정책을 지방정부는 교육의 틀에서 보육문제로 인식한 반면, 중앙정부는 보육의 틀에서 교육문제로 인식하였다(성과 프레임). 서울시 청년수당 지원사업의 경우 서울시는 사업 추진을 자치권의 정당한 행사로서 규정한 반면, 보건복지부는 사회보장제도로서 중앙정부와 협의 대상인 만큼 복지부의 관여를 당연시하였다(실체 프레임). 상대도식에 대해 서울시는 보건복지부를 고집불통이고 신뢰할 수 없는 중앙정부로 프레이밍한 반면, 보건복지부는 서울시를 일방적으로 사업을 강행하는 자치단체로 규정하였다(특성 프레임). 서울시는 보건복지부 요청에 따라 정당한 절차를 거치고 충분한 협의를 한 사업으로 간주한 반면, 보건복지부는 법적인 협의 절차를 거치지 않은 위법적이며 법적 근거가 미약한 제재대상 사업으로 인식하였다(과정 프레임). 그리고 서울시는 이 사업을 청년 일자리 사업으로 규정한 반면, 보건복지부는 퍼주기식 무상복지사업으로 규정하였다(성과 프레임).

다섯째, 정치구조와 정책노선의 변동에 의해 중앙과 지방 정부 간 갈등이 발생한다. 집권세력과 지자체의 단체장 또는 지방의회의 다수당이 서로 다른 정당일 경우 중앙과 지방정부 간 갈등이 유발될 가능성이 높다. 지방자치제 부활 이후 중앙과 지방정부 간 정책갈등은 집권여당과 단체장의 당적이나 정치 노선의 차이, 정권교체와 같은 정치 요인이 핵심 원인으로 작용하였다(신현두·박순종 2018). 단체장의 소속정당과 지방의회 다수당이 일치하지 않거나 집권여당과 지자체 다수당이 불일치할 경우에는 대부분 갈등이 발생하였다. 무상 급식과 보육정책의 경우 이와 같이 중앙과 지방 정부단위 간 집권세력의 불일치가 갈등유발의 핵심 요인으로 작용하였다. 서울시 청년수당 지원 사례에서도 집권여당과 단체장의 당적과 정치 노선이 다를 때는 대법원 소송까지 제기하며 심각한 갈등수준에 이르렀다. 그러나 정권이 교체되어 집권여당과 단체장의 정당이 동일해지자 기존 소송을 취하하고 갈등을 해소하

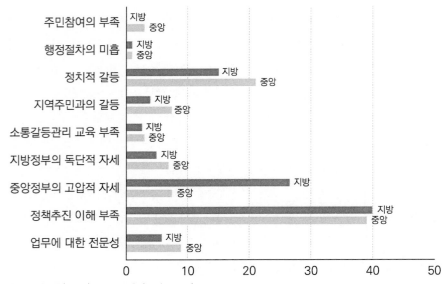

그림 10-1
중앙과 지방
정부 간
갈등원인에 대한
공무원 인식조사
결과

출처: 김재일(2011), p.216의 〈그림 4-42〉

였다. 지자체 내부에서도 단체장과 지방의회 사이에 정당의 불일치가 있는 경우가 그렇지 않는 경우에 비해 갈등발생확률이 높다.

여섯째, 중앙편향적 권위주의에 의한 불신과 고압적 태도가 중앙과 지방정부 간 갈등을 유발한다. 우리의 의식 속에 중앙편향적 권력지향성이 내장되어 있다. '지방'이나 '서울'과 같은 용어에는 우리 사회의 서열의식과 권위주의가 배어 있다. 우리는 일상생활에서 '서울에 올라간다,' '지방에 내려간다,' '서울행은 상행선, 지방행은 하행선'과 같은 언어를 사용한다. 중앙과 지방정부 간 관계에서뿐만 아니라 지방자치단위 내에서도 광역과 기초단체 간 서열과 중앙편향성이 있다. 전영평(2003: 6)은 지방사회가 지자체의 독단과 패쇄성에 억눌리고, 지방의 정치경제가 일부 토호세력에 의해 좌우되며, 지방 정치와 토호 간 유착에 의한 비효율적·비민주적 관행이 지속되는 측면이 있다고 비판한다. 최승범(2002)은 전통적 유대나 행정의 일탈성을 통하여 지역유지의 영향력이 크다는 것을 지적하며 행정공무원과 정치가들이 이들과의 연계를 통하여 지역패권을 형성할 가능성이 높다고 주장한다. 이시철(2005: 193)에 의하면 권위적 단체장의 연임에 의한 악영향, 이른바 '지방독

250   PART 03. 정부 외부영역의 공공갈등

재'의 문제가 있다. 중앙정부의 집권당이 아닌 정당이 자치단체장과 지방의회의 한쪽 또는 양쪽을 오랫동안 장악한 경우 흔히 관찰되는 '집권야당'의 경우도 있다. 중앙편향적 권력지향성과 권위주의는 우리 문화의 속성이다. 이로부터 강자의 우월감으로 점철된 고압적 자세와 약자의 열등감으로 휩싸인 패배와 아집의 행태가 나타난다. 약자 위치에 있거나 약자를 대변하는 행위자도 흔히 깊은 저변에 강자의 논리에 순응하는 권위주의가 배어 있다. 문화적 속성은 일하는 방식과 일상생활의 생각과 해석 방식으로 연결된다. 대상을 지각하는 방법과 내용으로 연계되는 것이다. 중앙정부에 근무하는 국가공무원과 지자체에 근무하는 지방공무원 총 700명을 대상으로 실시한 갈등인식조사에 의하면 양자 모두 갈등 원인으로 정책추진에 대한 이해부족을 1순위로 꼽지만, 지방공무원은 중앙정부의 고압적 자세를 비교적 크게 문제 삼는 경향을 보였다(김재일 2011). 지방정부의 독단적 자세도 국가공무원이나 지방공무원 모두에게 양자 간 갈등원인으로 인식되었다. 〈그림 10-1〉에 제시된 정책추진 이해 부족, 중앙정부의 고압적 자세, 업무에 대한 전문성, 지방정부의 독단적 자세 등 항목은 모두 중앙편향적 권위주의에 의한 불신관계를 반영한다. 당사자가 불신관계에 있으면 상대방의 이해력과 전문성에 문제가 있는 것으로 평가하며 일방적으로 행동할 개연성을 가지고 있다. 그래서 상대방의 행태를 독단적이고 고압적인 것으로 인식할 가능성도 높게 된다.

일곱째, 정부 간 관계 구조로 인해 갈등이 발생한다. 정부 간 관계의 유형은 수직적 통제관계, 수평적 경쟁관계, 상호의존적 관계로 분류될 수 있다. 이외 모든 조건이 동일하다면 수평적 경쟁관계에서 갈등가능성이 가장 높다. 상호의존적 관계는 협력과 갈등 가능성을 동시에 가진다. 그리고 수직적 통제관계는 가시적으로 갈등을 발생시킬 확률은 낮으나, 도덕적 해이와 같은 대리인 문제가 결합되어 갈등이 잠재되어 있다. 라이트 교수는 미국의 연방(국가), 주, 지방 정부 사이에 나타나는 권위관계를 세 가지 모형으로 분류하여 〈그림 10-2〉에 나타난 것처럼 제시하였다(Wright 1988: 39-49). 포괄(Inclusive authority)모형은 정부 사이에 계층적 권위 패턴을 갖는 의존관계를 나타낸다. 지방자치제의 부활 이전 우리가 가졌던 중앙과 지방 행정기관의

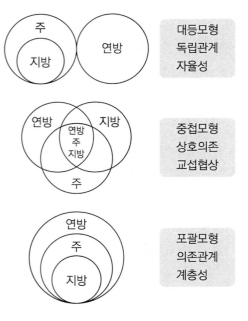

그림 10-2
정부 간
관계 모형

그림	모형
주 / 지방 / 연방	대등모형 독립관계 자율성
연방 / 지방 / 연방 주 지방 / 주	중첩모형 상호의존 교섭협상
연방 / 주 / 지방	포괄모형 의존관계 계층성

공식관계구조와 유사하다. 대등(Coordinate authority)모형은 연방과 주 정부 간 관계가 독립적인 것을 나타낸다. 각 정부는 규모 및 수준과 상관없이 기능적 자율성을 보유한다. 중첩(Overlapping authority) 모형은 연방, 주, 지방 세 수준의 정부 사이에 상호의존 관계를 나타낸다. 이 모형에서 권위의 패턴은 연방과 주 정부 간 교섭과 협상에 기초한다.

공식제도 면에서 우리나라 정부 간 관계구조는 지방자치제 부활을 기점으로 계층적 포괄모형에서 상호의존적 중첩모형으로 변하였다. 그러나 현재까지 많은 학자들이 계층적 포괄모형을 우리의 중앙과 지방 정부 간 관계를 설명하는 데 가장 유용하다고 본다. 특히 지방자치를 전공한 학자들 사이에 이러한 견해가 지배적으로 형성되어 있다. 이러한 견해는 지방자치법령에 규정된 국가의 지도와 감독 항목에 근거하는 경우가 많다.6) 지자체의 위법·부당한 명령·처분의 시정, 직무이행명령, 감사, 지방의회 의결에 대한 재의요구 등이 지도·감독의 수단이다. 무상보육 정책이나 청년수당 지원사업의 경우도 이러한 수단들이 적용되었다.

----

6) 국가(중앙정부)와 지자체 간 기본관계를 규정하는 「지방자치법」 제9장은 2021년 1월 전부개정을 통해 '국가의 지도·감독'에서 '국가와 지방자치단체 간의 관계'로 명칭 변경되었으며, 국가와 지자체의 협력의무(183조), 중앙지방협력회의 설치(186조)(의장: 대통령) 등 조항이 명시되었다. 국가위임사무에 대해서는 국가의 지도·감독을 받는다(185조).

3) 미국의 정부 간 관계의 단면

미국이나 유럽 국가들은 중앙정부와 지자체 간의 권한관계가 비교적 명확히 설정되어 있다. 이들은 기본적으로 중앙정부가 지방자치단체의 정책에 직접적으로 관여하거나 지도·감독하는 경우가 흔치 않다. 이들 나라에서 정부 간 관계는 갈등의 필연성을 인정하면서 각자 갈등관리 전략과 접근법을 달리하여 발전해왔다. 유럽의 복지국가들은 참여 거버넌스와 일치하는 갈등관리 전략과 접근법을 선호하는 경향이 있다. 이에 비해 영미계 국가들은 경쟁논리와 시장기제의 활용을 강조한 신공공관리와 일치하는 갈등관리를 선호하는 경향이 있다. 연방제를 채택하고 있는 미국은 연방, 주, 지방정부가 각자 명확한 관할권을 가지고 있다. 예컨대 도시정책의 경우 지방정부가 대부분 담당하며 연방과 주정부는 구체적인 도시정책에 관여하지 않는 것이 원칙이다. 그러나 1980년대 이후 도시화 문제가 확대되면서 연방과 주정부가 지방정부를 지도하려는 경향을 보이고 있다. 일부 주정부가 주 수준의 성장관리정책을 지방정부가 준수하도록 요구한다거나, 연방정부가 보조금 지원을 통해 지방정책을 유도하면서 상호조정이 강화되고 있다(심익섭 2017).

미국 행정은 정부 간 협상과 교섭을 특징으로 한다. 미국정부 체계를 "협상에 열린 장"으로 비유할 수 있다. 보조금 사업은 물론 규제, 계약, 회계 등 많은 사안에서 정부 간 협상과 교섭이 이루어진다. 보조금 지급에 대해서 우리는 중앙정부가 지자체의 후원적 통제기관으로 인식되지만, 미국에서는 연방정부가 주·지방 정부에 대한 기부자로 인식된다. 국가사업의 경우 연방정부가 정책과 보조금 안을 입안하고 지원하지만 집행은 주와 지방정부에 의해 주도된다. 그래서 다층적이고 동시다발적인 행동이 이루어진다. 이러한 모습이 파편화된 정부로 보이기도 하고 중첩된 정부로 보이기도 한다. 미국은 비집권적인 통치체제, 평등, 지방에 의한 현지통제가 부각되는 역사적 배경과 전통을 가지고 있다. 행정업무의 많은 부분은 지방정부 수준에서 이루어지지 연방이나 주정부의 중앙집권적 권한에 의해 행해지는 것이 아니다. 그리고 자기영토(관할권)에 대한 의식이 매우 강하다. 아무리 작은 규모의 지방정부라도 자기 관할영역에 있는 것이면 연방이나 주정부와 대등한 관계를 유지한다(Agranoff & McGuire 2004).

4) 정부 간 갈등의 해결방안

정부 간 갈등의 일반원천을 중심으로 해결방안을 모색할 수 있다. 첫째, 자원배분의 균형화를 통해 비형평성 인식을 불식한다. 업무(일), 인력(사람), 예산(돈) 등 핵심자원 배분에서 중앙과 지방정부 간 권한과 책임의 일치를 이룬다. 예컨대 지자체가 중앙정부로부터 사무권한을 위임받거나 이양을 받을 때, 이에 합당한 인력과 예산 그리고 책임이 동반되어야 한다. 이를 위해 법과 제도의 보완이 필요하다.

둘째, 법과 제도의 보완을 통해 기능과 역할의 명확성을 제고한다. 그럼으로써 법령에 대한 해석 차이를 줄이고 위임입법의 남용을 방지할 수 있다. 특히 국가사무지만 지방공무원에 의해 수행되는 기관위임사무는 지자체의 불만과 비형평성 지각에 기여하는 요소이다. 지방공무원이 수행하는 사무에 대해 포지티브 방식보다는 네거티브 방식을 적용하는 것이 지방정부의 불만과 갈등을 해소하는 데 유용하다.7)「지방자치법」제13조에는 7개 분야, 61개 사무를 자치사무로 예시하여 열거하고 있다. 그러나 법률에 이와 다른 규정이 있으면 해당 개별 법률에 따른다는 단서를 달고 있어서, 열거된 57개 사무가 곧바로 지자체의 고유 자치사무가 될 수 없다. 단서규정이 없더라도 열거된 사무의 내용을 보면 범위가 구체적으로 특정되어 있지 않다. 그래서 관련 개별 법률규정이 없으면 국가사무인지 자치사무인지 구별을 어렵게 한다. 이는 결국 기능과 역할의 모호성과 해석 차이를 가져와 갈등을 초래한다.

아울러 국무총리 소속 행정협의조정위원회의 실효성 확보가 필요하다.

----

7) 지자체의 고유(자치)사무에 대한 입법방식에는 네거티브 체계(negative system)와 포지티브 체계(positive system)가 있다. 네거티브 방식이란 국가가 자신의 권한이라고 명시적으로 규정한 사항 외에는 모두 지자체의 권한으로 인정하는 방식을 말한다. 포지티브 방식이란 국가가 명시적으로 지자체에 위임하는 사항에 한하여 지자체가 권한을 행사하는 방식을 말한다.

PART 03. 정부 외부영역의 공공갈등

2000년에 설립된 행정협의조정위원회는 2018년까지 운영 실적이 총 16건이다. 그나마 위원회 조정결과를 갈등당사자들이 수용하지 않고 대법원에 제소하는 경우가 많다. 이러한 경향은 다른 갈등조정위원회의 경우에도 마찬가지다. 현재 운영되는 각종 갈등조정위원회 제도의 보완이 요구된다(주재복 2017).

셋째, 공공갈등 문제의 성격에 대한 이해를 높이고 공공가치를 내재화시킨다. 공공난제는 협력 없이는 해결할 수 없다. 이 문제는 합리적 과학능력보다는 참여조정과 합의 역량을 요구한다. 문제를 정확히 이해해야 풀 수 있다. 공무원 교육훈련의 갈등관리 과정에서 이에 관한 학습을 강화할 필요가 있다.

넷째, 인식틀 전환이 요구된다. 이를 위해 교육훈련, 인사교류, 정보공유를 활성화한다. 법과 제도 보완에 의한 역할기능 명확화 역시 인식틀 전환에 유용하다. 그리고 큰 틀에서 균형발전과 효율성으로 편향된 중앙과 분권자치와 민주성으로 편향된 지방 간 이분법적 대립구도를 해체하고, 납세자의 권익과 복리 증진 같은 공동프레임을 확립한다. 중앙과 지방정부가 각자 입장을 고수하는 가운데 혈세는 낭비되고 납세자 권익과 복리는 저감된다는 의식을 공직세계에 확산한다.

다섯째, 유권자 선택의 질과 타당성이 제고될 수 있도록 선거후보와 정당에 대한 정확한 정보를 제공한다. 그리하여 국민생활 영위에 필수적인 복지서비스에 대해서는 정권교체나 정파불일치와 같은 정치 요인으로부터 부정적 영향을 해소한다.

여섯째, 중앙편향적 권위주의 문화의 변화를 지속적으로 추구한다. 중앙정부의 고압적 자세에 대한 지방정부의 인식, 그리고 지자체 수준에서 광역단체의 독단과 권위적 태도에 대한 기초단체의 인식이 지속되는 한 파괴적 갈등의 불씨는 살아 있다. 문화는 쉽게 변하지 않는다. 개인이 습관을 고치기 어려운 것에 비유할 수 있다. 자신의 습성과 이에 대한 부정적 측면을 통찰하는 것이 습관 변화의 첫걸음이다. 우리의 일상생활에 중앙편향적 권력지향성이 배어 있다는 점을 직시한다. 이에 대한 잦은 비판이 필요하다. 권력의 참된 의미를 상대방의 지배에서 찾지 말고 상대방의 협력 유도에서 찾는다. 권력을 망치가 아니라 지렛대로 활용한다. 문화 변화에 리더의 역할이 핵심적이라는 점도 강조한다.

역기능을 하는 문화와 제도가 '당연시되는' 수준에 이르면 학계나 언론의 공개석상에서 이러한 문화와 제도에 대해 자주 논의할 필요가 있다. Harmon (2019)에 의하면 당연시되는 제도는 표명되지 않을 때 더욱 강한 힘을 발휘한다. 따라서 당연시되는 문화와 제도는 자주 표명되어야만 신뢰를 의심을 받고 불확실성이 커진다. 부정적 감정을 동반하여 비판하면 그 불확실성은 증폭된다. 역설적이지만 깊은 의식 속에 숨겨진 문화의 제약에서 벗어날 유일한 길은 우리가 당연시하는 삶의 부분에 의식적이고 적극적으로 개입하는 것이다(Hall 1976: 7). 중앙편향적 권력지향성은 당연시되는 우리의 문화이자 제도의 속성이다. 앞서 살펴보았듯이 행정협의회 같은 정부 내 갈등조정장치를 활용하기보다는 대법원과 같은 외부기제에 의존하는 경향이 있다. 집단주의, 체면, 간접대응방식과 같은 문화요소를 감안하면 소송 같은 제3자 개입이 효과적일 수 있다. 그러나 당연시되는 수준에서 벗어나 문제를 적극적으로 해결하려는 자세가 요구된다. 문화적 호환성을 고려하는 동시에 부정적인 문화요소를 지속적으로 비판 세계에 노출시켜야 할 것이다.

2 〉 지방자치단체 간 갈등사례

1) 광양만권 지자체들 간 관할권 분쟁

2000년대에 들어 공유수면을 매립하여 조성된 토지 귀속문제와 매립지에 입주한 산업단지에 대한 관할권을 두고 지방정부 간 갈등이 발생하였다.8)

---

8) 공유수면(公有水面)이란 바다(해안선에서 배타적 경제수역 외측 한계까지), 바닷가(해안선에서 지적공부에 등록된 지역까지의 사이), 하천·호소(늪과 호수)·구거(도랑), 그 밖에 공공용으로

지방자치단체 관할구역은 그동안 육상 위주로 개념화되어 해상경계에 대한 규정이 미비하다. 그래서 어업권이나 공유수면 매립지 관련 지자체 간 해상경계 분쟁이 끊이지 않았다. 대표적 사례가 광양만에 조성된 율촌산업단지(율촌산단)를 두고 광양시, 순천시, 여수시 세 지자체 사이에 발생한 갈등이다.[9] 공유수면 매립을 통해 조성된 토지는 새로운 재산이 될 뿐만 아니라 여러 부수적인 이익이 생긴다. 매립지를 관할하게 되는 지자체는 관할구역이 확장됨으로써 세입이 증가한다. 예컨대 관할행정구역의 면적 확대로 교부세 배정분이 증가하며, 조성된 토지가 산업단지로 사용될 경우 지방세 부과세원이 생기게 된다. 그래서 재정확충 동기가 강한 지자체들은 새로 조성된 토지를 관할구역에 편입하기 위해 노력을 하면서 인근 지자체와 분쟁한다.

1999년 전라남도는 공유수면 매립지로 조성된 율촌산단에 대해 〈그림 10-3〉과 같이 지도상의 해상경계를 준용하여 여수시, 순천시, 광양시 세 지자체에 대해 각자 산정된 면적을 고시하였다. 그 후 현대하이스코라는 철강기업이 율촌1산단에 공장신축허가 신청을 순천시에 제출하였고 순천시는 건축허가를 하였다. 인접 광양시는 이에 반발하였다. 광양시는 해상경계선 기준상 현대하이스코 부지는 일정부분 광양시 관할구역에 속하기 때문에 순천시

그림 10-3
순천·광양·
여수시 간
율촌산단 관할권
분쟁

출처: 한국경제, 2011.12.8

사용되는 수면 또는 수류로서 국유인 것을 말한다. 공유수면매립이란 공유수면에 흙, 모래, 돌, 그 밖의 물건을 인위적으로 채워 넣어 토지를 조성하는 것(간척 포함)을 말한다(「공유수면 관리 및 매립에 관한 법률」 제2조).

9) 1960년 이후 지방자치단체의 해상 관할구역 분쟁은 이 사례를 포함하여 총 29건(매립지 관할권 분쟁 9건, 공유수면 분쟁으로서 조업 17건, 해양풍력 2건, 골재채취 1건)으로, 이 중 8건은 합의를 도출했지만 21건은 대법원 제소, 헌법재판소 권한쟁의심판 청구 등 사법절차에 의존하였다(김진수 2022).

가 단독으로 건축허가를 하고 지방세를 부과하는 것은 적절치 않다며 협의를 요구하였다. 그러나 순천시는 이를 거절하였다. 그래서 광양시는 2000년 6월 전라남도 지방분쟁조정위원회에 관할권 분쟁조정을 신청하였고, 2003년 8월 헌법재판소에 권한쟁의심판을 청구하였다. 두 지자체의 입장은 다음과 같았다. 광양시는 공유수면상 행정구역경계 획정에 관한 법적 근거는 없지만, 지도상에 표기된 해상경계 표시는 시·군 간 경계를 나타내는 사실상의 행정구역이므로 매립으로 발생한 새로운 토지의 경계는 관행상 매립 이전 해면 경계를 기준으로 하여야 하며, 두 지자체 간 중첩적으로 위치한 토지에 건축허가를 하고자 경우에는 당연히 두 시의 협의를 거쳐 처리해야 한다는 것이었다. 그래서 광양시는 지도상의 해상경계표시를 기준으로 전라남도 주관 하에 순천시, 광양시, 여수시 세 지자체가 공동으로 현지확정 측량을 실시한 후, 이를 토대로 행정관할구역을 재조정하자고 주장하였다. 이에 반해 순천시는 공유수면에 대한 행정구역 경계조정과 관련된 법적 근거가 없기 때문에 공유수면상의 행정구역경계에 관한 규정 및 획정 기준을 판단하고 결정하는 것은 곤란하며, 율촌1산단은 공유수면매립과 관련한 법령에 따라 순천시와 연접한 공유수면을 매립하여 새로이 조성한 토지이기 때문에 이미 공유수면으로서는 폐기된 것이라는 입장이었다. 그리고 순천시는 율촌1산단을 조성할 때 시비를 투자하는 등 직간접적인 기여가 많았으며, 율촌산단의 관할을 순천시와 광양시로 양분하면 사업자와 주민의 불편이 예상된다고 주장하였다(장학봉 2003). 2006년 헌법재판소는 해상경계로 산단 부지를 나눠야 한다는 결정을 내렸다. 이후 여수시까지 개입하면서 광양만권 세 지자체 사이에 관할구역확보 분쟁이 가열되었다.

　세 지자체를 상대로 경계구역 조정을 시도해왔던 광양만권경제자유구역청은 2018년 11월에 율촌1산단 행정구역 경계 조정을 정부에 건의하였다. 율촌1산단에 입주해 있는 15개 기업들은 2~3개 지자체 관할구역에 중첩되어 있다. 이들 기업은 지방소득세를 내려면 2~3개 지자체에 신고해야 하고 주민세 납부와 지적 측량도 각각 처리해야 한다. 화재나 사건·사고, 노사분쟁 등 돌발 상황이 발생하면 이를 담당할 소방, 경찰, 노동 부서가 명확하지 않아 초기 대응이 지연될 수 있다는 우려도 지속돼왔다(매일경제 2018.11.16). 그간 세 지자체는 경계 조정에 합의를 보지 못했다. 전라남도나 광양만권경제자유구역청 등이 수차례 중재에 나섰지만 실패하였다. 갈등 조정을 위해 구성된 세 지자체 간 광양만권행정협의회는 실효가 없었다. 기업들의 민원이 쏟아지자 2011년에는 세 지자체의 부단체장들이 조정안을 만들었고 2016년에는 당시 행정자치부가 조정안을 제시하기도 했지만 합의를 도출하지 못하였다. 합의 과정에서 세수 증대에 유용한 부두가 포함된 필지는 서로 관할행정구역에 포함시키려 안간힘을 쓰지만 폐수처리장과 같은 혐오시설은 피하려는 등 이기주의 행태를 보였다(시사저널 2018.11.19.). 조성된 매립지를 기반으로 세 지자체가 협력한다면 상생발전을 위한 뉴거버넌스 구축에 좋은 실험무대가 될 것이다.

2) 통합 지방자치단체 내 갈등과 조직효과성

2010년 7월 창원시, 마산시, 진해시가 통합되어 현 경상남도 창원시가 출범하였다. 통합은 주민투표 없이 지방의회에서 의결하여 국회에서 법률안이 통과되면서 이루어졌다. 그러나 출범 3년 만에 마산 분리 여론이 제기되는 등 세 지자체 출신 간 갈등이 발생하였다. 예산편성과 인사단행에서 상대적 박탈감을 토로하고, 중앙 정치권 주도에 의한 통합이었다는 인식이 부각되면서 통합에 대한 절차적 정당성 논란이 끊이지 않았다. 특히 통합 시청사의 위치와 새 야구장 위치를 두고 전개된 갈등은 심각하였다. 통합준비위원회는 여러 차례 공청회를 통해서 세 지자체의 통합 명칭을 '창원시'로 하고 임시 청사를 기존의 창원시청으로 결정하였다. 그리고 지자체 간 자율적 통합에 따른 중앙정부 재정 인센티브에 대해 창원시 20%, 마산시와 진해시에 각각 40%를 배분하기로 의결하였다. 그러나 청사 소재지 선정에 대한 합의에는 난항을 겪었다.

프로야구팀 NC다이노스의 새 야구장 입지의 경우 당초 지방의회의 논의를 통해 옛 진해육군대학 부지로 결정하였다. 그런데 새로 당선된 창원시

그림 10-4
통합 지자체

통합 창원시 현황도

옛 마산

옛 창원시

의창구

마산회원구

성산구

마산합포구

진해구

옛 진해시

지역별 통합 창원시 분리 건의 이유

■**창원지역:** 창원지역은 통합 이후 지역 균형발전이라는 명목 아래 맹목적인 희생만 강요받는 역차별을 당하고 있다. 주민 공동이익을 위해 분리하는 것이 맞다.

■**마산지역:** 마산이라는 이름과 통합 창원시 시청까지 모두 잃었다. 자존심과 실리를 모두 잃은 것이다. 이럴 바에는 통합 창원시의 일부분으로 있을 이유가 없다.

■**진해지역:** 통합 이후 세 지역의 행정적·경제적 편중이 심화돼 지역 발전을 도모하기 어렵다. 분리하는 것이 지역 발전에 오히려 도움이 될 것으로 보인다

출처: https://www.huffingtonpost.kr/2014/10/26/

장이 의회와 협의 없이 마산종합운동장으로 변경하였다. 이에 진해 출신 지방의원이 창원시장에게 계란을 던지는 일까지 벌어졌다. 2014년 들어 창원시의회는 창원시 분리 건의안에 대한 서명운동을 전개하였다. 2018년에는 새 야구장 명칭을 두고 갈등을 빚자 새 야구장 명칭 선정위원회를 구성하였다. 이 위원회에서 야구장 이름을 '창원NC파크'로 결정하자 마산지역은 크게 반발하였다. 결국 2019년 2월 명칭을 '창원NC파크 마산구장'으로 다시 확정하였다. KTX역사 명칭을 두고 지역 갈등을 빚어 탄생한 '천안아산역(온양온천)'이나 '김천구미역'과 유사한 해법이다.

이와 같은 갈등상황이 통합 조직구성원의 근무의욕과 조직효과성에 어떤 영향을 미칠까?

통합 창원시를 대상으로 갈등이 공무원의 공공서비스 동기와 조직효과성에 미치는 영향에 관한 연구가 있다.10) 이 연구의 분석 결과, 통합으로 인한 조직 갈등이 심화될수록 공공서비스동기가 떨어지고(t값 = -3.249, 경로계수(β) = -0.268), 조직효과성도 감소하였다(t값 = -7.737, 경로계수(β) = -0.613). 공

----

10) 이 연구는 2011년 10월에 통합 창원시 소속 지방공무원 3,863명 중에서 1,200명을 대상으로 한 설문조사이다. 설문지 총 1200부를 창원시 본청 11개 실에 200부, 5개 행정구청에 630부, 직속기관 및 사업소 5개 기관에 150부, 5개 행정구청 산하 17개 읍·면사무소 및 주민자치센터에 220부씩 배부하였다. 총 1200부 중에서 967부가 수거되었으며, 최종 938부(유효회수율 78.16%)를 분석에 투입하였다(조혜승·문명재 2013).

무원들과 인터뷰 과정에서 창원시와 진해시 출신 공무원은 승진문제에 불만을 토로하였다. 통합 전 세 지자체에서 승진 속도가 달랐지만, 통합 후 통일적으로 적용하다 보니 승진 적체에 대해 느끼는 상대적 박탈감을 반영한 반응이었다. 인터뷰에 응했던 창원시, 마산시, 진해시 출신 공무원들은 모두 통합에 의해 비롯되는 갈등을 경험하고 있다고 응답하였다. 이러한 갈등은 승진 적체 현상, 업무 관할과 분장, 업무 모호성, 개인의 역할, 상관 및 동료와의 관계, 출신 지역에 따른 집단의식과 밀접하게 연관되어 있었다. 출신지역 이해관계에 따라 공무원들이 갈등을 바라보는 시각도 서로 달랐다(조혜승·문명재 2013). 통합 전 모체조직에 대한 자기만족편향성을 나타내며 갈등이슈에 관한 상이한 시각을 견지하고 있었다. 7장에 소개되었던 통합 재정경제원에서 경제기획원과 재무부 출신 간 문화갈등사례를 상기해 보자. 두 사례는 다르지만 통폐합 조직 내에서 모체 출신 간 자기만족편향성의 역학은 유사하다.

3〉 지방자치단체 집행기관과 의회 간 갈등

1) 지방의회와 집행기관의 상호 권한관계

지방자치단체장과 지방의회는 상호 견제하고 균형을 추구한다. 그러나 실제 단체장과 행정 관료의 집행기관이 지방의회보다 우월한 권한을 행사하며 양자 간 갈등이 첨예한 경우가 빈번하다. 양자 간 갈등이 고조되어 대법원에 제소하는 일이 벌어지면 확정판결 전까지 정책 결정이나 집행이 정지되기도 한다. 단체장이 사퇴하는 경우도 있다. 〈표 10-3〉에 제시된 것과 같이 지방의회와 집행기관은 각자에게 부여된 법적 권한을 토대로 상호작용을 한다. 지방의회와 집행기관 간 갈등은 법적·제도적 상호작용에서 유발되는 경우가 많다(전영권 외 2011: 4).

지방의회와 집행기관 간 상호작용에 따른 갈등은 다음과 같이 범주화된다(임도빈 1997: 234-247; 박천오·서우선 2004: 108-111). 첫째, 양자 간 질의답

표 10-3.
지방의회와
집행기관의 법적
상호권한관계

지방의회	집행기관(단체장)
• 의안발의권 • 의결권(조례 제정·개폐, 예산 심의·확정, 결산승인, 사용료·수수료·분담금 부과·징수·지방세, 예산외 의무부담 등) • 행정사무감사·조사권 • 단체장 출석·답변 요구권 • 서류제출 요구권 • 청원 심사·처리권 • 청원서 이송·처리결과보고 요구권 • 의회사무 조직 및 직원 인사권 • 재의요구된 조례안 등에 대한 재의결·확정권 • 선결처분 사후승인권 • 지방자치단체장 사임통지수령권 (단체장 불신임의결권 없음)	• 지방자치단체 통할대표권 • 의안발의권 • 직원(의회사무직원 제외)인사권 • 사무 관리·집행권 • 조례공포권 • 예산안 편성·제출권 • 예산불성립 시 예산집행권 • 단체장 및 공무원 출석·답변권 • 임시회 요구권 • 부의안건 공고권 • 위원회 개최 요구권 • 단체장직 인수위원회 구성권(당선인) • 조례안 등 재의요구·제소권 • 선결처분권 (의회해산권 없음)

출처: 전영권 외(2011) p.5 〈표 1〉를 수정

변과정 같은 정책토론에서 갈등이 발생한다. 정책토론은 지방의회 회의장에서 뿐만 아니라, 지방재정이나 행정사무감사 및 조사 등 의정활동 전반적으로 이루어진다. 질의와 답변 형식의 정책토론 과정에서 집행기관 측이 무책임·무소신·허위답변을 하거나, 단체장 직접출석을 요구했는데 관계공무원을 대리 출석시키거나, 지방의회 질의내용이 자치행정 범위를 벗어나는 것으로 간주하여 답변을 거부하는 경우 대부분 갈등이 발생한다. 둘째, 조례의 제정·개정·폐지 과정에서 발생하는 자치입법활동 관련 갈등이다. 예컨대 지방의회가 단체장이 제출한 조례 원안을 수정 없이 의결하여 이송했는 데도 불구하고 집행기관에서 재의요구를 하거나, 중앙정부로부터 준칙(표준안)이 시달된 조례안을 의회가 수정하는 경우 갈등이 유발된다. 셋째, 지방재정활동에서 발생하는 갈등이다. 지방재정활동은 예산결산은 물론 재산취득·처분과 공공시설의 설치·처분, 재정계획 수립이나 지방채 발행, 기금 운영과 출자·출연, 민자유치나 재산 기부·채납 등을 포함한다. 예컨대 한정된 자원 상황에서 예산항목에 대한 양측의 우선순위와 입장이 다를 때 갈등을 하게 된다. 넷째,

행정사무 감사 및 조사와 같이 집행기관에 대한 의회의 감시활동에서 갈등이 발생한다. 행정사무 감사와 조사는 집행기관에 대한 지방의회의 주요 감시권한이다. 예컨대 지방의원들이 사적인 목적이나 감정을 가지고 집행기관 구성원을 증인으로 채택하거나, 합리적인 근거 없이 호통을 치는 행태를 보인다거나, 집행기관이 비협조적인 자세로 수감에 응할 때 갈등이 발생한다. 다섯째, 자료 요구와 제출 활동에서도 갈등이 발생한다. 자료 요구와 제출 활동은 대상, 방법, 절차 측면에서 범위가 정해져 있다. 요구하는 자료대상은 행정사무 감사·조사와 달리 안건심사와 직접적으로 관련된 자료에 한정된다. 그럼에도 불구하고 지방의회에서 법정요구자료 이외에 방대한 자료를 요구한다거나, 집행기관이 불성실하고 미흡하게 자료작성을 하여 제출할 경우 갈등이 유발된다.

2) 지방의회와 집행기관 간 갈등원천

첫째, 많은 학자들이 지방의회와 집행기관 간 가장 큰 갈등 원인을 행태적 요인에서 찾는다(예: 박천오·서우선 2004: 116; 이승철 2011: 97). 단체장과 집행기관은 불합리한 예산안 편성과 제출, 청원이나 감사·조사 결과처리 불이행 또는 미흡, 법적 권한(의무사항) 지연·거부 또는 부조치, 위법·부당 또는 월권행위, 재의요구와 같은 행태로 지방의회의 불신과 적대감을 조장한다. 이러한 행태에 대해 지방의회는 의도적인 의결지연과 집행 불가예산 의결하기, 부결·위법·월권·공익저해의결, 법정경비 삭감하기, 위법적이거나 무리한 감사·조사의 남발, 방대한 자료요구와 같은 행태로 대응하여 집행기관을 공격한다(정원희 외 2013: 44; 조성수 2018: 107).

둘째, 지방정부의 구성형태와 구조를 들 수 있다. 우리의 지방정부는 기관대립구조에서 집행기관 우위형태로 제도화되어 왔다. 박종민 등(1999)은 지방정부의 구조적 특성을 "시장독주체제 혹은 시장지배연합"으로 규정하였다. 이들 이외에 많은 연구들이 우리의 지방정부 구조를 강(强)단체장－약(弱)의 회의 기관대립형으로 본다. 임헌만(1999)은 민선1기 전국 230개 기초자치단

표 10-4.
지방자치단체
재의요구
조례현황
(1995~2021)

구분	재의 요구 건수	발의		유형			사유		
		단체장	의원	자체	상급기관 지시		이의	법령위반	공익위반
					시도지사	장관			
총계	1,149 (100%)	391 (34%)	758 (66%)	589 (51.3%)	438 (38.1%)	122 (10.6%)	188 (16.4%)	881 (76.7%)	80 (7%)

출처: 행정안전부 [2021년 지방자치단체 조례·규칙 현황]

체 지방의회와 집행기관의 관계를 다섯 가지 유형으로 분류한 결과, 그중 집행기관 우위형이 절반가량(48.7%)을 차지하였다. 지방의회는 특히 정보력과 실행력이 제한적이다(배응환 2009). 한편 단체장보다는 직업 관료들이 중심이 되는 강(强)관료－약(弱)의회 구조도 발견할 수 있다. 예컨대 어느 단체장은 자신이 바라는 연정 과정에서 지방관료들의 의견을 수렴할 수밖에 없었고, 지방의회는 지자체와 중앙부처의 관료연합에 의한 반대에 직면하였다. 중앙과 지방 관료연합은 '법령의 범위 내'라는 제도적 철칙을 내세워 지방의회의 입법권을 제한하려 했다.[11] 박종민 등(1999)이 관찰한 직업 관료들의 전국적 단체정신이 발휘되었던 것이다. 지방의회가 재의결을 할 경우 집행기관은 재의결안을 대법원에 제소하고는 한다(조성수 2018: 120－121). 지방자치단체 조

----

11) 직업 관료인 지방공무원들은 자치현장에서 발생하는 중요 쟁점을 행정안전부에 보고하고 지시를 따라야 한다. 「지방자치법 시행령」 제114조(지방의회 의결의 재의 및 제소 등의 보고)에 따르면, 단체장은 다음 각 호의 어느 하나에 해당하는 경우에 행정안전부장관과 주무부장관에게 즉시 그 내용을 보고하여야 한다. 이 경우 시장·군수 및 자치구의 구청장은 시·도지사를 거쳐 보고하여야 한다. 1. 지방자치단체의 장이 재의를 요구한 경우 또는 그에 따른 지방의회의 의결이 있는 경우, 2. 시·도지사가 시·군 및 자치구의 지방의회 의결에 대하여 재의를 요구하게 한 경우 또는 그에 따른 지방의회의 의결이 있는 경우, 3. 지방자치단체의 장이 재의결된 사항에 대하여 대법원에 소를 제기하거나 집행정지결정을 신청한 경우 또는 그에 따른 대법원의 판결·결정이 있는 경우, 4. 시·도지사가 시장·군수 및 자치구의 구청장에게 제소를 지시한 경우나 직접 제소하거나 집행정지결정을 신청한 경우 또는 그에 따른 대법원의 판결·결정이 있는 경우, 5. 시·도지사가 대법원에 직접 제소하거나 집행정지결정을 신청한 경우 또는 그에 따른 대법원의 판결·결정이 있는 경우. 이와 같이 중앙과 지방정부 사이에 행정적 지휘계통이 제도적으로 확립되어 있고, 광역지방자치단체의 경우 중앙정부와 고위직 인사교류(특히, 부단체장)를 통해 중앙과 지방의 직업 관료적 연합이 유지되고 있다.

례제정에 대한 재의요구 현황을 보면 재의요구 1,149건 중 의원발의가 758건 (66%)으로 더 많고, 법령위반을 사유로 재의요구한 사례가 881건(76.7%)로 가장 많다. 그동안 재의요구결과 부결이 재의결보다 많았으나, 최근에는 부결보다 재의결 사례가 더 높은 경향을 보이고 있다. 법령위반을 사유로 재의요구를 하였지만 지방의회에서 재의결하면서 대법원에 제소된 조례가 지속적으로 발생하고 있다.

셋째, 단체장, 직업관료, 지방의원 각자의 효용함수 차이에서 갈등원천을 찾을 수 있다. 효용함수는 주로 선거와 연관되며, 다음 세 가지 면에서 차이를 나타낸다. ① 관심의 차이로서 단체장과 집행기관이 지자체 지역 전체에 대한 관심을 갖는 데 비해 지방의원은 출신지역(선거구)에 한정된 관심을 갖는다. ② 이념 차이로서 단체장과 지방의원이 주민의 이익조정과 대표성을 통한 민주성을 강조하는 데 비해 집행기관의 관료들은 합법성과 효율성에 가치를 두는 경향이 있다. ③ 시간관념과 정책선호의 차이로서 선출되어 임기를 가지고 있는 단체장과 지방의원이 비교적 단기적이고 쇄신적이며 비정형적인 정책을 선호하는 반면 직업 관료들은 장기적이고 일상적이며 정형적인 정책을 선호하는 경향이 있다.

넷째, 정당구조와 같은 정치 요인이 갈등원천이다. 단체장과 지방의회 다수당의 정당이 상이할 경우 양자 간 갈등이 오랜 기간 지속되고 전국적으로 이슈화되는 경향이 있다. 이러한 경향은 민선 5기(2010) 이후 전국 지자체에서 공통적으로 나타난다. 서울특별시와 서울특별시의회의 무상급식 갈등사례를 대표적으로 예시할 수 있다. 당시 한나라당 소속 서울시장과 민주당 소속 의원들이 주도하는 서울시의회는 2010년 말부터 무상급식과 관련해 끊임없이 충돌하였다. 의회는 무상급식 조례안을 발의하여 의결하였다. 이에 대해 서울시장은 이를 견제할 수 있는 재의요구권을 법적으로 부여받고 있기 때문에 무상급식 조례안이 시장의 재량권을 침해했다고 주장하였다. 서울시장은 의회 의결에 반발해 시정질문에 출석하지 않았고, 이에 대해 의회 민주당 의원들은 형법상 직무유기혐의로 시장을 고발하였다. 집행기관 역시 시의회가 예산안을 불법 의결했다며 제소할 방침을 세운 가운데 양자 간 협상을 시도했으나 합의를 도출하지 못했다. 시의회는 새벽시간 한나라당 의원들의 불참 속에 76명의 의원들이 표결한 결과 76표의 찬성으로 재의결하였다. 이후 서울시장은 재의결된 법안의 공포를 거부했고, 시장이 공포를 거부한 법안은 시의회 의장이 공포한다는 법에 따라 직권 공포하였다. 이에 대해 서울시는 대법원에 무상급식 조례안의 무효확인 소송을 제기하였고, 결국 서울시와 의회의 갈등은 주민투표 시행과 서울시장 사퇴에 이르는 초유의 상황을 맞게 되었다(정원희 외 2013: 50−51). 이 사례처럼 집권여당과 다른 소속의 단체장이 선출되거나 단체장과 지방의회 다수당의 정당소속이 상이한 지자체에서 고강도의 갈등이 발생하는 경향을 띤다.

CHAPTER **11. 이분법적 대립구도와 문화적 맥락**

1〉 이분법과 한국사회의 생활양식

이념적 집단극화는 우리의 공공갈등 전개과정을 특징짓는다. 이 현상은 수직적(위계서열적) 집단주의, 체면중시, 권위주의 같은 문화와 연관되어 있다. 우리는 보수 대 진보, 국가(정부) 대 시장, 개발 대 보존, 성장 대 분배, 집권 대 분권, 서울 대 지방 등 이분법적 텍스트에 친숙하다. 우리 사회는 이분법 의 마력에 휩싸여 구체적 방안들에 대한 실용적인 공론화가 어려운 맥락을 가지고 있다. 송호근(2012)은 한국을 이념사회로 규정한다. 이념사회는 이분 법 사회이며 딜레마가 높은 사회이다. 그에 따르면 "일방적 주장과 퇴장, 듣 기보다는 말하기, 입장차이의 확인과 결별은 보수와 진보 할 것 없이 한국사 회를 관통하는 지배적 소통양식이다. 보수와 진보는 서로 다른 논리와 윤리 로 무장해 격돌했고, 시민과 사회단체도 서로 다른 문법으로 충돌했다. 일방 적 주장과 낙인찍기는 대화의 경험과 기술이 결핍된 한국인의 배타적 속성으 로 정착했다"(p.55).

딜레마 현상이란 두 가지 대안만을 염두에 두고 선호세력 사이에 발생 하는 첨예한 대립과 충돌을 나타낸다. 각자 입장으로 경화된 두 가지 이외 탄력적 대안의 제시와 적용이 불가능하다. 예컨대 원자력발전소·송전탑·댐 의 건설 대 취소중단, 공단의 지정 대 반대, 일본위안부 소녀상의 철거 대 유지, 패스트트랙(신속안건처리)의 총력통과 대 결사저지에서 제3의 대안을 제시하기 어렵다.

이분법은 인간의 사유방식과 삶을 나타내는 특성 중 하나이다. 이분법이 인간생활에 얼마나 밀접한지 살펴보자.

1) 인간의 이분법적 언어 및 사유 체계[1]

이분법(dichotomy)이나 이원론(dualism)은 인간의 언어와 사유 체계에 프로그래밍되어 있다. 우리는 언어를 이분법적으로 습득하는 경향이 있다. 인간생활에서 이분법적 이해와 사유는 자연스러운 것이다. 우리는 일상에서 수없이 많은 이분법적 언어를 사용한다. 예컨대 높고 낮고, 크고 작고, 무겁고 가볍고, 움직이고 멈추고, 눕고 일어서고, 춥고 덥고, 젊고 늙고, 흑과 백, 내부와 외부, 낮과 밤, 여자와 남자, 부자와 빈자, 중앙과 지방, 남과 북, 동양과 서양, 천국과 지옥, 하늘과 땅 등 셀 수 없이 많다.

학문세계에서 이분법은 보편적인 인식방법이다. 학자들은 이원론적 사유를 통해 성립된 수많은 용어, 개념 그리고 이론에 친숙하다. 예컨대 개인과 집단, 행위와 구조, 주관과 객관, 자유의지와 결정론, 개별주의와 총체주의, 미시와 거시, 양적인 방법과 질적인 방법, 의식과 무의식, 공(公)과 사(私), 외향성과 내향성, 외재적 보상과 내재적 보상, 정과 반 그리고 합, 장점과 단점, 이론과 실천, 이미지와 실체, 기표와 기의, 자본주의와 사회주의, 유심론과 유물론, 고맥락과 저맥락 문화, 직접대응과 간접대응 방식 등 셀 수 없이 많다. 이원론적 사유를 하지 않으면 저자도 이 책을 쓸 수 없다. 인간의 삶에 막대한 영향을 미친 주요 텍스트에서도 이분법적 구조를 발견할 수 있다.

성서의 창세기는 이분법에 의한 분리와 공존의 구조로 우주 창조를 기술하고 있다. 빛과 어둠을 분리하여 낮과 밤을 창조한다. 선/악과 관념을 등장시켜 신과 인간의 영역을 분리시킨다. 플라톤의 파이돈에서 소크라테스는

----

1) 이 부분은 최성욱(2018b)에 기반함.

이원대립성에 의해 세상을 이해하며 강론한다. "아름다움이 있기 때문에 추함이 있고 옳은 것이 있기 때문에 옳지 못한 것이 있네. 약한 것은 보다 강한 것에서 나왔으며, 빠른 것은 보다 느린 것에서 나오지 않았나. 만물이 움직인다는 말은 모순이며 틀렸다. 만물이 움직인다는 것을 어떻게 아느냐. 움직이지 않는 것이 있기 때문에 알 수 있다. 물이 흐른다는 것을 아는 것은 움직이지 않는 대지가 있기 때문이다." 소크라테스(플라톤)의 영혼과 육체의 분리 및 영혼불멸설은 이원적 사유의 정수라고 할 수 있다. 영혼과 육체의 이원성으로부터 관념세계(이데아 eîdos, idea)와 감각세계의 대별이 이루어진다.2) 이와 관련된 존재론인 실재론(realism)과 유명론(nominalism)도 이원적으로 정립되어 있다. 노자의 도덕경 2장에서도 이원적인 사유와 관계구조를 발견할 수 있다. "세상 모두가 아름다움을 아름다움으로 알아보는 자체가 추함이 있다는 것을 뜻한다. 착한 것을 착한 것으로 알아보는 자체가 착하지 않음이 있다는 것을 뜻한다. 그러므로 가지고 못 가짐도 서로의 관계에서 생기는 것. 어렵고 쉬움도 서로의 관계에서 성립되는 것. 길고 짧음도 서로의 관계에서 나오는 것. 높고 낮음도 서로의 관계에서 비롯하는 것. 악기 소리와 목소리도 서로의 관계에서 어울리는 것. 앞과 뒤도 서로의 관계에서 이루어지는 것"이다(오강남 2010). 서양의 '본질'과 동양의 '관계'에 대한 강조점은 다르지만(4장 동서양 문화의 기원을 참조) 이원적 사유 체계는 동서양을 막론하고 인간세계에서 유사하다.

문제는 이론세계에 형성된 중심부(존재)와 주변부(부재) 개념 간 이원대립성이 실천세계에서 행위자 간 첨예한 갈등으로 실재화된다는 점이다. 이분법적 대립구도는 우리 사회에 만연되어 있다. 찬성 아니면 반대와 같은 이분법적 실재에서 숙의와 의미 있는 대화, 그리고 타협과 합의형성은 불가능하다.

----

2) 신에 의해 사물의 본질로 창조된 실재 '책상'(일반보편세계), 목수에 의해 만든 '책상'(개별특수세계), 화가가 그린 '책상'(이미지세계)이 있다. 플라톤의 실재는 첫 번째 책상으로 관념세계이며 이데아이다.

2) 이분법적 대립의 갈등사회

정치 지도자들도 우리나라가 이분법적 대립구도의 갈등사회라는 사실을 인정한다. 대통령과 제1야당 원내대표가 했던 발언에서 이분법적 대립구도를 포착할 수 있다.

> #1: "가장 힘들게 생각되는 것은 정치권이 정파에 따라 대립이나 갈등이 격렬하고 또 그에 따라서 지지하는 국민 사이에서도 갈수록 적대감이 높아지는 현상들이 가장 걱정스럽다… 이념적인 이분법을 경계하고 사회변화에 적극 대응해야 한다… 이제는 진보·보수, 이런 낡은 프레임, 낡은 이분법은 이제는 통하지 않는 세상이 이미 된 것이다. 과거 진보·보수 이런 것은 거의 의미 없는 것… 따져보면 우리 사회의 정책 전반이 그냥 거대한 갈등으로 뭉쳐져 있다… 최저임금인상 그러면 그렇게 해야 된다고 하고 반기는 국민께서 있는 반면에 당연히 반대하는 국민도 있고… 노동시간 단축도 마찬가지고 우리가 앞으로 추구하고자 하는 우리 사회의 변화 모두가 전부 이해관계가 엇갈리기 때문에 그 전체가 하나의 거대한 갈등과 같다." - 2019년 5월 2일 사회 각계 원로 초청 오찬간담회에서 대통령 발언 중.

> #2: "대립과 갈등의 진원지는 바로 청와대이고 대통령이야말로 국민 분열의 원책임자… 대통령만큼 야당 패싱, 국회 패싱을 하는 정권은 없었다… 나는 선이요 너는 악이라는 선민의식에 찌든 이분법적 사고가 이 정부의 오만과 독주의 사상적 뿌리… 낡은 이분법 프레임이야말로 대통령의 국정 철학… - #1의 대통령 발언에 대한 제1야당 원내대표의 비판.

정치영역의 이분법적 대결양상은 흔히 공공갈등의 양태로 이어진다. 우리 사회에서 발생하는 많은 공공갈등은 이분법적 구도를 띠고 해결 역시 이분법적으로 접근하는 경향이 있다. 이선우(2011)는 한탄강댐 건설 갈등의 조정 경험을 회고하면서, 만약 댐을 건설할 것이냐 아니냐는 이분법적 접근을 취했다면 조정이 성공하기 어려웠을 것이라고 주장한다. 한탄강댐 건설의 근본취지가 임진강 유역의 수해 방지였기 때문에, 조정도 임진강 유역 수해 방지를 위한 대안들 탐색에 초점을 두었다. 그래서 댐 옵션 이외에도 여러 대안들이 도출될 수 있었다. 조정이 이루어지기 전에는 환경단체 등에서 댐을 제외한 대안만을 찾고자 했고 정부 측에서는 댐만을 대안으로 고려하였다. 댐이란 수단이 마치 목적으로 둔갑한 것과 같았다는 것이다. 경기도 하남시 광역화장장 유치 갈등의 경우도 이와 유사하다. 광역화장장 유치의 본래 취지가 낙후된 지역경제의 발전이었다. 그렇기 때문에 광역화장장을 유치하느냐 철회하느냐를 둘러싼 이분법적인 대립에서 벗어나 하남시 경제발전을 위한 대안 마련으로 의제 전환이 조속히 이루어졌다면 시장에 대한 주민소환투표까지 할 정도로 갈등이 고조되지는 않았을 것이다(이선우 2011: 98-99).3) 한탄강댐이나 하남시 광역화장장 유치 갈등사례에서처럼, 우리는 정책추진과정에서 흔히 이분법적 대립구도와 갈등고조의 소용돌이에 휘말린다. 갈등당사자들 각자 입장만을 방어·고수하는 양태를 보인다.

우리 사회에서 지방분권 담론은 수사적이며 권력게임의 양상으로 전개된다. 지방분권에 대한 스토리는 중앙집권이라는 대립항에 반사되어 구성된다. 지방분권론자는 중앙집권을 비민주적 억압세력으로 규정한다. 지방분권론자는 중앙집권을 구시대의 유물로 보며 중앙 정부와 관료를 전략적 반대세력으로 규정한다. 지방분권 담론에서 분권화는 선이고 집권화는 악으로 등장한다. 〈표 11-1〉에서 확인할 수 있듯이, 우리의 지방분권 텍스트는 중앙집권과 지방분권 간 갈등을 현시하는 대립용어들로 가득 차 있다. 지방분권 항목이 긍정적이며 우월한 시대적 용어들로 채워진 반면, 중앙집권의 항목은 부정적이며 열등한 시대적 용어들로 채워져 있다. 중앙집권과 지방분권이 선

---

3) 광역화장장 유치 문제로 촉발된 하남시장과 시의원 3명 등 선출직 지방공직자 4명을 대상으로 2007년 12월에 우리나라 최초 주민소환 투표가 실시되었다. 투표율 미달(투표율 31.1%)로 시장에 대한 소환은 부결되었다. 반면 시의원 3명 중 2명은 투표율이 37.7%이고 찬성률이 높아 소환이 확정되었다. 「주민소환에 관한 법률」 제22조에 의하면, 주민소환투표권자 총수의 3분의 1 이상의 투표와 유효투표 총수 과반수의 찬성으로 확정되며, 3분의 1에 미달하는 때에는 개표를 하지 않는다. 3분의 1은 최종 투표율 33.33%를 의미한다.

표 11-1.	지방분권	중앙집권
지방분권과 중앙집권의 이분법	• 지방=협치=민=참여 • 개인의 자유와 권리; 자율행정; 합의 • 세계화흐름과 글로벌 스탠더드 • 대응성과 책임성 확보 • 수평·대등적 협력관계, 쌍방향 호혜성 • 진보정권; 다양성; 거버넌스 • 성년; 개성 중심 • 질적 삶과 생태적 배려, 여성중심 사고 • 지방; 주변부; 수요자중심 • 좋은 거버넌스; 파트너로서 시민 • 근본적 혁신; 시민참여사회 • 공동체주의; 자율적 책임성 확보 • 민주화라는 보석함에 들어 있는 잘 엮인 구슬목걸이	• 중앙=통치=관=소외 • 경제발전 제일주의; 통제; 일방적 결정 • 세계화의 역행 • 지배, 효율성 • 비경쟁·수직적 관계; 일방적 권력지향 • 보수정권; 획일성; 거버먼트 • 유년기; 대량생산소비 • 물량중심적, 가부장적 남성위주 가치 • 서울; 중심부; 공급자중심 • 정부실패; 관리와 통제대상인 시민 • 구시대 패러다임; 국가주의 사회 • 개인주의; 타율적 책임성 확보 • 뇌신경만을 비정상적으로 비대화하고, 그 밖의 모든 기관이 퇴화하는 생물체

출처: 최성욱(2018a) p.476 〈표 2〉에서 발췌

악의 이분법처럼 대결구도로 잡혀 있다. 선악의 이분법처럼 중앙집권과 지방 분권은 대결하고 있다(최성욱 2018a).

공공갈등은 불가피하다. 변화와 혁신의 추동체이기도 하다. 중요한 것은 갈등 상황이 이분법적 대결구도로 첨예화되어 교착상태에 이르지 않도록 관리하는 것이다. 협상이나 조정 과정에서 당사자들 각자 입장이 견고해지면 치킨게임과 같은 국면으로 돌입하게 된다. 치킨게임은 교착상태에 낙담한 한쪽 당사자가 상대편의 고집불통과 비이성적 행태를 비난하면서 시작된다. 그러면서 최후통첩 또는 위협을 가한다. 그러나 상대편은 양보하기보다는 불공정함의 인식과 함께 "절대 물러설 수 없다"면서 최후통첩이나 위협으로 맞대응을 한다(Patton 2005: 291). 치킨게임의 시작은 갈등고조의 악순환주기에 진입했음을 나타낸다. 공공갈등의 경우 유권자인 주민이라는 관객과 체면문화가 있기 때문에 이러한 치킨게임이 전개될 가능성이 높다. 갈등고조의 악순환주기에 진입하지 않도록 당사자들의 입장이 형성되는 초기 단계에서부터 관리가 요구된다.

2 〉 갈등의 악순환 주기와 파괴적 소용돌이

갈등주기는 긍정적 선순환과 부정적 악순환으로 나뉜다. 전자는 변화와 발전으로 이어지는 주기이지만, 후자는 비생산적인 파괴로 귀결되는 주기이다. 부정적 악순환 주기는 회피, 냉기효과, 그리고 경쟁 고조 등 요소로 구성된다. 첫째, 문제해결태도는 전혀 없이 갈등문제를 회피하는 것이 상책으로 인식되는 상황에서 형성된다. 갈등은 나쁘고 비정상적인 것으로 인식된다. 갈등을 경험하는 것이 걱정되고 불안하다. 그래서 가능한 한 갈등을 회피하려한다. 둘째, 이 주기는 당사자 한쪽이 상대편의 반발을 두려워하여 상대편으로부터 불만의 제기를 허용하지 않는 소극적 관계 속에서 발생한다. 이와 같은 회피의 경우를 냉기효과라고 한다. 이 주기에 개입된 행위자들은 상대방과의 의사소통 노력을 투입하지 않는다. 셋째, 갈등의 악순환 주기는 경쟁 고조와 폭력으로 특징짓는다. 이 주기에서 갈등당사자들은 양분되어 교착상태에 이른다. 갈등당사자들은 오직 이기는 것에 주의를 집중한 나머지 문제해결에 대한 관심을 상실한다. 이 주기는 과거 해결되지 않은 갈등으로 가열되기도 한다. 쌍방 간 비난이 지속된다. 이러한 경쟁적 갈등고조주기를 설명하는 데 유용한 것이 파괴적 갈등의 소용돌이(spiral of destructive conflict) 모형이다.

1) 파괴적 갈등의 소용돌이 모형

파괴적 갈등이란 마치 갈등 스스로 생명이 있는 것처럼 보일 때까지 고조되는 역기능적 행태를 지칭한다. 파괴적 갈등은 갈등당사자들이 당초 목적과 실질적 쟁점을 망각하고 상대편에 해를 가하거나 보복하는 것으로 악화된 행태이다. 파괴적 갈등 상황에서는 누구도 결과에 만족하지 못하며 이득을 얻을 수 없다. 그리고 갈등의 최종단계에 남아 있는 부정적 파장은 다음 갈등의 시작으로 전이되어 소용돌이를 일으킨다. 파괴적 갈등은 경직적 경쟁체제에서 더 많이 발생하는 경향이 있다(Deutsch 1973). 갈등고조의 소용돌이는 자기 입장에 매몰되면서 당사자들 간 상호작용이 자기영속화 또는 자기만족 편향으로 양극화되는 것을 의미한다(Wilmot & Hocker 1998). 두 친구 사이에 절교로 종결되는 파괴적 대인갈등처럼, 갈등고조의 소용돌이는 미미한 오해로 시작된 갈등이 어떻게 창대한 부정적 결말로 이어지는지를 설명해줄 수 있다.

파괴적 갈등 상황에서 당사자들은 한 국면에 갇혀서 전환을 하지 못한다. 갈등의 잠복기에는 문제의 용인, 소문 퍼뜨리기, 뜬소문과 쑥덕공론, 비협조, 직무태만 등이 특징을 이룬다. 갈등이 표출되고 고조되어감에 따라 다음과 같은 행태들이 나타난다. 징징대는 수준의 불평불만으로 시작하여, 항의, 분노, 비난과 책임전가, 언쟁, 중대사건의 발생, 선별적 지각과 왜곡, 당사자 외 타인들의 개입, 쟁점 결합과 복잡화, 뜨겁게 달아오른 언어들의 난무, 공식적인 불만제기와 항의, 위협의 발생, 갈등해결을 위한 공식적 조치(소송, 중재, 조정, 협상 등 수단적용), 도발, 보복과 되갚기, 그리고 폭력발생으로 최고조에 이른다. 초기단계에서 자신의 입장에 대한 오류가능성을 의심하면서 상대방 입장을 논의할 의지를 가졌다면 문제해결국면으로 진입할 수 있었을 것이다. 하지만 자신의 입장과 이익만을 방어하고 고수함으로써 갈등고조의 소용돌이에 휘말리는 결과를 낳는다. 여기에서 갈등은 통제권을 이탈하여 관리되지 않는다.

〈그림 11-1〉에서 보는 바와 같이 갈등의 강도는 문제 출현과 갈등당사자 형성으로 시작하여 끝을 볼 수 없는 위기의 실감으로 고조된다. 첫 번째, 갈등 문제가 출현하고 당사자들이 형성된다. 두 번째, 갈등당사자들의 입장이 강경해진다. 세 번째, 갈등당사자들 사이에 의사소통이 중단되면서 관계가 멀어져간다. 정보는 갈등해결을 위한 것이 아니라 자기 입장을 강화하기 위한 무기로 사용된다. 네 번째, 갈등당사자 각자의 입장을 강화하고 내부결속을 위해 자원들을 투입한다. 대부분의 시민들은 커져가는 논란에 실망하게 되고, 거침없는 지도자들은 말썽꾼으로 여겨지고, 온건파는 관심을 못 받지만 강경파는 영향력이 더 커진다. 다섯 번째, 당사자들이 각자 권력과 지지세력의 확보를 위해 활동을 증가시킴으로써 갈등이 외부영역으로 확장된다.

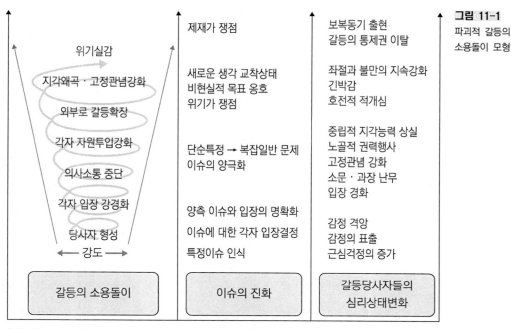

그림 11-1
파괴적 갈등의
소용돌이 모형

위기실감

지각왜곡·고정관념강화

외부로 갈등확장

각자 자원투입강화

의사소통 중단

각자 입장 강경화

당사자 형성

← 강도 →

제재가 쟁점

새로운 생각 교착상태
비현실적 목표 옹호
위기가 쟁점

단순특정 → 복잡일반 문제
이슈의 양극화

양측 이슈와 입장의 명확화
이슈에 대한 각자 입장결정
특정이슈 인식

보복동기 출현
갈등의 통제권 이탈

좌절과 불만의 지속강화
긴박감
호전적 적개심

중립적 지각능력 상실
노골적 권력행사
고정관념 강화
소문·과장 난무
입장 경화

감정 격앙
감정의 표출
근심걱정의 증가

갈등의 소용돌이

이슈의 진화

갈등당사자들의
심리상태변화

출처: Carpenter & Kennedy (1988); Carnevale(1993), p.458 Figure 2.

외부세력과의 연합을 형성하여 추가적인 재정적 지원과 싸움을 위한 전문지식을 획득한다. 당사자들 간 적대관계는 노골적이며 서로 위협을 가한다. 여섯 번째, 갈등당사자들의 지각은 더욱 왜곡되면서 상대편 입장에 대한 고정관념은 강화된다. 회색지대는 사라지고 오직 흑과 백만 남는다. 우리 편이 하는 것은 무엇이든 정직하고 저쪽에서 하는 것은 무엇이든 악의에 찬 것이다. 중도파도 적의 일부로 보인다. 마지막으로, 분쟁을 해결할 어떤 희망도 보이지 않는다. 언론매체는 지역공동체 지도자들 간 논쟁에만 강조점을 두고 갈등해결을 위한 긍정적 노력에는 관심을 두지 않는다. 갈등당사자들은 끝을 볼 것 같지 않는 위기를 실감하고 갈등은 통제권을 벗어난다. 결국 폭력사태로 가거나 법정소송으로 간다. 손상된 평판, 대인관계의 단절, 공동체 붕괴, 소송비용, 사업지연비용, 세입감소, 개인적 시간 등 파괴적 갈등이 남긴 비용이다. 투입된 자원은 문제해결용이 아니라 싸움을 위한 것이었다(Carpenter & Kennedy 1988; 2001: 13−16).

요컨대 갈등당사자들 간 의사소통의 중단과 방어적 행태로 신뢰하락과 지각왜곡이 초래됨과 함께 갈등이 외부로 확대되어 결국 통제권을 벗어난 총체적인 위기상황에 다다르게 되는 것이다(Carevale 1993: 458; 조경훈·박형준 2015: 35). 대부분의 갈등은 관리가능한 문제로 시작한다. 만약 초기에 적절한 갈등관리방법이 적용된다면 이와 같은 파괴적 갈등의 소용돌이에 휘말릴 가능성은 낮다. 많은 개발사업은 지역민의 의견 수렴과 사회적 합의 절차가 부실한 채로 행정기관의 인허가를 받는다. 사업이 상당히 진행된 후에야 절차적 정당성을 의심하는 반대집단과 매몰비용을 우려하는 사업자 사이에 갈등이 고조되어 결국 교착상태에 빠진다. 당사자 간 토의와 협상과정은 오히려 불신 증폭과 공동체 훼손으로 귀결되곤 한다. 초기에 적절한 갈등관리방법을 찾아 적용하는 것이 핵심이다.

갈등의 고조와 함께 갈등 이슈도 진화한다. 첫 번째, 사람들이 특정 이슈를 인식하게 된다. 두 번째, 사람들은 그 이슈와 관련하여 어느 한쪽 편을 든다. 즉 개인들은 이슈에 대해 각자 입장을 정하게 되고 패가 갈리게 된다. 세 번째, 갈등 이슈와 각자 입장이 더욱 선명해진다. 네 번째, 갈등 이슈는 양극화되고, 이슈의 성격이 단순한 특정 문제에서 복잡한 일반 문제로 진화한다. 다섯 번째, 위협이 쟁점이 되고, 현실과 동떨어진 목표들이 옹호되며, 새로운 아이디어들은 진전 없이 교착상태로 머무른다. 마지막으로, 제재가 쟁점이 된다. 임동진과 윤수재(2016)는 갈등이슈요인을 중심으로 갈등원인과 갈등강도 간 관계를 조사하였다.4) 이들의 연구모형에 따르면 갈등배경요인(사회 불평등)이 갈등이슈요인(이해상충, 일방주장, 목표변화)에 간접적인 영향을 미치며, 이러한 갈등이슈요인은 신뢰부족과 절차미흡 요인의 매개를 통해 갈등 강도에 영향을 미친다. 사회 불평등은 갈등당사자들 간 이해충돌, 일방적인 주장, 갑작스런 목표변화 등 갈등이슈요인에 모두 정(+)의 영향을 미치고, 갈등당사자 간 이해상충, 신뢰부족, 절차미흡 요인이 갈등의 강도를 높인다. 그러나 신뢰부족 요인의 경우, 신뢰가 부족하여 갈등의 강도가 높아지는

----

4) 이 연구는 공무원, 전문가, NGO 관계자 165명을 대상으로 설문조사하였다.

것이 아니고 갈등이 고조됨에 따라 신뢰가 낮아질 수 있다. Carnevale(1993: 458)에 의하면 갈등이 고조되고 방어적인 행태들이 나타나면서 신뢰가 감소하였다.

한편 갈등이 고조되어감에 따라 갈등당사자들의 심리상태도 변화한다. 걱정과 근심이 증가한다. 감정이 표출된다. 감정이 격양된다. 입장이 굳어지면서, 소문과 과장이 난무하고, 고정관념이 강화되며, 권력이 노골적으로 행사되고, 중립적으로 인식할 능력을 상실한다. 그리고 적개심을 가지며, 긴박감이 돌고, 좌절감과 불만이 지속 강화된다. 마지막으로, 갈등은 통제권을 벗어나며 보복 동기가 출현한다.

머튼 도이치는 갈등이 고조됨에 따라 다음과 같은 심리적 특성들이 부각된다고 주장한다(Deutsch 2000: 26－27). 첫째, 자폐적 적개심이 당사자들 사이에 형성된다. 자폐적 적개심이 들면 서로 접촉을 끊고 의사소통은 단절된다. 그 결과 상대방에 대한 오해나 오판 가능성도 알 수 없게 되고 상대방의 변화를 감지할 수도 없다. 그래서 적개심은 지속될 수밖에 없다. 둘째, 자기충족적 예언이 실현된다(1장의 심리학 관점 부분을 참조). 상대편이 자기편에 적개심을 가지고 손해를 입힐 것이라는 거짓된 가정이 힘을 발휘하는 것이다. 그러한 거짓된 가정을 진짜로 믿는 당사자는 상대방을 어떻게 대하겠는가? 적대적으로 대한다. 그러면 상대방 또한 이러한 적대적 대응에 적개심을 가지고 반응한다. 결국 당사자 한쪽이 원래 가지고 있었던 상대에 대한 거짓된 가정은 이제 현실의 진짜가 되어버린다. 셋째, 부지불식간의 몰두이다. 갈등 고조기 동안 당사자들은 자기입장에 완고하게 몰입할 뿐만 아니라 부지불식간에 상대방에 대한 부정적인 태도·지각·믿음, 그리고 과한 방어에 전념한다. 개인이든, 집단이든, 국가든 간에, 당사자는 갈등 고조기 동안 상대방이 흉악한 적이라는 시각, 자기이익을 빼앗아 간다는 믿음, 그리고 항상 상대방을 경계하고 방어에 만반의 준비를 해야겠다는 확신을 갖게 된다. 이러한 심리적 특성들에 의해 첨예한 갈등은 지속된다.

2) 갈등표명의 유형과 갈등의 악순환 고리

바인가르트 등이 제시한 갈등표명이론도 갈등 고조의 악순환과 이분법적 대립현상을 이해하는 데 유용하다. 이들이 제시한 이론은 갈등이론과 커뮤니케이션이론을 결합한 것이다. 갈등표명 개념은 "사람들 간 반대와 대립에 대한 언어적·비언어적 의사소통"으로 정의된다(Weingart et al. 2015: 235). 기본가정은 갈등표명 방식이 당사자들의 지각과 반응에 영향을 미치면서 결과의 차이를 결정하게 된다는 것이다. 의사소통과정에서 송신자의 갈등표명 유형이 수신자의 지각과 감정 그리고 획득 정보에 영향을 미치며, 갈등의 악화 또는 완화로 귀결된다. 갈등표명은 8장에서 살펴본 Pondy(1967)의 개념 틀에서 갈등의 현시단계와 유사한 개념이다. 그리고 9장에서 살펴본 Weible과 Heikkila(2017)가 제시한 정책갈등모형과도 유사성을 띠고 있다. 한편 갈등표명이론은 갈등당사자 개인특성과 문화적 맥락이 갈등의 지각과 표명방식에 영향을 미친다고 가정한다. 문화적 맥락은 반대표명 방식의 선택(어떤 방법을 통해 반대를 표명할 것인가), 상대방의 반대표명에 대한 지각과 반응 방식, 그리고 갈등해결의 용이성 등 세 가지 측면에 영향을 미친다.

갈등표명 개념은 반대의 직접성과 강도 두 차원으로 구성된다(<그림 11-2>). 반대의 직접성이란 상대방에게 전달되는 반대 의견이나 입장이 명백한지 아니면 모호한지의 정도와 누구에게 표명하느냐를 나타낸다. 반대의 강도는 입장의 강경함과 행동의 파괴성으로 지표화된다.

그림 11-2
갈등표명의
차원과 유형

		반대의 강도	
		높음	낮음
반대의 직접성	높음	Ⅰ.	Ⅱ.
	낮음	Ⅲ.	Ⅳ.

(1) 반대의 직접성 차원

직접성이 높은 갈등표명은 반대 입장을 제3자의 개입 없이 상대편 당사자에게 전달하는 것이다. 언어적으로나 비언어적으로 반대 입장을 명확하게 직접 전달한다. 직접성이 낮은 갈등표명은 반대신호를 담는 말이나 행동으로 전달되어 상대방에게 해석과 추론의 여지를 남긴다. 직접성이 낮은 갈등표명은 다양한 형태를 취한다. 예컨대 스토리텔링 형태가 될 수도 있고 되물음의 연속 형태가 될 수도 있으며 갈등의 원천을 암시하는 놀림이나 농담하기와 같은 수동적 행태일 수도 있다.

만약 "나는 이 사업에 대한 당신의 내년도 예산편성 분석과 여기에 담긴 철학에 동의하지 않는다"고 말한다면, 이는 모호함이 없는 명백한 언어적 갈등표명이라고 할 수 있다. 반대 입장에 대한 정보가 분명하게 담겨 있다. 그런데 만약 "다른 국장들은 예산을 어떻게 편성했는지 우리 함께 봐볼까?"라고 말한다면, 이는 모호한 간접적 갈등표명으로 볼 수 있다. 반대 입장을 명확하게 확인할 수 있는 정보가 없다. 이 경우 주변적인 신호들을 해석하여 그 의미를 추론해야 한다.

문화권에 따라 이러한 갈등표명의 직접성 정도에 차이가 있다. 문화적 맥락은 갈등표명이 얼마나 모호하게 지각될지에 영향을 미친다. 4장에서 서술했던 것처럼, 고맥락 의사소통문화는 저맥락 문화에 비해 언어뿐만 아니라 사회적 의례·의식과 비언어적 행태에 많은 신호들이 내장되어 있다. 반면 저맥락 의사소통문화는 언어적 항목에 크게 의존한다(Hall 1976). 이외의 모든 것이 같다면 저맥락 문화권 출신의 갈등당사자들이 고맥락 문화권 출신들보다 갈등과정에서 관련 문제에 대한 정보를 더 많이 교환할 것이다. 갈등당사자 모두가 동일 문화권이라면 주고받는 정보와 메시지에 대한 해석에 큰 문제가 없다. 그러나 갈등당사자가 상이한 문화권 출신이라면 상대방의 행태와 메시지를 해석하는 데 어려움이 따른다. 특히 저맥락 문화권 출신은 고맥락 문화권 갈등당사자의 모호한 신호와 메시지를 해석하는 데 많은 어려움을 겪을 수 있다.

직접성이 낮은 갈등표명은 제3자에게 표명하는 것이다. 제3자의 관여는 전달되는 정보와 메시지의 의미가 여과됨으로써 왜곡될 소지도 있다. 문화적 규범은 갈등표명을 함에 있어 제3자를 어떻게 활용할 것인가에 영향을 미친다. 예컨대 동양 문화권에서는 갈등당사자의 해결 의지를 알리고 상대편의 체면을 지켜주기 위해 제3자의 조정을 활용한다. 갈등당사자들 사이에 극도의 불신이 형성되어 있을 때 권위 있고 객관적이라고 생각되는 제3자를 개입시키는 경우도 많다. 여기에서 권위는 주로 갈등문제에 대한 전문성보다는 사회적 지위와 평판 그리고 권력에 기초할 가능성이 높다. 수직적 집단주의가 지배하는 문화권에서는 소위 '높은' 사람일수록 권위가 인정되는 경향이 있다.

(2) 반대의 강도 차원

갈등표명에서 반대 강도는 입장의 강경함과 행동의 파괴성에 의해 측정된다. 반대 강도가 높은 갈등은 낮은 갈등보다 더 많은 힘을 수반한다. 강도가 높은 반대표명은 자기 쪽 입장에 대한 강경한 방어와 상대방 입장을 약화시키기 위한 파괴적 행태로 특징을 이룬다. 강경한 입장은 상대방이 자기입장을 따르기를 바라는 욕구에서 발로한다. 파괴적 행태로는 개인적 공격이나 물리력의 동원, 상대방의 체면 손상을 위한 모욕주기 등을 예시할 수 있다. 파괴성이 낮은 행위로는 필수정보의 제공지연, 복지부동, 무례함, 빈정대는 것과 같이 간접적인 회피성 공격행태를 예시할 수 있다. 강도가 높은 반대표명의 경우 상대편은 위협을 느끼며 이에 맞대응하는 차원에서 감정적이고 경직적인 반응을 하게 된다. 이 상황에서 정보의 공유는 제한된다. 강도가 낮은 반대표명의 경우에도 자기입장을 옹호하지만, 이 경우는 열린 태도로 상대편 입장의 장단점이나 자기편과의 차이점을 두고 논쟁하는 데 초점을 둔다. 자기입장도 방어하지만 상대입장도 고려할 의지를 가지고 있는 것이다. 반대의 강도가 높고 직접적으로 표명될 경우 일반적으로 폭력적이고 공격적인 언어와 행태가 나타난다. 저맥락 문화권에서는 이러한 상황과 행태를 사적인 것으로 보지 않고 수용할 수 있는 것으로 해석할 수 있는 반면, 고맥락 문화권에서는 이를 사적인 것이며 수용할 수 없는 것으로 인식할 수 있다.

(3) 갈등표명과 갈등의 소용돌이

〈그림 11-3〉은 갈등표명이론에서 가정하는 갈등의 소용돌이 모형을 나

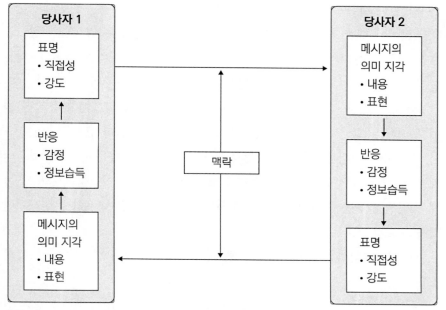

출처: Weingart et al.(2015), p.244 Figure 2.

그림 11-3
갈등표명과
갈등의 소용돌이

타낸다. 갈등의 소용돌이는 한쪽 당사자의 갈등표명으로 시작한다. 그러면 상대편은 표명된 갈등을 지각하여 반응한다. 그리고 당사자 간 갈등표명에 대한 지각과 반응의 반복적 환류 속에 갈등이 고조되거나 완화되는 고리가 형성된다. 첫 번째 당사자가 높은 강도와 직접성을 띠는 갈등표명으로 시작하여 상대편이 이에 맞대응하는 식의 갈등표명으로 반응하고 다시 첫 번째 당사자도 처음과 일관된 갈등표명을 반복할 때 갈등고조의 소용돌이가 발생한다. 갈등고조의 소용돌이(escalatory conflict spirals)는 위협이나 정보차단과 같은 부정적인 상호교환과 의사전달로 특징짓는다. 갈등당사자 모두에게 부정적 귀결을 초래한다. 반면 갈등완화의 소용돌이(de-escalatory conflict spirals)는 갈등당사자 간 보충적 질의답변과 상호 정보교환으로 특징짓는다. 갈등당사자 모두에게 긍정적 결과를 가져올 수 있다(Weingart et al. 2015: 244). 전자는 시스템사고의 정(+)의 환류고리로 이루어진 편차증폭의 악순환과 유사하며, 후자는 정(+)의 환류고리로 이루어진 편차증폭의 선순환 또는 부

(−)의 환류고리로 이루어진 편차상쇄의 안정주기와 유사한 논리이다.

갈등에 대한 지각은 감정적 반응을 촉발한다. 감정은 갈등과정에서 중요한 역할을 한다. 감정은 활성화 수준과 유인 정도에 따라 구별된다. 낮은 활성화(예: 슬픔, 평온)로부터 높은 활성화(예: 분노, 흥분) 수준까지 그리고 유인 정도에서 불쾌한 것(예: 슬픔, 분노)에서 유쾌한 것(예: 평온, 흥분)까지 감정 범위가 있다. 갈등은 일반적으로 불쾌한 감정을 일으킨다. 하지만 반대의 강도와 직접성이 불쾌감정과 유쾌감정의 활성화 수준에 영향을 미친다. 갈등의 지각과정에서 감정과 정보는 밀접하게 결합된다. 반대의 직접성과 강도가 높게 지각된 갈등은 불쾌감정을 활성화하면서 정보 수집을 방해하고 방어적인 행태를 조장한다.

앞의 〈그림 11−2〉에 제시된 네 가지 갈등표명의 유형에 따라 갈등의 소용돌이 성격이 결정된다.

첫째, 반대의 강도와 직접성 모두 높은 갈등표명이다(Ⅰ유형). 강경한 입장과 파괴적 행태를 보이면서 갈등당사자들 간 반대가 명확하고 직접적으로 전달된다. 높게 활성화된 불쾌감정(예: 분노, 좌절감, 긴장감)이 나타난다. 반대 내용에 대한 명확한 정보가 전달되면서 심각한 위협을 불러일으킨다. 상대편의 반대표명으로부터 심각한 위협을 지각할 때 갈등당사자의 정보처리능력은 제약되며 반응할 수 있는 범위가 협소해진다. 상대방의 입장에 찬성할까 아니면 반대할까와 같이 반응 범위가 이분법적으로 축소된다. 자기입장만 강경하게 고수하며 그 밖의 가능한 대안이나 잠재되어 있는 이익을 탐색하지 않고 승패의 영합게임을 지향한다. 결국 갈등당사자 간 상호작용은 악순환적인 갈등악화의 소용돌이에 휘말리게 된다. 그런데 이 상황에서도 만약 갈등당사자 간 권력 차이가 있거나 고맥락 문화가 지배한다면 철회나 굴복을 포함한 갈등완화의 소용돌이로 진입할 가능성이 있다. 명확하고 직접적인 강력한 반대의 표명은 상대편에게 문제를 다루기 어렵겠다는 신호로 지각될 수 있다. 그래서 갈등은 답보상태 또는 철회나 굴복으로 귀결된다. 즉 갈등 결과는 당사자들의 개인적 특성, 권력차이, 그리고 문화적 규범에 의해 조절된다.

둘째, 직접성은 높으나 반대의 강도가 낮은 갈등표명이다(Ⅱ유형). 여기에서는 논쟁이나 숙의하는 행태가 나타난다. 입장이 강경하지 않고 행동의 파괴성도 낮은 갈등당사자들 사이에 반대가 명확하고 직접적으로 전달된다. 반대 내용에 대한 정보가 명확히 전달되지만 강도가 낮아 위협을 거의 주지 않는다. 반대의 강도가 낮게 표명될 때 상대방은 '입장'보다 '이익'의 측면에서 반응할 여지를 갖게 된다. 전형적인 과업갈등의 특징을 갖는다. 높은 활성화 수준의 불쾌감정과 유쾌감정이 혼합되어 나타난다(예: 좌절감과 흥분). 혼합된 감정은 갈등당사자에게 이중성이나 불편함을 생성시키는데, 이러한 이중성과 불편함을 해소하기 위해 새로운 정보를 탐색할 동기가 부여된다. 그리고 반대의 강도가 낮으면 상대방은 전달된 정보를 반발로보다는 반성적으로 활용하게 된다. 그래서 결국 선순환적인 갈등완화 소용돌이로 진입할 수 있게 된다. 갈등완화의 소용돌이는 전제에 의문을 제기하거나 가정을 명확히 하고, 반대증거를 제공하거나 다른 프레임을 제시하는 등 통합적 문제해결을 지향한다. 이러한 유형의 선순환적 상호작용은 심리적 안정감, 학습, 그리고 신뢰와 같은 효과성을 제고하는 결과를 가져온다.

셋째, 직접성은 낮으나 반대의 강도가 높은 갈등표명이다(Ⅲ유형). 각자 입장이 강경하고 행동의 파괴성이 높은 갈등당사자들 사이에 반대가 모호하게 전달되거나 제3자를 통해 전달된다. 상대방의 관점을 무시하거나 폄하하고 비열하게 빈정대거나, 제3자를 통해 상대방을 깎아내리거나 보도에서 제외할 사항을 공표하여 뒤통수를 치거나, 방해꾼들을 동원하는 등 행태가 나타난다. 높고 낮은 활성화 수준의 불쾌 감정들(예: 분노, 경멸감, 굴욕감, 분노와 슬픔, 상처)이 유발된다. 이 상황에서 당사자들은 진정성 있게 반응하기 어렵다. 반대 강도가 높아 심각한 위협을 지각하나, 반대 내용을 주변신호들로부터 추론해야 한다. 갈등당사자 간 정보 공유가 잘 되지 않는다. 그래서 갈등을 표출한 측의 반대 원천과 상대방이 경험하는 갈등 간의 연계가 약하다. 당사자들은 문제 자체보다는 표명된 주변적 신호들의 의미를 이해하는 데 주의를 기울이게 된다. 상대편의 행동에 대한 해석을 통해서 갈등상황을 이해함으로써 문제해결보다는 자기이익과 체면의 보호에 초점을 두며, 불쾌감정, 불신, 그리고 파괴적 경쟁이 수반되는 갈등고조의 소용돌이에 휘말린다.

문화적 규범이 이러한 소용돌이로의 진입 여부를 조절한다. 예컨대 풍자와 해학, 유머가 발달된 곳에서는 부정적 감정이 긍정적으로 승화되고, 빈정대거나 비꼬는 행위가 위협적이거나 공격적으로 인식되지 않는다. 상대방은 그러한 행태의 진정한 의미가 무엇인지 해석하는 데 별 주의력을 쏟지 않고도 이해한다. 또한 강한 반대가 간접적으로 표명될 때 문화권에 따라 갈등당사자가 직접 사력을 다해 해석하여 반응할 수도 있고, 권위 있는 제3자의 조정을 곧바로 요청할 수도 있다. 전자의 경우 갈등고조의 소용돌이에 휘말릴 가능성이 높다. Ⅲ유형이 우리 사회의 갈등 양태와 가장 흡사하다.

넷째, 직접성도 낮고 반대의 강도도 낮은 갈등표명이다(Ⅳ유형). 각자 입장이 강경하지 않고 행동의 파괴성도 낮은 갈등당사자들 사이에 반대가 모호하게 전달되거나 제3자를 경유하여 전달된다. 진정한 의도를 말하지 않거나, 정보제공을 지연시키거나, 고의로 마감시간을 넘기는 등 수동적 공격행태들이 나타난다. 낮은 활성화 수준의 불쾌감정(예: 상처, 짜증, 혼란, 죄책감)이 주로 유발된다. 체면유지를 위한 간접적 의사전달을 규범으로 하는 문화에서는 이러한 감정적 반응이 이완된다. 반대 내용에 대한 정보가 간접적으로 모호하게 전달되기 때문에 상대방의 이익이나 의도를 식별하기 어려울 뿐만 아니라 전달된 정보에 대한 주의력도 낮게 된다. 이 유형의 갈등표명은 문제 상황을 우회함으로써 갈등을 억압하거나 회피하는 것이다. 이 때문에 갈등의 소용돌이 여부를 확인하기 어렵다. 과업지향 문화에서 이런 식의 갈등표명은 정보와 의도의 왜곡을 강화함으로써 효능감을 감소시킨다. 이에 비해 관계지향 문화에서는 이런 유형의 갈등표명이 규범적으로 권장되며 초기부터 제3자가 개입하는 경향을 보인다. 문화에 따라 제3자의 개입시기가 다르다. 조화의 가치, 그리고 관계유지와 체면보호를 중시하는 문화권에서는 갈등 초기에 실효성 있는 제3자의 개입이 이루어진다. 개성의 가치, 그리고 과업 지향적이며 실용성을 중시하는 문화권에서는 중·후반기에 제3자의 개입이 이루어지는 경향이 있다.

3) 이분법적 대립과 집단극화의 심리

악순환적인 갈등고조의 소용돌이에서 당사자들은 이분법적 대립과 자기 집단의 영속화로 양극화된다. 한규석(2017: 466-468)은 개인이 원래 가지고 있었던 태도가 극단적으로 변화하는 집단극화현상의 이유를 집단과정의 정보습득과 집단규범동조 두 가지로 설명한다. 첫째, 집단토론 과정에서 습득한 새로운 정보가 개인이 애당초 가졌던 불확실한 태도와 의견을 보충해줌으로써 근거가 확고해지면서 극화될 수 있다. 둘째, 개인이 소속한 집단의 규범에 동조함으로써 극화현상이 발생한다. 사람들은 자기 견해에 대한 타당성을 자기와 유사한 사람의 의견과 비교하며 검증하는 경향이 있다. 특히 입장이 확고하지 않은 사람은 자기 집단의 다른 구성원들의 의견을 접하는 것만으로도 사회적 비교에 의한 영향을 받게 된다(Festinger 1954). 사람들은 비슷한 사람끼리 어울리면서 집단규범을 파악하고 동조하게 됨으로써 외부 집단과 차이가 벌어지는 방향으로 변한다. 갈등의 고조기에 이러한 집단극화현상을 흔히 관찰할 수 있다.

순진한 실재론에 의하면(Ross & Ward 1996; Sammut et al. 2015), 사람은 타인들이 자기의 관점과 사회경험을 공유한다고 믿는 경향이 있다. 또한 사람들은 자기의 지각과 경험을 당연하고 객관적이라고 가정하는 경향이 있다. 즉 사람들은 자신의 지각과 경험이 '진짜로 실재하는 것'이라고 가정한다. 반면 대인갈등이나 적대관계에 있지 않는 상대방일지라도, 자기와 반대되는 의견을 표명할 때는 그(녀)를 편파적으로 지각하는 경향이 있다. 사람들은 자신의 견해에 반대하는 타인에 대해서 자기 이익, 사적인 감정, 정치적 당파성, 확고한 이데올로기에 의해 추동된 존재로 인식하는 경향이 있다. 상대편에 대한 편파적 지각과 귀인은 집단극화의 갈등 소용돌이를 촉발한다(Kennedy & Pronin 2008).

인간의 사회인지는 분열적이고 배타적인 성향을 많이 띤다. 사람들은 자기 견해에 동의하지 않는 타인에 대해서는 관련 문제에 관해 무식하다고 귀인을 한다. 반면 자기에게 동조하는 타인은 관련 문제를 알고 있다고 인정하는 경향이 있다. 자신에 동의하지 않는 타인의 경우에도 상대가 내부집단 구성원이냐 외부집단에 속하냐에 따라 귀인편향에 차이를 보인다. 같은 문제에 대해 내부집단의 반대자보다는 외부집단의 반대자를 더 무식하다고 귀인을 하는 편파성을 띤다. 그러나 내부집단 구성원이 반대측의 입장에 찬성하거나 그쪽으로 전향하면 외부집단 구성원보다 더 가혹한 대우를 받는다. 이를 검은 양의 효과(black sheep effect)라고 한다(Sammut et al. 2015: 293). 집단주의 문화에서 배신자로 낙인이 찍혀서 소위 '조직의 쓴맛'을 보게 되는 현상과 유사하다. 검은 양 효과에 대한 사회적 학습은 배타적 집단주의를 더욱 강화한다. 이러한 문화적 특성은 이분법적 대립구도와 악순환적 갈등고조의 소용돌이로의 진입을 추동한다. 이와 같은 사회적 분위기와 문화에서 누가 용기 있는 검은 양이 되고자 하겠는가? 집단수준에서는 동조와 공동체 정신의 함양이지만, 사회 전체수준에서는 이분법적 갈등과 대립으로 귀결되는 역설을 낳는다. 집단주의 사회에서 인간의 인지는 분열적이고 배타적인 편향성을 비교적 강하게 띤다. 이를 극복하는 것이 갈등고조의 소용돌이를 피하는 첫 단계이다. 다양성에 대한 교육과 훈련이 필요한 이유가 여기에 있다.

지금까지 살펴본 이론과 가정을 토대로 갈등고조의 소용돌이에 휘말리지 않기 위한 지침을 제안해 본다. 첫째, 반대표명의 강도를 낮추어야 한다. 이를 위해 파괴적이고 폭력적 행동은 절제해야 할 것이다. 둘째, 반대 강도가 낮더라도 의견과 입장 표명은 모호함이 없이 분명히 해야 할 것이다. 셋째, 자기 입장의 오류가능성을 의심하면서 상대편 입장에 대해 논쟁해야 할 것이다. 넷째, 상대편에 대한 고정관념과 편파적 도식의 존재 여부를 성찰해 보아야 할 것이다. 다섯째, 제3자 개입과 관련하여 문화에 적합한 전략을 적용해야 할 것이다. 고맥락 문화에서는 갈등 초기부터 권위를 인정받는 제3자를 개입시키는 것이 효과적이다. 여섯째, 감정에 대한 적절한 관리가 요구된다. 이는 반대표명의 강도와 직결된다. 협상에 의한 갈등해결을 가정하여 이에 관해 상술해 보자. 어떤 협상과정이든 수치심, 분노, 원한, 경멸, 희망, 자존심, 두려움, 죄의식, 사랑, 기쁨, 열정과 같은 여러 가지의 미묘하고 강력한 감정들을 포함한다. 이러한 감정을 적절히 관리하지 못하면 파괴적 갈등의 소용돌이에 휘말릴 개연성이 있다. Shapiro(2015: 363-369)는 협상과정에서 유발되는 감정을 실용적으로 관리하기 위한 틀을 제시하였는데, 이는 협상가들이 강력한 감정들을 자극하는 소수의 핵심관심사항에 주의를 집중함으로써 부정적 감정 귀결에 휘말리지 않고 그들의 임무를 단순화하여 대응해 갈 수 있음을 보여준다. 핵심관심사항으로 협상당사자 관점에 대한 가치 인식과 상호이해, 상대편에 대한 관심과 우호적 관계, 생각·감정·결정 측면의 자율성, 상대편과 비교되는 지위, 효과성과 본연의 역할 등 다섯 가지가 제시된다. 이러한 사항들은 협상의 감정 차원을 이해하는 렌즈로 사용할 수도 있으며, 긍정적 감정과 협력적 행태를 자극하는 방편으로도 활용할 수 있다.

📖 읽어보기 11-1 **주민투표 등 주민결정제도가 갖는 한계**(참고: Nie 2004: 227)

공공난제를 대상으로 한 정책결정이 정부 단독제나 위원회 제도에 의한 방식으로부터 주민투표와 같은 주민결정방식으로 변화하는 양상을 보인다. 그런데 주민투표에 의한 의사결정이 이분법적 대립구도 형성이나 분배적 비형평성과 같은 문제를 초래하는 한계를 갖고 있다.

첫째, 주민투표는 찬/반, 예/아니오 같은 이분법적 결정방식이다. 이러한 방식은 숙의, 의미 있는 대화, 공통점의 확인, 타협가능성을 배제해버린다. 이러한 영합식 접근은 이슈를 과도하게 단순화하며, 사람들을 찬반진영으로 갈라 세우는 경향이 있다.

둘째, 관련 이슈에 대한 여론의 질과 안정성 문제가 제기된다. 과연 투표자들이 관련 이슈에 대해 얼마만큼 지식을 가지고 결정할까? 의심된다.

셋째, 결정과정에서 과학자 등 전문가들의 역할이 주목받지 못한다.

넷째, 이익집단과 거액의 자금세력이 정치광고를 활용하여 이슈를 프레이밍할 수 있다.

다섯째, 다수자의 전제(tyranny of the majority)와 결정의 비균질적 영향으로 분배적 비형평성을 초래할 수 있다. 모든 사람이 주민투표 결정에 의해 동등한 영향을 받지 않음에도 불구하고 참가자들은 모두 1인 1표이며 다수결 원칙에 따라 결정된다. 힘의 논리에 의한 갈등종결의 여지를 남긴다. 9장에서 소개한 경주 방폐장에 대한 울산광역시 북구 시민의 헌법 소원사례를 상기해 보자.

여섯째, 1장에서 소개한 메커니즘 디자인 이론의 가정처럼 투표는 참여자의 무임승차 동기에 의해 진짜 선호를 반영하지 않을 수 있다.

3 이분법적 갈등의 사회적 대가

우리나라에서 갈등으로 인해 소요되는 경제적 비용이 2010년 명목 GDP 기준으로 연 240여조 원에 달하는 것으로 추정되었다. 박준 등(2009; 2013)에 의하면, 사회갈등에 의한 경제적 손실은 연간 82조 원에서 최대 246조 원에 이른다.[5] 이분법적 대립구도가 형성되면서 공공갈등 상황이 교착상태까지 이르면 얼마만큼의 경제적 비용이 소요될까? 김병준(2003)은 1990년 대 중반 병원적출물 소각장 건설 분쟁사례를 분석하면서 이해관계자의 경제적 손실액을 추정한 바 있다. 그는 당시 분쟁 당사자였던 환경관련 H기업의 사장이 메모한 분쟁진행일지를 토대로 인력동원에 따른 직접적인 피해액수를 추정하였다. 추정된 총 액수는 〈표 11-2〉와 같이 약 11억 원에 달했다. 당시 동원된 공무원과 시위 및 집회에 참여한 연인원(1994년~1996년 2월)은 공무원(군청, 면사무소) 1,723명, 경찰 7,288명, 주민 7,363명 등 총 16,374명이었다.

그러나 추정된 손실액에 다음과 같은 간접비용 항목은 포함되어 있지 않았다. H기업이 입은 손실, 그리고 구속자와 부상자, 사망자에 대한 기회비용과 정신적 피해, 주민재산 가압류에 따른 재산상 피해, 자치단체장과 국회의원 등의 중재노력에 따른 비용(정치적 기회비용) 등이다. 이러한 간접비용을 포함하여 재추정한다면 총 손실비용은 추정된 직접비용액의 5~10배가 된다 (김병준 2003: 525-526). 당시 소각로 건설을 위해 소요된 사업비용 약 30억 원을 감안할 때, 56~110억 원 정도의 갈등대가 비용이 주는 의미를 알 수 있다. 2007년말 사업허가를 취득하여 2022년 대법원 상고심까지 이른 광주전남 공동혁신도시의 기반시설로 건설된 나주 고형연료(SRF) 열병합발전소 사례의

---

[5] 비용 추정은 OECD 27개국을 대상으로 사회갈등지수(〈읽어보기 1-1〉참조)가 1인당 국민소득에 미치는 영향을 회귀분석으로 하였다. 추정식은 다음과 같다. 1인당 GDP $i = c + \beta \times$ 갈등지수 $i + \theta \times$ 통제변수 $i + \varepsilon i$(*모든 변수는 로그화: β값은 갈등지수 1% 변화로 인한 1인당 GDP의 % 증감분) (박준 2009: 11).

경우, 5년여 동안 갈등의 대가로서 1조원에 육박한 손실액이 추정되기도 한다. 이분법적 대립과 갈등고조의 소용돌이 위력을 실감할 수 있지 않는가!

항목	추정액
집회, 시위 등에 의한 공무원·주민의 직접손실비용	16,374명×일/30,000원 =491,220,000원
공무원 평시활동으로 인한 손실비용	5명×700일×30,000원 =105,000,000원
공동투쟁위원 및 주도 주민들의 활동손실비용	5명×700일×30,000원 =105,000,000원
주민자체회의 등에 소집된 인원의 손실비용	30명×50회×10,000원 =15,000,000원
감시초소 근무 주민들에 대한 손실비용	15명×700일×20,000원 =210,000,000원
상기 손실발생행위에 부대하여 발생한 비용	총발생비용(926,220,000)의 20% =185,244,000원
합계	1,111,464,000원

표 11-2.
소각장 건설 분쟁의 경제적 손실액 추정

출처: 김병준(2003: 526)

ADR은 대화와 협력에 가치를 둔 협상, 조정, 중재와 같은 수단을 이용하여 갈등해결을 추구한다. 이것은 소송과 같은 당사자 대결이 아닌 갈등해결방식으로 더 나은 세상을 만들 수 있다는 의지표현이다(Merry 1987b: 2058). 이 장에서는 중재, 조정과 알선, 합의형성 그리고 공론화 방식에 관해 살펴본다. 협상은 13장에서 별도로 다룰 것이다.

1〉 중재

중재(arbitration)는 중립적인 제3자에 의해 구속력 있는 결정이나 재정결정을 내리거나 또는 구속력 없이 자문적 판결을 내림으로써 분쟁을 해결하는 대안적 전략이다.1) 구속력 없는 중재의 경우 분쟁당사자들은 중재안의 실행여부를 선택할 수 있다. 중재는 소송과 가장 유사한 ADR 수단이다. 중재자는 개인 단독이 될 수도 있고 위원회로 구성될 수도 있다. 중재자는 관련 분야 전문가로 선정할 수도 있고 사회적으로 신뢰 받는 권위자를 선정할 수도 있다.

----

1) 재정(裁定)은 손해배상사건 등에 대해 재판에 준하는 절차를 통해 인과관계 유무와 피해액을 판단하여 결정하는 것이다. 환경피해분쟁에서 많이 활용한다.

중재는 고대부터 내려오는 인류의 오랜 분쟁해결 방식이다.2) 관련 용어와 과정은 시대에 따라 의미가 변해왔다. 현재까지도 단체교섭, 알선, 중재 용어 간에 명확한 구분은 없다. 직장에서 '중재'라는 용어는 1891년 영국에서 최초로 사용하였는데, 현재의 '단체교섭'을 의미하였다. 중재는 상업(무역)분쟁의 해결에 많이 사용된다. 중재의 형태들은 초기 무역 문명에서 생겨났는데, 로마 상업시대의 명칭으로부터 영국에 이르기까지 그 궤적을 그릴 수 있다. 이러한 발전역사는 해상 및 상업 중재로 이어졌다(Dunlop & Zack 1997: 3).3) 상업분쟁에서 중재는 당사자들이 선택한 중립적인 중재자에 의해 중재 재판소에 제시된 증거와 주장에 근거하여 분쟁을 해결한다. 일반적으로 분쟁당사자들은 중재자의 결정을 최종적이고 구속적인 것으로 수용한다는 것을 사전에 동의한다. 중재안은 당사자의 수락과 이행이 강제된다는 점에서 조정과 차이가 있다. 조정안은 당사자가 거부할 수 있다.

중재의 장점은 분쟁해결의 속도와 비용에 있다. 중재자가 가지고 있는 전문지식은 다른 사람들의 증언과 많은 문서화를 불필요하게 함으로써 법원 소송절차에 연관된 비용과 기간을 일정부분 제거한다. 또한 중재절차의 비밀 보장(프라이버시)도 분쟁 당사자들에게 매우 중요하게 작용한다. 중재과정에서 드러난 당사자의 약점 또는 신용에 부정적 영향을 미칠 상황은 외부인에게 알려지지 않는다. 중재의 기능과 절차는 국가별 그리고 영역별로 조금씩 차이가 있다. 이하에서는 노사분규와 환경분쟁 분야에서 활용되는 중재를 중심으로 살펴보겠다.

노사분규의 최종적인 해결을 위해 제3자에게 위탁하는 노동중재는 합의 도출을 위한 이외의 조치들이 소진된 후, 단체교섭협약에 따른 마지막 단계이다. 상업중재와 달리 노동중재는 사법의 보조수단이 아니라 일반적인 재판

----

2) 기원전 1800년 마리(Mari) 왕국(현 시리아)은 다른 왕국들과의 분쟁 해결을 위해 중재와 조정을 활용하였다(Barrett 2004).

3) 현대적 의미의 최초 국제중재는 14세기 초(대략 1306년) 성지회복관련 분쟁해결 수단으로 제안되었다. 중재를 통해 십자군 원정의 성공과 유럽 국가들 사이의 평화를 의도한 노르망디 왕실의 한 변호사에 의한 제안이었다(Fraser 1926).

그림 12-1
노동쟁의 조정
및 중재 절차

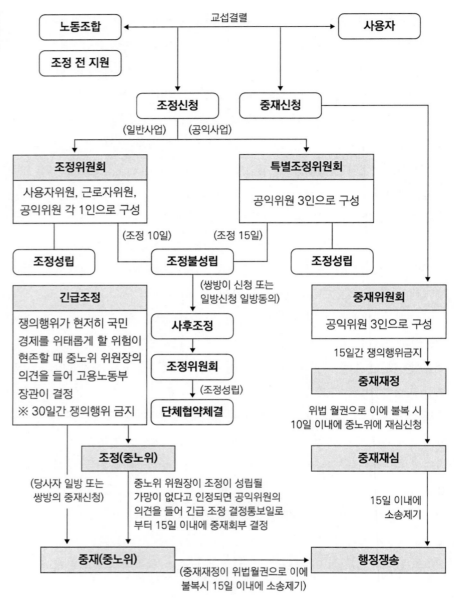

노동조합 ←——— 교섭결렬 ———→ 사용자

조정 전 지원

조정신청   중재신청

(일반사업) (공익사업)

조정위원회
사용자위원, 근로자위원, 공익위원 각 1인으로 구성

특별조정위원회
공익위원 3인으로 구성

조정성립   조정불성립   조정성립
(조정 10일)   (조정 15일)

긴급조정
쟁의행위가 현저히 국민 경제를 위태롭게 할 위험이 현존할 때 중노위 위원장의 의견을 들어 고용노동부 장관이 결정
※ 30일간 쟁의행위 금지

(쌍방이 신청 또는 일방신청 일방동의)

사후조정

조정위원회
(조정성립)

단체협약체결

중재위원회
공익위원 3인으로 구성

15일간 쟁의행위금지

중재재정
위법 월권으로 이에 불복 시 10일 이내에 중노위에 재심신청

중재재심

15일 이내에 소송제기

조정(중노위)
중노위 위원장이 조정이 성립될 가망이 없다고 인정되면 공익위원의 의견을 들어 긴급 조정 결정통보일로 부터 15일 이내에 중재회부 결정

(당사자 일방 또는 쌍방의 중재신청)

중재(중노위) (중재재정이 위법월권으로 이에 불복시 15일 이내에 소송제기)

행정쟁송

출처: 중앙노동위원회 홈페이지(http://www.nlrc.go.kr/)

절차를 대체하는 것이다. 노동중재는 파업을 피하거나 진정시키는 데도 활용된다. 노동중재는 주로 권리중재와 이익중재 두 측면으로 구별된다. 권리중재는 기존 노동계약이 이행되는 과정에서 노사 간 분쟁이 발생할 때 적용되는 중재를 말한다. 이익중재는 새로운 노동계약에 대한 협상과정에서 하는 노사 간 중재를 말한다.

첫째, 단체교섭협약 조건에 따른 권리중재는 많은 경우 노동법원, 산업법원, 알선 및 중재 위원회에서 수행한다. 이러한 기구들은 대개 정부에 의해 임명·운영된다. 우리나라의 경우 중앙(지방)노동위원회가 조정서비스와 함께 권리중재서비스를 제공한다. 중재는 노사(관계당사자) 쌍방 또는 단체협약에 의한 어느 일방이 신청하거나, 필수공익사업의 경우4) 특별조정위원회의 권고에 의하여 노동위원회 위원장이 중재회부를 결정할 수 있다(<그림 12-1> 참조). 우리나라에서 중재재정은 당사자들의 수락 여부에 관계없이 단체협약과 동일한 효력이 발생한다(「노동조합 및 노동관계조정법」 제70조). 미국에서는 대부분의 단체교섭협약이 고충처리 절차의 마지막 단계로 중재서비스를 제공하고 있다. 직장인들은 노동조합을 통해 징계, 해고 또는 근로조건의 위반사항과 처우에 대한 불만을 중재 이슈로 제기할 수 있다. 공공영역은 민간영역에 비해 노동조합과 단체행동권이 제약되어 있다. 공공영역의 고충처리에 중재 서비스를 제공하는 것은 파업과 같은 집단행동을 하지 못하는 대가성(quid pro quo)이 있다(Dunlop & Zack 1997: 16). 파업과 같은 집단행동 대신 중재서비스를 통해 쟁의를 해결하라는 의미이다. 중재자의 결정은 단체교섭협약에 근거한다. 일반적으로 중재자는 중재업무에 착수하기 전에 고충처리절차가 단계별로 잘 이행되어 왔는지를 판단할 책임이 있다. 그러나 분쟁이슈가 단체교섭 협약사항에 포함되는지 여부는 법원이 결정하지 중재자가 하는 것은 아니다. 둘째, 경영진과 노동조합이 새로운 계약 형태나 조건에 합의할 수 없는 경우 이익중재를 실시할 수 있다. 이것은 파업의 위협 없

---

4) 병원, 혈액공급 등 시민의 생명·건강과 신체의 안전에 관련된 사업, 그리고 가스·통신·철도·항공 등과 같이 일상생활과 밀접한 사업을 말한다.

이 협상할 수 있다는 장점을 가지고 있다.

한편 강제중재 또는 직권중재는 분쟁당사자의 신청이 없음에도 불구하고 개시되는 중재를 말한다. 임의중재와 대비되는 용어이다. 우리나라의 경우 필수공익사업에 한하여 노동위원회가 직권 또는 행정 관청의 요구에 의하여 중재를 결정한다. 시민들의 큰 불편이 수반될 수 있는 운송 산업, 그리고 공중 보건과 안전에 즉각적 위험이 발생할 수 있는 공공시설 분야에서 이러한 강제중재가 선호된다. 그러나 강제중재의 적용은 위헌 논란을 일으켰다. 직권중재제도에 대한 우리와 미국의 위헌성 맥락은 다르지만, 서울행정법원에서 위헌제청을 한 바 있고 미국의 일부 주에서는 강제중재를 위헌으로 선언하기도 하였다.5)

중재자의 선정은 협정에 의한 지명으로 이루어지거나 또는 분쟁이 발생할 때까지 선택의 여지를 남겨둔다. 앞서 언급했듯 중재자는 두 가지 유형으로 나뉜다. 산업관계분야 전문가로 임명하는 단독 중재자 유형이다. 단체교섭협정 기간 동안 분쟁을 해결하기 위해 단일 상근직 중재자를 임명하는 것이다. 이 유형의 중재자는 관련 산업분야의 경제나 금융 등 제 측면을 잘 알아야 하며 노사관계에도 정통할 필요가 있다. 다른 하나는 분쟁 당사자들 입장을 변호하는 중재자를 포함한 중재위원회 유형이다. 공익위원, 사용자위원,

----

5) 직권중재제도는 헌법재판소에 의해 합헌결정(헌재 재판관 9명 중 5명이 위헌 주장, 정족수는 6명)을 받았으나, 2001년 서울행정법원의 위헌제청을 계기로 위헌성 논란이 있다. 헌법재판소는 일반국민의 입장에서 쟁의행위가 제한된 필수공익사업을 정지하거나 폐지하는 것은 일상생활과 국민경제에 큰 타격을 줄 수 있다는 것이었다. 반면 서울행정법원은 중재회부의 직권성은 헌법상 근로3권을 침해하는 귀결을 낳는다는 것이었다(이승욱 2002). 직권중재 또는 강제중재는 파업의 정당성 여부와 상관없이 쟁의행위 자체를 불법화하여 공권력 투입, 노동자의 해고와 구속, 노사 간 소송의 빌미를 제공하는 경우가 많다고 지적되었다. 한편 미국도 대부분의 주에서 강제중재(compulsory arbitration) 제도를 실행한다. 미국의 경우, 비교적 약화된 노조 조직력 때문에 쟁의행위보다 중재재정을 통해 더 많은 것을 얻을 수 있다고 생각하기 때문에 노조가 중재를 선호하는 경향까지 있다. 미국에서 있었던 강제중재에 대한 위헌소송은 노조가 단체행동권 제한을 이유로 제기한 것이 아니다. 대부분 중재재정이 지방정부의 재정부담 능력을 초과하는 내용으로 결정되었을 때, 이것이 재정민주주의 원칙에 반하는지를 중심으로 위헌소송이 사용자측으로부터 제기된 것이다(Kearney 1992).

구분	정의	처리기간	효력
중재 (仲裁)	당사자가 중재위원회의 중재안을 수용하기로 합의할 경우 시작되며, 사실조사 후 중재위원회가 인과관계의 유무 및 피해액을 판단하여 결정하는 절차	9개월	법원의 확정판결과 같은 효력이 있음
재정 (裁定)	사실조사 후 재정위원회가 인과관계의 유무(원인재정) 및 피해액을 판단하여 손해배상 결정(책임재정)하는 재판에 준하는 절차	6개월 및 9개월	소송을 제기하지 않은 때에는 당사자 간에 당해 재정내용과 동일한 재판상 화해의 효력이 있음
조정 (調停)	사실조사 후 조정위원회가 조정안을 작성하여 당사자 간의 합의를 수락 권고하는 절차	9개월	조정위원회의 조정안을 당사자가 수락한 때에는 조정조서를 작성하며, 이 경우 당사자 간에 조정조서와 동일한 재판상 화해의 효력이 있음
알선 (斡旋)	당사자의 자리를 주선하여 분쟁당사자 간의 합의를 유도하는 절차	3개월	알선위원의 중재로 당사자 간에 합의가 이루어지면 합의서를 작성하며, 합의서 작성에 의하여 분쟁이 해결됨

표 12-1.
환경분쟁해결을
위한 ADR 수단

출처: 「환경분쟁조정법」 제3장; 「환경분쟁조정법 시행령」 제12조

근로자위원 등 3자로 구성되어 있는 우리의 노동위원회를 예시할 수 있다. 중재자는 구속력 있는 결정을 내리지만, 입증 책임과 증거 제시와 관련해서는 엄격한 법원 절차 규칙에 구속되지 않는다. 중재자는 증인을 소환할 수 있는 권한을 가지고 있으며, 사실증거를 다소 자유롭게 평가한다. 그리고 통상, 과거 관련 결정에 구속되지도 않는다. 중재자의 결정은 법원에서 평가하거나 심사하지 않는 것이 일반적이다. 왜냐하면 대개 노사 양측은 중재자의 결정(재정)을 전적으로 준수하기 때문이다.

환경분쟁에서도 중재를 많이 활용한다. 우리나라는 중앙(지방)환경분쟁조정위원회에서 크고 작은 환경분쟁을 복잡한 소송절차를 통하지 않고 비교적 쉽게 해결할 수 있도록 ADR 방식의 서비스를 제공하고 있다. 민사소송 제기를 통해 환경분쟁을 해결하고자 할 경우 피해자는 가해행위와 피해발생 간 인과관계를 입증해야 한다. 그래서 대부분 법률지식이 없는 일반인으로서

는 많은 비용을 들여 변호사의 도움을 받아야 한다. 이에 비해 환경분쟁조정위원회가 제공하는 ADR 수단들을 이용하면, 이 위원회에서 적은 비용으로 피해사실 입증을 해주며 절차도 간단하기 때문에 변호사의 도움 없이도 문제를 해결할 수 있다. 〈표 12-1〉이 보여주는 것처럼 환경분쟁조정위원회가 제공하는 분쟁해결서비스의 종류로 중재뿐만 아니라, 재정, 조정, 알선 등이 있다.

2〉 조정과 알선

1) 유형과 기능

조정(mediation)은 갈등상황에서 의사소통과 협상기술 역량을 갖춘 제3자의 도움을 활용하여 당사자 간 차이를 줄이거나 해결책을 모색하는 대안이다. Hoffman(2013)은 조정을 "중립적 도움"으로 특징지면서, 분쟁당사자들에게 시간과 돈의 절약, 개인정보 유지, 지속적 관계유지, 최종 해결안에 대한 선택 등이 주어지는 장점을 제시한다. 알선(conciliation)은 과거 노동쟁의를 조정하거나 현재 환경분쟁을 처리하는 제도 중 하나로, 알선위원은 양측의 입장을 확인하여 당사자 스스로 해결할 수 있도록 노력한다. 노사분규의 경우 갈등이 노사합의에 의해 해결되지 않을 때 일반적으로 정부가 조정 서비스를 제공한다. 미국 연방정부와 많은 미국 주와 지방정부, 그리고 서유럽의 대다수 정부는 노동 분야에 조정과 알선 서비스를 제공하고 있다. 조정자와 알선자 모두 법적 구속력을 갖지 않는 중립적인 제3자이다. 즉 조정과 알선은 갈등당사자들이 제안사항을 수용하기로 한 사전 합의에 의해서 구속되지 않는다. 이 점에서 조정과 알선은 중재와 다르다. 노사분규 조정을 주무로 하는 미 연방정부 알선조정청(Federal Mediation and Conciliation Service) 명칭에서 알 수 있듯이 조정과 알선은 매우 밀접하다. 조정과 알선의 차이를 중립적 제3자의 적극적 방안제시 여부로 파악하기도 한다. 조정자가 분쟁당사자들 사이에 메신저로서 합의 촉진에 초점을 둔 소극적 개입이라면, 알선자는 분쟁당사자들이 한 자리에 모여 대화할 수 있도록 주선하고 분쟁이슈에 대해 제안과 자문을 제공하는 보다 적극적 역할을 한다(Dunlop & Zack 1997: 7). 이렇게 제3자로서 분쟁개입 정도에 미세한 차이가 있지만, 구별이 모호하여 광의로 조정, 알선, 촉진 등 용어는 혼용될 수 있다.

노련한 조정자는 양측 당사자 모두에 경청하고, 관심분야를 확인하며, 저변에 깔린 이해관계와 가능한 해결책을 탐색한다. 그럼으로써 갈등당사자들과 긴밀히 협력한다. 조정 과정은 갈등당사자들이 문제에 전향적으로 접근할 수 있도록 그들의 이야기를 들어주고 그들이 상대편 이야기도 들을 기회를 제공하는 것이다. 조정자는 치안판사나 재판관과 달리 조정 과정 내내 중립을 유지해야 한다. 중립성(neutrality)이란 '둘 다 아니다'라는 의미의 라틴어 '*neuter*'에 어원을 두고, 분쟁에서 한편에 치우침을 거부하는 태도와 행동조건이며 편파성의 결여를 의미한다. 서구 모형에서 조정자는 결과를 결정하지 않는다. 결과는 갈등당사자들에 의해 결정된다(Moore 2014: 21–22). 조정자는 조정과정을 지휘·통제하는 것이 아니라, 갈등당사자 간 협상과 합의 과정이 긍정적인 방향으로 가도록 주로 촉진하는 역할을 한다.

조정은 중재와 함께 인류역사상 매우 오래된 갈등관리방법으로, 국가 간 의견대립부터 노사분규, 정책분쟁, 이웃 및 지역사회분쟁, 그리고 가족분란까지 광범위하게 활용되어왔다. 현대적인 방식의 조정은 다양한 문화와 국가의 갈등해결 관행들이 혼합된 산물로서 1960~70년대 미국에서 발전하였다(Proksch 2016: 46). 조정은 촉진(facilitation)에 역점을 두는 공동체기반 조정과 평가(evaluation)에 역점을 두는 법원부설 조정 두 가지 방식이 있다. 분쟁 상황에서 당사자들은 향후 더 나은 관계와 이익을 증진하는 데 초점을 둘 수도 있고, 시시비비를 가리는 것에 초점을 둘 수도 있다. 전자가 '촉진'이라는 용어에 알맞다면, 후자는 '평가'라는 용어에 적합하다.

첫째, 공동체기반 조정 프로그램은 미국 전국적으로 550개 이상의 지역사회 조정센터의 운영을 통해 시행되고 있다. 지역사회 조정센터는 자원자를 대상으로 조정에 대한 교육훈련을 실시한다. 공동체기반 조정의 핵심은 "당사자의 자기결정"에 있다. 조정자가 당사자들 간 합의도출을 촉진하지만 결정은 당사자들이 한다는 원칙이다. 조정자는 당사자들 간 합의를 촉진하기 위해서 당사자들의 입장과 법적 권리에 초점을 두기보다는 그들의 이해와 욕구에 초점을 둔다. 이러한 조정의 원칙은 통합적·이해기반 협상이론에 근거를 둔다. 1990년대 중반에 촉진기능을 가장 강조하는 변혁적 조정 (transformative mediation)이라는 형태가 출현하였다. 갈등당사자들의 상호작용이 조정과정을 통해 파괴적 국면에서 생산적 국면으로 변혁되는 효과를 강조한다. 변혁적 조정자의 임무는 분쟁해결 자체를 촉진하는 것이 아니라, 어떠한 결말도 미리 정하지 않은 채 대화와 상호작용에 초점을 둔다. 여기에서 조정자는 갈등해결 내용과 과정에 조언하거나 방향을 제시하는 것이 아니다. 갈등당사자들이 대화과정을 통해 서로 소외되고 비인간적인 파괴적 상호작용에서 벗어나, 서로 반응하고 인간적인 생산적 상호작용으로 전환하여 스스로 숙의하여 결정할 수 있도록 기회를 주는 것이다. 분쟁당사자들이 조정 과정과 결과에 대한 구조를 결정하고 조정자는 이에 따른다. 이 형태는 당사자들에게 권한 부여(자기결정성)와 상대편에 대한 인정(타인과의 연계성)을 통해 조정과정에서 이들이 변화될 수 있다고 가정한다. 갈등과 조정과정을 통해 궁극적으로 갈등당사자와 소속 사회의 문제해결능력을 강화한다(Bush & Folger 2005: 14-23).

둘째, 법원부설 조정은 소송과 구속력 있는 중재의 특성을 많이 지니고 있다. 공동체기반 조정의 활용이 증가되면서 미국 법원은 조정의 활용을 장려하기 시작했으며, 변호사들은 조정의 대중적 인기에 편승하였다. 1990년대 초 법원부설 조정프로그램들이 미 연방 및 주의 지원으로 확대되었다. 1990년대 중반까지 미 연방관할 법원 절반 이상이 조정 서비스를 제공하였다. 공동체기반 조정이 주로 관계구축 그리고 지역사회 화합과 같은 가치로 고무된 반면, 법원부설 조정은 사법체계의 효율성 요청에 따른 법조계 구성원들의 반응으로 활성화되었다. 법원부설 조정에서 분쟁당사자들은 "법의 그림자" 내에서 협상을 한다. '평가적 조정'이라고도 하는 이 방식은 효율성 이념과 소송에 내재된 가치들에 의해 영향을 받는다. 법원부설 조정에서 조정자는 해당 갈등이슈의 전문가이면서 통상 변호사 직함을 가지고 있다. 그리고 분쟁당사자들은 대부분 각자 변호사를 선임한다. 그래서 조정과정에 분쟁당사자들이 참여하지만 토의와 논쟁은 주로 선임한 변호사들 사이에서 이루어진다. 논의하는 문제들도 주로 사실과 법에 기초한다. 법에 근거하지 않는 문제나 또는 당사자 간 관계와 감정 문제는 제약을 받는다. 공동체기반 조정과는 달리, 여기에서 조정자는 해결안을 제안하기도 하고 실질적인 조언도 하며 승소가능성에 대한 평가도 한다(Gold 2005: 310-315). 우리의 민사조정제도가 이러한 법원부설 조정에 해당한다고 볼 수 있다.6)

정부에 의해 설립된 노동관계 조정기관들은 공익이 위협받는다고 판단될 때 노사분쟁에 개입할 권한을 갖고 있다. 앞의 중재 부문에서 언급했듯이 우리나라 노동위원회는 중재뿐만 아니라 조정 서비스도 제공하고 있다. 1953년 「노동위원회법」이 제정되어 설립된 후, 현 중앙노동위원회는 임기 3년의 근로자위원과 사용자위원(10~50인) 그리고 공익위원(10~70인) 등 3자로 구성된 합의제 행정기관이다(제6조). 그리고 노사 간 이익과 권리분쟁에 대한 조정과 판정을 주무로 하는 독립성을 지닌 준사법적 기관이다. 이 위원회는 노동쟁의 조정기능과 관련하여 조정, 중재, 필수유지업무결정, 그리고 긴급조정권한을 가지고 있다. 조정 수단은 임금·근로시간 등 근로조건 결정에 관한 노사교섭 결렬로 노동쟁의 상태인 노조 또는 사용자가 신청하는 경우, 노동쟁의 당사자의 주장을 청취하고 사실을 조사하여 조정안을 작성한 후 이를 당사자에게 수락하도록 권고하는 것이다. 그리고 긴급조정권한이란 쟁의행위가 공익사업에 관한 것이거나 규모가 크거나 성질이 특별한 것으로 현저히 국민경제를 해하거나 국민의 일상생활을 위태롭게 할 위험이 현존하는 경우,

----

6) 민사조정은 분쟁당사자가 법원 조정기관의 도움을 받아 대화와 협상 그리고 양해와 합의를 통해 분쟁을 해결하는 제도이다. 민사조정은 분쟁당사자가 신청하는 경우와 소송사건을 법원이 조정절차에 회부하는 경우로 나뉜다. 이 과정에서 당사자는 조정의사, 해결안, 조정위원 선정 등 조정절차 전반에 관해 의견을 개진할 수 있다. 조정이 성립되면 확정판결과 동일한 효력이 있다. 2022년 현재 서울, 부산, 대구, 광주, 대전 지역에 총 12개 법원조정센터를 운영하고 있다(출처: 대한민국법원 전자민원센터 웹사이트). 예컨대 2009년 설치된 서울중앙지방법원 서울법원조정센터는 전직 법관, 변호사 등 법률가 출신의 상임조정위원 9인으로 구성되어 민사조정기능을 수행한다.

고용노동부 장관이 중앙노동위원회 위원장의 의견을 들어 긴급조정을 결정하는 것을 말한다. 긴급조정이 결정되면 공표일로부터 30일간 쟁의행위가 금지되고 이 기간 중 중앙노동위원회에서 조정 또는 중재 수단으로 개입한다(「노동조합 및 노동관계조정법」 제5절 제76~77조). 3장에서 살펴본 우리나라 행정형 ADR 기구인 각종 정부위원회에서 해당 영역의 분쟁을 조정 및 중재하는 기능을 수행한다.

2) 조정 과정과 단계

하버드대학교 로스쿨에서 제공하는 협상교육훈련 과정에 따르면 조정에 의한 갈등해결과정은 여섯 단계로 진행된다.[7]

첫 번째, 갈등당사자들이 첫 상견례가 이루어지는 장소와 회의 참석자를 결정할 수 있도록 돕는 조정절차 사전기획단계이다. 갈등당사자들은 상황에 따라 변호사나 동료를 팀으로 구성할 수 있다. 예컨대 직원 교육훈련을 위탁한 공공기관과 이를 수탁한 컨설팅사 간 비용 문제로 분쟁이 발생하여, 10년 경력을 가진 전직 판사를 조정자로 선임했다고 가정해 보자. 퇴직한 판사들은 조정자로서 새로운 경력을 시작하는 경향이 있다. 두 조직에서 각각 3명으로 구성된 팀들이 조정자 사무실에서 만난다. 컨설팅사의 선임 관리자는 동료 1명과 변호사 1명을 데리고 온다. 공공기관에서도 2명의 관리자와 1명의 변호사로 팀을 구성하여 참석한다.

두 번째, 갈등당사자들이 한곳에 모인 가운데 조정자가 참여자들을 소개하고 조정 과정을 개략적으로 설명하는 소개 단계이다. 그리고 이 단계에서 조정 과정의 틀을 규정하는 기본규칙(ground rules)을 정한다. 기본 규칙은 다자간 협상조정에서 좋은 결과의 산출을 위해 중요하며, 특히 감정의 고조나 장기간 관계유지를 위한 상황에 필수적이다(Susskind et al. 1999). 또한 조정자는 조정 과정에 대한 자신의 목표를 제시한다. 예에서, 교육훈련비용 문

----

7) https://www.pon.harvard.edu/ 참조.

제에 대한 양 당사자 간 협상과 합의를 도와 사업 관계가 원만히 이루어질 수 있도록 돕는 것이 조정 목표라고 제시하는 것이다.

세 번째, 모두진술 단계이다. 당사자들은 각자 자기편 견해를 방해받지 않고 제시할 수 있는 기회를 갖게 된다. 그들에게 당장 급선무라고 여겨지는 이슈들을 설명할 수 있을 뿐만 아니라, 감정을 표출할 수 있는 시간도 주어진다. 공공기관의 대변인이 추가된 교육훈련 비용청구서를 보고 얼마나 충격을 받았는지 논의하는 것으로 시작한다고 가정해 보자. 그는 컨설팅사 측에 다음과 같이 말한다. "귀사의 교육훈련은 별 효과가 없었다. 그런데 귀사가 애초 효과를 내지 못해놓고 어떻게 우리에게 책임을 물을 수 있는지 이해할 수 없다." 그러자 컨설팅사 팀원이 초창기 훈련세션 이후에 수행된 작업은 통상적 비용이 적용된다고 계약서에 명시되어 있다고 설명한다. 그리고 이렇게 말한다. "언젠가 전화로 이 문제를 상의했을 겁니다. 어쨌든 귀 기관 직원들이 초창기 훈련 중에 게으름을 많이 피웠어요. 그들의 낮은 동기가 저희 문제는 아니지 않습니까."

네 번째, 조정자와 갈등당사자들이 각자 욕구와 관심사에 대해 자유롭게 질문을 할 수 있는 합동토론 단계이다. 갈등당사자들은 흔히 상대방의 말을 경청하는 데 어려움을 겪는다. 그렇기 때문에 이 단계에서 조정자는 들었던 것을 되묻기도 하고 필요할 때 해명도 요구하면서 마치 통역사처럼 행동할 필요가 있다. 당사자들이 교착상태에 이르게 되면, 조정자는 그들의 경로에 놓인 장애물을 진단하고 논의를 정상 궤도로 되돌리기 위해 노력한다. 예로 들면, 이 단계에서 조정자는 왜 양측이 교육훈련 진행에 대해 그렇게 다른 견해를 가지고 있는지를 이해해야 한다. 조정자의 질문에 반응하여 공공기관 측 대표가 최근 조직통폐합으로 인한 정원감축 때문에 직원들의 사기가 떨어졌다고 인정한다. 그러자 컨설팅사 측이 다음과 같이 말한다. "그것이 교육훈련 대금을 지불하지 않는 구실은 될 수 없다. 문제가 우리 교육훈련이 아니라 당신네 직원들의 동기부여에 있었다는 것을 인정한다면 전액 지불해야 하는 이유는 분명해진다." 그러자 공공기관 측 대표는 "당신네 사람들이 교육훈련 대상의 상태를 제대로 파악하지 못했다"고 응수한다.

다섯 번째, 갈등당사자 개별 간부회의 단계이다. 만약 합동토론 동안 당사자들 사이에 감정이 격화되면, 조정자는 양측을 각방으로 분리하여 개별 간부회의를 진행할 수 있다. 통상, 조정자는 간부회의에서 나눈 정보에 대해 비밀보장을 약속한다. 비밀보장의 약속은 당사자들이 새로운 정보를 제공하여 공유하는 분위기를 촉진한다. 이러한 개별 간부회의에서 조정자는 공공기관이 재정난에 허덕이고 있다는 사실을 알게 되었다고 하자. 공공기관 측 대표가 조정자에게 "우리가 통폐합하면서 새로운 컴퓨터 시스템을 구입한 것이 후회된다. 현재로서는 훈련 추가비용을 지불할 뾰족한 수가 없다"고 말한다. 한편 컨설팅사 측과 개별 간부회의를 할 때 조정자는 대표로부터 이번 교육훈련의 실패로 자기조직 평판에 금이 갈 것이라는 우려의 목소리를 듣게 된다.

여섯 번째, 갈등당사자들의 핵심적인 이해를 충족시킬 아이디어와 제안서를 공식적으로 작성하는 협상 단계이다. 조정자는 갈등당사자들을 한곳에 소집하여 협상을 이끌거나, 또는 양측을 오가며 아이디어와 제안 그리고 역제안을 하는 왕복 외교(shuttle diplomacy)를 할 수 있다. 조정자와 갈등당사자별 간부회의를 한 결과, 컨설팅사는 평판유지에 대해 걱정하고 있으며 공공기관은 교육훈련비용 지불을 걱정하고 있다는 점을 모두 이해했다고 가정하자. 양측의 이해 진전은 훈련비용을 줄이는 데 동의하는 교섭으로 이어진다. 컨설팅사는 교육훈련비용을 25억 원에서 20억 원으로 낮추는 데 동의하고, 공공기관은 이 비용을 지불하고 컨설팅사의 평판유지를 위해 비방행위를 하지 않을 것을 약속한다. 이슈의 복잡성에 따라 조정은 몇 시간 만에 종료될 수도 있고 며칠이나 몇 주 혹은 몇 달이 걸릴 수도 있다. 경우에 따라 갈등당사자 모두가 승리하는 윈-윈 결과를 가져오기도 하고, 한쪽 혹은 양측 모두가 수용하지 않는 결과를 낳기도 한다. 그러나 지속되는 갈등이나 법정 싸움보다는 나을 것이다. 갈등당사자들이 합의하면 조정자는 합의조건의 윤곽을 잡고 합의서 초안을 작성할 수 있다. 만약 합의에 실패하면 조정자는 협상이 중단됐던 지점을 요약하면서 이에 대한 토론에 당사자들을 참여시킬 수 있다.

	6단계	7단계	14단계
1	조정자의 모두진술	상대의 주장 듣기	친근감 쌓기
2	분쟁당사자들의 모두진술	상대입장 정리	간접적 전달
3	합동토론	나의 주장하기	의사확인
4	개별면담	나의 입장 정리	협상의 틀짜기
5	합동협상	상호 만족할 수 있는 입장 제시	문제역사와 현 상황 점검
6	종결	양 주장의 유사점/상이점 정리	제안듣기와 말하기
7		문제해결 과정 진입	협상이슈 확인·요약·우선순위 정하기
8			'이해'와 '입장'의 구분
9			대안개발
10			대안평가
11			대안선택
12			구체적 대안실행계획
13			합의안 작성
14			합의안 실행가능성과 해석상의 문제부분 점검

표 12-2.
공공갈등 조정
단계의 비교

출처: 이선우(2011), p.89의 〈표 1〉

조정 단계는 학자들마다 여러 가지로 제시한다. 앞서 본 하버드대 로스쿨에서 제공한 프로그램처럼 6단계일 수도 있고, 〈표 12-2〉에 제시된 것과 같이 7단계나 14단계일 수도 있다. 실제 현장에서 상황 맥락이나 조정자의 성향에 따라 조정과정 단계는 변형되어 운용되고 있다. 상황 맥락에 따라 어떤 단계에 어떤 요소들을 강조하고 주의해야 할지는 실무경험을 통해 배울 수 있다. 예컨대 이선우(2011)는 공공갈등 현장에서 얻은 조정실무 경험을 바탕으로 성공적인 조정을 위한 일곱 가지 필요조건을 제시한다.8)

----

8) 관련 사례로는 한탄강댐건설갈등, 국립서울병원갈등, 밀양송전탑건설갈등, 하남시 광역화장장 유치갈등, 경인운하(아라뱃길)건설갈등 등이다. 한탄강댐건설갈등은 최종적으로 대법원 판결

첫째, 사전 조정과정에서 갈등영향평가를 실시하여 갈등당사자 스스로 조정의 필요성을 인식하도록 한다. 갈등당사자인 정부부처 간 관계가 극도로 악화되어 상호 깊은 불신이 존재하는 경우에는 상위기관이 제3의 기관 또는 중립적 인사에게 사전 조정을 의뢰하거나, 갈등관리를 전문으로 하는 중립적 시민단체 · 연구자 · 활동가를 활용할 수도 있다. 예컨대 갈등당사자가 정부부처일 경우에는 국무총리실에서, 그리고 산하기관일 경우에는 상급기관에서 조정자를 섭외하여 사전 조정과정과 갈등영향평가를 시도할 수 있다. 하남시 광역화장장 갈등사례나 밀양송전탑 갈등사례처럼 국민권익위원회에 민원을 접수하여 제3의 중립적 기관에 사전 조정을 의뢰할 수도 있다.

둘째, 갈등당사자 집단의 대표 및 중립적 조정자의 선정과 신뢰 확보가 중요하다. 특히 갈등당사자 중 주민 측 대표는 말 그대로 해당 주민들의 대표성이 요구된다. 왜냐하면 조정자의 도움으로 집단대표 간 합의안이 도출되었더라도, 추인과정에서 주민들이 합의안을 거부할 수 있기 때문이다. 조정자의 선정은 주민 측에서 주도할 수도 있고 정부 측에서 주도할 수도 있다. 그런데 정부나 공공기관 주도로 조정자를 선정할 경우 당사자 집단으로부터 신뢰를 확보하는 데 대부분 난관에 봉착한다. 그렇기 때문에 조정자 또는 조정위원회의 구성을 위한 사전 정지작업이 필요하다. 사전에 갈등당사자 집단 대표들과 협의하여 조정자를 선정하는 것이 바람직하다.

셋째, 갈등조정위원회의 법적 위상과 구성의 정당성 확보가 중요하다. 조정위원회 구성에 대한 법적 근거가 확고해야 하며, 합의안에 대한 실행력 또한 담보할 수 있어야 한다. 갈등당사자인 "주민들은 조정위원회가 어떤 식으로든지 법적 테두리 속에서 이루어지기를 희망"하며, 되도록 "높은 수준 (예: 해당부처 장관, 대통령)으로부터 조정위원회에서 도출된 합의안에 대한 이행 약속을 담보하고 싶은 의지"를 내비춘다. "우리나라 정책갈등의 경우 순수한 민간조정에 의존하기보다는 최소한 갈등관련 조직의 장(예: 장관)이 합의안에 대한 이행약속을 공개적으로 천명된 상태에서 조정위원회를 합의 · 구

에 의해 공사가 완료되었고, 밀양송전탑건설갈등은 행정대집행으로 공식 종결되었다.

성하거나, 법적 근거를 가지고 민간 조정자에 의하여 운영되는 조정위원회를 구성하는 것이 시시비비를 줄일 수 있다"(이선우 2011: 97). 이와 같이 우리 사회는 조정자로서 공식적 상위기구나 사회적 지위가 높은 인사를 선호하는 경향이 있다. 이는 우리의 권력지향성과 권위주의 문화속성을 나타낸다. "상위계층에 의한 정책조정방식"은 우리나 프랑스와 같이 위계주의 문화가 지배적으로 배태된 사회에서 흔히 발견된다(Hood 1998; 정용덕 2010: 13-14). 이러한 사회에서 갈등해결접근의 선호는 [높은 인사와 조직=권력=실행력 담보와 신뢰]와 같은 등식으로 형성될 개연성이 있다.

넷째, 조정 과정의 틀을 규정하는 기본규칙을 구체적으로 합의하여 정하는 것이 중요하다. 기본규칙이란 조정 과정의 긍정적이고 전향적인 운영을 위해 요구되는 사전약속 또는 협력규칙을 말한다. 회의는 어떻게 운영할 것이며 합의는 어떤 방식으로 하고 당사자들 사이에 신뢰를 형성하기 위해 어떤 조치를 취할 것인가 등에 관해 명확한 사전 합의가 필요하다. 명확히 규정한다는 것은 양측 당사자들 간 합의하여 정한 기본규칙에 대해 쌍방 간 해석의 차이가 없음을 보장한다는 의미이다. 예컨대 신뢰형성을 위해 조정기간 동안 비신사적 행위를 금지한다고 규정했지만, '비신사적' 행위의 범주까지를 구체적으로 예시하여 정하지 않으면 이에 대한 양측 당사자들의 해석 차이가 발생할 수 있다. 그 결과 기본규칙의 실효성을 담보할 수 없게 된다. 한편 기본규칙을 정하는 과정에서 조정의 목표를 이분법적으로 접근하는 것은 지양되어야 한다. 예컨대 댐을 건설할 것인가 아니면 취소할 것인가 등과 같이 이분법적으로 설정되면 조정이 매우 어렵게 된다.

다섯째, 갈등당사자 상호 간 주장에 대한 정확한 이해가 필요하다. 조정 초기단계에 갈등당사자들 각자 견해에 대한 이해를 공유하는 것이 중요하다. 이것이 전제되지 않으면 자기주장만 하고 상대편 의견을 무시하거나 소극적으로 듣고, 흔히 격앙된 분위기가 연출되면서 갈등고조의 소용돌이에 휘말리게 된다. 자기입장만 고수하는 행태가 부각될 뿐 상호 이익에 기초한 합리적 행태는 관찰하기 어렵다. 조정자는 갈등당사자 양측 주장의 유사점과 차이점을 파악하여 서로 이해를 공유하고 협력분위기를 조성하는 데 기여해야 한다.

여섯째, 합의안 도출을 위해 숙의민주주의 실행기법들을 활용할 필요가 있다. 공공갈등은 성격상 다양한 이해관계자들이 복합적으로 얽혀 있는 문제이다. 그렇기 때문에 조정위원회에서 논의되거나 합의된 내용에 대해 주민들과 직접적인 의사소통을 요한다. 소통방법으로 전통적인 주민설명회와 같은 것도 있고, 뒤에서 살펴볼 합의형성이나 공론화 방식도 있다. 합의형성과 공론화 방식이 숙의민주주의를 실행하는 기법들이다.

일곱째, 합의도출 과정에서 갈등당사자 집단대표의 책임성을 확보하고 조정자의 역할갈등을 해소해주는 것이 필요하다. 우리의 경우 갈등당사자 집단의 대표가 최선안을 찾지 못하거나 또는 최선안을 알지만 합의 후 추인단계에서 자신이 소속된 구성원들로부터 비난을 우려하여 소임을 다하지 못하고 최종 대안의 선택 결정권을 조정자에게 위임하고자 하는 행태가 흔히 발생한다. 그래서 집단대표들의 책임성 확보가 중요하며 이는 집단대표의 선정 문제와도 직결된다. 그리고 최종 대안의 선택권을 조정자에게 떠넘기려는 상황이 되면 조정과정이 조정－중재(med＋arb.) 과정으로 진입할 개연성이 있어서 조정자의 역할갈등이 초래된다. 따라서 조정자에게 중재자로서 소임도 연계할 것인지 아니면 새로운 중재자를 선정할 것인지에 대한 것을 사전에 명확히 정할 필요가 있다.

3 〉 현실: 혼합적용

실제 공공갈등 해결에는 협상, 조정, 중재, 행정명령·집행, 소송 등이 혼합 적용되는 경우가 많다. 최저임금 결정을 두고 벌어지는 노동계와 경영층 간 갈등 상황을 보자. 사용자 위원, 근로자 위원, 공익 위원 각 9명씩 총 27인으로 구성된 최저임금위원회에서 내년도 최저임금을 결정한다. 노동계를 대표하는 근로자 위원들은 현행수준보다 상당히 인상된 안을 제시하는 반면, 경영계를 대표하는 사용자 위원들은 현행수준보다 약간 인하된 안을 제시한다. 근로자 위원들은 최저임금이 독신 노동자의 생계비에 근접한 액수라야 한다며 대폭인상 입장을 굽히지 않는다. 사용자 위원들도 그간 최저임금이 급격하게 인상되어 고용시장의 불안을 초래했고 어려운 경제상황을 고려해야 한다는 이유를 내세워 소폭인하 입장을 견지한다. 양측의 합의가 용이하지 않기 때문에 공익위원들의 조정과 중재 역할에 대한 관심이 부상한다. 공익위원들은 인상 구간을 설정해 양측에 제안한다. 제안된 구간에서도 합의가 도출되지 않으면 공익위원 안을 별도로 제시하여 최저임금위원회 전체회의에서 최종적으로 투표에 의해 결정한다. 결국 근로자 측 일부위원들 불참 속에 진행된 표결에 의거 공익위원들이 제시한 소폭인상안으로 의결되었다. 그러나 근로자 위원들은 이 결과를 수용하지 않고 집단사퇴 등 반대행동을 취하면서 고용노동부 장관에게 이의제기를 하기로 결정한다. 고용노동부 장관은 최저임금위원회에서 의결한 안을 그대로 고시하여 집행할 수도 있고 이의제기를 받아들여 최저임금위원회에 재심의를 요청할 수도 있다. 최저임금위원회에서 요청받는 날로부터 90일 이내에 재심의하여 최저임금안을 제출하면 고용노동부 장관은 이를 고시한다(「최저임금법」참고).

2019년 격화되었던 한·일무역분쟁의 해결 과정도 ADR과 소송 요소가 혼합되어 있다. 양국 간 분쟁은 세계무역기구(WTO) 분쟁해결제도를 통해 해결을 모색한다. WTO 분쟁해결시스템은 국제무역갈등의 악영향을 예방하고 강대국과 약소국 간 불균형을 완화할 목적으로 다자간무역협상 우루과이라운드를 계기로 마련되었다. 갈등당사국이 WTO에 제소하면 두 가지 주요 분쟁해결방법이 있다.[9] 첫째, 당사자 간 양자협의단계에서 합의로 해결을 모색하는 것이다. 이 방법은 당사자 간 협의와 함께 알선과 조정 등 소송에 의존하지 않고 화해할 수 있는 수단들을 활용한다. 둘째, 당사자들에게 구속력을 갖는 사법적 판결을 통해 해결한다. 이러한 수단으로 준사법적 기구인 패널(재판관)의 보고서와 상소기구의 최종판결을 포함한다. 이 과정에서 중재자와 전문가도 활용한다. 협의, 알선, 조정 등에 의한 당사자 간 합의에 실패할 경

----

[9] WTO 분쟁해결 규칙과 절차(Understanding on Rules and Procedures Governing the Settlement of Disputes)를 참고.

우 패널이나 상소기구와 같은 (준)사법적 기구에 의존하는 것이다. 패널은 국제무역 분야에서 학식과 경험이 풍부한 정부 또는 비정부 인사로 구성하며, 패널 심리는 비공개로 진행된다(윤창인 2004). 패널보고서가 작성되면 당사자들에게 제출되고 회원국에게도 예외적인 경우가 아니면 회람된다. 피소자가 패널보고서의 내용에 승복하지 않을 경우에는 상소기구에 상소한다. 상소기구는 패널보고서에 대한 법률적 검토를 하는 7명의 위원으로 구성된 상설기관이다. 이와 같이 국가 간 무역분쟁 해결에도 ADR과 소송의 요소를 혼합하여 적용하고 있다.

4 〉 합의형성[8]

1) 의의와 중요성

합의형성(consensus-building)은 갈등당사자는 물론 관련 선거구민과 같은 간접적 이해관계자까지를 포함해 그들 사이에 협력을 강조하면서, 모두의 이해를 만족시키는 만장일치적 결정을 추구한다는 점이 핵심이다. 이 점에서 표결에 의한 다수결과 다르다. 그래서 합의형성을 합의적 의사결정이라고도 하고 협력적 문제해결 또는 그냥 협동이라고도 한다. 합의형성은 다수의 이해관계자들이 관련된 복잡한 분쟁을 해결하는데 주로 활용되는 갈등해결 과정으로, 1980년대부터 미국 환경 분야와 공공정책영역에서 널리 활용되어오고 있다. 합의형성은 이해기반 접근법(interest-based approach)에 의한 갈등해결 노력으로 관련자들 모두가 만족가능한 대안을 찾는 과정이다. 이 과정의 결과가 합의인데, 이는 당사자의 완전 동의라기보다는 이해관계자 모두가 감내하고 용인할 수 있는 합의를 말한다(김광구 외 2018: 238). 이해관계자의 합의에 의한 의사결정이라는 점에서 뒤에 살펴볼 공론화와 공통점이 있다. 앞

----

10) Burgess & Spangler(2003)에서 발췌 정리함.

서 살펴본 중재나 알선·조정도 궁극적으로 갈등당사자 간 합의형성을 도와
주는 데 진정한 의미가 있다.

합의형성은 지역민의 참여와 결정의 자주성에 기반을 둔다. 대부분의
합의형성 과정이 만장일치를 꾀하지만, 때로는 합의안에 반대함으로써 더 많
은 이익을 기대하는 결정보류자들도 있게 마련이다. 그러한 경우라도 모든
이해관계자들의 이익을 최대한 충족시킬 수 있는 압도적 합의를 도출하도록
해야 한다. 참여자들은 결정보류자들의 이익을 충족시키기 위해 모든 노력을
기울였는지를 확신할 의무를 지고 있다. 이렇게 하는 것이 참여자들에게 유
리하다. 왜냐하면 결정보류자들은 나중에 합의안의 집행을 방해하는 장애물
이 될 수 있기 때문이다.

오늘날 사회는 상이한 이해를 갖는 다양한 집단에 동시에 영향을 미치
는 공공난제가 도처에 존재한다. 그렇기 때문에 어느 때보다 합의형성이 중
요하다. 문제가 복잡해지고 다루기 힘들어짐에 따라 우리는 상호의존적일 수
밖에 없고 각자 상대방의 협력과 도움을 필요로 한다. 공공난제를 단독으로
해결하려는 것은 효과적이지 않다. 합의형성 과정은 공공난제를 정부나 전문
가의 결정에 맡기기보다는 다양한 사람들이 의사결정과정에 참여하도록 한
다. 그간 전문가와 정부가 독단으로 결정하여 많은 이해관계집단이 불행을
겪은 사례들이 허다하다. 이해관계자들은 정부를 대상으로 소송을 제기하고
결정된 사업의 집행을 지연시키고는 하였다. 이해관계자들은 동일문제에 대
해 다양한 이해와 인식을 가지기 마련이다. 합의형성은 이해관계자들로 하여
금 문제에 대한 공통의 이해와 인식틀을 가지고 모두에게 이익이 되는 해결
안을 개발하도록 돕는 과정이다.

2) 합의형성 문제의 성격

환경 분쟁 이외에도 정부기관 간 분쟁이나 주택 및 교통 관련 정책갈등에
서 합의형성을 통한 해결이 적용된다. 국제적 수준에서도 합의형성 과정이 활
용된다. 합의형성을 통해 대응할 수 있는 지구촌의 문제로 지구온난화, 지속가

능한 개발, 무역, 인권보호, 그리고 대량살상무기의 통제 등을 들 수 있다. 1987년 지구의 성층권 오존층을 보호하기 위해 비준된 국제 환경협정인 몬트리올 의정서는 전 지구적으로 이루어진 합의형성의 대표 사례로 꼽을 수 있다.

합의형성으로 대응할 수 있는 문제는 다음과 같은 특성들을 지닌다.

- 잘못 정의되어 있거나 어떻게 정의되어야 하는지에 대해 의견이 분분하다.
- 여러 이해관계자들이 기득권을 가지며 상호 의존적이다.
- 이해관계자들이 반드시 응집력이 강한 집단이나 조직은 아니다.
- 이해관계자들 사이에 자원이나 권력의 차이가 있을 수 있다. 즉 문제에 대한 정보의 접근성과 전문성 수준이 이해관계자들 간 같지 않다.
- 기술적 복잡성과 과학적 불확실성을 갖는다.
- 문제에 대한 상이한 관점이 이해관계자들 사이에 적대적 관계로 이어지는 경우가 많다.
- 점진적이거나 일방적인 노력으로는 만족스러운 해결을 가져오지 못한다.
- 기존 해결접근법으로는 불충분하거나 오히려 악화될 수 있다.

3) 합의형성의 단계

합의형성 과정을 아홉 단계로 나누어 살펴보자.

첫 번째, 문제를 확인하여 해결수단으로서 합의형성을 고려하기로 결정하는 문제확인 단계이다. 이 단계에서 결정은 이해관계자들 중 한 명 이상이 할 수도 있고 합의형성 방법을 신뢰하는 제3자가 할 수도 있다.

두 번째, 참여자의 확인과 모집 단계이다. 합의형성을 통해 해결되는 문제는 앞서 말했듯이, 대부분 다수의 사람들이 연관된다. 갈등당사자들 뿐만 아니라 공식무대 뒤에 있으면서 목소리를 내지 못하여 눈에 잘 띄지 않는 사람들도 있다. 그러나 그러한 사람들도 결정 결과에 영향을 받을 것이고, 그것이 그들에게 해를 끼친다면 결정을 막을 수도 있다. 따라서 이와 같은 간접적 이해관계자들도 참여시켜 그들의 욕구를 충족시키는 것이 필요하다. 이해관계자 대표의 정당성 문제가 핵심이다. 종종 관여 집단들이 매우 비공식적이고 비조직화되어 있어서 원래 이해관계자 집단으로부터 분열되기도 한다. 이 경우 누구를 위해 누가 대변하고 누가 협상테이블에 앉아야 하는가 등 문제를 복잡하게 만들어버린다. 직간접적 이해관계자들 모두를 확인한 후에 이들을 참여시키는 것 역시 핵심이다. 사람들은 합의과정이 너무 오래 걸리고 많은 시간을 뺏길 것이라고 생각하기 때문에 참여하기를 꺼린다. 이들은 합의형성보다 법원에서 승소할 가능성이 더 높다고 생각할지도 모른다. 사람들이 합의형성 과정에 참여하도록 장려하는 방법은 이 과정의 위험부담이 매우 낮다는 점을 설명하는 것이다. 어느 누구도 어떤 것에 동의하도록 강요되지 않는다. 합의형성은 반대나 결정 유보를 하는 사람들을 포함하여 모두의 동의를 전제로 한다. 초기단계에서는 참여에 난색을 표하는 것이 일반적이지만, 일단 참여하게 되고 그 과정이 순조롭게 진행되면, 참여자들은 대개 이 과정이 기대했던 것보다 더 유용하다고 판단하고 계속 개입하게 된다. 비록 합의에 이르지 못할 경우라도 관계개선과 신뢰형성의 가치가 있다.

세 번째, 회의소집 단계로서 자금의 확보, 회의장소의 물색, 회의소집자(또는 조정자나 촉진자)의 선정 등 여러 하위 작업들로 세분된다. ① 합의형성 과정은 비용이 많이 들 수 있다. 다수의 사람들이 비교적 장기간 관여하며 여러 조정자나 촉진자들 그리고 외부 전문가들을 활용할 수 있기 때문이다. 그래서 충분한 자금의 원천이 확보될 필요가 있다. 참여자들 스스로 자금을 조달할 수도 있겠지만, 이 경우 참여자에 따라 자금조달 규모가 다를 개연성이 있다. 만약 여유 있는 당사자 측에서 회의소집 비용을 지불한다면 공정성 문제가 제기된다. 따라서 공익재단이나 정부예산과 같은 독립적인 자금 확보가 요구된다. ② 중립성을 지닌 회의장소를 물색하는 일이다. 갈등당사자 한쪽이 터줏대감 행세를 할 수 있는 장소는 곤란하다. 관계자 모두가 충분하고 편리하게 접근할 수 있어야 한다. ③ 회의소집자, 조정자나 촉진자를 선정하는 일이다. 이들이 동일 인물일 수도 있고 각기 다른 인물들일 수도 있다. 예컨대 미국 서부지역 수자원개발에 대한 주요 합의형성사례(1980년 덴버광역수

자원회의)에서 콜로라도 주지사가 회의소집자 역할을 하였다. 당시 주지사는 자신의 권력기반을 활용하여 이익집단들을 회의석상으로 이끌었다. 그러면서 자신은 합의형성에 관한 전문가가 아니기 때문에 조정을 전문으로 하는 지역 조직이 합의형성을 촉진하도록 의뢰하였다. 주지사는 지속적인 관심을 갖고 합의형성 과정이 원만하게 진행될 수 있도록 참여자들을 독려하고 배려하였다.

네 번째, 촉진자나 조정자가 갈등당사자들을 어느 정도 관여시킨 가운데 이루어지는 과정설계 단계이다. 촉진자나 조정자는 과정을 설계하여 당사자들에게 제시한 후 승인을 받게 된다. 흔히 갈등당사자들은 제안된 과정에 대해 수정안을 제시하고 이를 협상한다. 최종 결정된 과정설계에는 참여자의 행동수칙인 기본규칙이 포함된다. 이 단계가 실질적인 합의형성 과정의 시작이라고 할 수 있다. 갈등당사자들은 감정이 쌓인 어려운 분쟁이슈를 다루기 전에 이 단계에서 비교적 쉬운 이슈에 대해 협력하고 협상하는 법을 연습하는 셈이다. 일단 함께 참여하면서 합의를 이룬 경험을 공유하게 되면, 갈등당사자들은 합의형성 과정에 대한 신뢰는 물론 서로 간에도 신뢰를 쌓기 시작한다. 그렇게 되면 당사자들은 긍정적인 심리 프레임으로 본격적인 분쟁이슈들을 대응할 수 있다. 의제설정 역시 과정설계 단계의 핵심이다. 의제는 이해관계자들의 이해가 무시된다고 느끼지 않도록 세심하게 설정되어야 한다. 또한 서둘러서 결정을 내린다고 느껴져서도 안 되고, 과정이 느려서 시의적절한 결정을 기대하지 못할 것 같은 느낌을 가지게 해서도 안 되는 합리적 시간표가 요구된다. 또한 이 단계에서 결정해야 할 것은 이슈들의 우선순위이다. 쉬운 이슈를 우선 처리하고 어려운 것을 나중에 다룰 것인가? 그 반대로 할 것인가? 또는 여러 하위 대응집단들을 구성하여 한 번에 많은 이슈들을 다루도록 할 것인가?

다섯 번째, 문제 정의와 분석 단계로서 첫 번째의 문제확인 단계에서 훨씬 더 나간다. 관련 이슈들을 모두 확인하고 갈등 문제를 정의하거나 문제의 틀을 짓는다. 일반적으로 이해관계자들은 각자 상이한 이해와 관심을 가지고 문제를 다르게 정의하는 경향이 있다. 예를 들어 환경갈등에서 이해관계자 중 한쪽은 대기질과 수질 문제로 갈등을 이해하며, 다른 쪽은 일자리 문제로 바라보고, 또 다른 쪽은 레크리에이션 문제로 갈등을 인식한다. 첫 번째 관계자는 일자리와 레크리에이션에 대해서는 거의 관심이 없는 반면, 두 번째와 세 번째 관계자는 환경파괴에 대한 우려가 낮다. 따라서 이해관계자들 각자 관심사와 이해가 모두 상관되어 있다는 인식을 공유할 필요가 있다. 이러한 상호의존성 인식이 합의형성에 매우 중요하다. 촉진자나 조정자는 갈등당사자들이 협상하기 어려운 입장·가치 또는 욕구 측면보다는 비교적 협상 가능한 이해관계 측면에서 문제를 정의할 수 있도록 돕는다. 이해관계 측면에서 문제를 재정의함으로써 이전에 없었던 다양한 갈등관리 옵션들이 나타날 수 있다.

여섯 번째, 여러 해결대안들을 탐색·확인하여 평가하는 단계이다. 어떠한 단일 대안도 모든 당사자들을 만족시키기는 어렵다. 갈등당사자들은 자기 편과 상대편의 이해를 모두 만족시킬 수 있는 창조적 대안을 개발하도록 고취되어야 한다. 더 많은 옵션들이 탐색될수록 당사자들은 교환과 절충의 관점에서 해결가능한 대안의 범위를 인식할 수 있게 된다. 해결대안 탐색을 위한 여러 기법들이 있는데, 이 중 브레인스토밍이 보편적으로 활용된다. 브레인스토밍을 통해 갈등당사자들은 가능한 한 많은 옵션들을 평가 없이 제시할 수 있다. 당사자들은 해결대안의 목록을 만들고 각 대안에 대한 비용과 편익 그리고 집행 장애물을 조사한다. 합의형성 과정에는 흔히 과학적으로 논란 중에 있는 기술적 이슈들도 포함되어 있다. 이러한 이슈들에 대해서는 이해관계집단들이 공동 사실확인 조사에 착수할 필요가 있다. 중립적인 전문가와 함께 공동조사하여 논란 중인 기술적 사실에 대한 합의를 도모한다. 비록 과학기술적 사실에 대한 합의는 쉽지 않지만 이는 갈등해결에 큰 걸림돌을 제거하는 일이다.

일곱 번째, 갈등 해결안을 결정하는 단계이다. 모든 갈등당사자들이 회의석상에서 동의할 때까지 미세한 조정이 이루어지고 합의문을 도출한다. 합의형성 과정은 관련된 모든 사람들이 최종 결정에 동의를 한다는 점에서 다수결에 의한 결정과 다르다. 합의형성 과정에는 투표가 없는 것이 원칙이다.

여덟 번째, 합의를 추인하는 단계이다. 이해관계집단의 대표들은 결정된 합의문에 대해 집단구성원들의 승인을 받아야 한다. 이 또한 쉽지 않은 단계이다. 집단구성원들은 그동안 진행되어온 합의형성 과정에 직접 관여하지 않았으며, 합의문에 대한 이해와 신뢰가 낮을 수 있다. 집단 대표들은 합의문이 도출된 경위와 집단구성원들의 편익에 부합한 이유를 정확히 설명해야 한다. 이 단계에서 이해관계집단들 중 한 곳이라도 추인하지 않으면 협정은 깨지고 합의문은 유명무실하게 된다.

아홉 번째, 합의문의 집행이 마지막 단계이다. 합의사항을 이행하는 것은 결정하는 것과 완전히 별개일 수 있다. 집행단계에서도 간접 이해관계자의 지지와 감시, 집행에 대한 순응 등 사안들에 세심한 주의를 기울이지 않아서 결국 합의가 깨질 수도 있다. 합의형성 집단은 합의문이 의도대로 이행되고 있는지를 확인한다는 측면에서 계속 관여해야 한다. 감시는 공식적인 구조나 조직에 의하거나 또는 이해관계집단 대표들을 포함한 위원회를 구성하여 할 수 있다.

5〉 공론화 방식

1) 의의

공론화 방식은 시민참여형 숙의민주주의(deliberative democracy)를 실천하는 전략이다. ADR 측면에서 본다면 합의형성도 공론화 범주와 같이 묶을 수 있다. 근래 우리 사회의 공공갈등 해결수단으로 공론화 방식의 활용이 점증하였다. 공론화 방식은 문제해결 역량제고와 함께 실행과정에서 민주주의와 시민의식을 제고할 수 있다는 의의를 갖는다. 참여자들 사이에 토론과 숙의를 통해 학습이 이루어짐으로써, 인지적 한계나 제한된 합리성 문제의 극복은 물론 민주시민으로서 덕성을 갖추는 절호의 기회가 된다. 공론화란 "특정한 공공정책 사안이 초래하거나 초래할 사회적 갈등에 대한 해결책을 모색하는 과정에서 이해관계자·전문가·일반시민 등의 다양한 의견을 민주적으로 수렴하여 공론을 형성하는 것으로서 정책결정에 앞서 행하는 의견수렴절차"이다(신고리 5·6호기 공론화위원회 2017: 4).

'공론'이라는 용어는 여론과 비교된다. 여론이 사익동기에 의해 형성된 개인들의 선호를 합산하여 나타난 다수 의견인 데 비해, 공론은 시민들 사이에 공정하고 합리적인 토론을 거쳐 형성된 다수 의견이다. 명칭대로 공론화 방식은 대표성(또는 포괄성, '公')과 숙의성('論')이 핵심이다. 공론의 장에 참여하는 사람이 시민사회를 대표하고 사회적 약자까지 포괄할 수 있느냐와 토의 과정에서 얼마나 깊게 논의하느냐가 관건이다. 공론화 방식은 숙의를 통한 선호형성을 전제로 의사결정규칙에 따라 다수결과 같은 집합적 숙의(예: 공론조사)와 합의를 통한 합의적 숙의(예: 합의회의) 등 다양한 유형으로 분류될 수 있다(Fishkin 2009; 김정인 2018). 이 점에서 공론화 방식은 다수결 원칙과 합의적 정책결정의 의의 모두를 담는 숙의민주주의의 실천전략인 것이다.

2) 유형

(1) 시민배심원제

시민배심원제(citizens' jury)는 미국 비영리단체 제퍼슨센터에 의해 개발된 시민참여 숙의 방식이다. 명칭으로 알 수 있듯이 법정재판에서 하는 배심원 결정을 연상시킨다. 첫 번째로 중요한 요소가 배심원단의 구성이다. 배심원단 규모는 비교적 작지만(12~24명 정도), 대표성과 다양성 원칙을 반영하여 구성한다. 이를 위해 배심원 선정은 무작위 원칙의 층화 표집과 같은 확률적 방법에 의거한다. 배심원들이 다루어야 할 문제는 지역사회 전반에 걸쳐 영향을 미치고, 따라서 대표성 있고 민주적인 의사결정 과정이 요구된다. 시민배심원들은 제시된 여러 대안들을 평가, 심의하여 공동체를 위해 가장 적합한 대안을 결정한다. 시민배심원들은 재판에서 법정배심원들이 하는 것처럼 자신이 내린 결정을 보고서 형태로 제출한다. 이 보고서에는 향후 조치나 방향에 대한 권고사항이 포함될 수 있다. 대부분 행정기관은 시민배심원들이 어떤 결정을 내리든 이를 이행할 것이라고 사전에 동의한다.

배심원단 회의는 2~7일간 진행될 수 있으나, 실제 비용과 시간의 제약 때문에 대부분 2일 동안 열린다. 첫째 날은 오리엔테이션을 한다. 시민배심 원들은 다룰 이슈에 대한 개요와 향후 진행될 과정을 듣고 상견례 시간을 갖 는다. 이후 3~4일은 전문증인들의 증언을 위해 할애된다. 전문증인으로는 해당 이슈에 중립적인 전문가, 각 입장을 대변하는 이해관계자 및 옹호자들 이 포함된다. 그리하여 배심원들이 이슈에 대한 균형 있는 정보를 접할 수 있도록 한다. 이러한 전문증인의 선정 역시 시민배심원제도에서 중요한 요소 이다. 증언을 듣고 배심원들에게 질문과 숙의할 수 있는 시간이 할당된다. 모든 심리가 끝나면 나머지 시간은 배심원들이 최종적으로 숙의하고 중대한 질의에 대해 답변할 수 있도록 배당된다. 최종 결정은 합의에 의하거나 투표 에 의해 이루어진다. 통상 배심원들이 외부의 압력 없이 자신의 의견을 편안 하게 표현할 수 있도록 숙의과정은 일반인들에게 공개되지 않는다. 모든 과 정은 능숙한 촉진자(사회자)의 도움을 받아 진행된다. 마지막 날에 공개 토론 회가 열리고, 이 자리에서 시민배심원들은 자신의 연구 결과와 권고안을 제 시하면서 어떻게 결정을 내렸는지를 설명한다. 약 2~3주 후에 최종 보고서 가 발표되어 일반인들에게 공개된다. 시민배심원제는 나라마다 맥락에 적합 하게 변형하여 운영된다. 3장에서 소개한 수원시민배심원단의 경우와 뒤에서 살펴볼 신고리 5·6호기 공론화 사례를 비교해 보자.

(2) 규제협상

규제협상(regulatory negotiation)은 행정기관이 규제정책에 영향을 받는 이 해관계자들과 협상을 통해 합의를 형성하고 이 합의안을 토대로 최종적인 결 정이나 규칙을 제정하는 방식으로, 규칙제정협상이라고도 한다(Dunlop & Zack 1997: 46). 1970년대 미국 포드행정부의 던롭(John Dunlop) 노동부 장관 이 이에 관한 아이디어를 도입하였으며, 1980년대 들어 미연방정부에서 많이 활용되기 시작하였다. 전통적인 규칙제정은 행정기관 단독으로 하는 하향적 방식이다. 그래서 피규제자들의 불만이 많아지고 소송으로 이어졌다. 그 결 과 규제비용이 크게 증가했다. 이러한 규제의 고비용 문제를 해결하기 위한 일환으로 미국 환경청을 중심으로 규제협상제도를 적극 활용해온 것이다. Bingham 등(2005: 550-552)에 의하면, 1990년 제정된 규칙제정협상법 (Negotiated Rulemaking Act)은 1996년 개정된 행정절차법과 연계를 통해 시민 참여의 확대를 지향하였다. 이러한 법의 제·개정을 계기로 연방정부에서 뉴 거버넌스 과정의 활용은 증가하였고, 많은 주에서도 행정절차법이나 주지사 의 행정명령 개정을 통해 이런 추세를 따랐다. 규제협상은 주로 환경, 교통· 안전, 보건·위생 등 분야에 많이 활용되고 있다.

규제협상을 위해서 규칙제정의 책임을 지고 있는 행정기관(규제자), 이익 집단(피규제자), 전문가들로 구성된 협상위원회를 운영한다. 협상위원회는 일 반적으로 15~25명으로 구성된다. 행정기관이 이해당사자로 참여하지만 협상 위원회는 해당 행정기관과는 독립적으로 운영된다. 이해관계자 간 협상을 통 해 합의가 도출되면 행정기관은 이를 기초로 안을 만들어 행정절차법에 따라 규칙제정 절차를 밟는다. 합의도출에 실패할 경우 행정기관은 전통적인 규칙 제정 절차에 의거하여 규칙을 제정한다. 합의도출이 성공할 경우에도 행정기 관이 이를 토대로 규칙을 제정할 법적 의무는 없다. 그러나 협상에서 합의된 내용을 반영하지 않는다면 규제협상제도를 당초 활용하지 않을 경우보다 더 큰 불만과 갈등을 초래하고 결국 더 큰 규제비용을 초래할 것이다.

(3) 합의회의[11]

합의회의(consensus conferences)는 청중으로서 일반인들, 10~15명의 배 심원 또는 패널, 그리고 이에 상응하는 수의 각계 전문가들이 함께 모여 개 최되는 공청회이다. 합의회의는 특정 이슈에 대한 일반인들의 의견을 수렴하 기 위해 개최된다. 많은 경우 일반인들은 신기술에 결합된 과학, 그리고 이 것이 가지고 있는 잠재적 혜택과 해악들을 이해하기 어렵다. 따라서 이 경우 교육에 초점을 둔 합의회의 형태의 공론화 방식이 적합하다. 합의회의는 일

----

11) 합의회의와 시나리오 워크숍에 관한 내용은 글로벌 참여 플랫폼 웹사이트(https://participedi a.net)에 기반함.

반인에게 정보를 제공할 뿐만 아니라, 공공난제에 대해 다양한 개인들 사이에 공통점을 찾으려는 노력이다.

합의회의는 1960년대에 생의학 신기술을 둘러싼 이슈들을 해결하기 위해 활용되었다. 1980년대 후반 들어 덴마크 기술위원회에 의해 참여적 합의회의 형태로 발전하였다. 합의회의는 미국과 덴마크 이외의 국가들에서도 활용되어 긍정적인 결과를 가져왔다. 예컨대 1999년 5월 영국에서 열렸던 합의회의는 매우 성공적인 사례로 평가받는다. 이 회의는 방사성폐기물 관리에 대한 일반인들의 시각을 대변한 것이었다. 무작위로 선정된 15명의 참가자들은 영국의 방사성폐기물에 대한 수용가능한 장기적 관리 문제를 다루었다. 이 회의를 계기로 일반인들은 방사성폐기물과 당시 영국사회 상황에 대한 많은 정보를 접하고 관련이슈를 알게 되었다.

합의회의는 '합의포럼', '시민회의', '참여적 합의회의', 그리고 앞서 본 시민배심원제와 용어는 다르지만 진행 과정과 방식은 유사하다. 이외의 공론화 방식과 마찬가지로 합의회의도 무작위로 표집된 소수의 일반시민들로 패널단을 구성한다. 시작단계에서 패널들은 회의일정에 관해 토의한다. 그리고 시작단계는 사전준비 행사나 프레젠테이션에 참가하는 활동뿐만 아니라, 제공된 팸플릿이나 정보에 대한 개별 또는 집단 조사활동을 포함할 수 있다. 다음 단계는 패널단이 전문가들에게 제시할 프레젠테이션을 만든다. 이 단계에서 사용하는 방법론은 다양할 수 있지만 궁극적으로 합의나 동의 형태를 요구한다. 그리고 일반인의 생각과 관심을 고려하여 패널단에게 할 질문들을 결정한다. 패널단의 최종 결정에 앞서 2주에서 며칠 동안 언론과 일반인들이 참여할 수 있는 회의가 계속 열린다. 촉진자(사회자)가 회의를 감독하여 숙의 과정이 본궤도에서 벗어나지 않도록 한다. 결론에 도달하면 패널단은 결론과 권고사항을 개괄적으로 담은 보고서를 작성하여 핵심 관계자들과 언론에 회람시킨다. 보고서는 권고안의 의미를 가지고 있기 때문에, 이를 정치적 목적에 의한 실제 결정으로 이용해서는 곤란하다.

(4) 시나리오 워크숍

시나리오 워크숍(scenario workshop)은 지역문제 해결과 미래문제 예측을 목표로 시나리오와 워크숍을 혼합한 지역차원의 행동을 장려하는 공론화 방식이다. 시나리오란 사건과 의사결정점 간 관계를 강조하는 미래 지역문제에 관한 이야기식 설명을 말한다. 워크숍은 지역사회 참여자들이 숙의하여 의사결정자로서 역할을 하거나 지역 공동체 실천계획을 수립하는 참여기제이다. 이 방식은 2~3일 동안 지속되는 워크숍에서 전문가들이 개발한 시나리오를 지역민에게 제시하는 스칸디나비아의 시민참여 전통에서 비롯되었다. 특히 1990년대 이후 덴마크 도시들에서 일반시민들을 적극적으로 참여시켜 기술분야에 대한 정책결정과 함께, 시민들의 일상생활에서 지속 가능한 개발과 도시 생태와 관련된 시나리오를 개발할 목적으로 활용되어왔다. 뿐만 아니라 시나리오 워크숍은 현재 UN과 EU 같은 국제기구에서도 사회적·환경적 관심사들을 중심으로 활용되고 있다.

시나리오 워크숍의 참여자 수는 사안의 심각성과 규모에 따라 다를 수 있으나, 통상 시민사회 대표, 정치인, 경제계 대표, 관련문제 전문가 등 네 역할집단으로 나뉘어 총 25~30명을 선발한다. 모든 참여자들은 해당 이슈에 대한 동등한 정보를 접해야 하며 실행 가능한 해결대안을 제시할 수 있어야 한다. 참여자들은 워크숍에서 지식과 경험을 교환하고 공동비전에 대한 토론을 통해 미래 지역발전을 위한 실천계획을 개발한다. 예컨대 수자원이나 교통과 같은 지역문제를 둘러싸고 지방공무원, 관련전문가, 지역사업가, 그리고 일반 지역민 사이에 대화를 만들어 새로운 지식을 창출할 수 있다. 뿐만 아니라 사전에 정의된 시나리오에 대한 참가자들의 태도와 입장을 조사함으로써 지역사회문제에 대한 이해와 비전에 관한 정보를 수집하는 데 활용될 수 있다. 관련전문가들에 의해 개발된 시나리오는 워크숍 참여자들에 의해 철저히 검토됨으로써 연구와 사회욕구 간 가교 역할을 한다. 시나리오 워크숍이 진행되는 동안 브레인스토밍, 토론, 프레젠테이션, 그리고 가장 좋은 비전과 아이디어 선정을 위한 투표가 이루어진다. 시나리오 워크숍 역시 참여

표 12-3.
국내외 공론조사
사례

국가	공론조사 의제	조사 시기	1차조사 참여자 (명)	2차조사 참여자 (명)	최종 숙의 기간
영국	범죄관련 정책제안(맨체스터)	'94.04	301	301	2일
호주	입헌군주제와 공화제	'99.10	1,220	347	2박3일
캐나다	노바스코샤주 발전소 소비자 에너지 포럼	'04.11	852	135	1박2일
중국	사회간접자본시설투자(참여예산)	'05.04	275	235	1일
그리스	제1야당의 Marousi 시장 후보 선출	'06.06	1,275	153	1일
유럽연합	유럽의 미래	'07.10	3,500	362	1일
미국	버몬트주의 미래 에너지정책	'07.11	750	146	1박2일
아르헨티나	라 플라타의 교통문제 해소방안	'09.10	1,476	62	1일
브라질	공무원의 경력 및 처우 개선	'09.06	1,651	226	2박3일
미국	By the People: 캘리포니아의 미래	'11.06	712	412	2박3일
일본	에너지환경정책	'12.08	6,849	285	10일
한국	8.31부동산정책	'05	511	486	1일
한국	한미 FTA	'06	800	599	2일
한국	북항 재개발프로젝트	'07	1,099	544	1일
한국	GMO	'08	1,518	100	1일
한국	통일정책	'11	–	193	1박2일
한국	고용양극화복지 국민대토론회	'14	967	254	1박2일
한국	사용후핵연료	'15.03	2,321	173	1박2일
한국	신고리 원자력발전소 5·6호기 건설	'17.10	20,000	471	2박3일
한국	광주광역시 도시철도2호선 건설	'18.11	2,500	243	1박2일

출처: 신고리 5·6호기 공론화위원회(2017), p.147에서 사례 추가 및 수정

자의 선정과 구성이 핵심이다. 참여자의 선정과 구성에 시간이 많이 소요되고 운영비용이 일반적으로 높다는 단점이 있다. 그리고 집단역학에 의해 숙의 과정과 결과가 영향을 받을 수 있다.

(5) 공론조사[12]

공론조사(deliberative opinion poll)는 제임스 피시킨(James S. Fishkin)이 창안한 기존 여론조사를 새로운 방법으로 활용하려는 시도다.[13] 고대 아테네 직접민주주의 방식(참여시민의 무작위 선정과 참여에 대한 보상 제공)과 현대 갤럽 여론조사 방식을 결합하는 노력이라고 할 수 있다. 〈표 12-3〉은 국내외 주요한 공론조사 사례를 예시한다.

일반대중은 흔히 공공이슈에 대해 무지할 수 있다. 전통적인 여론조사는 정치인의 미사여구나 언론기사 표제에 대한 대중의 표면적 인상을 나타낼 뿐이다. "합리적 무지"[14] 경향을 지닌 일반대중은 판단을 내리거나 정보를 얻는 데 시간과 노력을 투자할 이유가 거의 없다. 그래서 공론조사의 적용은 일반인들이 지식이나 정보를 거의 갖지 못하거나 교환가치가 없음으로써 상충성을 드러내는 정책 문제에 특히 적합하다. 공론조사는 넓은 의미에서 사회과학 실험이며 공교육의 한 형태라고 볼 수 있다. 공론조사 과정에서 참여

---

12) 스탠퍼드대학교 숙의민주주의센터 웹사이트(https://cdd.stanford.edu/)에 기반함.

13) 피시킨 교수는 공론조사에 관한 아이디어를 1988년 Atlantic Monthly에 "The Case for a National Caucus: Taking Democracy Seriously"라는 논제로 소개하였다. 이 짧은 글의 내용은 전국당원대회를 배심원제도에 비유하여 미국 대통령 선거제도에 대한 개혁안을 논하는 것이다. 이를 발전시켜 1993년 책(*Democracy and Deliberation: New Directions for Democratic Reform*)으로 출판하였다.

14) 합리적 무지(rational ignorance)란 어떤 이슈에 대한 지식을 얻기 위해 투자하는 비용(시간과 노력)이 그 지식이 제공하는 잠재적 혜택을 초과할 때 이를 습득하지 않는 것을 말한다. 여기에서 무지는 지식습득으로 인해 발생할 비용과 혜택에 대한 숙고 후에 도출되었기 때문에 '합리적'인 것이다. 예컨대 선거에서 후보자에 대한 정보를 충분히 습득하지 않거나 투표에 참여하지 않는 것은 '내가 한 표를 행사해도 결과가 바뀔 확률'은 매우 낮다고 생각하거나 '누가 당선되어도 현 상황이 더 나아질 것 없다'고 생각하기 때문일 수 있다. 이 용어는 공공선택론자로 알려진 앤서니 다운스(Anthony Downs)가 1957년 쓴 책(*An Economic Theory of Democracy*)에 등장한다. 많은 경우, 실제 결정은 관련 정보를 모두 분석한 후 내리지 않는다. 휴리스틱에 기초하여 결정하는 경우가 많다. 우리는 음식을 사먹을 때 영양성분을 모두 따져보고 결정하지 않는다. 브랜드에 따라 결정하는 경우가 더 많다. 영양성분을 모두 따지는 데 투자하는 노력과 시간이 음식가격보다 높을 수 있기 때문에, 영양성분에 대한 무지 속에서 합리적으로 사먹는 것이다.

그림 12-2
공론조사 과정

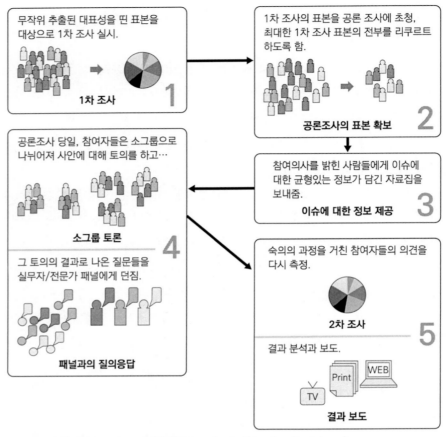

출처: 스탠퍼드대학교 숙의민주주의센터(Center for Deliberative Democracy)

자를 포함한 일반시민들은 관련이슈에 대한 공정하고 균형 잡힌 정보를 접한다. 그럼으로써 교육되고 관련 정책과 이에 대한 의견들의 상충성을 이해할 수 있다.

공론조사과정은 〈그림 12-2〉에 나타난 바와 같이, 우선 무작위 대표성을 보장하는 표본을 대상으로 관련 이슈에 대한 1차 조사를 실시한다. 이 후 표본 구성원들은 해당 이슈를 토론하기 위해 일정 장소에 소집된다(일반적으로 130~450명). 여기에서 해당 이슈에 대한 균형 잡힌 브리핑 자료와 정보가 참가자들에게 제시되고, 참여하지 않은 일반인들에게도 공개된다. 참가자들은 능숙한 진행자들과 함께 소집단 토론에서 자신들이 개발한 질문을 바탕으로 양측 전문가들 및 정치 지도자들과 대화를 한다. 이러한 숙의과정의 일부는 흔히 생방송 또는 녹화 편집된 형태로 방송되며, 소셜 미디어나 기타 매체를 통해서도 전달된다. 숙의가 모두 종료된 후 표본 구성원들은 1차 조사의 질문을 다시 받게 된다. 처음과 최종 조사결과 간 차이가 있다면, 이는 사람들이 더 많은 정보를 얻고 관련 이슈에 더 관여할 기회를 가짐으로써 의견변화를 가져온 것이고 일반인이 도출할 결론을 대변한 것이라고 할 수 있다. 지금까지 공론조사 결과들을 종합해볼 때 숙의를 거친 후 평균 2/3의 항목에서 의견 변화가 이루어진 것으로 나타난다.

공론조사 결과 역시 이외 공론화 방식들과 마찬가지로 법적 구속력은 없다. 그러나 정책결정자가 공론조사 결과를 반영하지 않은 채 최종결정을 할 확률은 낮다. 민주주의 사회에서 일반 유권자의 의견을 경시한 세력은 집권하기 어렵기 때문이다. 한편 공론조사 결과는 호손효과의 오류로부터 자유로울 수 없다는 비판 또한 존재한다. 숙의과정이 일종의 정책실험이며 전 국민의 이목이 집중되어 있다는 점을 참여자들은 인식하는데, 이에 반응하여 설문항목에 응답할 수 있는 것이다.

3) 신고리 원자력발전소 5·6호기 공론조사 사례[15]

이 사례는 2017년 7월 24일부터 10월 20일까지 약 3개월간 신고리 원전 5·6호기 건설 중단 여부에 대해 실시했던 공론조사이다. 최종 471명의 시민 참여단은 한 달여 기간의 숙의 과정을 통해 신고리 5·6호기 건설에 대한 찬반의견을 결정하였다.

(1) 공론화 추진배경

19대 대선에서 승리한 문재인 후보는 신고리 원전 5·6호기의 공사 중단을 공약하였다. 그러나 신고리 5·6호기는 2016년 6월 건설허가를 취득한

---

15) 신고리 5·6호기 공론화위원회(2017) 보고서에 기반함.

이후 공사가 이미 진행되어 2017년 5월말 기준으로 종합공정률 28.8%에 이르렀다. 그리고 공사 자체가 지역경제에 미치는 영향도 매우 컸다. 이러한 점들을 고려하여 대통령은 2017년 6월 고리 원전 1호기 영구정지 기념행사에서 신고리 5·6호기 건설 중단 문제에 관한 사회적 합의를 이끌어내 이에 따르겠다고 피력하였다. 이에 따라 정부는 2017년 6월 27일 대통령이 직접 주재한 국무회의에서 공론화 방식을 추진하기로 결정하였다. 정부는 공론화 위원회를 구성하여 내부적으로 분과위원회와 자문위원회를 두고 기본적 공론화절차 설계와 운영·관리를 위한 기본체계를 구축하였다. 그리고 공론화 과정의 공정성과 객관성을 증진할 목적으로 공론화 검증위원회와 이해관계 대표자 간 소통협의회도 구성하였다. 공론화위원회는 매주 1회 정기회의를 개최하여 주요 관련 사안을 보고받고 의사결정을 하였으며, 각 분과위원회에서는 관련 사안에 대해 수시 회의를 개최하였다.

(2) 시민참여단의 구성과 숙의과정

시민참여단은 대한민국 국적의 만 19세 이상 국민을 지역·성·연령으로 3차원 층화(160개 층)한 후, 비례 배분한 20,000명을 층화 무작위 추출하여 1차 표본을 구성하고, 1차 표본 20,000명을 대상으로 건설 재개/중단/판단유보·성·연령으로 3차원 층화(30개 층)한 뒤, 시민참여단에 참가 의향이 있는 5,981명을 대상으로 무작위 추출하여 최종적으로 500명을 선정하였다.

공론화 숙의기간은 시민참여단이 확정된 2017년 9월 13일부터 최종조사가 이루어진 10월 15일까지 총 33일이었다. 숙의 프로그램은 시민참여단을 직접 대상으로 하는 기본 프로그램과 일반 국민과도 공유할 수 있는 보강 프로그램으로 나누어 진행하였다. 시민참여단에 제공된 숙의자료집은 총 네 개 장으로 구성되었는데, 1장 신고리 5·6호기 공론화 개요와 2장 원자력 발전에 대한 이해 두 장은 공론화위원회에서 작성하고, 3장과 4장은 건설 중단과 재개 측에서 각각 작성하였다. 자료집은 공정성을 위하여 전체 부수를 절반씩 나누어 3장과 4장의 순서를 달리하여 제작하였다. 건설 중단과 재개 양측에서 최종적으로 합의된 자료집(총 70쪽 분량)은 시민참여단에게 우

		건설 재개	건설 중단	판단유보
1차(20,006명)		36.6	27.6	35.8
시민 참여단 (478~ 471명)	1차	36.6	27.6	35.8
	3차	44.7	30.7	24.6
	4차	57.2	39.4	3.3
	최종	59.5	40.5	

표 12-4.
신고리 5·6호기
공론조사결과와
의견변화 추이
(단위: %)

출처: 신고리 5·6호기 공론화위원회(2017), p.84의 〈표 6-2〉

편으로 발송·배포되었으며, 홈페이지를 통해 일반인들에게도 공개되었다.

시민참여단의 마지막 숙의과정인 종합토론회는 총론토의(중단 및 재개 이유), 쟁점토의1(안전성/환경성), 쟁점토의2(전력수급 등 경제성), 종합토의(최종선택과 사회적 수용성) 등 네 세션으로 구성하여 운영하였다. 그리고 시민참여단의 질문을 최대한 수용하기 위해 질의응답시간을 추가로 반영하였다. 종합토론회는 시민참여단 471명, 진행자 53명 등을 포함해 총 650명이 참석한 가운데 2017년 10월 13일(금) 오후 7시부터 15일(일) 오후 4시까지 2박 3일간 교보생명 계성원(천안시 소재)에서 열렸다. 오리엔테이션에 참석했던 시민참여단 478명 중 7명이 건강상의 이유로 불참한 가운데 471명(98.5%)이 2박 3일간 숙박을 하면서 신고리 5·6호기 건설 재개와 중단 관련 쟁점에 대해 집중적으로 학습하였다. 종합토론회 마지막 날 시민참여단의 최종조사가 실시되었다.

(3) 공론조사 결과

총 4차에 걸쳐 설문조사가 실시되었다. 1차 조사결과는 시민참여단 선정을 위한 자료뿐만 아니라, 최종 4차 조사자료 통계분석을 위한 기초 자료로도 활용되었다. 1차 조사에서 건설 재개 36.6%, 중단 27.6%, 판단유보 35.8%였다. 재개와 중단의 차이가 9.0%p였다. 2차 조사는 오리엔테이션에 참석한 시민참여단 478명을 대상으로 실시하였다. 그리고 3차 조사는 2박 3일 종합토론회 첫째 날에 실시하였다. 3차 조사에서는 건설 재개 44.7%, 중단 30.7%, 판단유보 24.6%였다. 1차 조사에 비해 판단유보가 11.2%p 감소한 반면 건설 재개는 8.1%p, 중단은 3.1%p 증가했다. 재개와 중단의 차이는 14.0%p로 더 커졌다. 종합토론회의 마지막 날 실시된 4차 최종조사는 건설 재개 57.2%, 중단 39.4%, 판단유보 3.3%였다. 판단유보는 1차 조사와 3차 조사에 비해 각각 32.5%p, 21.3%p 감소하였다. 한편 1차와 3차 조사 대비 건설 재개는 각각 20.6%p, 12.5%p 증가했고, 중단은 11.8%p, 8.7%p 증가했다. 판단유보 응답란이 없는 최종 문항에서는 건설 재개 59.5%, 중단 40.5%로, 1차, 3차, 4차 조사 대비 건설 재개는 각각 22.9%p, 14.8%p, 2.3%p 증가했고, 건설 중단은 각각 12.9%p, 9.8%p, 1.1%p가 증가한 결과였다.

시민참여단은 자신의 의견과 동일한 주장에 대해서는 96.5%가 공감하고 그 수준도 7점 척도에 6.3점으로 매우 높았다. 반면 자신의 의견과 다른 주장에 대해서는 28.8%가 공감했고 그 수준은 3.4점으로 낮은 편이었다. 한편 시민참여단의 원자력발전 관련 지식수준을 파악하기 위해 자료집 내용에 기초한 8개의 문항을 만들어 질문해 보았다. 시민참여단은 자료집 제공 전인 2차 조사에서는 평균 2.8개, 자료집 학습과 이러닝 수강 후인 3차 조사에서는 평균 4.8개, 종합토론회 후인 4차 조사에서는 평균 6개의 정답을 맞추었다. 공론조사가 공교육의 한 형태라는 점을 입증한다.

한편 공론의 장에서 시민참여단을 설득하는 양측의 정책연합들이 구사하는 전략이 공론조사 최종결과에 영향을 미칠 수 있다. 공론화의 핵심은 토의와 설득이 이루어지는 숙의과정에 있다. 이 과정에 참여하는 양측 정책연합들은 시민참여단의 선호에 많은 영향을 준다. 이 사례의 숙의자료들에 대한 정책내러티브 분석(주지예·박형준 2020)에 의하면, 건설 중단 측이 소수의 편익집중을 강조하며 고의적 인과관계(목적적 행동에 의한 의도한 결과)와 비난·비방 전략을 더 활용한데 비해, 건설 재개 측은 비고의적 인과관계(목적적 행동에 의해 발생한 비고의적 결과)와 호의적 과시전략을 더 활용하면서 과학적 근거를 더 적극적으로 제시하였다. 이러한 전략 역시 최종 공론조사결과가 건설 재개 측의 승리에 영향을 준 것으로 분석되고 있다.

공공갈등관리와 거버넌스

CHAPTER 13. 대안적 갈등해결방식으로서 협상

1 협상의 개념과 요소

협상은 일상생활에서 접하는 친숙한 용어이다. 편식하는 아이와 협상하는 아빠, 용돈 인상을 두고 엄마와 협상하는 나, 임금 인상을 두고 줄다리기하는 노사, 한국과 미국 간 무역협정 등 협상은 비공식적인 것부터 공식적인 것까지 그리고 개인에서 국제 수준까지 다양하게 전개되는 의사소통하고 결정하는 행위이다. Fisher 등(1991)이 언급하듯이 "좋든 싫든 여러분은 협상가다. 모든 사람이 매일 어떤 것을 협상한다." 피셔 등은 협상 개념을 "둘 이상의 당사자들이 공유와 갈등 가능성을 모두 지닌 이해관계 상황에서 합의에 이르도록 설계된 대등한 주고받기 의사소통"이라고 정의한다. 하혜수와 이달곤(2017)은 협상을 "상충하는 다수 행위자들이 상호 수용 가능한 합의에 도달하기 위해 의사소통하는 과정" 또는 "둘 이상의 당사자들이 대화와 협의를 통해 상충되는 이해관계를 조정하는 과정"으로 개념화한다. 이러한 학자들에 따르면 협상 개념에는 이해관계, 합의, 의사소통에 방점이 찍혀 있다.

Patton(2005: 279-285)은 협상의 주요소를 7가지로 제시한다. 그는 이 요소들이 문화적 차이를 초월하는 보편적인 것이라고 주장한다. 첫째, 협상의 근본 동인인 이해 요소이다. 이해관계는 흔히 말로 표현되지 않고 숨겨져 있는 경우가 많고, 협상 과정에서 주장하는 입장 또는 요구와는 다르다. 이해와 입장의 차이는 협상이론에서 중요하게 다룬다. 능숙한 협상가는 상대편 저변에 깔려 있는 이해관계를 파악하기 위해 그들이 말한 입장을 철저하게 조사한다. 당사자의 이해를 얼마나 충족시키느냐가 협상 성공을 가름하는 주요지표이다. 둘째, 정당성 또는 공정성 요소이다. 정당성과 공정성은 인간의 강력한 동기이며 방금 전 언급한 이해의 특수 범주에 속한다. 실패는 흔히 협상테이블에 제시된 옵션들을 수용할 수 없기 때문인 것보다는 협상과정에서 불공정성을 지각했기 때문이다. 상대방이 부당하게 이용하고 있다고 느낀다면, 객관적 측면에서 비록 상대방 제안이 이익이 될지라도, 여러분은 상대방의 제안을 거절할 가능성이 높다. 따라서 성공적인 협상을 위해서는 상대편이 정당하고 공정하게 인식할 수 있는 과정 설계와 제안을 제시할 필요가 있다. 셋째, 관계 요소이다. 상대방과 지속적으로 관계를 유지하든 다시는 볼 생각이 없든 간에, 협상을 하는 동안에는 상대방과의 관계를 효과적으로 관리해야 한다. 당사자 간 관계가 협상 행위에 많은 영향을 미치기 때문이다. 일반적으로 적대보다는 신뢰 관계가 형성되어 있을 때 갈등해결이 쉬워진다. 협상 당사자는 친밀감 또는 라포(rapport) 형성을 위해 시간을 들이고 그 과정에서 자신의 높은 윤리 기준을 충족시킴으로써 관계를 강화할 필요가 있다. 넷째, 대안 요소이다. 협상이 결렬되었을 때 취할 수 있는 대안들을 준비할 필요가 있다. 진행 중인 협상의 합의안을 대체할 수 있는 최상의 대안을 '합의대체안'(Best Alternative To a Negotiated Agreement, BATNA)이라고 하는데, 협상준비단계에서 이에 대한 분석을 해야 한다. 합의안은 합의대체안보다 나을 때 의미가 있다. 예컨대 노사협상이 결렬될 경우 사측이나 노조는 아무 조치도 취하지 않는다거나 상대편을 고소한다거나 제3자를 개입시킨다거나 언론에 기자회견을 요청할 수 있다. 다섯째, 당사자들이 자신의 이해를 충족시키고자 선택할 수 있는 옵션 요소이다. 이는 가장 일반적인 형태인 거래(내가 너에게 돈을 주고 너는 나에게 차를 준다)에서부터 협상의 실질적 조건들과 부수사항들까지 포함된다. 당사자들 사이에 공유된 이해, 단순히 차이가 있는 이해, 갈등하는 이해 모두를 활용하여 협상함으로써 가치를 새로 창출하고 당사자들의 만족도를 높일 수 있다. 여섯째, 공약(계약) 요소이다. 협상에서 공

요소	점검을 위해 던지는 질문
이해	• 우리 편 이해는 무엇인가? 상대편 이해는 무엇인가? • 고려해야 할 이해관계를 가지는 제3자가 있는가? • 어떤 이해가 공유되는가? 어떤 이해가 다른가? 어떤 이해가 갈등하는가?
정당성	• 정당성(공정성)을 보장할 것 같은 외부기준은 무엇인가? • 판단에 어떤 규준을 적용할 것인가? 어떤 도덕적 책무로 합의안을 결정할 것인가? • 상대편은 무엇을 주장할까? 상대편 주장을 수용할 좋은 대응책을 가지고 있는가? • 우리 편 유권자 시민에게 협상결과를 정당화하기 위해 필요한 것은 무엇인가?
관계	• 어떤 관계가 문제인가? 지금은 어떤 관계인가? 향후 어떤 관계가 좋은가? • 상대편과 거리를 좁히기 위해 낮은 비용과 위험부담으로 할 수 있는 것은 무엇인가? 어떻게 시작해야 하는가?
대안	• 우리 편 합의대체안은 무엇인가? 상대편 합의대체안은 무엇일까? • 우리 편 합의대체안을 개선할 수 있는가? 상대편 합의대체안을 악화시킬 수 있는가? • 대안의 비현실성 여부를 어떻게 시험할 수 있을까?
옵션	• 양측의 이해를 만족시킬 수 있는 합의안이나 합의내용들은 무엇인가? • 새로운 가치창출을 위해 서로 다른 이해들을 활용할 방법은 무엇인가?
공약	• 우리 편 권한은 무엇인가? 상대편 권한은 무엇인가? • 잘 만들어진 예시 공약은 무엇인가? • 이 협상의 좋은 산출물은 무엇인가? • 시간이 흘러 공약을 변화시킬 기제는 무엇인가? 분쟁을 해결할 기제는 무엇인가?
의사소통	• 상대로부터 배울 점은 무엇인가? 어떻게 우리의 경청능력을 개선할 수 있는가? • 무엇을 의사소통하고 싶은가? 어떻게 하면 가장 설득력 있게 의사소통할 수 있을까? • 우리의 협상 의제와 계획은 무엇인가? • 사용하고자 하는 협상과정의 접근법은 무엇인가? • 불가피하게 합의할 수 없는 사항은 어떻게 처리해야 할까?

표 13-1.
협상준비를 위한
체크리스트

출처: Patton(2005) p.287의 Fig.18-1.

약이란 당사자들이 한 합의, 요구, 제안 등에 대해 이행할 것을 약속하는 것을 의미한다. 공약은 특정 시간과 장소에서 만나겠다는 합의에서부터 공식제안서 그리고 서명된 계약에 이르기까지 여러 가지이다. 일곱째, 의사소통 요소이다. 온라인이든, 전화든, 아니면 직접 대면이든, 협상 당사자들은 의사소통 과정에 참여하게 된다. 협상의 성공은 당사자들이 어떤 식의 의사소통

행위를 하느냐에 달려 있다고 해도 과언이 아니다. 예컨대 협박하거나 묵인을 할 수도 있고, 브레인스토밍을 하거나 단호하게 요구할 수도 있고, 이해관계에 대해 묵시적인 가정만 하고 넘어가거나 아니면 깊게 파악하기 위해 관련 질문들을 철저히 할 수도 있다.

이상과 같은 일곱 가지 요소들이 협상준비를 위한 로드맵 역할을 한다. 〈표 13−1〉에 예시된 것과 같이, 이러한 요소들을 중심으로 체크리스트를 만들어 협상에 임할 수 있다.

이 책에서 협상은 공공갈등을 해결하기 위한 전략과 방식으로 다루어진다. 협상을 통해 공공갈등을 해결하려는 당사자들은 우선 다룰 의제가 난제라는 점을 인식하고 접근해야 할 것이다. 9장에서 살펴본 공공갈등 문제의 성격과 12장에서 언급한 합의형성 문제를 상기해 보자. 협상에서 공공난제는 다음과 같은 특성들을 지니고 있다(Lewicki 2014: 500). 첫째, 공공난제는 기술적·윤리적·사회적 또는 정치적 측면에서 복잡하기 때문에 명확하게 정의하기 어렵고 잘못 정의될 수 있다. 둘째, 공공난제에 대한 해결대안은 단순히 좋다거나 나쁜 것이 아니라 더 낫거나 더 못한 것이다. 이에 대한 판단은 당사자들의 생각과 가치에 따라 상당히 달라진다. 셋째, 윤리적·사회적·정치적 차원에서 발생하는 가변성 때문에 공공난제들은 모두 독특하고 새로운 것처럼 보인다. 넷째, 공공난제는 많은 하위 문제와 부수적인 이슈가 연관된다. 따라서 해결을 위해 이러한 하위문제들과 부수적 이슈들이 상통하는 가장자리를 공격할 필요가 있다. 다섯째, 공공난제를 효과적으로 다루기 위한 교과서 같은 해결책은 없다. 특정 해결대안을 시도해 보고 이에 따른 귀결과 발생할 수 있는 부수적인 문제들을 검토해 보는 수밖에 없다.

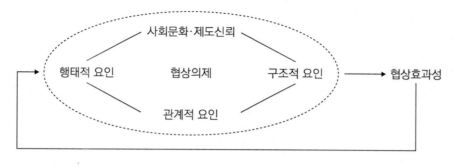

그림 13-1
공공갈등관리방
식으로서
협상체계와
구성요인

2〉 협상체계와 구성요인

협협상 과정에 대한 이해를 위해서 체제관점으로 설명하는 것이 유용하다. 〈그림 13-1〉에서 볼 수 있듯이, 공공갈등관리 전략과 방식으로서 협상체계는 사회문화와 제도신뢰, 구조, 행태, 관계 등 4요인이 의제와 과정에 영향을 미치면서 결과변수인 효과성으로 나타난다. 그리고 협상의 효과성은 후속협상이나 다른 협상에 대한 환류인자로 작용한다.[1] 협상의 효과성은 평가국면으로 협상 결과를 목표(또는 기대효과)와 비교하여 측정한다. 목표와 결과 간 차이에 대한 분석평가는 후속 또는 이외의 협상에 중요한 정보와 지식이 된다.

1) 사회문화와 제도신뢰 요인

협상의 태도와 전개양상 그리고 결과수용은 사회문화와 제도신뢰에 의해 많은 영향을 받는다. 사회문화와 제도신뢰 요소에 따라 협상규범은 다르게 형성된다. 문화이론이 제시하듯, 계층주의자, 평등주의자, 개인주의자 성

---

1) 이 부분은 이달곤(2007)이 기술한 협상체계와 구도에 기반함.

향에 따라 기본적인 문제인식과 선호해법이 다르다. 공공갈등 상황에 개입되는 이해관계자들은 집단별로 상이한 문화적 편향을 가질 수 있다. 이 점에서 문화적 편향은 협상의제와 이에 대한 우선순위, 협상의 기본규칙 등을 합의하여 결정하는 데 영향을 미친다. 또한 협상 과정과 결과에 대한 수용성 역시 문화와 제도신뢰에 의해 영향을 받는다. 협상과정에서 친밀도를 높이기 위해 하는 행위가 문화권에 따라 수용될 수도 있고 결례로 인식될 수도 있다. 그리고 합의안이 다소 불확실성과 위험성을 지니더라도 정부신뢰가 높으면 수용될 수 있다.

당사자 간 신뢰는 협상 성공에 중요한 요인 중 하나이다. 이들 간 신뢰관계 형성은 기본적으로 사회문화와 제도신뢰에 의해 영향을 받는다. 넓게 보면 제도신뢰는 사회문화 요소에 포함된다. 누구를 믿는가? 친한 사람만을 믿는가? 낯선 사람도 믿을 수 있는가? 어떤 제도를 신뢰하는가? 정부와 공무원을 믿는가? 시장과 기업을 믿는가? 비정부기구와 시민단체를 믿는가? 행운과 운명을 믿는가? 이러한 신뢰의 대상은 어느 정도 사회관계 패턴으로 굳어져 있다. 패턴화된 제도신뢰는 사회문화의 요소이자 사회자본이다. 인간은 사회화 과정에서 누구와 어떤 것을 믿을 것인가를 체득한다. 신뢰 패턴은 일반화된 신뢰와 특수화된 신뢰 유형으로 나뉠 수 있다. 일반화된 신뢰는 보편적 규칙인 법과 제도, 그리고 이에 부합하는 낯선 사람을 믿을 수 있는 사회적 맥락을 나타낸다. 서로 낯선 보행자와 운전자는 적색등과 녹색등에 따라 보행과 운전을 할 것이라고 믿고 있다. 동사무소 민원창구에 있는 공무원은 친소관계가 전혀 없지만, 내가 신청한 민원을 다른 사람들의 경우와 똑같이 처리할 것이다. 이에 비해 특수화된 신뢰는 학연·지연·혈연과 같은 연고와 친소관계를 기반으로 신뢰가 형성되는 사회적 맥락을 나타낸다. 나와 동문이고 동향이고 가족친지이기 때문에 믿는다. 낯선 사람은 경계하고 믿어서는 안 된다. 협상대표와 대안의 선정, 의사소통과 제안 방식, 협상 결과에 대한 승복 여부에 '누구를 믿는가' 하는 신뢰 패턴이 중요한 영향을 미치는 것이다.

공공갈등 상황에서 정치제도에 대한 신뢰는 핵심적이다. 문제 특성상 공공갈등은 불확실성과 복잡성을 띠고 있기 때문에 일반주민이 정책시행자인 행정기관에 갖는 신뢰의 중요성은 더욱 부각된다. 대체로 일반주민은 복잡하고 불확실한 문제에 대한 이해가 부족하다. 이렇게 능력상 부족한 부분을 정책추진자인 정부에 대한 믿음으로 채우는 경향이 있다. 일반인은 갈등과 위험에 대한 자신의 평가능력 부족을 전문가에 대한 신뢰로 대리 충족한다. 몰라서 불안한 마음을 전문적이고 권위 있는 제도에 대한 믿음과 위임으로 해소하는 것이다. 예컨대 방사성폐기물처분장 부지 선정 문제와 같은 님비갈등 상황에서 정부신뢰가 높을 경우, 일반주민은 정부와 협상 또는 제3자에 의한 조정이나 중재에 협력적인 태도와 행태를 보인다. 그러나 정부신뢰가 낮을 때는 일반주민의 불안과 불확실감이 해소되지 못하고 갈등고조의 소용돌이에 휘말리는 경향이 있다.

우리나라 정부신뢰도에 대한 통계를 보면 2013년에 23%로 OECD 34개국(평균 40%) 중 29위, 2015년 34%로 40개국(평균 42%) 중 26위, 2017년 24%로 35개국(평균 42%) 중 32위, 2018년 36%로 34개국(평균 45%) 중 25위, 그리고 2021년에 45%로 37개국(평균 50.7%) 중 20위로 나타났다. OECD 회원국의 평균에 미달한 수치이다.[2] 정부신뢰는 정부의 능력과 효과성을 보여준다. 하지만 정부신뢰는 정부성과(효과성)뿐만 아니라 국민이 정부에 거는 기대감에 의해 결정된다. 즉 [정부신뢰 = ∫ (정부성과/국민의 기대치)]라는 등식이 성립한다. 국민의 기대감은 사회문화에 의해 영향을 받는다. 계층주의 성향을 가진 국민은 정부와 법치에 신뢰를 보낸다. 개인주의 성향을 가진 국민은 기업과 시장논리를 신뢰한다. 따라서 계층주의 문화가 지배하는 사회에서는 정부 능력과 성과가 부족하더라도 정부신뢰가 상대적으로 높을 수 있는 반면, 개인주의 문화가 지배하는 사회에서는 정부 능력과 성과가 비교적 충분하더라도 정부신뢰는 낮을 수 있다. 우리의 경우 전통적으로 정부에 거는 기대가 높은 편이고 기대 대상이 상향적인 특징을 가지고 있다. 공공문제 해결에 대해서

----

[2] OECD 정부신뢰도는 각국 국민 1,000명을 대상으로 'Do you have confidence in national government?'('귀하는 우리 대한민국 정부를 신뢰하십니까?')라는 갤럽설문조사를 통해 측정된다.

국민 스스로보다는 정부를, 지방정부보다는 중앙정부를, 장관이나 국회의원보다는 대통령에 거는 기대가 크다. 우리 사회에서 이슈가 된 사건 관련 언어는 흔히 최상층에 거는 기대와 요구를 반영하고 있다. 이는 우리의 계층주의와 권위주의 문화정향을 나타내준다. 한편 성공적인 갈등해결을 위해 제시되는 요소 중 '객관적이고 중립적인 제3자'가 있다. 그런데 여기에서 '객관성'과 '중립성' 언어의 의미는 정치제도에 대한 신뢰수준과 문화유형에 따라 다르게 해석된다. 공공갈등 당사자인 정부 행위자와 주민이 해석하는 중립성과 객관성의 의미가 다르다. 객관성과 중립성도 문화와 신뢰의 특성에 따라 사회적으로 구성되는 것이다.

2) 구조적 요인

협상 과정과 결과에 영향을 미치는 구조요인으로 다음 세 범주를 제시할 수 있다.

첫째, 협상 당사자의 수와 내부구조가 있다. 협상테이블에 양측 당사자 단독으로 앉느냐, 팀을 구성하여 교섭하느냐에 따라 협상이 달라진다. 물론 협상의제의 성격에 따라서도 단독협상가 또는 협상조직을 구성할지가 달라진다. 예컨대 자유무역협정(FTA)의 경우 문제성격상 다양한 이해관계자들이 관련되기 때문에 여러 정부부처(예: 외교부, 산업통상부, 기획재정부, 농림부 등)에서 전문가들을 파견해 협상조직을 구성한다. 협상조직을 구성한 경우에도 팀 또는 계층제 형태로 운영할 수도 있으며 혼합 형태로 운영할 수도 있다. 또한 협상조직의 구성이 동질적인가 아니면 이질적인가에 따라 협상집단 내부 응집력이 달라진다. 예컨대 정부 측이 단일부처 출신들 또는 여러 부처 출신들로 구성되는가에 따라 정부 입장과 협상자세가 달라진다. 정부조직 구성원인 공무원은 갈등문제해결 자체보다는 협상결과에 대한 책임이 더 실질적 동인으로 작용할 수 있다. 그렇기 때문에 협상조직의 구성은 결과책임 문제와도 직결되어 효과성에 큰 영향은 준다. 주민 측도 일반주민으로만 구성하느냐 아니면 환경운동 경험이 풍부한 시민활동가를 포함하여 구성하느냐에 따라 입장과 요구의 강도 등 협상 양태가 달라진다. 협상테이블에 앉은 대표와 외부환경과의 관계도 영향을 미친다. 공공갈등 상황에서 외부환경의 예로는 일반적으로 대통령, 의회, 이익집단, 선거구민(유권자)집단 등을 들 수 있다. 정부 협상대표단에 대통령의 신임을 절대적으로 얻고 있는 권력실세가 포함되어 있다면 협상과정은 전반적으로 탄력을 받아 순항할 수 있다.

둘째, 협상의 장소와 시간 요인이다. 물리적 접근가능성과 정치적 상징성에 의해 선택되는 협상 장소와 시간은 당사자는 물론 청중에게도 큰 관심 사항이다. 우리는 언론매체에서 협상 시기와 장소의 선택에 대해 집중보도하는 것을 목격하고는 한다. 언론에서 북미회담 장소를 두고 판문점, 싱가포르, 몽골, 유럽 등 여러 곳을 후보로 예측하며 크게 보도한 적이 있다. 남북대화나 6자회담 장소를 두고 당사자들은 신경전을 벌이기도 하고 언론에서는 이에 관해 비중 있게 다루고는 하였다. 갈등이 발생한 지역 내 장소에서 협상할 것인지, 관공서에서 할 것인지, 제3의 중립적인 장소에서 협상할 것인지 등 장소는 매우 민감한 사안이다. 협상 시간은 정치적 일정이나 사건과 연관된다. 국제 협상은 특히 당사국과 이해관계국가의 국내정치 일정과 밀접하게 연관된다. 당사국 지도자의 임기나 선거와 같은 정치적 시간 차이 때문에, 협상시기를 선택하는 것도 중요할 뿐만 아니라 선택된 시간이 협상에 미치는 영향 또한 크게 마련이다. 국내 상황에서도 관련 행위자들의 정치적 시간이 중요하게 작용한다. 정권 초기나 말기로 표현되는 집권세력의 임기, 지방자치단체장이나 부처장관의 임기는 협상과정에서 공약과 실행가능성에 대한 인식에 영향을 미친다. 또한 시한(데드라인)을 설정한 경우와 그렇지 않는 경우 협상 전략과 양태가 달라진다. 시한이 정해져 있을 때 이 자체가 중요한 협상전술로 활용될 수 있다. 협상을 '기다리는 게임'이라고도 하는데, 시한 없이 마냥 기다릴 수 있는 협상과 데드라인을 목표로 기다리는 협상은 다를 수밖에 없다. 기본적으로 각 당사자가 선택하는 제안에 대한 평가 맥락이 다르게 된다. 시한 유무에 따라 대안평가에 합리적 차원이 부각될 수도 있고 정치적 차원이 부각될 수도 있으며, 평가기준으로 효율성이 우선일 수도 있고 형평성이 우선일 수도 있다.

셋째, 협상행위자에 대한 보상구조, 후속협상과의 관계, 협상의제의 범위, 그리고 대안의 성격이 협상 과정과 결과에 영향을 미친다. 협상 대표와 조직에 대한 상벌이 있게 마련이다. 이것은 협상 행위자의 주요한 동기부여 인자로 작용한다. 정부 측 행위자의 경우 승진 약속이나 향후 경력추구의 보장을 예시할 수 있다. 후속협상의 유무에 따라서도 진행 중인 협상에 투입하는 자원과 전략이 달라진다. 현재 합의된 결정사항을 나중에 수정할 수 있을 때와 그 여지가 없을 때, 결정에 임하는 자세와 행태 그리고 선택대안이 달라질 것이다. 후속협상이 있다면 현재와 후속 협상 사이에 변화가 예상되거나 변동시킬 수 있을 것이라고 판단되는 이슈에 대해서는 신축적으로 협상할 수 있다. 현재 불리한 이슈와 대안 내용일지라도 후속협상 시 수정 여지가 있다면 합의할 수 있다. 협상의제의 범위도 중요한 구조적 요인이다. 합의를 포괄적 총론 수준으로 한정할 것인지 구체적 각론 수준까지 할 것인지 그 범위를 정해야 한다. 협상의 순서도 총론에서 각론으로 갈 수도 있고 각론에서 시작하여 총론으로 마무리할 수도 있다. 어떤 것을 선호하는지는 문화와도 연관이 있다(이에 관해서는 14장 참조). 협상테이블에 제시되는 대안의 성격도 고려할 구조적 요인이다. 합의가능성과 인과지식의 정도에 따라 확실한 대안부터 불확실한 대안이 있고, 인적·물적 자원의 충당가능성에 따라 실행가능 대안부터 실행이 곤란한 대안이 있으며, 사회적·윤리적 정당성에 따라 적절한 대안부터 부적절한 대안이 있다. 논리적으로, 확실하면서 실행가능하고 적절한 대안이 합의될 확률이 가장 높다. 반면 불확실하면서 실행이 곤란하고 부적절한 대안은 합의될 확률이 가장 낮다. 그러나 현실에서는 대안의 성격을 이와 같이 규정짓기는 힘들다. 협상관계자 각자의 관점에 따라 같은 대안을 두고 확실성·실행가능성·적절성에 대한 지각과 평가가 다를 수 있다.

3) 행태적 요인

협상가 개인적 특성과 역량과 같은 행태적 요인이 협상 과정과 결과에 영향을 미친다.

첫째, 협상가의 성격이다. 어떤 유형의 성격이 좋은 협상가의 조건인지 일반화하기는 어렵다. 협상에 영향을 미치는 개인적 특성으로 감정지능, 지능, 나르시시즘, 신경과민성향, 마키아벨리즘 등이 연구되었다(Chamorro−Premuzic 2017). 개인의 협상능력을 향상시키는 특성 중 EQ로도 통칭되는 감정지능이 있다. 감정지능이란 자신과 상대방의 감정 상태를 의식하고 이를 관리할 수 있는 능력을 말한다(Goleman 1995). 감정지능은 높은 수준의 호감도 및 자기 통제력과 관련된다. EQ가 높은 협상가는 상대방으로 하여금 긍정적 분위기를 유도하고 협상결과에 대한 만족도를 높일 가능성이 있다. 또한 EQ가 높은 사람은 자각능력 역시 높은 경향이 있기 때문에 타인들이 자신을 어떻게 보는지를 더 잘 이해할 수 있다. 협상은 갈등당사자들이 상대편의 관심사항을 탐색하고 조율하는 일종의 "심리게임"으로서 자신과 상대방의 감정 상태에 대한 자각과 통제에 의해 영향을 많이 받는다(하혜수·이달곤 2017: iv). EQ는 협상가에게 중요한 이점으로 작용하며 필수적인 협상역량요소라고 할 수 있다. 지능 또는 IQ로 통칭하는 인지능력 역시 협상역량과 강한 연관성을 갖는다. 5천여 개의 선행연구들을 검토한 메타분석에 따르면 IQ가 높을수록 더 좋은 협상 성과를 기대할 수 있다. IQ가 높은 사람이 협력적으로 협상에 임하며 상대편을 파트너로서 대하고 양측 모두를 만족시킬 수 있는 상생전략을 수용하는 경향이 있다. 자기에 대한 타인의 견해를 무시하는 자기중심적 나르시시즘은 때로 자신감으로 비춰지기도 한다. 그러나 나르시시즘 성향을 가진 사람은 중요한 사회적 실마리, 자신에 대한 부정적 피드백, 그리고 타인과의 연결능력을 결여하고 있다. 이는 협상에 장애요소로 작용한다. 신경과민성향도 비효과적인 협상을 초래하는 장애요소이다. 신경과민성향은 상대편에 지나칠 정도로 흥정하거나 불평하거나 또는 적대시하는 비효과적인 협상 행태와 밀접히 연관된다. 또한 신경과민성향은 협상결과에 대한 자기 만족도를 떨어뜨린다. 즉 이러한 성향의 협상가는 결과가 실제 좋을 때도 만족하지 못하는 경향이 있다. 한편 자기이익을 위해서라면 윤리에 개의치 않고 타인을 조종하고 착취하는 일반성향을 띠는 마키아벨리즘이 있다. 마키아벨리즘은 개인이 협상을 개시할 동기를 부여하고 단호한 협상전술을 구사하도록 추동한다. 그리고 마키아벨리즘 성격은 영합게임으로 특징짓는 분배협상이나 단기협상에 효과적이다(Stuhlmacher & Adair 2015: 178-179). 그러나 어떤 연구들은 마키아벨리즘이 지나치게 경쟁적이고 공격적이며 저돌적인 행태를 조장함으로써 실제 협상을 악화시킨다고 주장한다. 또한 마키아벨리즘 성향을 가지고 있는 사람들이 모두 정교한 사회적 기술을 보유하고 있는 것도 아니며, 많은 경우 지나칠 만큼 충동적이라는 사실에 주목할 필요도 있다.

둘째, 협상가의 사회경제적 지위와 협상기술력 요인이다. 협상테이블에 앉는 사람의 지위와 배경은 합의안의 이행가능성, 그리고 새로운 대안과 위험에 대한 태도에 영향을 미친다. 정부 측 협상가의 경우 정부서열 또는 집권자와의 관계가 중요하게 작용한다. 우리 사회는 협상가, 조정자, 중재자의 사회적 위치를 중시한다. 협상이슈의 성격에 따라 사회적 명망가 또는 협상전문가를 협상테이블에 앉히는 효과가 다를 수 있다. 또한 협상가의 경력과 사회적 배경에 따라 새로운 대안 탐색과 위험에 대한 태도가 달라진다. 예컨대 정통관료나 기업가 또는 시민활동가 출신에 따라 기존 선례와 공식적 절차 및 규칙에 초점을 두는 과정 중심적 협상이 될 수도 있고 이해타산에 초점을 두고 위험을 감수하는 결과 중심적 협상이 될 수도 있다. 협상경력 역시 고려할 행태적 요인이다. 협상경력은 협상기술력뿐만 아니라 상대편의 인식과 친밀감 형성에도 영향을 미친다. 장기간 대외접촉창구 역할을 하는 노련한 협상가와 자주 바뀌는 신참내기 협상가를 대하는 상대편의 태도와 인식은 다를 수밖에 없다. 슈나이더는 성공적인 협상을 이루는 데 필요한 기술역량을 5가지로 제시한다(Schneider 2012). ① 자신의 목표·욕구·이익을 확고하게 주장할 수 있는 자기주장능력, ② 열린 마음으로 좋은 질문을 하고 상대의견을 경청할 수 있는 감정이입능력, ③ 하나의 협상문제에 대해 다양한 접근법을 탐색할 수 있는 신축성, ④ 감정지능과 유사한 사회적 직감력, ⑤ 상황 맥락에 적절한 도덕률을 따르려는 의지와 신뢰를 나타내는 윤리성이다. 협상 경험은 이러한 역량을 쌓는 데 매우 유용하다.

셋째, 협상가의 선호 전략과 스타일도 협상 과정과 결과에 영향을 미치는 행태적 요인이다. 협상가에 따라 협상목적을 합의나 계약으로 인식하거나 또는 관계형성의 수단으로 인식할 수 있으며, 또한 협상을 승패게임 또는 상생게임으로 가정할 수 있다(Dinnar & Susskind 2019). 상이한 문화 출신의 협상가들은 상이한 협상스타일을 드러낸다(Brett 2001). 문제해결과 인지 측면에 우선순위를 두는 협상가가 있는 반면, 관계형성과 감정 측면에 초점을 두는 협상가가 있다. 흔히 전자는 '계약 협상가'로 서구문화 출신 협상가 스타일이라고 알려져 있다. 이에 비해 후자는 '관계 협상가'로 아시아문화 출신 협상가 스타일이라고 알려져 있다.3) 협상 전략과 스타일 유형은 3장에서 소개한 갈등관리 이중모형을 그대로 적용할 수 있다. 회피 스타일은 문제해결과 관계유지 모두 중요하게 인식하지 않고 미루는 것을 목표로 삼는다. 화해 스타일은 문제해결에 초점을 두지 않고 관계유지를 중시한다. 상대편이 원하는 것을 수용하고 양보하는 것을 목표로 삼는다. 타협 스타일은 절충점 모색을 목표로 삼는다. 경쟁 스타일은 관계유지를 경시하고 독단적일지라도 문제해결을 중시한다. 어떻게든 협상에서 승리하여 이득을 얻는 것이 목표이다. 협동 스타일은 문제해결과 관계유지 모두를 중시한다. 그래서 당사자 모두의 욕구가 충족될 대안을 찾을 때까지 계속 노력한다. 상생을 목표로 삼는 것이다. 일반적으로 협동 스타일이 성공적 협상을 위해 이상적일 수 있지만, 나머지 스타일도 상황에 따라 효과가 달라진다.

넷째, 의사소통 능력과 양식은 협상에 매우 큰 영향을 미치는 핵심요인이다. 직접대응이나 간접대응과 같은 의사소통 양식이 다르거나 소통채널이 확보되지 않는 경우 협상실패의 확률은 높아진다. 이른바 '물밑접촉'이 어렵다거나 '스파이라인(채널)'이 가동되지 않는다는 것은 협상당사자 간 의사소통 문제를 드러낸 것이다. 의사소통 문제는 채널의 문제일 수도 있고 문화적 차이에 따른 커뮤니케이션 문제일 수도 있다. 특히 협상에서 문화적 차이에 의한 의사소통 문제는 매우 중요하므로 뒤에서 별도로 상술한다.

----

3) 물론 아시아권이라도 한국, 중국, 일본과 같은 동아시아 문화와 영국식민지를 경험했던 인도 문화는 다르다. 인도 출신 협상가는 초기국면에 관계형성을 강조하는 정도가 동아시아 문화 출신보다 약하다(Benoliel & Kaur 2015: 312-316).

4) 관계적 요인

당사자 간 관계역학과 상호기대가 협상 과정과 결과에 영향을 미친다. 당사자 간 관계는 협력 또는 경쟁, 신뢰 또는 불신으로 분류할 수 있다. 이외의 조건들이 동일하다면 경쟁하거나 불신하는 관계보다는 협력하거나 신뢰하는 관계가 성공적 협상에 기여할 것이다. 특히 자원차이에 따른 협상당사자 간 권력관계가 중요하다. 협상테이블에 앉은 당사자들의 권력이 동등한 것은 아니다. 예컨대 노사임금교섭에서 노조와 사측이 각각 보유한 권력과 자원은 다르다. 정부영역에서 정부대표와 공무원노조 간 권력 차이는 계급만 보더라도 확연하다. 국제 협상에서도 강대국과 약소국이 협상테이블에 나란히 앉는다. 그렇다고 권력과 자원이 많은 측이 협상에서 반드시 유리하거나 더 많은 이익을 얻는 것은 아니다. 중요한 점은 협상력의 균형 여부이다(뒤에서 상술함). 부르카르트 등은 미국 연방에너지규제위원회가 면허증을 발급하는 6개 수력발전소 건설프로젝트 협상사례에서 주정부, 자원관리관련 연방기관들, 개발사업자들 사이에 진행되었던 협상을 분석한 결과, 당사자 간 권력 균형이 협상의 성공을 위해서 요구된다고 주장하였다(Burkardt et al. 1997). 이들은 이 사례에서 협상당사자들 각자 상대편에 제재를 가할 수 있을 만큼 충분한 권력이나 영향력을 가질 때 협상은 성공할 가능성이 높다. 협상력의 균형을 이룬 당사자들이 이성적 대화기회를 가질 때 입장협상으로부터 벗어나 이해협상으로 갈 확률이 높아진다. 협상과정에서 당사자 간 균형 있는 권력관계가 협상의 효과성을 높이는 것이다.

5) 협상의 효과성

협상의 효과성이란 협상을 통해 달성하고자 했던 기대 결과의 실현을 말한다. 공공갈등 상황에서 협상을 통해 달성하고자 하는 목표는 무엇인가? 일반적으로 당사자 모두의 이해를 증진시키는 합의에 도달하여 갈등을 해소하고 새로운 가치를 창출하는 것이 이상적인 목표이다. 이 같은 합의를 도출하지 못해도, 합의대체안을 통해 욕구를 충족시키는 결과를 가져오면 효과적이라고 할 수 있다. Patton(2005: 285-6)은 협상의 효과성을 "좋은 합의"로 정의하는데, 당사자 모두의 이익을 증진하고 공정성 인식이 오랫동안 지속되어서 관계 역시 증진하는 효율적 합의를 말한다. 구체적으로 다음 5가지 요소가 좋은 합의이다. ① 가능한 많은 활용 가치들을 담고 있는 창의적이고 낭비 없는 해결책, ② 누구도 이용당했다고 느끼지 않을 공정한 해결책, ③ 실현 가능하며 지속 가능한 공약, ④ 효율적인 과정과 양호한 의사소통 결과, ⑤ 관계구축에 도움이 되는 과정이다. Burkardt 등(1997: 254)은 성공적 협상의 개념 요소를 세 가지로 제시한다. ① 당사자들이 합의에 도달했다고 믿는다. ② 합의안에 실행절차가 포함되고 합의안 이행을 감시할 수 있어야 한다. ③ 당사자들은 차후에도 협상에 응할 의지가 있어야 한다. 로런스 서스킨드에 의하면, 성공적인 합의는 양측의 이해를 모두 만족시키는 것이다. 그러한 합의는 항상 다양한 옵션들을 탐색하고 양측이 최종결정에 사용할 기준에 대해 사전 동의함으로써 도출된다. 좋은 합의는 양 당사자가 공약준수를 보장하는 동의 방법들을 포함한다. 또한 좋은 합의는 과업관계 유지의 중요성을 강조한다(Susskind 2014; Dinnar & Susskind 2019).

협상의 결과는 1차 성과와 2차 성과로 구분할 수 있다. 1차 성과란 도출된 합의안이나 타결 자체를 말한다. 이를 협상 산출이라고도 표현한다. 2차 성과란 협상 산출이 가져온 효과나 사회적 결과를 말한다. 예를 들면 한미 FTA 협상의 1차 성과는 양국 간 타결한 합의사항을 의미하는 데 비해, 2차 성과는 타결된 합의사항의 이행으로 무역수지나 일자리의 변화와 같은 효과를 의미한다(하혜수·이달곤 2017: 47). 협상결과를 평가할 때 대상을 1차 성과 또는 2차 성과로 하느냐에 따라 성공 여부가 달라질 수 있다. 협상 산출이 좋아도 2차 성과는 나쁠 수 있고, 협상 산출은 당초 기대에 못 미쳤지만 2차 성과는 양호할 수도 있다. 협상에서 합의안이 도출되었을 경우 협상가는 1차 성과를 결과와 평가대상으로 선호하는 반면, 학자와 정책분석가는 2차 성과를 협상결과와 평가대상으로 인식하는 경향이 있다. 또한 정치영역에서도 이념과 이해관계에 따라 협상결과와 평가대상을 달리할 가능성이 높다.

3〉 협상의 전략과 구도

1) 입장협상 대 원칙협상

협상전략은 경합모드의 입장협상과 상생모드의 원칙협상으로 나뉜다.[4] 상생모드의 협상은 서로에게 이득을 주고 당사자의 공존을 담보한다. 반면 경합모드의 협상은 한쪽이 승리하면 한쪽이 패배하는 승패협상과 양쪽 모두가 패배하는 패패협상을 포함한다(하혜수·이달곤 2017: 52). 입장협상(positional negotiation)은 가장 단순하고 보편적인 전략이다. 우리가 시장에서 흔히 관찰할 수 있는 구매자와 판매자 간 흥정 장면이 입장협상을 보여준다. 한쪽 당사자가 고가의 입장을 밝히면 상대편은 이에 상응하여 저가의 입장을 밝힌다. 그러면 다시 처음 당사자는 이에 상응하는 입장을 밝힌다. 이와 같이 상호 흥정이 합의에 이를 때까지 연속된다. 합의에 도달하지 못하면 각자 합의 대체안을 추구한다. 입장협상의 가장 큰 특징은 단순하다는 것이며 공약(계약) 요소에 초점을 둔다. 입장협상에서 이해관계와 창조적 옵션은 관심을 받지 못한다. 그리고 입장협상은 느리고 비효율적이다. 당사자들은 가능한 한 최소의 양보로 상응한다. 여기에서 소위 '통 큰' 양보는 불가능하다. 입장협상은 일방적으로 단순히 차이를 분할하는 결과를 낳는 경향이 있다. 어느 쪽도 공정성을 지각하기 어렵고, 선거구민에게도 설명하기 어렵고, 추가협상의 필요성을 감소시키지도 못한다. 입장협상은 적대 관계를 조장하는 경향이 있다. 상대방을 이용하여 이익을 취하는 승패의 분배적 프레임에서 협상한다.

----

4) 협상전략은 다음과 같은 선행연구의 분류차원들로 유형화될 수 있다. 경쟁 대 협력 과정(Deutsch 1973), 나에 대한 관심 대 상대방에 대한 관심(Blake & Mouton 1964; Pruitt & Rubin 1986), 분배 대 통합 교섭(Walton & McKersie 1965), 권리주장 대 가치창출(Lax & Sebenius 1986). 이와 같은 분류차원들을 수렴하여 2가지 범주의 협상전략을 도출할 수 있다. 첫째, 가치창출, 통합교섭, 협력과정, 그리고 나와 상대방에 대한 관심에 의해서 전체가치(파이)를 확장시키는 전략이다. 둘째, 권리주장, 분배교섭, 경쟁과정, 그리고 나에 대한 관심에 의해서 협상당사자들 간 몫을 나누는 전략이다(Teucher 2015: 158). 전자는 상생모드의 원칙협상, 그리고 후자는 경합모드의 입장협상 관점이다.

표 13-2.
입장협상과
원칙협상

	입장협상		원칙협상
	경성전략	연성전략	
상대인식	상대불신, '적대자'	상대신뢰, '친구'	신뢰무관, '문제해결자'
협상목적	승리	합의	현명한 합의
합의인식	합의대가로 일방적 양보 요구	합의를 위해 일방적 양보	상호이익을 얻는 방법의 모색
관계	관계를 담보로 양보를 요구	관계를 증진하기 위해 양보	문제와 사람의 분리, 관계로부터 협상을 분리
입장변화	초기입장 고수	빈번한 입장 변화	이해관계에 초점
협상가의 태도	상대방과 협상이슈에 대해 강경함	상대방과 협상이슈에 대해 유화적	협상이슈에는 강경, 상대방에는 유화적
협상전략	위협과 압력	위협에 굴복, 유화	이성적 대응, 원칙고수

출처: Fisher & Ury(1991), pp.11-12.

그러다보니 자신의 의도는 긍정적으로 인식하는 반면 상대방의 의도는 부정적으로 인식하는 지각편향이 불가피하다. 이러한 지각편향으로 인해 흔히 자기완성적 적대감의 악순환에 빠지게 되면서 분개와 복수심을 일으킨다.

입장협상은 〈표 13-2〉에서 나타난 것처럼 경성과 연성 형태로 나뉜다. 앞서 설명한 입장협상의 내용이 경성형태를 나타낸다. 연성형태는 관계에 우선적 관심을 두고 합리적 입장을 취하면서 위협보다는 관대하게 양보와 제안을 한다. 하지만 좋은 합의에 도달할 가능성은 낮다. 왜냐하면 연성형태의 협상도 이해관계와 창조적 옵션에 대한 모색은 시도하지 않기 때문이다. 그리고 연성적 접근은 상대편을 이용하기 쉽다. 많은 약점에도 불구하고 입장협상은 비교적 단순하고 몫이 작으며 관계 요소가 중요하지 않는 당사자 간 흥정과 교섭에는 효과적이다. 일방적 결과를 제한하는 강력한 시장 맥락이 존재할 때 입장협상은 가장 효과적이다(Patton 2005: 288-290). 입장협상은 분배적 맥락에서 전개되는 협상이다. 고정되어 있는 몫을 나누는 당사자 간 승패와 영합게임 상황에 적합하다. 협상을 통해 자기이익의 극대화를 추구하며 자기가치에 대한 요구와 주장에 강조점을 둔다. 입장협상 과정에서는 정보가 통제되며 정보교환을 최소화한다. 또한 협상에서 승리하기 위해 비도덕적이고 기만적 술책도 사용한다.

원칙협상(principled negotiation)은 입장협상의 약점을 극복할 대안으로 개발된 문제해결지향 협상전략이다. 그래서 원칙협상을 문제해결협상이라고도 한다. 로저 피셔와 윌리엄 유리는 『Yes를 이끌어내는 협상법(Getting to Yes)』에서 거의 모든 유형의 갈등에 효과적으로 적용할 수 있는 원칙협상 네 가지 규칙을 제시한다(Fisher & Ury 1991). 첫째, 사람과 문제를 분리한다. 사람들은 자신의 입장에 반대하는 것을 개인적 공격으로 인식하는 경향이 있다. 문제로부터 자아를 분리하는 것이 관계를 손상시키지 않고 문제를 해결할 수 있는 길이다. 사람과 문제의 분리는 관계와 과업의 분리와 같은 의미이다. 둘째, 입장이 아닌 이해에 초점을 둔다. 문제가 당사자들의 저변에 깔려 있는 이해관계 측면에서 정의될 때, 모두 만족할 해결책을 찾을 가능성이 높다. 셋째, 상호 이득이 될 수 있는 옵션들을 모색한다. 상이한 이해를 조화시키는 열쇠는 자신의 비용은 낮추고 상대방의 이익을 높이거나 또는 자신의 이익은 높이고 상대방의 비용을 낮출 수 있는 항목을 찾는 것이다. 넷째, 객관적인 기준을 가지고 주장한다. 이해관계가 직접적으로 대립할 경우 당사자들은 차이를 해소하기 위해 객관적인 기준을 사용해야 한다. 이를 위해 우선적으로 양측이 합의하는 객관적 기준을 설정해야 한다. 과학적 발견의 결과라든지 전문적 표준이나 법적 판례 등이 객관적 기준으로 적용될 수 있다. 요컨대 원칙협상은 사람, 이해, 옵션, 기준에 대한 원칙을 분명히 설정하여 오직 원칙에 따라 협상에 임하는 것이다.

원칙협상에서 제시된 위와 같은 네 가지 규칙은 문화를 초월하여 보편적으로 적용될 수 있는가? 보편적으로 보이는 규칙도 실행단계에 들어서면 문화적 속성에 영향을 받을 수밖에 없다. 예컨대 문제와 사람을 분리하라는 원칙은 합리적이고 분석지향적인 서구문화에서는 적합성이 높을 것이나, 비선형적이며 포괄지향성을 띠는 동양문화에서는 적합성이 떨어질 수밖에 없다. 전통적인 동양 문화권에서는 문제로부터 인간적 속성을 분리해내는 것이 쉽지 않다. 모든 것이 상호의존적으로 연결되어 존재한다고 인식하기 때문에 요소를 분해하는 것은 적절하지 않다. 뒤에서 언급하지만, 동양의 고맥락 문화에서는 사람과 문제를 분리하지 않고 포괄적으로 의사소통을 하는 경향이 있다. 이해에 초점을 두라는 규칙의 적용도 문화에 구속될 수 있다. 체면과 간접 대면방식을 중시하는 집단주의 정향의 사회에서는 합리주의적 개인주의 사회만큼 주장하는 입장으로부터 이해관계를 탐색하는 것이 쉽지 않다. 이러한 문화에서는 실질적인 이해를 직접적으로 밝히고 제시하는 것이 체면을 손상시키는 일일 수 있다. 마치 세 번은 권해야 마지못해 수긍하는 척하는 전통적 행태처럼 실질적인 이해는 흔히 이면에 숨어있다. 이면에 깔린 이해를 알게 되었더라도 이를 반영한 제안을 직접 제시하는 것은 체면을 손상할 수 있다. 그렇기 때문에 모른 척하고 간접적으로 충족시켜줄 필요가 있다. 또한 집단주의 문화에서는 자신의 개인 이익과 입장이 무엇인지 명확히 알고 있는지도 의문스럽다. 왜냐하면 자기 이해는 내부집단 이해와 연계되어 있어 자기 것만을 분리하기 어렵기 때문이다.

김기홍(2002: 193 – 202)은 협상을 잘하기 위해서 "쓸데없는 인연과 하찮은 욕심에 연연"해서는 안 되며 편견 없이 상황을 지각할 수 있는 능력이 요구된다고 주장하면서, 협상을 어렵게 하는 우리의 문화 요소로서 유교적 이념에 근거한 장유유서와 권위주의를 지적한다. 장유유서와 권위주의는 합리적 의사소통에 장애가 된다. 그리고 이러한 전통적 가치들이 암묵적으로 편 가르기를 강요하며 총론적 찬반 진영논리를 조장한다. 이러한 전통에서는 협상 요소인 "타협을 악(惡)과 동일시"하는 경향이 있다. 그리고 사람의 특성(예: 지역 연고)과 일이 결합되어 있어 협상을 위한 사회적 분위기를 저해한다. 즉 사람과 문제의 분리 원칙이 적용되기 어려운 문화인 것이다.

2) 협상과 권력

협상에서 당사자 간 권력균형은 성공적인 결과를 낳기 위한 요건 중 하나이다. 협상력의 균형이란 상대편이 일방적으로 행동을 하지 못하도록 영향력을 행사할 수 있는 능력을 지칭한다(Burkardt et al. 1997: 251). 당사자 간 힘의 균형이 있을수록 협상의 성공가능성이 높아진다. 이러한 협상력의 원천은 무엇인가? Fisher(1983)가 제시한 내용을 중심으로 살펴보자. 첫째, 협상의제와 관련된 분야나 협상일반에 관한 지식과 기술을 의미하는 전문역량이다. 둘째, 협상의제를 통제할 수 있는 능력이다. 셋째, 좋은 대안과 합의대체안(BATNA)이다. 협상을 통해 합의를 도출하지 않아도 좋은 결과를 가져올 수 있는 대안을 가지고 있다면 협상력을 끌어올릴 수 있다. 협상을 안 해도 더 좋은 결과를 가져올 수 있다면 논리상 협상하지 않는 것이 옳다. 피셔는 이를 좋은 대안의 힘이라고 한다. 넷째, 협상 페이스를 조절할 수 있는 능력이다. 조급한 협상과 지연된 협상 모두 문제를 발생시킨다. 적시협상을 위한 페이스 조절능력이 중요하다. 다섯째, 협상가가 지닌 성격의 힘이다. 상대편으로 하여금 추후에도 같은 협상가와 교섭하고 싶다는 의식을 갖도록 만드는 매력을 말한다. 장기간 관계 유지와 신뢰 그리고 책임감이 이러한 성격을 형성하는 요소이다. 정당한 협상가로 인식되기 위해서는 공정성과 적법절차의 규범에 따라야 한다. 노골적 위협과 같은 권력 사용은 모두가 수용할 수 있는 합의에 도달할 가능성을 낮추며 관계를 파괴한다.

협상과정에서 발휘되는 수단적 협상력을 협상 지렛대 또는 레버리지(negotiation leverage)라고 표현한다. 협상 지렛대는 세 가지로 유형화된다. 첫째, 상대편이 원하는 바를 들어서 제공할 수 있는 능력에 기초한 적극적 지렛대이다. 상대편이 요구하거나 원하는 것 그리고 그들에게 없어서는 안 될 것을 보유하고 있을 때 적극적 지렛대를 활용할 수 있다. 둘째, 상대편이 가진 것을 빼앗을 수 있는 위협에 기초한 소극적 지렛대이다. 소극적 지렛대를 사용하면 상대편에게 저항감과 분노감을 일으키고 불신을 조장할 개연성이 있다. 그럼에도 불구하고 소극적 지렛대가 관심을 받는 이유는 인지특성상 동일한 크기의 이득보다는 손실에 더 민감하게 반응하기 때문이다. 당근 같은 적극적 지렛대보다는 같은 크기의 채찍 같은 소극적 지렛대를 사용할 때 더 효과적인 상황이 있다. 셋째, 상대편이 거절하기 어려운 원칙과 규범에 따라 일관적으로 행동함으로써 협상우위를 점하는 규범적 지렛대를 활용할 수 있다. 예컨대 과거에 공개적으로 했던 언행에 대해 일관성을 지킨다든지

도덕적 의무와 규범을 준수하는 것 등이 규범적 지렛대를 구성한다(하혜수·이달곤 2017: 44-46). 중요한 것은 협상에서 권력의 원천을 보유하되 그러한 권력을 '망치'로 사용하기보다는 '지렛대'로 활용하는 것이다. Burkardt 등(1997)이 분석한 성공 사례들에서 협상가들은 모두 망치가 아니라 지렛대로서 권력원천을 활용하였다. 이들은 보유한 권력의 원천과 권력행사의 가능성을 상대편에게 주지시켰지만, 그렇다고 가진 권력을 모두 사용하지는 않았다.

3) 양면게임과 협상구도

협상이 전개되는 구도를 테이블에 앉은 협상가 간 상호작용으로만 이해한다면 이는 지나치게 단순하다. 협상의 구도를 정확히 포착하려면 협상가들 사이의 상호작용뿐만 아니라, 협상결과로 인해 영향을 받는 이해관계자 및 선거구민과의 상호작용 측면도 함께 고려해야 한다. 이를 위해 유용한 개념 틀이 양면게임 이론이다. 비록 국가 간 협상을 대상으로 개발된 개념 틀이지만 국내 협상구도를 이해하는 데도 유용하다. 국내정치와 국제관계는 흔히 얽혀져 있다. 국가 간 협상에서 합의는 상대 국가로부터 오는 국제적 압력과 국내정치의 파장이 결합되어 도출된다. 로버트 퍼트남은 국제관계와 국내정치의 상호작용을 나타내는 은유로 "양면게임(two-level games)"이라는 용어를 제시한다(Putnam 1988).

양면게임 이론은 국가 간 협상에 나서는 사람은 단순히 상대국의 협상 파트너만을 응대하는 것이 아니라, 자국 내 이해관계자들(예: 주요 정치인, 관련 산업계 인사, 이익집단 등) 및 여론과의 상호작용도 한다는 사실을 설명한다. IMF 구제협상이나 한미 FTA 또는 한미 사드(THAAD) 배치 협상 사례를 상기해 보면, 협상테이블에 앉은 정부대표 협상팀은 국내정치와 산업계, 지역민 그리고 여론에 민감하게 반응하면서 IMF대표단 또는 미국 협상팀과 교섭하였다. 민주국가에서 정권에 의해 임명된 정부 협상대표는 국내에서 치러질 선거를 염두에 둘 수밖에 없다. 유능한 협상가는 국제협상 과정에서 국내 정세와 여론 동향에 귀를 기울이고 이로부터 지각된 자극을 전략적으로 사용한다.

양면게임은 국내와 국제 양 국면으로 동시에 전개된다. 국내집단들은 자국정부로 하여금 선호하는 정책을 채택하게끔 압력을 행사한다. 그럼으로써 자신들의 이익을 추구하며, 정치인들은 그러한 집단들과의 연합을 구성함으로써 권력을 추구한다. 국제적 국면에서 각국 정부는 상대국과의 교류로 인한 부작용을 최소화하는 한편 국내 압력과 요구를 충족시킬 수 있는 역량을 최대화하려 한다. 양면 중 일면을 무시할 수 없다. 국제협상에서 도출된 합의안은 대부분 국내에서 비준을 받아야 한다. Putnam(1988)은 분석을 위해 두 단계를 분해하는 것이 유용하다고 주장한다. 잠정적 합의에 이르는 협상가 간 교섭단계를 '레벨 I'로 명명하고(협상국면), 합의안을 비준할 것인가 여부를 두고 선거구민 집단들 사이에 논쟁하는 단계를 '레벨 II'로 명명한다(비준국면). 분석을 위해 이렇게 분해하지만 실제로 두 단계는 상호불가분하게 연결되어 있다. 예컨대 협상단계에서 도출될 합의안은 국내에서 비준될 수 있는 요건(예: 재적 국회의원 과반수의 찬성)을 충족시킬 수 있느냐를 고려하여 제시한다.

국내에서 비준되거나 선거승리에 기여할 수 있을 레벨 I 의 모든 합의대안의 집합을 '윈셋(win-set)'이라고 한다. 양면게임 협상에서는 윈셋의 크기가 매우 중요하다. 윈셋이 클수록 레벨 I 에서 합의를 도출할 가능성이 커진다. 양측이 합의하는 것이기 때문에 양 측의 윈셋이 중첩되는 영역에서 합의가 도출된다. 윈셋의 중첩영역을 거래영역(trading zone) 또는 '합의가능영역 (Zone of Possible Agreement, ZOPA)'이라고 한다. 그래서 ZOPA가 클수록 합의확률도 높아지는 것이다. 하지만 협상가의 입장에서는 윈셋이 작으면 교섭우위를 점할 수도 있다. "나는 당신이 제시한 안을 수용할 수 있지만 국내에서 비준이 될 수 있을지는 장담할 수 없다"는 식으로 대응함으로써 협상력을 높일 수 있는 것이다.

〈그림 13-2〉에서 X_M은 당사자 X가 얻을 수 있는 최대 결과를 나타내고, Y_M은 당사자 Y가 얻을 수 있는 최대 결과를 나타낸다. X_1과 Y_1은 당사자 X와 Y가 각각 비준을 얻을 수 있는 최소 결과를 나타내는 것으로, 이 지점까지 합의내용으로 양보할 수 있다. 레벨 II 에서 X와 Y 모두 비준이 가능

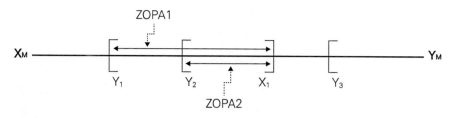

그림 13-2
양면게임
협상에서 윈셋과
합의가능영역

한 X_1과 Y_1의 사이, 즉 ZOPA1의 어느 지점에서 합의가 도출된다. 만약 Y의 국내 사정으로 윈셋이 Y_1에서 Y_2로 감소하면(예: 국회비준 동의안 요건이 재적의원의 과반수에서 2/3로 변동), ZOPA2의 어느 지점에서 합의가 도출될 수 있다. 그러면 전체적으로 볼 때 합의확률은 낮아졌지만 당사자 Y는 더 유리한 결과를 얻게 된다. 그러나 만약 Y의 윈셋이 더 감소하여 Y_3에 이르면(예: 국회비준 동의안 요건이 만장일치로 변동) X와 Y 간의 협상은 교착상태에 빠지거나 결렬된다.

윈셋의 크기를 결정하는 요소들은 무엇인가? Putnam(1988)은 주요하게 세 가지를 제시한다.

첫째, 레벨Ⅱ의 선호와 연합 요소로서, 국내수준에서 권력 및 선호의 분배구조와 선거구민 연합구조이다. 이는 국내 정세와 정치지형이 어떻게 형성되어 있는지를 말한다. 예컨대 농업을 주업으로 하는 선거구민 집단과 제조업에 종사하는 선거구민 집단은 흔히 상이한 선호와 이해관계를 가지고 있다. 그렇기 때문에 레벨Ⅰ에서 도출될 수 있는 합의안에 대해 레벨Ⅱ의 집단들 사이에서 지지와 반대를 달리할 수밖에 없다. 이러한 선거구민 집단의 분리와 갈등이 이익집단과 정치인들의 입장으로 대변되어 연합을 형성하게 된다. 국회에서 비준절차를 밟는 정치인들은 자신들의 최대 효용함수인 선거에서 얻어야 할 표를 의식할 수밖에 없다. 이러한 논리로, 협상의제가 레벨Ⅱ의 선호와 이해의 측면에서 동질성 또는 이질성을 갖느냐, 또는 정치적으로 쟁점화되어 있느냐에 따라 윈셋의 크기는 달라진다. 한편 레벨Ⅱ수준에서 변화와 개혁(예: 국내 산업구조개편)을 도모하고자 할 때, 레벨Ⅰ에서 전략적으로 협상의제를 창출하여 합의를 도출할 수도 있다.

둘째, 레벨Ⅱ의 정치제도가 윈셋의 크기를 결정한다. 앞서 언급한 바와 같이, 레벨Ⅰ에서 합의한 사항은 레벨Ⅱ에서 동의나 비준을 얻어야 한다. 그 래서 의회의 비준절차와 동의 의석수와 같은 정치제도가 영향을 미친다. 이 외의 조건들이 동일하다면 비준을 위한 의석수가 재적의원의 2/3보다는 출석 의원의 1/2일 경우가 더 큰 윈셋을 갖는다. 또한 대통령제나 의원내각제와 같은 레짐의 성격, 민주국가나 독재국가와 같은 국가의 강도와 자율성 등도 여기에서 말하는 정치제도에 포함된다. 민주주의가 발전된 국가보다는 독재 자에 의한 중앙집권적 권위주의 국가가 더 큰 윈셋을 가질 수 있다. 그러나 독재국가의 레벨Ⅱ에서처럼 작은 압력으로 윈셋은 클지 몰라도 레벨Ⅰ에서 협상가의 교섭력과 운신의 폭은 오히려 작을 수 있다.

셋째, 윈셋의 크기는 레벨Ⅰ에서 협상가의 전략에 따라 달라진다. 협상 대표는 윈셋을 축소하는 전략과 확대하는 전략을 사용할 수 있다. 협상가 본 연의 임무는 상대편의 윈셋을 최대한 확대하는 것이다. 협상가는 자국의 윈 셋이 커질 때 합의에 도달하기는 용이해져도 협상가 자신의 교섭력은 작아진 다. 상대편 협상가도 마찬가지이다. 따라서 협상가는 윈셋의 크기를 전략적 으로 활용할 수 있다. 예컨대 자국의 윈셋 축소전략은 레벨Ⅱ의 사정(예: 무역 의 불공정성에 반대하는 시위)을 들어 협상가 자신의 재량권을 축소하는 것이다. 합의된 사항에 대한 불이행과 변절에 대해 협상가의 비자발성을 내세울 수 있는 전략 중 하나이다. 윈셋 확대전략은 이면보상 등을 통해 레벨Ⅱ의 압력 을 완화시키는 것이다. 예를 들어 농촌지역 선거구민의 압력을 줄이기 위해 서 쌀시장 개방의 대가로 농민에게 보조금을 약속한다든지, 국회비준에서 반 대가 예상되는 의원들의 지역구에 대해 사업예산을 증액한다.

〈그림 13-2〉에서 X와 Y가 중앙정부와 지방자치단체이거나 또는 광역 자치단체들이라면 윈셋의 크기를 결정하는 요소들은 무엇일까? 참고적으로, 백상규와 황경수(2014)는 양면게임의 틀에 기반하여 제주해군기지와 방폐장 협상사례를 비교·분석하였다. 레벨 Ⅰ의 협상 당사자로서 중앙정부와 지방자치 단체를, 레벨 Ⅱ의 내부집단으로 일반국민과 지역주민을 나누어서 협상구도 를 설정하였다. 그러면서 중앙정부와 주민 간의 협상단계를 국면 Ⅰ, 지자체

참여 이후 단계를 국면 II로 구분하여 두 사례의 윈셋 변화를 분석하였다. 분석결과, 전략(예: 보상확대, 지역여론 활용), 제도(예: 기초자치단체 유무), 그리고 주민의 선호와 연합정도(예: 건강가치 대 안보가치)에 따라 윈셋이 변화하며 갈등양상에 영향을 주는 것으로 나타났다.

4〉 협상과 의사소통 문화

협상과정에서 특히 부각되는 요소가 의사소통인데, 여기에서 문제는 문화이다. 1991년 1월 제노바에서 미국 국무부장관 제임스 베이커와 이라크 외무부장관 타릭 아지즈가 회담을 하였다. 회담 후 이라크 전쟁이 발발했다. 골자는 회담에서 의사가 잘못 전달되었던 것이다. 베이커 장관은 협상테이블에서 이라크가 쿠웨이트에서 철수하지 않으면 미국이 이라크를 공격할 것이라고 분명하게 말했다. 아지즈 장관의 옆자리에 사담 후세인의 동생이 앉아 있었다. 그는 베이커 장관이 '무엇'을 말하는가보다는 '어떻게' 말하는지에만 신경을 썼다. 그는 미국이 공격하지 않을 것이라고 바그다드에 보고하였다. 서양의 개인주의 문화권이 대개 의사소통의 '내용'에 초점을 맞추는 반면, 동양의 집단주의 문화권은 의사소통의 '맥락'에 초점을 두는 경향이 있다. 서구문화를 한 번도 접하지 못했던 후세인의 동생과, 회담에서 화를 내면서 미국의 공격의도가 심각하다는 신호를 주었어야 했지만 그렇지 않고 차분히 말로만 공격의사를 전달했던 베이커 장관 간에 의사소통이 잘못된 것이다. 집단주의문화에서 신뢰는 외부집단보다는 내부집단으로 향한다. 후세인은 동생의 보고를 믿었던 것이다. 결과는 전쟁이었다.

사실, 이 회담이 열리기 이전에 미국은 이라크 주재 대사를 여성으로 임명하였다. 이라크 문화에서 당시 여성의 사회적 지위는 매우 낮았다. 이라크에게는 '여성'대사가 매우 낮은 대표성을 지닌 것으로 해석되었다. 그래서 후세인의 쿠웨이트 침공계획에 대한 경고를 담은 메시지를 그녀가 전달하기에는 별 효과가 없어 보였다. 또한 이 회담 당시 아지즈 장관은 쿠웨이트 침공시 미국의 공격계획을 담은 부시 대통령의 서신을 전달 받길 거절하여, 베이커 장관은 망연자실하였다. 부시 대통령의 서신 내용은 후세인에게 전달하기에는 '너무' 명확했기 때문에 거절했던 것이다. 이라크 문화에서는 체면을 잃지 않거나 당혹감이 없을 만큼은 서신내용이 애매모호할 것으로 기대된다. 문화의 차이는 이렇게 잘못된 의사전달과 갈등을 초래한다. 갈등의 강도는 일반적으로 두 문화가 유사한 경우보다 상이한 경우 더 높다. 이러한 차이를 "문화적 거리(cultural distance)"라고 한다(Triandis 2000: 145).

1) 저맥락과 고맥락 의사소통 문화

문화의 관점에서 커뮤니케이션 양식을 고맥락(high context)과 저맥락(low context) 의사소통으로 유형화한다. 에드워드 홀에 따르면, 문화는 인간과 외부세계 사이에 선별적 여과장치를 제공한다. 즉 문화는 우리가 무엇에 주의를 기울이고 무엇을 무시할 것인가를 지정한다. 교류 또는 정보처리과정에서 이러한 선별여과 기능 덕분에 우리는 정보 과부하 문제를 해결할 수 있다. 모든 교류는 기본적으로 고맥락부터 저맥락 의사소통의 연속선상에 놓인다(Hall 1976: 85-86). 고맥락 커뮤니케이션은 미리 프로그래밍 된 정보가 수신자와 맥락에 내장되어 있기 때문에, 전달되는 메시지에는 최소한의 정보만이

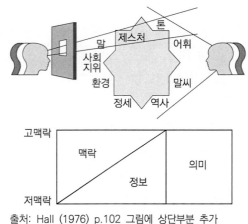

그림 13-3
저맥락-고맥락
문화

출처: Hall (1976) p.102 그림에 상단부분 추가

담겨 있다. 그래서 고맥락 방식에서는 전달되는 메시지 내용보다는 맥락이 더 중요하다. 맥락에 더 많은 정보가 담겨 있기 때문이다. 저맥락 커뮤니케이션은 이와 반대로 맥락에 발신자의 정보가 내장되어 있지 않다고 가정한다. 그래서 맥락에 빠져 있는 것을 보충하기 위해

PART 04. 공공갈등관리와 거버넌스

전달되는 메시지에 많은 정보가 담겨져야 한다. 저맥락 방식에서는 전달되는 메시지 내용이 맥락보다 더 중요하다(<그림 13-3>). 협상에서 합의는 계약으로 나타난다. 협상 계약에 대한 태도도 저맥락과 고맥락 문화권에 따라 다르다. 서구 저맥락 문화에서 계약은 협상 당사자들의 권리와 의무를 문서화하고, 위반 시 처리방안을 수십 개의 조항으로 명시한다. 일단 세밀한 계약이 체결되면 그것은 신성한 성질을 지닌다. 즉 서명된 계약서는 수정하기 어려운 경직성을 띤다. 반면 동양의 고맥락 문화에서 계약은 상황에 따라 변할 수 있는 신축성을 띤다. 원래 체결된 계약내용에 따라 집행되지 않을 수도 있다. 동양 문화권에서 계약체결은 관계의 시작이다(Benoliel & Kaur 2015: 320).

일반적으로 저맥락 문화는 개인의 정체성과 명확한 의사전달을 중시하며 상대적으로 낮은 문화적 제약과 요구로 특징짓는다. 이에 반해 고맥락 문화는 집단의 정체성과 암묵적인 의사전달 코드와 신호를 중시하며 비교적 높은 문화적 제약과 요구로 특징짓는다. 스위스, 독일, 스칸디나비아 국가, 미국은 저맥락 문화권에 위치하고, 한국, 중국, 일본, 베트남 등 아시아 국가들은 고맥락 문화권에 위치한다. 저맥락 문화권에서는 말로 표현된 언어에 의한 의사소통이 중요하지만, 고맥락 문화권에서는 말로 표현된 언어는 단지 하나의 의사전달 수단에 불과하며 많은 경우 말로 표현되지 않는 것들이 더 중요하다(Hall 1976).

서양문화에서는 과업과 인간관계가 성공적으로 분리될 수 있다고 사유하는 경향이 있는 반면, 동아시아 문화에서는 사람과 일이 전체의 한 부분으로 간주되어 분리될 수 없다고 인식하는 경향이 있다. 사적인 인간문제는 제쳐두고 직무에 초점을 두는 소위 전문가주의 관념이 있다. 이 관념이 바로 일과 사람의 분리에 대한 믿음으로 나타난다. 저맥락 문화권에서 개인은 갈등 문제로부터 갈등에 개입된 사람을 비교적 잘 분리할 수 있다. 이러한 문화에서 사람들은 일과 관련해서는 서로 소리를 지르며 싸울 수 있지만, 나중에는 친구로서 계속 관계를 유지할 수 있다. 협상의 원칙으로 제시된 사람과 문제의 분리가 잘 적용될 수 있다. 이에 반해 고맥락 문화권에서는 갈등 문제가 관련된 이해관계자들과 밀착되어 있어 양 요소를 분리하기 어렵다. 고맥락 문화에서 상대방에게 공개적으로 반대의견을 제시하거나 직접적으로 대응하는 행태는 당사자 양측 모두에게 체면을 잃게 하고 때로는 심각한 타격과 모욕을 안겨준다. 저맥락 문화에서 사람들은 분석적인 선형논리로 세상을 볼 가능성이 높다. 결합된 요소들을 분해하여 원인과 결과의 단선 관계를 찾는다. 저맥락 문화권 사람들은 일반적으로 갈등을 일 자체에 관련된 목표의 불일치나 반대로 인식하는 수단정향적 관점에서 바라본다. 이와 대비하여 고맥락 문화권 사람들은 포괄적인 나선형논리로 세상을 볼 가능성이 높다. 결합된 요소들이 모두 상호의존성을 띠고 있기 때문에 분해하는 것은 의미가 없으며, 하나의 요소가 동시에 원인이자 결과일 수도 있다. 고맥락 문화에서는 갈등을 주로 관계에 초점을 두어 적대감과 긴장으로 인식하는 표현정향적 관점에서 바라본다(Ting-Toomey 2001: 48-51). 이러한 의사소통 문화의 특성을 고려할 때 갈등해결의 전략과 수단으로서 협상은 고맥락보다는 저맥락 문화에서 실효성을 발휘할 수 있다.

2) 의사소통 문화와 직·간접 대응방식

저맥락 문화에서는 갈등에 직접적으로 대응하는 태도를 견지한다. 반면 고맥락 문화에서는 갈등을 회피하고 간접적으로 대응하는 태도를 보인다. 여기에서 '회피'는 관계유지를 위한 기능을 갖기 때문에 문제해결을 위해 아무것도 하지 않는다는 의미와는 구별되어야 한다. 갈등에 대한 직접대응과 간접대응 방식은 언어적 형태, 감정표현 행태 그리고 제3자 개입 측면에서 차이가 있다(Brett et al. 2014).

첫째, 언어적 형태 측면에서 두 방식은 차이가 있다. 직접대응방식은 협상과정에서 표현되는 언어의 문자와 의미가 동일하다. 의사소통 과정에서 전달되는 메시지 자체로 의미가 통용된다. 표현된 언어를 문자 그대로 받아들여 의미를 해석하면 된다. 이에 비해 간접대응은 언어적으로든 비언어적으로든 발신자의 메시지를 담은 신호를 전달하는 의사소통 방식이다. 이러한 신호를 통해서 상대방의 의도를 알아채고 이에 대해 결정을 하는 연상적인 방식이다. 간접대응방식의 언어는 별 뜻 없는 이야기를 한다거나 역지사지의 경험담을 공유하면서 양 당사자들 모두 답을 이미 알고 있는 질문을 상대방에게 던지는 등 형태를 취한다. 그래서 체면이 유지된 상대방의 응답으로 갈등은 해결된다. 반면 직접대응방식의 언어는 지각된 갈등을 공식적인 요구거절과 같은 분쟁으로 전환시키는 형태를 취한다. 분쟁은 언제나 권리 또는 공정성의 논거에 의해 정당화된다. 양 당사자들이 분쟁에 깊숙이 개입하여 한쪽이 자기주장을 펴면 다른 쪽은 이에 반대한다. 이러한 상호 교전은 양 당사자 간 직접적인 협상으로 이어진다. 그리하여 양쪽의 이해가 통합되고 사회규범상 누가 옳고 그른지 또는 누가 더 강해서 승리와 항복을 하게 되는지를 결정한다(Fisher & Ury 1991). 갈등상황에서 일반적으로 서양 사람들은 직접대응방식의 의사소통이 더 정직하고 효율적이라고 인식하는 반면, 동양 사람들은 상대방이 알아챌 수 있는 신호나 제3자를 통해 우회적으로 의사소통을 하는 간접대응방식이 더 효율적이라고 인식하는 경향이 있다(Brett et al. 2014). 사과나 유감 표명도 직접대응과 간접대응 방식에서 그 의미나 기능 그리고 빈도가 다르다. 집단주의 문화의 간접대응방식에서 유감표명은 회한이나 후회를 의미하는 일반적 표현이지만, 책임을 표시하는 것은 아니다. 그래서 이러한 문화에서 유감 표명은 화합을 회복할 목적으로 비교적 자주 활용된다. 한국사회에서 우리는 공식적인 유감 표명, 그리고 사과를 하거나 요구하는 장면을 흔히 목격한다. 이러한 유감 표명은 책임을 지는 것과는 별도로 이루어지는 경우가 많다. 이에 반해 개인주의 문화의 직접대응방식에서 유감 표명은 과실 책임의 수용을 나타낸다. 그렇기 때문에 비교적 자주 사용되지 않는다.

둘째, 감정표현의 측면에서 두 방식은 차이를 보인다. 독립성과 자기주장의 가치는 공개적인 감정표현을 촉진한다. 직접대응방식에서는 상대방에게 압력을 가할 목적으로 화 또는 짜증을 내기도 한다. 반면 상호의존성과 관계조화의 가치는 특히 부정적 감정을 억압하는 분위기를 조장한다. 예컨대 간접대응방식에 익숙한 동아시아인들은 직접대응방식에 체화된 북아메리카인들에 비해 부정적 감정을 적게 표현하는 경향이 있다. 이는 조화를 강조하는 간접대응방식에서 부정적 감정의 표현이 체면위협이나 신분모욕으로 간주될 수 있기 때문이다(Gelfand et al. 2014). 서양인들이 감정지능 훈련으로 혜택을 얻을 수 있는 이유 중 하나는 그들이 간접대응방식에 익숙하지 않다는 사실에 있다. 감정지능은 직접대응방식보다는 간접대응방식과 관련성이 높다. 직접대응방식에 익숙한 서양인들은 간접적 신호를 인식하여 감정을 규제할 수 있는 사회적 조건화가 비교적 약하다.

　셋째, 두 방식은 제3자의 개입 측면에서 차이가 있다. 직접대응방식은 직접관련이 없는 타인들에게 영향을 주지 않으면서 갈등을 해결하는 목표를 가지고, 당사자 간 명확한 의사소통을 특성으로 한다. 싸울 때 제3자가 개입하는 것을 선호하지 않는다. 직접대응방식에서는 갈등당사자 간 협상이 교착상태에 이른 후에야 조정자나 중재자가 개입하는 경향이 있다. 반면 간접대응방식에서는 갈등당사자들이 체면을 잃기 전 초기단계부터 제3자가 개입하는 경향이 있다. 이런 점에서 제3자의 개입 없이 당사자 간 갈등해결을 모색하는 협상은 직접대응방식의 저맥락 문화에서 효과적인데 비해, 제3자 개입이 강한 중재나 소송은 간접대응방식의 고맥락 문화에서 효과적일 수 있다.

　4장에서도 언급했듯이, 직접대응방식은 개인주의 문화의 특성인 자기이익 증진에 상응한다. 개인주의에서 사람들은 행동 지향적이며 문제해결 지향성을 띠고 있다. 이러한 문화에서 개인은 특정대안을 제안하고 이 대안이 자신과 상대방에게 어떠한 이점이 있는지를 두고 논쟁한다. 대안을 제안하고 논쟁하는 성향은 저맥락 문화(Hall 1976)와 분석적 사고정향 문화(Nisbett 2003)가 갖는 특성이다. 저맥락과 분석적 사고정향으로 성장한 사람들은 객체의 속성(사물의 본질)에 초점을 두는 경향이 있다. 이러한 문화권에서는 여러 대안들을 확인하고 이에 대한 찬반논쟁을 함으로써 갈등관리를 위한 표준적 의사결정 절차를 사용한다. 분석적 사고정향은 자기이익의 침해 시 권리주장과 이에 대한 정당화를 특성으로 한다. 또한 직접대응방식은 평등주의 가치와 일치한다. 사람들을 평등하게 대우하고 사회적 지위를 동태적인 것으로 간주한다. 그래서 평등주의 문화에서 기득권에 대한 도전은 하나의 권리이며 공개적인 갈등이야말로 이러한 권리를 규정하는 양식으로 이해된다. 반면 간접대응방식은 갈등당사자가 속한 사회적 맥락에서 화합을 유지하면서 문제를 해결하려 한다. 화합의 가치는 집단주의적 계층주의 문화에서 중시된다. 우리 사회는 의식주의 문화요소를 배태하고 있다. 한국인은 외심과 내심(본심)의 이중성을 가지며 체면 때문에 본심은 항상 베일 속에 가려 있다. 본심 상태에서 협상이나 의견교환이 좀처럼 일어나기 어렵다(백완기 1978: 125). 간접대응방식의 핵심요소는 체면 보호와 유지이다. 간접대응방식에서는 갈등당사자들을 체면손상으로부터 보호하기 위해 제3자를 활용한다. 반복컨대, 갈등을 우회적이고 간접적으로 대응하는 고맥락 의사소통 문화보다는 직접적인 방식으로 대응하는 저맥락 의사소통 문화에서 협상, 특히 원칙협상전략은 더효과적이다.

CHAPTER **14**. 갈등관리와 문화적 맥락

1〉 문화가 문제다

갈등을 관리하는 데 문화가 문제다. 실효성 있는 갈등관리를 위해서 문화 요인이 미치는 영향을 주목할 필요가 있다. 4장에서 언급했듯이, 문화란 특정 집단에 속한 구성원들이 공유하는 신념·가치·규범의 총체 또는 정신적 프로그램이다. 문화는 무엇이 진리인지에 대한 인과적 믿음이며, 무엇이 중요한지를 정하며, 무엇이 정상적인지에 대한 경계를 설정한다. 문화는 이렇게 인과성, 중요성, 정상성에 대한 길잡이 역할을 하는 정신적 프로그램이라 할 수 있다. 문화는 심층수준에서 당연하게 여겨지는 성질을 지녀서 내부인은 평소 잘 의식하지 못한다. 문화적 자각의식이나 감수성이 전제되어야 갈등의 역기능을 최소화할 수 있다. 13장에서 본 미국과 이라크 간 제노바회담 사례에서처럼, 협상 당사자의 문화의식(cultural awareness) 수준이 낮으면 파괴적 갈등을 초래할 수 있다.1) 문화의식 수준에 따라 갈등해결 전략과 수단

---

1) Kimmel(2000: 462)은 5가지 문화의식 수준을 제시하였다. 첫 번째, 문화우월주의(cultural chauvinism)로서 유년기의 자기중심적 세계와 같이 타 문화와 이에 속한 타인에 대한 관심과 지식이 없는 수준이다. 두 번째, 자문화중심주의(ethnocentrism)로서 개인의 차이가 민족·종교·인종·국가의 특성과 분명하게 연계되면서 자기방식에 대한 우월성을 확신하는 수준이다. 세 번째, 포용(tolerance) 수준으로서 차이가 반드시 바람직하지 않다고 인식하지 않으며 '이국적'임은 태생적이기보다는 다른 사회나 타국에서 살기 때문이라고 인식한다. 그러

의 효과성도 달라진다.

여러분은 어떤 것이라도 협상할 수 있다고 생각하는가? 협상에 관한 몇몇 저서의 제목처럼 이 세상에 협상이 가능하지 않는 것은 없을 수도 있다.[2] 그러나 문화의 영향을 전제하면 모든 것을 협상할 수 있는 것은 아니다. 자문화중심주의 정도가 강한 맥락에서는 상이한 가치와 신념 간 협상 여지는 거의 없다. 사회에서 당연시하는 기본가정과 핵심가치를 부정하는 사안은 협상테이블에 오르기도 어렵고 합의가능성도 낮다. 예컨대 FTA와 국제협상에서 농자천하지대본(農者天下之大本)이나 신토불이(身土不二)의 가치에 반하는 것으로 인식되는 대안은 국내 국면(Level Ⅱ)에서 관련업계의 강력한 반발에 부딪히곤 하였다. 또한 낙태나 사형 등 이슈에 부착된 가치들도 협상할 수 있는 것이 아니다. 낙태 찬반을 합리적으로 계산할 수 있는가? 집단과 제도는 사람들을 각자 상이한 경험 세계로 위치시키며, 문화는 사람들의 이러한 개인적 경험으로부터 파생된다. 집단과 제도는 문화를 담는 그릇이다(Avruch 1998: 18). 분쟁은 어떤 사회에서 싸울 가치가 있는 것이 무엇이고, 정상적이며 도덕적인 싸움의 방법은 무엇이며, 수용될 수 있는 해결법은 무엇인지에 대한 규칙의 틀 안에서 전개된다. 그래서 갈등과 분쟁은 "문화행사"이다. 갈등과 분쟁에 대한 지각과 이를 다루는 방식은 사회 집단과 문화에 내재된 습관과 관례로부터 나온다(Merry & Silbey 1984: 157). 따라서 문화적 특성에 따라 갈등의 양태와 해결법이 구속받는다. 분쟁의 대응과정에서 어떤 해결수단이 선택되며, 선택된 수단이 실효성 있게 작동하느냐 여부는 문화와 연관되어 있다. 이 점에서 문화 요소를 고려하면 모든 것이 협상 대상이 될 수 있는

나 자신의 사회적 관행이 더 현실적이고 효과적이라고 간주한다. 네 번째, 최소차이화(minimization)로서 내생적 문화차이를 인정하면서도 모든 인간은 기본적으로 유사하다고 인식하여 보편법칙에 대한 신념을 강조하는 수준이다. 차이는 문화보다는 개인적 특성 차원에서 발생한다고 인식한다. 다섯 번째, 이해(understanding) 수준으로서 가치들이 창조되고 전수되는 과정은 모두 동일하나 그 과정에서 다른 의미들이 생성되고 전수될 뿐이라고 인식한다.

2) 예컨대 책 제목으로 *You Can Negotiate Anything: The World's Best Negotiator Tells You How to Get What You Want* (Cohen 1982) 또는 *Everything is Negotiable: How to Get the Best Deal Every Time* (Kennedy 2012)을 들 수 있다.

것은 아니다.

갈등해결수단은 문화적 틀 속에서 작동한다(Merry 1987a: 1). 소송, 중재, 조정, 협상 등 해결수단들은 사회의 문화적 특질을 배태하고 탄생하였다. 그리고 이러한 수단들이 갖는 의미는 국가나 사회에 따라 상이하다. 예컨대 협상은 다원주의 특성을 가진 사회에서 가장 유효하게 작동할 수 있다(Kolb & Putnam 1992: 314). 어떤 법인류학자들은 문화 렌즈를 끼고 소송, 중재, 그리고 조정에 의한 갈등해결과정을 들여다본다(예: Merry & Silbey 1984; Gold 2005). 이들의 논의를 중심으로 갈등해결수단과 문화의 관계를 살펴보겠다. 양자 간 관계를 설명하는 데 적용되는 문화 분류차원을 기술한 후, 소송, 중재, 조정, 협상에 내재된 문화적 가치들을 분석해 본다.

1) 문화유형의 분류

문화유형은 여러 가지로 분류된다.

첫째, 가장 많이 사용하는 차원으로 개인주의 대 집단주의가 있다. 사회과학에서 개인주의와 집단주의는 널리 사용되어 관련 용어와 개념들이 많다. 예컨대 사회학에서 공동사회를 의미하는 게마인샤프트(Gemeinschaft)와 이익사회를 의미하는 게젤샤프트(Gesellschaft) 개념이 사용된다. 인류학에서는 관계가치와 개인가치 지향성이 대비되어 사용된다. 개인주의와 집단주의 특성은 이외 분류차원들과 연관되어 있다. 예를 들어 개인주의는 보편주의, 저맥락 의사소통, 단선적 시간정향과 같은 유형과 함께 범주화된다. 개인주의와 집단주의는 뒤에서 별도로 상술한다.

둘째, 의사소통관점에서 분류한 저맥락 대 고맥락 문화이다(상세한 내용은 13장 참조). 저맥락적 의사소통은 개인주의 문화에 익숙하다. 왜냐하면 상대방과 많은 것을 공유하지 않는 개인으로서는 말로 정확하게 표현하여 의사전달을 하는 것이 이해력을 높일 수 있기 때문이다. 반면 고맥락적 의사소통은 집단주의 문화에 익숙하다. 집단주의 문화에서는 내부구성원들 사이에 비교적 많은 것을 공유하고 있다. 그래서 말이나 문서로 명확히 표현하지 않아도 서로를 이해할 수 있으며, 체면과 관계 유지를 위해 직접적이고 명확한 언어적 의사소통을 회피한다. 집단주의 사회에서는 맥락에 초점을 둔 신호전달을 선호한다.

셋째, 단선적－다원적 시간정향 차원이다. 단선적 시간정향 문화는 시간 관념을 선형적이고 양적이며 한정된 것으로 인식한다. 이러한 문화에서는 시간을 낭비하지 않아야 한다. 그래서 효율성이 중요한 가치로 등장한다. 스케줄을 잡는 것이나 기한을 설정하여 이를 엄수하는 것이 중요하다. 하나씩 단계적으로 하는 것이 효율적이다. 반면 다원적 시간정향 문화에서는 시간개념을 양적이거나 한정된 것으로 인식하지 않는다. 시간은 사람의 욕구에 따라 무한한 것일 수 있다. 시간은 내면 된다. 스케줄이나 기한을 변동시켜도 별 상관이 없다. 그리고 모든 것이 비선형적으로 상호의존하고 있으며 동시에 여러 가지 일들을 할 수 있다.

넷째, 권력거리는 사회 전반적으로 권력 불평등의 수용 정도를 나타내는 분류차원이다. 권력거리가 큰 문화는 약자 위치에 있는 사람이 강자와의 권력격차를 자연스럽게 인정하며 수용한다. 권력거리가 큰 사회에서 권력은 옳고 그름을 판단하기 이전에 인식되는 기본 사실이다.

다섯째, 불확실성의 회피 차원이다. 이는 미지나 예측되지 않는 것에 대해 느끼는 불안함의 정도로 측정된다. 불확실성 회피가 높은 사회에서는 불확실하고 애매한 상황에 직면할 때 화가 난다. 이러한 사회에서는 불확실성을 부정적이고 회피해야 할 것으로 인식한다. 그래서 불확실성 회피를 위해 성문화된 법규나 규제 등 공식 제도와 구조를 발달시킨다. 불확실성 회피가 높은 사회는 차이가 있는 것을 위험하게 인식하며, 갈등과 변화를 부정적으로 인식하는 경향이 있다. 반면 불확실성 회피가 낮은 문화에서는 비공식인 규칙이나 신축적인 규칙 적용을 선호한다. 그리고 의견 차이나 기존의 예측 가능한 것에서 벗어난 예외적인 아이디어를 가치 있게 인식한다. 불확실성의 수용 문화권에서는 갈등을 긍정적으로 보는 경향이 있다.

여섯째, 통제위치는 내부지향적인 것과 외부지향적인 것으로 분류되는 차원이다. 내부통제문화는 내 자신이 모든 것을 통제할 수 있다는 신념을 나타낸다. 내 노력에 따라 나의 운명을 바꿀 수 있다. 반면 외부통제문화에서는 내 노력에 의해 어느 정도는 이룰 수 있지만, 대부분 나의 의지와 노력과는 무관하게 미리 결정되어 있다고 믿는다.

2) 개인주의와 집단주의 문화

개인주의 문화에서는 자신의 욕구와 이해관계에 우선적 관심을 두며 자기 이익에 도움이 되지 않는 대인관계는 포기한다. 개인주의는 관계를 교환이론 관점에서 바라본다. 이에 비해 집단주의 문화에서는 사회관계를 교환이론보다는 공동체 측면에서 생각한다. 집단주의자는 외부인과 내부인에 대한 태도를 달리한다. 집단주의자는 개인주의자에 비해 내부집단에 더 관심을 갖는다. 문화가 진화해가면서 중요한 내부집단이 가족, 부족, 직장, 그리고 국가가 되었다. 개인주의자 역시 내부와 외부 집단을 가지고 있다. 그러나 개인주의자는 두 집단을 이원적으로 인식하지 않고 내부와 외부 집단에 대한 태도와 행동을 달리 하지 않는다. 사람은 어느 정도 자민족 중심성을 지니고 있기 때문에 외부집단보다는 내부집단에 더 호의적인 경향이 있다. 그러나 문화에 따라 외부집단에 대한 배타성은 차이가 있다. 집단주의 문화에서 내부와 외부집단 간의 경계는 명확하고 외부집단을 배타적으로 인식하는 경향이 있다. 집단주의자는 내부인과 상호작용할 때 그 사람의 욕구에 매우 민감하고 지원적이며 심지어 자기희생까지 하는 경향이 있다. 그러나 외부인과 상호작용할 때는 관심이 약하고 목표가 비호환적일 경우에는 적대감까지 갖는다. 특히 집단 내 위계성이 강한 수직적 집단주의 문화에서 외부집단에 대한 배타성이 강하다(Triandis 2000: 146-151).

개인주의 문화에서 행태는 개인의 호불호와 비용편익계산에 의해 규제된다. 집단주의 문화에서는 위계성에 많은 강조점을 둔다. 일반적으로 아버지가 결정하며 남자가 여자를 지배한다. 개인주의 문화에서는 이러한 경우가 많지 않다. 또한 집단주의 문화에서는 조화와 체면유지의 가치를 중시한다. 집단내부에서 의견은 동질적이라고 가정되며, 의견불일치가 발생할 경우 이

것이 외부집단에 알려져서는 안 된다. 개인주의 문화에서는 집단내부에서 직접적인 대결이 수용되며, 이것이 일종의 정화작용을 하기 때문에 바람직하다고 가정된다. 자립의 의미가 두 문화권 사이에 다르게 해석된다. 집단주의 문화에서 자립이란 '나는 내 집단에 짐이 되지 않는다'는 의미인 반면, 개인주의 문화에서는 '나는 내 자신의 일을 할 수 있다'는 의미로 해석된다.

집단주의자는 사회의 기본 단위를 집단으로 생각하는 반면, 개인주의자는 개인으로 생각한다. 집단주의 문화에서는 집단과 내부 구성원들에게 일어난 일에 대해 큰 관심을 갖는다. 물론 개인주의 문화에서도 그러하나 내부집단의 범위가 일촌 가족이나 절친으로 한정될 만큼 협소하다. 자아에 대한 정의도 두 문화에서 다르다. 집단주의 문화에서 자아는 타인과의 상호의존성을 반영하는 집단적 자아이다. 사람들은 스스로를 자기가 소속된 집단 및 구성원들과 서로 의존하는 존재라고 생각한다. 이에 비해 개인주의 문화에서 자아는 별개의 독립체로서 개인적 자아로 정의된다. 개인적 자아는 스스로를 소속 집단과는 독립적인 자율적 존재라고 생각한다(Markus & Kitayama 1991). 이러한 자아의 차이는 일상 언어에 그대로 투영된다. 예컨대 집단주의에서는 '우리'라는 단어가 많이 쓰이는 반면, 개인주의에서는 '나'라는 단어가 부각되는 경향이 있다. 한편 성취, 쾌락, 경쟁 등 가치가 집단주의자보다는 개인주의자들에게 더 중시된다면 화합, 안전, 순응 등 가치는 개인주의자보다는 집단주의자들에게 더 중시되는 경향이 있다.

이상과 같은 속성들을 지닌 개인주의와 집단주의 문화를 양성하는 요인은 무엇일까? Triandis 등(2001)은 네 가지 요인을 제시한다. 첫째, 부유함을 꼽을 수 있다. 홉스테드는 개인주의 국가와 GNP 간 높은 상관관계를 발견하였다. 사람들은 부유해짐에 따라 재정적으로 독립하면서 내부집단으로부터도 독립하는 경향이 있다. 부유함은 핵가족의 출현을 가져왔다. 핵가족은 부모가 자식을 개인주의로 양육한다. 핵가족 아이들은 개성이 강한 편이다. 둘째, 생계를 꾸리는 방식도 개인주의와 집단주의 문화의 결정인자이다. 수렵으로 생계를 유지한 사회에서는 권위에 대한 의존보다는 자립을 더 중시한다. 이런 문화에서 자란 사람은 농경 문화권에서 자란 사람보다 더 자립적이며 덜

순종적이다. 농경사회에서는 권위에 대한 순종 경향이 있다. 셋째, 대중매체에 노출되는 것 역시 집단주의로부터 개인주의로의 변화를 증가시키는 요인이다. 현대 들어 대부분의 텔레비전 프로그램들이 개인주의 문화권에서 제작되거나 영향을 받았다. 넷째, 사회적·지리적 이동성 역시 개인주의화에 기여한다. 예컨대 다른 나라로 이민을 간 사람들이 더 개인주의적이며,3) 농촌에서 도시로 이동하는 것도 개인주의와 상관관계가 있다.

한편 개인주의와 집단주의 문화는 경-연성, 수직-수평성, 소극-적극성, 특수-보편주의, 업무-인간관계, 그리고 감정의 억제-표현 등 차원에서 대비할 수 있다(Triandis 2000: 147-148).

첫째, 행동의 적절성을 규정하는 규범에 구속되는 정도에 따라 경성과 연성으로 나뉜다. 경성 문화는 어떤 상황에 어떤 행동이 적절한가에 관한 많은 규칙과 규범을 가진다. 이러한 규칙과 규범에 일탈된 행위를 하면 비난과 함께 심지어 살해당하는 경우도 발생한다. 반면 연성 문화에서는 그러한 규칙과 규범이 상대적으로 적다. 규범과 규칙에 일탈된 행위일지라도 포용되는 경향을 보인다. 경성을 띤 사회에서는 집단주의 문화가 발달하는 반면, 연성을 띤 사회에서는 개인주의 문화가 출현한다. 개인주의 문화에서 바람직한 것으로 생각되는 소위 '튀는' 행동이나 개성이 집단주의에서는 일탈로 간주되어 바람직하지 않을 수 있다. 반대로 집단주의에서 바람직하게 생각되는 순응적인 행태가 개인주의 문화에서는 바람직하지 않을 수 있다.

둘째, 위계와 서열 가치를 중시하는 정도에 따라 수직성과 수평성으로 나뉜다. 수직 문화에서는 계층제를 주어진 조건으로 받아들인다. 사람은 사회적 지위에서 서로 다르다. 위에 있는 사람은 보다 많은 권력을 갖는다. 이러한 위계서열 사고가 자연스럽다. 반면 수평 문화에서는 평등을 주어진 것으로 인식한다. 사람은 기본적으로 모두 유사하다. 수직 문화가 집단주의와 상응한다면 수평 문화는 개인주의와 부합한다. 집단주의가 지배하는 사회에

---

3) 물론, 집단주의 사회에서 태어나 성인이 될 때까지 살다가 타국으로 이민을 간 경우 집단주의 성향이 더욱 강화될 수도 있다.

서도 수직－수평성의 부각 정도에 따라 수직적 집단주의와 수평적 집단주의 문화로 세분할 수 있다.

셋째, 개인과 환경 간 관계에서 인식되는 주도권에 따라 적극 문화와 소극 문화로 분류한다. 적극 문화에서 개인은 환경을 자신에 맞게 변화시키려고 한다. 적극 문화는 경쟁과 행동지향성을 중시하며 자아실현을 강조한다. 반면 소극 문화에서 사람들은 환경에 맞게 적응하는 경향을 보인다. 소극 문화는 협력가치와 삶의 경험을 강조하며 타인과 더불어 사는 것에 관심을 둔다. 일반적으로 개인주의가 집단주의 문화보다 더 적극성을 띤다.

넷째, 보편성과 특수성으로 나뉜다. 보편주의는 상황과 사람의 특성에 상관없이 동일하게 규칙이 적용되어야 한다는 가치이다. 예외를 인정하는 것은 바람직하지 않다. 옳은 것은 어떤 상황이더라도 어떤 사람이 관여되더라도 옳은 것이다. 절대 가치의 존재를 수용한다. 보편주의가 지배하는 사회에서 사람들은 타인을 성별, 연령, 인종과 같은 귀속 요소와 무관하게 보편 기준으로 대한다. 이에 반해 특수주의 문화에서 사람들은 타인이 누구냐에 따라 다르게 대한다. 특수주의는 상황과 사람에 따라 예외가 인정된다. 어떤 상황에서 옳은 것이 다른 상황에서는 옳지 않을 수 있다. 일반적으로 개인주의 문화는 보편주의와 부합하며 집단주의 문화는 특수주의에 상응한다. 집단주의 문화에서 내부와 외부 집단의 경계를 확실히 하여 외부인을 배제하는 성향은 특수주의와 일맥상통한다.

다섯째, 일과 관계 중 어디에 초점을 두느냐에 따라 수단성과 표현성으로 대비된다. 문화권에 따라 일의 완결을 강조하는 수단성이 부각되어 있는가 하면 사회적 관계를 즐기는 표현성이 활성화되어 있기도 하다. 어떤 사회에서는 길거리에서 친구를 만나면 약속시간에 늦더라도 가던 길을 멈추고 수다를 떠는 경향이 있다. 관계 가치를 중시하는 것이다. 비교적 개인주의자는 수단성을 띠고 집단주의자는 표현성을 띤다.

여섯째, 감정표현 방식에 따라 문화유형을 나눌 수 있다. 사람들은 결과와 무관하게 자신의 감정을 자유롭게 표현하는가 하면, 통제하거나 억압하기도 한다. 분노와 같은 부정적 감정을 자유롭게 표현하는 것은 관계를 해칠

표 14-1.
개인주의와
집단주의 문화의
차이

구분	개인주의	집단주의
자아	개인적 자아	집단적 자아
우선순위	개인목표	집단목표
행태형성	개인태도	집단규범
사회관계	합리적 교환 관점	공동체 관점
행동규범·규칙의 구속도	약함(연성)	강함(경성)
위계서열의 수용도	낮음(수평성)	높음(수직성)
개인-환경의 주도성	개인(적극성)	환경(소극성)
보편기준의 적용도	높음(보편주의)	낮음(특수주의)
일-관계의 초점	일(수단성)	관계(표현성)
감정표현방식	감정표현의 자유	부정적 감정의 억제

수 있다. 그래서 집단주의 문화에서 사람들은 부정적인 감정표현을 억제한
다. 개인주의가 지배하는 사회에서는 대체로 감정표현 정도가 높다. 특히 부
정적 감정을 표현할 경우 집단주의자가 개인주의자보다 더 불편을 느끼는 경
향이 있다. 감정의 촉발도 문화에 따라 차이가 있다. 예컨대 자기를 분노하
게 한 사건을 회상할 때 개인주의자는 자신에게 일어난 개인적인 일을 기억
하는 반면, 집단주의자는 타인에게 일어났던 사건을 회상하는 경향이 있다.
이와 같이 감정 표현과 촉발에서도 자아에 초점을 두는 개인주의 문화와 타
인에 초점을 두는 집단주의 문화를 구별할 수 있다.

〈표 14-1〉은 지금까지 살펴본 개인주의와 집단주의 문화의 특성을 정
리한 것이다.

대부분의 사람들은 개인주의와 집단주의 요소를 모두 지니고 있다. 사
람들은 상황에 따라 개인주의와 집단주의 속성을 다른 확률로 부각시킬 수
있다. 예컨대 내부집단이 공격받을 경우 대부분의 인간은 집단주의 속성을
부각시킬 확률이 높다(Triandis 2000: 146-149). 국가와 사회에 따라 개인주의
또는 집단주의가 지배하는 문화 패턴을 가지고 있지만, 상황에 따라 두 패턴
모두 상대적으로 활성화되기도 한다. 개인주의와 집단주의 문화는 갈등이 어

PART 04. 공공갈등관리와 거버넌스

떻게 촉발되어 전개되는가에 영향을 미친다. 그리고 갈등을 해결하는 방식에도 그 특성이 반영되어 있다.

2 갈등관리 전략과 수단의 문화적 요소

1) 소송과 문화

소송은 당사자 조건으로 틀이 설정된 갈등해결 수단이다. 당사자란 법률상으로 소를 제기하거나 제기를 당하는 등 법률행위에 직접 관여하는 사람을 말하며, 제1심에서는 원고와 피고, 제2심에서는 항소인과 피항소인, 제3심에서는 상고인과 피상고인으로 지칭된다. '당사자 조건'이란 용어는 개인 간 대립 관계를 함축하고 있다. 첫째, 소송은 상대편의 권리에 반대하여 자기 권리를 집행하는 프레임으로, 개인주의 가치가 배태되어 있다. 일반적으로 법정에서 자기변호를 추구하는 사람은 집단화합 가치보다는 자기주장과 개인목표를 더 중시한다. 소송을 제기하는 사람은 상대편의 권리나 요구를 고려하지 않는 경향이 있다. 자기 권리의 변호를 목표로 한다는 점에서 소송은 강한 개인주의 가치를 반영하고 있다. 둘째, 소송은 누구도 예외 없는 법규가 적용된다. 이 점에서 소송은 보편주의 가치를 반영한다. 소송에서 판결은 한쪽이 옳고 다른 쪽이 틀리다는 방식으로 내려지는데, 이 점 역시 어떤 상황에서도 옳고 그름이 존재한다는 보편주의 가치와 상응한다. 셋째, 소송은 변론과 판결 과정에서 증언과 증거에 대해 행간 뉘앙스를 읽거나 주변 맥락으로부터 추측하는 것을 허용하지 않는다. 이 점에서 소송은 극단적인 저맥락 의사소통 문화를 반영한다. 그리고 소송은 정해진 일정에 따라 제약된 시간을 효율적으로 사용하는 분쟁해결을 강조한다. 소송에서 시간은 돈이다. 정해진 일정에 맞추어 단계적으로 하나씩 처리해가는 것이 중요하다. 이 점에서 소송은 단선적 시간정향을 나타낸다. 넷째, 소송은 큰 권력거리의 가치를 반영한다. 소송의뢰인과 판사 그리고 소송의뢰인과 변호사 간의 권력거리는 실제 크며 의뢰인은 이를 수용한다. 복잡한 소송절차와 법규내용 그리고 재판 공간의 자리배치는 권력거리를 나타내는 상징이다. 재판장은 위엄 있는 검정가운을 입고 가장 높은 좌석에 앉아 소송을 지휘한다. 복잡하고 난해한 절차와 법규내용은 의뢰인이 변호사에게 의존할 수밖에 없도록 만든다. 작은 권력거리 가치를 내재한 사람은 큰 권력거리를 수용한 사람에 비해 판사와 같은 제3자의 결정을 더 불공정하게 인식하는 경향이 있다. 큰 권력거리의 문화권에서 사람들은 권위 있는 상위기구에 의한 결정일수록 수용성이 높은 경향을 보인다(Tyler et al. 2000). 우리 사회에서 상고심이 갈수록 증가하는 현상도 큰 권력거리 문화와 연관되어 있을 가능성이 높다. 다섯째, 소송은 불확실성의 회피를 반영한다. 법규는 일관성과 예측성을 가지고 있다는 점에서 불확실성을 회피할 수 있는 수단이다. 소송과정은 상세한 법규에 의해 운영된다. 모든 것은 이미 정해진 법규와 판례에 근거하여 결정된다. 따라서 소송은 법적인 틀 안에서 정답을 찾는 것이라고 볼 수 있다. 이러한 점에서 소송은 불확실성의 회피 특성을 지닌다. 그리고 소송에서 의뢰인은 재판과정상 많은 일들을 판사와 변호사의 통제에 맡긴다. 이 점에서 소송은 외부통제성의 가치를 반영한다.

소송에 대한 인식은 문화에 따라 다르다. 예컨대 일본인이 소송을 관계의 단절로 인식한다면, 미국인은 소송을 문제해결 수단으로 인식하는 경향이 있다. 1980년대 초 미국 유니버설 스튜디오는 일본 소니의 VCR이 저작권을 침해한다는 소송을 제기하였다. 그 당시 유니버설사와 소니는 협력관계를 맺고 있었다. 그런데 소니가 TV프로그램을 비디오테이프로 녹화할 수 있는 VCR을 개발했고, 미국인 시청자들은 소니사의 VCR로 TV에서 방영되는 영화들을 녹화하여 보았다. 그래서 영화사인 유니버설 스튜디오는 소송을 제기했던 것이다. 연회에서 서로 만난 유니버설 스튜디오 관리자는 소니 관리자에게 소송을 제기할 것이라고 분명한 의사를 전달했었다. 그럼에도 불구하고 소니 관리자는 협력관계를 맺고 있는 회사가 설마 관계를 단절할까라는 식으로 해석하여 상대방의 말을 진지하게 받아들이지 않았다. 유니버설사는 연회 후 얼마 되지 않아 소니를 상대로 소송을 제기하였다(이달곤 2007). 동양 문화권에서는 전통적으로 일이나 과업 자체보다는 사람과 관계에 더 초점을 둔다. 반면 서구 문화권에서는 이와 대조되는 패턴을 가지고 있다. 그래서 적대적 당사자 조건으로 틀 지워진 소송에 대해 일본인들은 관계에 초점을 두고 의미를 부여하는 데 비해 미국인들은 일과 사람을 분리하여 문제에 초점을 두고 의미를 부여한다고 해석할 수 있다. 유니버설 스튜디오는 소니와 협력관계를 저작권침해문제와 분리하여 대응한 것이다. 연회에서 저맥락 의사소통에 익숙한 미국인 관리자와 고맥락 의사소통을 배태한 일본인 관리자 사이에 커뮤니케이션이 실패한 것이다.

2) 중재와 문화

분쟁 사안을 공동체의 원로에게 가져가 중재하는 것은 몇 천 년 전부터 있었던 전통이며, 오늘날까지 많은 사회에서 이러한 전통을 유지하고 있다. 중재자는 구속력 있는 결정을 내릴 수 있다는 점에서 소송과 유사한 면이 있지만, 여러 면에서 소송보다 공식성이 약하며 갈등당사자의 주도성은 강하다. 무엇보다 갈등당사자들이 중재자를 선정하고 중재절차의 윤곽을 그릴 수 있다. 중재도 소송과 같이 외부 통제위치나 단선적 시간정향성을 어느 정도 지니고 있으나, 소송과는 다른 문화 가치들을 반영하고 있다. 첫째, 중재에는 개인주의와 집단주의 가치가 혼재되어 있다. 소송처럼 이슈가 적대적 당사자 방식의 틀에 잡혀 있고 개인의 권리보호가 주요 목표라는 점에서 중재는 개인주의 요소를 지니고 있다. 그러나 갈등당사자들이 관련 영역에 정통한 인사를 중재자로 선택하여 향후에도 관계를 유지하려는 것이나 중재자의 결정상황을 보면, 중재는 어느 정도 집단주의 가치를 배태하고 있다. 둘째, 중재과정에서 당사자들은 소송보다 공식성은 낮지만, 비교적 상세하고 선형적으로 진상들을 제시한다. 중재는 소송처럼 법규로 정해진 표준적인 절차에 따른 증거제시 방식에는 못 미치지만 이를 준용한다. 이런 점에서 중재는 소송처럼 저맥락적 의사소통과 단선적 시간정향 가치를 내포하고 있다. 셋째, 중재는 보편주의 토대 위에 특수주의 가치를 더하고 있다. 앞서 언급했듯이

분쟁당사자들은 중재자를 선택하고 중재절차 관련 규칙을 정할 수 있다. 중재자의 선택과 관련 기본규칙의 결정은 분쟁 사례마다 그 특수성을 반영하여 이루어진다. 즉 보편적으로 적용되는 선택과 절차 위에 해당 사례의 특수성이 가미된다. 이 점에서 중재는 중간 수준의 보편주의 문화범주로 분류할 수 있다. 넷째, 분쟁당사자들이 중재자를 선택할 수 있다는 점이 중재가 소송보다는 계층성과 권력격차가 낮다는 것을 나타낸다. 그리고 중재는 소송에 비해 공식성도 낮고 법규에 대한 구속과 관심도 낮다. 그러나 중재는 소송과 같은 절차와 규칙을 준용한다. 이러한 점에서 중재는 소송에 비해서는 권력거리 정도가 낮고 불확실성의 회피 정도도 낮지만, 전반적으로 큰 권력거리와 불확실성의 회피문화 요소를 지니고 있다. 다섯째, 중재자의 선정과 중재절차 관련 규칙들을 갈등당사자들이 선택하지만, 최종 해결안은 중재자가 결정한다. 이 점에서 중재는 소송보다는 덜하지만 기본적으로 외부통제성을 지향한다.

3) 조정과 문화

조정은 소송과 중재보다 공식성이 낮고 갈등당사자 간 협상을 촉진하는 수단이다. 일반적으로 조정자는 의사결정권을 가지고 있지 않다. 조정자의 고유임무는 갈등당사자들이 합의점을 찾을 수 있도록 도와주는 것이다. 12장에서 살펴보았듯이, 조정은 평가에 초점을 두는 법원부설조정과 촉진에 초점을 두는 공동체기반조정 두 가지 스타일로 나뉜다. 공동체기반조정이 주로 관계 형성과 지역사회의 평화와 화합 가치로부터 독려되었던 데 비해, 법원부설조정은 효율적 사법체계의 요구에 대한 법원 구성원들과 변호사들의 반응으로부터 발전된 것이다. 법원부설조정에서 분쟁당사자들은 법규의 그림자를 벗어나지 않으면서 협상을 한다. 그래서 이 조정방식은 효율성 이념과 소송에 내재된 가치들에 의해 영향을 받는다. 첫째, 법원부설조정은 법적 권리와 법규의 테두리 안에서 협상과 교섭을 한다. 즉 적대적 당사자 조건의 그림자를 벗어나지 않는 채 협상하는 것이다. 이 점에서 소송과 중재만큼은 아니더라도 법원부설조정은 개인주의 가치에 편향되어 있다. 둘째, 법원부설조정에서 조정자는 당사자들이 관련 판례에 근거하여 결정을 내리도록 유도한다. 이 점에서 법원부설조정은 기본적으로 보편주의 가치에 편향되어 있다. 셋째, 법원부설조정은 관계보다는 법적 권리와 의무에 초점을 둔다. 법원부설조정은 저맥락과 고맥락 의사소통 문화요소가 혼재되어 있다. 소송에 비해서는 저맥락 의사소통이 덜 하고 공동체기반조정에 비해서는 고맥락 의사소통이 덜하다. 넷째, 법원부설조정은 당사자들이 조정자를 선택하며 자기편 주장의 옹호자로 흔히 변호사를 선임한다. 변호사에게는 통상 시간이 돈이다. 법원부설조정은 소송에 비해서는 시간적 제약을 덜 받으나, 공동체기반조정에 비해서는 시간적 신축성이 낮다. 다섯째, 법원부설조정에서 조정자는 궁극적으로 결정권한을 가지고 있지 않다. 그렇지만 조정자는 분쟁사안에 대해 판례와 비교하여 평가의견을 제시함으로써 당사자들의 결정에 실질적인 압력을 가한다. 또한 당사자 측에 선임된 변호사들의 역할도 크다. 그래서 소송에 비해서는 작지만 법원부설조정은 어느 정도 큰 권력거리에 편향되어 있다. 여섯째, 법원부설조정은 어느 정도 공식성을 띠고 있으며 당사자들은 법적 권리와 판례에 근거하여 결정을 한다. 이 점에서 법원부설조정은 불확실성의 회피에 다소 편향되어 있다. 일곱째, 조정자가 결정권한을 가지고 있지 않지만 왕복외교 상황에 나타나는 조정자의 주도적 행태 등을 고려할 때, 당사자들보다 조정자나 변호사들이 조정과정을 통제하는 것으로 볼 수 있다. 그러나 조정의 시작은 분쟁당사자들의 결정에 의하며 조정자와 변호사들의 선택도 당사자들이 한다. 따라서 법원부설조정은 다소 내부통제성에 편향되어 있다.

공동체기반조정에서 가장 중요한 원칙은 갈등당사자의 자기결정이다. 조정자가 당사자 간 합의를 촉진하지만 결정은 당사자들이 한다는 원칙이 강조된다. 조정자는 법원부설조정에서처럼 당사자들이 주장하는 입장과 법적 권리에 초점을 두기보다는 당사자들의 이해와 욕구에 초점을 두어 합의를 촉진한다. 이러한 공동체기반조정의 가정과 원칙은 원칙협상이론에 근거한다.

첫째, 조정에서 고려되는 관계적 이익에 대한 인식, 공동욕구를 충족시킬 수 있는 선택사항의 모색, 그리고 상호의존성의 인식은 집단주의 가치를 나타낸다. 그러나 공동체기반조정도 기본적으로 관계형성보다는 이해관계 측면에서 당사자들의 만족을 목표로 한다. 이러한 점들을 종합할 때 공동체기반조정은 낮게나마 집단주의 가치에 편향된다.

둘째, 공동체기반의 조정자는 분쟁당사자들이 자신들의 규범과 표준에 준거하여 의사결정에 이르도록 촉진기능을 수행할 뿐이다. 그래서 분쟁당사자들이 조정자의 의사에 구속되지 않도록 하는 것이 훌륭한 조정자의 요건이다. 공공체기반의 조정과정은 당사자들의 선호에 따라 조정될 수 있기 때문에 신축적이다. 이 점에서 공동체기반조정은 보편주의보다는 특수주의 가치에 편향되어 있다.

셋째, 공동체기반조정에서 의사소통은 신축적으로 이루어질 수 있다. 능숙한 조정자는 갈등당사자들의 가치와 선호에 따라 신축적으로 고맥락 또는 저맥락 양식으로 대화를 촉진할 수 있다. 이질적인 문화출신 간 갈등상황으로 당사자들 사이에 의사소통스타일이 공유되지 않는 경우, 조정자는 질문이나 해명요구 또는 요약 등을 통해 메시지와 맥락을 명확히 하여 커뮤니케이션 격차를 좁힐 수 있다. 이 점에서 공동체기반조정은 고맥락 의사소통문화에 편향된다.

넷째, 공동체기반의 조정과정은 일정이나 속도 측면에서 소송이나 중재보다 제약성이 덜 하며 법원부설조정보다는 더 신축적이다. 그래서 공동체기반조정은 다원적 시간정향성에 다소 편향되어 있다.

다섯째, 결정권의 측면에서 공동체기반조정자는 판사나 중재자에 비해 당사자들과 더 평등한 위치에 있다. 조정자는 참여자들 중 단지 한 명으로 인식될 만큼 결정할 권력을 가지고 있지 않다. 조정은 결과적 정의보다는 절차적 정의를 강조한다. 권력거리가 작은 문화에서는 일반적으로 결과보다는 과정의 질에 강조점을 둔다. 공동체기반조정은 권력거리가 작은 문화적 가치를 내재한다.

여섯째, 공동체기반의 조정과정은 비공식성과 당사자의 자기결정성을 특성으로 한다. 비공식성을 띤다는 것은 표준화 정도가 낮다는 의미이며 표

준화 정도가 낮다는 것은 법규의 적용수준이 낮다는 의미이다. 법규의 적용
수준이 낮다는 것은 과정상 신축성과 함께 불확실성을 어느 정도 수용한다는
의미이다. 이 점에서 공동체기반조정은 낮은 불확실성의 회피 또는 불확실성
의 수용 가치와 상응한다.

　　일곱째, 갈등당사자의 자기결정성이라는 가정과 원칙이 강조된다는 점
에서 공동체기반조정은 내부통제성을 반영한다.

　　한편 문화를 달리하는 국가와 사회에 따라 조정에 대한 의미가 다르다.
예를 들어 미국 본토와 하와이에서 각각 바라보는 조정에 대한 은유는 다르
다. 미국 본토에서 조정은 일종의 '계약'으로 인식된다. 여기에서 조정의 목
적은 일반적으로 당사자들이 공생할 수 있는 합의점을 찾는 것이다. 당사자
들은 각자 손익분기점을 드러내면서 진심으로 원하는 바와 해결사항에 대한
의견을 교환함으로써 합의를 도출하려한다. 반면 전통적인 하와이 사람들은
조정을 얽힌 실타래를 푸는 '관계'로 인식한다. 여기에서 조정의 목적은 상처
와 분노를 어루만지면서 관계유지를 위한 보호막을 재생하는 것이다. 조정이
나 협상에서 하는 타협의 의미도 문화권에 따라 상이한 의미를 지닌다. 타협
을 '항복', '나약함의 인정', '체면손상'과 같은 의미로 받아들이는 사회가 있
는가 하면, 선의와 관계회복을 위해 필요한 '사과와 용서의 교환'으로 인식하
는 사회가 있다(Merry 1987a: 3−6). 문화의 관점에서 볼 때 계약에 초점을 두
는 조정에서는 타협의 가치를 부정적인 의미로 받아들일 가능성이 높은 반
면, 관계에 초점을 두는 조정에서는 타협을 중시할 개연성이 있다.

4) 협상과 문화

　　협상은 제3자의 개입 없이 갈등당사자 간에 직접적인 상호작용과 교환
에 의해 문제를 해결하는 방식이다. 협상은 둘 이상의 당사자들이 공유할 수
있는 이해와 대립할 수 있는 이해를 가지고 있는 상황에서 합의를 도출하도
록 설계된 대등한 주고받기 의사 소통 및 결정과정이다. 이러한 협상 개념에
는 '이해' '대등한' '주고받기' '의사' '소통' '결정' 등에 방점이 찍혀 있다.

이러한 용어들은 관계보다는 이익과 문제, 위계서열보다는 평등, 공동체 관계보다는 합리적 교환관계, 외부통제보다는 자기선택에 무게를 두고 있다. 이렇게 보면 협상은 개인주의, 작은 권력거리, 내부통제성 등에 편향되어 있다.

첫째, 개인주의 문화에서는 기본적으로 자기이익의 관점에서 주고받는 교환관계가 부각된다. 협상은 사익 동기에 의해 행동하고 주장하는 갈등당사자 간의 토론이라고 정의되기도 한다(Chew 2001). 이에 반해 집단주의 문화에서는 사회관계를 교환이론보다는 공동체 관점에서 인식한다. 그리고 집단주의 문화권에서 사람들은 내부집단에는 협력하지만 외부집단에 대해서는 배타적이다. 협력도 자기이해의 합리적 계산에 기초한 교환 측면보다는 집단규범에 근거한다. 내부집단에서 비협력적인 행동을 하면 검은 양 효과와 같은 제재가 가해진다. 협상에서 전제하는 협력은 내부집단의 규범에 근거하는 것이 아니라, 자기이해의 합리적 계산에 기초한 교환이론의 관점에 근거를 둔다. 이 점에서 협상은 기본적으로 개인주의 가치를 배태하고 있다. 다만 상생모드의 원칙협상이나 통합협상에서 강조하는 상호이익이나 호혜성은 집단주의 문화의 공동체 정신을 어느 정도 반영한다. 그러나 협상에서 내부집단의 범위가 상대편 당사자까지를 포함하지는 않기 때문에 원칙협상이나 통합협상에서 강조하는 상호이익이나 호혜성은 해석의 주의가 요구된다. 당사자 자신의 이익에 도움이 되기 때문에 취하는 호혜적인 태도는 자기이익과 무관하게 취한 호의적 태도와는 다르다. 협상에서 상호이익과 호혜성은 합리적 계산을 전제로 한다. 효과적인 협상을 위해 관계도 중요한 요소라고 제시된다. 그러나 협상에서 관계의 중요성은 화합과 관계형성을 위한 동기보다는 합의에 도달하기 위한 수단적 동기에서 비롯된다. 또한 합의도출의 실패를 대비한 합의대체안 같은 대안 마련 행위는 명백하게 합리성과 이해타산의 가치를 내포한다. 요컨대 경합모드의 입장협상과 상생모드의 원칙협상에 따라 부각되는 가치가 다소 다를 수 있지만, 협상은 기본적으로 개인주의 문화에 편향되어 있다.

둘째, 협상은 소송, 중재, 조정보다 당사자를 구속하는 법규의 그림자가 더 작다. 13장에서 본 것처럼, 성공적인 협상을 위해 제시되는 보편적 요소라든지 객관적 기준을 사용하라는 원칙을 고려하면 협상이 보편주의에 편향되어 있는 것처럼 보인다. 그러나 협상과정에서 당사자들은 이와 같은 기준이나 원칙을 적용해야 할 의무는 없다. '보편적'이라고 제시되는 기준이나 원칙은 당사자들이 합의하여 선택할 사항이다. 협상사례마다 협상가 또는 당사자의 가치와 상황에 따라 다른 결과가 도출된다. 따라서 협상에서는 판례나 선례를 적용하여 일반화할 수 있는 여지가 소송, 중재, 조정에서보다 작다. 이 점에서 협상은 성공을 위해 보편주의 가치를 강조하지만, 존재 자체로는 특수주의 가치를 배태한다고 하겠다.

셋째, 협상에서 부각되는 요소가 의사소통이다. 협상에서 합의에 도달하기 위해서는 당사자 간 의사소통 양식이 유사하거나, 다를 경우에도 상대편 의사소통문화를 이해할 필요가 있다. 협상가의 역량요소로서 고맥락 의사소통 문화를 이해할 것을 강조하지만, 제3자의 개입 없이 당사자 간 합리적인 이해 교환과 거래를 의미하는 협상은 고맥락보다는 저맥락 의사소통에 편향되어 있다. 특히 원칙협상 전략의 경우, 갈등을 우회적이고 간접적으로 대응하는 고맥락 의사소통 문화보다는 직접적인 방식으로 대응하는 저맥락 의사소통 문화에서 더 효과성을 발휘한다.

넷째, 협상과정은 일정이나 속도 면에서 이외의 갈등해결수단들보다 제약성이 낮으며 신축성은 높다. 협상기한의 설정 여부도 당사자 간 합의에 의해 선택된다. 그래서 협상은 시간정향 측면에서 소송, 중재, 조정보다 더 다원적이라고 할 수 있다.

다섯째, 협상에서 당사자들은 대등한 입장에서 의사를 교환한다. 협상과정에서 당사자 간 힘의 균형이 이루어질수록 성공가능성도 높아진다. 당사자 간 협상력의 불균형이 있으면 불공정 인식이 생기면서 협상은 결렬될 가능성이 높아진다. 따라서 협상은 매우 작은 권력거리의 가치를 내재한다.

여섯째, 협상은 이외의 갈등해결수단들보다 보편성과 예측가능성을 제공하는 법규의 그림자가 더 작다. 협상가는 상황에 적합하게 비공식적인 규칙 적용을 탄력적으로 선택할 수 있다. 그리고 창조적인 협상결과를 도출하기 위해서는 기존에 없는 새로운 가치와 대안을 고려하는 위험도 수용해야

표 14-2.
갈등해결 전략
및 수단의
문화적 특성

문화적 특성	소송	중재	조정		협상
			법원부설 조정	공동체기반 조정	
개인주의–집단주의	개인주의 高	개인주의 中	개인주의 低	집단주의 低	개인주의
보편주의–특수주의	보편주의 高	보편주의 中	보편·특수 混合	특수주의 中	특수주의
저–고맥락 의사소통	저맥락 高	저맥락 中	저·고맥락 混合	고맥락 中	저맥락
단선–다원 시간정향	단선정향 高	단선정향 中	단선·다원 混合	다원정향 中	다원정향 高
권력거리	매우 크다	크다	중간	작다	매우 작다
불확실성의 회피	매우 높다	높다	다소 낮다	낮다	불확실성 수용
통제위치	외부 高	외부 中	내부 低	내부 中	내부 高

* 범례: 개인주의 ← 고(高) – 중(中) – 저(低) – 혼합(混合) – 저(低) – 중(中) – 고(高) → 집단주의

한다. 일반적으로 불확실성을 수용하는 문화에서는 규칙에 대해서도 비공식적·신축적 적용을 선호한다. 그리고 의견불일치와 새로운 아이디어를 중시한다. 한마디로 이러한 문화에서는 불확실성을 편하게 받아들이며 긍정적으로 인식한다. 따라서 협상은 매우 낮은 불확실성의 회피 또는 불확실성의 수용 가치를 배태하고 있다.

일곱째, 협상은 제3자라는 외부개입 없이 당사자 간 자기 의지와 노력에 따라 갈등을 해결하는 방식이다. 협상과정에서 당사자 이외 외부통제가 작용할 가능성은 비교적 희박하다. 협상과정에 제3자 개입 등 외부통제가 작용하는 것은 협상의 실패를 의미한다. 이 점에서 협상은 내부통제성을 높게 반영하고 있다.

〈표 14－2〉는 지금까지 살펴본 갈등해결 전략과 수단들에 내재된 문화적 특성을 요약하여 보여준다.

3 갈등관리와 문화의 적합성 연구[4]

인간사회는 역사적으로 문화에 적합한 갈등관리방식을 개발해왔다. 갈등관리와 문화의 관계에 대한 연구는 문화인류학자를 중심으로 수행되어왔다. 예컨대 Billings(1991)는 파푸아뉴기니에 소재한 두 지역을 대상으로 갈등관리방식과 문화의 관계를 고찰하였다. 타카나 지역은 집단주의와 평등주의적인 문화를 가지고 있었다. 수평적 집단주의 생활양식이라고 할 수 있다. 이 지역사회에서는 갈등해결을 시도할 때 사익보다는 공익을 강조하고 평화의 가치를 중시하였다. 제도화된 규칙을 통해 분쟁과 갈등이 폭력으로 확대되는 것을 차단하면서 평화를 추구하였다. 반면 라봉가이 지역은 개인주의적이면서 승패모드의 경쟁과 서열 지향성을 띠는 문화를 가지고 있었다. 이 지역사회에서는 어떤 대가와 비용을 치르더라도 개별적인 정의를 추구하였고 분쟁과 갈등을 사적인 문제로 간주하였다. 이 지역에서 갈등은 제도화된 규칙이나 지역리더를 통해 해결되는 것이 아니었다. 그 대신 갈등해결은 개인적 차원에서 시도되었고 이 과정에서 흔히 폭력을 수반하였다.

대인갈등에 대한 비교문화연구는 갈등해결스타일과 문화 간의 연계성을 탐색한다. Kim-Jo 등(2010)에 의하면, 미국인과 같은 개인주의 문화권 구성원은 한국인이나 중국인 같은 집단주의 문화권의 구성원보다 경쟁에 의한 갈등해결을 더 선호한다. 집단주의 문화권 구성원은 개인주의 문화권 구성원보다 회피와 화합에 의한 갈등해결스타일을 선호하는 경향을 나타낸다. 양 문화를 모두 경험하며 성장한 한국 출신 미국인들은 이중적인 갈등해결 선호패턴을 나타냈다. 이들은 단일문화권에서 자란 유럽 출신 미국인과 유사하게 경쟁에 의한 갈등해결스타일을 선호하였고 그 정도가 '토종' 한국인보다 더 높았다. 이들은 또한 단일문화에서 성장한 유럽 출신 미국인보다 회피스타일을 더 선호하였다. 연구결과는 개인주의와 집단주의의 일반적 패턴과 일치한다.

----

4) 14장 이하 내용은 최성욱(2016)에 기반함.

저－고맥락 문화유형과 갈등해결스타일 간 관계를 검증한 연구도 있다. 예컨대 Chua와 Gudykunst(1987)에 의하면, 저맥락 문화권 출신 학생들은 고맥락 문화에서 성장한 학생들보다 문제해결에 초점을 두는 협동에 의한 갈등해결방식을 사용하는 경향을 나타냈다. 반면 고맥락 문화에서 자란 학생들은 저맥락 문화권 학생들보다 회피와 간접대응에 의한 해결방식을 활용하는 경향을 보였다. 장현주와 은재호(2012)는 정부부처 공무원을 대상으로 조직갈등 상황에서 사용하는 갈등관리스타일을 조사하였다. 화합 스타일의 빈도가 가장 많았고 그 다음으로 타협 스타일과 경쟁 스타일 순으로 나타났다. 협동 스타일의 빈도수가 가장 적었다. 이선영과 정종원(2013)은 국민권익위원회 소속 공무원을 대상으로 갈등해결 스타일에 대해 조사하였다. 조사 결과 공무원들은 관계갈등이 존재할 때 협동 스타일을 선호하지 않는 것으로 나타났다. 한국의 정부조직 문화에서 공무원들은 직무와 합리성보다는 관계에 무게를 둔다. 우리의 공직사회 내부에서 갈등이 발생할 때 일에 초점을 둔 문제해결보다는 관계회복을 위한 노력이 더 중요하다. 이 같은 국내 연구결과는 서구문화권 사람을 대상으로 수행한 국외 연구들과 차이가 있다. 서구의 관련연구들의 결과는 대부분 경쟁이나 협동 스타일의 빈도수가 가장 많게 나타난다.

서구문화의 가치가 배태되어 있는 갈등해결방식을 한국 상황에 그대로 적용해도 실효성이 있을까? 이 질문에 대해서는 부정적 대답과 긍정적 대답으로 갈린다. 주재복(2004)은 정부조직 간 갈등을 해결하는 방식이 비효과적이라면서 그 주요한 이유가 문화적 특성과 관행 때문이라고 진단한다. 그동안 우리 정부조직의 "문화적 특성과 관행에 기인하여 합리적인 갈등조정노력이 효과를 보지 못했고, 실행되고 있는 갈등조정메커니즘이 제 기능을 발휘하지 못하고 있다"는 것이다(p.52). 이에 반해 박재근과 은재호(2016)는 갈등해결에 관한 서구 이론과 관리수단이 우리의 상황에도 실효성 있게 적용될 수 있다는 긍정적 시각을 견지한다. 이들은 "갈등상황에서 제3자의 개입을 지지하는 사회 규범이 존재할수록 조정이 성립될 가능성이 높아질 것이다"라는 가설을 설정하여 조정과 중립적 제3자 개입을 선호하는 사회 규범 간의 관계를 살펴보았다(p.539). 조정이 제3자인 조정자의 촉진 또는 평가의 역할을 중심으로 한 갈등해결수단이기 때문에, 이들의 연구는 우리 사회의 제3자 개입 선호규범을 자각시켜준다. Wall 등(2001: 371-372)에 의하면 한국, 중국, 일본, 말레이시아, 태국, 터키 등 동양국가는 갈등상황에서 제3자의 도움을 요청하는 규범이 강하게 형성되어 있는 데 비해 미국과 같은 서구사회는 이러한 규범의 강도가 약한 편이다.

어떤 단계에서 제3자 개입을 요청하는가도 중요하다. 문화적 적합성 면에서 간접대응문화가 자리 잡고 있는 사회는 갈등의 초기단계부터 권위 있는 중립적 인사를 조정자나 중재자로 개입시키는 것이 효과적이다. 반면 직접대응방식을 선호하는 문화권에서는 협상과 같은 갈등당사자 간 해결노력이 우선하고 이것이 성공하지 못할 경우 제3자를 개입시키는 경향이 있다. 한국사회에서 갈등이 이분법적 극화 성격을 띠며 장기화되는 이유를 체면중시와 비대칭적 수직-수평 집단주의 문화에 의해서 설명할 수 있다. 비대칭적 수직-수평 집단주의란 모든 구성원의 개인 정체성이 집단의 욕구와 목표에 의해 강하게 영향을 받으면서, 상위자와 연장자는 위계서열을 강조하는 데 비해 하위자와 연하자는 평등을 강조하는 비대칭적인 심적 경향을 말한다(한규석 2017). 이러한 문화적 토양에서는 합리성 그리고 개인과 자율의 가치를 내재한 갈등해결방식은 효과적으로 작동하기 어렵다. 제3자 개입 없이 당사자 간 직접적으로 상호작용하는 협상과 같은 갈등해결수단은 개인주의 문화와 합리주의 가치를 배태하고 있다(Hofstede & Hofstede 2005; Gelfand & Dyer 2000). ADR 방식이 우리 사회에서도 유효한지를 판단하기 위해 문화적 특성을 고려할 필요가 있다. 예컨대 개인주의 성향이 높고 권력거리가 작으며 불확실성 회피가 낮을수록 공론화 방식의 수용성이 높다(김정인 2018: 359). 그리고 간접대응이나 우회 방식을 선호하는 사회에서는 협상보다 조정이나 중재가 효과적이다. 문화적 관점에서 볼 때 우리 사회의 공공갈등관리방식으로 공론화 방식이나 협상보다는 중재와 조정 또는 소송이 더 적합하며 효과적일 수 있다.

4〉 갈등과 문화의 관계에 대한 실증분석

갈등과 문화의 적합성 가설을 검증할 목적으로 OECD 회원국과 브릭스 (BRICS, 브라질, 러시아, 인도, 중국, 남아프리카공화국) 등 41개 국가를 대상으로 사회갈등과 문화유형 간의 상관관계를 분석해 보았다. 〈표 14-3〉에서 볼 수 있듯이 사회갈등은 권력거리, 개인주의, 불확실성의 회피 등 문화차원과 상관이 있다. 사회갈등과 권력거리 및 불확실성의 회피 문화 사이에는 정(+)의 상관관계가 나타난 데 반해 사회갈등과 개인주의 문화는 부(-)의 상관관계를 나타낸다. 큰 권력거리와 불확실성 회피 문화를 가지고 있는 국가에서 사회갈등 수준이 높다. 특히 권력거리와 사회갈등 간 상관계수는 높은 편이다 (r =.630). 그리고 개인주의 문화를 가진 국가는 사회갈등의 수준이 낮은 반면, 집단주의 문화를 갖는 국가는 사회갈등의 수준이 높게 나타났다.

사례를 확대하여 사회갈등과 대립개념인 사회통합과 문화 간 상관관계를 분석해 보았다. 사회통합지수와 사회갈등지수는 역관계에 있다는 점을 이용하여 표본크기를 증가시킴으로써 갈등과 문화의 관계가설에 대한 타당성을 높이고자 한 것이다. OECD 회원국을 포함해 총 68개국을 대상으로 사회통합과 문화유형 간 관계를 분석한 결과가 〈표 14-4〉에 제시되어 있다. 권력거리와 불확실성 회피 차원은 사회통합과 부(-)의 상관관계를 나타낸 반면, 개인주의는 사회통합과 정(+)의 상관관계를 나타내주고 있다. 사회갈등

표 14-3.
사회갈등과
문화 간의
상관관계

	사회갈등	권력거리	개인주의	불확실성회피
사회갈등	1			
권력거리	.630***	1		
개인주의	-.536**	-.598***	1	
불확실성회피	.422*	.347*	-.418**	1

* p<.05, ** p<.01, *** p<.001
주: 사회갈등은 박준 외(2009)에서 산출; 문화차원은 Hofstede & Hofstede(2005)의 국가별 점수로 산출.

	사회통합	권력거리	개인주의	불확실성회피
사회통합	1			
권력거리	-.596***	1		
개인주의	.653***	-.616***	1	
불확실성회피	-.334**	.231	-.225	1

표 14-4.
사회통합과
문화차원의 관계

* p<.05, ** p<.01, *** p<.001

과 문화 간 상관분석 결과와는 반대되는 패턴이다. 따라서 권력거리가 크고 불확실성의 회피가 강한 문화를 가지고 있는 국가는 사회통합도가 낮아 갈등수준이 높으며, 개인주의 문화를 지니고 있는 국가는 사회통합도가 높아서 갈등수준이 낮다고 추론할 수 있다.

분석 결과 권력거리와 개인주의 간에 부정적 관계가 나타났다. 문화유형의 분류에서 개인주의와 집단주의는 동일한 차원의 양 극단에 위치한다. 그래서 개인주의 측정값이 크면 집단주의는 작고 그 값이 작으면 집단주의는 큰 것으로 해석한다. 이러한 해석논리를 권력거리와 개인주의 간의 부(-)의 상관관계 결과에 적용하면, 권력거리가 클수록 집단주의 경향이 있고 권력거리가 작을수록 개인주의 경향이 있다. 집단주의 문화에서는 상대방에게 직접적으로 대응하는 것이 바람직스럽지 못한 행태로 인식된다. 부정적인 태도와 의견을 가지고 있음에도 불구하고 상대방에게 직접적으로 거절하거나 반대하기가 쉽지 않다. '아니오'라고 말하는 것 자체가 과업차원의 차이로서보다는 관계차원의 적대감으로 해석될 수 있기 때문이다. 그리고 '예'라는 표현도 반드시 승인이나 수용의 의미만을 나타내는 것이 아니라, 긍정적인 관계유지 속에 대화를 지속해가는 방편으로도 활용된다. 반면 개인주의 문화에서는 자신의 생각을 있는 그대로 직접적으로 표명하는 것을 미덕으로 삼는다. 상대방에게 정면으로 직접대응하는 것이 바람직하게 인식된다. 개인주의 문화가 지배하는 사회에서 구성원들은 의견대립으로 인해 오히려 한 차원 더 높은 진실에 다다를 수 있다고 믿는다(Hofstede & Hofstede 2005: 86-7). 개인주의 문화의 전형적인 의사소통양식은 저맥락 의사소통이다. 13장에서 살펴본 바와 같이 저맥락 의사소통에서는 거시적이고 비공식적인 맥락보다는 협상테이블이나 회의석상에서 공식적으로 주고받는 구두, 문서 등 언어활동을 중시한다. 이에 반해 고맥락 의사소통양식은 집단주의 사회에서 흔히 발견할 수 있는데, 여기에서는 공식적이고 직접적인 언어활동보다는 배경맥락을 더 중시한다(Hall 1976). 앞서 언급했듯이 협상과 같은 갈등해결수단의 실효성은 이와 같은 문화적 특성에 따라 다르다.

개인주의 사회를 죄책감의 문화로 표현한다면, 집단주의 사회는 수치심의 문화로 표현할 수 있다. 개인주의 문화의 자존감에 대응할 수 있는 집단주의 문화의 용어는 체면이라 할 수 있다. 루스 베네딕트는 일본사회를 수치심과 체면에 기초한 문화로 특징 지웠다. 그녀는 자기 명성에 오점이 없도록 하는 의무가 일본인의 정신세계에 깊숙이 박혀 있다고 주장한다. 오명을 씻을 의무가 체면의 소중함과 수치심의 인식으로 나타난다(Benedict 1946). 홉스테드의 문화연구에서 개인주의 점수가 일본은 46점인 데 비해 한국은 18점이었다. OECD 회원국의 평균점수 약 58점에 비하면, 한국과 일본은 개인주의보다는 집단주의 성향의 국가로 분류된다. 최성욱(2015)에 의하면 젊은 대학생들도 홉스테드가 측정한 결과와 유사한 문화패턴을 보여주고 있다. 문화는 쉽게 변하지 않고 지속된다. 한국은 집단주의 성향의 사회로 분류할 수 있다. 집단주의 사회에서는 조화와 체면유지의 가치를 매우 중요하게 여긴다. 정면 대결과 갈등은 되도록 피하는 것이 바람직하다. 피할 수 없다면 체면을 손상하지 않도록 우회적인 대응이 요구된다. 집단주의 문화에서는 자신보다 타인과 집단을 더 의식하는 경향이 있다. 이에 반해 개인주의 문화에서는 정면 대결과 갈등을 순기능적으로도 인식한다. 그래서 갈등상황에서 논쟁과 토론을 벌이는 것을 생산적인 것으로 간주한다. 여기에서 체면의식이나 타인에 초점을 두는 눈치는 비교적 희박하다. 이런 점에서 협상이나 여러 가지 숙의민주주의 기법들은 집단주의보다는 개인주의 문화와 더 호환된다.

갈등에 대한 인식과 관리전략은 불확실성의 회피 성향에 따라서도 차이가 있다. 불확실성의 회피란 특정 사회의 구성원들이 불확실성에 대해 위협을 느끼는 정도를 의미한다. 〈표 14-3〉에서 볼 수 있듯이 불확실성의 회피는 권력거리와는 정(+)의 상관관계를 가지고 있는 데 비해 개인주의와는 부(-)의 상관관계를 나타내고 있다. 그래서 불확실성의 회피성향이 강할수록 수직적 집단주의 성향을 띨 가능성도 높다고 추론할 수 있다. 홉스테드는 강한 불확실성의 회피성향과 집단주의적 특수주의가 결합되어 있는 사회에서는 갈등 자체를 부인하거나 부정적으로만 인식한다고 주장한다. 이러한 사회의 구성원들은 자신의 정체성을 내부집단에서 찾아 형성한다. 그래서 이 같은 문화적 성향의 집단은 내부집단과 이질성을 띠는 소수집단을 동화하거나 억압함으로써 집단 간 갈등을 제거하려고 한다. 만약 소수집단도 강한 불확실성의 회피성향과 집단주의 가치를 지니고 있다면, 이 경우에는 과격한 집단 간 분쟁이 야기될 개연성이 높다. 불확실성의 회피 정도는 정부신뢰와도 상관이 있다. 불확실성을 회피하는 성향이 약하거나 수용하는 국민은 자국의 제도와 정부에 대한 긍정적인 감정을 가지고 신뢰하는 경향성을 띤다. 이에 반해 불확실성의 회피가 강한 국가에서는 정부신뢰가 낮으며 공무원도 정치와 정치인에 대해서 부정적인 감정을 갖는 경향이 있다(Hofstede & Hofstede 2005: 196-7). 최성욱(2016)의 연구에서도 불확실성의 회피와 정부신뢰 간에 부(-)의 상관관계가 나타났다(r=-.547, p<.001). 불확실성의 회피 성향이 강한 문화일수록 정부신뢰는 낮아진다. 13장에 제시된 것처럼, 우리나라의 정부신뢰도는 OECD 회원국 평균에 못 미친다. 우리나라는 불확실성의 수용보다는 회피성향의 국가로 분류된다. 갈등상황에서 당사자인 지역주민은 불확실한 문제에 대해 이해능력이 비교적 낮은데, 이들은 능력상 부족한 부분을 정부신뢰로 메우면서 대처하는 성향을 보인다. 대부분의 공공갈등문제의 성격이 불확실성을 지니고 있기 때문에 정부신뢰도가 갖는 의미는 중요하다.

한편 세계가치조사는 문화유형을 전통-세속·합리 가치 차원과 생존-자기표현 가치 차원을 결합하여 분류한다. 전통가치는 종교의 중요성, 부모와 자식의 연계, 권위에 대한 존경 그리고 전통적 가족을 강조한다. 세속·합리가치는 이와 반대 패턴으로, 종교, 전통적 가족, 권위에 대한 가치부여 정도가 낮다. 생존가치는 경제적·물리적 안전에 강조점을 둔다. 생존가치는 비교적 높은 자민족중심성, 낮은 수준의 신뢰 및 포용성과 연관된다. 이에 비

표 14-5.
사회갈등
(통합)과
세계가치문화유
형의 관계

	사회갈등	사회통합	전통(-)/ 세속·합리가치(+)	생존(-)/ 자기표현가치(+)
사회갈등	1	-.677**	-.430*	-.654**
사회통합		1	.089	.765**
전통(-)/세속·합리가치(+)			1	.013
생존(-)/자기표현가치(+)				1

* $p < .05$, ** $p < .01$, *** $p < .001$

해 자기표현가치는 환경보존, 외국인의 포용, 성소수자 포용과 성평등 가치에 우선순위를 두고 참여적 의사결정을 강조한다(Inglehart & Welzel 2014). 〈표 14-5〉는 세계가치조사에서 분류한 문화유형과 사회 갈등 및 통합의 상관관계를 분석한 결과를 보여주고 있다. 전통가치를 강조하는 국가가 세속·합리가치를 지닌 국가보다 더 갈등수준이 높고(r = -.430), 자기표현가치보다는 생존가치를 우선시하는 국가가 갈등수준이 더 높다(r = -.654). 역으로 자기표현가치를 지닌 국가일수록 더 높은 사회통합 수준을 나타내고 있다(r = .765). 요컨대 사회갈등은 종교에 대한 중요성, 권위에 대한 존경, 전통적 가족가치, 그리고 경제적·물리적 안전을 강조하는 문화에서 비교적 높다.

OECD 회원국 중 갈등이 높은 국가로는 터키, 폴란드, 한국 순이고, 중간수준의 국가로는 미국과 영국이며, 가장 낮은 국가는 스웨덴과 덴마크로 나타났다. 멕시코는 사회갈등수준이 극단적으로 높아 비교에서 제외하였다. 〈표 14-6〉은 위 국가별 사회갈등(OECD 회원국 평균값 0.44) 및 문화유형의 측정치를 보여주고 있다.

갈등수준이 가장 낮은 덴마크와 스웨덴은 권력거리가 짧고 개인주의 성향이 높다. 그리고 불확실성의 회피성향은 매우 낮고 자기표현가치를 강조한다. 이에 비해 터키와 폴란드 같이 갈등수준이 높은 국가는 권력거리가 크고 개인주의보다는 집단주의 성향을 나타내고 있다. 그리고 불확실성 회피성향은 매우 높고 자기표현보다는 생존 가치를 중시한다. OECD 회원국 중 중간수준의 사회갈등을 나타내고 있는 미국과 영국의 경우 권력거리는 짧고 개인주의 성향은 매우 높으며, 불확실성의 회피보다는 수용에 무게를 두고 생존보다는 자기표현 가치를 중시하는 패턴을 보인다.

5 > 우리 사회의 문화와 공공갈등해결

한국은 사회갈등수준이 높은 터키와 유사한 문화 패턴을 나타낸다(<표 14-6> 참조). 객관적인 측면에서 사회갈등 수준이 높을 뿐만 아니라, 주관적인 면에서도 국민 스스로 사회갈등을 심각하게 인식한다. 우리나라는 권력거리가 크고 집단주의 성향을 띠며 불확실성의 회피 성향이 높다. 그리고 세속·합리가치를 지향하지만 자기표현보다는 생존 가치에 무게를 두는 것으로 나타난다. 그래서 한국은 외부인에 대한 배타성과 불신이 강하고 포용력은 낮으며 경제적·물리적 안전에 대한 관심이 높은 나라로 분류된다.

이러한 문화적 정향은 체면과 권위주의 특성과 결합된다. 유민봉과 심형인(2011)에 의하면 체면은 한국인의 생활 속에 매우 친숙하다. 연구세계에서도 일찍부터 체면을 한국의 사회심리학적 특성으로 이해하려는 시도가 시작되었다. "체면은 권위주의와 집단주의 문화에서 비교적 강하게 나타난다. 협상에서 표면적인 반대의 태도를 드러낸다든지 갈등해결과정에서 체면을 존중하는 것이 중요하다"(p. 336). 국가공무원법(제78조 ①)에도 "직무의 내외

국가	사회갈등	권력거리	개인주의	불확실성회피	자기표현
터키	1.2	66	37	85	-0.94
폴란드	0.76	68	60	93	-0.36
한국	0.71	60	18	85	-0.79
미국	0.44	40	91	46	1.4
영국	0.38	35	89	35	1.26
스웨덴	0.25	31	71	29	1.76
덴마크	0.24	18	74	23	1.5

표 14-6.
사회갈등과 문화유형의 국가 간 측정치 비교

를 불문하고 그 체면 또는 위신을 손 상하는 행위"를 징계 사유로 규정하고 있다. 한국사회에서 공공갈등이 흔히 이분법적 소용돌이에 휘말려 장기화되 는 원인이 이러한 문화적 정향과 연관 이 있다.

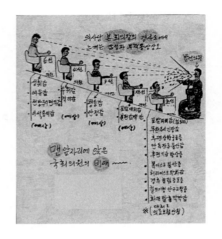

　한국사회에서 서열의식은 매우 강 력하고 깊게 자리를 잡고 있다. 정부부 처 서열, 대학 서열, 대기업과 중소기 업 간 서열 등 사회 전반적으로 계층서열 의식이 스며들어 있다. 서울과 지방 간 서열 역시 전통으로부터 뿌리 깊게 제도화되어 있다. 예컨대 최초 열차운 행체계의 설계 시 서울을 중심으로 상·하행선, 경의·경춘·경부선 등 명칭 이 표기되었다. 열차객실의 명칭도 서울방향으로부터 1호차 순으로 표기되 어왔다. 위의 삽화는 어느 국회의원이 의원선수에 따른 서열을 풍자하여 국 회 본회의장 좌석배치도를 스케치한 것이다. 체면은 이러한 암묵적인 서열질 서에 금이 가는 언행이 발생할 때 손상된다. 집단주의 문화에서 체면은 타인 에 초점을 두기 때문에 체면의 보호나 손상을 당사자 자신이 명확하게 드러 내지 않는다. 상대방이 이를 알아차려야 하며 자신은 상대방이 그러길 내심 기대한다.

　한국사회의 문화를 '수직적 집단주의'와 '비대칭적 평등주의'로 특징지 을 수 있다. 첫째, 옳고 그름에 대한 윤리적 판단을 넘어서 권력과 서열에 대 한 의식과 가치가 그 위에 있다. 둘째, 평등을 저해하는 것은 무엇이든 바람 직하지 않다고 인식한다. 평등성을 저해한다고 인식되는 정부정책은 실현되 기 어렵다. 얼핏 보면 첫 번째 특징과 모순된 것 같지만, 흥미로운 점은 이러 한 평등의식에 대해 '갑'이나 권력자로 인식되는 사회적 강자와 '을'과 비권 력자로 인식되는 사회적 약자 사이에 비대칭성이 존재한다는 것이다. '평등 하다'는 것에 대해서 사회적 강자는 형평성에 무게를 두는 데 비해 약자는 기계적 또는 수평적 평등성의 관점에서 이해하는 경향이 있다. 그래서 강자가 평등한 것으로 인식하는 것에 대해 약자는 불평등한 것으로 인식한다. 역으로 약자가 평등한 것으로 지각하는 것에 대해 강자는 불평등한 것으로 지각한다. 이렇게 평등과 정의에 대한 인식과 수용에도 서열과 비대칭성이 있다. 그러므로 우리 한국사회는 메리 더글라스 등이 제시했던 평등주의와 계층주의 속성들이 혼합되어 있는 가운데 체면치레가 은밀하게 작동한다. 공식적 차원에서 민주주의 체제가 강화되어감에 따라 이러한 계층과 권력 지향성은 소위 '갑질' 문화로 지탄받고 있다. 이러한 사회적 분위기에서 평등성의 침해를 자극하는 정부정책은 실현될 확률이 낮다. 이러한 성격의 정부정책을 추진하게 되면 공공갈등의 발생으로 직결된다.

문화적 특성은 갈등의 수준과 양태와 상관이 있을 뿐만 아니라 해결패턴과도 연관된다. 우리 사회의 갈등해결패턴 중 하나는 권력과 계층 지향성을 반영한다. 예컨대 사회갈등의 지표 중 하나로 볼 수 있는 민사소송에서 상급심이 증가하고 있다. 〈그림 14−1〉에서 볼 수 있듯이, 대법원 민사본안사건 상고심 접수가 2011년 11,500건에서 2022년 27,044건(11월말까지 누적)으로 10여 년 만에 2.4배 가까이 증가하였다. 상급심의 증가추세는 갈등해결에서 낮은 제도신뢰와 함께 권력 및 계층 지향성을 나타내줄 수 있다. 하급심보다는 상급심을 더 믿을 수 있는 것이다. 지방법원보다는 고등법원을, 고등법원보다는 대법원의 판결이 권위가 실리고 신뢰가 간다. 실제 민사본안사건

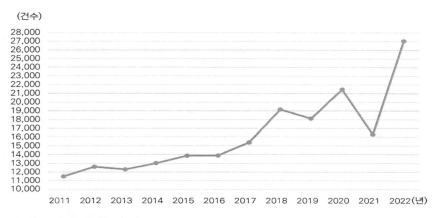

그림 14-1
민사본안사건
상고심 접수
추이

출처: 대법원 홈페이지 「법원통계월보」

의 상고기각률이 90%대에 이르고 상고기각의 이유도 밝히지 않는 심리불속행 기각률이 70%대에 달함에도 불구하고 상고심 접수는 증가하고 있다. 공공갈등과 분쟁상황에서 지방의원보다는 국회의원에게 그리고 국회의원보다는 대통령에게 더 신뢰를 보내며 결정을 기대하는 경향과 유사하다.

　　감정 측면에서도 우리 사회 문화를 설명할 수 있다. 세계경제포럼(World Economic Forum)은 한국을 감정표현이 자연스럽지 않으면서 직접대면을 회피하는 국가로 특징짓는다. 우리 사회의 문화는 공식적인 면에서 감정 표현이 자연스럽지 않으면서 정공법이라고 하는 직접대면을 회피하는 성향을 배태하고 있다. 한국사회는 눈치 문화가 발달되어 있다. 최상진(2011)은 눈치를 상대의 의도나 생각 또는 감정이 직접 노출되지 않는 상태에서 상대의 본심을 읽는 것으로 개념화한다. 그는 눈치를 보는 이유를 자신과 상대방 양면에서 설명한다. 즉 원만한 대인관계 유지를 위해 상대방의 기분과 입장을 배려하는 한편, 자신의 체면과 자존심 유지를 위한 인상관리 측면에서 눈치를 본다. 어릴 때부터 "넌 눈치가 그렇게 없냐?"고 눈총 받고 자랐던 한국인은 자신보다 타인에 더 민감한 성향을 가지고 있다. 눈치란 깊은 신뢰와 조화, 협력을 통해 관계 개선을 위한 목적으로 타인의 생각, 감정, 욕구를 가늠하는 미묘한 기술이다(Hong 2019). 저맥락 의사소통과 직접대면의 문화와는 거리가 있다. 그렇기 때문에 우리사회에서 협상 전략이나 숙의민주주의 수단들은 당초 기대만큼 효과적으로 작동하지 않을 수 있다.

　　우리는 ADR과 숙의민주주의 방식을 점증적으로 활용하는 추세이지만, 소송과 같은 전통적인 방식도 많이 활용하고 있다. ADR은 분쟁당사자들이 제3자의 도움을 받거나 받지 않고 자체적으로 분쟁을 해결함으로써 모두가 상생하는 것을 목표로 한다. 그러나 그동안 대형 국책사업 추진 과정에서 발생했던 갈등사례들을 보면, 상생을 목표로 하는 ADR 방식의 갈등조정기제는 효과적으로 작동하지 못하고 찬반의 이분법적 구도나 교착상태에 이르는 경우가 많았다(하혜영 2007: 277). ADR의 원래 목적은 갈등당사자 간 합의를 통한 비용 절감에 있지만, 한국의 현실에서 ADR은 법원의 조정과 중재 제도를 활용하거나 정부위원회형식의 행정형 ADR 기구에 의한 분쟁해결에 무게를

두고 있다(김정인 2015: 762). 3장 <그림 3-4>에서 확인할 수 있듯이 1990
년대 이후 우리의 공공갈등에 대한 해결방식을 보면, 소송, 행정집행 등 타
율적이고 강제적으로 종결되는 방식이 높은 비율을 차지하였다. 반면 조정과
중재와 같은 ADR 방식으로 갈등이 해결되는 비율은 매우 낮았다. 정정화
(2011)는 국책사업관련 13개의 갈등사례에 대한 해결·종결방식을 분석하였
다. 분석 결과 소송은 5개(4대강사업, 한탄강댐건설, 경부고속철 천성산구간사업(도
롱뇽 소송), 새만금간척사업, 제주해군기지건설), 중재방식이 4개(사패산터널건설, 동
강댐건설계획, 동남권신공항계획, 과학비즈니스벨트), 국회표결방식(세종시건설), 합
의도출(시화호개발), 정치적 결단(경인운하건설), 주민저항(부안방폐장)이 각각 1개
로 나타났다. 이와 같은 13개의 국책사업관련 갈등해결방식 중 소송과 중재
가 각각 약 39%와 약 31%로 70%에 이른다. 이러한 연구 결과에 의하면 한
국사회에서 공공갈등에 대한 해결접근은 당사자 간 타협과 설득 그리고 합의
를 특징으로 하는 협상이나 조정과 같은 방식보다는 제3자에 의한 구속성을
띤 중재나 소송 방식에 더 의존한다.

효과적인 공공갈등관리를 위해 이해뿐만 아니라 가치 측면도 고려해야
한다. 공공갈등 상황에서 이해관계자 집단에 내재되어 있는 가치체계와 문화
적 편향에 대한 통찰이 필요하다. 공공갈등과 분쟁이슈와 관련된 문화적 편
향은 위험에 대한 지각 차이를 동반한다. 문화적 편향에 따라 동일한 항목에
대한 위험수용성이 상이하다. Slovic 등(1980)의 연구에서 제시되었듯이 전문
가와 일반인 사이에 위험지각의 차이도 존재한다. 전문가에게 원자력발전소
는 상대적으로 안전한 것이지만 일반인에게는 매우 위험한 것으로 지각된다.
4장에서 제시하였듯이 공공갈등에 개입하는 이해관계집단의 성향을 문화이
론에 따라 분류할 수 있다. 정부 행위자는 계층주의로 편향되는 데 비해 시
민단체 등 NGO 영역의 행위자는 평등주의로 편향된다. 그리고 사업을 추진
하는 기업 행위자는 개인주의에 편향되는 반면, 사업에 의해 직접적인 영향
을 받는 지역주민은 운명주의에 편향된다. 이렇게 문화적으로 다르게 편향된
행위자들은 자연과 세계 그리고 인간에 대해 상이한 가정을 한다. 또한 문제
의식도 다르고 선호하는 문제해결방식도 다르다. 이러한 가치나 신념체계의

차이를 극복하고 갈등을 해결하기란 어렵다. 개인주의 가치로 체화된 개발론자와 평등주의 가치를 내재한 보존론자의 입장 사이에 타협과 협상에 의한 합의점을 찾기란 쉽지 않다. 위험지각과 문화적 편향 차이는 제도신뢰의 요소에 따라 조절되거나 매개된다. 공공갈등의 경우 정부신뢰가 매우 중요하게 작용한다. 정부신뢰가 높은 상황에서는 공공정책과 사업을 두고 갈등하는 이해관계집단 간 문화적 편향 차이의 효과가 희석된다. 다시 말해 방폐장과 같은 고도위험시설에 대한 불확실성과 불안감으로 생기는 평등주의 편향자의 심리적 공백을 정부신뢰로 메워주는 이치이다. 일면 정부신뢰가 불확실성을 흡수하는 역할을 하는 것이다. 따라서 위계서열적 집단주의를 배태한 한국사회에서 정부신뢰도 공공갈등 관리와 거버넌스의 핵심요소라고 하겠다.

체면 중시와 눈치, 계층·권위주의, 집단주의 요소 등으로 결합된 우리 사회의 문화에서는 합리적인 갈등관리 거버넌스가 효과적으로 작동하기 어렵다. 집단역학이 크게 작동하는 갈등상황에서 한쪽 당사자의 체면이 깎이면 집단극화(group polarization)로 발전한다. 체면이 깎인 당사자 집단은 자기 진영의 입장과 신념에 집착하게 된다. 그럼으로써 갈등당사자들의 주관적 지각 차이는 객관적인 실제차이보다 커진다. 결국 이분법적 갈등고조의 소용돌이에 진입하면서 교착상태에 빠지게 된다. 그러면 지역주민은 '정말로' 의견을 들어주고 입장을 이해할 수 있는 '높은 인사'와 접촉을 바라면서 행동은 과격해진다. 사업을 진행하는 측도 일시적으로 중단했던 공사를 강행하게 된다. 양측 간 기존 합의나 약속사항에 대해서도 해석의 차이가 확대된다. 체면과 유사한 면살리기(face-saving)는 개인주의 문화에도 있다. 그러나 이의 효과는 개인주의 문화에서보다는 권위주의가 결합된 수직적 집단주의 문화에서 크다. 체면은 의사소통의 질과 연관된다. 집단주의 문화에서 체면 손상을 자극하는 것은 저질의 의사소통으로 귀결된다. 지역주민의 체면 손상에 유의할 필요가 있다. 공공갈등 문제에 대해서 지역주민은 사업자가 생각한 것만큼 비전문적이고 비합리적이지 않다. 밀양송전탑 건설갈등을 조정해 본 행정학자들에 의하면, 지역주민에게 송전탑 선로를 여러 개 제시한 후 이들이 선택한 선로와 사업자인 한전이 제시했던 선로를 비교해 본 결과 양측이 거의 일치하였다는 것이다. 이것이 의미하는 바는 무엇인가? "일반인도 정보에 밝은 시민이 됨으로써 전문가의 관점을 취할 수 있다"(Bohman 1996: 64). 민주사회에서 전문가들이 일반인의 관점을 수용하지 않는다면 그들의 전문지식은 정책결정에 투입되기 어려운 시대가 되었다. 우리의 문화적 풍토에서는 갈등당사자의 체면 유지를 고려한 양질의 의사소통이 효과적인 공공 갈등관리를 위해 필요하다.

효과적 공공갈등관리를 위한 토대로서 숙의민주주의와 뉴거버넌스 양식에 대한 논의로 이 책을 마무리하고자 한다. 현 시대에는 참여와 숙의 민주주의 패러다임이 강조된다. 정책과정에 일반시민이 참여하고 대화와 토론을 통한 합의가 중요하다. 한쪽에 편향되지 않는 정보의 공유와 절차적 합리성을 강조한다. 참여와 숙의가 핵심이다. 벤자민 바버에 의하면 참여와 숙의가 작동해야 강한 민주주의가 된다. 숙의할 때 공중은 비로소 시민이 된다. 숙의 없는 시민 참여는 빈껍데기에 불과하다. 민주적 대화(democratic talk)는 말할 뿐만 아니라 듣는 것이고 생각할 뿐만 아니라 느끼는 것이며 숙고할 뿐만 아니라 행동하는 것이다(Barber 1984). 하지만 전문성과 대표성을 지닌 공직자가 있는데, 일반시민이 왜 정책과정에 직접 참여해야 하는가? 존 듀이는 이와 관련하여 다음과 같이 말한다. 비록 신발을 어떻게 수선할지는 신발전문 제조자가 가장 잘 판단할지라도, 신발 어느 부분이 꽉 조여 아픈가는 신발을 신는 사람이 가장 잘 안다(Dewey 1946: 207). 기존 대의민주제와 관료제의 한계를 시민참여로 극복하려는 것이다.

1 숙의민주주의와 거버넌스

1) 숙의민주주의 의의와 거버넌스 양식

기원전 5세기 중반부터 그리스인들이 사용하기 시작한 민주주의 (demokratia) 용어는 일반시민(demos)에 의한 통치(kratia)를 의미한다. 누가 일반시민에 포함되어야 하며 그들이 통치한다는 의미가 무엇인가? 민주주의 발전 형태에 관한 근본 질문이다. 그리스 아테네와 이외 도시국가들의 직접 민주주의와 대규모 국민국가의 대의민주주의에 이어, 세 번째 민주주의 형태가 출현하는가? 시민들이 정치의제 정보에 쉽고 보편적으로 접근하고 토론에 참여하여, 정책엘리트와 일반시민의 지식 격차를 좁힐 수 있는 다두체제 3유형(polyarchy Ⅲ)이 열릴 것인가? 높은 수준의 지식과 함께 대표성도 가진 "관심 있는 공중(attentive public)"과 전체 시민에서 무작위로 선택된 "소규모 공중(minipopulus)"이 선진적인 숙의와 참여 민주주의를 실현할 것인가?(Dahl 1989: 338-341).[1] 1990년대를 기점으로 이론세계에서 투표 같은 수단을 통해 집단 이익과 선호를 결집하는 대의민주주의 이상으로부터 담론과 의사소통을 강조하는 숙의민주주의로 무게중심이 이동하였다. 이러한 시대적 흐름을 숙의적 전환(deliberative turn)이라고 일컫는다(Dryzek 2000).[2] 숙의민주주의라

---

[1] 로버트 달은 민주주의가 이외의 방식보다 우월한 근거를 세 가지로 제시한다. 첫째, 민주적 과정은 자유를 신장시킨다. 개인적·집단적 자기결정의 자유, 도덕적 자율성, 타인의 자유를 관대하게 지지한다. 둘째, 인간의 성숙을 촉진한다. 자기결정 능력뿐만 아니라 도덕적 자율성과 선택의 책임성 면에서 민주주의는 인간을 발전시킨다. 셋째, 민주주의는 타인과 공유하는 이익을 보호하고 증진하는 확실한 길이다(p. 311). 소규모 공중을 'mini-publics'라는 용어로 표현하기도 한다.

[2] 존 드라이젝은 개인적으로 숙의민주주의보다는 담론민주주의(discursive democracy)라는 용어를 선호한다. 그 이유로 세 가지를 든다. 첫째, 숙의(deliberation)는 개인적 의사결정에 한정될 수 있는 반면, 담론(discourse) 과정은 사회적 간주관성을 담는 집단적 의사 소통과 결정을 포함한다. 둘째, 숙의는 차분하고 이성적인 논의에 한정된 의미를 내포한 반면, 담론은 다루기 힘든 언쟁까지 허용하는 보다 확장적인 의사소통을 함축한다. 셋째, 담론에 대한 관점은

는 용어는 조셉 베셋(Bessette 1980)이 처음으로 사용하였는데, 그는 사려 깊고 숙의적인 공중의 의사결정 참여가 기존 대의민주주의 방식보다 더 공정하고 합리적인 정책결정을 산출할 수 있다고 주장한다. Cohen(1989: 18-19)은 존 롤스의 정의론을 토대로 숙의민주주의 이상을 세 가지로 특징짓는다. 첫째, 공익 개념에 초점을 둔다. 시민과 정당은 편협한 집단이익 입장에서 벗어나 공익 개념에 준거하여 공개적으로 논쟁해야 한다. 둘째, 시민들 사이에 명백한 평등성이 요구된다. 정치적 기회와 권력은 경제적·사회적 위치와 별개여야 한다. 셋째, 시민의 정체성과 이익은 공익과 정의감에 기여하는 방향으로 형성되어야 한다.

숙의민주주의 모델은 1990년대에 '민주주의를 민주화'하려는 수단으로 조명을 받았다. 숙의민주주의는 편협한 자기이익과 선호의 결집에 토대를 둔 대의민주주의에 대한 비판으로 출발한다. 숙의민주주의와 대의민주주의 간 차이 중 하나는 정치적 상호작용으로 개인의 선호가 변하느냐는 가정에 있다. 자유 민주주의자의 신념에 기초한 대의민주주의에서 개인의 선호는 주어진 것으로서, 정치적 참여 결과로 변하지 않는다고 가정한다. 참여를 통해 개인의 선호들을 결집할 뿐이다. 반면 비판이론에 기초한 숙의민주주의에서 개인의 선호는 정치참여 과정에서 변형된다고 가정한다. 숙의로 확장된 민주적 참여를 통해 개인은 "더 공공성을 지향"하게 되고, "더 포용적"이고, "더 박식"해지고, "타인의 이익에 더 관심"을 가지게 되고, 그리고 "자신의 이익을 더 면밀히 검토"하게 된다(Warren 1992: 8). 숙의과정을 통해 보다 발전된 내가 될 수 있음을 가정한 것이다. 숙의민주주의 모델은 특히 환경 분야에서 발생하는 문제와 갈등을 해결하기 위해 적용되었다. 숙의의 정수는 공중이 평등한 조건으로 자유롭게 집단 의사결정에 참여해야 한다는 관념이다. 숙의민주주의는 민주적인 절차와 환경보존 및 생태 가치가 결합되어 발전하였다.

상반된 두 가지 철학사상으로 분류된다. 하나는 미셸 푸코 학파로 담론을 '감옥'처럼 인식한다. 담론이 사람들의 사고방식을 조건화한다는 것이다. 다른 하나는 위르겐 하버마스 학파로 담론을 '자유'로 인식한다. 논쟁을 일으키고 도전하는 능력으로 순수 자유를 준다는 것이다. 숙의라는 것을 이해할 때 이 두 관점이 중요하다.

즉 숙의민주주의는 민주주의 강화와 환경주의 요구를 동시에 달성하려는 것이다. 그래서 숙의와 참여 민주주의에는 '녹색정치', '녹색거버넌스', '녹색국가', '녹색민주주의', '환경민주주의' 또는 '생태민주주의'라는 용어가 따라붙는다(Dryzek 2000; Bäckstrand et al. 2010; Fischer 2017). 숙의민주주의는 이익집단 간 경쟁과 갈등으로 특징짓는 다원적 자유주의 정치문화를 넘어서자는 철학으로 이해할 수 있다. 숙의민주주의 옹호자들은 민주주의의 근본이 투표나 이익결집 또는 권리보다는 숙의라고 강조한다(Barber & Bartlett 2005: 5-6). 숙의는 이익기반논리에 의한 교섭이 아니다. 숙의는 상대 의견을 경청하면서 공동의 관심과 상호 수용성에 초점을 둔다. 숙의민주주의는 시민의 정치적 평등성과 정견에 대한 공중의 정당화 과정을 결합한 것으로 볼 수 있다. 아이리스 영은 숙의민주주의 규범에 요청되는 속성으로 포용, 정치적 평등, 합당함, 그리고 공공성을 제시한다. 첫째, 민주적 의사결정은 결정에 의해 영향을 받을 모든 사람이 의사결정과 토론과정에 포용될 수 있어야 정당하다. 둘째, 정치적 평등은 의사결정과 토론과정에 포용될 모든 사람이 평등한 조건으로 포함되어야한다는 규범이다. 셋째, 합당함의 규범은 타인의 말을 귀담아 듣고자하는 경청과 합의를 지향하는 마음자세를 말한다. 넷째, 공공성 규범이란 공적 영역의 구성원들이 표현하는 다양한 의견이 형식과 내용 면에서 이해되고 수용될 수 있도록 하는 노력과 공적인 의식을 말한다(Young(김희강·나상원 역), 2020: 34-40).

숙의민주주의는 네트워크 거버넌스 양식을 토대로 한다. 네트워크 거버넌스는 정부, 시장, 시민사회의 참여를 강조하는 통치양식이다. 가령 기후에 관한 정책결정에 공사(公私) 행위자들을 참여시키는 노력을 국제 수준의 네트워크 거버넌스로 예시할 수 있다. 2008년 유럽위원회에서 EU회원국의 시민과 이해관계자들(산업계, 무역노조, 소비자단체, 환경NGOs, 학계)을 초청하여 미래 기후와 환경을 위한 토론장을 마련하였다. 이러한 토론장이 숙의적 전환을 예증한다. 숙의적 전환은 참여, 대화, 투명성, 책임성과 같은 절차적 질을 강조한다. 여기에서는 낮은 계층제와 분권적·협력적 조정 양식이 부각된다. 이러한 뉴거버넌스 양식은 입법, 규제, 명령과 통제를 강조하는 계층제 양식의

표 15-1.
거버넌스 양식

		합리성과 논리		
		행정적 합리성 (정치인에 의한 전문가와 공무원에게로 권력위임)	경제적 합리성 (가격과 계약 메커니즘, 경제적 인센티브)	숙의적 합리성 (참여, 의사소통, 광범위한 지식과 숙의)
조직형태	계층제 (위임자-대리인관계)	행정과 전문가가 법규와 법적 규범 등을 거친 권한과 명령을 통해 통치함. 예) 목표에 의한 조정, 전통적 규제(오염배출기준설정, 허가, 면허)	경제적 합리성에 의해 영향을 받는 계층제 형태 예) 환경세, 탄소배출세	숙의적 합리성에 의해 영향을 받는 계층제 형태 예) 자문위원회, 이해관계자 패널·컨설팅, 시민배심원·패널
조직형태	시장 (자기조직화)	시장이 정치의지 또는 국가·초국가제도 의지의 자비 하에 존재함(계층제의 그림자). 예) 공정거래법, 탄소시장의 규제, 공·사 파트너십	시장은 가격과 거래 메커니즘을 통해 작동함. 예) 자발적 탄소시장, 자가규제, 자격증, 구제제도, 녹색소비	사람들이 자기 조직적으로 참여하여 의사소통을 함. 예) 캠페인과 시위, 녹색소비운동
조직형태	네트워크 (상호의존적 행위자)	전문가, 공무원, 정치인, 엘리트 간 네트워크 예) 과학전문가 네트워크, 도시 간 네트워크	경제적 연계, 이해, 계약에 기초한 네트워크 예) 녹색기술로비, 산업계 파트너십	참여 행위자들의 네트워크 예) 정부관계자, 기업관계자, NGOs, 사회운동가, 환경활동가 등

출처: Bäckstrand et al. (2010), pp.36-37, Table 2.1
* 음영부분은 순수이념형 거버넌스 양식을 나타냄.

기존 거버넌스와 대비된다.

　　거버넌스 양식을 조직형태 차원으로 분류하면 계층제, 시장, 네트워크 세 가지로 범주화된다. 여기에 행정적 합리성, 경제적 합리성, 숙의적 합리성 세 가지를 결합하면 〈표 15-1〉과 같이 다양한 양식의 거버넌스가 도출된다 (Bäckstrand et al. 2010: 29-38). 조직형태에 기반한 세 가지 양식의 거버넌스를 살펴보자.

첫째, 계층제 거버넌스는 행정명령과 법규를 통해 운영된다. 계층제는 명령과 통제에 기초한다. 계층제 거버넌스에서 통치자는 민주적인 수단에 의해 임면된다. 최종적인 권한은 민주적으로 선출되어 구성된 정부의 손 안에 주어진다. 즉 권력을 정부에 위임하는 것이다. 권력위임은 중앙정부 이외에 국제기구와 같은 초국가제도나 지방정부 등에게도 가능하다. 이러한 형태의 거버넌스 논리인 행정적 합리성은 정부관료제의 전문성으로 연결된다. 복잡한 문제를 계층조직 내에 분업하여 행정전문가의 손에 맡겨 해결하는 것이다. 이들은 규칙과 원칙을 통해 거버넌스를 실행한다. 1980년대에 들어서면서 이 같은 계층제 거버넌스는 문제해결 역량을 의심받는다. 예컨대 공공갈등 상황에서 'DAD'로 통칭되는 전통적 정부문제 해결 방식은 이러한 의심의 레토릭으로 이해할 수 있겠다.

둘째, 시장 거버넌스는 자기조직화의 논리로 운영된다. 이 양식은 가격과 계약 기제를 통한 경제적 합리성에 기초한다. 시장 거버넌스에서는 인간의 행태가 경제적 선호에 의해 결정된다고 가정한다. 행위자는 자기이익을 최대화하려는 동기에 의해 비용과 편익 측면에서 반응한다. 이 가정 하에 과태료 부과, 세금 감면이나 환경세 부과, 보조금 지급과 같은 수단들을 통해 거버넌스를 운영한다. 시장 거버넌스는 공공문제 해결에서 윤리문제를 초래할 수도 있다. 3장에서 언급했듯이, 예컨대 환경공해배출세는 비윤리적 행위를 합법적으로 정당화하는 오염배출허가증으로 악용될 수 있다.

셋째, 네트워크 거버넌스는 행위자들 사이에서 발휘되는 숙의적 합리성에 논리적 기반을 둔다. 네트워크 참여자들 사이는 신뢰와 협력으로 연결된다. 숙의적 합리성의 핵심은 참여, 숙의, 책임성, 의사소통 등 요소이다. 의사결정이 포괄적이고 참여적인 방식으로 이루어지면 더 나은 결과를 낳는다고 가정한다. 단순한 시민참여를 넘어 모든 이해관계자의 평등한 참여로 확장된다.

〈표 15-1〉을 〈표 4-2〉의 문화이론 특성과 연계하여 읽으면 포괄적인 이해도를 높이는 데 도움이 될 것이다. 세 가지 거버넌스 양식의 하드웨어가 제대로 작동하기 위해서는 이에 상응하는 합리성뿐만 아니라 문화적 편향의

표 15-2.
거버넌스 양식과
문화적 편향

거버넌스와 문화	
조직형태	문화적 편향
계층제	계층주의
시장	개인주의
네트워크	평등주의
하이브리드?	다양성?

↑
전통적 거버넌스

새로운 거버넌스
↓

소프트웨어를 필요로 한다. 계층제 거버넌스에는 계층주의, 시장 거버넌스에는 개인주의, 네트워크 거버넌스에는 평등주의 가치를 강조한다. 현 시대 흐름은 계층제적 양식으로부터 시장적 양식, 다시 네트워크 양식으로 강조점이 이동하며, 영역에 따라 혼합된 양식이 작동한다. 그래서 공공갈등 문제의 해결에서 숙의적 합리성과 평등주의 가치에 방점을 찍은 네트워크 양식이 출현하면서 기존 지배 양식과 혼재되어 있는 것이다.

빙엄 등은 협상, 조정, 중재 등 ADR 양식을 네트워크를 통한 뉴거버넌스 과정으로 이해한다. 이들은 숙의민주주의와 공론화 방식, 참여예산제, 전자민주주의 등은 준입법적 뉴거버넌스 과정으로 분류하고, 조정과 촉진, 중재 등은 준사법적 뉴거버넌스 과정으로 분류한다. 행정영역에서 이러한 뉴거버넌스로의 전환은 블랙스버그 선언(Blacksburg Manifesto)이 계기가 된다. 이 선언은 거버넌스 과정에 일반 공중의 역할을 증대시키고 이와 관련하여 행정가의 핵심적인 의무사항을 제시한 것이다.3) 이 선언은 숙의민주주의 가정과 같이 시민에게 독립적인 목소리 내기의 기회를 제공하는 것이 정책결정의 정당성도 향상시키고 정부에 대한 신뢰와 인식도 개선할 것이라고 주장한다(Bingham et al. 2005: 550). 행정 공무원의 직업전문성은 무엇을 말하는가? 조직의 명령을 충실히 받들고 효율성과 질서유지 가치를 실현하는 것인가? 테

---

3) 이 선언은 미국 버지니아공대(Virginia Tech University) 행정학과 교수들이 1983년 미국행정학회에서 발표한 공동선언문이다. 규범연구의 필요성을 제기하며 행정학의 토대를 헌정주의(constitutionalism)에 두고, 행정의 헌법원칙 실현, 그리고 공무원의 시민의식과 직업소명의식 등을 강조하였다(Wamsley et al. 1990).

리 쿠퍼는 민주 정부의 핵심으로 공무원의 역할과 도덕적 시민정신을 강조한 바 있다. 공무원은 정책결정과 집행 과정에서 동료인 시민과 수평적인 권한 관계를 유지하고 시민과 함께 하는 권력을 추구해야 한다(Cooper 1984: 143, 146). 그러기 위해 그동안 소극적인 행정 민원인과 정책 고객 또는 소비자였던 일반 공중을 시민으로서 숙의의 장에 참여토록 하는 것이다.4) 한국이나 미국 헌법에 선거참여나 공공문제의 토론 의무 같은 도덕적 시민정신을 명시하고 있지는 않다. 그러나 이제 행정 공무원은 전문가이자 시민으로서 공적인 일에 적극적 참여를 강조하는 도덕적 시민정신과 함께 숙의 공론이 갖는 의미를 성찰해 봐야 할 것이다.

2) 숙의민주주의 모형의 철학적 기반과 비판

숙의민주주의 모형의 철학적 기반을 제공하는 것으로 위르겐 하버마스의 비판이론, 존 롤스의 정의론, 그리고 보만의 논의를 들 수 있다(Baber & Bartlett 2005). 숙의민주주의의 철학적 기반으로 하버마스가 이상적 담론(ideal discourse)에 방점을 찍는다면, 롤스는 공적 이성(public reason)에 방점을 찍는다. 여기에서 공적 이성이란 갈등해결을 위한 숙의과정뿐만 아니라 결정이 종료된 이후에도 반대편에 있는 사람에게 협력할 수 있는 의지를 말한다(Bohman 1996: 35). 숙의민주주의는 시민의 주장들이 경합하면서 그 타당성을 검증할 수 있는 공적 영역을 강조한다. 공적 영역이란 다양한 이해세력이 공공문제를 두고 자유롭고 개방적으로 담론하는 참여의 장을 말한다(Habermas 1974). 하버마스는 이러한 공적 영역에서 참여자들의 의견이 건설적인 논쟁과

----

4) 거버넌스 양식과 행정 패러다임에 따라 국민과 정부의 위상과 역할이 다르다. 계층제 거버넌스와 전통적 행정에서 국민은 민원인(client)으로서 수동적 행정서비스 수혜자이며 정부는 통솔자로서 역할을 한다. 시장 거버넌스와 신공공관리에서 국민은 고객(customer)이나 소비자(consumer)로서 경쟁 관점에서 서비스를 선택하며 정부는 조타수로서 역할을 한다. 네트워크 거버넌스와 신공공서비스에서 국민은 시민(citizen)으로서 고객 겸 오너의 위치에 있으며 정부는 조정자의 역할을 한다(Denhardt & Denhardt 2003: 56-60 참조).

믿을 수 있는 증거에 기초하여 이성적인 합의에 도달할 수 있다고 가정한다(Habermas 1995). 그에게 자유롭고 책임 있는 합리적 사회란 되도록 많은 사람이 의미 있게 이러한 공적 영역에 참여할 수 있는 사회를 말한다.

존 롤스와 위르겐 하버마스가 공통적으로 숙의민주주의 모형에 제공한 철학적 기반은 수단뿐만 아니라 목적에 대한 이성적 추론을 필요로 하는 사회적 행위의 추구와 정치적 담론을 통해서, 계몽시대 이후 갈라섰던 20세기 산업사회의 기본원칙인 도구적 합리성과 이성역량의 재결합이 가능하다는 점이다(Baber & Bartlett 2005: 15–16). 여기에서 이성역량이란 타인에게 미칠 행동귀결까지 고려하는 사려 깊은 행위로, 이기주의와는 양립할 수 없는 도덕적 행위와 관련되는 것을 말한다(Ralws 1993: 48). 도구적 합리성과 이성역량의 구분은 허버트 사이먼의 합리성 유형으로 논의할 수 있다.

허버트 사이먼은 내용적 합리성과 절차적 합리성을 구별한다. 내용적 합리성은 주어진 조건과 제약 속에서 주어진 목표의 달성에 적합한 행태인지 여부를 따지는 것이다. 절차적 합리성은 행동을 선택하는 데 활용되는 인지적 절차인 이성적 추론과정을 의미한다(Simon 1976b). 이러한 두 가지 합리성의 결합과 동일한 맥락에서 숙의민주주의 실현을 이해할 수 있다. 다시 말해 숙의민주주의는 계몽이후 결별했던 내용적 합리성과 절차적 합리성이 재회하는 것이라 할 수 있겠다. 특히 절차적 합리성은 숙의 과정과 밀접하게 연관되는 속성이다.

존 롤스는 사회제도의 첫 번째 덕목으로 정의를 꼽는다. 법과 제도가 아무리 잘 정비되고 효율적이더라도 불공정하여 정의롭지 못하면 개혁되거나 폐지되어야 한다. 1장에서 언급했듯이 롤스의 정의는 다음과 같은 조건에서 달성된다. 기본적 권리와 의무에 대해서는 모든 사람에게 동등하게 할당되고, 사회적·경제적 불평등에 대해서는 모든 사람에게 혜택이 가며 기회의 평등이 주어짐과 동시에 사회 구성원 중 최소 수혜자에게 최대 혜택이 주어져야 할 것이다(Rawls 1971). 롤스의 정의론에서 보면 님비(NIMBY)도 비합리적인 이기주의로 매도할 수만은 없다. 이용가능한 자원이 상대적으로 희소한 사회적 약자들 입장에서 볼 때, 위험혐오시설의 입지는 정의롭지 못하고 불공정할 수 있기 때문이다. 흑인과 히스패닉계 미국인 5명 중 3명은 통제가 어려운 유독성 산업폐기물처리장이 입지한 지역에 산다(Baber & Bartlett 2005: 25). 이때 흑인과 히스패닉계 미국인이 'Not In My Back Yard!'라고 외친다고 그들을 이기적이고 비합리적인 존재라고 할 수 있는가? 정책결정은 합리적이어야 할 뿐만 아니라 정의로워야 한다. 9장에서 살펴본 것처럼 공공갈등은 분배적 비형평성을 지닌다. 흑인과 히스패닉계 미국인의 님비는 분배적 비형평성을 지닌 공공난제로 규정되어야 할 것이다.

12장에서 살펴본 신고리 원전 5·6호기에 대한 공론화 결정은 우리나라에서 숙의민주주의 실현가능성 여부를 가늠해볼 기회였다. 이 사례의 공론조사는 정책 딜레마를 토스하는 정치적 도구로 해석될 수도 있는 반면, 대의민주주의의 한계를 극복하기 위해 출현한 대안적 숙의민주주의에 대한 실험으로도 해석될 수 있다. 대의민주주의 관점에서 보면 원전에 대한 공론화 결정은 예산낭비의 불필요한 행위이다. 그러나 그간 대의민주주의 기제에 의한 공공갈등 대응능력은 한계를 노정하였다. 이와 관련해 한 공공갈등 전문학자의 평가가 타당하다. "현대 대의민주주의의 원리는 시민이 대표를 선출하고 대표에게 자신의 권한을 위임하는 것이 자연스러운 논리이며 그 논리적 귀결로서 공약은 곧 시민의 위임이라는 등식이 성립한다. 그래서 탈핵을 대선 공약으로 제시하고 당선된 이상 이에 대한 재론은 불필요하며 즉시 집행하는 것이 가능하다는 주장이 자연스럽다. 그러나 그로 인해 우리가 목도한 대의민주주의 현실은 상호 비방과 소송, 그리고 지루한 법정 싸움으로 이어지는 행정대집행이었다. 신고리 5·6호기의 계속 공사 여부를 묻는 2017년 공론화는 이 악순환의 고리를 끊고 대의민주주의의 한계를 극복할 수 있는 단초를 제공했다는 데 가장 깊은 의미가 있다"(은재호 2018: 23-24). 물론 여기에서 탈핵 공약 자체가 대의민주주의의 한계를 드러낸 것이기도 하다. 정권이 바뀔 때마다 정책의 비일관성이 초래될 수 있기 때문이다.

신고리 5·6호기 공론화 사례는 대표성 문제를 중심으로 대의민주주의와 숙의민주주의 담론대결을 부각시켰다. 이 사례를 통해 최태현(2018: 507-511)은 숙의민주주의 담론에 대한 균형 잡힌 비판점들을 제시한다. 첫째, 시민참여단은 '선출되지 않은 대표들'로서, 일반시민들에게 자신의 결정 결과에 대한 책임을 지지 않는다는 점이다. 그러나 비례대표직 의원이나 고위 관료 역시 선출된 대표자는 아니다. 둘째, '자발성'에 의한 선택 편향의 문제로서, 시민참여 후보군이 무작위로 선발되었지만 최종 참여여부는 본인의 자발적 선택에 의한다는 점이다. 그러나 대의민주주의 선출직위자 역시 자발적으로 출마하며 투표자도 자발적이다. 셋째, '지나치게 작은 규모'로 인해 대표성의 확보가 어렵다는 점이다. 그러나 작은 규모로 숙의의 질을 확보할 수 있다. 넷째, 숙의를 통해 새롭게 집단적 선호를 형성한 시민참여단은 이제 일반시민들과는 다른 존재가 될 수 있다는 점이다. 그러나 대의민주주의 선출직 대표자도 이와 같은 한계를 노정한다. 다섯째, 공론장 역시 다양한 이해표출 경로이며, 시민참여단의 결론이 전문가나 시민집단의 결론과 선호에 상충할 수 있다는 점이다. 그러나 이는 경쟁보다는 협력 프레임으로 전환하여 사유할 문제이다.

사실 숙의민주주의 이론은 비현실적이며 급진적이라고 비판받는다. 숙의민주주의 실현수단들은 문화적 다원주의, 부와 권력의 불평등, 사회의 복잡성, 그리고 변화와 개혁의 의욕을 꺾는 지역사회 편견과 이념에 의해 제약을 받는다(Bohman 1996: 18-20). 바꾸어 말하면 공론화 방식과 같은 숙의민주주의 실현수단들은 문화적 가치의 공유, 경제적·정치적 차원의 평등, 사회적 단순성, 그리고 지역적 편견과 이념으로부터 자유로운 조건에서 성공적으로 작동할 수 있다는 것이다. 이를 근거로 우리 한국사회에서 숙의민주주의 실현의 걸림돌이 되는 것은 권력거리와 지역적 편견, 그리고 이념의 존재라고 할 수 있겠다. 한국사회는 문화적으로 권력거리가 큰 편이며(Hofstede 1980; Hofstede & Hofstede 2005; 최성욱 2015; 2016), 편견과 이념이 지배한다(송호근 2012). 선과 악 그리고 좌와 우로 갈리는 이분법적 이념 프레임을 우리 사회에서 흔히 목격한다. 숙의 과정은 선과 악에 대한 관념을 선험적으로 가정하면 성공하기 어렵다.

모든 시민이 동등하게 정치적 자원에 접근하고 이용하기란 어렵다. 하버마스의 공론 개념은 모든 교육적 특권을 벗어던지고 완전히 지적인 평등주의 정치문화가 사회적 토대로 작용할 것을 요구한다(Habermas 1996: 490). 공론화 방식의 성공은 '자유롭고 평등하게'(equal liberty) 참여할 수 있는 여건을 전제로 성립한다. 모든 시민이 자유롭고 평등한 참여 가치를 공유하는 정치문화에 의해 사회화되어 있을 것을 필요조건으로 하는 것이다. 존 롤스에게 정의롭고 공정한 숙의결정이란 참여자들이 자연상태와 같은 원초적 위치에서 결정하는 것이다. 공적인 의사결정에 참여하는 사람은 사회의 자원배분 구조상 차이가 존재한다는 것을 알고 있지만, 이러한 자원분배 구조 내에서 자신의 입지 또는 타인의 입지에 관한 정보를 몰라야 한다. 이러한 무지의 베일(veil of ignorance)이 자기이익의 왜곡된 영향으로부터 사회의 기본 제도와 과정에 관한 결정을 보호하는 것이다. 이러한 점에서 정치적 측면의 권력 평등성에 대한 가정과 함께, 원초적 위치에서의 무지의 베일은 숙의민주주의 구축을 위한 철학적 토대가 된다. 요컨대 자유롭고 평등한 참여 가치가 배태된 문화적 토양에 공정하고 개방된 숙의 과정이 전제될 때 공론화 방식과 같은 숙의민주주의는 성공할 수 있다. 체면과 수직적 집단주의 문화는 자유롭고 개방적인 담론의 장인 공적 영역의 활성화에 부정적으로 작용한다.

숙의민주주의 실현수단이 적용된 사례들에 비추어보면, 숙의과정에서 특정 행위자의 의제에 특권이 주어지면서 정치적 권력과 목소리의 불평등이 지속되었다. 정책집행 국면에서 흔히 공중 참여와 숙의가 독려되는데, 이 경우 참여와 숙의가 엘리트에 의해 이미 결정된 사안을 정당화하고, 국가가 공적 영역을 포섭 도구로 이용할 수 있다(Dryzek 2000: 88; Fischer 2017: 113). 또한 핵심적인 이슈는 여전히 전통적인 계층제 거버넌스 양식으로 다루고, 지엽적인 이슈에 대해서만 숙의적 네트워크 양식으로 접근할 개연성도 배제할 수 없다(Bäckstrand et al. 2010: 229－231). 한편 숙의는 차이를 인정하기보다 억압할 수 있다. 숙의에서 이성적 논쟁에 대한 강조는 의사소통능력이 부족한 개인과 집단에게는 배제의 고통을 준다. 그들에게 숙의란 자유로운 것이 아니라 강압적인 것이 될 수 있다. 이성적이라고 생각되는 정치적 상호과정은 중립적인 것이 아니라 효과적 참여로부터 다양한 목소리를 체계적으로 배제할 수 있다. 비강압적이며5) 특수에서 일반으로 연계될 수 있다면 숙의 과정에 이성적 논쟁 이외에 수사, 증언, 스토리텔링 등 다양한 양식의 의사소통이 허용되어야 할 것이다(Dryzek 2000: 58, 167). 공론장에 모든 관계자를 포용함으로써 외적인 배제는 없다하더라도, 소통과 숙의 과정에서 이성적이고 논리 정연한 의견과 질서 있는 행태를 보유한 사람과는 다른 형태의 참여자들에 대해서 내적인 배제가 있다. 아이리스 영의 우려처럼, 비록 공론장과 같은 참여기회가 보장된다하더라도 의사소통과 결정과정에서 효능감 대신 소외와 내적 배제를 경험할 수 있다. 그리고 숙의민주주의 실현방식은 새로운 참여전제정치(new tyranny of participation)라는 비판도 받는다. 11장에서 언급한 바와 같이 주민투표가 갖는 한계 중 하나인 다수에 의한 전제가능성과 같은 맥락의 비판이라고 하겠다.

2〉 참여와 뉴거버넌스

1) 시민참여의 수준

참여거버넌스의 실행은 정부와 시민 간 경계를 재조정하는 중개 공간을 포함하며, 양쪽 참여자들이 새로운 방식으로 서로 개입할 수 있는 새로운 공간의 구축을 말한다(Cornwall 2002). 이러한 공간은 공식적 거버넌스 제도의 범위를 재구성하는 데도 중요한 영향을 미친다. OECD(2001)는 정부와 시민 간 관계를 세 수준으로 나눈다. 첫째, 정보제공 수준으로 정부가 일방적으로 시민에게 정보를 전달하는 것이다. 공공기록물, 관보, 정부웹사이트 등에 대한 접근을 예시할 수 있다. 둘째, 협의 수준은 시민이 정부에 피드백을 할 수 있는 쌍방적 관계를 나타낸다. 예로 여론조사, 입법안에 대한 의견제시 등을 들 수 있다. 셋째, 적극참여 수준은 시민과 정부의 파트너십에 기초한 관계

----

5) 여기에서 '비강압적'이란 의미는 "권력 행사를 통한 지배, 조작, 사상주입(교화), 선전, 기만, 단순한 사리사욕의 표현, 위협, 이념적 일치의 강요가 모두 없는 상태"를 말한다(p.8).

를 나타낸다. 13장에서 살펴보았던 시민배심원제, 합의회의 등 공론화 방식을 예시할 수 있다. 더욱 세분된 수준은 뒤에 볼 시민참여 사다리모형을 참고하면 된다. 참여거버넌스는 일반시민에게 권한을 부여하여 숙의와 시민정신을 촉진함으로써 민주주의를 심화시킨다. 참여거버넌스 기제들을 통해 정부의 책임성과 반응성이 증가하고 공공서비스의 질과 효율성이 향상될 수 있다. 정책과정에 일반시민이 참여함으로써 위임자−대리인 관계에서 발생하는 정보비대칭과 도덕적 해이 또는 고객후원주의에 의한 기관포획 문제를 해결할 수 있다. 그러나 참여거버넌스의 성공은 시민사회 행위자뿐만 아니라 공직자에게도 높은 역량과 동기부여를 요구한다. 많은 개발도상국가에서 한계와 도전을 맞는 사항이 바로 이 점이라고 입증되었다(Speer 2012). 지역구 국회의원의 견해와 지역민의 견해가 불일치하여 갈등을 빚을 때 행정 공무원은 어떻게 대응해야 할까? 전통적으로 정부가 해결할 문제 관련 결정에 시민이나 이외 비정부 행위자들이 참여하는 것은 정부와 공무원에게 도전사항이다. 이는 계층제적 권위로부터 네트워크적 권위로의 전환과 함께, 거버넌스 논리가 행정적 합리성에서 숙의적 합리성으로 이동할 개연성을 말한다. 정부의 하향식 결정과 제재 위협 방식은 더이상 통용되기 어렵다. 그렇다고 뉴거버넌스에서 정부와 공무원의 역할이 축소되는 것은 아니다. 참여와 숙의 기제들은 정부와 공무원이 조정·촉진자 또는 관리자로서 적극적인 역할을 요청한다. 정부행위자는 참여와 숙의 가치에 강조점을 둔 뉴거버넌스 과정의 촉진자가 되어야 할 것이다.

참여를 제도적으로 설계하는 과제가 우선적으로 해결되어야 한다. 참여의 대상, 방식, 형태, 그리고 참여자의 권한 등을 중심으로 제도를 설계해야 한다. 이렇게 설계된 참여 제도는 공공갈등관리와 연동이 된다. 공공갈등의 전개과정과 귀결은 이에 관련된 참여자의 범위와 참여형태에 의해 영향을 받는다. 예컨대 공청회 형태의 참여인지 주민투표 형태의 참여인지에 따라 동일 이슈에 관한 갈등 전개과정과 결과는 달라진다. 이와 관련하여 Arnstein(1969)이 제시한 시민참여의 사다리 모형이 있다. 〈그림 15−1〉에서 볼 수 있는 것처럼 가장 낮은 참여수준으로 ① 조작과 ② 치료 단계가 있다.

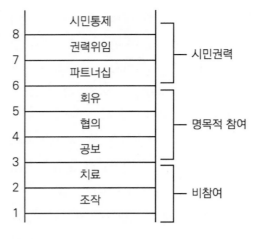

그림 15-1
시민참여단계

8	시민통제
7	권력위임
6	파트너십
5	회유
4	협의
3	공보
2	치료
1	조작

시민권력 (8, 7, 6)
명목적 참여 (5, 4, 3)
비참여 (2, 1)

이 단계에서 참여의 실질적 목적은 사람들을 사업 기획이나 실행에 참여시키려는 것이 아니라, 권력자의 의도에 따라 참여자들을 교육하거나 교정하는 것이다. 예컨대 일반시민들을 교화하거나 거수기 역할의 자문위원회에 자리를 만들어 배치한다. 참여수준이 사회적 병리를 생성하는 근본 원인을 바꾸는 것보다 시민참여를 가장한 치료에 초점을 두는 것이다. 그래서 이 단계를 비참여(non-participation)라고 명명한다. 사다리를 한 단계 올라가면 명목적 참여(tokenism)인 ③ 공보와 ④ 협의 ⑤ 회유 단계에 이른다. 이 단계에서 일반시민은 권력자의 설명을 들을 수 있으며 발언을 할 수도 있다. 그러나 일반시민의 견해가 권력자의 관심을 받을 것이라는 보장은 없다. 일반시민의 견해가 전달되지만 후속조치가 없고 압력행사도 없기 때문에 현 상태를 변화시킬 수 있다는 보장이 없다. 공보는 정부의 일방적인 정보제공이며 의사전달이다. 시민으로부터 피드백은 받지 않는다. 협의에 일반적으로 사용하는 수단은 시민을 대상으로 하는 태도(설문)조사, 반상회, 공청회 등이다. 회유는 공보와 협의보다는 참여수준이 높은 명목적 참여 단계이다. 이 단계에서는 일반시민의 조언을 허용하는 기본규칙이 마련되고, 통제가능 수준에서 일반인들을 의사결정의 일원으로 참여시킨다. 예컨대 교육위원회나 치안위원회에 통제 가능한 일반시민을 위원으로 포섭한다. 하지만 결정권한은 행정기관이 계속 가지고 있다. 사다리를 더 올라가면 ⑥ 파트너십 단계에 이른다. 이 단계에서는 일반시민이 전통적인 기득권자와의 교환거래에 참여하여 협상할 수 있다. 기존 권력자와 시민 간의 권력재분배가 가능하다. 합동정책위원회, 기획위원회 등과 같은 기제를 통해 양자가 기획과 의사결정 책임을 공유하는 데 동의한다. 시민들은 어느 정도 실질적인 협상력을 가지게 되는 것이다. 사다리의 최상단에 이르면 ⑦ 권력위임 ⑧ 시민통제 단계가 있는데, 여기에서 일반시민은 의사결정체의 다수의석을 차지하거나 완전한 관리권한을 보유하게 된다. 예컨대 권력위임의 경우, 도시계획과 관련하여 기존 결정자인 시청은 시민공동출자회사나 기업에 민간위탁을 하는 것이다. 또는 시청과 시민 간 이견이 협상을 통해 해결될 수 없을 경우 시민들에게 거부권을 주는 것이다. 시민통제의 경우 정부가 시민출자 비영리법인에 보조금을 지급하여 독자적으로 공공사업을 시행하는 것을 예시할 수 있다. 그래서 파트너십부터 시민통제 단계까지를 시민권력(citizen power)의 참여수준이라 한다.

이 모형이 가정하는 것처럼 일반인은 공공문제의 참여 사다리를 타고 올라가는 경향이 있다. 예컨대 우리의 방폐장 입지 선정의 경우 전통적인 DAD 방식으로부터 주민투표에 의한 결정으로 바뀌었다. 미국의 야생자원 정책영역의 경우에도 명목적 참여수준의 위원회결정으로부터 시민권력 참여수준인 주민투표에 의한 결정으로 변화하였다. Nie(2004: 222-3)는 미국 주정부 야생자원 관리정책 사례를 분석하면서 참여주체의 문제에 초점을 둔다. 초기에는 주의회 동의절차를 거쳐 주지사가 대부분 임명하는 위원들로 구성된 위원회 중심으로 결정되어왔다. 그러나 이러한 결정방식은 기관포획 문제를 발생시켰다. 전통적으로 야생자원 관리담당 행정기관은 고객인 낚시꾼과 사냥꾼에게 물고기와 사냥감이라는 자원을 제공하는 것이 일차 목표라고 인식하였다. 이 과정에서 고객후원주의에 기초한 기관포획이 발생했던 것이다. 야생자원관리기금의 대부분이 사냥꾼이나 낚시꾼으로부터 출연되었다. 일반인들 사이에 환경에 대한 가치와 관심이 증가함에 따라 이러한 고객후원주의와 기관포획은 도전을 받게 된다. 시대적 흐름에 맞춰 미국의 많은 주에서 야생자원에 관한 결정에 주민투표방식을 도입하게 되었다.

2) 참여거버넌스의 설계

아천 펑은 시민참여 거버넌스를 위한 제도설계를 생각할 때 고려해야 할 세 가지 차원을 제시한다(Fung 2006). 누가 참여할 것인가? 참여자는 어떻

표 15-3.
참여자의 범위

전문적 행정가	선출직 대표자	전문적 이해관계자	일반적 이해관계자	무작위 선발	개방적 지정추천	개방적 자기추천	일반공중

——— 국가 ——— ——————— 소규모 공중 ——————— — 공중 —

배타적 ————————————————————————————— 포괄적

출처: Fung(2006), p.68 Fig. 1

게 소통하고 결정할 것인가? 결정사안에 대해서 공식적 권한은 얼마나 부여할 것인가?

첫째, 누가 참여하는가와 관련해서 참여범위를 결정해야 한다. 정부행위자만이 배타적으로 참여하는 거버넌스에서부터 일반시민까지 포괄적으로 참여하는 거버넌스를 가정할 수 있다. 구체적으로 참여자를 명시하면, ① 직업공무원과 선출직 대표자 등 정부행위자, ② 조직화된 이익집단이나 공무원 측을 대변하는 전문적 이해관계자, ③ 공공문제에 깊은 관심을 가지고 시간과 에너지를 투자할 의지가 있는 무보수의 일반적 이해관계자(예: 학교위원회나 동네주민연합의 활동대표), ④ 대표성 보장의 최선책으로서 모집단으로부터 무작위로 선발된 일반인(예: 공론조사 참여자, 시민배심원), ⑤ 현실적으로 참여 확률이 낮은 집단(예: 저소득층, 소수자집단)에서 개방적으로 선발되어 참여한 지정추천자, ⑥ 대표성 문제(돈 있고 교육받거나 또는 특수이해를 가진 사람 위주의 참여)가 있더라도 원하는 사람이면 모두 참여할 수 있는 개방적 자기추천자, ⑦ 대중을 의미하는 일반공중 등을 포함할 수 있다.

둘째, 참여자의 의사 소통과 결정 방식을 고려해야 한다. 참여수준에 따라 다음과 같이 유형화할 수 있다. ① 공청회나 설명회에서 자신의 의견은 제시하지 않고 단순히 관련 정보만을 청취하는 수준의 참여, ② 청중이나 공무원에게 자신의 선호를 표명하는 수준의 참여, ③ 토론 등을 통해 자신의 선호와 관점을 발전시키거나 변화시키는 수준의 참여, ④ 참여자의 선호들을 집계하여 선택대안을 도출하거나 표결하는 방식의 참여, ⑤ 참여자들 사이에

관중으로서 청취	선호 표명	선호의 발전과 변화	선호결집과 협약	숙의와 협상	전문지식과 기술의 투입
의사소통 모드			의사결정 모드		
투자·지식·몰입 측면에서 참여자의 최소 노력 수준	◄─── 참여자 개인의 선호나 견해를 집단적 견해나 결정으로 변환시키려고 시도하지 않음. ───►		───► 집단적 선택안 도출시도		투자·지식·몰입 측면에서 참여자의 최대 노력 수준

표 15-4.
참여자의 의사소통 및 결정 방식

출처: Fung(2006), p.69 Fig. 2를 보완 수정.

의견·관점·이해 등을 교환하고 일치와 불일치 사항에 대해 명확화하며 합의를 형성하는 협상과 숙의 수준의 참여, ⑥ 자신의 전문지식과 기술을 투입하는 수준의 참여 등으로 분류할 수 있다.

셋째, 참여하여 도출한 합의사항이나 결정사안에 대해 공식적 권한을 얼마나 부여할 것인가? 참여자의 권한과 영향력 정도를 고려해야 한다. 시민참여의 결과를 실제 정책과 사업 시행에 연계시키는 정도를 말한다. 참여자들이 도출한 결정안 자체가 바로 정책이 되는 권한 정도부터 정책이나 공공행위에 영향을 미칠 것이라고 전혀 기대하지 않는 권한 정도까지 다섯 범주로 유형화할 수 있다. ① 참여 결과를 덕성함양과 시민으로서 의무감 충족이라는 참여자 개인적 혜택에만 연계시키는 최소의 권한부여이다. 시민참여가 실제 정책과 사업 집행에 거의 영향을 미치지 않는 수준이다. ② 참여자들의 토의 결과와 결정이 일반 공중과 공직자에게 영향을 미쳐 여론을 형성하거나 변화시키는 의사소통적 영향력이다. ③ 공청회의 경우처럼 결정권한과 권력은 정부와 공무원이 가지고 있지만 참여자들의 의견이 정책에 투입되는 자문과 조언의 권한 정도이다. ④ 참여자들이 공무원과 공동으로 기획하고 정책을 결정하며 집행전략을 모색하는 협치의 권한 정도이다. ⑤ 시민협의체나 시민위원회에서 결정된 사항이 바로 정책이 되는 최대의 권한부여 수준이다. ④와 ⑤의 범주는 참여사다리모형에서 최상단에 위치한 시민권력을 나타낸다.

이 세 차원을 결합하여 참여거버넌스를 위한 제도 설계를 할 수 있다. 참여는 정당성, 정의, 효과성이라는 민주주의 필수가치의 실현에 기여한다.

시민참여는 공공정책과 공적인 행위에 대한 정당성을 확보해준다. 실질적 참여를 통해 수동적인 정책수요자로부터 능동적인 정책공동생산자 입장으로 전환될 수 있다. 일반 공중은 실질적 참여를 통해 공공정책을 지지하고 집행에 순응하는 이유를 찾을 수 있게 된다. 또한 시민참여는 정치적 자원접근의 불평등과 이로 인한 불공정성 지각으로부터 정치적 영향력 행사의 동등한 기회를 제공함으로써 정의를 향상시킬 수 있다. 특히 소외되고 낙후된 지역의 취약계층에게 실질적 참여기회를 동등하게 보장함으로써 궁극적으로 사회갈등의 발생압력을 완화시킬 수 있다. 그리고 시민참여는 공공정책의 효과성을 향상시킬 수 있다. 기존에 비전문가로 무시되었던 일반인들은 현지사정에 대한 지식(예: 지역문제의 우선순위나 지역가치에 관한 정보)을 보유함으로써 현실에 적합한 접근법의 개발과 정책집행의 성공에 기여할 수 있다. 신발 어느 부분이 꽉 조여 아픈가는 신발을 신는 사람이 가장 잘 안다. 현지사정은 현지에 거주하는 지역민이 잘 안다.

그러나 아천 펑이 제시한 참여거버넌스 제도설계만으로 가치 있는 참여와 숙의가 가능한 것은 아니다. 이러한 제도설계가 참여권한 부여를 위한 서막을 제공할 수 있지만, 이 자체로 참여를 보장하는 것은 아니다. 공식적 권위에 의해 설계된 참여제도라는 그릇을 채우는 것은 참여자의 실제 특성이다. 따라서 참여제도의 설계에 더하여 이것이 적용될 사회문화적 실재에 대한 고민이 필요하다. 다양한 형태의 참여 공간에 깔린 문화적 의미를 이해할 필요가 있다. 특정 담론이 어떤 것을 중시하거나 무의미하게 만드는지, 그리고 어떤 참여자를 포함하거나 배제하는지를 통찰할 필요가 있다. 설계된 제도 공간은 사회적으로 결코 중립적이지 않다. 그러한 공간은 어떤 행위는 가능하게 하고 어떤 행위는 제약한다. 설계된 구조와 절차는 건물의 벽과 같은 것이 아니다. 그것은 그 공간 내에 있는 사람들에 의해 해석되는 사회관계이다. 참여를 위한 공간은 의미, 의도, 관계에 대한 규범적 이해를 둘러싸고 사회적으로 구성된다. 제도적으로 주어진 공간에 어떤 형태의 참여를 누가 결정할지 고민해야 한다. 실제 누가 주도하고 방법을 선택하며 참여할지를 물어야 할 것이다(Fischer 2006: 24-26). '숙의'와 '참여' 담론 자체가 참여를 체계적으로 배제하는 지배도구일 수 있다. 프랭크 피셔는 숙의민주주의와 참여 거버넌스 기제가 기대처럼 작동하지 않으면 환경가치의 명분을 내세운 권위주의 국가가 출현할 수 있다고 우려한다. 그에 의하면 지구온난화 등 기후위기는 자연재난이라기보다는 정치위기이며 거버넌스 이슈이다. 이러한 문제에 대한 민주체제와 참여거버넌스의 대응 실패는 기술에 의존하는 생태권위주의(eco-authoritarianism)를 초래할 수 있다. 그리하여 생태수호자의 명분을 지닌 집권적 관료정부에 의해 엘리트 시민의 생활양식만이 보호되는 귀결을 맞이할 수도 있다(Fischer 2017: 280-284). 극단적으로 말해 포스트모더니스트에게는 모든 형태의 지식과 담론이 단지 권력의 형태일 뿐이다. 이 점에서 이성적 논쟁에 기초한 참여와 공적 영역은 또 다른 강압적 담론을 제공하는 토대가 될 수 있다. 차이를 인정하고 차이들 사이에 비강압적인 경쟁이 요구된다(Dryzeck 2000: 168). 비이성적 논쟁까지도 공적 영역에 진입하여 자유롭게 경쟁할 수 있는 인내와 포용력이 필요하다.

사회문화적 실재의 이해를 위해 제도설계에 갈등행위자의 유형과 문화 요인을 고려해야 할 것이다. 갈등상황에 개입한 행위자를 이익집단으로 보느냐, 소비자나 고객으로 보느냐, 유권자로 보느냐, 시민으로 보느냐에 따라 공공갈등 관리의 접근이 달라진다. 숙의민주주의를 지향한 거버넌스 구축은 행위자를 자유롭고 평등한 시민으로 가정한다. 그런데 실제 뉴거버넌스에 참여하는 행위자의 동기는 다르다. Gustafson과 Hertting(2017)은 시민참여자의 동기를 세 가지로 제시한다. 첫째, 이타적 태도를 가지고 공동체 발전에 기여하고자 하는 공익동기이다. 둘째, 자신의 정치적 자원 증진과 자기집단 이익을 신장하고자 하는 사익동기이다. 셋째, 직업전문성에 기초한 비정치적·실용적 전문역량동기로서, 참여가 자기 일의 일부라는 점을 강조한다. 문화는 참여자의 동기와 행위에 영향을 주는 맥락으로 작용한다. 참여자의 동기는 문화적으로 다르다. 예컨대 개인주의 문화에서 참여는 일반적으로 개인의 선호와 이익을 주장하거나 실현하기 위한 사익동기를 갖는 데 비해, 집단주의 문화에서는 집단적 참여 규범에 순응하거나 또는 이에 불응했을 때 받을 수 있는 유무형의 제재와 불이익을 피하기 위한 규범적 공익동기에서 비롯된다. 평등주의 문화에서 참여는 당연한 권리이자 의무이라는 점에서 공익과 전문역량 동기에 편향된다. 이렇게 다른 동기에 의한 참여는 숙의민주주의와 뉴거버넌스 적용과정과 효과에 차이를 가져온다. 따라서 제도설계는 이점을 반영해야 할 것이다. 설계된 제도 공간에 실질적이고 가치 있는 시민참여를 채워야 한다. 그래서 정부 행위자의 반응성이 제고될 수 있도록 해야할 것이다.

3〉 공공갈등해결양식의 변화와 도전받는 기존행정체계

숙의와 참여의 가치를 올리고 등장한 대안적 갈등관리전략은 계층명령과 통제에 물든 기존 행정체계에 위기감을 조성했다. 기존 행정과 공무원의 전문가적 자율성과 책임성 그리고 업무수행역량이 도전에 직면한 것이다. 행정 공무원은 공공갈등상황을 효과적으로 대응할 수 있는 역량을 겸비하고 있는가? ADR을 적용할 수 있는 갈등사례를 확인하고 적절한 ADR 수단을 선택하며 중립적인 제3자를 물색하는 등 새로운 행정기술역량이 요구된다. 이에 관한 가이드라인이 있기는 하지만 지침서와 체화된 역량 간은 천양지차이다. 예컨대 공무원이 중립적인 제3자를 물색하여 선정할 역량을 겸비하고 있는지를 고려해야 한다. 객관성, 중립성, 제3자에 대한 해석과 인식은 이해관계자의 입장에 따라 다르다. 그래서 정부와 사업시행자에 편향되지 않게 인식되는 공신력 있는 제3자를 제시하기란 쉽지 않다. 전통적인 행정 관행과 맥락 그리고 전문가적 자긍심은 일반시민의 참여와 숙의를 다른 의미로 해석할 개연성이 있다. 계층주의 문화와 법규 중심의 업무방식이 체화된 공무원은 ADR이나 숙의민주주의 실행수단을 정치적 타협으로 이해하고, 일반인들과의 협상을 정책의 질을 저하시키는 비전문적인 것으로 인식하는 경향이 있다. 법규에 기반한 명령통제와 규제는 ADR이나 공론화 방식과는 매우 다른 가치를 담고 있다. 행정이 추구하는 가치의 우선순위가 변하면 공무원의 전문성과 역량의 내용도 바뀌어야 한다. 기존 법규와 관료제적 방식이 ADR의

적용에 제약이 되는 것은 입증된 사실이다.

기존의 패러다임으로 이해한다면 행정과 공무원에게 자율성이란 위임된 권한영역 내에서 의사결정을 하면서 전문가적 재량권을 행사할 수 있는 능력을 말한다. 전통적 거버넌스에서 의사결정은 행정과 공무원의 전문적 자율성과 독립성이 보호되게끔 설계되어 있다. 일반시민과 같은 외부인의 직접 참여는 이러한 전문가적 자율성을 침해하는 것으로 인식될 수 있다. 그러나 행정과 공무원은 상황변화에 대한 통찰과 패러다임의 전환에 주목하여 전문성과 자율성에 대한 의미를 재정립할 필요가 있다. 갈등고조의 소용돌이에 갇혀 있는 상황에서는 외부인의 참여가 오히려 행정과 공무원의 전문적 자율성을 보호할 수 있다. 초기단계부터 시민참여를 통한 숙의와 합의형성으로 갈등을 해결하는 것이 행정과 공무원의 자율성을 유지시킬 수 있다. 전통적 거버넌스 양식에 의해 공공갈등문제에 접근하였다가 이분법적 교착상황에 이르는 경우를 많이 목격한다. 악순환적 갈등주기에 진입한 후 대법원이나 헌법재판소 또는 지역구 국회의원이 개입하게 되는 것은 결국 행정기관과 공무원의 관할권과 자율성의 저하를 가져온다. 행정기관이 갈등문제의 딜레마적 성격 때문에 전략적으로 사법부나 입법부로 토스하는 경우도 있을 수 있다. 하지만 그렇지 않는 대부분의 경우 갈등에피소드 후반부에 사법부나 입법부가 개입하는 것은 행정과 공무원의 자율성을 제약하는 결과를 초래한다. 공공갈등의 강도가 높을 것으로 예상되는 경우, 행정은 초기단계부터 실질적인 시민참여를 보장하는 해결방식을 선택하거나 초기단계부터 사법부나 입법부의 개입방식을 선택할 필요가 있다. 이러한 방식이 오히려 행정과 공무원의 전문가적 자율성을 유지하거나 신장시킬 수 있다. 공공갈등상황에서 지역민의 합의가 결여되면 행정과 공무원의 전문가적 자율성도 발휘될 수 없다. 공공갈등이 해결되지 않으면 행정의 효과성도 없다. 현 시대적 상황에서 행정과 공무원의 진정한 자율성이란 집행결과의 측면에서 이해될 필요가 있다. 이와 같은 문제해결 방식의 변화는 행정과 공무원의 책임성 유형의 변화를 수반한다. 전통적 거버넌스의 관료적·법적 책임으로부터 뉴거버넌스의 전문적·정치적 책임으로 무게가 이동된다. 행정 공무원에게 도덕적 시민정신을

표 15-5.
행정 책임성의
유형

		통제의 원천	
		내부	외부
통제의 정도	높음	관료적 책임	법적 책임
	낮음	전문적 책임	정치적 책임

출처: Romzek & Dubnick(1987) p.229, Fig. 1

함양한 전문가적 직업소명인으로서 역량과 책임이 요구된다.

일반시민이 정부정책 과정에 실질적으로 참여하여 논쟁의 타당성 검증을 통해 결과를 도출하려는 다두체제 3유형의 민주주의가 다가오고 있다. 균형적인 정보의 공유와 절차적 합리성의 발휘를 강조하고 있다. 공공갈등문제는 대부분 위험의 지각과 수용성과 연관된다. 위험에 관한 의사소통이 효과적으로 작동하기 위해 지역주민의 심리와 감정에 대한 편견 없는 고려가 요구되고, 위험과 갈등 영향평가가 실질적으로 시행되어야 한다. 이러한 시대적 상황 속에 사회문화적 인프라가 하는 역할을 주목할 필요가 있다. 행정패러다임과 거버넌스 양식이 공식제도 측면뿐만 아니라 문화적 측면에서 변화해야 할 것이다. 그렇지 않으면 시민참여가 오히려 공공난제가 될 수도 있다. 이론과 규범상 참여 거버넌스에서 전통적으로 약자의 위치에 있는 집단에게 권한을 부여하는 것은 매우 중요하다. ICT의 발전과 함께 사회문화적 인프라는 공공갈등관리의 효과성을 조절하거나 매개하는 요인으로서 중요한 역할을 한다. 사회문화적 인프라는 사람들 사이에 신뢰관계와 호혜성, 집단적 행위와 협동, 정보교환과 의사소통, 수용성과 배타성, 권한부여와 정치적 행위 같은 공공갈등 관리 과정에서 작용하는 주요소들을 내포한다. 이 점에서 사회문화적 인프라는 새로운 거버넌스 구축과 공공갈등관리에 중요한 의의를 지닌다.

4 〉 맺는말

정부정책은 대부분 갈등을 내재한다. 우리 사회에서 시민의 목소리가 커지고 정책과정에 주민참여가 강조되면서, 갈등고조의 가능성과 함께 양질의 갈등해결 기회 역시 높아졌다. 공공영역에서 실효성 있는 갈등관리의 필요성이 어느 때보다 부각되고 있다. 갈등관리가 효과적이지 못하면 공공가치의 실현과 정부행정의 정당성을 보장받기 어려워졌다. 정부정책과 사업 과정에서 갈등은 불가피하게 발생한다. 중요한 것은 불가피하게 발생하는 갈등을 어떻게 관리하느냐이다. 이 책에서 살펴보았듯이 공공갈등을 관리하기 위한 전략과 수단들은 다양하다. 많은 이들이 우리 사회에서 발생하는 공공갈등 해결을 위한 전략으로서 ADR이나 숙의민주주의 실현수단을 강조한다. 이러한 대안적 갈등관리방식이 성공하려면 문화적 적합성을 고찰할 필요가 있다. 협상이나 공론화와 같은 갈등관리방식이 한국사회의 문화적 토양에 적합한가?

협상은 전통적인 소송을 대체할 수 있는 대표적 갈등해결 수단이다. 협상은 갈등 당사자들이 직접적으로 상호작용하여 문제를 해결하는 의사결정 과정이다. 협상은 13장과 14장에서 고찰한 바와 같이 간접적인 우회방식으로 대응하는 고맥락 문화보다는 직접적으로 대응하는 저맥락 문화에서 더 효과적이다. 원칙협상 전략의 경우 더욱 그렇다. 한국사회는 고맥락 문화에 가깝다. 간접대응양식은 갈등해결의 목적이 주로 화합 유지나 관계 회복의 동기로부터 비롯된다. 화합 도모와 관계 유지는 집단주의적 계층주의 문화에서 중시하는 가치이다. 이를 위해 체면 보호와 유지가 핵심적인 요소로 작용한다. 우리의 공공갈등상황에서 초기에 반대입장을 강력하게 표명했던 사람들이 균형 있는 정보에 접근하면서 내심 찬성으로 변화했지만, '명분'이라는 출구가 없으면 초기 입장을 견지한다. 그래서 우리에게는 흔히 명분을 만들어 주는 출구전략이 필요하다. 명분은 체면을 지키기 위해 요구되는 것이다. 눈치도 있어야 한다. 의사결정을 할 때 권위 있는 제3자를 개입시켜 갈등당사자들을 체면손상으로부터 보호하고 관계를 유지시킬 수 있다.

협상과 소송은 갈등당사자의 자발성과 참여 측면에서 근본적인 차이를 보인다. 공공갈등과 분쟁을 해결하는 데 ADR의 적극적 활용을 주장하는 시대적 목소리가 있지만, 소송은 여전히 우리 사회에서 유효한 갈등관리 수단이다. 소송은 문화적으로 큰 권력거리와 불확실성의 회피 그리고 외부통제성 측면에서 우리 사회에 적합하다. 공식제도와 같은 하드웨어가 실효성 있게 작동하려면 문화와 같은 소프트웨어와 호환성을 가져야 한다. 우리에게 적합한 갈등관리거버넌스를 구축하기 위해 한국사회의 문화 특성과 대안적 갈등관리방식 간의 조화를 추구해야 한다. ADR기법이나 숙의민주주의의 실행수단을 만병통치약처럼 인식하면 곤란하다. 우리와 같은 문화적 풍토에서는 협상이나 당사자 간 합의형성 방식보다는 소송이나 중재와 같은 제3자의 개입에 의한 갈등해결이 더 실효성을 거둘 수 있다. 그렇다고 협상이나 합의형성 방식을 우리 사회의 공공갈등 관리에 적용하지 말자는 것은 결코 아니다. 소송이 '구식' 해결전략이라는 인식을 경계하자는 것이다. 더불어 자체적으로 해결할 수 있도록 만들어진 제도를 두고 대법원 소송과 같은 외부기제에 '당연히' 의존하는 습성도 경계해야 한다. 피터 홀의 인식처럼 의식 저변에 깔린 문화의 경계를 넘는 길은 우리가 당연시하는 것에 대한 공개적 성찰과 적극적 관여이다. 우리가 당연시하는 습성과 문화요소들은 자주 공언함으로써 그 부정적인 면들이 의심을 받게 되고 긍정적으로 전환될 수 있다. 그래서 다양한 대안적 갈등관리수단들에 대한 실험과 적용은 지속되어야 한다. 문화적 필수 다양성의 조건 하에 실용주의 가치가 우리 사회에 배태될 수 있는 방향으로 갈등관리 거버넌스를 설계·구축해야 한다.

마지막으로 던지는 질문과 문제의식 그리고 표현하고픈 심정이다.

- 왜 갈등과 문화의 관계를 고민해야 하는가? 갈등에 대한 문화적 관점의 설명에 과잉일반화의 위험은 없는가? 이 책에서 제시하는 가설과 문화관련 설명이 오히려 독자의 고정관념 형성에 기여하고 개념적 실재화의 오류를 촉발하는 것은 아닌지 자문한다. 그래서 연구자에게는

'문화가 모든 것을 설명할 수 있으나 아무것도 설명할 수 없다'는 경각심이 필요하다.

- 국가문화나 사회문화가 어떻게 갈등접근법에 영향을 주는가? 각 국가나 사회가 가지고 있는 갈등과 갈등해결에 관한 고유한 사유방식은 무엇인가? 문화적 고정관념을 가지고 특정 개인이나 집단의 행태를 이해하거나 예측하는 것은 아닌가? 문화를 모른다면 공유의 비극을 초래하는 공공난제를 해결하는 데 협력을 얻기란 불가능할 수 있다. 실무자에게는 문화에 대한 통찰력이 요구된다.

- 수목원을 산책하며 문득 삼나무들을 쳐다보았다. 옆 나무와 마주한 쪽 가지들은 작고 듬성듬성한 반면 반대쪽 가지들은 크고 빼곡했다. 삼나무들은 서로의 가지들로 뒤엉키지 않고 적당한 거리를 두며 공존하는 것 같았다. 순간, 칼릴 지브란의 「함께 있되 거리를 두라」는 시가 떠올랐다. "…(중략) 현악기의 줄들이 하나의 음악을 울릴지라도 줄은 서로 혼자이듯이 …(중략) 함께 서 있으라. 그러나 너무 가까이 서 있지는 말라 …(중략) 참나무와 삼나무는 서로의 그늘 속에서 자랄 수 없다." 각자 본연의 역할에 충실하면서 상대편과 소통은 하되 공모하거나 포획되지는 말자. 그러면 갈등의 최적수준을 유지할 수 있으리라!

📖

참 고 문 헌

1. 국내문헌

가상준. (2020). 종료방식으로 본 한국의 공공갈등 특징. 「분쟁해결연구」 18(3): 33-61.

가상준·신은종·임재형·김학린. (2007). 한국의 공공분쟁 1990-2006: 단국대학교 분쟁해결연구센터 공공분쟁 데이터베이스. 「분쟁해결연구」 5(2): 137-167.

감사원. (2015). 「열심히 일하는 공직문화, 날개를 달다」(적극행정면책사례집).

강경식. (1999). 「강경식의 환란일기」. 서울: 문예당.

강민아·장지호. (2007). 정책결정과정의 프레이밍에 대한 담론 분석: 방사성폐기물처리장 입지선정 과정을 중심으로. 「한국행정학보」 41(2): 23-45.

강성철·문경주. (2005). 문화이론적 관점에서의 환경갈등분석: 위천공단조성과 명지대교 건설사례를 중심으로. 「지방정부연구」 9(3): 223-246.

강원택 외. (2014). 「한국형 사회갈등실태 진단연구」. 국민대통합위원회 연구용역 보고서.

강지선. (2017). 공공갈등조정관제의 제도화 가능성에 관한 연구: 인천시 부평구 공공갈등조정관 제도를 중심으로. 「한국인사행정학회보」 16(4): 291-319.

권경득. (2017). 중앙과 지방의 갈등: 갈등의 양상과 경험적 교훈. 「지방행정」 66(763): 22-25.

권경득·이광원. (2017). 공공정책 갈등사례 DB 구축 및 갈등사례 유형 분석. 「행정논총」 55(1): 77-106.

권경득·임동진. (2017). 한국의 공공갈등 발생현황 및 해결방법에 관한 연구: 1948~ 2014년 공공정책갈등사례 DB를 중심으로. 「한국정책학회보」 26(2): 167-200.

권향원·김윤정·최도림. (2015). 공공갈등과 인상관리: 제2롯데월드 갈등사례에서 정책기조 변동과 갈등주체의 대응전략 행태를 중심으로. 「한국정책학회보」 24(1): 299 – 334.

권향원·한수정. (2016). 정책네트워크와 정부 간 갈등: KTX 오송역 입지정책을 둘러싼 공공갈등을 중심으로. 「한국정책학회보」 25(2): 391 – 428.

권혁주. (2011). 무상복지논쟁: 무상복지 논쟁과 한국 복지국가의 과제. 「행정논단」 133: 7 – 9.

권혁주. (2016). 한국의 사회갈등과 사회통합방안: 사회구조적 관점에서. 「행정논총」 54(2): 93 – 116.

김광구·이선우·심준섭. (2018). 갈등해소를 위한 대화협의체 형성 동인에 관한 연구: 합의형성적 대화협의체를 통한 갈등해소 사례를 중심으로. 「한국공공관리학보」 32(2): 237 – 265.

김기홍. (2002). 한국인은 왜 항상 협상에서 지는가. 서울: 굿인포메이션.

김도희. (2013). 공공정책갈등의 제3자 중재개입의 역할과 한계: 울주군청사 이전 갈등사례를 중심으로. 「지방정부연구」 17(1): 31 – 54.

김동환. (2004). 「시스템 사고: 시스템으로 생각하기」. 서울: 선학사.

김병섭·박광국·조경호. (2007). 「살아있는 우리 정부조직 이야기」. 서울: 법문사.

김병준. (2003). 「지방자치론」. 서울: 법문사.

김서용. (2005). 환경갈등의 문화적 분석: 새만금개발사업을 중심으로. 「한국행정학보」 39(3): 43 – 66.

김영평·최병선·소영진·정익재. (1995). 한국인의 위험인지와 정책적 함의. 「한국행정학보」 29(3): 935 – 954.

김재일. (2011). 「정부신뢰와 소통 제고를 위한 Public Relations 시스템 구축: 중앙정부와 지방정부 간 국정소통 현황분석 및 개선방안」. KIPA 연구보고서 2011 – 42 – 3.

김정인. (2015). 행정형 ADR 기구 유형 재분류에 관한 연구. 「한국행정논집」 27(3): 761 – 787.

김정인. (2018). 정책결정과정에서의 공론화 적용 가능성에 관한 연구: 공론조사의 국가적 특수성, 대표성과 집합적 합리성을 중심으로. 「정부학연구」 24(1): 343 – 375.

김준한. (1996). 행정부와 대체적 분쟁해결제도. 한국행정학보, 30(4): 37 – 53.

김진수. (2022). 지자체 간 해상경계의 설정과 관리를 위한 입법 및 정책 과제. 국회입법조사처 NARS info 제28호.

김창수. (2016). 「공공갈등과 행정이론: 제도, 프레임 그리고 시간의 방정식」. 고양: 피앤씨미디어.

김호정. (2009). 갈등과 신뢰 및 조직효과성의 관계. 「한국행정학보」 43(1): 97−119.

김홍기(편). (1999). 「영욕의 한국경제」. 매일경제신문사.

김희강·나상원(역). (2020). 포용과 민주주의(원저: Iris Marion Young, Inclusion and Democracy). 서울: 박영사.

목진휴·허만형·안형기. (2000). 「원자력사업의 국민수용성 결정요인에 관한 연구」. 과학기술부 연구보고서.

문명재·함성득·정광호. (2012). 공공기관 통합효과의 영향요인 탐색: LH 사례를 중심으로. 「행정논총」 50(3): 119−151.

문유석. (2010). 경찰관 직무스트레스 수준과 영향요인. 「지방정부연구」 14(4): 41−60.

문유석. (2011). 소방공무원의 스트레스 수준과 직무환경적 유발요인. 「지방정부연구」 15(1): 119−141.

박석희·송윤정. (2013). 조직원들의 감정노동의 직무성과와의 관계: 차원, 영향 및 시사점. 「한국거버넌스학회보」 20(1): 1−24.

박수경. (1997). 「재정경제원의 조직개혁과 기관 자율성에 관한 연구」. 충남대학교대학원 박사학위논문.

박재근·은재호. (2016). 공공갈등 해결과정에서 조정의 성립과 합의형성에 영향을 미치는 요인 연구: 경북 울진군 신화1리 집단이주 갈등조정사례를 중심으로. 「한국정책학회보」 25(2): 529−558.

박재희. (2019). 중앙−지방 간 사무 배분의 실태분석: 식품안전 기능을 중심으로. 「한국지방자치학회보」 31(3): 37−63.

박정민·김대성·김행희. (2012). 직무환경이 소방공무원의 심리적 탈진에 미치는 영향에 관한 연구. 「한국거버넌스학회보」 19(1): 25−49.

박종민 편. (2002). 「정책과 제도의 문화적 분석」. 서울: 박영사.

박종민. (1996). 온정주의 정치문화와 권위주의 통치의 정당성. 「한국정치학회보」 30(3): 105−122.

박종민·배병룡·유재원·최승범·최흥석. (1999). 한국 지방정치의 특징. 「한국행정학보」 33(2): 123 – 139.

박준. (2013). 「한국 사회갈등 현주소」. 전국경제인연합회 제2차 국민대통합 심포 지엄.

박준·김용기·이동원·김선빈. (2009). 「한국의 사회갈등과 경제적 비용」. 삼성경 제연구소.

박천오·서우선. (2004). 한국 지방의회와 집행기관간 갈등요인과 개선방안에 관 한 실증연구. 「한국행정학보」 38(4): 107 – 125.

박치성·오재록·남주현. (2012). 정부조직개편의 효과 실증분석. 「행정논총」 49(4): 51 – 82.

박치성·정창호. (2014). 사회간접자본 이해관계자 갈등관계 패턴분석. 「한국행정 학보」 48(4): 375 – 406.

박태견. (1997). 「관료망국론과 재벌신화의 붕괴」. 서울: 살림.

박흥엽·홍성만·김유환·권영인·강상규(2007). 「공공갈등: 소통, 대안 그리고 합 의형성」. 서울: 르네상스.

배웅환. (2009). 자치단체장과 지방의회의 역할과 권한 및 영향력: 지방정책과정 을 중심으로. 「한국행정연구」 18(4): 171 – 194.

백상규·황경수. (2014). 제주해군기지와 방폐장 협상사례에서 지방자치단체의 역 할 분석. 「한국정책학회보」 23(4): 147 – 177.

백완기. (1978). 한국의 행정문화: 의식주의를 중심으로. 「한국행정학보」 12: 112 – 127.

백완기. (1982). 「한국의 행정문화」. 고려대학교 출판부.

백완기. (1998).「한국행정학의 기본문제들」. 서울: 나남출판.

백완기. (2007). 「행정학」(신판). 서울: 박영사.

백종섭. (2015). 「갈등관리와 협상전략: 원칙, 술수, 전술」. 서울: 창민사.

세바스티안 헤르만. (2020). 「감정이 지배하는 사회: 합리적 개인이 되기 위한 16 가지 통찰」. 김현정(역). 서울: 새로운 현재.

소영진. (1999). 딜레마 발생의 사회적 조건: 위천공단 설치를 둘러싼 지역갈등을 중심으로. 「한국행정학보」 33(1): 185 – 205.

송호근. (2012). 「이분법 사회를 넘어서」. 파주: 다산북스.

신고리 5·6호기 공론화위원회. (2017). 신고리 5·6호기 공론화 「시민참여형조사」 보고서.

신현두·박순종. (2018). 중앙－지방간 정책갈등 분석과 그 함의: 서울시 청년수당 지원사업을 사례로. 「한국정책학회보」 27(2): 161－191.

심익섭. (2017). 외국의 갈등관리: 중앙과 지방의 관계를 중심으로. 「지방행정」 66 (763): 34－37.

심준섭·문태훈·허만형. (2013). 환경갈등 ADR 역량 비교분석: 한·미·일 3국간 비교를 중심으로. 「국가정책연구」. 27(2): 1－29.

심준섭·김지수. (2011). 원자력발전소 주변 지역주민의 갈등 프레임 분석: 후쿠시마 원전사고의 영향을 중심으로. 「한국행정학보」 45(3): 173－202.

심형인. (2016). 경찰직·일반 행정직 공무원의 직무스트레스 및 직무만족에 대한 비교연구. 「한국경찰학회보」 18(4): 35－67.

오강남 (2010). 「道德經」. 서울: 현암사.

오수길·김대건. (2006). 바람직한 일선공무원의 서비스 행태분석: 서울시 25개 구청 홈페이지 '칭찬합시다'의 내용분석을 중심으로. 「한국사회와 행정연구」 17(1): 177－201.

울리히 슈나벨. (2016). 「웃음의 가격은 얼마인가: 나답게 살기 위한 감정사용 설명서」. 배명자(역). 서울: 새로운 현재.

유민봉·임도빈. (2016). 「인사행정론: 정부경쟁력의 관점에서」. 서울: 박영사.

유민봉·심형인. (2011). 공무원의 체면민감도 척도개발연구: 척도 타당화를 중심으로. 「한국행정학보」 45(3): 335－364.

윤견수. (2005). 한국 행정학의 질적 연구방법에 대한 반성과 제안. 「한국행정학보」 39(2): 1－21.

윤견수. (2021). 고위공직자의 책무성: 정치적 중립에서 정치적 신중함으로. 「한국행정연구」 30(1): 1－24.

윤종설·주용환. (2014). 공공갈등 문제 해소를 위한 민주적 갈등관리의 효과와 한계: 시화호 개발 사례와 호남선 고속철도 사례를 중심으로. 「지방정부연구」 18(1): 565－593.

윤창인. (2004). WTO 분쟁해결메커니즘(DSM) 개선 논의. 「OECD FOCUS」 1월호, pp. 102－115.

은재호. (2018). 「신고리 원전 공론화가 남긴 것: 평가와 전망」. 2018 한국정책학회 소식지 The KAPS 봄호. pp. 18－31.

은재호·윤광석. (2009). 갈등조정전문가 인증제의 제도화를 위한 탐색적 연구. 「

한국행정연구원 KIPA연구보고서」 2009 – 27.

은재호·장현주. (2014). 갈등관리제도에 대한 일선 행정기관 갈등관리담당자의 인식에 관한 연구. 「한국인사행정학회보」 13(2): 321 – 344.

이달곤. (2007). 「협상론: 협상의 과정, 구조, 그리고 전략」(제3판). 파주: 법문사.

이대희. (2012). 감성적 지성의 정부조직관리에 관한 고찰. 「한국조직학회보」 9(1): 1 – 20.

이병량. (2015). 관료 나르시시즘의 원인에 관한 탐색적 연구. 「정부학연구」 21(1): 83 – 121.

이선영·정종원. (2013). 조직 내 갈등 및 갈등관리에 관한 연구: 갈등관리방법의 실증적 분석을 중심으로. 「한국행정논집」 25(3): 743 – 763.

이선우. (2011). 원활한 갈등조정을 위한 필요조건: 경험으로부터의 교훈. 「한국정책학회보」 20(3): 87 – 106.

이선우·조경훈·김광구. (2014). 행정형 ADR 제도의 발전방안 연구: 선행연구의 함의와 한계를 중심으로. 「현대사회와 행정」 24(2): 169 – 197.

이승욱. (2002). 직권중재제도의 법적 문제점과 개선방향. 「노동정책연구」 2(4): 75 – 103.

이승철. (2011). 지방의회와 집행기관 간의 갈등요인 분석과 해결방안. 「한국정책과학회보」 15(3): 73 – 101.

이시철. (2005). 지방분권과 지역 거버넌스의 어울림: mismatch와 관련 쟁점. 「지방정부연구」 9(1): 185 – 208.

이종범. (1991). 정책딜레마와 상징적 행동: 딜레마상황에 대한 정책대응을 중심으로. 소정 이문영교수 정년기념논문집 「작은政府를 위한 官僚制」. 서울: 법문사, pp. 368 – 389.

이종범 외. (1994). 「딜레마이론」. 나남출판.

이주형 외. (2014). 「공공갈등관리 사례분석과 외국의 공공갈등관리제도 조사」, 국회예산정책처 연구용역과제보고서.

임도빈. (1997). 「지방조직론」. 서울: 박영사.

임도빈. (2007). 시간의 개념분석: 행정학 연구에 적용가능성을 중심으로. 「한국행정학보」 41(2): 1 – 21.

임도빈. (2014). 「행정학: 시간의 관점에서」. 서울: 박영사.

임동진. (2011). 공공갈등관리의 실태 및 갈등해결 요인분석. 「한국행정학보」

45(2): 291-318.

임동진. (2013). 행정형 ADR기구의 운영실태 및 개선방안 연구. 「한국행정학보」 47(3): 129-155.

임동진·윤수재. (2016). 갈등원인이 갈등수준에 미치는 영향력 분석: 쟁점요인과 매개요인의 효과를 중심으로. 「행정논총」 54(2): 117-148.

임재강·송영태. (2013). 경찰관의 감정노동, 감정소진, 냉소주의의 구조모형 분석. 「한국조직학회보」 10(2): 153-178.

임주영·박형준. (2017). 정부조직개편과정에 따른 동태적 조직변동의 탐색적 연구: 행정자치부 하부조직의 기능 및 구조 변동과정을 중심으로. 「한국행정학보」 51(1): 263-294.

임헌만. (1999). 지방자치제하의 정치와 행정간 관계에 관한 연구: 군집분석을 통한 정치-행정관계의 유형화와 유형별 특성 분석. 「한국정책학회보」 8(3): 49-78.

장학봉. (2003). 공유수면매립지 귀속분쟁 해결을 위한 정책 방향. 「월간 해양수산」 229: 24-37.

장현주. (2008). 공공갈등의 원인과 이해관계분석: 문화재관람료 징수 갈등사례를 중심으로, 「한국정책과학학회보」 12(3): 29-54.

장현주. (2018). 공공갈등 해결기제로서 조정에 관한 연구. 「지방정부연구」 22(2): 433-453.

장현주·은재호. (2012). 갈등관리방식이 조직효과성에 미치는 영향: 개인특성요인의 조절효과를 중심으로. 「행정논총」 50(4): 23-51.

전영권·김재기·송건섭. (2011). 지방의회와 집행기관의 관계모형에 관한 연구: 갈등과 협력을 중심으로. 「행정논총」 49(3): 1-25.

전영평. (2003). 참여정부의 지방분권정책 평가와 시민사회 관계. 「지방행정연구」 17(2): 3-26.

정영호·고숙자. (2014). 「사회갈등지수 국제비교 및 경제성장에 미치는 영향」. 한국보건사회연구원 연구보고서 2014-26-3.

정용덕. (2010). 공공갈등과 정책조정연구. 「행정논총」 48(4): 1-30.

정원희·김예승·양기근. (2013). 지방자치단체장과 지방의회간의 갈등에 관한 연구: 서울시와 경기도의 무상급식 갈등사례를 중심으로. 「분쟁해결연구」 11(1): 39-66.

정정화. (2011). 한국사회의 갈등구조와 공공갈등: 국책사업 갈등사례를 중심으로. 「한국사회와 행정연구」 22(3): 1 – 27.

정하영. (2011). 동아시아 관료제 비교: 인정과 체면을 중심으로. 「정부학연구」 17(3): 143 – 178.

조경훈·박형준. (2015). 폐기물 처리시설 입지 갈등의 지속 요인 연구: 퍼지셋 질적 비교연구방법을 중심으로. 「한국행정연구」 24(2): 29 – 64.

조석준·임도빈. (2016). 「한국행정조직론」(제2전정판). 파주: 법문사.

조성수. (2018). 집행기관과의 갈등상황 속 지방의회 영향력 한계에 관한 연구: 지방의원 발의 교섭단체 관련 조례개정 쟁점을 중심으로. 「한국지방자치학회보」 30(3): 103 – 127.

조혜승·문명재. (2013). 지방자치단체 통합으로 인한 갈등이 공공서비스동기와 조직 효과성에 미치는 영향: 통합 창원시를 중심으로. 「한국행정학보」 47(4): 145 – 166.

주재복. (2004). 정부조직간 정책갈등의 조정기제와 협력규칙: 동강댐 건설사례와 새만금 간척사업사례의 비교연구. 「한국행정연구」 13(3): 51 – 84.

주재복. (2017). 갈등딜레마, 어떻게 극복할 것인가: 중앙과 지방의 역할. 「지방행정」 66(763): 22 – 25.

주재복·강영주. (2016). 「무상복지를 둘러싼 중앙 – 지방 간 갈등해결방안」. 한국지방행정연구원, 연구보고서 2016 – 02.

주지예·박형준. (2020). 원자력발전 정책결정과정의 정책 내러티브 연구: 신고리 5·6호기 공론화의 옹호연합체를 중심으로. 「한국정책학회보」 29(2): 91 – 122.

최미정·은재호. (2020). 팀플이냐, 팀킬이냐? 무임승차가 조직 내 갈등과 팀 성과에 미치는 영향. 「한국행정학보」 54(4): 1 – 33.

최병선. (1997). 행정개혁. 한국경제연구원「새정부의 개혁과제」세미나자료.

최상진. (2011). 「한국인의 심리학」. 서울: 학지사.

최성욱. (2001). 조직문화를 통해서 본 통합관료조직: 스키마 중심의 인지해석적 접근. 「한국행정학보」, 35(3): 127 – 145.

최성욱. (2005). 한국행정조직의 문화적 프로필에 관한 연구: 중앙부처를 대상으로. 「한국행정학보」, 39(2): 41 – 62.

최성욱. (2007a). 위험지각과 관리에 대한 문화적 분석. 「한국정책학회보」 16(4):

121－146.

최성욱. (2007b). 조직 유해성과 감정관리: Peter J. Frost의 논의를 기반으로. 「한국거버넌스학회보」 14(2): 149－173.

최성욱. (2011a). 참여거버넌스와 공동체의 이질성, 「국정관리연구」 6(2): 1－31.

최성욱. (2011b). 행정세계에서 합리성과 감정의 이원구조해체. 「한국행정학보」, 45(3): 227－249.

최성욱. (2012). 행정서비스조직에서 감정노동의 문화적 정향: 국세공무원을 대상으로. 「한국행정학보」, 46(4): 79－101.

최성욱. (2014). 감정유해성과 조직관리. 「한국조직학회보」, 11(2): 57－85.

최성욱. (2015). 홉스테드(G. Hofstede)의 문화차원에 대한 타당성 검증, 「한국행정논집」 27(4): 1011－1032.

최성욱. (2016). 공공갈등관리와 문화의 관계에 관한 탐색적 연구. 「국가정책연구」 30(4): 199－227.

최성욱. (2017). 정부조직개편 신화의 해체: 능률수사와 현실정치의 이원대립구도를 넘어서. 「대한민국 정부의 재설계」 원숙연·장용석 편. 문우사.

최성욱. (2018a). 기호학적 텍스트분석을 통한 지방분권담론의 이분법적 대립성 해체. 「지방정부연구」 21(4): 465－487.

최성욱. (2018b). 이분법의 해체전략: '합리성/감정' 및 '가치/사실'의 이원구조에의 적용. 「공공행정논총」 31(10): 41－72.

최성욱. (2021). 적극행정과 관료적 면피문화. 「융합사회와 공공정책」 15(2): 182－212.

최승범. (2002). 지방사회 불균형의 정치경제: 체계적 권력과 전통적 유대. 「한국행정학보」 36(2): 85－108.

최연홍·오영민. (2005). 지방 오피니언 리더의 정책수용성 연구: 원자력 발전소 및 방사성 폐기물 처분장 건설 정책을 중심으로. 「한국정책학회보」 14(4): 57－89.

최태현. (2018). 참여 및 숙의제도의 대표성: 신고리 5·6호기 공론화위원회 사례를 중심으로. 「한국행정학보」 52(4): 501－529.

최흥석·임효숙. (2014). 밀양 송전선로 건설 갈등의 인지격차 분석: 한국전력 대 지역주민. 「한국행정논집」 26(4): 815－838.

최흥석·주재복·홍성만·주경일. (2004). 「공유재와 갈등관리: 수자원을 둘러싼 갈등과 협력」. 서울: 박영사.

하동현·홍수정. (2017). 서울시 갈등관리시스템의 운영실태 및 역할유형. 「한국지 방자치학회보」 29(2): 91-118.

하혜수·이달곤. (2017). 「협상의 미학: 상생 협상의 이론과 적용」. 서울: 박영사.

하혜영. (2007). 공공갈등해결에 미치는 영향요인분석: 갈등관리요인의 효과를 중 심으로. 「한국행정학보」 41(3): 273-296.

하혜영. (2009). 공공갈등연구의 경향과 과제. 「한국사회와 행정연구」 20(2): 163- 186.

하혜영·이달곤. (2007). 한국 공공갈등의 발생과 해결: 1995~2006년까지 갈등사 례를 중심으로. 「한국정책학회보」 16(4): 329-357.

한규석. (2017). 「사회심리학의 이해」(4판). 서울: 학지사.

한노덕. (2014). 「공공갈등관리제도 실태분석 및 개선방안」. 국회예산정책처 사업 평가현안분석 제53호.

홍수정. (2016). 서울시 갈등조정담당관의 현황과 과제. 「지방행정」 65(756): 28-31.

2. 외국문헌

Agranoff, R. & McGuire, M. (2004). Another Look at Bargaining and Negotiating in Intergovernmental Management. *Journal of Public Administration Research and Theory*, 14(4): 495-512

Ansell, C. & Boin, A. (2019). Taming Deep Uncertainty: The Potential of Pragmatist Principles for Understanding and Improving Strategic Crisis Management. *Administration & Society*, 51 (7): 1079-1112.

Argyris, C. (1957). *Personality and Organization: the Conflict between System and the Individual*. NY: Harper.

Arnstein, S. R. (1969). A Ladder Of Citizen Participation. *Journal of the American Planning Association*, 35(4): 216-224.

Auerbach, J. S. (1983). *Justice without Law?* NY and Oxford: Oxford University Press.

Avruch, K. & Black, P. W. (2001). Conflict Resolution in Intercultural Settings: Problems and Prospects. In Chew, P. K. (ed.), *The Conflict and*

Culture Reader. NY: New York University Press, pp.7－14.

Avruch, K. (1998). *Culture and Conflict Resolution*. Washington D.C.: United States Institute of Peace Press.

Ayoko, O. B., Ashkanasy, N. M., & Jehn, K. A. (2014). *Handbook of Conflict Management Research*. MA: Edward Elgar.

Baber, W. F. & Bartlett, R. V. (2005). *Deliberative Environmental Politics: Democracy and Ecological Rationality*. Cambridge, Mass.: The MIT Press.

Bäckstrand, K., Khan, J., Kronsell, A., & Lövbrand, E. (eds.). (2010). *Environmental Politics and Deliberative Democracy: Examining the Promise of New Modes of Governance*. MA: Edward Elgar.

Barber, B. (1984). *Strong Democracy: Participatory Politics for a New Age*. Berkeley: University of California Press.

Barrett, J. T. (2004). *A History of Alternative Dispute Resolution: The Story of a Political, Cultural, and Social Movement*. CA: Jossey－Bass.

Beck, D. F. (1987). Counselor Burnout in Family Service Agencies. *The Journal of Contemporary Social Work*, 68: 3－15.

Benedict, R. (1946). *The Chrysanthemum and the Sword: Patterns of Japanese Culture*. 김윤식·오인석 역, 「국화와 칼: 일본문화의 틀」, 을유문화사.

Benoliel, M. & Kaur, A. (2015). Indian Negotiation Style: A Cultural Perspective. In Benoliel, M. (ed.), *Negotiation Excellence: Successful Deal Making* (2nd ed.), World Scientific, pp. 309－324.

Ben－Ze'ev, A. (2002). Emotional Intelligence: The Conceptual Issue. in Ashkanasy, N. M., Zerbe, W. J., & Charmine E. J. Härtel (eds.), *Managing Emotions in the Workplace*, pp. 164－183. NY: M. E. Sharpe.

Berigan N. & Irwin, K. (2011). Culture, Cooperation, and the General Welfare. *Social Psychology Quarterly*, 74(4): 341－360.

Bessette, J. M. (1980). Deliberative Democracy: The Majority Principle in Republican Government. In Goldwin, R. A. & Schambra, W. A. (ed.). *How Democratic Is the Constitution?* pp. 102－116. Washington, D.C.:

American Enterprise Institute.

Bignardi, G. E. (1996). Cultural Conflict in a Bacteriology Department: Apollo vs. Athena. *Journal of Management in Medicine*, 10(3): 49-58.

Billings, D. K. (1991). Cultural Style and Solutions to Conflict. *Journal of Peace Research*, 28(3): 249-262.

Bingham, L. B., Nabatchi, T., & O'Leary, R. (2005). The New Governance: Practices and Processes for Stakeholder and Citizen Participation in the Work of Government. *Public Administration Review*, 65(5): 547-558.

Blake, R. R. & Mouton, J. S. (1964). *The Managerial Grid*. Houston, TX: Gulf.

Blake, R. R. & Mouton, J. S. (1984). *Synergogy: A New Strategy for Education, Training and Development*. San Francisco: Jossey-Bass.

Blalock, H. M. (1989). *Power and Conflict: Toward a General Theory*. Newbury Park, CA: Sage.

Bohman, J. (1996). *Public Deliberation: Pluralism, Complexity, and Democracy*. Cambridge, Mass.: The MIT Press.

Boulding, K. E. (1962). *Conflict and Defense: A General Theory*. NY: Harper & Brothers.

Bradley, B. H., Klotz, A. C., Postlethwaite, B. E., & Brown, K. G. (2013). Ready to Rumble: How Team Personality Composition and Task Conflict Interact to Improve Performance. *Journal of Applied Psychology*, 98(2): 385-392.

Brett, J. M. (2001). *Negotiating Globally: How to Negotiate Deals, Resolve Disputes, and Make Decisions Across Cultural Boundaries*. San Francisco, CA: Jossey-Bass.

Brett, J., Behfar K., & Sanchez-Burks, J. (2014). Managing Cross-Culture Conflicts: A Close Look at The Implication of Direct versus Indirect Confrontation. In Ayoko, O. B., Ashkanasy, N. M., & Jehn, K. A. *Handbook of Conflict Management Research*. MA: Edward Elgar. Ch. 9. pp. 136-154.

Brickman, P. (1974). *Social Conflict: Readings in Rule Structures and Conflict*

Relationships. Lexington, MA: D. C. Heath.

Brueller, N. N., Carmeli, A., & Markman, G. D. (2018). Linking Merger and Acquisition Strategies to Postmerger Integration: A Configurational Perspective of Human Resource Management. *Journal of Management*, 44(5): 1793−1818.

Budd, J. W. & Colvin, A. J. S. (2008). Improved Metrics for Workplace Dispute Resolution Procedures: Efficiency, Equity, and Voice. *Industrial Relations*, 47(3): 460−79.

Budd, J. W. & Colvin, A. J. S. (2014). The Goals and Assumptions of Conflict Management in Organizations, In Roche, W. K., Teague, P., & Covin, A. J. S. *The Oxford Handbook of Conflict Management in Organizations*, pp. 19−24.

Burgess, H. & Spangler, B. (2003). Consensus Building. *Beyond Intractability*. (Eds.). Guy Burgess & Heidi Burgess. Conflict Information Consortium, University of Colorado, Boulder.

Burkardt, N., Lamb, B. L., & Taylor, J. G. (1997). Power Distribution in Complex Environmental Negotiations: Does Balance Matter? *Journal of Public Administration Research and Theory*, 2: 247−275.

Burton, J. W. (1995). Conflict Resolution as A Political System. In *Beyond Confrontation*, (ed.) J. A. Vasquez, pp. 115−27. Ann Arbor: University of Michigan Press.

Bush, R. A. B. & Folger, J. P. (2005). *The Promise of Mediation: The Transformative Approach to Conflict* (revised ed.). San Francisco: Jossey−Bass.

Cameron, K. S. & Quinn, R. E. (1988). Organizational paradox and transformation. In R. E. Quinn & K. S. Cameron (Eds.), *Paradox and transformation: Toward a theory of change in organization and man−agement* (pp. 1-18). Ballinger Publishing Co/Harper & Row Publishers.

Cameron, K. S. & Quinn, R. E. (1999). *Diagnosing and Changing Organizational Culture: Based on The Competing Values Framework*.

Readings. MA: Addison—Wesley.

Carnevale, D. G. (1993). Root Dynamics of Alternative Dispute Resolution: An Illustrative Case in the U.S. Postal Service. *Public Administrative Review*, 53(5): 455—461.

Carpenter, S. L. & Kennedy, W. J. D. (1988; 2001). *Managing Public Disputes: A Practical Guide for Government, Business, and Citizens' Groups*. San Francisco: Jossey—Bass.

Cartwright, S. & Cooper, C. L. (1992). *Merger and Acquisitions: The Human Factor*. Oxford: Butterworth—Heinemann.

Chamorro—Premuzic, T. (2017). The Personality Traits of Good Negotiators. *Harvard Business Review* (https://hbr.org/2017/08/the—personality—traits—of—good—negotiators).

Chew, P. K. (ed.). (2001). *The Conflict and Culture Reader*. NY: New York University Press.

Choi, S—W. (2013). Public Perception and Acceptability of Technological Risk: Policy Implications for Governance. *Journal of Convergence Information Technology*, 8(13): 605—615.

Choi, S—W. & Guy, M. E. (2020). The link between emotional labor and organizational culture in Korean bureaucracy: how taxing is tax work? How enforcing is law enforcement?, *International Review of Public Administration*, 25(2): 129—144.

Choi, S—W. & Guy, M. E. (2021). The Emotional Proletariat in Public Service. *Public Personnel Management*, 50(2): 183—204.

Chua, E. G. and Gudykunst, W. B. (1987). Conflict Resolution Styles in Low— and High—Context Cultures. *Communication Research Reports*, 4(1): 32—37.

Chu L—C. (2014). Mediating Toxic Emotions in the Workplace: The Impact of Abusive Supervision. *Journal of Nursing Management*, 22: 953—963.

Ciocirlan, C. E. (2003). Public Goods. In Rabin, J. (ed.). *Encyclopedia of Public Administration and Public Policy*. NY: Marcel Dekker, pp. 1026—1029.

Cohen, H. (1982). *You can Negotiate Anything: The world's best negotiator tells you how to get what you want*. NY: Bantam House.

Cohen, J. (1989). Deliberation and Democratic Legitimacy, in Alan Hamlin & Phillip Petit (eds.). *The Good Polity: Normative Analysis of the State*. NY: Blackwell.

Cooper, T. L. (1984). Citizenship and Professionalism in Public Administration. *Public Administration Review*, 44(2): 143-149.

Cornwall, A. (2002). *Making Spaces, Changing Places: Situating Participation in Development* (Working papers 170). Sussex, UK: Institute for Development Studies.

Coser, L. A. (1956). *The Functions of Social Conflict*. NY: The Free Press.

Coser, L. A. (1957). Social Conflict and the Theory of Social Change. *The British Journal of Sociology*, 8(3): 197−207.

Coser, L. A. (1967). *Continuities in the Study of Social Conflict*. NY: The Free Press.

Cyert, R. M. & March, J. G. (1963). *A Behavioral Theory of the Firm*. NJ: Wiley−Blackwell.

Dahl, R. A. (1989). *Democracy and Its Critics*. Yale University Press.

Dawkins, R. (2006). *The God Delusion*. Mariner Books.

De Dreu, C. & Weingart, L. R. (2003). Task versus Relationship Conflict, Team Performance, and Team Member Satisfaction: A Meta−Analysis. *Journal of Applied Psychology*, 88(4): 741−749.

De Grauwe, P. & Skudelny, F. (1999). *Social Conflict and Growth in Euroland*. University of Leuven and CEPR.

Denhardt, J. V. & Denhardt, R. B. (2003). *The New Public Service: Serving, not Steering*. NY: M.E. Sharpe.

Deutsch, M. (1973). Conflicts: Productive and Destructive. In F. E. Jandt (ed.). *Conflict Resolution through Communication*. NY: Harper & Row.

Deutsch, M. (2000). Cooperation and Competition. In Deutsch, M. & Coleman, P. T. (eds.). *Handbook of Conflict Resolution: Theory and Practice*. Jossey−Bass Publishers, pp. 21−40.

Deutsch, M. (2000). Justice and Conflict. In Deutsch, M. & Coleman, P. T. (eds.). *Handbook of Conflict Resolution: Theory and Practice*. Jossey— Bass Publishers, pp. 41−60.

Deutsch, M., Coleman, P. T., & Marcus, E. C. eds. (2014). *Handbook of Conflict Resolution: Theory and Practice* (3rd ed.). Jossey−Bass Publishers.

Dewey, J. (1946). *The Public and Its Problems: An Essay in Political Inquiry*. Chicago: Gateway Books.

Dinnar, S. & Susskind, L. (2019). *Entrepreneurial Negotiation: Understanding and Managing the Relationships that Determine Your Entrepreneurial Success*. Cham, Switzerland: Palgrave Macmillan.

Dixit, A. K. & Nalebuff, B. J. (1991). *Thinking Strategically: The Competitive Edge in Business, Politics and Everyday Life*. 류성렬(역). 「전략적 사고: 예일대학식 게임이론의 발상」. 서울: 다음세대.

Douglas, M. (1982). Cultural Bias. In M. Douglas (ed.), *The Active Voice*. London: Routledge and Kegan Paul. pp. 183−254.

Douglas, M. & Wildavsky. A. (1982). *Risk and Culture: An Essay on the Selection of Technological and Environmental Dangers*. Berkeley: University of California Press.

Dryzek, J. (2000). *Deliberative Democracy and Beyond: Liberals, Critics, Contestations*. Oxford: Oxford University Press.

Dunlop, J. T. & Zack, A. M. (1997). *Mediation and Arbitration of Employment Disputes*. San Francisco: Jossey−Bass.

Dutton, J. E., Worline, M. C., Frost, P. J., & Lilius, J. (2006). Explaining Compassion Organizing. *Administrative Science Quarterly*, 51: 59−96.

Farber, B. A. & Heifetz, L. J. (1982). The Process and Dimensions of Burnout in Psycho−therapists. *Professional Psychology*, 13: 293−301.

Festinger, L. (1957). *A Theory of Cognitive Dissonance*. CA: Stanford University Press.

Fiedler, F. E. (1978). The Contingency Model and the Dynamics of the Leadership Process. *Advances in Experimental Social Psychology*, 11:

59−112.

Fischer, F. (2006). Participatory Governance as Deliberative Empowerment: The Cultural Politics of Discursive Space. *American Review of Public Administration*, 36(1): 19−40.

Fischer, F. (2017). *Climate Crisis and the Democratic Prospect: Participatory Governance in Sustainable Communities.* Oxford: Oxford University Press.

Fisher, R. (1983). Negotiating Power Getting and Using Influence. *American Behavioral Scientist*, 27(2): 149−166.

Fisher, R. & Shapiro, D. (2005). *Beyond Reason: Using Emotions as You Negotiate.* London: Penguin Books.

Fisher, R. & Ury, W. (1991). *Getting to Yes: Negotiating an Agreement Without Giving In.* NY: Penguin Books.

Fisher, R., Ury, W., & Patton, B. (1991). *Getting to Yes: Negotiating an Agreement Without Giving In* (2nd ed.). London: Random House Business Books.

Fishkin, J. S. (2009). *When the people speak: Deliberation democracy & public consultation.* NY: Oxford University Press.

Fiske, S. T. & S. E. Taylor. (1984). *Social Cognition.* New York: Random House.

Foa, R. (2011). *The Economic Rationale for Social Cohesion: The Cross−Country Evidence*, www.oecd.org/development/pgd/46908575.pdf. OECD: International Conference on Social Cohesion and Development.

Fraser, H. S. (1926). Sketch of the History of International Arbitration. *Cornell Law Review*, 11(2): 179−208.

Frederickson, H. G. (1991). Toward a Theory of the Pubic for Public Administration. *Administration and Society*, 22(4): 395−417.

Frost, P. J. (2003). *Toxic Emotions at Work: How Compassionate Managers Handle Pain and Conflict.* Massachusetts: Harvard Business School Press.

Fry, B. R. (1998). *Mastering Public Administration: From Max Weber to Dwight Waldo*. New York: Chatham House.

Fung, A. (2006). Varieties of Participation in Complex Governance. *Public Administration Review*. December 2006, Special Issue. 66−75.

Galpin, T. J. & Herndon, M. (2014). *The Complete Guide to Mergers & Acquisitions: Process Tools and Templates for Merger Integration at Every Level* (3rd ed.). San Francisco: Jossey−Bass.

Galtung, J. & Jacobsen, C. G. (2000). *Searching for Peace: The Road to TRANSCEND*. London: Pluto Press.

Gelfand, M. J. & Dyer, N. (2000). A Cultural Perspective on Negotiation: Progress, Pitfalls, and Prospects. *Applied Psychology: An International Review*, 49(1): 38−62.

Gelfand, M. J., Harrington, J. R. & Leslie, L. M. (2014). Conflict Cultures: A New Frontier for Conflict Management Research and Practice. In Ayoko, O. B., Ashkanasy, N. M., & Jehn, K. A. *Handbook of Conflict Management Research*. MA: Edward Elgar. Ch.8. pp. 109−135.

Gelfand, M. J., Leslie, L. M., & Keller, K. (2008). On the Etiology of Conflict Cultures. *Research in Organizational Behavior*, 28: 137−166.

Gelfand, M. J., Leslie, L. M., Keller, K., & De Dreu, C. K. W. (2012). Conflict Cultures in Organizations: How Leaders Shape Conflict Cultures and Their Organization−Level Consequences. *Journal of Applied Psychology*, 97(6): 1131−1147.

Gladwin, T. N. (1987). Patterns of Environmental Conflict over Industrial Facilities in the United States, 1979−88. In Lake, R. W.(ed.), *Resolving Local Conflict*. New Jersey: Rutgers University, Center for Urban Policy Research.

Gold, J. A. (2005). ADR through a Cultural Lens: How Cultural Values Shape Our Disputing Processes. *Journal of Dispute Resolution*, 2005(2): 289−321.

Goleman, D. (1995). *Emotional Intelligence*. NY: Bantam.

Golembiewski, R. T. & Munzenrider, R. F. (1988). Phases of Burnout:

Developments in Concepts and Applications. NY: Praeger.

Gustafson, P. & Hertting, N. (2017). Understanding Participatory Governance: An Analysis of Participants' Motives for Participation. *American Review of Public Administration*, 47(5): 538–549.

Guy, M. E., Newman, M. A., & Mastrascci, S. H. (2008). *Emotional Labor: Putting the Service in Public Service*. NY: M.E. Sharpe.

Habermas, J. (1974). The Public Sphere. *New German Critique*, 1(3): 49–55.

Habermas, J. (1995). Reconciliation through the Public Use of Reason: Remarks on John Rawls's Political Liberalism. *Journal of Philosophy*, 92: 109–131.

Habermas, J. (1996). *Between Facts and Norms: Contributions to a Discourse Theory of Law and Democracy*. Cambridge, Mass.: The MIT Press.

Haleblian, J., Devers, C. E., McNamara, G., Carpenter, M. A., & Davison, R. B. (2009). Taking Stock of What We Know about Mergers and Acquisitions: A Review and Research Agenda. *Journal of Management*, 35: 469–502.

Hall, E. T. (1976). *Beyond Culture*. Anchor Books/Doubleday.

Hardin, G. (1968). The Tragedy of the Commons. *Science*, 162: 1243–1248.

Harmon, D. J. (2019). When the Fed Speaks: Arguments, Emotions, and the Microfoundations of Institutions. *Administrative Science Quarterly*, 64(3): 542–575.

Hart, V. (2001). Constitution–making and the Transformation of Conflict. *Peace & Change*, 26(2): 153–176.

Harvard Business Press. *Negotiation outcomes: expert solutions to everyday challenges*, 이상욱 역 (2008). 「협상의 기술」. 한스미디어.

Hatfield, E., Cacioppo, J., & Rapson, R. (1994). *Emotional Contagion*. NY: Cambridge University Press.

Heikkila, T. & Schlager, E. C. (2012). The Choice of Environmental Conflict–Resolution Venues in the United States. *American Journal of Political Science*, 56(4): 774–786.

Herzberg, F. (1987). One More Time: How Do You Motivate Employees?

Harvard Business Review, 65(5): 109−120.

Herzberg, F., Mausner, B., & Snyderman, B. B. (1959). *The Motivation to Work* (2nd ed.). NY: John Wiley and Sons.

Himes, J. (1980). *Conflict and Conflict Management*. Athens, GA: University of Georgia Press.

Hobbes, T. (1651). *Leviathan*.

Hoffman, D. A. (2013). *Mediation: A Practical Guide for Mediators, Lawyers and Other Professionals*. Boston: Massachusetts Continuing Legal Education, Inc.

Hofstede, G. & Hofstede, G. Jr. (2005). *Culture and Organizations: Software of the Mind*. NY: McGraw−Hill.

Hofstede, G. (1980). *Culture's Consequences: International Differences in Work−Related Values*. SAGE Publications.

Hofstede, G. (1993). Cultural Constraints in Management Theories. *Academy of Management Executive*, 7(1): 81−94.

Hong Euny. (2019). *The Power of Nunchi: The Korean Secret to Happiness and Success*. Penguin Random House.

Huntington, S. P. (1993). The Clash of Civilizations? *Foreign Affairs*, 72(3): 22−49.

Inglehart, R. and Welzel, C. (2014). *The WVS Cultural Map of the World*, World Value Survey.

Janis, I. L. (1972). *Victims of groupthink*. Boston: Houghton Mifflin.

Jehn, K. A. (1995). A Multi−method Examination of the Benefits and Detriments of Intra−group Conflict. *Administrative Science Quarterly*, 40: 256−282.

Jehn, K. A. (1997). A Qualitative Analysis of Conflict Types and Dimensions in Organizational Groups. *Administrative Science Quarterly*, 42(3): 530−557.

Jehn, K. A. (2014). Types of Conflict: The History and Future of Conflict Definitions and Typologies. In Ayoko, O. B., Ashkanasy, N. M., & Jehn, K. A. *Handbook of Conflict Management Research*. MA: Edward

Elgar. Ch.1. pp.3−18.

Jehn, K. A. & Bendersky, C. (2003). Intragroup Conflict in Organizations: A Contingency Perspective on the Conflict−Outcome Relationship. *Research in Organizational Behavior*, 25: 187−242.

Jehn, K. A., Rispens, S., & Thatcher, S. M. B. (2010). The Effects of Conflict Asymmetry on Work Group and Individual Outcomes. *Academy of Management Journal*, 53(3): 596−616.

John, A. W. (2005). Cultural Pathways in Negotiation and Conflict Management. In Michael L. Moffitt & Robert C. Bordone (Eds.), *The Handbook of Dispute Resolution*, CA: Jossey−Bass, pp. 118−134.

Johns, G. (2006). The Essential Impact of Context on Organizational Behavior. *Academy of Management Review*, 31: 396−408.

Kabanoff, B. (1991). Equity, Equality, Power, and Conflict. *Academy of Management Review*, 16(2): 416−441.

Kearney, R. C. (1992). *Labor Relations in the Public Sector*. NY: Marcel Dekker, Inc.

Kelley, H. H. (1967). Attribution Theory in Social Psychology. *Nebraska Symposium on Motivation*, 15: 192−238.

Kennedy, G. (2012). *Everything is Negotiable: How to Get the Best Deal Every Time*. London: Random House Business Books.

Kennedy, K. A. & Pronin, E. (2008). When Disagreement Gets Ugly: Perceptions of Bias and the Escalation of Conflict. *Personality and Social Psychology Bulletin*, 34: 833−848.

Kiefer, T. & Barclay, L. J. (2012). Understanding the Mediating Role of Toxic Emotional Experiences in the Relationship between Negative Emotions and Adverse Outcomes. *Journal of Occupational and Organizational Psychology*, 85: 600–625.

Kilmann, R. H., Saxton, M. J., & Serpa, R. (eds.). (1985). *Gaining Control of the Corporate Culture*. San Francisco, CA: Jossey−Bass.

Kim−Jo, T., Benet−Martinez, V., and Ozer, D. J. (2010). Culture and Interpersonal Conflict Resolution Styles: Role of Acculturation. *Journal of Cross—Cultural Psychology,* 41(2) 264-269.

Kimmel, P. R. (2000). Culture and Conflict. In Deutsch, M. & Coleman, P. T. (eds.). *Handbook of Conflict Resolution: Theory and Practice.* Jossey—Bass Publishers, pp. 453—474.

Kolb, D. M. and Putnam, L. L. (1992). The Multiple Faces of Conflict in Organizations. *Journal of Organizational Behavior,* 13: 311—324.

Kriesberg, L. (2008). Conflict Transformation. In *The Encyclopedia of Violence, Peace and Conflict,* (ed.), L. R. Kurtz, pp. 401—12. San Diego, CA: Acade.

Kungl. (2007). *Mechanism Design Theory.* The Nobel Prize Committee of the Royal Swedish Academy of Sciences.

Lan, Z. (1997). A Conflict Resolution Approach to Public Administration. *Public Administration Review,* 57(1): 27—35.

Lax, D. A. & Sebenius, J. K. (1986). *The Manager as Negotiator: Bargaining for Cooperation and Competitive Gain.* NY: Free Press.

Leung, K. (1996). *The Role of Harmony in Conflict Avoidance.* Paper pre— sented at 50th Anniversary Conference of the Korean Psychological Association, Seoul.

Leung, K., Koch, P., & Lu, L. (2002). A Dualistic Model of Harmony and its Implications for Conflict Management in Asia. *Asia Pacific Journal of Management,* 19: 201-220.

Lewicki, R. J. (2014). Teaching Negotiation: The State of the Practice. In Ayoko, O. B., Ashkanasy, N. M., & Jehn, K. A. *Handbook of Conflict Management Research.* MA: Edward Elgar. Ch.29, pp. 493—507.

Lewicki, R., Gray, B., & Elliott, M. (2003). *Making Sense of Intractable Environmental Conflicts: Concepts and Cases.* Washington, D.C.: Island Press.

Lewin, K. (1935). *A Dynamic Theory of Personality.* NY: McGraw—Hill.

Lipsky, M. (1980). *Street—Level Bureaucracy: Dilemmas of the Individual in Public Services.* NY: Russell Sage Foundation.

Lipsky, D. B., Seeber, R., & Fincher, R. B. (2003). *Emerging Systems for*

Managing Workplace Conflict: Lessons from American Corporations for Managers and Dispute Resolution Professionals. CA: Jossey—Bass.

Manring, N. J. (1994). ADR and Administrative Responsiveness: Challenges for Public Administrators. *Public Administration Review,* 54(2): 197—203.

March, J. G. & Simon, H. A. (1958). *Organizations,* Ch. 5 Conflict in Organizations. pp. 112—135.

Markus, H. & Kitayama, S. (1991). Culture and Self: Implications for Cognition, Emotion and Motivation. *Psychological Review,* 98: 224—253.

Maslach, C. (1982). *A Burnout: The Cost of Caring.* NY: Prentice Hall.

Maslow, A. H. (1943). A Theory of Human Motivation. *Psychological Review,* 50(4): 370—396.

Mayo, E. (1945). *The Social Problems of an Industrial Civilization.* Boston: Graduate School of Business Administration. Harvard University.

Menkel—Meadow, C. (1997). Introduction: What Will We Do When Adjudication Ends: A Brief Intellectual History of ADR. *44 UCLA Law Review,* 1613—1630.

Merry, S. E. (1987a). *Cultural Frameworks of Mediation,* PCR Occasional Paper Series: 1987—02 Cultural Aspects of Disputing.

Merry, S. E. (1987b). Disputing without Culture. *Harvard Law Review,* 100(8): 2057—2073.

Merry, S. E. & Silbey, S. S. (1984). What Do Plaintiffs Want? Reexaminig the Concept of Dispute. *The Justice System Journal,* 9(2): 151—178.

Merton, R. K. (1940). Bureaucratic Structure and Personality. *Social Forces,* 18(4): 560—568.

Meyerson, D. E. (1994). Interpretations of Stress in Institutions: The Cultural Production of Ambiguity and Burnout. *Administrative Science Quarterly,* 39: 628—653.

Meyerson, D. E. (1998). Feeling Stressed and Burned Out: A Feminist Reading and Re—Visioning of Stress—based Emotions Within Medicine and Organization Science. *Organization Science,* 9(1): 103—118.

Moore, C. W. (2014). *The Mediation Process: Practical Strategies for Resolving Conflict*(4th ed.). San Francisco: Jossey-Bass & Pfeiffer Imprints, Wiley.

Morgan, G. (1986). *Images of Organization*. Sage Publications.

Nabatchi, T. (2007). The Institutionalization of Alternative Dispute Resolution in the Federal Government. *Public Administration Review*, 67(4): 646-661.

Nader, L. (1993). Controlling Processes in the Practice of Law: Hierarchy and Pacification in the Movement to Re-Form Dispute Ideology. *The Ohio State Journal on Dispute Resolution*, 9(1): 1-25.

Nie, M. (2004). State Wildlife Policy and Management: The Scope and Bias of Political Conflict. *Public Administration Review*, 64(2): 221-233.

Nisbett, R. E. (2003). *The Geography of Thought*. 최인철 역(2010), 「생각의 지도」. 김영사.

Niskanen, W. A. (1968). The Peculiar Economics of Bureaucracy. *The American Economic Review*, 58(2), Papers and Proceedings of the Eightieth Annual Meeting of the American Economic Association (May, 1968), pp. 293-305.

Oberschall, A. (1978). Theories of Social Conflict. *Annual Review of Sociology*, 4: 291-315.

O'Leary, R. & Raines, S. (2001). Lessons Learned from Two Decades of Alternative Dispute Resolution Programs and Processes at the U.S. Environmental Protection Agency. *Public Administration Review*, 61(6): 682-692.

Organ, D. W. (1988). *Organizational Citizenship Behavior: The Good Soldier Syndrome*. Lexington, MA: Lexington Books.

Organization for Economic Cooperation and Development(OECD). (2001). *Citizens as Partners: Information, Consultation, and Public Participation in Policy Making*. Paris: OECD.

Osborne, D. & Gaebler, T. (1992). *Reinventing Government: How the Entrepreneurial Spirit is Transforming the Public Sector*. NY: A William

Patrick Book.

Ostrom, E. (1990). *Governing the Commons: The Evolution of Institutions for Collective Action.* Cambridge University Press.

Ostrom, E. (1999). Coping with Tragedies of the Commons. *Annual Review of Political Science,* 2: 493−535.

Ostrom, E., Gardner, R., & Walker, J. (1994). *Rules, Games and Common−Pool Resources.* Ann Arbor: University of Michigan Press.

Patton, B. (2005). Negotiation. In Michael L. Moffitt & Robert C. Bordone (Eds.), *The Handbook of Dispute Resolution,* CA: Jossey−Bass, pp. 279−303.

Pfeffer, J. (1981). Management as Symbolic Action: The Creation and Maintenance of Organizational Paradigms. in B. M. Staw and L. L. Cummings (eds.), *Research in Organizational Behavior,* pp. 1−52. Greenwich, CT: JAI Press.

Pondy, L. R. (1967). Organizational Conflict: Concepts and Models. *Administrative Science Quarterly,* 12(2): 296−320.

Potoski, M. & Prakash, A. (2004). The Regulation Dilemma: Cooperation and Conflict in Environmental Governance. *Public Administration Review,* 64(2): 152−163.

Pressman, J. L. & Wildavsky, A. (1973). *Implementation: How Great Expectations in Washington are Dashed in Oakland.* Berkeley: University of California Press.

Proksch, S. (2016). *Conflict Management.* Switzerland: Springer.

Pruitt, D. G. & Rubin, J. Z. (1986). *Social Conflict: Escalation, Stalemate and Settlement.* NY: Random House.

Putnam. R. D. (1988). Diplomacy and Domestic Politics: The Logic of Two−Level Games. *International Organization,* 42(3): 427−460.

Rapoport, A. (1960). *Fights, Games, and Debates.* Ann Arbor, MI: University of Michigan Press.

Rawls, J. (1971). *A Theory of Justice.* Cambridge, Mass.: Harvard University Press.

Rawls, J. (1993). *Political Liberalism.* NY: Columbia University Press.

Riggs, F. W. (1964). *Administration in Developing Countries: The Theory of Prismatic Society.* Boston: Houghton Mifflin.

Rispens, S. (2014). Beneficial and Detrimental Effects of Conflict. In Ayoko, O. B., Ashkanasy, N. M., & Jehn, K. A. *Handbook of Conflict Management Research.* MA: Edward Elgar. Ch.2. pp. 19−32.

Rittel, H. W. & Webber. M. M. (1973). Dilemmas in a General Theory of Planning. *Policy Sciences,* 4: 155−169.

Roche, W. K. & Teague, P. (2012). The Growing Importance of Workplace ADR. *International Journal of Human Resource Management,* 23(3): 447−458.

Rodrik, D. (1999). Where Did All the Growth Go? External Shocks, Social Conflict and Growth Collapses. *Journal of Economic Growth,* 4(4): 385−412.

Roethlisberger, F. J. & Dickson, W. J. (1939). *Management and the Worker.* Cambridge, MA: Harvard University Press.

Römer, M., Rispens, S., Giebles, E., & Euwema, M. (2012). A Helping Hand? The Moderating Role of Leaders' Conflict Management Behavior on the Conflict−Stress Relationship of Employees. *Negotiation Journal,* 28: 253−277.

Romzek, B. S. & Dubnick, M. J. (1987). Accountability in the Public Sector: Lessons from the Challenger Tragedy. *Public Administration Review,* 47(3): 227−238.

Rosenbloom, D. (1989). *Public Administration: Understanding Management, Politics, and Law in the Public Sector* (2nd ed.). NY: Random House.

Ross, M. H. (1993). *The Management of Conflict: Interpretations and Interest in Comparative Perspective.* New Haven: Yale University Press.

Ross, L. & Ward, A. (1996). Naïve Realism in Everyday Life: Implications for Social Conflict and Misunderstanding. In T. Brown, E. S. Reed, & E. Turiel (Eds.), *Values and knowledge.* Hillsdale, NJ: Lawrence Erlbaum. pp. 103–135.

Rousseau, D. M. (1995). *Psychological Contracts in Organizations: Understanding Written and Unwritten Agreements*. Thousand Oaks, CA: Sage.

Sammut, G., Bezzina, F., & Sartawi, M. (2015). The Spiral of Conflict: Naïve Realism and the Black Sheep Effect in Attributions of Knowledge and Ignorance. *Peace and Conflict: Journal of Peace Psychology*, 21(2): 289–294.

Salovey, P., & Mayer, J. (1990). Emotional Intelligence. *Imagination, Cognition and Personality*, 9: 185–211.

Schein, E. H. (1985). *Organizational Culture and Leadership: A Dynamic View*. San Francisco: Jossey–Bass.

Schmidt, W. H. & Tannenbaum, R. (2000). *Harvard Business Review on Negotiation and Conflict Resolution*. Boston: Harvard Business School Press, ch.1.

Schneider, A. K. (2012). Teaching a New Negotiation Skills Paradigm. *Washington University Journal of Law and Policy*, 39: 13–38.

Shapiro, D. L. (2015). The Emotional Underbelly of Collaboration: When Politics Collide with Need. In Benoliel, M. (ed.), *Negotiation Excellence: Successful Deal Making*(2nd ed.), World Scientific, pp. 359–370.

Simmel, G. (1964). The Sociological Nature of Conflict. In *Conflict and the Web of Group Affiliations*. Transl. KH Wolff, R Bendix, pp. 13–56. NY: Free Press.

Simon, H. A. (1976a). *Administrative Behavior: A Study of Decision–Making Processes in Administrative Organization* (3rd ed.). NY: Free Press.

Simon, H. A. (1976b). From Substantive to Procedural Rationality. In Latsis, S. J. (ed.). *Method and Appraisal in Economics*, pp. 129–148. NY: Cambridge University Press.

Simon, H. A. (1982). *Reason in Human Affairs*. The Harry Camp Lectures at Stanford University.

Simmons, R. (2018). Using Cultural Theory to Navigate the Policy Process.

Policy & Politics, 46(2): 235-253.

Simons, T. L., & Peterson, R. S. (2000). Task Conflict and Relationship Conflict in Top Management Teams: The Pivotal Role of Intragroup Trust. *Journal of Applied Psychology*, 85(1): 102−111.

Singelis, T. M., Triandis, H. C., Bhawuk, D. P. S., & Gelfand, M. J. (1995). Horizontal and Vertical Dimensions of Individualism and Collectivism: A Theoretical and Measurement Refinement. *Cross−Cultural Research*, 29(3): 240−275.

Slovic, P. (1987). Perception of Risk. *Science*, 236(4799): 280−285.

Slovic, P., Fischhoff, B., & Lichtenstein, S. (1980). Facts and Fears: Understanding Perceived Risk. In R. Schwing & W. Albers, Jr.(eds.), *Societal Risk Assessment: How Safe Is Safe Enough?* NY: Plenum.

Speer, J. (2012). Participatory Governance Reform: A Good Strategy for Increasing Government Responsiveness and Improving Public Services? *World Development*, 40(12): 2379−2398.

Stuhlmacher, A. F. & Adair, C. K. (2015). Personality and Negotiation. In Benoliel, M. (ed.), *Negotiation Excellence: Successful Deal Making*(2nd ed.), World Scientific, pp. 173−189.

Susskind, L. (2014). *Good for You, Great for me: Finding the Trading Zone and Winning at Win−Win Negotiation.* NY: Public Affairs.

Susskind, L., McKearnen, S., & Thomas−Lamar, J. (1999). *The Consensus Building Handbook: A Comprehensive Guide to Reaching Agreement.* London: Sage Publications.

Teucher, B. M. (2015). Negotiation Strategy. In Benoliel, M. (ed.), *Negotiation Excellence: Successful Deal Making(2nd ed.)*, World Scientific, pp. 155−172.

Thomas, K. W. (1976). Conflict and Conflict Management. In M. D. Dunnette (ed.), *Handbook of Industrial and Organizational Psychology*, Chicago: Rand McNally, pp. 889−935.

Thompson, M., Ellis, R., & Wildavsky, A. (1990). *Cultural Theory.* Boulder: Westview Press.

Thompson, V. A. (1961). *Modern Organization*. NY: Knopf.

Ting—Toomey, S. (2001). Toward a Theory of Conflict and Culture. In Chew, P. K. (ed.), *The Conflict and Culture Reader*. NY: New York University Press, pp. 46—51.

Tjosvold, D. & Sun, H. (2001). Effects of Influence Tactics and Social Contexts in Conflict: An Experiment on Relationships in China. *International Journal of Conflict Management*, 12: 239—258.

Tjosvold, D., Wong, A., & Chen, N. Y—F. (2014). Cooperative and Competitive Conflict Management in Organizations. In Ayoko, O. B., Ashkanasy, N. M., & Jehn, K. A., *Handbook of Conflict Management Research*. MA: Edward Elgar, pp. 33—50.

Triandis. H. C. (2000). Culture and Conflict. *International Journal of Psychology*, 35(2): 145—152.

Triandis, H. C., McCusker, C., & Hui, C. H. (2001). Multimethod Probes of Individualism and Collectivism. In Chew, P. K. (ed.), *The Conflict and Culture Reader*. NY: New York University Press, Chapter 10.

Tversky, A. & Kahneman, D. (1981). The Framing of Decisions and the Psychology of Choice. *Science*, 211: 453—457.

Tyler, T. R., Lind, E. A., & Huo, Y. J. (2000). Cultural Values and Authority Relations. *Psychology, Public Policy, and Law*, 6(4): 1138—1163.

Van Maanen, J. (1991). The Smile Factory: Work at Disneyland. in Frost, P. J., Moore, L. F., Louis, M. R., Lundberg, C. C., & Martin, J. (eds.), *Reframing Organizational Culture*, pp. 58—76. Beverly Hills: Sage Publications.

Wagner—Pacifici, R. & Hall, M. (2012). Resolution of Social Conflict. *Annual Review of Sociology*, 38: 181—199.

Waldo, D. (1948). *The Administrative State: A study of the political theory of American public administration*. NY: The Ronald Press Company.

Wall, J. A., Stark, J. B., & Standifer, R. L. (2001). A Current Review and Theory Development. *The Journal of Conflict Resolution*. 45(3): 370—391.

Walton, R. E. & McKersie, R. B. (1965). *A Behavioral Theory of Labor Negotiations: An Analysis of Social Interaction System.* NY: McGraw-Hill.

Wamsley, G. L., Bacher, R. N., Goodsell, C. T., Kroneberg, P. S., Rohr, J. A., Stivers, C. M., White, O. F., & Wolf, J. F. (1990). *Refounding Public Administration.* Newbury Park, CA: Sage Publications.

Warren, M. (1992). Democratic Theory and Self-Transformation. *American Political Science Review,* 86: 8-23.

Weber, M. (1921). *Economy and Society: An Outline of Interpretive Sociology.* 1978 Edited by G. Roth & C. Wittich. Berkeley: University of California Press.

Weber, M. (1947). *The Theory of Social and Economic Organization.* NY: Oxford University Press.

Weber. E. P. and Khademian, A. M. (2008). Wicked Problems, Knowledge Challenges, and Collaborative Capacity Builders in Network Settings, *Public Administration Review,* 68(2): 334-349.

Weible, C. M. & Heikkila, T. (2017). Policy Conflict Framework. *Policy Science,* 50: 23-40.

Weick, K. E. (1995). *Sensemaking in Organizations.* London: Sage Publications.

Weingart, L. R., Behfar, K. J., Bendersky, C., Todorova, G., & Jehn, K. A. (2015). The Directness and Oppositional Intensity of Conflict Expression. *Academy of Management Review,* 40(2): 235-262.

Wildavsky, A. (1992). Indispensable Framework or Just Another Ideology? The Prisoner's Dilemma As an Anti-Hierarchical Game. *Rationality and Society,* 4(1): 8-23.

Wilmot, W. W. & Hocker, J. L. (1998). *Interpersonal Conflict*(5th ed.). Boston, Mass.: McGraw-Hill.

Wilson, E. O. (1980). *Sociobiology: The New Synthesis.* Cambridge, Mass: Belknap.

Wilson, J. Q. (1989). *Bureaucracy: What Government Agencies Do and Why*

They Do It. NY: BasicBooks.

World Bank. (2011). *Alternative Resolution Dispute Guidelines.*

Wright, D. S. (1988). *Understanding Intergovernmental Relations.* Pacific Grove, California: Brooks/Cole Publishing Company.

Young, I. M. (2020). *Inclusion and Democracy.* 김희강·나상원 역. 「포용과 민주주의」. 서울: 박영사.

📖
찾 아 보 기

[저자소개]

최성욱(崔誠旭)은 고려대에서 행정학 박사학위를 취득하고(2001), 현재 전남대 행정학과 교수로 재직하고 있다. 한국거버넌스학회 회장(2022)과 편집위원장(2016~2017)을 지냈고, 미국 플로리다주립대(2010)와 콜로라도주립대(2019) 교환교수를 역임하였다. 한국행정학회 학술상을 수상하였으며(2011), 5급 공채 등 각종 공무원 시험위원으로 위촉된 바 있다. 관심주제는 행정문화, 정부조직개편, 거버넌스, 갈등관리, 감정관리 등이다(csw4pa@jnu.ac.kr).

이 저서는 2017년 정부(교육부)의 재원으로 한국연구재단의 지원을 받아 수행된 연구임(NRF-2017S1A6A4A01022443)

개정판
공공영역에서 갈등관리와 거버넌스: 문화적 관점

초판발행   2020년 1월 30일
개정판발행   2023년 3월 10일

지은이   최성욱
펴낸이   안종만·안상준

편 집   양수정
기획/마케팅   박부하
표지디자인   이수빈
제 작   고철민·조영환

펴낸곳   ㈜ **박영사**
             서울특별시 금천구 가산디지털2로 53, 210호(가산동, 한라시그마밸리)
             등록 1959. 3. 11. 제300-1959-1호(倫)

전 화   02)733-6771
f a x   02)736-4818
e-mail   pys@pybook.co.kr
homepage   www.pybook.co.kr
ISBN   979-11-303-1743-4 93350

정 가   29,000원